基金资助:

国家社科基金青年项目《钓鱼岛争端视角下琉球法律地位问题研究》（13CFX123）

中国法学会部级课题《我国无人机海洋维权执法的国际法问题研究》（CLS［2017］C46）

上海市哲社规划一般项目《"21世纪海上丝绸之路"倡议下我国维护海上通道的法律保障研究》（2018BFX012）

琉球地位
——历史与国际法

Territorial Status of Ryukyu Islands:
History and International Law

刘丹 ◎ 著

LIU Dan

海洋出版社

2019年·北京

图书在版编目（CIP）数据

琉球地位：历史与国际法/刘丹著．—北京：海洋出版社，2019.4
ISBN 978-7-5210-0345-1

Ⅰ.①琉…　Ⅱ.①刘…　Ⅲ.①琉球–历史–研究②琉球群岛–问题–国际法–研究　Ⅳ.①K928.6②D992

中国版本图书馆 CIP 数据核字（2019）第 072318 号

责任编辑：张　荣
责任印制：赵麟苏

海洋出版社　出版发行

http：//www.oceanpress.com.cn

北京市海淀区大慧寺路 8 号　邮编：100081
北京朝阳印刷厂有限责任公司印刷　新华书店发行所经销
2019 年 9 月第 1 版　2019 年 9 月北京第 1 次印刷
开本：710mm×1000mm　1/16　印张：31.25
字数：450 千字　定价：168.00 元
发行部：62132549　邮购部：68038093　总编室：62114335
海洋版图书印、装错误可随时退换

序

  本书作者刘丹教授是一位有理想、有理念的年轻国际法学者。从她还是复旦大学法学院的博士研究生开始，我就认识她了。我知道她一贯对于学术有着不懈的坚持。当年为了对于"precautionary principle"的精确翻译与内容分析，曾经与我不断写电子邮件，交换意见，寻求结论。多年来，从中国到韩国、新加坡、美国以及其他一些西方国家，刘教授的学习之路始终突出了国际法，特别是国际海洋法的研究路线。这样的专业成长路线，无疑地，对于解决当前国家所面对的实质问题，有着重大的意义。

  近几年来，琉球问题重新受到了中国学术界的重视。但是，往往法学界只谈法律，政治学界只谈政治，历史学界只谈历史。这就很难对于琉球问题的解决提出全面有效的意见。刘丹教授的这本专著《琉球地位——历史与国际法》，成功地结合这些学术领域的观点，为读者描绘出了琉球问题的全貌，对于解决琉球问题，提供了比较全面的理性分析意见。这是非常难得的学术贡献。

  此外，这本专著的及时出版，还对于国际社会的法制建设，也有着极为重要的贡献。主要因为，这个不完美的世界，正在被偏颇、无理的少数政治领袖肆意破坏国际秩序。国际条约的重要地位，正受到空前的摧折。公平正义的国际法理想，正逐渐成为少数无知政客的笑柄。这是每一位国际法学者都难以忍受的挫折。

2013 年 5 月 29 日笔者在上海交通大学法学院与来访的一位美国研究东亚法律的知名教授，有一场公开对话的学术活动。席间，这位教授在回答问题时表示：《开罗宣言》并非一项"条约"（treaty），从而不会产生法律的拘束力。这一观点受到了笔者的反对。因为条约的构成要件是由国际成文法与习惯法清楚界定的，并非美国国内法自己设定特殊国会程序条件来界定的。而按照 1969 年《维也纳条约法公约》（Vienna Convention on the Law of Treaties）的定义，"称'条约'者，谓国家间所缔结而以国际法为准之国际书面协定，不论其载于一项单独文书或两项以上相互有关之文书内，亦不论其特定名称如何。"

从《维也纳条约法公约》的内涵来分析，一份国际文件是否为条约，需要检查它的下列三个要件是否存在：

第一，达成协议的代表身份是否有相应的职权？

第二，文件内容是否足够具体详细，创设了明确的权利义务关系？

第三，协议各方的主观意思是否认为有法律的拘束力？

更重要的是，一项国际文件是不是条约，并非根据它的名称来决定的。也不是按照它的文件格式来决定的。这是国际法上的常识。此外，在国际社会上，条约的身份也从来不是看它是否经过当事方的签名。签名只是表示接受条约拘束的诸多方式之一而已。这也是来自英美合同法的精神。口头的约定，就已经足够有效，何况《开罗宣言》还制作了详细的文件依据，由三方同盟国的最高领导人相互同意后，公布于世。"签字"这一行为，从来就不是条约产生拘束力的关键。按照上述的三个要件来检视《开罗宣言》，毫无疑问，这一份《开罗宣言》是一项国际社会最高层级的条约。

《开罗宣言》明白地创设了具体的权利义务关系。宣言中的规定包括：

"我三大盟国此次进行战争之目的，在制止及惩罚日本之侵略，三国绝不为自己图利亦无拓展疆土之意思。

"三国之宗旨，在剥夺日本自一九一四年第一次世界大战开始后，在太平洋上所夺得或占领之一切岛屿，及日本在中国所窃取之领土，如东北四省台湾澎湖列岛等归还中华民国。

"其他日本以武力或贪欲所攫取之土地，亦务将日本驱逐出境。我三大盟国稔知朝鲜人民所受之奴隶待遇，决定在相当时期使朝鲜自由独立。

"三大盟国将继续坚忍进行其重大而长期之战斗，以获得日本无条件之投降。"

这样的内容确实已经非常具体清晰地创造了三大同盟国家之间的权利义务关系——包括不可趁机为自己图利，扩大自己的领土；必须坚持对日本的战斗；必须要求日本无条件投降；必须要求日本放弃台湾、朝鲜以及"其他日本以武力或贪欲所攫取之土地"——琉球正是日本以残酷的武力侵略方式攫夺的土地，自然必须按照条约的规定，将日本"驱逐出境"。

刘丹教授的这本专书，从历史与法律、政治的客观立场，清晰地描述了琉球问题的发展历程以及目前琉球不法的国际身份地位。

70多年来，由于战后东西冷战的迅速发生，攸关琉球地位的1943年《开罗宣言》与1945年《波茨坦公告》遭到了美国这一世界大国刻意的扭曲与忽视。如今的琉球问题正在严厉地考验着我们对于历史事实的尊重，以及对于实践国际条约法的决心。近期少数西方政治人物的肆意破坏国际法治、践踏国际条约，更令我们难以缄默。《琉球地位——历史与国际法》这本专著，在冷静的学术语言中，有力地标志出了解决琉球问题就是尊重历史、维护国际法治的庄严立场，值得读者们细细品读，广泛传颂。

　　爰为之序。

中国国家"千人计划"专家

《中国海洋法学评论》主编　　傅崐成

厦门大学南海研究院院长

2018 年 7 月 5 日

前　言

　　19世纪末期，琉球的地位问题曾一度成为清政府和日本之间外交交涉的焦点问题，这缘于中国和琉球王国之间近500年的封贡关系。而1879年日本以武力吞并琉球后，琉球被改名为"冲绳县"。钓鱼岛是中国人先发现、先命名，并在明清两代实施管辖的。1894年中日甲午战争爆发，清政府战败后被迫于1895年与日本签订《马关条约》，中国台湾的附属岛屿钓鱼岛列屿和台湾一起被割让给了日本。第二次世界大战结束后，依据"雅尔塔条约体系"的国际法律文件，钓鱼岛列屿理应归还中国。然而，日本却将钓鱼岛问题和琉球捆绑起来提出"主权主张"。日方首先主张，冲绳县自1885年调查后，发现钓鱼岛"没有清朝统治痕迹"且为"无人岛"，日本进而根据1895年的内阁"阁议"把钓鱼岛并入其版图；日方还认为，根据第二次世界大战后的《旧金山和约》，钓鱼岛不在日本应归还给中国的领土范围内，而是被置于美国施政之下。根据1971年日美《琉球移交协定》，钓鱼岛随同琉球一起返还给日本。

　　可见，针对钓鱼岛问题，日本官方依据琉球隶属关系认为：钓鱼岛属于琉球，琉球属于日本，因此日本对钓鱼岛拥有"主权"。如能对琉球地位问题正本清源，将对日本的主张起到"以子之矛、攻子之盾"的效果。琉球问题的国内外现有研究分为以下几类：

　　第一，中日琉关系史及琉球地位研究。中琉关系史文献中，米庆余

（1998）①、谢必震（1991）②、修斌和姜秉国（2007）③ 等研究明清时期的中琉宗藩关系以及清代中日琉球交涉，表明琉球自 1372 年受封并成为中国的藩属国，日本通过武力非法吞并琉球。傅角今和郑励俭（1948）④、袁家东和刘绍峰（2012）⑤ 等的历史考察揭示，日本用"冲绳""西南诸岛"等称谓以"去琉球化"并抹杀琉球的历史和政治意义。王海滨（2007）⑥、汪晖（2009）⑦ 等的研究表明，中国历届政府对日本武力吞并琉球均不予承认。徐勇（2010）⑧、唐淳风（2010）⑨ 等大陆学者主张"琉球地位未定"并引起关注。日本学者对琉球的历史地位存在争议。伊波普猷（2000）⑩ 主张琉球国在近代失去独立，并把明治政府武力吞并琉球称为"解放奴隶"；安良城盛昭（1980）⑪ 主张琉球是一个"半国家和'拟国家'的存在"；高良仓吉（1987）⑫ 认为琉球是"幕藩体制中的异国"，少数学者如井上清（1972）⑬ 指出，琉球原是独立的国家，后被明治政府强行吞并后成为日本领土的一部分。琉球本土研究中，蔡璋的《冲绳亡国史谭》⑭、新崎盛晖的《冲绳现代史》⑮ 和西里喜行的《清末中琉日关系史研究》⑯ 具有代表性。上述国内外文献就西方国际法规则对亚洲藩属体制的冲击、琉球交涉所涉诸多条约、领土

① 米庆余：《琉球历史研究》，天津：天津人民出版社，1998 年。

② 谢必震：《明赐琉球闽人三十六姓考述》，《华侨华人历史研究》，1991 年第 1 期。

③ 修斌，姜秉国：《琉球亡国与东亚封贡体制功能的丧失》，《日本学刊》，2007 年第 6 期。

④ 傅角今，郑励俭编著：《琉球地理志略》，北京：商务印书馆，1948 年。

⑤ 袁家冬，刘绍峰：《琉球群岛的地缘关系》，北京：社会科学出版社，2016 年。

⑥ 王海滨：《中国国民政府与琉球问题》，《中国边疆史地研究》，2007 年第 3 期。

⑦ 汪晖：《琉球与区域秩序的两次巨变》，《中国经济》，2009 年 11 月。

⑧ 徐勇：《战后琉球政治地位之法理研究与战略思考》，《战略与管理》，2010 年 3/4 期合编。

⑨ 唐淳风：《中国应支持琉球独立运动》，《环球时报》，2010 年 11 月 8 日。

⑩ ［日］伊波普猷著：《古琉球》，外间守善校订，岩波文库，2000 年。

⑪ ［日］安良城盛昭：《新·冲绳史论》，冲绳タイムス社，1980 年。

⑫ ［日］高良仓吉：《琉球王国の构造》，东京：吉川弘文馆，1987 年。

⑬ ［日］井上清：《"尖阁"列岛——钓鱼诸岛の史的解明》，现代评论社，1972 年。

⑭ 蔡璋：《琉球亡国史谭》，台湾：正中书局，1951 年。

⑮ ［日］新崎盛晖著：《冲绳现代史》，胡冬竹译，北京：生活·读书·新知三联书店，2005 年。

⑯ ［日］西里喜行著：《清末中琉日关系史研究》（上、下），胡连成等译，北京：社会科学文化出版社，2010 年。

取得和主权理论与琉球王国的地位等问题鲜有系统整合，即使提及也缺乏国际法角度上的分析和论证。

第二，国际托管制度和琉球托管问题。历史和国际关系研究中，汪晖（2009）[①]、李艳娜（2009）[②]指出，中美共管琉球的动议曾出现在开罗会议中美首脑会谈中。刘少东（2011）[③]、安成日和李金波（2012）[④]等关注1942—1972年日美"冲绳问题"，但从联合国托管制度角度分析战后盟国对美国托管琉球安排的研究不多。国际法研究中，台湾学者丘宏达（2004）[⑤]提及美国单独托管琉球的内因与外因，但未说明是否与国际法相符。此外，张毅（2010）[⑥]、王友明（2012）[⑦]的论文或提到琉球托管涉及的条约，或认为"剩余主权为美国臆造"，但对涉及琉球问题诸多条约的解读不够，也未结合"剩余主权"的法理分析美国处置琉球的非法性。英文文献中，Ballantine（1952—1953）[⑧]、B. J. George（1964）[⑨]等的研究表明，琉球由联合国托管或"返还"日本都曾是旧金山和会讨论的方案，美国出于冷战需要绕开联合国单独占领琉球。还应注意Robert D. Eldridge（2001）[⑩]、Gavan McCormack（2012）[⑪]等对琉球"军事占领""行政管理"的提法。总之，国内外已有研

① 汪晖：《冷战的预兆：蒋介石与开罗会议中的琉球问题——〈琉球：战争记忆、社会运动与历史解释〉补正》，《开放时代》，2009年第5期。

② 李艳娜：《"委任统治制"与"国际托管制度"之比较》，《历史教学：高校版》，2009年第8期。

③ 刘少东：《日美冲绳问题起源研究（1942—1952）》，北京：世界知识出版社，2011年。

④ 安成日，李金波：《试论第二次世界大战后美国托管冲绳政策的形成》（下），《北华大学学报》（社会科学版），2012年第13卷第1期。

⑤ 丘宏达：《关于中国领土的国际法问题论集》（修订本），台北：台湾商务印书馆，2004年。

⑥ 张毅：《琉球法律地位之国际法分析》（博士论文），北京：中国政法大学，2013年。

⑦ 王友明：《美日归还冲绳协定私相授受钓鱼岛的非法性》，《国际问题研究》，2012年第6期。

⑧ Joseph W. Ballantine, The Future of the Ryukyus, 31 Foreign Aff. 653, 1952–1953.

⑨ B. J. George, Jr, The United States in The Ryukyus：The Insular Cases Revived, 39 N. Y. U. L. Rev. 785, 1964.

⑩ Robert D. Eldridge, The Origins of the Bilateral Okinawa Problem：Okinawa in Postwar US‐Japan Relations：1945—1952, New York：Routledge‐Garland, 2001.

⑪ Gavan McCormack, Resistant Islands：Okinawa Confronts Japan and the United States, Rowman & Littlefield Publishers, Inc. , 2012.

究对托管制度的法律规范、"剩余主权"的法理、琉球和联合国托管领土的联系和区别缺乏系统的整合与梳理。国外研究鲜见将托管制度结合琉球托管问题的深入探讨，更鲜见从军事占领法角度对第二次世界大战后美国占领琉球的考察。

第三，钓鱼岛争端及其琉球因素的相关研究。日本学界多与官方立场一致，认为钓鱼岛为琉球附属岛屿，如东恩纳宽淳（1957）① 侧重论证"冲绳"诸岛日语命名的"事实"。冈苍古志郎和牧濑恒二（1969）② 则依据《旧金山和约》第 3 条，认为钓鱼岛、黄尾屿、赤尾屿位于"北纬 29 度以南"的琉球群岛的经纬度内。仅有少数日本学者如村田忠禧（2013）③ 根据琉球史料指出，琉球王国的领土范围不包括钓鱼岛及其附属岛屿。我国大量文献侧重研究钓鱼岛主权归属的历史和法律依据，但国内研究多关注 1895 年前中国对钓鱼岛的先发现和长期管辖，对日本官方根据冲绳隶属关系对钓鱼岛的主张关注不够，钓鱼岛争端中琉球因素的系统研究较为匮乏。我国多位知名学者如沙学浚（1972）④、吴天颖（1994）⑤、鞠德源（2006）⑥、郑海麟（2007）⑦ 从史地角度论证钓鱼岛属中国不属琉球，但较少触及 20 世纪 70 年代"琉球返还"前后的历史和国际法问题。从国际法角度涉及琉球问题的研究，散见于

---

① ［日］东恩纳宽淳：《琉球的历史》，至文堂，1957 年。
② ［日］冈仓古志郎，牧濑恒二编：《资料冲绳问题》，东京劳动旬报社，1969 年。
③ ［日］村田忠禧著：《从历史档案看钓鱼岛问题》，韦平和译，北京：社会科学文献出版社，2013 年。
④ 沙学骏：《钓鱼岛属中国不属琉球之史地根据》，台北：学萃杂志，1972 年。
⑤ 吴天颖：《甲午战争前钓鱼列屿归属考——兼质日本奥原敏雄诸教授》，北京：社会科学文献出版社，1994 年。
⑥ 鞠德源：《钓鱼岛正名——钓鱼岛列屿的历史主权及国际法渊源》，北京：昆仑出版社，2006 年。
⑦ 郑海麟：《钓鱼岛列屿之历史与法理研究》，北京：中华书局，2007 年。

王子尧（2011）①、马学章（2012）②、管建强（2012）③ 等的论文，唐淳风（2014）④、罗欢欣（2015）⑤ 等的专著也有专门研讨。不过，现有文献尚缺乏分阶段对琉球王国存续期间，以及琉球王国被日本吞并后直至第二次世界大战结束的历史进程对琉球法律地位的整理与分析，对日本依据琉球的"行政隶属关系"对钓鱼岛的"主权主张"的回应不够。

整体看，如能结合琉球地位问题，可驳斥日本依据冲绳隶属关系对钓鱼岛的"主权"主张。现有文献多集中在历史和国际关系领域，而琉球的法律地位、与琉球托管有关的国际托管制度、第二次世界大战后美军对琉球的军事占领，以及钓鱼岛争端的琉球因素等理论研究相对欠缺。

琉球群岛海域是我国海军向太平洋纵深海域进出的咽喉要道，冲绳美军基地不仅为日本和邻国的领土争端对抗提供军事支援，更将成为美国"重返亚太"战略中重要的筹码。更重要的是，琉球问题和钓鱼岛问题盘根错节、相互交织，日本官方还依据冲绳隶属关系从法理上主张对钓鱼岛的主权。琉球法律地位问题关乎海洋安全，更关系到我国岛屿主权的核心利益，中日钓鱼岛争端中必须正视且急需探讨的重要一环就是琉球地位问题。

本书共五章，拟综合运用国际法、历史和国际关系多学科方法，围绕琉球地位展开如下论述：

第一章，琉球群岛概况及其战略地位。本章首先介绍琉球群岛的地理范围、琉球王国的历史、文化、语言，以及中国和琉球王国自明清以来的宗藩关系和朝贡往来。其次是分析琉球在钓鱼岛争端和中日美关系中的战略地位，不仅从地缘政治角度考察琉球对中日美三国的战略意义，还涉及琉球问题与中日钓鱼岛争端的关联及战略意义，进而突出本书所研究议题

---

① 王子尧：《中日关系中的琉球问题及其国际法分析》，《南京工程学院学报》（社会科学版），2011 年第 6 期。
② 马学章：《日本不具有琉球主权之国际法渊源考察》，《威宁学院学报》，2012 年第 9 期。
③ 管建强：《国际法视角下的中日钓鱼岛领土主权纷争》，《中国社会科学》，2012 年第 12 期。
④ 唐淳风：《悲愤琉球》，北京：东方出版社，2013 年。
⑤ 罗欢欣：《国际法上的琉球地位与钓鱼岛主权》，北京：中国社会科学出版社，2016 年。

的理论与现实意义。

第二章，"两属"体制下琉球王国的历史和国际法地位。第一节为 19 世纪西方"万国公法"体制与东亚宗藩/朝贡体制的关系，将 19 世纪西方殖民扩张的"万国公法体制"与东亚传统的宗藩/朝贡体制之间的关系作为考察对象，并分析近现代国际法语境下藩属国的法律地位。第二节审视琉球的历史和国际法地位，除了分析琉球王国三阶段的历史地位外，还包括涉中日琉关系的条约考察，在此基础上综合分析东亚宗藩/朝贡体制中琉球的国际法地位。第三节为甲午战争后琉球复国独立运动及中国政府对琉球的立场，涉及"琉球处分"到第二次世界大战结束期间的琉球复国运动，以及甲午战争到第二次世界大战结束中国对琉球和钓鱼岛问题的态度。

第三章，从国际托管制度和条约看琉球托管问题。本章第一节从国际托管制度和第二次世界大战后琉球的定性问题入手，除了指出日本前"委任统治地"和琉球群岛在第二次世界大战后领土安排中的区别和第二次世界大战后拟托管的日本"领土"外，还详细介绍了联合国托管制度的实体法和程序法。第二节涉及"雅尔塔条约体系"和《旧金山和约》对琉球的处理与安排，在分析战后国际秩序与"雅尔塔条约体系"的关联后，具体阐述"雅尔塔体系"诸条约（《大西洋宪章》《开罗宣言》《波茨坦公告》等）与琉球和钓鱼岛的关联。第三节为《旧金山和约》中涉日本战后"领土"和琉球相关条款的缔约背景及其条约解释，在介绍《旧金山和约》"中国代表权"问题后，从条约法角度分析《旧金山和约》涉琉球托管和钓鱼岛条款的"和约草案"。第四节涉及美国对日媾和对"琉球托管"的决策和"剩余主权论"的出台，进而将第二次世界大战后琉球"应然"维度的地位定性为"潜在的托管领土"。

第四章，美国非法占领琉球（1945—1972 年）及美日"私相授受"琉球。首先，从国际军事占领法看美国摒弃托管对琉球的占领，除了结合国际法上的军事占领法原理，分析美国对琉球的行政管理及 1953 年美国琉球民政府"第 27 号公告"的法律效力外，还将 1945—1972 年的琉球"实然"

维度的地位定性为军事占领。其次分析 1972 年前后美日私相授受琉球的经纬，具体涉及"琉球移交"前美日系列协议和官方文件、1960 年《新日美安保协议》为代表的"日美安保体系"、1971 年美日《琉球移交协定》，以及海峡两岸对美日私相授受琉球的立场与态度。最后一节涉及现代琉球政治运动，以时间为主线，总结和归纳第二次世界大战后琉球独立运动、美军占领期间琉球本土"复归"和"反复归"运动，以及 1972 年后琉球独立运动的复兴。

第五章，从琉球地位及美日私相授受的非法性驳日本对钓鱼岛的"主权"主张。第一节首先分析日本以钓鱼岛和琉球的"隶属"关系主张钓鱼岛主权的荒谬性，尤其侧重分析钓鱼岛自古属中国不属琉球的史料、管辖及地理依据、中琉之间存在海上边界且钓鱼岛位于边界的中国一侧，以及日方主张"1885 年（至甲午战争）以来钓鱼岛多次实地调查后为'无主地'"的历史和国际法依据不足，最后对日本外务省罗列 1895—1971 年的我国"涉琉球认知之反证"进行反驳。第二节从条约法理论角度考察涉钓鱼岛和琉球的多个条约，如《马关条约》《旧金山和约》《琉球移交协定》和《美日安保条约》等多边或双边条约。第三节从托管（应然）和军事占领（实然）两个维度审视美国对琉球及钓鱼岛的非法处置，除了结合 1879 年到第二次世界大战结束期间琉球的法律地位和联合国托管制度分析美日私相授受琉球的非法性外，更侧重 1971 年《琉球移交协定》把钓鱼岛划入琉球群岛地理范围为何违反国际法，从而驳斥日本依据"琉球'返还'"对钓鱼岛的"主权"主张。

本书是在作者主持的国家社科基金青年项目（原题为《钓鱼岛争端视野下琉球法律地位问题研究》）结项报告的基础上修改完成。正如张海鹏研究员所主张，"讨论钓鱼岛问题的时候，不得不提到琉球问题，不可以不联系甲午战争和《马关条约》。这是不可以回避的历史问题"①。项目的初衷即为探

---

① 张海鹏，"琉球救国请愿书整理与研究（1876—1885）"（2018 年 11 月 19 日），资料来源于 ht-tp：//www. cssn. cn/sjs/sjs_dsbh/201811/t20181119_4777907. shtml，访问日期：2018 年 11 月 19 日。

索钓鱼岛争端中的"琉球因素"。本书以时间为主轴，以甲午战争前中日"琉球交涉"时期对琉球地位的争论，扩展到第二次世界大战后琉球应然和实然维度的领土地位，再回到日本对钓鱼岛相关主张的驳斥，以期从历史、国法和国际关系角度"还原"琉球地位的"真相"。

缩略语对照表

简称	中文翻译名	英文名
PCA	国际常设仲裁院	Permanent Court of Arbitration
SCAP	盟国最高司令官	Supreme Commander for the Allied Powers
JCS	参谋长联席会议	Joint Chiefs of Staff
JSSC	联合战略调查委员会	Joint Strategic Survey Committee
USCAR	美国琉球民政府	United States Civil Administration of the Ryukyu Islands
FEC	远东军最高司令官	Far East Command
GRI	琉球政府	Government of the Ryukyu Islands
NSC	国家安全委员会	National Security Council

目　次

第一章 琉球群岛概况及其战略地位

地理意义上的"琉球群岛"是指分布在中国台湾岛东北与日本九州岛西南之间的弧状群岛。琉球群岛北与日本的九州岛和大隅诸岛相连,西南与中国的台湾岛相接,东邻太平洋,西隔琉球海槽与中国大陆相望。琉球群岛从北到南,包括大隅诸岛、吐噶喇列岛、奄美诸岛(统称"萨南诸岛",属鹿儿岛县),冲绳诸岛(包括庆良间诸岛)、大东诸岛和先岛诸岛(包括宫古列岛和八重山列岛)等 5 个岛群。根据日本国土地理院 2010 年的地图资料和调查,该群岛地理位置在 24°02′44.9″—30°00′26.7″N,122°56′01.4″—131°19′56.1″E 之间。琉球群岛共有面积超过 0.01 平方千米的岛礁 225 个。其中有人岛屿 59 个,无人岛屿 68 个,无名岛礁 98 个。[①]

历史意义上的"琉球",是指早期琉球群岛上的山南、中山、山北 3 个国家以及统一后的琉球王国(1429—1879 年)的对外统称。如今,琉球群岛和古代的琉球王国间存在着紧密联系,但地理范围却大不相同。1879 年日本吞并琉球,而当时的琉球并不包含划归日本鹿儿岛县的奄美群岛;另外,虽然日本所称的"冲绳群岛"指冲绳本岛及其邻近岛屿,但现在更多地成为琉球群岛或冲绳县的代称。[②]

历史上琉球王国和明朝的朝贡关系始于 1372 年,此后历经明清两代,延续 500 余年。清末,中国的藩属国如朝鲜、越南、缅甸等遭到西方列强的觊

---

① [日]日本国土地理院:《平成 21 年全国都道府県市区町村面積調査》,东京:日本地图センター,2010 年,第 1 页。

② 鞠德源:《日本国窃土源流 钓鱼列屿主权辨》,北京:首都师范大学出版社,2001 年。

舰和侵占,琉球也面临被日本吞并的境遇。在西方殖民者"万国公法"体制的冲击下,亚洲的藩属/朝贡体制分崩离析。为了论证这一时期琉球的地位,本章除了以历史典籍或著述为依据外,还将结合当时的国际法即《万国公法》予以综合分析。

第一节　琉球群岛的史地文化概况

琉球是有着悠久历史文化传统的古老王国。琉球王国曾以东北亚和东南亚贸易的中转站而著称,贸易发达,有"万国之津梁"的美誉,其疆界的地理范围也和现在的日本冲绳县存在较大差别。随着时间的推移,历史上琉球和中国的封贡关系并不为现代人所熟知。本节从琉球的历史、地理和文化三个方面"还原"琉球王国的本貌,并着重分析中琉之间源远流长的宗藩封贡关系。

一、琉球群岛的地理范围

现在日本冲绳县的地理范围由大隅群岛、吐噶喇群岛、奄美群岛、冲绳诸岛、大东诸岛、先岛群岛(包括宫古列岛和八重山列岛)六大岛群构成。[①]"琉球群岛""西南群岛""萨南群岛""冲绳"这几个地域空间概念经常被混用,在一定的历史阶段甚至造成对琉球群岛地理范围的认知的模糊与混乱。[②]"琉球"这个称谓的历史、政治和战略意义必须予以重视,"琉球"及其相关地理名称的差异也应予以甄别。

---

① 刘绍峰,袁家冬:《琉球群岛相关称谓的地理意义与政治属性》,《地理科学》,2012 年第 4 期,第 393 页。

② 例如,《人民日报》1953 年 1 月 8 日题为《琉球群岛人民反对美国占领的斗争》的社论中,就曾误将我国的固有领土钓鱼岛及附属岛屿(日本称"尖阁诸岛""尖阁列岛""尖阁群岛")归入琉球群岛地域范围。参见人民日报评论员:《琉球群岛人民反对美国占领的斗争》,《人民日报》,1953 年 1 月 8 日。

（一）1879 年以前琉球王国的地理范围

历代册封使赴琉球的记载或报告中，以徐葆光的《中山传信录》对琉球王国地理范围的记载最为详细。其中，"琉球属岛三十六，水程南北三千里，东西六百里，远近环列"等等。卷四"琉球三十六岛"具体记录了三十六岛的名称①并附有地图（参见附录图一"徐葆光《中山传信录·琉球三十六岛图》"）：

"东四岛"——姑达佳（译为久高）、津奇奴（译为津坚）、巴麻（译为滨岛）、伊计。

"正西三岛"——马齿二山（东马齿山大小五岛，西马齿山大小四岛）、姑米山（又叫"古米山"，即今天的久米岛）。

"西北五岛"——度那奇山（译曰渡名喜岛）。安根山（译曰粟国岛，又为安护仁与度那奇）、椅山（亦曰椅世麻曰伊江岛）、叶壁山（土名伊平屋岛）、硫黄山（又名黑岛山亦名鸟岛）。

"东北八岛"——由论、永良部（讹为伊阑埠）、度姑（译曰德岛）、由吕、乌奇奴、佳奇吕麻、大岛（土名乌父世麻）、奇界。

"南七岛"——太平山（一名麻姑山）、伊奇麻（译曰伊嘉间）、伊良保、姑李麻（译曰古里间）、达喇麻、面那、乌噶弥。

"西南九岛"——八重山——（一名北木山、土名彝师加纪，又名爷马）、乌巴麻二岛（译曰宇波间）、巴度麻（译曰波渡间）、由那姑呢、姑弥、达奇度奴（译为富武）、姑吕世麻（译为久里岛）、阿喇姑斯古（译曰新城）、巴梯吕麻（译曰波照间）。

《中山传信录》对琉球疆界的审定，是琉球国王指令对航运地理深有研究的琉球学者程顺则②协同徐葆光和测量官完成的。此书是当时对琉球地理范围的权威论著。琉球领土自此测定以后并无变动，直到光绪初年日本灭琉球为止；之后中日"琉球交涉"时，虽有中日对琉球领土分割之议，而中国拒绝，

---

①　米庆余：《琉球历史研究》，天津：天津人民出版社，1998 年，第 257-258 页。

②　程顺则，琉球大学者，著有《指南广义》一书。

最终琉球疆域也并无变动。①

(二)"琉球—冲绳"称谓的历史演变

中国有关琉球群岛最早的文献记载见于公元 636—656 年间《隋书》卷八十一所记载的"流求国"。②此外还有"流求""流虬"等相似的说法。据中国史料记载,琉球本题作"流虬",从中国的文字中取义。从地理形态上来看,琉球群岛蜿蜒如长蛇,其形如虬龙一条,故有"流虬"之称,后人同音引用,例如有写成"流求"的。③ 这可以在琉球古籍中得到印证,根据琉球王国的《中山世谱》记载:"隋大业元年乙丑,海师何蛮,每春秋二时,天清风静,东望,似稀有烟雾之气,亦不知几千里。三年丁卯,隋帝命羽骑尉朱宽入海访求异俗……遥观地界,于波涛间蟠旋蜿蜒,其形若虬浮水中,名曰'流虬'(嗣后改名'流求',故唐宋之吏,皆曰'流求')……至元年间,世祖改'流求'曰'瑠求'……洪武之初,太祖改'瑠求'曰'琉球',遣使招抚。王悦,始通中朝,入贡,以开琉球维新之基。"可见,宋王朝在公元 1264 年(南宋景定五年)改"流求"为"瑠求",在公元 1372 年(明洪武五年)又改"瑠求"为"琉球",并从此沿用至今。④就《隋书》中的"琉球国"是如今的琉球群岛还是台湾,史学界存在争议。长期以来,中国的俗语和典籍中还有"大琉球"(琉球群岛)和"小琉球"(台湾)的说法。直到明朝初年,我国还以"琉球"称呼现在的琉球群岛,此后对琉球群岛和台湾的区别才有了比较清楚的认识。⑤ 1879 年中国与日本就琉球地位进行谈判时,中日两国都使用"琉球"的称谓。1895 年甲午战争后,"琉球"的称谓出现混乱,一些人开始效仿日本称"琉球"为"冲绳"。新中国成立之初,中国政府仍使用"琉球"这一称谓。但到 1972 年中日邦交正常化以后,"琉球"这一称谓被渐

---

① 杨仲揆:《中国·琉球·钓鱼岛》,香港:友联研究所,1972 年,第 95 页。
② (唐)魏徵等著:《隋书》(卷八十一列传第四十六),北京:中华书局,1973 年,第 4 页。
③ 王海滨:《琉球名称的演变与冲绳问题的产生》,《日本学刊》,2006 年第 2 期。
④ 庄文:《琉球概览》,国民图书出版社,1945 年,第 1 页。
⑤ 史明:《台湾四百年史》,台北:鸿儒堂书局,2005 年,第 30 页。

渐遗忘，逐渐被"冲绳"的称呼取代。[①]

日本也有 Riukiu 或 Ryukyu 的称谓，衍生自中国的 Liuchiu，原因是日语发音中没有"L"，意思是"天边漂浮的宝石"。[②] 公元 835 年，日本僧人空海的弟子真济在所编的《性灵集》中始称"留求"，读作 Ryukyu。自 14 世纪日本加入明朝的册封体制后，琉球这一称呼便在日本固定下来。[③] 直至 1879 年日本废除"琉球藩"设置"冲绳县"后，日本开始用"冲绳"的日本名称取代"琉球"的称谓。冲绳（Okinawa）一词的语源来自于琉球语"Uchina"，是琉球人相较于奄美、宫古、八重山等周边岛屿对今天冲绳本岛的固有称呼。[④]关于"Uchina"这一称谓的由来尚无定论，琉球历史学家东恩纳宽惇认为，"Uchina"一词源于 1531—1623 年间编撰的琉球古诗词《思草纸》（おもろさうし）中被称为"Uchina"的琉球古神话中的女神。[⑤]日语"okinawa"一词最早见于公元 779 年《唐大和上东征传》的鉴真东渡漂流至"阿儿奈波岛"的记载，日语读作"Okinawa"，即冲绳。[⑥]

从"琉球"到"冲绳"的称谓变化，是随着日本吞并琉球的计划逐步演变和推进的：1609 年，萨摩藩主岛津家久率兵侵略琉球，强迫琉球进贡并强占北部奄美五岛为萨摩藩的直辖地；1871 年开始，日本明治政府推行"废藩置县"，将萨摩藩改称鹿儿岛县，又单方面将琉球划归鹿儿岛县管辖；1879 年 4 月，为了彻底将琉球纳入日本统治，日本废"琉球藩"，将奄美群岛及以北的岛屿全部划由鹿儿岛县管辖。同时，日本将奄美群岛以南至台湾以北诸岛划为第 47 个县即冲绳县。日本历史学家村田忠禧的研究表明，19 世纪 70 年代日本"琉球处分"期间，日本驻清国的全权公使森有礼多次与清政府交涉琉球问题。森有礼提交给日本政府的文书中提出将"琉球"改名为"冲绳"，

① 袁家冬，刘绍峰：《琉球群岛的地缘关系》，北京：社会科学出版社，2016 年，第 69-70 页。
② 何慈毅：《明清时期琉球日本关系史》，南京：江苏古籍出版社，2002 年，第 3 页。
③ 何慈毅：《明清时期琉球日本关系史》，南京：江苏古籍出版社，2002 年，第 3 页。
④ 袁家冬，刘绍峰：《琉球群岛的地缘关系》，北京：社会科学出版社，2016 年，第 71 页。
⑤ ［日］東恩納寛惇：《南島風土記》，那霸：鄉土文化研究會，1964 年，第 16 页。
⑥ 真人元开：《唐大和上东征传》，汪向荣校注，北京：中华书局，1979 年，第 41 页。

目的是"将琉球归于无形之空物"。①

国际社会尤其是美国对"琉球"这一称谓的使用,对于全面认识"琉球"称谓的变迁也很重要。海外则依琉球王国同中国的旧有关系,一般称为 Liuchiu、Luchu、Loochoo、Lewchew 或 Liukiu,表明了中琉传统历史关系的源远流长。②"Liuchiu"这一来自中文琉球音译的称谓,在第二次世界大战结束前被美国广泛使用。1945 年 12 月,美国亚太问题专家爱默生向美国国务院提交一份名为《琉球群岛的处置》的报告,建议美国官方使用日语音译的"Ryukyu"取代中文琉球音译的"Liuchiu"。1945 年 12 月 20 日,美国国务院决定使用日语音译"Ryukyu"。③但无论中文英译还是日语英译,"琉球"这个名称的广泛认知度,可以从第二次世界大战前后美国对琉球的官方称谓中得到印证:

首先,第二次世界大战后美军占领琉球群岛期间,美国在各种官方文件中仍用日语琉球音译的"Ryukyu"、避免使用"Okinawa",而日本则千方百计的从琉球称谓上做"去琉球化"的文章。例如,美军早期设立"北琉球群岛美国海军政府"(United States Navy Government of the Northern Ryukyu Islands)④,日本政府以"使用 Ryukyu 的叫法将意味着在冲绳诸岛返还前美国将延迟返还奄美诸岛"⑤为由,对"Ryukyu"的英文称谓表示反对。"北琉球群岛临时政府"的日文表述最后改为 Rinji Hokubu Nanseishoto Seicho,日语使用"南西诸

---

① [日]村田忠禧著:《从历史档案看钓鱼岛问题》,韦平和译,北京:社会科学文献出版社,2013 年,第 129 页。

② [美]马士著:《中华帝国对外关系史》(第二卷),张汇文等译,上海:上海书店出版社,2000 年,第 295 页。

③ Robert D. Eldridge, *The Origin of the Bilateral Okinawa Problem*: *Okinawa in Postwar US-Japan Relations*, 1945—1952, New York: Garland Publishers Inc., 2001, p. 31.

④ Robert D. Eldridge, *The Return of the Amami Islands*: *The Reversion Movement and U. S. -Japan Relations*, Oxford: Lexington Books, 2004, p. 11.

⑤ Robert D. Eldridge, *The Return of the Amami Islands*: *The Reversion Movement and U. S. -Japan Relations*, Oxford: Lexington Books, 2004, p. 25.

岛"，但该政府的英文名称则仍沿用"Ryukyu"的称谓。①

其次，日本官方统称的"冲绳返还协定"，全称其实是《琉球诸岛及大东诸岛的美日协定》（Agreement Between the United States of America and Japan Concerning the Ryukyu Islands and the Daito Islands，以下简称《琉球移交协定》）②，该条约原文用的是"琉球"而不是"冲绳"。可见，如今日本在各种场合使用"冲绳"的称呼，但"琉球"的称谓不仅具有重要的政治含义和深刻的历史文化内涵，更具有广泛的国际认知度。

琉球的名称历经"琉球"（Ryukyu）到"冲绳"（Okinawa）的变迁，日本无论在美国军事占领期间，还是在"琉球移交"进程中对琉球的名称"去琉球化"，有意识地用"冲绳"这一称谓取代之。日本的目的其实是对国际社会掩盖19世纪侵略琉球王国的历史，使吞并行为从"实"到"名"都能"既成事实""名正言顺"。但无论从政治意义还是从地域范围来看，现在的"冲绳"都已经不是过去的"琉球"。

---

① Robert D. Eldridge，*The Return of the Amami Islands*：*The Reversion Movement and U. S. - Japan Relations*，Oxford：Lexington Books，2004，p. 25.

② 《日本国与美利坚合众国关于琉球群岛及大东诸岛的协定》：1971年6月17日在华盛顿和日本同时以英文、日文签署，1972年生效，又称"冲绳返还协定"。但是，协定标题并没有使用"冲绳"的地理名称，用的是"琉球"这一传统称谓。"reversion"（"回归"或"复归"）一词出现在这份协定的序言和第7条中共3次，但协定中并没有出现"返还"或"主权返还"等词汇，《冲绳返还协定》这样的简称多出现在美国和日本的新闻报道和官方文件中。由于日美官方和学界文献中大多使用"冲绳返还"的提法，中国学界多沿袭"冲绳返还协定"的译法，例如张扬：《试论冲绳返还得以实现的原因》，《社会科学战线》，2004年第1期；崔丕：《美日返还冲绳协定形成史论》，《历史研究》，2008年第2期；陈波：《冲绳返还与美国在西太平洋的核部署》，《国际观察》，2010年第3期，等等。该协定文本中用的是"琉球"而不是"冲绳"的称谓，本书主张不应效仿日美"冲绳返还协定"的称呼。鉴于这份协定的主要条款强调美国将琉球群岛的行政、立法和司法权力移交（transfer）给日本，因此，除非引用原作或尊重原出处的需要，本书将这份协定简称为《琉球移交协定》，以还原该协定的历史原貌和条约主要条款的原意。See Agreement between the United States of America and Japan Concerning the Ryukyu Islands and the Daito Islands，United States，17 June，1971，In Dept. of State，*United States treaties and other international agreements*，Washington：U. S. Government Printing Office，1973，Part I，Vol. 23，pp. 449-458.

（三）"琉球群岛"及其他易混淆的地理名称

1. "琉球群岛"

琉球群岛的地理范围包括古代琉球王国的全部附属岛屿，由大隅诸岛、吐噶喇列岛、奄美诸岛（统称"萨南诸岛"，属鹿儿岛县），冲绳诸岛（包括庆良间诸岛）、大东诸岛和先岛诸岛（包括宫古列岛和八重山列岛）等5个岛群构成。从地理范围上（参见附录图二"琉球群岛相关称谓空间概念图"）看，琉球群岛南部的陆地基点是八重山列岛波照间岛最南端的波照间海岸，地理坐标为 24°02′45.1″N，123°47′34.9″E；北部的陆地基点是吐噶喇列岛口之岛最北端的芹伊岬角，地理坐标为 30°00′26.7″N，129°55′00.7″E；西部的陆地基点是八重山列岛与那国岛最西端的久部良海岸，地理坐标为 24°26′58.5″N，122°56′01.6″E；东部的陆地基点是大东诸岛北大东岛最东端东部的真黑岬角，地理坐标为 25°57′06.1″N，131°19′55.3″E。琉球群岛陆地总面积 3 611.08 平方千米。[1]如上文所述，琉球群岛是传统称谓，包括琉球王国统治的全部岛屿。本书坚持用"琉球"或"琉球群岛"的称谓，原因在于：其一，这是对琉球地理单元完整性客观认识的体现；[2]其二，这有利于揭穿日本从 19—20 世纪对琉球名称"去琉球化"的真相，否认日本强行吞并琉球王国的"合法性"。

2. "南西群岛"

如今日本官方常用"南西诸岛"（Nansei Shoto，或"南西群岛"）指代琉球群岛。"Shoto"是日文的英译，意思是"岛链"（chain of islands）。[3]"南西诸岛"涵盖日本九州岛西南部至台湾岛东北部之间的全部岛屿，由大隅诸岛、吐噶喇列岛、奄美诸岛、冲绳诸岛（包括庆良间诸岛）、大东诸岛和先岛诸岛（包括宫古列岛和八重山列岛）6 个岛群构成（参见附录图三"日本海

---

① 刘绍峰，袁家冬：《琉球群岛相关称谓的地理意义与政治属性》，《地理科学》，2012 年第 4 期，第 393-400 页。

② 袁家冬，刘绍峰：《琉球群岛的地缘关系》，北京：社会科学出版社，2016 年，第 73 页。

③ 王海滨：《琉球名称的演变与冲绳问题的产生》，《日本学刊》，2006 年第 2 期。

上保安厅对'南西诸岛'名称和范围的界定")。① "西南群岛"南部的陆地基点是八重山列岛波照间岛最南端的波照间海岸，地理坐标为 24°02′45. 1″N，123°47′34. 9″E；北部的陆地基点是大隅诸岛宇治群岛的辨庆岛最北端的海岸，地理坐标为 31°12′58. 2″N，129°28′20. 4″E；西部的陆地基点是八重山列岛与那国岛最西端的久部良海岸，地理坐标为 24°26′58. 5″N，122°56′01. 6″E；东部的陆地基点是大东诸岛北大东岛最东端的真黑角，地理坐标为 25°57′06. 1″N，131°19′55. 3″E。"西南群岛"陆地总面积 4 820. 79 平方千米。②

作为对九州岛西南部至台湾岛东北部间全部岛屿的泛地域化称谓，不仅 1951 年《旧金山和平条约》第 3 条中有"南西诸岛"的表述，日本外务省公布的《关于尖阁诸岛所有权问题的基本见解》也继续使用"南西诸岛"称谓，这一称谓从而广为人知。实际上，"西南诸岛"的名称是日本窃踞钓鱼岛及其附属岛屿后，才出现于日本地图中。③ 日本使用"西南群岛"称谓的政治意义表现为：第一，继续在"国际认知"上做文章，实施"去琉球化"；第二，在条约约文用语和国内涉钓鱼岛的官方文件中"夹私货"，诱使国际社会承认日本对"西南群岛"的"主权"。

3. "冲绳群岛"

"冲绳群岛"的地理范围包括古代琉球王国除吐噶喇列岛和奄美诸岛以外的全部附属岛屿，由冲绳诸岛（包括庆良间诸岛）、先岛诸岛（包括宫古列岛和八重山列岛）和大东诸岛 3 个岛群组成。"冲绳群岛"南部的陆地基点是八重山列岛波照间岛最南端的波照间海岸，地理坐标为 24°02′45. 1″N，123°47′34. 9″E；北部的陆地基点是琉球诸岛硫黄鸟岛最北端的海岸，地理坐标为 27°53′07. 6″N，128°13′19. 9″E；西部的陆地基点是八重山列岛与那国岛最西端的久部良海岸，

① Ajiro Tatsuhiko and Warita Ikuo, *The Geographical Names and Those Extents of the Wide Areas in Japan*, Technical Bulletin on Hydrography and Oceanography（Kaiyō Jōhōbu Gihō）, Vol. 27, 2009.

② 刘绍峰，袁家冬：《琉球群岛相关称谓的地理意义与政治属性》，《地理科学》，2012 年第 4 期，第 393-400 页。

③ 鞠德源：《钓鱼岛正名——钓鱼岛列屿的历史主权及国际法渊源》，北京：昆仑出版社，2006 年，第 66 页。

地理坐标为 24°26′58.5″N，122°56′01.6″E；东部的陆地基点是大东诸岛北大东岛最东端的真黑岬角，地理坐标为 25°57′06.1″N，131°19′55.3″E。"冲绳群岛"陆地总面积 2 269.46 平方千米。①

"冲绳群岛"是日本对冲绳诸岛（包括庆良间诸岛）、大东诸岛和先岛诸岛（包括宫古列岛和八重山列岛）的称谓，范围不包括琉球王国的吐噶喇列岛、奄美诸岛和大隅诸岛。回顾历史，1879 年日本在琉球"废藩置县"后，清政府与日本政府谈判于 1880 年议定《琉球条约拟稿》（又称"分岛改约案"），最终采纳的是日本明治政府的"两分案"，即将琉球群岛北部的奄美诸岛和中部的琉球诸岛②归属日本，西南部的先岛诸岛属中国，③ 但两国并未签署"分岛改约案"；1946 年 1 月，盟军总司令部的《第 677 号指令》④ 明确把 30°N 以南的"南西群岛"从日本领土分离；根据 1972 年生效的《美国与日本国关于琉球诸岛及大东诸岛的协定》，美国交还给日本的只是琉球诸岛和大东诸岛的"施政权"而非主权。从地理坐标看，"冲绳群岛"处于 24°—27°N 之间，这是"第 677 号指令"要求从日本领土剥离的范围。历史不容篡改，日本不能像主张吐噶喇列岛和奄美诸岛"主权"那样，想当然的主张对"冲绳群岛"的主权。日本使用"冲绳群岛"称谓的原因，除了"去琉球化"和抹杀日本侵略吞并琉球的历史外，还有一种考虑是"将冲绳群岛从琉球群岛肢解，将未来可能涉及琉球地位对外交涉的地域范围限定在'冲绳群岛'，以确保日本对琉球群岛北部吐噶喇列岛和东北部奄美诸岛的'主权'"。⑤

---

① 袁家冬，刘绍峰：《琉球群岛的地缘关系》，北京：社会科学出版社，2016 年，第 73-74 页。

② 即今天的"冲绳诸岛"。

③ "分岛改约案"中议定："大清国大日本国共同商议，除冲绳岛以北属大日本帝国管理之外，其宫古、八重山二岛归大清国管辖，以清两国疆界……"，参见故宫博物院：《清光绪朝中日交涉史料》卷 2，北京：故宫博物院，1932 年，第 20 页。

④ See "Governmental and Administrative Separation of Certain Outlying Areas from Japan", General Headquarters, Supreme Commander for the Allied Powers, SCAPIN-677（Jan 29, 1946），available at http://en.wikisource.org/wiki/SCAPIN677，access date：30 Jan, 2017.

⑤ 刘绍峰，袁家冬：《琉球群岛相关称谓的地理意义与政治属性》，《地理科学》，2012 年第 4 期，第 393-400 页。

4. "萨南群岛"

"萨南群岛"包括日本九州岛西南部至琉球诸岛北部之间的全部岛屿，由大隅诸岛、吐噶喇列岛和奄美诸岛 3 个岛群构成。"萨南群岛"南部的陆地基点是奄美诸岛与论岛最南端的七七崎角，地理坐标为 27°01′07.6″N，128°26′37.1″E；北部的陆地基点是大隅诸岛宇治群岛的辨庆岛最北端的海岸，地理坐标为 31°12′58.2″N，129°28′20.4″E；西部的陆地基点是奄美诸岛与论岛最西端的兼母海岸，地理坐标为 27°02′50.1″N，128°23′42.7″E；东部的陆地基点是大隅诸岛种子岛最东端的大川鼻角，地理坐标为 30°46′59.1″N，131°05′01.2″E。"萨南群岛"陆地总面积 2 551.34 平方千米。[1]在《旧金山对日和约草案》的起草过程中，战败国日本以"北纬 29 度以南的奄美诸岛不属于琉球群岛，而是萨南群岛的一部分"为由，要求美国修改草案中的岛屿名称和地域范围，[2]但事实上，"萨南群岛"包括大隅诸岛、吐噶喇列岛、奄美诸岛 3 个岛群，属于现今的鹿儿岛县，涵盖了历史上日本萨摩藩[3]的管辖范围。15—17 世纪，日本萨摩藩对琉球王国领土（吐噶喇列岛和奄美诸岛）的蚕食是逐步进行的：1441 年，萨摩藩藩主岛津氏吞并吐噶喇列岛的北部岛屿；1609 年，萨摩藩出兵琉球王国，后又占领吐噶喇列岛南部岛屿；1611 年，萨摩藩再次使用武力强迫琉球王国割让奄美诸岛。可见，日本使用"萨南群岛"的政治目的，是为了掩盖萨摩藩对琉球王国所属领土——吐噶喇列岛和奄美诸岛实行吞并的历史。

总之，从 1895 年到第二次世界大战前后，日本使用"南西群岛""冲绳群岛""萨南群岛"等容易与"琉球群岛"混淆的地理术语的背后，其实是

---

[1]　袁家冬，刘绍峰：《琉球群岛的地缘关系》，北京：社会科学出版社，2016 年，第 74—75 页。

[2]　刘绍峰，袁家冬：《琉球群岛相关称谓的地理意义与政治属性》，《地理科学》，2012 年第 4 期，第 393—400 页。

[3]　萨摩藩：日本明治政府"废藩置县"前统治九州岛南部的地方政权，势力范围包括古代日本的律令制国家萨摩国（现鹿儿岛县西部）、大隅国（现鹿儿岛县东部和大隅诸岛）和日向国诸县郡（现宫崎县西南部）等地区。江户时期（1603—1868 年）幕藩体制建立后，该政权成为萨摩藩，明治维新后改名为鹿儿岛藩。参见［日］藤井贞文，林陆朗：《藩史事典》，东京：秋田书店，1976 年，第 342 页。

扩张领土的政治野心，表现为：第一，偷梁换柱的"去琉球化"；第二，掩盖以下历史事实：日本萨摩藩在15—17世纪曾吞并琉球王国的吐噶喇列岛和奄美诸岛；日本明治政府于1879年在琉球废藩置县，侵略并吞并琉球王国，从而诱使国际社会承认日本对琉球甚至钓鱼岛的"主权"。

二、琉球的历史、文化和语言

1879年前，琉球不仅是个王国，还有自己独特的历史。琉球的历史分为"先史时代""古琉球"和"近世琉球"3个时代。"先史时代"是个漫长的历史时期，包括12世纪以前的旧石器时代和贝冢时代。"古琉球"是指从12世纪初到萨摩藩主岛津氏入侵琉球的1609年，约500年的时间。"近世琉球"则从1609年萨摩入侵琉球岛，到1879年日本明治政府宣布琉球废藩置县为止，历时270年。① 因此，自1429年琉球统一到1879年琉球王国被日本吞并，琉球王国横跨了"古琉球"和"近世琉球"两个时代。

（一）琉球的远古时期和"三山时代"

早在17 000年前的石器时代，琉球群岛就有人居住。琉球群岛上的居民最迟在12世纪（约中国南宋时期）从原始社会进入早期的氏族社会，并在各地形成小型统治集团。这些政治集团各自建立防御用的城池，琉球随后进入城邦时代。因为各城池的领主自称"按司"，又称"按司时代"。从出土文物中发现当时的铁器和碳化的谷物，可见此时琉球已经进入农业社会。在同一时期，由于中国的陆上丝路为西夏阻断，于是转向海洋发展贸易，所以也开始逐渐增加和琉球的接触（琉球出土文物中南宋的白瓷即为佐证）。② 据史料记载，琉球与中国于1372年（明洪武五年）正式建交。1372年，明太祖派遣

① 何慈毅：《明清时期琉球日本关系史》，南京：江苏古籍出版社，2002年，第3-5页。
② 陈龙腾：《战后台湾与琉球关系研究》，高雄：高雄复文图书出版社，2012年，第6-7页。

杨载出使琉球,①同年 12 月，琉球中山王察度派其弟泰期来明朝贡。② 此时琉球还分裂为三个小国，即中山国、山南国和山北国，史称琉球"三山时代"。1383 年，北山王帕尼芝和南山王承察也相继向明朝进贡，不过，明朝仅承认中山王为正式的琉球国王。③ 明洪武十三年（1390 年）前，琉球"三山时代"的 3 个国家仅领有相当于如今冲绳和奄美群岛一部分，共计约 20 个岛，④ 势力并未延伸到南方的八重山和宫古群岛。明成化十三年（1477 年），尚真继任中山王之后，各地的"按司"被集中在王城首里，结束了"按司"拥兵恃重的局面。⑤ 1392 年，为获得打造大船的技术，以避免入贡使者屡屡遭受船难，琉球接受朱元璋派遣的擅长造船航海技术的"闽人三十六姓"，移居琉球本岛的久米村，这也是中国封建历史上第一次向海外派出移民的创举。⑥

1. 琉球王国

明宣德四年（1429 年）中山国国王尚巴志灭山南国他鲁母，琉球"三山"归一统，琉球王国进入"第一尚氏王朝"统治时代。⑦ 而此前 1421 年，尚巴志继承司绍就任中山王时，曾向明王朝请愿希望承认其国王地位，获明朝皇帝许可，赐姓琉球王姓"尚"，琉球人以往没有姓氏，自此以后才有姓氏。1400 年以后，琉球商业高度发达，并凭借其优越的地理位置和中国、朝

---

① 1372 年（明洪武五年）正月，明太祖遣扬载持诏谕琉球，诏曰："太祖即位建元，遣使外夷，使者所至，蛮夷酋长称臣入贡。琉球远在海外，未及报知，特遣使谕之"。参见《明太祖实录》卷 71，洪武五年正月甲子。

② 谢必震，胡新：《中琉关系史料与研究》，北京：海洋出版社，2010 年，第 1 页。

③ 陈龙腾：《战后台湾与琉球关系研究》，高雄：高雄复文图书出版社，2012 年，第 8 页。

④ 吴天颖：《甲午战争前钓鱼列屿归属考——兼质日本奥原敏雄诸教授》，北京：社会科学文献出版社，1994 年，第 61 页。

⑤ 米庆余：《琉球历史研究》，天津：天津人民出版社，1998 年，第 27 页。

⑥ 谢必震，胡新：《中琉关系史料与研究》，北京：海洋出版社，2010 年，第 78-82 页。

⑦ 关于琉球统一的年代，参见杨仲揆：《琉球古今谈——兼论钓鱼岛问题》，台北：台湾商务印书馆，1990 年，第 178-179 页；米庆余：《琉球历史研究》，天津：天津人民出版社，1998 年，第 46 页。应注意的是，对琉球统一的年代，徐玉虎有不同的看法。他考察琉球《中山世鉴》后认为，在明代中国永乐十三年（1415 年），尚巴志"始合三国为一国"。参见徐玉虎：《明代琉球王国对外关系之研究》，台北：学生书局，1982 年，第 17 页。

鲜半岛、东南亚和日本进行贸易。① 琉球王国日渐繁盛。到 15—16 世纪，由于倭寇海盗骚扰，琉球海上贸易受到阻碍，国势衰弱。1469 年，尚德王被杀，第一代尚氏王朝灭亡。

之后，第一尚氏王朝第六代国王尚泰久的重臣金丸成功取得王位，并自称"尚圆"，以"世子"的身份遣使入明。1472 年，明朝册封尚圆为王，开启了"第二尚氏王朝"时期。尚真王统治期间（1478—1525 年），是"第二尚氏王朝"的黄金时代，他确立了琉球的政治、经济、文化体制，此后琉球进入稳定发展时期。② 此时琉球王国贸易发达且国力强盛，开始对外扩张领土。1522 年，尚真王平定与那国岛"鬼虎之乱"；1537 年，尚清王又攻占奄美大岛。③ 自此，琉球王国确定了北起喜界（又称奇界、喜介）岛、奄美大岛，南至宫古、八重山群岛的疆界，即史书和古地图中所称"三省并三十六岛"。此后"三省并三十六岛"成为琉球王国领土的代称。琉球领有的"三十六岛"在清朝册封副史徐葆光的《中山传信录》中得到详细记载。

2. 近世琉球

"近世琉球"是从 1609 年萨摩藩主岛津氏入侵琉球，到 1889 年日本明治政府宣布在琉球废藩置县，相当于日本的江户时期，或中国的清朝。④从琉球的中山王入贡起，琉球开始接受中国文化。200 年间，中国对琉球进行了扶持与协助，尤其是洪武二十五年（1392 年）朱元璋赐给琉球"闽人三十六姓善操舟者"⑤ 移民琉球。"闽人三十六姓"不仅在航海造船技术上使"缚竹为筏、不驾舟楫"的琉球成为"以海舶行商为业"的贸易中转国，他们在治理国家等方面都做出了很多贡献。至明中叶（嘉靖年间），琉球已成为相当富裕

---

① Shunzo Sakamaki, *Ryukyu and Southeast Asian*, Journal of Asian Studies, 1964, Vol. 23, No. 3, pp. 382-394.

② 陈龙腾：《战后台湾与琉球关系研究》，高雄：高雄复文图书出版社，2012 年，第 9-10 页。

③ ［日］宫城荣昌等编：《冲绳历史地图》，柏书屋，1983 年，第 52 页。

④ 何慈毅：《明清时期琉球与日本关系史》，南京：江苏古籍出版社，2002 年，第 5 页。

⑤ 《明经世文编》，卷 460，李文节公文集，中华书局影印本。转引自谢必震，胡新：《中琉关系史料与研究》，北京：海洋出版社，2010 年，第 78 页。

的海商王国。然而好景不长，因遭日本萨摩藩（今鹿儿岛）之嫉，万历三十七年（1609年）琉球被萨摩藩攻破，国王尚宁及百官被掳到萨摩藩，史称"庆长之役"（时为日本庆长十四年）。此后，琉球表面仍为中国藩属，暗中则受萨摩藩所挟持。冲绳著名史学家伊波普猷称之为"奈良河上的鹭鹚（即鱼鹰）"。近300年，至清末琉球正式亡于日本为止，琉球度过了所谓的"两属"时代。①

19世纪，日本明治政府用近10年的时间，以武力强行将琉球王国划入日本的版图，这在历史上称为"琉球处分"。围绕着"琉球处分"，伴随着同时期欧美列强在亚洲推行的殖民主义，中日两国展开了漫长的磋商、谈判，直到1880年"分岛改约案"琉球问题搁置，以致成为中日之间的"悬案"。近代的中日琉球交涉，是由1871年"生番事件"②引起的，该事件本来只涉及中国和琉球的关系，和日本无关，但觊觎台湾和琉球的日本借机生事，最后两国于1874年11月签订《北京专条》结束争端。在《北京专条》中，清廷竟承认日本侵台是"为保民义举"，并由中国代为赔偿抚恤银两。③

在攫取"保民义举"名义前后，日本丝毫没有放松全面吞并琉球的步伐：1872年日本以明治天皇亲政名，示意琉球朝贺并借此封琉球国王为藩主；④1874年日本派军到台湾"讨伐生番"，屠杀民众；1879年，日本废掉琉球藩，

---

① 杨仲揆：《琉球古今谈——兼论钓鱼台问题》，台北：台湾商务印书馆，1990年，第26页。

② 生番事件：又称"牡丹社事件"。同治十年（1871年）11月，琉球国太平山岛一艘海船69人遇到飓风，船只倾覆。幸存的66人凫水登山，11月初7日，误入台湾高山族牡丹社生番乡内，和当地居民发生武装冲突，54人被杀死，幸存的12人在当地汉人杨友旺等帮助下，从台湾护送到福建。同治十一年（1872年）2月25日，福州将军兼署闽浙总督文煜等人将此事向北京奏报，京城邸报对此作了转载。参见米庆余：《琉球漂民事件与日军入侵台湾（1871—1874）》，《历史研究》，1999年第1期。

③ 参见米庆余：《琉球漂民事件与日军入侵台湾（1871—1874）》，《历史研究》，1999年第1期；"日清两国间互换条款及互换凭单"，资料来源于http：//www.ioc.u-tokyo.ac.jp/~worldjpn/documents/texts/pw/18741117.T1J.html，访问日期：2015年1月30日。

④ 王芸生：《六十年来中国与日本》（第1卷），北京：生活·读书·新知三联书店，1979年，第148页。

改名为日本领属的冲绳县，县官改由日本国委派。① 被激怒的清政府于 1879 年 5 月 10 日照会日本新驻华公使，对日本单方面处分琉球的举动提出了强烈抗议。经美国卸任总统格兰特的调停，中日两国在北京举行"分岛加约案"谈判，日方主张平分琉球，清政府主张三分方案。由于中俄伊犁边界问题爆发，清政府当时提出从速解决琉球问题并同意日本提案。② 1880 年 10 月 21 日，双方正式拟定了"分割琉球条约稿"，约文规定："大清国大日本国共同商议，除冲绳岛以北，属大日本国管理外，其宫古八重山二岛，属大清国管辖，以清两国疆界，各听自治，彼此永远不相干预"③。由于内部分歧，清政府采纳李鸿章"支展延宕"之拖延政策，决定不批准协议草案，初衷是保存琉球社稷和避免"失我内地之利"④，但 1895 年中国最终在甲午战争中战败，被迫签署《马关条约》⑤ 并割让台湾、澎湖、辽东半岛给日本，在琉球群岛问题就更失去了发言权。直至甲午战争爆发之前，中日双方仍认知琉球的地位悬而未决。日本吞并琉球后，不满日本统治的琉球人流亡清朝、以求复国，被称为"脱清人"。关于围绕"琉球处分"的中日交涉，以及该时期琉球的历史地位，具体将在第二章第二节详细论述。

（二）琉球的文化

因为历史和地理的原因，琉球有自己独特而多元的文化。琉球群岛介于中国大陆和日本本土之间，深受中国文化和日本文化的影响。后经过美军近 30 年占领和驻军，也对琉球文化造成一定的影响，再加上琉球民族自己的传

---

① 鞠德源：《评析 30 年前日本政府〈关于尖阁诸岛所有权问题的基本见解〉》，《抗日战争研究》，2002 年第 4 期。

② ［日］井上清著：《钓鱼岛等岛屿的历史和归属问题》（中译本），北京：生活·读书·新知三联书店，1973 年，第 16 页。

③ 鞠德源：《评析 30 年前日本政府〈关于尖阁诸岛所有权问题的基本见解〉》，《抗日战争研究》，2002 年第 4 期。

④ 米庆余：《琉球历史研究》，天津：天津人民出版社，1998 年，第 226 页。

⑤ 《马关条约》：又称《下关条约》，甲午战争清朝战败后，清政府和日本政府于 1895 年 4 月 17 日（光绪二十一年三月二十三日）在日本马关（今下关市）签署的条约，原名《马关新约》，日本称为《下关条约》或《日清讲和条约》。清朝代表为李鸿章和李经芳，日方代表为伊藤博文和陆奥宗光。

统文化，形成了如今的琉球文化。① 充分了解琉球独特的文化，不仅有助于理解"琉球交涉"期间中日两国对琉球"所属"问题的争论，而且有助于客观和公允的分析第二次世界大战后美国军部研究冲绳问题的官方文件。②

自中山国正式成为明朝藩属并"朝贡不时"起，由于琉球当时社会生产力落后，"缚竹为筏，不驾舟楫"，加上琉球通往中国的海道凶险，③ 1392 年明洪武帝朱元璋赐给琉球"闽人三十六姓善操舟者，今往来朝贡"④，这是中国历史上第一次由政府向海外派出移民的创举。移居琉球后的"闽人三十六姓"居住在那霸市被称为"久米村"的地方，又称"唐营"。⑤ 据我国学者谢必震考证，"闽人三十六姓"最主要的活动就是主持琉球的对外关系并担任要职，使中琉关系更为密切。琉球与东南亚诸国、朝鲜、日本等的贸易往来绝大多数是由"闽人三十六姓"进行的，琉球的中转国贸易使这个"地无货殖、缚竹为筏、商贾不通"的弹丸岛国一跃而成为以"海舶行商为业""以舟楫为万国之津梁"的亚洲重要海商国家。⑥ 此外，中国移民后代中，影响琉球的重要政治人物除担任过琉球国相的程复、王茂之外，还有担任过法司官的郑迥，等等。⑦ 中琉长期的朝贡关系使琉球深受中国文化影响表现为：古代琉球的官方语言皆用汉字写成，对中国、韩国、越南的官方文书也使用汉语；⑧ 在1879 年日本"废藩置县"以前，琉球人的传统服饰为琉装，外形与中国的汉服相似；琉球人推崇儒学，先后涌现出向象贤（和名为"羽地按司朝秀"）、

---

① 陈龙腾：《战后台湾与琉球关系研究》，高雄：高雄复文图书出版社，2012 年，第 21 页。

② 1944 年，美国军方对琉球群岛的政治、经济、经济等问题进行研究，提交了题为《琉球列岛的冲绳人——日本的少数民族》的研究报告。参见［日］大田昌秀：《占领下の冲绳》，载岩波讲座：《日本歴史》23（现代 2），岩波书店，1977 年，第 298 页。

③ 谢必震，胡新：《中琉关系史料与研究》，北京：海洋出版社，2010 年，第 78 页。

④ （清）龙文彬：《明会要》（卷 77，外藩 1），北京：中华书局，1956 年。

⑤ ［日］东恩纳宽惇：《琉球的历史》，至文堂 1973 年（昭和 47 年），第 44—45 页。

⑥ 谢必震：《明赐琉球闽人三十六姓考述》，《华侨华人历史研究》，1991 年第 1 期，第 38—43 页。

⑦ 谢必震，胡新：《中琉关系史料与研究》，北京：海洋出版社，2010 年，第 81—82 页。

⑧ 虽然在萨摩入侵后，琉球国内使用侯文（日语的文言文）发布政令，但琉球王国对外文书都是使用汉语文言文书写的（对日本除外）。第二尚氏王朝末期，琉球王府与西方国家所签订的通商条约，也都是使用汉文书写。参见［琉球］蔡温，郑秉哲等著：《球阳》，角川书店复刻本，1745 年，第 169 页。

蔡温（和名为"具志头亲方文若"）、程顺则（和名为"名护亲方宠文"）等儒学大家。①

在教育方面，琉球建立了留学生赴华进修制度以培育人才。明清时期的琉球留学生一般分成两类，一类是"官生"，由琉球王府指定并派遣来华，就读于当时中国的最高学府南京国子监（明代）和北京国子监（清代）。学成归国的"官生"中，官位最高者任及紫金大夫（从二品）；另一类是自发来到中国（主要在福州）学习的琉球人，一般称为"勤学生"，多数是中国后裔聚居的久米村出身，他们的学习内容广泛，即包括儒学、中国官话、天文地理、医学、音乐、绘画、礼仪，又包括冶炼、造船、制墨、漆器制作等专业技术。② 中国文化对琉球的影响力在教育制度方面尤其突出，原先琉球本土并无教育机构，1717 年紫金大夫程顺则奏请建立明伦堂，称为"府学"，这是琉球国第一所中国式的官立学校，在堂内两厢收藏从中国购回的四书、五经和宋儒书籍，自此琉球办学风气与日剧增。③ 1798 年，第十五代王尚温王建国学于王府北，又建乡学三所，国中子弟由乡学选入国学，琉球的教育体系开始建立。④

在音乐、建筑和饮食上，琉球也从中国引进许多观念，在琉球文化中有许多接近中国文化的特点。由于明代多次派出册封使乘"御冠船"到琉球，中国使节带来乐舞、戏曲和其他音乐舞蹈节目；相应的，琉球人为了迎接中国使节，准备了大型乐舞《御冠船踊》（又称"御座乐"）以及名为《太平歌》的琉球歌舞。《御冠船踊》发展成琉球王国的宫廷仪式音乐，舞者皆为琉球的世族子弟。1879 年随着"琉球处分"和琉球王国的消亡，御座乐就此失传，古典舞蹈中的杂踊流入民间并形成民间舞蹈。发展至今的琉球传统舞剧

---

① 陈龙腾：《战后台湾与琉球关系研究》，高雄：高雄复文图书出版社，2012 年，第 22 页。

② 参见谢必震，胡新：《中琉关系史料与研究》，北京：海洋出版社，2010 年，第 110–113 页，第 101 页；徐斌：《明朝士大夫与琉球》，北京：海洋出版社，2011 年，第 152–177 页；陈龙腾：《战后台湾与琉球关系研究》，高雄：高雄复文图书出版社，2012 年，第 23 页。

③ 谢必震，胡新：《中琉关系史料与研究》，北京：海洋出版社，2010 年，第 112 页。

④ 陈龙腾：《战后台湾与琉球关系研究》，高雄：高雄复文图书出版社，2012 年，第 23–24 页。

"琉球舞踊"和戏剧（组踊）具有闽南文化和马来文化的特色，和日本的舞蹈、戏剧不完全相同。① 建筑方面，琉球建筑风格有自然地理环境方面的影响，如清代册封使徐葆光观察到，琉球国人"作屋，皆不其高，以避海风，去地必三四尺许，以辟地湿"。然而，琉球的王宫和天使宫的组群布局，显然采用了中国庭院的传统布局。徐葆光《中山传信录》中记载，王宫正殿"为奉神门，左右三门对峙，西向，王殿九间，皆西向……左右两楼，北向，右为北宫，南向"②，我国学者考证认为，王宫的主体部分的对称结构显然受到福建传统建筑风格的影响。③ 另外，琉球人也喜欢在屋顶放置风狮爷像，在交通要道上放置"石敢当"。饮食上，琉球的苦瓜炒肉、炖猪腿、醋拌猪耳朵、酱油猪脚等多油的菜肴，与中国料理类似，与日本其他地区有很大差异。④ 如今，南琉球人喜欢吃油多的菜肴，还喜欢吃猪蹄；北琉球则喜欢吃豚骨拉面及海鲜味噌，这些习俗类似于日本九州人。由于美军长期驻扎，琉球的日常饮食还具有美国化倾向，汉堡包、吐司等食物很常见。

在宗教方面，据琉球史书《球阳》记载，英祖时代（1260—1299 年），日本和尚禅鉴来到琉球，创建琉球最早的佛寺极乐寺。禅鉴不仅为琉球带去了佛经，还促进了汉字、平假名等文字文化向琉球的流传。1609 年萨摩入侵后，琉球神道盛行。琉球神道认为，阿莫美久神降临人间，其后代（天孙氏）统治琉球，这与日本神话相似。约在第一尚氏王朝尚金福王时期，琉球开始创立神社，祭祀的是日本天照大神、熊野权现、八幡大神以及琉球神道诸神。文学方面，琉歌的形式与和歌很相似。从尚清王代的 1531 年（明朝嘉靖十年、日本享禄 4 年）在首里王府开始编辑的民间琉歌大集"おもろさうし（omorosausi）"所使用的是平假名（ひらがな），可见平假名在民间比较

---

① 参见施咏：《琉球音乐发展史》，北京：人民教育出版社，2003 年，第 46 页；陈龙腾：《战后台湾与琉球关系研究》，高雄：高雄复文图书出版社，2012 年，第 24-25 页。

② （清）徐葆光：《中山传信录》（卷 2），载台湾银行经济研究室编：《台湾文献丛刊》（第 306 种）1972 年，第 54 页。

③ 谢必震，胡新：《中琉关系史料与研究》，北京：海洋出版社，2010 年，第 102-103 页。

④ 陈龙腾：《战后台湾与琉球关系研究》，高雄：高雄复文图书出版社，2012 年，第 25 页。

普遍。①

值得注意的是，琉球人最初没有姓氏，只有名字，且名字往往与祖辈重复，但父子不会同名。后来因受到中国文化和日本文化的影响，琉球士族男子除本来的名字外，既有"唐名"（中国名字）又有"和名"（日本名字），还有以汉字命名的琉球式名字。之前所沿用的命名方式，则由正式名字改为童名，不再于正式场合使用。琉球式名字由汉姓+"氏"+"名乘"组成，"名乘"为二字，第一个字称为名乘头，世代相传。例如，琉球古代名人向象贤的和名为"羽地按司朝秀"，其中"羽地"是其封地"羽地间切""按司"是其位阶，朝秀为其名乘。而平民出生的琉球人，在1879年日本对琉球"废藩置县"前，不论男女只有童名。1879年后，留在冲绳的琉球士族的唐名不再具有法定地位，现在只有极少数的琉球人仍使用唐名，户籍则用日式姓名，以祖先封地为苗字。而当时流亡中国的琉球后代则放弃和名，仅使用唐名。而没有唐名、汉姓和名乘的平民就完全改用日式名字。②

（三）琉球的语言

琉球的语言和文字也和日本本土存在不少差异。根据对留存的琉球人使用的官话课本的研究显示，琉球人所学习的官话在语音上受到了闽语尤其是福州话的影响。在琉球和中国尤其是福建的长期交往中，琉球国的汉语言学习蔚然成风，今日琉球方言中仍有许多和福建方言发音相同，如吃饱了、阮、阿妈、香片、龙眼、大碗、斗鸡、斗牛、橘饼、猫、猪、南瓜、线面、瓮菜等词汇，显然借用了福建方言。③ 1879年琉球被日本吞并后，琉球语被当做日本语的方言之一来看待。如今，使用琉球语的仅有约100多万人，多为年长人士，琉球语被认为有衰亡的趋势；使用人数较少的八重山和与那国方言，更有濒临消失的危险。④ 早期琉球国在外交场合和官方文书上皆使用汉语，除

---

① 陈龙腾：《战后台湾与琉球关系研究》，高雄：高雄复文图书出版社，2012年，第26—27页。
② ［日］宫里朝光监修，那霸出版社编：《冲绳门中大事典》，那霸出版社，1998年。
③ 谢必震，胡新：《中琉关系史料与研究》，北京：海洋出版社，2010年，第101页。
④ ［日］外间守善：《冲绳の言叶と历史》，东京：中央公论新社，2000年，第14页。

了汉字之外，琉球亦拥有自创的字，即"球字"。1609 年萨摩入侵琉球以后，琉球国内的公文书（评定所文书）开始改用"侯文"（日语的文言文）撰写，对日本的外交文书则也使用"侯文"。①

琉球也深受日本语言文字的影响，特别是在"庆长之役"（1609 年）萨摩藩入侵后。1609 年萨摩入侵琉球以后，受日本影响，琉球开始使用汉字假名混用文书写。清朝册封使徐葆光所著《中山传信录》中，提到琉球国有一种与中国不同的字母——"伊鲁花"。徐葆光认为，"伊鲁花"可能是"日本字母"（假名），或者是汉字简化的切音标记。② 根据现存的琉球公文书可知，徐葆光所说的"伊鲁花"是日语的片假名，而其公文书的文体则是日本语的侯文。

三、明清时期中琉宗藩关系和朝贡往来

自洪武初年先后封赐琉球三山王后，直至清光绪五年（1879 年）琉球被日本吞并、改为冲绳县为止，中国在明清两代与琉球保持了 500 多年的封贡关系，中国遣册封使共 24 次③（参见表一），琉球来贡者则更多。琉球按司察度于明朝洪武五年（1372 年）入贡，受册封为中山王。据《明太祖实录》卷七十一记载，当年明太祖洪武帝遣杨载携带诏谕中山王的诏书中写到："惟尔

① 陈龙腾：《战后台湾与琉球关系研究》，高雄：高雄复文图书出版社，2012 年，第 26-27 页。

② 《中山传信录·卷六》记载："琉球字母四十有七，名伊鲁花，自舜天王时始制。或云即日本字母，或云中国人就省笔易晓者教之为切音色记，非本字也……本国文移中，亦参用中国一二字，上下皆国字也。"

③ 对于清代册封琉球的次数，中日历史学者中不存在争议，一般认为清册封琉球 8 次，册封使 16 名。但是对于明清两代中国朝册封琉球的总次数，历史学界的看法各异，一般认为是 24 次，但也有 23 次的说法，主要原因是对明朝册封次数的看法不同。谢必震、武尚清和赤岭诚纪一致认为明朝册封琉球 15 次，册使 27 人；方宝川则认为明朝册封琉球 14 次，册使 26 人。有的学者以中央政府是否在琉球本地为琉球国王进行册封仪式作为标准，没有把杨载出使琉球统计在列，从该角度看，明清两代共为琉球国王举行的册封典礼就一共是 23 次而不是 24 次。参见谢必震，胡新：《中琉关系史料与研究》，北京：海洋出版社，2010 年，第 125-126 页；徐斌：《明清士大夫与琉球》，北京：海洋出版社，2011 年，第 83 页。

琉球，在中国东南远处海外，未及报知，兹特遣使往谕，尔其知之"①。此后贡使往来，历明清两朝而不绝，开始了琉球作为中国藩属国长达 500 余年的历史。《清实录》和《清史稿》记载，"奉朔朝贡之国"包括诸如左部哈萨克、右部哈萨克、霍罕、朝鲜、缅甸、越南、琉球等被定位为"属国"中的"外藩""藩臣"。② 直接称琉球为"藩属"的文献见于《皇朝续文献通考》卷 331，其中记载，"琉球，在日本萨峒马之南，东洋小国'藩属'与'宗藩'辨析也……自前明以来，世为中国藩属。"③ 自中琉建立外交关系后，凡是琉球国王病故，其世子承袭王位，必须经过明清两朝皇帝册封，才能正式对外称王。④

表一　明清册封琉球使简况一览表⑤

次第	使者及出使文献				到达琉球时间	琉球受封国王
	正使人名（官制）	使录名称	副使人名（官制）	使录名称		
1	杨载				明洪武五年（1372 年）	察度
2	时中（行人）				永乐二年（1404 年）	武宁
3	陈季芳⑥（行人）				永乐十三年（1415 年）	他鲁梅

---

① 《太祖实录》卷 71，洪武五年春正月甲子条。

② 参见刘志扬、李大龙：《"藩属"与"宗藩"辨析——中国古代疆域形成理论研究之四》，《中国边疆史地研究》，2006 年第 3 期，第 29 页。

③ 刘志扬、李大龙：《"藩属"与"宗藩"辨析——中国古代疆域形成理论研究之四》，《中国边疆史地研究》，2006 年总第 16 卷第 3 期，第 29-30 页。

④ 徐斌：《明清士大夫与琉球》，北京：海洋出版社，2011 年，第 36 页。

⑤ 参见谢必震、胡新：《中琉关系史料与研究》，北京：海洋出版社，2010 年，第 125-126 页；徐斌：《明清士大夫与琉球》，北京：海洋出版社，2011 年，第 83 页；吴天颖：《甲午战前钓鱼列屿归属考》，北京：中国民主法制出版社，2013 年，第 51-52 页。

⑥ 《中山世谱·卷四》作"陈季芳"，《明实录·太宗孝文皇帝实录·卷一百六十四》作"陈秀芳"，《明史·琉球传》作"陈季若"。

续表

次第	使者及出使文献				到达琉球时间	琉球受封国王
	正使人名（官制）	使录名称	副使人名（官制）	使录名称		
4	柴山（中官）				洪熙元年（1425 年）	尚巴志
5	余忭（礼科给事中）		刘逊（行人）		正统八年（1443 年）	尚忠
6	陈傅（刑科给事中）		万祥（行人）		正统十二年（1447 年）	尚思达
7	陈谟（礼科给事中）		童守宏（行人）		景泰三年（1452 年）	尚金福
8	李秉彝（吏科给事中）		刘俭（行人）		景泰七年（1456 年）	尚泰久
9	潘荣（吏科给事中）		蔡哲（行人）		天顺七年（1463 年）	尚德
10	官荣（兵科给事中）		韩文（行人）		成化八年（1472 年）	尚圆
11	董旻（兵科给事中）		张祥（行人司司副）		成化十五年（1479 年）	尚真
12	陈侃（吏科给事中）	《使琉球录》	高澄（行人）	《操舟记》	嘉靖十三年（1534 年）	尚清
13	郭汝霖（刑科给事中）	《使琉球录》	李际春（行人）		嘉靖四十一年（1562 年）	尚元
14	萧崇业（户科给事中）	《使琉球录》	谢杰（行人）	《谢杰使事补遗》等	万历七年（1579 年）	尚永
15	夏子阳（兵科给事中）	《使琉球录》	王士祯（行人）		万历三十四年（1606 年）	尚宁

续表

次第	使者及出使文献				到达琉球时间	琉球受封国王
	正使人名（官制）	使录名称	副使人名（官制）	使录名称		
16	杜三策（户科给事中）		杨抡（行人司司正）	从客胡靖编《杜天使册封琉球真记奇观》	崇祯六年（1633 年）	尚质
17	张学礼（兵科副理官）	《使琉球记》	王垓（行人）		清康熙二年（1663 年）	尚丰
18	汪楫（翰林院检讨）	《使琉球杂录》	林麟焻（中书舍人）		康熙二十二年（1683 年）	尚贞
19	海宝（翰林院检讨）		徐葆光（翰林院编修）	《中山传信录》	康熙五十八年（1719 年）	尚敬
20	全魁（翰林院侍读）		周煌（翰林院编修）	《琉球国志略》	乾隆二十一年（1756 年）	尚穆
21	赵文楷（翰林院修撰）		李鼎元（内阁中书）	《使琉球记》	嘉庆五年（1800 年）	尚温
22	齐鲲（翰林院修撰）	《续使琉球国志略》	费锡章（工科给事中）		嘉庆十三年（1808 年）	尚灏
23	林鸿年（翰林院修撰）		高人鉴（翰林院编修）		道光十八年（1838 年）	尚育
24	赵新（翰林院检讨）	《续使琉球国志略》	于光甲（翰林院编修）		同治五年（1866 年）	尚泰

　　琉球人称明清朝廷为"天朝"，因此称册封使臣为"天使"。明代派遣的册封使臣基本以行人司行人和六科给事中为主，早期偶尔也起用中官（宦官）。明朝时，天使就任登程，代表的是皇帝的天威，即使天使自身仅为六品、七品的行人或翰林院编修的小官，却都是士大夫官员。而且上述人员一

且完成册封任务回国后，朝廷一般都予以晋升职务。[1] 作为专司册封出使的行人，"故咸以进士任之……九年得升各部员外郎，三年得选任御史"[2]，是颇受朝廷重视的职位。而专司钞发章疏、稽查违误的六科给事中更是职位颇重，一般都"以器识远大、学问赅博、文章优赡者充之"[3]。然而，古代航海极为凶险，还有海盗之危，往返动辄半年、乃至一年，因此赴琉球完成册封使命被视为畏途。为天朝使臣提供海外出行指南的《使职要务》出现在册封使陈侃的使录中，其中提到使臣不仅要为自己准备"棺柩"在船中，还要准备"银牌"以期望他人为其料理后事，可见，航海出使琉球在古代堪称"死亡之旅"。[4]到了清代，由于册封琉球已经积累了丰富的经验，加上造船技术的改善，清代对赴琉球的册封官员甄选要求更高、多从翰林院挑选。清代册封使李鼎元的《使琉球记》中记载："琉球国中山王尚穆薨……世子尚哲先七年卒，世孙尚温取具通国臣民结状……表请袭封。嘉庆四年二月，福建巡抚臣汪志伊以闻。礼部上其议。天子特命内阁大学士翰林院掌院、督察院、礼部堂官，选举学问优长、仪度修伟者为正副使。时选得内阁中书四员、翰林院编修三员、督察院给事中四员、礼部主事三员，于八月有九日黎明引见乾清宫，奉旨遣赵文楷为正史，臣李鼎元为副使"。[5]可见，清代甄选册封使强调"学问优长、仪度修伟者"，十分严格。

自 1372 年明朝昭告琉球建立中琉封贡制度至 1879 年日本在琉球"废藩置县"为止，中国派往琉球册封使 24 次，琉球在此时期一直都是中国的藩属国。我国有关钓鱼岛列屿的记载，多见于明清两代册封使归国回朝复命的"述职报告"中，如陈侃《使琉球录》、郭汝霖《使琉球录》、汪楫《使琉球杂录》、徐葆光《中山传信录》、周煌《琉球国志略》等。

---

① 徐斌：《明清士大夫与琉球》，北京：海洋出版社，2011 年，第 24 页。
② （明）陆谷：《菽园杂记》（卷 6），北京：中华书局，1985 年，第 72 页。
③ （明）陆谷：《菽园杂记》（卷 6），北京：中华书局，1985 年，第 90 页。
④ 徐斌：《明清士大夫与琉球》，北京：海洋出版社，2011 年，第 25 页。
⑤ （清）李鼎元：《使琉球记》，《国家图书馆藏琉球资料续编》（上册），北京：国家图书馆出版社，2002 年，第 725 页。

第二节　琉球在钓鱼岛争端和中、日、美
关系中的战略地位

琉球群岛的地理位置使其战略意义十分突出。琉球群岛一直是美国"第一岛链"的重要组成部分，如今的冲绳美军基地不仅为日本与邻国的领土对抗提供军事支持，是美国亚太战略中重要的筹码，琉球群岛海域还是我国海军向太平洋纵深海域进出的咽喉要道。如今，尽管美国在琉球群岛保有驻军，但这里已被日本纳入其"西南门户"。琉球群岛既是日本瞰制东亚大陆的锁钥屏障、插手东亚事务的前进场所，也是日本"保护海上生命线"和行使"1 000海里外保护权"的出发基地。① 客观看，钓鱼岛争端经久难解，与"冷战"时期形成的"第一岛链"不无关系，其中不可忽视的链上一环就是琉球群岛。对于中国实现"海洋强国"的长期目标而言，琉球的现实政治、军事意义和战略意义值得关注与重视。

一、地缘政治角度看琉球对中、日、美三国的战略意义

自参与第二次世界大战以来，美国逐渐意识到，琉球在日本推动"西进"和"南向"策略时，一直扮演着相当重要的角色。再者，美国也注意到琉球距离台湾较近的，是掌控中国海军进出太平洋必经的通道。同时，第二次世界大战对日作战中，琉球更是美军死伤最为惨重的战场之一。② 琉球群岛重要的地理位置使其不仅是冷战时美日遏制中国的"第一岛链"的重要组成部分，更是如今美国亚太战略中重要的筹码。

（一）东亚地缘政治中的琉球群岛

地缘政治学源起于政治地理学，学界对此颇有共识的。"地缘政治"（英

---

① 沈伟烈：《琉球·岛链·大国战略》，《领导文萃》，2006 年第 5 期。
② 杨仲揆：《琉球古今谈》，台北：台湾商务印书馆，1990 年，第 223 页。

语：Geopolitics、德语：Geopolitik）一词，源自瑞典学者鲁道夫·契伦（Rudolf Kjellén）。德国地理学家弗里德里希·拉采尔在 1897 年所提的"国家有机体"论以及之后发表的"生存空间"概念；契伦则进一步发展拉采尔的理论，用地理来解释政治现象。① 各种地缘政治理论的研究虽然都是以地理环境作为基础，但依据重点有所不同，过去多从历史、政治、军事等方面考虑，而后来日益重视经济、社会等方面的作用的影响。地缘政治学在发展的过程中形成了众多理论，如"海权论""陆权论"和"心脏地带"学说等。地理因素是影响国家战略和对外政策的基本因素之一。

历史上，东亚地缘政治格局大致经历了三个时期的转变：①传统朝贡体系下的华夷秩序；②近代条约体系下的殖民秩序；③美苏两极对抗下的冷战秩序，② 在不同的历史时期，中、美、日、俄等国都不同程度的参与其中，而且对如今东亚地缘政治格局的形成产生了巨大的影响。琉球群岛位于我国台湾岛东北与日本九州岛西南之间，北连日本大隅诸岛和九州岛，西南接我国台湾，东与太平洋相邻，西与中国东海相邻。琉球群岛地处日本本土、中国大陆与东南亚之间的"津梁"地位。琉球群岛由于其特殊的地理位置，在东亚地缘政治中一直扮演着重要的角色，表现为：

首先，琉球群岛是东北亚海上通道的重要枢纽。战略通道是涉及一国经济安全、军事安全和能源运输安全的重大战略问题，在国家发展战略中占据极为重要的位置。③例如，决定世界能源运输的关键性海上通道如巴拿马运河、直布罗陀海峡、苏伊士运河、霍尔木兹海峡、曼德海峡和马六甲海峡被美国长期控制。美国把持着这些海上咽喉，就相当于控制全球的海路，也借此掌握海权。琉球群岛的大小岛屿间有 20 多条海峡水道，沟通东海与西太平洋上的交通航运，包括大隅海峡、吐噶喇列岛水道、奄美诸岛与冲绳岛之间的海

---

① 参见陆俊元：《地缘政治的本质与规律》，北京：时事出版社，2005 年，第 41-42 页。

② 万丽：《东亚地缘政治格局的演变对琉球群岛地缘关系的影响》，东北师范大学 2015 年硕士学位论文，第 5 页。

③ 李兵：《论海上战略通道的地位与作用》，《当代世界与社会主义》，2010 年第 2 期，第 91 页。

峡、宫古海峡、先岛诸岛水道等众多国际航道。①

其次，冷战时期，琉球群岛在美国"岛链"战略中发挥着仅次于台湾的作用。20 世纪 50 年代以来，美国将"岛链"战略用于围堵亚洲东岸，对苏联、中国等社会主义国家形成威慑之势。"岛链"是由美国前国务卿杜勒斯于 1951 年首次明确提出的一个特定概念。为达到封堵的目的，美国利用西太平洋海域中一些特殊岛群的战略地理位置建立了三道防御圈：第一岛链北起阿留申群岛、日本列岛、琉球群岛，中连台湾，南至菲律宾群岛、印度尼西亚群岛，与中国沿太平洋漫长的海岸相平行，横锁在我国万里海疆的边缘；第二岛链北起日本列岛、经小笠原群岛、硫黄列岛、马里亚纳群岛、雅浦群岛、帕琉群岛，向南延至哈马黑拉马等岛群；第三岛链以夏威夷群岛为中心，北起阿留申群岛，南到大洋洲一些群岛，涵盖广阔的西太平洋区域。② 在第一岛链"封锁链条"中，最关键的是台湾岛，琉球群岛也一直是美国亚太战略中重要的一环。苏联解体后，岛链封锁战略并未随着冷战结束而终结，美国及其盟国继续发挥并不断强化这些岛链的功能，封堵中国的出海口，威胁中国海上通道的安全，阻挠中国走向远洋，遏制中国的崛起。③

（二）琉球群岛对当今中美日的战略意义

1. 琉球群岛与美国

冷战期间，琉球群岛在美国亚太战略中一直是不可或缺的一步棋。对中国大陆方向，琉球诸岛是美国"西进战略"的前沿阵地和干预台海事务的依托。以那霸美军基地为中心，1 000 千米半径内包括中国的上海、杭州、厦门等地；若以 2 000 千米导弹射程，可抵中国的北京、重庆、三亚等地；严密把

---

① 沈伟烈：《突破琉球岛链 挺进西太平洋》，《地理教育》，2013 年第 5 期。

② 参见李杰：《捆绑中国的"岛链"》，《现代舰船》，2001 年第 7 期，第 35 页；史春林，李秀英：《美国岛链封锁及其对我国海上安全的影响》，《世界地理研究》，2013 年第 2 期；"First island chain"，available at http：//en. wiktionary. org/wiki/first_island_chain，access date：1ˢᵗ Nov，2016.

③ 史春林，李秀英：《美国岛链封锁及其对我国海上安全的影响》，《世界地理研究》，2013 年第 2 期，第 1 页。

守大隅海峡、宫古海峡则可以有效阻拦和封锁中国海军进入太平洋；对朝鲜半岛方向，琉球诸岛还可以成为美军干预朝鲜的有力依托。

驻冲绳的美军基地是 20 世纪 60 年代美国在远东最重要的军事基地。越南战争期间，美国就曾以冲绳为重要的补给基地、中转基地、训练基地及直接攻击越南的起飞基地。在美国看来，"若无冲绳，越南战争就无法打下去"①。《2015 财政年度美军基地结构报告》显示，美国海外军事基地遍布除南极洲外的六大洲、四大洋，辐射全球 50 多个国家，总数为 587 个。美军在亚太和印度洋地区有 7 个基地群，占其海外基地总数近 50%。美国国防部 2010 年版《四年防务评估报告》指出"要增强美国前沿部署基地态势和基地基础设施的弹性"，为此美国正在大幅加强在冲绳和关岛的军事部署，试图将其打造成亚太地区联合军事存在的战略枢纽。②对日本方向，冲绳的美国驻军既可以将日本绑上自己的战车，又可以凭借强大的军事力量时时提醒日本不要轻举妄动。③ 另一方面，美国在冲绳的驻军和基地问题却长期引发冲绳民众的反感与抗议。例如，鉴于"鱼鹰"部署琉球引发的多次事故，冲绳县知事仲井真弘多曾再三要求修改"鱼鹰"在琉球的部署计划；④ 又如，第二次世界大战后 70 年来，琉球群岛的基地负担并没有获得实质性改善，只占日本面积 0.6% 的冲绳却承担着 74% 的驻日美军专用设施费用。对于原有美军普天间

① 龚娜：《日美安保体制中的冲绳问题》，《外国问题研究》，2010 年第 2 期，第 69 页。

② 中国南海研究院：《美国在亚太的军力报告 2016》，北京：时事出版社，2016 年，第 13-14 页。

③ 沈伟烈：《琉球·岛链·大国战略》，《领导文萃》，2006 年第 5 期。

④ "鱼鹰"是直升机和固定翼飞机的混合机型，它既能像直升机那样垂直爬升和盘旋，又能像固定翼机那般快速飞行。美日协商在冲绳部署"鱼鹰"，很大一部分程度是由于日本在冲绳方向的"西南离岛"缺乏战略支撑点和足够的驻军，必须发挥"鱼鹰"机群的快速突击能力，来实现日本自卫队"动态防卫"，慑止中国的武力夺岛。"鱼鹰"从研发阶段起就频发事故，美日两国政府于 2012 年 9 月就确保"鱼鹰"飞行安全的措施达成协议。2013 年 7 月 30 日，12 架"鱼鹰"抵达普天间基地后，冲绳的"鱼鹰"数量达 24 架。"鱼鹰"部署冲绳后就在市区上空以垂直起降模式飞行，违反了上述协议。2013 年 7 月 30 日，山口县岩国市市民团体在和岩国基地一河相隔的地点抗议"鱼鹰"的到来，并在市内进行了游行参见《美司令："鱼鹰"可赴钓鱼岛》，《环球时报》，2013 年 9 月 18 日；《法媒：日本在冲绳部署反舰导弹令中国感到不安》，《环球时报》2013 年 11 月 12 日；"美追加部署 12 架'鱼鹰'抵日引日民众游行抗议"，资料来源于 http://world.huanqiu.com/photo/2013-07/2702591.html，访问日期：2015 年 1 月 30 日。

基地搬迁问题，日本政府的立场是按日美协议，强行推进把普天间基地搬迁至边野古的计划。①

2. 琉球群岛与日本

日本高度重视琉球问题，表现出高度的敏感状态。一直以来日本从主权关系着手，稳步前进，实际地推行以琉球为依托的、多方位强势战略②：首先，对日本来说，海洋是其战略屏障，一旦这个屏障不能完全掌握在自己的手里，那么本土就完全暴露在对方的打击之下——尤其是面对拥有现代远程精确打击体系的对手来说更是如此。③ 其次，如今为了应对"钓鱼岛危机"，日本除了加强冲绳第 11 防区军事力量外，日本自卫队更欲借助冲绳普天间基地的美国"鱼鹰"快速实现"夺岛"④，日本还在冲绳部署对舰导弹并开展演练⑤。可见，日本近期在冲绳的军事部署，其针对和周边国家的岛屿争端尤其是指向中国的实战意味浓厚。

目前，日本第 11 管区海上保安本部（Japan 11th Regional Coast Guard Headquarters）的主要管辖范围为日本冲绳地方及周边的东海、太平洋海域。日本海上保安厅将钓鱼岛海域的实际控制权交于第 11 管区。2012 年 9 月，为加强钓鱼岛周边区域的警备，海上保安厅决定在位于冲绳县那霸的第 11 管区海上保安总部下新设"那霸海上保安部"，由新保安部负责处理冲绳本岛沿岸的航海事故等，第 11 管区总部将专门负责钓鱼岛的警备监视工作。⑥

3. 琉球群岛与中国

我国与海洋周边国家存在着诸多岛屿归属以及海洋划界纠纷，如东海大

---

① 唐永亮：《近代以来冲绳人群体认同的历史变迁》，《日本学刊》，2015 年第 4 期。
② 徐勇：《战后琉球政治地位之法理研究与战略思考》，《战略与管理》，2010 年第 3/4 期合编。
③ 参见马尧："通过宫古海峡 中国海军这招'围魏救赵'用得好"，资料来源于 http://opinion.haiwainet.cn/n/2017/0406/c3542785-30842481.html，访问日期：2017 年 4 月 6 日。
④ 参见《美司令："鱼鹰"可赴钓鱼岛》，《环球时报》，2013 年 9 月 18 日。
⑤ 参见《法媒：日本在冲绳部署反舰导弹令中国感到不安》，《环球时报》，2013 年 11 月 12 日。
⑥ 参见"日本海上保安厅拟新设'那霸海上保安部'"，资料来源于 http://tchina.kyodonews.jp/news/2012/09/36712.html，访问日期：2015 年 1 月 30 日。

陆架划界、钓鱼岛和南沙群岛问题等，这些纠纷都发生在第一岛链内及其附近海域。美国建立岛链封锁的目的就是要将中国的影响力限制在自身领土范围内，甚至不允许中国崛起为地区性主导国家。

在美国及其盟国控制的岛链上有许多重要的海峡通道，是我国进出太平洋的必经咽喉地带。在中东部，中国舰船主要依靠穿越日本九州岛与台湾岛之间的琉球群岛诸海峡水道进入太平洋，重要的出海口主要有四条，即东海—大隅海峡—太平洋，东海—横奄水道—太平洋，东海—宫古水道—太平洋，东海—与那国岛西水道—太平洋。在南部，中国舰船通向太平洋和印度洋的出海口也有四条，即台湾海峡—巴士、巴林塘海峡出海口，南海—新加坡海峡—马六甲海峡—印度洋，南海—巽他海峡—印度洋，南海—民都洛海峡—望加锡海峡—龙目海峡—印度洋。[①]

冷战期间，中国常受到来自琉球群岛等地的西方势力的威胁，自20世纪90年代苏联解体后，第一岛链防线的对象逐渐转向中国。新中国成立以来，一直在努力突破美军"第一岛链"对中国的包围网，一方面希望统一台湾以突破第一岛链，另一方面则发展"反介入"的武力，以有效打击美军第七舰队。[②] 如今中美海军技术水准的差距在缩小，中国海军的活动空间在不断拓展。2007年以来，中国海军编队已经20余次出入西太平洋进行演训。至2008年12月，中国海军已经14批次前往亚丁湾护航，在世界海权的版图上有了中国海军的一席之地。[③]

人民海军首次公开突破第一岛链是在2009年3月，当时中国海军北海舰队派遣导弹驱逐舰、巡洋舰、补给舰各一艘，从山东青岛航经宫古海峡并进入西太平洋。此后东海舰队、北海舰队和南海舰队多次突破第一岛链进入太

---

① 史春林，李秀英：《美国岛链封锁及其对我国海上安全的影响》，《世界地理研究》，2013年第2期，第4页。

② 参见"第一岛链"，资料来源于http://zh.wikipedia.org/wiki/%E7%AC%AC%E4%B8%80%E5%B3%B6%E9%8F%88，访问日期：2015年1月30日。

③ 参见"中国'由陆向海'的战略挑战"，资料来源于http://www.zhgpl.com/doc/1028/2/5/9/102825951.html? coluid=59&kindid=0&docid=102825951&mdate=1028095940，访问日期：2015年1月30日。

平洋。2012 年 10 月 4 日，据日本共同社报道，日本防卫省统合幕僚监部发布消息称，当天下午 6 点至 7 点前后，中国海军的 7 艘舰只通过冲绳县宫古岛东北约 110 千米的海域驶向了太平洋。2012 年 10 月 8 日，香港《太阳报》称，中国海军出海编队除了常见的驱逐舰、护卫舰、补给舰，还包括两艘潜艇救援舰。这次出航的潜艇救援舰，是中国海军排水量最大、设备最齐备的潜艇救援舰艇。潜艇救援舰的公开亮相，意味着中国潜艇在第一岛链乃至太平洋活动的公开化。从 2015 年开始的中国空军远海远洋训练，到 2017 年已经开展 3 年。从开始时一年 4 次，到 2017 年的一周多次。在 2017 年 7 月末的近三周，中国空军持续开展多次远海远洋训练，多型多架战机编队飞越巴士海峡、宫古海峡。①

中国突破第一岛链的常态化、体系化和实战化，本质上改变了地区的军事平衡。美国智库詹姆斯顿基金会认为，中国具备了穿过由冲绳列岛连接的"第一岛链"，向以关岛为中心的"第二岛链"投送兵力的能力。②

二、琉球问题与中日钓鱼岛争端的关联及战略意义

2012 年，围绕着日本政府的"购岛"③闹剧，钓鱼岛争端使两国的对立状态一触即发。美国的介入则让中日岛屿争端呈长期化、复杂化趋势。在钓鱼岛及其附属岛屿的主权及行政归属问题上，中日两国的主张针锋相对。

日本外务省 1972 年发布的《关于"尖阁诸岛"所有权问题的基本见解》称，"'尖阁诸岛'在历史上始终都是日本领土的'南西诸岛'的一部分。自 1885 年以来，日本政府通过冲绳县政府等途径多次对尖阁诸岛进行实地调查，

---

① 参见"中国空军远海远洋训练实现常态化体系化实战化"（2017 年 7 月 28 日），资料来源于 http://military.people.com.cn/n1/2017/0728/c1011-29435012.html，访问日期：2017 年 9 月 1 日。

② 参见"第一岛链'遏制'中国：解读琉球的军事战略意义"，资料来源于 http://news.163.com/13/0510/15/8UHA0QNN00014JB6_all.html，访问日期：2015 年 1 月 30 日。

③ 2012 年 4 月 16 日，日本东京都知事石原慎太郎在美国提出"购岛"动议。2012 年 9 月 11 日，日本政府不顾中国政府的一再严正交涉，在内阁会议上通过从 2012 年度国家预算中支出 20.5 亿日元"购买"钓鱼岛本岛、北小岛、南小岛的决议，正式将三岛"收归国有"。

慎重确认'尖阁诸岛'不仅为无人岛,而且也没有受到清朝统治的痕迹。在此基础上,于1895年1月14日,由内阁会议决定在岛上建立标桩,以正式编入我国领土之内。'尖阁诸岛'根据《旧金山和平条约》第3条被置于美国施政之下"。① 外务省还称,"第二次世界大战之后,在1951年缔结的《旧金山和平条约》从法律角度上确认了日本领土,'尖阁诸岛'不被包含在其第2条规定的我国所放弃的领土之内,而基于其第3条规定,作为南西诸岛一部分被置于美国施政之下。后来又根据1971年的《琉球移交协定》(即《日本国与美利坚合众国关于琉球诸岛及大东诸岛的协定》),'尖阁诸岛'被包含在把施政权归还给日本的地区之内"。②

简而言之,日本极力撇清《马关条约》和其取得钓鱼岛所谓"主权"的关系,并认为钓鱼岛列屿的行政编制隶属琉球,琉球是日本的领土,因此钓鱼岛主权归日本,其依据除《旧金山和约》外,更重要的就是美国托管琉球以及返还琉球"施政权"给日本的安排。2012年日本政府"购岛"闹剧后,中日间的钓鱼岛③争端使两国对立状态持续发酵,至今仍然僵持不下。除了从历史、地理和国际法加强论证我国钓鱼岛主权主张外,对日本结合琉球和钓鱼岛"隶属关系"相关主张从国际法角度进行有理、有力、有据的深入研究,将能起到"以子之矛,攻子之盾"的效果。

(一) 中国对钓鱼岛的主张及与琉球地位存在的间接联系

我国对钓鱼岛主张系统和公开的表述,主要体现在2012年《钓鱼岛是中

---

① 参见 [日] 日本外务省:"关于'尖阁诸岛'所有权问题的基本见解"(中译本),资料来源于 http://www.mofa.go.jp/region/asia-paci/senkaku/senkaku.html,2015年1月30日。

② 参见 [日] 日本外务省:"'尖阁诸岛'问答"(中译本),资料来源于 http://www.mofa.go.jp/region/asia-paci/senkaku/qa_1010.html,访问日期:2015年1月30日。

③ 钓鱼岛:我国称"钓鱼岛及其附属岛屿""钓鱼岛列屿""钓鱼台"等,日本称"尖阁列岛"。由钓鱼岛 (主岛)、黄尾屿、赤尾屿、南小岛、北小岛和3块小岛礁,即大北小岛、大南小岛、飞濑岛等8个无人岛礁组成。

国固有领土》白皮书、^① 学者有关钓鱼岛的大量著述、^② 1996—2013 年《人民日报》刊登的以《论钓鱼岛主权归属》为代表的系列文章、^③ 以及 2014 年底上线的钓鱼岛专题网站推荐的论著^④等。根据这些资料，我国对钓鱼岛主权主张中的"琉球因素"，总结起来包括：

第一，钓鱼岛为中国固有领土的历史论据中，中琉册封朝贡关系、有关中琉海上分界线的历史文献，以及琉球疆界文献记载都是重要的证据。首先，在日本吞并琉球前，中国曾与琉球王国有过约 500 年的友好交往史，我国最先发现并命名了钓鱼岛等岛屿，明朝永乐元年的《顺风相送》一书中便有关于"钓鱼屿"的记载。^⑤ 自 1372 年琉球国王向明朝朝贡到 1866 年近 500 年间，明清两代朝廷先后 20 多次派使臣前往琉球王国册封。钓鱼岛是册封使前往琉球的途经之地，有关钓鱼岛的记载大量出现在中国使臣撰写的报告中，如陈侃所著《使琉球录》、郭汝霖所著《重编使琉球录》等。^⑥ 在大量琉球册

---

① 2012 年中日钓鱼岛危机后，同年 9 月 25 日，中华人民共和国国务院新闻办公室发布了关于钓鱼岛的官方声明。参见中华人民共和国国务院新闻办公室：《钓鱼岛是中国的固有领土》，北京：人民出版社，2012 年，第 9 页。

② 在我国"钓鱼岛——中国的固有领土"官网上，列举了大量中外研究钓鱼岛问题的著作和论文。参见"论文著作"，资料来源于 http：//www. diaoyudao. org. cn/node_ 7217576. htm，访问日期：2017 年 1 月 30 日。

③ 1996—2013 年，《人民日报》刊登的有关钓鱼岛的文章有约 10 篇，最早的一篇刊登于 1996 年 10 月 18 日。2004 年 3 月 25 日，外交部发言人孔泉在的例行记者招待会上回答记者有关钓鱼岛问题的提问时说，"关于钓鱼岛的历史和法律问题……我推荐你看一篇文章，发表在 1996 年 10 月 18 日的《人民日报》上，题目是《论钓鱼岛主权的归属》，这篇文章全面详实地阐述了钓鱼岛属于中国的历史由来、法律依据、国际文件和中国政府的态度。"

④ 钓鱼岛专题网站：我国于 2014 年 12 月 30 日上线的钓鱼岛官方网站，名为"钓鱼岛——中国的固有领土"。该网站由国家海洋信息中心主办（中国互联网新闻中心承办），使用"www. diaoyudao. org"和"www. 钓鱼岛 . cn"域名。钓鱼岛专题网站主要包括基本立场、自然环境、历史依据、文献资料、法律文件、视频资料、新闻动态和论文著作等版块，还发布了一系列历史文献和法律文件。网站先行开通中文版，后开通了英、日、法、德、西、俄、阿等其他文字版本。参见"钓鱼岛——中国的固有领土"，资料来源于 http：//www. diaoyudao. org. cn，访问日期：2015 年 1 月 30 日。

⑤ 钟严：《论钓鱼岛主权归属》，北京：《人民日报》，1996 年 10 月 18 日；中华人民共和国国务院新闻办公室：《钓鱼岛是中国的固有领土》，北京：人民出版社，2012 年，第 3 页。

⑥ 钟严：《论钓鱼岛主权归属》，北京：《人民日报》，1996 年 10 月 18 日；中华人民共和国国务院新闻办公室：《钓鱼岛是中国的固有领土》，北京：人民出版社，2012 年，第 3 页。

封使报告和琉球国的正史《中山世鉴》中均记载，钓鱼岛、赤尾屿属于中国，久米岛属于琉球，中琉分界线在赤尾屿和久米岛间的黑水沟（今冲绳海槽）。日本最早记载钓鱼岛的文献是 1785 年林子平所著《三国通览图说》的附图"琉球三省并三十六岛之图"，该图将钓鱼岛列在"琉球三十六岛"之外，并与中国大陆绘成同色，意指钓鱼岛为中国领土的一部分。[1]

第二，日本吞并琉球、秘密的把钓鱼岛"编入"版图以及出兵台湾等事件紧密相连、环环相扣，相关历史文献佐证了日本窃取中国领土钓鱼岛的全过程。1879 年日本吞并琉球，琉球王国被改名为"冲绳县"。日本所称最早"发现"钓鱼岛，是在日本吞并琉球后的 1884 年，比中国文献最早记载钓鱼岛列屿迟了约 500 年。[2] 1884 年至甲午战争以前，冲绳县在日本政府的授意下对钓鱼岛开展秘密调查，但对是否应建立国家标桩仍心存疑虑，曾几次发文请求日本政府给予指示。日本外务省编纂的《日本外交文书》明确记载了日本企图窃取钓鱼岛的经过，当时日本政府虽然觊觎钓鱼岛，但完全清楚这些岛屿属于中国，不敢轻举妄动。[3] 1894 年 7 月，日本发动甲午战争。在清朝败局已定的背景下，同年 12 月 27 日，日本内务大臣野村靖致函外务大臣陆奥宗光，认为"今昔形势已殊"，要求将在钓鱼岛建立国标、纳入版图事提交内阁会议决定。1895 年 1 月 14 日，日本内阁秘密通过决议，将钓鱼岛"编入"冲绳县管辖。[4]

---

[1] 中华人民共和国国务院新闻办公室：《钓鱼岛是中国的固有领土》，北京：人民出版社，2012 年，第 5 页。

[2] 钟严：《论钓鱼岛主权归属》，《人民日报》，1996 年 10 月 18 日。

[3] 中华人民共和国国务院新闻办公室：《钓鱼岛是中国的固有领土》，北京：人民出版社，2012 年，第 6-7 页。

[4] 中华人民共和国国务院新闻办公室：《钓鱼岛是中国的固有领土》，北京：人民出版社，2012 年，第 7-8 页。

第三，第二次世界大战后，按照同盟国战后"雅尔塔条约体系"①的安排，钓鱼岛理应回归中国。然而，先是1951年9月8日美国主导并在排除中国的情况下与日本缔结《旧金山和约》，规定北纬29°以南的"西南诸岛"交由联合国托管，以美国为唯一施政当局。该条约当时所指"西南诸岛"并不包括钓鱼岛；接着，1952年2月29日和1953年12月25日，琉球列岛美国民政府先后发布"第68号令"（即《琉球政府章典》）和"第27号令"（即关于"琉球列岛的地理界限"的公告），擅自扩大行政管理范围，将中国领土钓鱼岛划入其中。此举没有任何法律依据，中国坚决反对；最后，1971年6月17日，美日签署《关于琉球诸岛及大东诸岛的协定》，将琉球群岛和钓鱼岛的"施政权""归还"给日本。两岸政府对此同声谴责，坚决反对。美日对钓鱼岛的私相授受行为，严重侵犯了中国的领土主权，没有也不能改变钓鱼岛属于中国的事实。②

简而言之，中国主张钓鱼岛在明代已划入福建海防版图、清代则归台湾管辖，1895年4月17日，清朝在甲午战争中战败，被迫与日本签订不平等的《马关条约》，割让"台湾全岛及所有附属岛屿"，钓鱼岛等作为台湾附属岛屿一并被割让给日本。第二次世界大战后，根据《开罗宣言》和《波茨坦公告》等"雅尔塔条约体系"的安排，日本窃取中国台湾的附属岛屿钓鱼岛列屿理应归还中国。

（二）日本对钓鱼岛"主权主张"中的"琉球因素"

日本对钓鱼岛主张系统和公开的表述，主要体现在日本外务省《关于

---

① 作者在2014年发表的《"雅尔塔条约体系"在处理钓鱼岛争端上的国际法地位》一文中，首次提出用"雅尔塔条约体系"一词概括"第二次世界大战"前后反法西斯同盟规制日本非法夺取的他国领土，并对战后国际秩序进行安排的的法律文件，其中涵盖《大西洋宪章》《联合国国家宣言》《开罗宣言》《波茨坦公告》和《日本投降文书》等。参见刘丹：《雅尔塔条约体系在处理钓鱼岛争端上的国际法地位》，《太平洋学报》，2014年第4期。

② 中华人民共和国国务院新闻办公室：《钓鱼岛是中国的固有领土》，北京：人民出版社，2012年，第10–11页。

"尖阁诸岛"的基本见解》①《"尖阁诸岛"问答》②《"尖阁诸岛"》③ 等官方声明、学者论著,以及其他公布在日本外务省官方网站上的文献和资料。这些资料表明,日本极力撇清《马关条约》和其取得钓鱼岛所谓"主权"的关系,并认为钓鱼岛的行政编制隶属琉球,琉球是日本的领土,因此钓鱼岛主权归日本,其依据除《旧金山和平条约》外,更重要的就是美国托管琉球以及返还琉球施政权给日本的安排。纵观日本对钓鱼岛的主张,其声称的1895年以前占有钓鱼岛的历史论据匮乏,因此一方面强调日本从19世纪末开始对钓鱼岛实施所谓的"实际控制"以寻求国际法原理的支持;另一方面则从以《旧金山和约》为主的条约法寻找依据。日本对钓鱼岛的主权主张对"琉球因素"的依赖度很高,表现为:

第一,为了证明日本将钓鱼岛并入版图的行为符合国际法上的"先占",日本用冲绳县对钓鱼岛所谓的"实地调查"作为"历史"证据。日本政府声称拥有"尖阁诸岛领有权"的"历史依据",就是"自1885年以来冲绳县政府多次对尖阁诸岛进行实地调查",慎重确认"'尖阁诸岛'不仅为无人岛,而且也没有受到清朝统治的痕迹"。④ 基于上述认定,日本政府"于1895年1月14日由内阁会议("阁议")决定在岛上建立标桩,以正式编入我国领土之内"。正是基于所谓的"无主地先占",日本政府辩称,"'尖阁诸岛'没有被包括在按照1895年4月缔结的《下关条约》(即《马关条约》)第2条规定由清朝割让给日本的台湾及澎湖诸岛当中"⑤。

---

① 日本外务省:《关于"尖阁诸岛"的基本见解》(中译本)。

② 日本外务省:《"尖阁诸岛"问答》(中译本)。

③ 参见日本外务省:"尖阁诸岛",资料来源于 http://www.cn.emb-japan.go.jp/territory/ senkaku/pdfs/senkaku_cn.pdf,访问日期:2015年1月30日。

④ 日本外务省:《"尖阁诸岛"问答》(中译本)。

⑤ 参见日本外务省:《"尖阁诸岛"问答》(中译本);日本外务省:《关于"尖阁诸岛"的基本见解》(中译本)。

第二，条约方面，日本主要依据《旧金山和约》的相关条款中"南西诸岛"① 交由美国托管的安排。日本声称，"'尖阁诸岛'在历史上始终都是日本领土的'南西诸岛'的一部分"，1951 年缔结的《旧金山和平条约》规定，"尖阁诸岛"不被包含在第 2 条日本所放弃的领土之内；第 3 条又规定，"尖阁诸岛"作为'南西诸岛'一部分被置于美国施政之下。②

第三，第二次世界大战后至 1972 年美日间将琉球"返还日本"的条约安排成为日本主张拥有对钓鱼岛同样拥有主权的重要依据。1953 年美国施政当局公布的《美国民政府布告第 27 号》将钓鱼岛划入琉球管辖范围。③ 因此，根据 1971 年《日本国与美利坚合众国关于琉球诸岛及大东诸岛的协定》，"尖阁诸岛"当然也就"被包含在把施政权归还给日本的地区之内"④。

琉球问题和钓鱼岛争端盘根错节、相互交织，日本官方依据冲绳的隶属关系主张对钓鱼岛拥有"主权"。除了从历史、地理和国际法加强论证我国钓鱼岛主权主张外，对 1879 年琉球"归属"问题，以及 1879 年以前琉球国际法地位问题正本清源，具有重要意义。

小　结

自 1895 年到第二次世界大战前后，日本使用"南西诸岛"这一名词取代"琉球"这个古老的名词，政治野心昭然若揭。此外，相较于"南西诸岛"，如今世人更为熟知的名词则是"冲绳"和隶属于日本的"冲绳县"。但无论

---

① 南西诸岛：又称"南西群岛""西南诸岛"。《旧金山和约》第 3 条所谓"北纬 29 度以南之南西诸岛"已明确划定了地域范围和界限，后面括号内限制性的说明"包括琉球群岛与大东群岛"，这清楚表明"北纬 29 度以南之南西诸岛"并不含钓鱼岛列屿，而专指 1877 年英国出版的《中国东海沿海自香港至辽东湾海图》所标明的"南西诸岛"内所含的原琉球国所属的国土。参见鞠德源：《钓鱼岛正名——钓鱼岛列屿的历史主权及国际法渊源》，北京：昆仑出版社，2006 年，第 61 页。

② 日本外务省：《"尖阁诸岛"问答》（中译本）。

③ 日本外务省：《"尖阁诸岛"问答》（中译本）。

④ 参见日本外务省：《"尖阁诸岛"问答》（中译本）；日本外务省：《关于"尖阁诸岛"的基本见解》（中译本）。

从政治意义还是从地域范围看，现代的"冲绳"都已经不是过去的"琉球"。究其原因，则必须回顾琉球王国异于中日两国独特的历史、地理和文化。另一方面，琉球王国和中国之间有解不开的历史纽带，中琉交往源远流长。历史上，1429 年琉球尚氏国王统领的中山国统一"三山"（中山、山南、山北），琉球自此形成统一的国家。此后琉球一直在强大的左右邻国中求生存。自 1372 年明朝昭告琉球建立中琉封贡制度至 1879 年日本在琉球"废藩置县"为止，中国派往琉球册封使 24 次，琉球在此时期被纳入中华朝贡册封体系，琉球王国成为中国的外藩（地位与朝鲜、越南、缅甸等国相同），并和中国保持着册封朝贡关系。对钓鱼岛的记载即体现在中国赴琉球历代册封使的记录文书中。

中日钓鱼岛争端与历史上的中日琉关系存在关联。进入 21 世纪，由于日本政府"向右转"的态势，以及域外势力的介入更显复杂，如今东亚政治情势正悄然发生着重大变化。第二次世界大战后，琉球群岛重要的地理位置使其不仅成为冷战时期美国"第一岛链"的重要组成部分，更是如今美国"重返亚太"战略中重要的筹码。20 世纪 70 年代美日琉球"私相授受"以来，由于中日钓鱼岛争端持续发酵，而日本又以钓鱼岛和琉球的"隶属关系"作为其主要法律主张的一环，如今琉球的政治运动和反美军基地运动又与 19—20 世纪的历史及霸权结构存在关联。从战略角度看，钓鱼岛主权争端中日各自的主张虽然角度不同，但都和琉球地位问题存在一定程度的联系。日本对钓鱼岛的"主权主张"对琉球因素的关联度和依赖度都很高，除了从历史、地理和国际法加强论证我国钓鱼岛主权主张外，对日本结合琉球和钓鱼岛隶属关系的主张，从国际法角度进行论证和驳斥，将能对日本的论证起到釜底抽薪的效果，也能更好的增强我国在法律战和舆论战中的话语权。无论钓鱼岛争端最终如何解决，今后军事战、法律战、舆论战等形式的斗争将长期存在，中国需要正视琉球法律地位问题在区域安全和应对日美同盟中的作用。因此，琉球地位的研究既有军事战略意义，又有现实法律应对意义。

第二章 "两属"体制下琉球王国的历史和国际法地位

继第一章对琉球的历史、地理、文化背景介绍以及 19 世纪西方殖民者"万国公法体系"对中国朝贡册封体制的挑战之理论铺垫后，本章着眼于不同历史时期，尤其是 19 世纪末"琉球交涉"时期琉球国际法地位的考察；此外，中日甲午战争后，琉球复国独立运动与琉球的地位紧密相关，也将予以分阶段论述。[①]

第一节 19 世纪西方"万国公法"体制与东亚宗藩/朝贡体制的关系

溯本及源，了解琉球问题就必须结合历史事实，分析琉球和中国、琉球和日本各自的双边关系。但更重要的是，还需将琉球地位问题放到 19 世纪西方列强入侵以后"万国公法体制"对东亚朝贡藩属体制产生冲击的大背景下予以考察，才能更好地厘清琉球作为中国藩属国的历史和法律地位。

一、东亚的宗藩/朝贡体制与"万国公法体制"

东亚地区在封贡关系的基础上，形成了一个特殊的地区性国际关系体

---

① 本章第一至二节的主体部分，作者已形成《近世琉球的历史和国际法地位——兼论钓鱼岛主权归属》一文，发表在《中国海洋法学评论》2016 年 12 月第 24 期。

系——"朝贡体制"（Tributary System，又称"封贡体制"或"册封朝贡体制"①），历史学家所描述的"圈层关系"或"同心圆关系"，形象描述了中国众多的藩属国和宗主国中华帝国之间的关系。与此相对应的是西方列强主导的以"条约关系"为结构、以"万国公法世界"的国际秩序为基础的国际体系。

（一）东亚的宗藩/朝贡体制

宗藩（或藩属）制度作为中国古代国家政体的重要内容之一，早在汉朝时就已经产生。沿袭汉代，唐代的藩属制度又有所创新，是以边疆少数民族聚居区广设羁縻府州为藩属主要实体的创新阶段。明沿袭唐代、元代的藩属制度亦有新的举措。清王朝集历代藩属制度之大成。②清立国后，通过武力征服和继承明代传统宗藩关系，建立了自己的封建宗藩体系，即由宗主国清朝封建帝国和7个藩属国——朝鲜、琉球、安南（今越南）、暹罗（今泰国）、南掌（今老挝）、苏禄（今菲律宾苏禄群岛、缅甸）所组成的东亚华夷秩序。宗主国和藩邦之间的经济交流主要是通过"朝贡""赏赐"及朝贡附载贸易来实现的。我国历史学者李云泉认为，"从严格意义上说，朝贡制度建立于双向交往、沟通之基础之上，包括朝贡一方的'称臣纳贡'和宗主一方的'册封赏赐'双重内容"。③美国著名学者费正清④（John King Fairbank）认为，朝

---

① 中国史学界对朝贡关系已有深入的讨论。20世纪初傅斯年"中华帝国"的概念以及20世纪末香港学者黄枝连的"天朝礼治体系"概念等，都是中国学界在这一问题上的独创性贡献。2002年，大陆学者陈文寿在《近世初期日本与华夷秩序研究》一书中指出，古代向中国朝贡的国家未必都是接受中国的册封成为中国的藩属国。他认为，欧美学界常用的 Tributary System（朝贡制度）一词并不是形容正式册封关系的准确用词，更适宜代之以 Investiture System（册封制度）一词。参见陈文寿：《近世初期日本与华夷秩序研究》，香港：香港社会科学出版社，2002年，第490页。如无特别指明，本书对"朝贡体制""封贡体制"和"册封朝贡体制"将不作区分使用。

② 黄松筠：《中国藩属制度研究的理论问题》，《社会科学战线》，2004年，第6期，第121页。

③ 李云泉：《朝贡制度史论——中国古代对外关系体制研究》，北京：新华出版社，2004年，第1页。

④ 费正清对朝贡体制的理论基础——华夏中心主义意识，以及朝贡关系融政治、贸易、外交于一体的特征，都有开创性研究。他还以"冲击——反应"模式为框架，来研究近代中国的走势。此后许多学者分别提出"华夷秩序""天朝礼治体系""中国的世界秩序""东亚的国际秩序"等，被视为古代中国的中外关系、外交制度、外交观念等，但都与朝贡体制有关。

贡体制是以中国为中心形成的圈层结构：第一层是汉字圈，由几个最邻近且文化相同的"属国"构成，包括朝鲜、越南、琉球和一段时期的日本；第二层是亚洲内陆圈，由亚洲内陆游牧和半游牧的"属国"和从属部落构成；第三层是外圈，一般由关山阻隔、远隔重洋的"外夷"组成，包括日本、东南亚和南亚一些国家以及欧洲。① 费正清的上述观点虽可概括朝贡体制的结构，但仍应注意，亚洲内陆游牧部落与华夏文化圈内的"朝贡国"虽然同处在"朝贡体系"之中，但仍存在很大的差异；暹罗、缅甸等"朝贡国"与欧洲国家也存在差异，因为这些"朝贡国"与中国保持着正式的"封贡关系"，所以不能和欧洲国家划归一类。② 类似的，日本学者滨下武志用同心圆的比喻指出，朝贡关系是中国统治者将中央与地方的统治关系扩大到周围和四边，按中央——各省——藩部（土司、土官）——朝贡诸国——互市诸国的顺序排列，并依其邻接的"中心——周边"关系之同心圆方式交错产生出的一种体系。③

　　明代，按照朝贡次数的多寡、政治隶属关系的强弱以及对中国文化认同的不同，将朝贡国分为三类：第一类是典型而实质的朝贡关系。这类关系的国家主要有朝鲜、琉球、安南、占城（明前期）等；第二类为一般性的朝贡关系，指在一定程度上认同中国文化，并曾接受明朝皇帝的封号，定期或不定期来华朝贡的国家，如日本、暹罗、爪哇、苏门答腊、苏禄等；第三类是名义上的朝贡关系，指的是纯粹的贡赐贸易关系。许多海外国家遣使来华，不过是借朝贡之名，行贸易之实。明代典籍记载的100多个朝贡国中，大多属于名义上的朝贡关系。④ 到了清代，清王朝将海外各国大致分两类：一是"朝贡国"（见表二），即正式建立外交关系的国家。这七个藩属国包括朝鲜、

　　① John King Fairbank, *Trade and Diplomacy on the China Coast: The Opening of the Treaty Ports*, 1842—1854, Stanford University Press, 1953.
　　② 王培培：《"朝贡体系"与"条约体系"》，《社科纵横》，2011 年第 8 期，第 115–117 页。
　　③ ［日］滨下武志著：《近代中国的国际契机：朝贡贸易体系与近代亚洲》，王玉茹等译，北京：中国社会科学出版社，1999 年。
　　④ 李云泉：《朝贡制度史论——中国古代对外关系体制研究》，北京：新华出版社，2004 年，第 71–72 页。

琉球、安南（今越南）、暹罗（今泰国）、缅甸、南掌（今老挝）和苏禄（今菲律宾苏禄群岛）；二是无正式外交关系，而有贸易往来的国家，包括葡萄牙、西班牙、荷兰、英国、法国等西方国家。①

表二　清代主要朝贡国的贡封时间一览②

国别	始贡时间	受封时间
朝鲜	崇德二年（1637 年）	崇德二年（1637 年）
琉球	顺治八年（1651 年）	顺治十一年（1654 年）
安南	顺治十七年（1660 年）	康熙五年（1666 年）
暹罗	康熙三年（1664 年）	康熙十二年（1673 年）
苏禄	雍正四年（1726 年）	
南掌	雍正八年（1730 年）	乾隆六十年（1795 年）
缅甸	乾隆十五年（1750 年）	乾隆五十五年（1790 年）

在宗藩关系内，费正清还提出"内藩""外藩"的区别，强调是基于个人（皇帝）——封建臣属关系建立的与皇帝有人身依附关系的藩封。"内藩"主要是封爵的皇族等。外藩主要是蒙古王公、西藏政教首领，以及朝鲜、安南等周边国家的国王，遥远的朝贡国也是最外圈的"藩"。③外藩体制内，还存在"朝觐"与"朝贡"两种制度的区别。由于"外藩"对中国是有亲疏远近之分的，如同心圆状，中心是内地，然后是内属外藩，次之是外藩属国，最外是通市外藩。从内而外，中原王朝对"地方"的控制力、对外国的影响力是依次递减。从外向内看，是从中外平等的中外关系，然后依次增强对内地的向心力。这种亲疏关系的外在表象就是朝廷对外藩实施的朝觐年班和朝

① 李云泉：《朝贡制度史论——中国古代对外关系体制研究》，北京：新华出版社，2004 年，第134-148 页。

② 李云泉：《朝贡制度史论——中国古代对外关系体制研究》，北京：新华出版社，2004 年，第137 页。

③ 作者按：原文如此。参见费正清，刘广京主编：《剑桥晚清史》（上册），中国社会科学院历史所编译室译，北京：中国社会科学出版社，1985 年，第 32、35 页。西藏是中国不可分割的领土，作者并不赞成费正清将西藏归入外藩的归类。

贡制度的管理方式。尽管清代官方并没有把"朝贡"与"朝觐"词义加以严格区分，但实际上，清廷对内属外藩实施"朝觐年班"制度，对境外外藩则实施朝贡制度。①

总之，近代以前东亚传统的国际秩序框架是朝贡体制。朝贡体制是以宗主国的册封和藩属国的朝贡为基本前提构成的国际秩序。中国古代王朝在东亚封贡体制中处于中心地位；宗主国周边的国家向中国朝贡、接受其册封和保护，成为藩属国。明清时期，封贡体系达到鼎盛，同时也开始走向衰亡。封贡体制功能的丧失贯穿在明清两个王朝，是一个渐进的过程。②

（二）西方殖民扩张中"万国公法体系"对东亚宗藩/朝贡体制的冲击

甲午战争爆发前后那段时期的"国际社会"是有特定涵义的，它是以欧洲为中心、由主权独立的欧洲国家组成，进而形成一套体现西方价值观、有约束力的近代国际法规则体系，又被称为"国际法共同体"或"文明共同体"。琉球大学历史学者西里喜行指出，"东亚的近代是东亚各国、各民族与欧美列强间的相关关系的主客颠倒时代，也是东亚传统的国际制度即册封进贡体制，被欧美列强主导的近代国际秩序即万国公法所取代的时代"。③我国汪晖教授也认为，清朝与欧洲列强之间的冲突不是一般的国与国之间的冲突，而是两种世界体系及其规范的冲突，即两种国际体系及其规范的冲突。④这两种国际体系就是"朝贡体系"和近代"万国公法体系"。如上文所述，朝贡体系是传统的以中国为中心、以中国之周边各邻国与中国形成的双边"封贡关系"为结构的国际体系。

"万国公法体系"，又称"条约体系"（Treaty System），则指伴随近代殖

---

① 张双智：《清朝外藩体制内的朝觐年班与朝贡制度》，《清史研究》，2010 年第 3 期，第 111–112 页。

② 修斌，姜秉国：《琉球亡国与东亚封贡体制功能的丧失》，《日本学刊》，2007 年第 6 期。

③ ［日］西里喜行著：《清末中琉日关系史研究》（上），胡连成等译，北京：社会科学文献出版社，2010 年，第 17 页。

④ 汪晖：《中国现代思想的兴起》（上卷），北京：生活·读书·新知三联书店，2004 年，第680 页。

民扩张形成的，西方殖民列强主导的以"条约关系"为结构、以"万国公法"世界的国际秩序（表三）为基础的国际体系。[1] 近代西方国际法正式和有系统的传入中国是从 19 世纪 60 年代开始的。美国传教士丁韪良（William M. P. Martin，1827—1916 年）翻译的《万国公法》[2] 是中国历史上第一本西方法学著作。丁韪良翻译的《万国公法》一出版，在东亚世界引起很大震撼，翌年在日本便有翻刻本和训点本出版。在很短的时间内，《万国公法》便成为日本的最畅销书，其后陆续在朝鲜和越南相继翻刻刊行。[3] 在"万国公法体系"中，世界各国被分为"文明""不完全文明""野蛮"和"未开化"多个领域（表三），中国等亚洲国家被视为"野蛮国"，只能适用国际法的部分原则，不能享有国家主体的完全人格。最能反映这种秩序架构上的国家权利的差异，莫过于以片面最惠国待遇、领事裁判权和协定关税为核心的诸多不平等条约。这种国际秩序是不折不扣的"西方中心主义"，而 19 世纪末 20 世纪初的政治现实却是在这种偏见下展开的。[4]

表三 19 世纪末的"万国公法"世界的国际秩序[5]

文明人（civilized humanity）的国家	不完全"文明人"的国家	野蛮人（barbarous humanity）的国家	未开化人（savage humanity）的国家
欧洲、北美	中南美各国	土耳其、波斯、中东、暹罗、日本等	地球上其余所有地域

---

① 费正清提出了晚清时期与朝贡体制并存的"条约体系"一词。参见 J. K. Fairbank，*The Early Treaty System in the Chinese World Order*，In J. K. Fairbank eds.，*The Chinese World Order：Traditional China's Foreign Relations*，Havard University Press，1969，pp. 257–275.

② 该书译自美国国际法学家亨利·惠顿（Henry Wheaton，1785—1848）1836 年出版的《国际法原理》（Elements of International Law）一书。

③ 邹振环：《丁韪良译述〈万国公法〉在中日韩传播的比较研究》，载复旦大学韩国研究中心编：《韩国学研究》（第 7 辑），北京：中国社会科学出版社，2000 年，第 258–278 页。

④ 林学忠：《从万国公法到公法外交：晚清国际法的传入、诠释与应用》，上海：上海古籍出版社，2009 年，第 243 页。

⑤ James Lorimer，*The Institute of the Law of Nations：A Treaties on the Jural Relations of Separate Political Communities*，Edinburgh：W. Blackwood & Sons，1883—1884，Vol. 1，pp. 102–103.

文明人（civilized humanity）的国家	不完全"文明人"的国家	野蛮人（barbarous humanity）的国家	未开化人（savage humanity）的国家
1) 具备文明国的国内法； 2) 适用国际法； 3) 完全的政治承认（plenary political recognition）	1) 还未完备文明国的国内法； 2) 有义务以文明国的标准对待外国人	1) 还未具备文明国的国内法； 2) 部分的政治承认（partial political recognition）； 3) 不平等条约（如领事裁判权）的实践对象； 4) 国际法的适用需要"文明国"的承认	1) 自然的或是单纯的人类承认（natural or mere human recognition）； 2) 可成为国际法先占原则下的文明国的领土

中国是东亚的政治和经济中心，在16—18世纪曾一度挫败过西方国家的殖民意图。然而，19世纪初，随着清政府的日趋衰败，中国逐渐成为西方列强在东亚的殖民目标，其间历经两次鸦片战争，到1900年《辛丑条约》的签订，中国彻底沦为半殖民地半封建社会。① 不仅如此，19世纪后期，清廷的藩属国如越南、缅甸、朝鲜等相继沦为欧美列强和日本的殖民地或保护国，宗藩/朝贡体制分崩离析。在这样的时代背景下，中国社会各阶层对西方国际法的传入的态度是矛盾的。一方面，清政府的确有应用国际法与西方国家外

---

① "半殖民地半封建"是一个用来概括中国近代社会性质的完整概念。就这一概念的内涵，史学界认识基本上趋于一致。关于该概念在中国首次出现的时间，陈金龙考证后认为，1929年2月，中共中央在《中央通告第二十八号 农民运动的策略》中，首次使用了"半殖民地半封建"这一完整概念。1934年6月，吕振羽在《史前期中国社会研究》中也明确断定，鸦片战争后，中国社会为"半殖民地半封建社会"。参见陈金龙：《"半殖民地半封建"概念形成过程考析》，《近代史研究》，1996年第4期，第227—231页。

交交涉成功的案例，例如 1839 年林则徐禁止销售鸦片①和办理"林维喜案"②，又如普鲁士在中国领海拿捕丹麦船只事件③等，这些外交纠纷的顺利解决促成清政府较快批准《万国公法》的刊印；另一方面，清政府及其官员对国际法则倾向于从器用的层面做工具性的利用，追求对外交涉时可以援引相关规则以"制夷"。总之，自《万国公法》得以翻译刊印至"维新变法"以前，《万国公法》在中国并没有像在日本那样形成广泛的影响力。相反，中国社会对西方的国际法及"万国公法体制"的态度仍较为排斥，即国际法是外来的，与中国的朝贡体制不合；如果采用它，就意味着放弃中国传统的世界秩序和破坏朝贡制度，国际法被怀疑为一种陷阱。④

自 18 世纪开始，日本也遭到西方殖民者的觊觎。18 世纪中叶起，沙俄首先开始窥视日本。1711 年和 1804 年俄国两次要求通商，遭到拒绝。1853 年美国海军将军佩里（Commodore Perry）率领舰队强行闯入日本港口，代表美国政府要求同日本建立外交关系和进行贸易，史称"黑船事件"。1854 年佩里再访日本，3 月 31 日代表美国与日本签订第一份不平等条约——《日美友

---

① 参见茅海建：《天朝的崩溃——鸦片战争再研究》，北京：生活·读书·新知三联书店，1995年，第 104-112 页。

② 1839 年 7 月，九龙尖沙咀村发生中国村民林维喜被英国水手所杀的案件。对该案的研究，参见林启彦，林锦源：《论中英两国政府处理林维喜事件的手法和态度》，《历史研究》，2002 年第 2 期，第 97-113 页。

③ 1864 年 4 月，普鲁士公使李福斯（H. Von Rehfues）乘坐"羚羊"号（Gazelle）军舰来华，在天津大沽口海面上无端拿获了三艘丹麦商船。总理各国事务衙门当即提出抗议，指出公使拿获丹麦商船的水域是中国的"内洋"（领水），按照国际法的原则，应属中国政府管辖，并以如普鲁士公使不释放丹麦商船清廷将不予以接待相威胁。在这种情况下，普鲁士释放了两艘丹麦商船，并对第 3 艘商船赔偿 1 500 元，事件最终和平解决。关于此案及清政府援引《万国公法》的经过，参见王维俭：《普丹大沽口船舶事件和西方国际法传入中国》，《学术研究》，1985 年第 5 期。

④ 参见［美］丁韪良：《花甲忆记——一位美国传教士眼中的晚清帝国》，沈弘等译，桂林：广西师范大学出版社，2004 年，第 156-163 页。

好条约》①；佩里归国途中在那霸停泊并与琉球缔结《琉美修好条约》。"黑船事件"打开了日本的门户，日本由此走上从锁国到开国、面向世界的过程。从19世纪初到中日甲午战争前，面对西方殖民入侵，内外交困促使日本出现如吉田松阴、福泽谕吉这样的等思想家和战略家，推动了日本的积极变革。②1867年，日本明治天皇锐意维新，在对外政策上采取了"远交近攻"的策略：一方面"脱亚入欧"，达到与欧美列强修改不平等条约、平起平坐的目的；一方面又加入列强在亚太地区的角逐，对近邻国家实施扩张侵略，以共同打破"华夷秩序"，确立日本的"东洋盟主"地位。经过二三十年的发展，到19世纪末期，日本已成为世界八大强国之一。就在这段时期，围绕朝鲜和琉球问题，日本的亚太政策初露锋芒，该时期在日本的对外扩张中，利用新型的国际规则就是最为重要的特点之一。明治初期的日本同样受到西方国家的不平等条约的束缚，日本却已经在努力模仿西方列强的模式，并在周边关系中加以运用，力图通过不平等条约向中国、朝鲜等地扩张。例如在1871年《中日修好条规》谈判过程中，日方力争的已经是"约同西例"，而中方拒绝的是利益"一体均沾"的字样。清朝开始希望维持原有的区域关系模式，但奈何"各使动称万国公法，我即以公法治之"。欧洲帝国主义的国际法遂逐渐成为主导东北亚区域关系的基本框架。③

　　西方国际法的传入，不仅对中国的国际秩序观和文明观，而且对东亚秩序，如日本帝国主义的兴起、朝鲜独立自主之路的探索，以及围绕着"琉球处分"的中日琉关系等产生了深层次的影响。日本在羽翼未丰的时候，无论

---

　　① 1854年《日美友好条约》规定，日本必须开放下田和箱馆两港，供美国船只停泊和获得由日本官方提供的煤、水等补给，美船则以金银币偿付，并可根据日方的有关规定用金银和货物交还其他货物；若美船在日本海岸失事，日船应予以救助，救助船员不得监禁，须送至下田和箱馆转交美方负责人；美国享有最惠国待遇，一旦日方将未给予美国的待遇给予他国，美国可同样享受；美国可在下田派驻领事。《日美友好条约》虽然没有规定日本必须开放通商，但是"日本锁国体制的崩溃由此开始"。参见方连庆主编：《国际关系史》（近代卷，上册），北京：北京大学出版社，2006年，第250页。

　　② 姜鸣：《在历史的关键点上抓住机遇》，《国际先驱导报》，2014年8月5日。

　　③ 汪晖：《琉球：战争记忆、社会运动与历史解释》，《开放时代》，2009年第3期，第12–13页。

是采用订约的手段如《中日修好条规》和《马关条约》，还是在琉球处分问题上利用《万国公法》法则，目的都是为了使其权益扩大并合法化，以此瓦解中国与朝贡国之间的宗藩关系。而中国自 1842 年《南京条约》缔结以来，随着对西方世界了解的深入和边疆危机的加深，国际法知识被总理衙门和驻外使节频频用于外交实践中（即"公法外交"），并引起越来越多的朝臣和封疆大员的重视；另一方面中国官僚阶层又竭尽全力地维持宗藩体制，为这一时期的"朝贡——万国公法体制"时代揭开了序幕。总之，19 世纪欧洲西方列强入侵的时候，东亚中日两国都面临严重的生存危机，两国也都高度的关注到这种危机的挑战，但历史的教训是，日本抓住了机遇而中国丧失了机遇。

二、近现代国际法语境下藩属国的法律地位

丁韪良翻译的《万国公法》是东亚第一本国际法学的书籍，是 19 世纪欧美广为流行的国际法著作之一，各国译本甚多，具有世界性之普遍价值。正如丁韪良所称，该书"公认为全面公正的著作，因此风靡整个欧洲，尤其是在英国，它是外交官考试的教科书"。进入 20 世纪，《奥本海国际法》则可谓是对《万国公法》起到承前启后作用的一本巨著。《奥本海国际法》的雏形是奥本海（1858—1919 年）在 1905—1906 年出版的《国际法》两卷集。奥本海因此书当选剑桥大学惠威尔国际法讲座教授。此后第二版由奥本海本人修订。《奥本海国际法》之后又经过罗纳德·罗克斯伯勒、阿诺德·麦克奈尔，以及赫希·劳特派特等多位国际法知名学者多次修订并出版，被称为"剑桥书"。① 《奥本海国际法》第九版由我国著名国际法学家王铁崖领衔校订，于 1995 年出版。

对比 19 世纪《万国公法》和 20 世纪《奥本海国际法》这两部国际法经典著作不难发现，"殖民地"其实是现代国际法所称"国际人格者"中的一

---

① ［英］詹宁斯·瓦茨修订：《奥本海国际法》（第 1 卷，第 1 分册），王铁崖等译，北京：中国大百科全书出版社，1998 年，第 III-V 页。

种类型。而与宗藩/朝贡体制联系最密切的"被保护国""半主之国""藩属国"等国际法概念,在《万国公法》中被纳入"邦国自治、自主之权"专章论述。现代国际意义上的"国际人格者",是指享有法律人格的国际法的主体。"国际人格者"享有国际法上所确定的权利、义务和权力。① 分析近代和现代国际法"国际人格者"的内涵和法律概念的变化与演进,对于分析琉球近现代的国际法地位具有重要启示。

(一)《万国公法》中的"国际人格者"

如上文所述,国际法是在 19 世纪 60 年代随着《万国公法》多语种译本的问世开始被亚洲各国广泛熟知。《万国公法》对中国政界、外交界和知识界的影响巨大②;更重要的是,围绕着琉球问题,中、日、琉三国官方都曾援引并运用《万国公法》的原则、规则和理论。因此,要了解 19 世纪语境下"国际人格者"的类型和内涵,就要从《万国公法》中寻找初始的轨迹,还需要用《奥本海国际法》为代表的现代国际法予以进一步的诠释或解读。参照丁韪良的中译本③和 1866 年波士顿由 Little,Brown and Company 出版的英文第八

---

① [英] 詹宁斯·瓦茨修订:《奥本海国际法》(第 1 卷,第 1 分册),王铁崖等译,北京:中国大百科全书出版社,1998 年,第 90 页。

② [美] 惠顿著:《万国公法》,[美] 丁韪良译,何勤华点校,北京:中国政法大学出版社,2003 年,点校者前言。作者按:丁韪良翻译的《万国公法》由北京崇实馆 1865 年出版,该中文版译自 *Element of International Law:With a Sketch of the History of the Science* 的第 6 版。第 6 版是 William Beach Lawrence(1800—1881)编辑的注释版(Boston:Little,Brown and Company,1855)。

③ 应注意的是,《万国公法》(中国政法大学出版社 2003 年)点校人何勤华教授指出,丁韪良在翻译时,不仅对原书的结构、体系、章节有过调整,也对其中的内容做了大量删节。如第一卷第二章第二十三节"日耳曼系众邦会盟",原文有近百分之九十的内容被丁韪良所删,翻译出来的只是几点摘要。此外,由于受历史条件和译者中文水平的局限,还存在较多不成功的翻译之处。参见 [美] 惠顿著:《万国公法》,[美] 丁韪良译,何勤华点校,北京:中国政法大学出版社,2003 年,点校者前言。

版①这两个版本，惠顿所著《万国公法》②的第一卷第二章中提到了"国""半主之国""被保护国"和"藩属"等具有或部分具有"国际人格者"资格的类型，尤以对"藩属"主权问题的论述值得关注，具体如下：

（1）国家及其判定标准。《万国公法》对"国"的定义为："所谓国者，惟人众相合，协力相助，以同立者也。"③为说明"国家"的构成要件，惠顿特别提到，"盖为国之正义，无他，庶人行事，常服君上，居住必有定所，且有领土、疆界，归其自主。此三者缺一，即不为国矣，"④也就是说在 19 世纪，当时的国际法明确，成为国家的标志主要有定居的居民（hibitural obedience of its members to those persons in whom the superiority is vested）、领土（difinte terrtory）和疆界（fixed abode）⑤这三个要件。和现代国际法对国家资格设置的标准相比，19 世纪国际法的要求要相对宽松一些。

（2）"自主之国"（sovereign State）。惠顿认为，主权（sovereignty）是"治国之上权"，且主权分为内外之主权。"主权行于内，则依各国之法度，或寓于民，或归于君；主权行于外，即本国自主，而不听命于他国也。各国平战、交际，皆凭此权"。⑥据此《万国公法》又把国分为"自主之国"

---

① 国家图书馆外文馆藏有 *Element of International Law* 的多个版本，该书自 1836 年第一版问世后就多次再版，书的主体并无大的改动，而是由不同的编辑者加以注释，或添加国际公约作为附录。笔者参阅的是 1866 年在波士顿出版的第 8 版。该版本由 Richard Henry Dana 编辑并注释。参见 Henry Wheaton，*Elements of International Law*，Richard Henry Dana（edied，with notes），Boston：Little，Brown and Company，1866，p. viii.

② 丁韪良翻译的《万国公法》由北京崇实馆 1865 年出版，此中文版译自 *Element of International Law*：*With a Sketch of the History of the Science* 的第六版，即由 William Beach Lawrence（1800—1881）编辑的注释版（Boston：Little，Brown and Company，1855）。参见林学忠：《从万国公法到公法外交：晚清国际法的传入、诠释与应用》，上海：上海古籍出版社，2009 年，第 113 页。

③ ［美］惠顿著：《万国公法》，［美］丁韪良译，何勤华点校，北京：中国政法大学出版社，2003 年，第 25 页。

④ ［美］惠顿著：《万国公法》，［美］丁韪良译，何勤华点校，北京：中国政法大学出版社，2003 年，第 26 页。

⑤ Henry Wheaton，*Elements of International Law*，Richard Henry Dana（edied，with notes），Boston：Little，Brown and Company，1866，p. 22.

⑥ ［美］惠顿著：《万国公法》，［美］丁韪良译，何勤华点校，北京：中国政法大学出版社，2003 年，第 35–36 页。

（sovereign State）和"半主之国"。"自主之国"被描述为"凡有邦国，无论何等国法，若能自治其事，而不听命于他国，则可谓自主者矣"。①惠顿特别指出，"就公法而言，自主之国，无论其国势大小，皆平行也。一国遇事，若偶然听命于他国，或常请议于他国，均与其主权无碍。但其听命、请议，如已载于约，而定为章程（express compact），则系受他国之节制，而主权自减矣"。②也就是说，按照当时的国际法，一国的主权并不因该国顺从或听命于其他国家而必然遭到削减；只有该国受命于他国的状态以条约明确下来，主权才会因此减弱。

（3）"半主之国"（semi-sovereign States）。惠顿指出，"凡国，恃他国以行其权者……盖无此全权，即不能全然自主也"，就是"半主之国"③。历史上，欧洲如依据维也纳公使会条约建立的波兰境内的戈拉告（Cracow，即Crakow）、英奥普俄四国立约设立的阿尼合邦（United States of the Ionian Islands）④ 都是典型的"半主之国"。《万国公法》还列举了几类具有"半主之国"特征的欧洲"其他国际人格者"：第一，摩尔达、袜拉几、塞尔维三邦，依据俄土两国 1829 年缔结的《阿德里安堡条约》（Treaty of Adrianople），既以俄国为宗主国（suzeraineté），又受土耳其保护；⑤ 第二类，摩纳哥，前由法国保护，后依 1815 年《巴黎条约》拟改为萨尔的尼（即 1720—1860 年意

---

① ［美］惠顿著：《万国公法》，［美］丁韪良译，何勤华点校，北京：中国政法大学出版社，2003 年，第 37 页。

② ［美］惠顿著：《万国公法》，［美］丁韪良译，何勤华点校，北京：中国政法大学出版社，2003 年，第 37 页。

③ Henry Wheaton, *Elements of International Law*, Richard Henry Dana（edied, with notes），Boston：Little, Brown and Company, 1866, p. 45.

④ Henry Wheaton, *Elements of International Law*, Richard Henry Dana（edied, with notes），Boston：Little, Brown and Company, 1866, p. 45-46.

⑤ ［美］惠顿著：《万国公法》，［美］丁韪良译，何勤华点校，北京：中国政法大学出版社，2003 年，第 40 页。

大利西部的撒丁王国）保护；① 第三类，前日尔曼国，前为多邦结合；② 第五，在马穆克（Mamelukes）统治期间，埃及曾经臣服于奥斯曼土耳其帝国。惠顿认为，该时期的埃及更似土耳其的附庸国（vassal State），而非一个省。③可见，在《万国公法》中，除依据条约的阿尼合邦、戈拉告属于"半主之国"外，保护国、附庸国也被归入"半主之国"之列。

（4）藩属国（tributary states）。惠顿在《万国公法》中单列一节对藩属国（或藩邦）进行分析。④ "进贡之国并藩邦，公法就其所存主权多寡而定其自主之分"。⑤ 也就是说，藩属国的主权，并不因为其进贡于宗主国的事实而必然受到减损，而是取决于其自主性而定，为了说明这个道理，《万国公法》列举了几种"藩邦"：

例一，"欧罗巴滨海诸国，前进贡于巴巴里（Barbary，埃及以西的北非伊斯兰教地区）时，于其自立、自主之权，并无所碍"⑥，即，欧洲主要海洋国家并不因向巴巴里的进贡行为而失去独立自主的主权国家地位；

例二，"七百年来，那不勒斯王尚有屏藩罗马教皇之名，至四十年前始绝其进贡。然不因其屏藩罗马，遂谓非自立、自主之国也。"⑦ 即，那不勒斯自17世纪至1818年期间一直向罗马教皇进贡，但这并不会对那不勒斯王国的主

---

① ［美］惠顿著：《万国公法》，［美］丁韪良译，何勤华点校，北京：中国政法大学出版社，2003年，第40页。

② ［美］惠顿著：《万国公法》，［美］丁韪良译，何勤华点校，北京：中国政法大学出版社，2003年，第40页。

③ Henry Wheaton, *Elements of International Law*, Richard Henry Dana（edied, with notes），Boston：Little, Brown and Company, 1866, p. 48.

④ 惠顿所著 Elements of International Law Henry 的第二章第37节题目就是"tributary states"，参见Wheaton, *Elements of International Law*, Richard Henry Dana（edied, with notes），Boston：Little, Brown and Company, 1866, pp. 48-49.

⑤ ［美］惠顿著：《万国公法》，［美］丁韪良译，何勤华点校，北京：中国政法大学出版社，2003年，第41页。

⑥ ［美］惠顿著：《万国公法》，［美］丁韪良译，何勤华点校，北京：中国政法大学出版社，2003年，第42页；Wheaton, *Elements of International Law*, Richard Henry Dana（edied, with notes），Boston：Little, Brown and Company, 1866, p. 48.

⑦ ［美］惠顿著：《万国公法》，［美］丁韪良译，何勤华点校，北京：中国政法大学出版社，2003年，第41-42页。

权造成损害。①

例三，"美国境内之红苗（Indian nations），恃美国保护而可谓半主者也"。② 在惠顿所处的时代，美国境内的印第安部落中，有的部落已完全被殖民者征服并限制其居住范围，有的和殖民者签订契约保留其居住地，还有部落保留有限"主权"和处置土地的特权。③ 针对佐治亚州印第安部落针对佐治亚州的诉讼，1831 年美国最高法院判决中称，"红苗住在若邦辖内者，并非律法所称之外国，故不得在本法院控告若邦，"④ 也就是说，美国境内的印第安各部落并不具备独立的主权国家之地位。

（二）《奥本海国际法》中的"国际人格者"

《奥本海国际法》认为，主权国家是典型的国际人格者，各国通常所具有的权利、义务和权力合在一起，才被认为构成最完全的国际人格。⑤ 此外，国际组织也只享有适合于它们的特殊情况的国际权利和义务，从而同样只在有限范围内是国际法的主体和国际人格者。20 世纪国际法"主权"和"国家"的概念并非根植于亚洲的土壤，前者源于博丹⑥名著《论共和国》（1577 年）中的"主权"一词，后者是 1648 年《威斯特伐利亚和约》为标志的近代意义之"国家"⑦ 在现代国际法上的体现，因此这两个概念都不是亚洲的"本土产物"。总的来看，主权国家是国际人格者，而非完全主权的国家是否能算作

① Wheaton, *Elements of International Law*, Richard Henry Dana（edied, with notes），Boston：Little, Brown and Company, 1866, p. 49.

② ［美］惠顿著：《万国公法》，［美］丁韪良译，何勤华点校，北京：中国政法大学出版社，2003 年，第 43 页。

③ Wheaton, *Elements of International Law*, Richard Henry Dana（edied, with notes），Boston：Little, Brown and Company, 1866, p. 50.

④ Wheaton, *Elements of International Law*, Richard Henry Dana（edied, with notes），Boston：Little, Brown and Company, 1866, p. 43.

⑤ ［英］詹宁斯·瓦茨修订：《奥本海国际法》（第 1 卷，第 1 分册），王铁崖等译，北京：中国大百科全书出版社，1998 年，第 90 页。

⑥ 博丹（Jean Bordin, 1530—1596 年）：法国律师、国会议员和法学教授，因其主权理论而被视为政治科学之父，与霍布斯、波舒哀等人同为西方绝对君主制理论的集大成者。

⑦ 杨泽伟：《国际法史》，北京：高等教育出版社，2011 年，第 57 页。

国际人格者和国际法主体，是有疑问的。就前者而言，《奥本海国际法》列举了一般意义上的国家、永久中立国、罗马教廷、复合国际人格者包括身合国、政合国、联邦、邦联等；后者则列举了被保护国、附属地（包括殖民地、非自治领土）、委任统治地、托管制度下的领土等。结合 19 世纪国际法的"国际人格者"，本部分重点分析一般意义上的国家，以及非完全主权国家中的被保护国、殖民地等。

（1）国家。进入 20 世纪，1933 年《关于国家权利和义务的蒙得维的亚公约》第一条规定，国际法上构成国家的资格要求是：永久人口；确定的领土；政府；以及与其他国家发生关系的能力。《奥本海国际法》进一步把"国家存在"的标准总结为：第一，人民。人民是共同生活在一个社会里的个人集合体，尽管他们可能属于不同种族或信仰或文化，或有不同肤色；第二，人民所定居的土地，尽管没有规则表明国家的陆地领土必须完全划定和明确，这些边界可能是有争议的；第三，政府，也就是说，有一个或更多的人为人民并且按照本国的法律进行统治。一个国家要求社会作为一个政治单位组织起来，这就有别于部落；第四，主权的政府，主权具有全面独立的意思，无论是在国土以内或在国土以外都是独立的。[1] 可见，现代国际法论及构成国家的要件时，特别强调政府和主权，这有别于近代国际法对国家要件相对宽松的要求。

（2）被保护国。现代国际法上对"保护"的定义是："两个国家可以缔结协定，一个国家在某种程度内保留其作为国家的单独的特性，同时接受另一个国家的某种监护关系。"然而，被保护国是否仍保持主权国家的地位则视具体情况而定，"产生这种监护关系的具体情况以及由此造成的后果是按每个事例而不同的，而且取决于有关两个国家之间协定的具体规定"。[2]《奥本海国际法》提到两类保护关系：第一类是附庸国和宗主国，如印度和英国；第

---

① ［英］詹宁斯·瓦茨修订：《奥本海国际法》（第 1 卷，第 1 分册），王铁崖等译，北京：中国大百科全书出版社，1998 年，第 92 页。

② ［英］詹宁斯·瓦茨修订：《奥本海国际法》（第 1 卷，第 1 分册），王铁崖等译，北京：中国大百科全书出版社，1998 年，第 170 页。

二类是当代的保护关系。保护关系的产生是由于一个弱国依据条约把自己交给一个强国保护，其方式是把本国一切较为重要的国际事务交给保护国管理，保护国负责被保护国的国际关系，它甚至可能等于被保护国殖民化的开始。被保护国在国际社会的地位是由保护条约用列举保护国和被保护国的相互权利和义务的办法加以确定的。例如，法国和西班牙曾共同保护的安道尔共和国、突尼斯（法国曾为保护国）、摩洛哥（曾部分处于法国、部分处于西班牙保护）、马来各国（英国曾为保护国）等。①

（3）殖民地。殖民地不具有单独的国家资格或主权，只有（殖民地的）母国才具有国际人格，而且具有行使国际权利和义务的能力。母国可以而且往往授予殖民地以一定程度的内部自治权以及在对外事务方面的某些权力，但是从母国看，这是受委托行使母国主权的部分权力，而且是可以撤销的。②在对外事务方面，殖民地受到母国很大的制约，表现为：第一，由于没有单独的国家资格或主权，殖民地不能派遣或接受外国使节，一般也不能缔结条约。对殖民地拥有主权的母国所缔结的条约，一般也对该殖民地具有约束力；第二，就殖民地因其行为致使外国利益受到损害，该殖民地在国际法上并不单独负责，母国也要承担责任；第三，殖民地可以偶尔在拥有自治权的领域内参加国际社会的活动。例如在缔结条约时，殖民地受委托行使属于母国的缔约权。又如，殖民地有在某些国际组织中取得会员资格的权利，当然，殖民地取得有限的国际地位并非由于它本身所固有，而是因为有关各国明示承认或给予这种地位。③相比殖民地，一般地说，被保护国在不同程度上具有国家资格的某些因素，而且在本质上是外国，只不过保护国对它们享有广泛的

---

① ［英］詹宁斯·瓦茨修订：《奥本海国际法》（第1卷，第1分册），王铁崖等译，北京：中国大百科全书出版社，1998年，第170-171页。

② ［英］詹宁斯·瓦茨修订：《奥本海国际法》（第1卷，第1分册），王铁崖等译，北京：中国大百科全书出版社，1998年，第172页。

③ ［英］詹宁斯·瓦茨修订：《奥本海国际法》（第1卷，第1分册），王铁崖等译，北京：中国大百科全书出版社，1998年，第173页。

控制权、特别是在对外关系方面的控制权。①

（三）19 世纪中后期中国众多藩属国之地位的历史和法理解读

琉球自 1372 年入贡，之后在明清两代被纳入中华宗藩/朝贡体制。明代众多的朝贡国中，琉球和明朝政府的关系属于紧密、典型而实质的朝贡关系。对于安南、朝鲜等在王位继立中的篡逆现象和不守华夏礼节的问题，明政府多以发布谕令、遣使责问、"却贡"等方式进行劝诫或惩罚；对琉球则从无干涉内政的现象。② 乾隆《大清会典》称："凡四夷朝贡之国，东曰朝鲜，东南曰琉球、苏禄，南曰安南、暹罗，西南曰西洋、缅甸、南掌，皆遣陪臣为使，奉表纳贡来朝"③，清朝的藩属国除琉球外还包括朝鲜、琉球、安南（今越南）、暹罗（今泰国）、缅甸、南掌（今老挝）和苏禄（今菲律宾苏禄群岛）。进入 19 世纪后半叶，随着西方列强的入侵的加剧，清政府不仅面临以中国为轴心的朝贡关系和以此为内涵的宗藩体制名存实亡的危险，还不得不应对来自西方"万国公法体制"的冲击与挑战。清政府先后与日本、法国、英国等列强就琉球、越南、朝鲜、缅甸等藩属国问题进行交涉。一方面，清政府力图运用外交、军事等多种手段，把"保藩"与"固困"结合起来，即以传统的朝贡关系为纽带，希望与这些藩属国共同抗击外来侵略，既保护昔日藩属的主权和领土完整，又保卫本国疆土、巩固边防；④ 另一方面，自瓦泰尔、⑤ 惠顿等为代表的西方国际法学者的著作被翻译和引进中国后，清政府在与列强交涉与藩属国有关的外交事务时，也不得不尝试运用国际法，以维护宗藩/

---

① ［英］詹宁斯·瓦茨修订：《奥本海国际法》（第 1 卷，第 1 分册），王铁崖等译，北京：中国大百科全书出版社，1998 年，第 172 页。

② 李云泉：《朝贡制度史论——中国古代对外关系体制研究》，北京：新华出版社，2004 年，第 72 页。

③ 乾隆《大清会典》卷 56，"礼部主客清吏司"，影印文渊阁四库全书本。转引自李云泉：《再论清代朝贡体制》，《山东师范大学学报》（人文社会科学版），2011 年第 5 期，第 95-96 页。

④ 张宏年：《清代藩属观念的变化与中国疆土的变迁》，《清史研究》，2006 年第 4 期，第 18 页。

⑤ 瓦泰尔（Emerich de Vattel, 1714—1757）：著名瑞士国际法学家。在林则徐的授意下，瓦泰尔 1758 年所著的《万国法》（Le Droit des Gens）的部分内容早在 1839 年就已被翻译成中文，并引入中国。参见林学忠：《从万国公法到公法外交：晚清国际法的传入、诠释与应用》，上海：上海古籍出版社，2009 年，第 44-47 页。

朝贡体制。

1. 宗藩/朝贡体制与万国公法体制的区别

分析包括琉球在内中国诸多藩属国的地位问题，必须正视中国传统的宗藩/朝贡体制与西方万国公法体制存在的区别：首先，朝贡关系或者"万国衣冠朝拜"的模式，历来是中国在处理国际关系时唯一承认的方式。欧洲近代国际法中各国在法律上彼此平等的思想，对于19世纪中后期中国的皇权官僚阶层来说，是难以理解的。[①] 其次，传统中国只有帝王与臣民的关系，没有确定的边界，也没有固定的疆土，一切得视中央权力的强弱而定，即所谓"普天之下，莫非王土；率土之滨，莫非王臣"[②]。在处理与周边国家关系时，以朝贡为媒介而建立起来的华夷秩序，是以"慕化主义"和"不治主义"为基本观念，前者指用文化吸引以获得藩属国的认同与归化，后者指不干涉藩属国的内政，正所谓"一切政教禁令，向由其自主，中国向不与闻"。[③] 而西方国际法强调国家作为国际法主体的主权和自主性，即"自主之国"。凡"不能全然自主"的国家，就只能称为"半主之国"。再次，在国与国之间的交往中，无论是交战还是疆界的划定，西方国际法强调以条约来进行规范。而追求"和为贵"的朝贡体制与不平等条约为基础的"万国公法体制"存在根本不同。[④]

还应注意的是，亚洲传统的国际关系秩序即"宗藩/朝贡"关系具有其合理性和独特性，难以直接套用（始于17世纪初的）近代国际法以国家为主体

---

① 武心波：《日本与东亚"朝贡体系"》，《国际观察》，2003年第6期，第65页。

② 原文为："溥天之下，莫非王土；率土之滨，莫非王臣；大夫不均，我从事独贤"。参见《诗经·小雅·谷风之什·北山》。

③ ［日］信夫清三郎著：《日本政治史》（第1卷），周启乾等译，上海：上海译文出版社，1982年，第28页。

④ 李云泉：《朝贡制度史论——中国古代对外关系体制研究》，北京：新华出版社，2004年，第134-148页。

的"国际人格者"间的国际关系来分析其"合法性"。①西方列强抨击中国之宗主权，谓其有名无实，背后的目的无一例外都是为了自身夺取中国藩属之便；而19世纪中后期，列强纷纷对中国周边藩属国进行侵蚀，清政府面临着"人方为刀俎，我为鱼肉"的局面。法国国际法学家De Pouvourville曾评论清廷对中越宗藩关系的主张中，"中国的宗主权不明确"。他认为，"此国际怪象实源于中国之一种哲理，即四海一家之原则。中国常以黄族之道德上训导者自居，为其表率，而保障其安全，而诸小国亦思环附中国，如婴儿之依慈母，以求道德上之携助，与知识上之沟通，初未必有实际之物质资助也"。他对"中国封立各国不求报偿"更表示不理解，进而认为"故安南与中国之关系，仅为道德上之崇奉"，"吾人为缺乏适当名词，始以保护国称之，其性质则大异于是也"，② 即中法宗藩关系近似于保护国和被保护国，但中国又称不上国际法意义上的"保护国"。这样的主张反映于法国涉越南事务的对华外交中，法国最终通过1885年《中法新约》，从条约上取得对越南的保护国地位。

从文化上看，以"和"为制度保障的宗藩体制和以主权国家为主要主体进行国际交往的万国公法体制存在本质上的不同。中华帝国与各藩属国关系中充分体现了"和"的理念，即：中国不干预各国内部事务；中国对各国交

---

① 历史学者的研究中不乏对中国宗藩关系合法性的探讨。如张存武从"习惯法"角度指出，西方之殖民体系是一种垂直架构，而东方之宗藩体系是一种水平架构，宗藩制度是封建时代的产物，具有习惯法之性质；保护国制度则是近代西方殖民化运动的产物，具有契约法之性质。"制度乃适应特定时间空间之功能建构，自某一地区之历史发展阶段言之，其固有制度并不比来自不同社会之功能建构为劣。"参见张存武：《清代中朝关系论文集》，台北：台湾商务印书馆，1985年，第74页。又如缪寄虎指出，近代国际公法并未否定宗属关系，依西方国际法原则，宗属关系为历史所形成，并无一定之通则。宗属关系是政治关系，只问当事国是否双方同意，根本不必第三国同意与否，唯第三国必须尊重此项关系。换言之，根据西方国际法，两国之间成立宗主与藩属关系，无论来自历史传统之"惯例"或来自一项成文条约，其效果均及于第三国。参见缪寄虎：《〈马关条约〉前后所涉及之国际法问题》，载《海峡两岸〈马关条约〉百周年学术研讨会论文集》，大连：大连海事大学出版社，1997年，第26页。

② De Pouvourville, *Revue générale de droit international public*, Paris, 1898, pp. 208-209, 转引自彭巧红：《中越历代疆界变迁与中法越南勘界问题研究》，厦门大学2006年中外关系史方向博士论文，第188页。

往实施"厚往薄来"的原则；中国负责维护各国的国家安全。① 以中法越南交涉为例，1883 年 6 月后清政府总理衙门和官员在外交论战中，着力从《万国公法》寻找论据以达到中越宗藩关系的合法性建构的目的，这些论据包括：法国破坏中越宗藩关系，有违国际公法；用国际法的条约规范维护中越宗藩关系；按国际法天然理性，宗藩关系已历数百年，具有合法性；国际法也和宗藩观念一样，注重"不灭人国"的人道精神；国际法的附属国理论和均势法则可以为中越宗藩关系提供法理依据。② 然而，以基督教文明为轴心的西方国家并不承认异质文明的中国为国际社会的对等成员。当时的万国公法体制其实是将世界分为"文明""野蛮"和"未开化"几个领域，中国等亚洲国家被视为"野蛮国"。③在当时国际法的实际运作上，清政府在和列强就藩属国的外交交涉中，往往只能适用国际法的部分原则，不能享有国家主体的完全人格，无法全面地应用国际法。

2. 针对藩属国朝鲜、越南和缅甸的"公法外交"

本部分讨论与中日"琉球交涉"几乎同时期清廷对朝鲜、越南和缅甸问题的外交交涉，从中不难看出清廷在对手以西方国际法挑战中国传统"朝贡/藩属体制"时的艰难处境。

与琉球相比，朝鲜历来与中国东北有着唇亡齿寒的关系，战略地位更为突出。在朝鲜问题上，出于对当时国际形势的考虑，清政府一方面劝导朝鲜对列强"开国"；另一方面套用国际法的宗主国原则以维护中朝宗藩关系，同日本展开多次较量。1876 年爆发"江华岛事件"，日本借故迫令朝鲜对其"开国"。就"江华岛事件"朝鲜向日本军舰"云杨号"发炮的责任问题，日本驻华公使森有礼认为，"中国、日本与西国可引用万国公法，高丽未立约，

---

① 何芳川：《"华夷秩序"论》，《北京大学学报》（哲学社会科学版），1998 年第 6 期，第 40－41 页。

② 张卫明：《"执盟府之成书，援万国之公法"：中法战争前宗藩关系的合法性建构》，《史林》，2013 年第 2 期，第 114 页。

③ James Lorimer. *The Institute of the Law of Nations：A Treaties on the Jural Relations of Separate Political Communities*. Edinburgh：W. Blackwood & Sons，1883－1884，Vol. 1，pp. 102-103.

不能引用万国公法"。李鸿章对森有礼提到的条约适用主体问题，竟不做反驳。① 国际法的适用主体问题，不仅在欧美"文明国"对非欧美野蛮或"未开国者"间产生，在"文明国"候补国间也会出现适用上的限制问题，而使用的标准之一就是双方是否曾经订立条约。李鸿章的态度，无异于默认国际法只适用于条约国之间，② 而朝鲜并非"条约国"之列。同年 2 月 26 日，日本胁迫朝鲜签订不平等的《江华条约》（又称《日朝修好条规》），条约第一款即为"朝鲜国乃自主之邦"。③据此，日本通过签订日朝双边条约的方式，认定朝鲜是独立国家，找到了规避清廷，直接对朝交涉的借口。1882 年"壬午兵变"是中日在朝鲜问题进行较量的又一个阶段。美韩条约缔结后不久，1882 年 7 月 23 日，朝鲜民众和士兵不满政治、经济上受控于日本，爆发"壬午兵变"。驻朝清军镇压"壬午兵变"的同时，还挫败了日军试图在朝鲜武装行动的图谋，最终以日朝签订朝鲜派遣谢罪使、补偿受害者等内容的《利物浦条约》而告一段落。④ 中朝宗藩关系表面上比以往更显紧密，清政府也越来越多地卷入朝鲜事务中。1884 年 12 月 4 日，在中法战争中伪装中立的日本乘清政府之危，扶植朝鲜独立派（亲日派）。1885 年 4 月，清廷和日本签订《天津会议专条》（又称《天津条约》），其中不仅规定中日两国从朝鲜撤军，还规定，"将来两国出兵朝鲜时，应相互知照"，日本获得了同中国对等的权利，可以随时出兵朝鲜，朝鲜遂被置于中日两国的共同保护之下，为日后发动甲午战争埋下伏笔。1890 年，李鸿章与总理各国事务衙门大臣共同商议朝

---

① 林学忠：《从万国公法到公法外交：晚清国际法的传入、诠释与应用》，上海：上海古籍出版社，2009 年，第 276-277 页。

② 林学忠：《从万国公法到公法外交：晚清国际法的传入、诠释与应用》，上海：上海古籍出版社，2009 年，第 277 页。

③ ［日］日本外务省：《日本外交文书》（卷9），日本国际联合协会，1940 年，第 114-119 页。

④ ［日］西里喜行著：《清末中琉日关系史研究》（上），胡连成等译，北京：社会科学文献出版社，2010 年，第 404-405 页。

鲜政策，形成"整顿事宜六条"①，力图对朝宗藩关系由徒有虚名转变为实质化，是清政府对宗藩体制由维护转为"构建"的体现②。但后来的情形却出乎清政府的预料。甲午一战，清朝败北，朝鲜旋即为日本侵吞，以中国为中心的传统宗藩体制彻底崩解。

再看中法之间关于越南藩属国地位的交涉。第二次鸦片战争后，法国拉开了武装侵略越南的序幕。清政府以左宗棠、张之洞、曾纪泽为代表的主战派要求备战御敌以保护藩属国越南，以李鸿章为代表的主和派力主清政府妥协退让。期间清政府以中越宗藩关系为依据展开多次外交交涉。1875 年 6 月 23 日，清政府给英国公使威妥玛的照会称，"查安南为中国属国，其与中国交际向有定例。至一切政教禁令该国如何措置，历有年所，亦中外所共知"。③ 1880 年曾纪泽向总署抄送致法国照会称，"盖越南国王既受封于中朝，即为中国之篱屏。倘该国有关系紧要事件，中国岂能置若罔闻？"④ 针对中国就越南问题和法国的交涉，台湾知名历史学者吕士朋考察了 1873—1885 年间清政府大臣的外交见识，总结其中一点就是清政府对国际法的不了解，因而处处受到法国的牵制。⑤ 1874 年 3 月，法国诱使越南顺化朝廷与法国签订《法越和平同盟条约》（又称《第二次西贡条约》或《甲戌和约》），在条约中插入含糊的"保护"字样。后法国把该条约照会总理衙门（注：该照会又称"罗濒照会"），称法国视越南为"自主之国"，予以保护，法国遂以此作为越南承

---

① "整顿事宜六条"的内容是：一、精练水陆各军；二、东三省兴铁路；三、该国税司，由中国委派；四、该国派使，应守属国体制；五、阻止该国借外债；六、匡正该国秕政。参见《清实录》（卷282），北京：中华书局，2008 年。

② 参见左崇元：《清政府对日交涉关于宗藩态度差别的原因探析》，《江汉大学学报》，2007 年第 3 期，第 24-25 页。

③ 郭廷以等编：《中法越南交涉档》（一），台北："中央研究院"近代史研究所，1962 年，第 22 页。

④ 郭廷以等编：《中法越南交涉档》（一），台北："中央研究院"近代史研究所，1962 年，第 147-148 页。

⑤ 吕士朋：《中法越南交涉期间清廷大臣的外交见解》，载"中央研究院"近代史研究所编：《清季自强运动研究会论文集》（上册），台北："中央研究院"近代史研究所，1988 年，第 267-274 页。

认法国保护的根据。之后主持总理衙门的恭亲王复照法国，虽宣称中国对越南拥有宗主权和保护责任，但对于《法越和平同盟条约》却没有明确反对或否认。[①] 这一方面固然是因为清政府以为中越宗藩关系是两国之间的承认问题，不涉及他国，不知道（国际法的）"国际承认"之说；另一方面，对于《法越和平同盟条约》中"保护"一词，清政府并没有详加研究，对国际法中的"保护国"意义也不甚了解，因此造成日后交涉困难重重。[②] 1885 年 6 月，李鸿章与法国公使巴特纳在天津签署《中法新约》（又称《中法会订越南条约十款》或《越南条款》），中国承认法国对越南的保护权。[③] 清政府维护宗藩体制的努力并没有起到预期的效果，最后还以条约的形式结束了中越宗藩关系。

不同于朝鲜、越南和琉球，缅甸属于大乘佛教国家，进入朝贡体系并非出于文化方面的认同。1790 年，缅王孟陨向乾隆皇帝请封号，愿十年一贡，并请开关禁以通商，乾隆皇帝接受其请求，赐敕书封印，封为阿瓦缅甸国王，[④] 自此缅甸成为清国的藩属国。缅甸入贡的目的，既是借助和中国的宗藩关系提高在东南亚的地位，也是利用朝贡贸易来获得经济利益。缅甸对朝贡的态度招致英国占领缅甸时对中缅藩属关系的质疑。[⑤] 1885 年（光绪十年），英国占领缅甸首都，缅甸国王锡袍被流放印度，期间就曾发生中英之间就缅甸朝贡身份问题的争论。其实，英国在进攻缅甸前夕，就中缅关系曾征询驻

---

① 郭廷以等编：《中法越南交涉档》（一），台北："中央研究院"近代史研究所，1962 年，第 3–12 页。

② 参见吕士朋：《中法越南交涉期间清廷大臣的外交见解》，载"中央研究院"近代史研究所编：《清季自强运动研究会论文集》（上册），台北："中央研究院"近代史研究所，1988 年，第 267–274 页。此外，也有大陆学者对这段交涉评论称：法国侵略者并非不知道传统的中越藩属关系，而是不肯承认这种关系的存在，并利用《法越和平同盟条约》中"承认安南王的主权和完全独立"等条款，力图采用"保护国"等观念和"保护制度"进行抵制，为割断中越联系、侵吞越南做准备。参见张宏年：《清代藩属观念的变化与中国疆土的变迁》，《清史研究》，2006 年第 4 期。

③ 王铁崖编：《中外旧约章汇编》（第 1 册），北京：生活·读书·新知三联书店，1957 年，第 467 页。

④ 蒋良骐：《东华录》，乾隆五十五年六月壬戌条，转引自吕一燃：《中国近代边界史》（下卷），四川人民出版社，2013 年，第 838 页。

⑤ 何新华：《试析清代缅甸的藩属国地位问题》，《历史档案》，2006 年第 1 期，第 75–76 页。

华外交官和在华的"中国通"的意见，这些人士普遍认为缅甸是中国的藩属国，但英国政府根本不打算承认缅甸是中国的属国。英国人首先寻找"历史论据"，如亨利·伯尼在《孟加拉亚洲学会学报》第六卷所撰《中缅战争记详》一文，以缅甸阿瓦朝廷的官方文件为依据，从而推翻中国关于宗主国和朝贡关系的说法。① 此外英方还以"惟缅甸近与英国用兵，不求援于中国，而求援于法、德、意"的"事实"做出推论认为，"缅甸已不认中华为上国矣"。②在清政府看来，缅甸自 1788 年通使北京到 1875 年，先后以朝贡的方式出使中国 17 次，这成为清政府视缅甸为藩属国的主要证据。③ 清廷指示驻英公使曾纪泽称，"宜先照会（英）外部，云缅无礼已甚，英伐之固当。但（缅甸）究系中国贡邦……至（中、英）开谈以勿阻朝贡为第一义，但使缅祀不绝，朝贡如故，于中国便无失体"。④清政府制定的对英外交政策，虽强调缅甸的属国地位，但对待英国占领缅甸后的外交政策是以不直接介入为底线，行动基本上局限在口头上。而英国在占领缅甸初期，虽然对中国要求缅甸"十年一贡"做出"让步"，在 1886 年《中英缅甸条约》中明确，"新缅甸"继续维持向中国"十年一贡"的惯例（第 1 款），以换取"中国承认英国在缅甸取得的一切权利"（第 2 款）。⑤ 但英国的承诺却并不予以落实，使其形同虚设，"显示出老殖民主义者高超的外交手腕"。⑥ 最终随着 19 世纪 90 年代末中缅边界的明确划分和双方"石堆"（界碑）的建立，英国主导下的中缅边界初步划分宣告完成，朝贡思维主导下的"十年一贡"的条款也无声无息地消失于中缅边界的界碑之下。

---

① ［英］D·G·E·霍尔：《东南亚史》（下册），中山大学东南亚历史研究所译，北京：商务印书馆，1982 年，第 735 页。

② "光绪十一年十月十九日'与印度委员麻葛累问答节略'"，参见李鸿章：《李文忠公全集》（卷 18），上海：商务印书馆，1921 年，第 8 页。

③ 何新华：《试析清代缅甸的藩属国地位问题》，《历史档案》，2006 年第 1 期，第 76 页。

④ 王彦威辑：《清季外交史料》（卷 62），北京：故宫博物院，1932 年刊本，第 35 页。

⑤ 王铁崖：《中外旧约章汇编》（第 1 册），北京：生活·读书·新知三联书店，1957 年，第 485 页。

⑥ 何新华：《试析清代缅甸的藩属国地位问题》，《历史档案》，2006 年第 1 期，第 76-77 页。

3. 清政府对"藩属国地位"问题的交涉特征

清政府处理涉及藩属国的外交事务时，并不仅限于藩属国地位问题，往往还关联到国际条约、交战规则和中立法、国际习惯法、国家领土边界等复杂问题，这些不是本书篇幅可以囊括的。不过藩属国的地位仍是清廷在外交交涉中绕不开的议题，并且往往成为交涉方争执的焦点。在对待朝鲜、越南、缅甸这几个藩属国自身是否为"自立之国"，以及如何对藩属国的安全提供保护或支援的问题上，清政府的外交政策和处理方法有所不同。

中国众多藩属国中，朝鲜臣服最久、礼教政治最与中国相似，有"小中华"之称。清政府维护中朝宗藩关系是全方位的，不仅派出军队，更不惜改变传统的方式，直接介入朝鲜的内政与外交实行直接统治，还运用国际法和条约体制以巩固宗主国地位，即使 1885 年《天津会议专条》签订后也并不承认朝鲜具有"自主之国"的国际地位。1876 年日本制造"江华岛事件"后，清政府采用了均势外交，鼓励朝鲜对欧美开国，以图用势力均衡的局面保住朝鲜。当中国明白传统中华世界秩序原理已无法维持中朝关系时，开始改变外交策略，甚至应用国际法的规则试图维持中朝藩属关系。清政府除了 1882 年"壬午兵变"后在形式上保留朝鲜自主、实质开始介入朝鲜内政外交以外，1882 年 10 月还和朝鲜缔结《中国朝鲜商民水陆章程》，用条约体制将传统中朝宗藩关系明文化。[①] 此外，清政府为使属邦实质化，对朝鲜实现国际法意义上的实际统治，不仅派遣袁世凯为"驻扎朝鲜总理交涉事项"，还在 1890 年制定针对朝鲜的"整顿事宜六条"。但是，此后朝鲜的"自主"倾向越来越明显。1887 年 11 月 12 日，朝鲜驻美全权公使朴定阳赴美国就任，无视清政府制定的牵制朝鲜之"三端"政策，便开始以自主国公使身份展开外交活动，这甚至一度引发中朝之间的外交交涉。[②]

---

① 林学忠：《从万国公法到公法外交：晚清国际法的传入、诠释与应用》，上海：上海古籍出版社，2009 年，第 276–278 页。

② 林学忠：《从万国公法到公法外交：晚清国际法的传入、诠释与应用》，上海：上海古籍出版社，2009 年，第 281–282 页。

而针对法国对越南的侵略，清政府起初并不想和法国直接冲突，出兵援越是基于"保藩固圉"①的边防思路，意图御敌于国门之外。如前所述，对中越关系影响最大并引发中法旷日持久争论的是 1874 年《法越和平同盟条约》。其中条约的第 2 款规定，"法国承认越南国王享有'自主之权'，勿须遵服他国。倘越南为外国侵扰或有匪乱，法国将无偿提供援助"。条文中"自主之权"与"勿须遵服他国"之语，意在否认中国对越南的宗主权，将越南纳入法国的保护。此后，为避免在外交照会中不缜密的遣字用词授人以话柄，总理衙门还特别在给英国驻华使威妥玛的照会对中越关系予以说明："安南（越南）为中国属国，其与中国交际向有定例。至一切政教禁令该国如何措置，历有年所，亦中外所共知"。② 但对中法就越南属国地位展开的交涉，有学者评价，"从一开始就像中日在朝鲜属国地位问题上的交涉一样，注定是一场无果而终的拉锯战"。③ 对越南而言，在越王眼中，朝贡体制与条约体制似乎并不矛盾。1874 年越法《第二次西贡条约》虽已签订，但越王阮福时并未受此约约束，阮福时以同治帝驾崩，拟请遣使进香，并贺光绪帝即位，对清帝仍恪守藩臣之礼。此后越南仍按期遣使朝贡，直到 1881 年终止。④ 相较而言，法国在越南地位问题上，以外交交涉和缔结条约为主，以销毁中越宗藩关系的证据之手段为辅，力主越南为"自主之国"：首先，法国认为，中国对越南"只是虚名"，没有真正管辖越南，因为按西方国际法的属国制度，"如作某国之主，则该国一切政事吏治皆为之作主，代其治理"。⑤ 随后法国提出，

---

① 马大正主编：《中国边疆通史丛书·中国边疆经略史》，郑州：中州古籍出版社，2000 年，第 398 页。

② 郭廷以等编：《中法越南交涉档》（一），台北："中央研究院"近代史研究所，1962 年，第 22 页。

③ 李云泉：《中法战争前的中法越南问题交涉与中越关系的变化》，《社会科学辑刊》，2010 年第 5 期，第 151 页。

④ 李云泉：《中法战争前的中法越南问题交涉与中越关系的变化》，《社会科学辑刊》，2010 年第 5 期，第 151 页。

⑤ 郭廷以等编：《中法越南交涉档》（一），台北："中央研究院"近代史研究所，1962 年，第 927 页。

在法越战争期间，中国作为第三国必须中立；[1] 其次，法国运用《中法简明条约》、法越《第二次顺化条约》等一系列条约，逐步坐实越南为"自主之国"、法国为越南保护国的国际地位。尤为甚者，在《第二次顺化条约》签约换文前，法国全权公使巴德诺还逼迫阮朝交出清封敕越南的印玺，在顺化法国使馆将这枚镀金驼钮银印当场销熔铸为银块，[2] 借以永久销毁中越宗藩关系的证据。

中国与缅甸的官方关系迟至18世纪中期以后才得以建立。面对英国就缅甸地位的质疑，驻英公使曾纪泽断然否认并寻找缅甸为中国属国的论据和实物证据。曾纪泽反驳英国提出的乾隆三十五年（1771年）"中缅条款"为两国平等条约的说法，指出这只是缅甸对华的"降表"而已。[3] 总理衙门还应曾纪泽的要求，把清政府颁给缅甸国王封印的尺寸、封印上的字体及内容作了回复："缅王印，乾隆五十五年颁给，系清汉文尚方大篆，银质饰金驼纽平台方三寸五分，厚一寸，其文曰'阿瓦缅甸国王之印'。特电"[4]。至于英方所提缅甸在英缅冲突中没有向中国提出保护请求这一说法，清政府从缅甸违反属国义务这一角度做了解释："夫缅甸，既已臣服我朝，而此数十年间与英人私让地方，与法人私立条约，从未入告疆臣，奏达天听，是其罔知大体，自外生成，致遭祸变，咎由自取。"[5] 在英国进攻缅甸时，清政府向英国政府提出愿意以宗主国的身份代替缅甸向英国道歉，或者愿意居间调停英、缅冲突；在英国占领缅甸首都并俘虏了缅甸国王锡袍之后，清政府以"存祀"和"不灭人国"等朝贡思维来为缅甸争取不被灭亡的命运，主张英国另立缅甸国王。总之，清政府对英国侵略和占领缅甸并没有采取实质性的干预，对缅外

---

[1] 例如1883年6月，李鸿章收到法国来函称："法越现已交兵，按照公法，局外之国不得从旁扰与，似须法越战事少定乃可就议"参见郭廷以等编：《中法越南交涉档》（一），台北："中央研究院"近代史研究所，1962年，第910页。

[2] 张登桂等编：《大南实录》（正编第五纪，卷4），东京：庆应义塾大学，1980年，第4页。

[3] 何新华：《试析清代缅甸的藩属国地位问题》，《历史档案》，2006年第1期，第75页。

[4] 王彦威：《清季外交史料》（卷61），北京：故宫博物院，1932年刊本，第29页。

[5] 何新华：《试析清代缅甸的藩属国地位问题》，《历史档案》，2006年第1期，第75页。

交多体现实用主义色彩。作为中英争论的焦点，缅甸如何自我定位也是关键问题，缅甸基本上把朝贡中国仅当作是一种外交手段，采取了机会主义的策略。18 世纪末至 19 世纪初，缅甸的南方邻国暹罗开始强大并对缅甸造成巨大威胁，其后英国进入缅甸南部和西部，缅甸正是在这一时期频繁进贡中国的。学者何新华认为，即使在这一时期，缅甸对其中国藩属国的身份保持着一种"暧昧态度"①，缅甸即不把中国作为它的天朝上国，也从未主动承认是中国的藩属国。②

纵观 19 世纪中后期清廷的周边形势，"英之于缅，法之于越，倭之于球，皆自彼发难。中国多事之秋，兴灭继绝，力有未逮"。③ 19 世纪末，甲午一战，清朝败北。当"宗藩/朝贡体制"崩溃后，中国不得不彻底地放弃天朝观念，接受了以万国公法体制为基础的西方世界观。

第二节　琉球王国的历史及国际法地位考察

琉球的历史，大致分为先史时代、古琉球和近世琉球三个时代。先史时代包括 12 世纪以前的旧石器时代和贝冢时代，该时期琉球并没有形成具有国际法意义的国家，不在本书讨论的范围。古琉球是 12 世纪初到 1609 年萨摩藩入侵琉球这段时期，又可分为三寨割据时期、三山时代、第一尚氏王朝和第二尚氏王朝前期，相当于日本的镰仓、室町时期，或中国的南宋、元明时期。④ 近世琉球则从 1609 年萨摩藩入侵琉球，到 1879 年日本在琉球"废藩置县"，历时 270 年，相当于中国的明清时期。自 1372 年琉球向明朝请求册封并成为中国的藩属国，历经明、清两个朝代。本节不仅把琉球"三山时代"

---

① 这种暧昧态度，表现在缅甸国王对待 1790 年乾隆赐给的封印态度上。当"使臣携归华文大印，其状如驼，缅王恐受制于清，初不愿接受，顾又不愿舍此重达三缅斤（十磅）之真金，乃决意接受而使史官免志其事"。参见 [英] 哈维：《缅甸史》（下册），北京：商务印书馆，1973 年，第 453 页。

② 何新华：《试析清代缅甸的藩属国地位问题》，《历史档案》，2006 年第 1 期，第 72 页。

③ 路凤石：《德宗实录》（卷 232，光绪十二年九月），北京：中华书局，1987 年。

④ 何慈毅：《明清时期琉球日本关系史》，南京：江苏古籍出版社，2002 年，第 3-4 页。

到琉球王国存续期间分为三个时期，分阶段看待琉球的历史地位，还对涉中日琉关系的众多条约进行梳理和解读，最终结合国际法原理论证琉球的法律地位。

一、琉球三阶段的历史地位

从明朝洪武年间（1372 年）中国和琉球建立外交关系开始，到 1879 年日本在琉球"废藩置县"为止，琉球一直处于中国的宗藩/朝贡体制中。中琉两国一直维持着友好关系，琉球王国在商业上受益于中琉朝贡贸易，逐渐成为亚洲重要的贸易中介国。在琉球被纳入中国宗藩/朝贡体制这段时期，1609 年"庆长之役"，日本的萨摩藩入侵琉球，萨摩从政治、经济、文化等多方面控制琉球，以图从中琉朝贡贸易和亚洲中介贸易谋取利益，却又千方百计不让中国的册封使得知，此为琉球"两属"① 时期。1875 年，由于日本禁止琉球向清朝进贡，琉球问题的外交冲突公开化，中琉宗藩/朝贡关系陷入危机。围绕着琉球"所属"问题，清政府和日本在 19 世纪后期进行了长期的外交交涉。1872 年日本明治政府设置琉球藩，1879 年日本在琉球以武力强行"废藩置县"，1880 年日本和清政府交涉有关琉球"分岛改约"，这一系列政治过程在日本外交史中被统称为"琉球处分"，② 也就是中日"琉球交涉"时期。

分析琉球地位这一历史议题，不能仅聚焦于"琉球处分"这一阶段，而应将琉球王国存续的历史时期分为三个阶段，客观对待和分析这三个阶段琉球的地位，具体为：第一阶段，以 1609 年"庆长之役"为界，1609 年前中日琉关系，尤其是琉球分别和中国、日本各自的关系，以及在此阶段琉球的地

---

① 琉球"两属"说：历史上琉球王国臣服中国后，明朝对琉球并未进行政治统治。清代以后，琉球沿袭明制，接受册封两年一贡，但这时期琉球王国受到日本势力侵袭骚扰。琉球这种"明属中国、暗属日本"的状态持续到日本明治维新初年。对琉球"两属"说的讨论，参见李则芬：《中日关系史》，台北：中华书局，1970 年，第 253 页；戚其章：《日本吞并琉球与中日关于琉案的交涉》，《济南教育学院学报》，2000 年第 5 期；郑海麟：《钓鱼岛列屿之历史与法理研究》（增订本），香港：明报出版社有限公司，2011 年，第 244 页。

② 何慈毅：《明清时期琉球日本关系史》，南京：江苏古籍出版社，2002 年，第 139 页。

位;第二阶段,1609—1872 年琉球"两属"时期,即"庆长之役"后到日本明治政府设置琉球藩这一阶段琉球的地位;第三阶段,1872—1881 年中日琉球交涉时期琉球的地位。

(一) 1609 年前中日琉关系及该时期琉球的地位

1322—1429 年是琉球的"三山时代",南山、中山、北山三大势力各自占驻琉球本岛的南部、中部和北部。当时日本是镰仓幕府至室町幕府时期,而中国则是元末至明初。1368 年朱元璋建立明朝,国势浩大。琉球三大势力开始向明朝进贡,为各自在琉球本岛的支配权争取靠山,其中与明朝关系最密切的是中山王。琉球按司察度于明朝洪武五年(1372 年)入贡,据《明太祖实录》卷七十一记载,当年明太祖洪武帝遣杨载携带诏谕中山王的诏书中写到,"惟尔琉球,在中国东南,远处海外,未及报知,兹特遣使往谕,尔其知之。"①由此,"琉球"作为该地区的正式名称固定下来。

自 1372 年明朝昭告琉球并建立封贡制度后,至清光绪年间(1879 年)日本在琉球废藩置县为止,中国派往琉球的册封使共 24 次,琉球在此时期一直都是中国的藩属国,中国有关钓鱼岛等岛屿的记载就多见于明清两代册封使归国回朝复命的"述职报告"中。对于琉球接受中国册封并成为中国藩属国的原因,中日学者的观点总结起来主要有:

第一,结合该时期其他接受册封国家的情况看,册封不仅利于巩固诸国对中国的臣服关系,而且对稳定政治秩序发挥了很大作用。琉球请求册封是出于把中国作为其"政治保护伞"和稳定各自国内政局的考量。②如琉球国进贡时所言:"臣祖宗所以殷勤效贡者,实欲依中华眷顾之恩,杜他国窥伺之患……领臣一年一贡,以保海邦。"③

第二,中琉朝贡关系的建立,为琉球王国中的区域性统治者(按司)提供了成为王位代言人的国际契机,从中国得到的御赐冠服,也是一种身份和

---

① (明)《明太祖实录》卷 71,洪武五年春正月甲子条。
② 谢必震,胡新:《中琉关系史料与研究》,北京:海洋出版社,2010 年,第 124 页。
③ 徐斌:《明清士大夫与琉球》,北京:海洋出版社,2011 年,第 3 页。

地位的象征。册封还为琉球社会等级身份制度的建立提供了象征性的依据。①

第三,日本学者冈本弘道对《明实录》的数字化整理和分析后提出,册封朝贡和横行于中国东南沿海的倭寇和海上走私贸易有密切关系。由于日本拒绝响应中国一起取缔倭乱、维护东亚海域安全的要求,明政府用优惠政策来扶持琉球王国,通过朝贡贸易以及强化海禁策略来削弱倭寇势力。②

第四,中琉间的朝贡贸易对双方都颇为受益。对中国来说,可以缓解中国市场由于海禁政策带来的海外商品奇缺,还可以借助琉球与日本沟通,收集和掌握倭寇情报;对琉球来说,不仅可以在进贡时采购商品并以高于一般市场的官价为中方所购,中国皇帝丰厚的赏赐对琉球国还可谓一本多利。长期以来中琉间的定期贸易使双方都颇为受益,而琉球王国更是凭借优越的地理优势和海上贸易,以中国货物转卖他国,获利至少是一倍以上,因此琉球人有"唐一倍"或"唐行倍"的谚语。③

值得注意的是,明代琉球凭借与中国的朝贡关系,一跃成为亚洲重要的中介贸易国。明代自洪武四年(1371年)开始实行海禁,"禁濒海民不得私自出海"④,此后历代明朝皇帝坚持该政策。同时明朝政府无法继续维持厚往薄来的朝贡贸易政策,因此不仅对入贡的各国限制朝贡期限,还对入贡船只的数量、使者人员、货物品种数量、贸易的地点和方法,以及滞留的时间、航线与停泊的港口等都做出限定。长此以往,造成海上物产在中国的稀缺,以及明朝统治阶层对海外诸国物产的需求矛盾。在这样的背景下,沟通中国和海外各国贸易的琉球中介贸易就应运而生了。⑤ 据琉球《历代宝案》记载,琉球的中介贸易不仅沟通了中国和东南亚国家各国的贸易往来,而且还对中

---

① [日]丰见山和行:《琉球王国形成期の身份について–册封关系との关连を中心に》,《年报中世史研究》,1987年。

② [日]冈本弘道:《明朝における朝贡国琉球の位置附けとその变化》,《东洋史研究》,1999年第57期。

③ 徐斌:《明清士大夫与琉球》,北京:海洋出版社,2011年,第4-5页。

④ (明)《明太祖实录》(卷70),洪武四年十二月。

⑤ 谢必震,胡新:《中琉关系史料与研究》,北京:海洋出版社,2010年,第204-205页。

国与日本、朝鲜之间的贸易，以及东南亚各国和日本、朝鲜的贸易往来方面起到重用的作用。① 据史料记载，琉球国从中国携往海外诸国贸易的物品主要是各种绸、缎、丝、纱、罗、绫、色锦花布和纺织工艺品、瓷器、漆器，以及杭州金扇、徽州墨、湖州笔等货物，海外各国经琉球输入中国的主要产片是胡椒、苏木和香料。琉球中介贸易的又一作用是沟通了东洋和南洋的相互往来，如《日本南方发展史》就记载，"……此等南海的货物，琉球船舶载九州"，日本的产品如倭刀、倭扇等也经琉球船输往东南亚各地。②

记载古琉球时期中琉关系的史料方面，来自中国的史籍浩瀚而丰富，可分为正史、明实录、使琉球者之著述，以及其他古籍等③，还有以《历代宝案》④ 为代表的琉球王国外交文书等史料。总之，中日史学界的相关研究成果丰富、不胜枚举。相对而言，古琉球时期琉球王国和日本关系的研究，尤其是对 15—16 世纪日本中央政府和琉球关系的研究偏少，主要原因是因为这方面的史料不多。⑤ 针对日本历史学者田中健夫在《从书信格式看足利将军和琉球国王的关系》一文提出"日琉关系是实质上的'上下关系'"⑥ 的结论，我国学者何慈毅做出反驳，认为 15—16 世纪琉球和日本的关系基本上是对等关系。原因为：第一，琉球国对同处于明朝册封体系中的日本国要求对等关系，故使用大明年号和大明皇帝所赐封号致书日本。琉球王国在统一之前，国王致日本方面的书信大致采用"疏"的格式，而"疏"在日本主要指禅僧所作的汉诗文或和外国往来的汉字文书，本身并没有"下意上达"的含义；第二，尽管室町幕府时期的"足利书信"以日本假名书写，并采用了将军在

---

① 谢必震，胡新：《中琉关系史料与研究》，北京：海洋出版社，2010 年，第 209 页。

② 谢必震，胡新：《中琉关系史料与研究》，北京：海洋出版社，2010 年，第 211 页。

③ 谢必震，胡新：《中琉关系史料与研究》，北京：海洋出版社，2010 年，第 33 页。

④ 《历代宝案》是 1425—1867 年琉球王国外交文书的集成，共三大集、一别集、一目录，合计 270 册（卷），内容绝大部分为中国与琉球册封、进贡、留学及护送海上漂风难民等往来文书，少量是琉球与朝鲜、东南亚诸国、法国、英国的交往文件，其中也有少量间接涉及中日关系的史料。参见谢必震，胡新：《中琉关系史料与研究》，北京：海洋出版社，2010 年，第 1 页。

⑤ 何慈毅：《明清时期琉球与日本关系史》，南京：江苏古籍出版社，2002 年，第 13 页。

⑥ ［日］田中健夫：《文書の様式より見た足利将軍と琉球國王の關係》，對外關係と文化交流思文閣，1982 年。

日本国内处理私人事务时所用的御内书格式，但这并不能成为日琉之间"上下关系"的证据。相反，文书中结束语不同、年号的使用以及"德有邻"印章的使用，反映了室町幕府视琉球王国为亲善交邻的国家。[①]

古琉球500年间，从按司的出现到"三山鼎立"，再到尚巴志统一王朝的诞生，直至琉球王国的建立，是琉球发展的鼎盛时期，被称为"万国之津梁"。从古琉球时期中琉关系看，自1372年琉球王国与明朝建交以来，明朝对琉球并未进行政治统治。无论是明太祖朱元璋将"闽人三十六姓"移民琉球的"国家行为"，还是薄来厚往的琉中朝贡贸易，明朝对琉球采取的是典型的文明开化政策，即通过中华文化的影响以及社会文化生活方方面面的倡导，以期对琉球社会产生深远影响，这既无损于琉球的内政外交，又不影响其独立自主。再看该时期的日琉关系，自琉球"三山时代"直到1609年萨摩藩入侵琉球，琉球分裂时期的三个国家以及统一后的琉球王国与日本历代政权维持着平等交往的关系。因此，从中日琉关系看，在1609年日本萨摩藩入侵琉球以前，琉球毫无疑问是独立自主的国家。它既是中国的藩属国之一，也是亚洲重要的贸易中介国。

（二）1609—1872年中日"两属"时期琉球的地位

自1609年（明朝万历三十七年，日本江户幕府庆长十四年）萨摩藩攻破琉球，直到1872年明治政府在琉球废藩置县，这段时期被史学家称为琉球的"两属"时期。1609年，日本萨摩藩的岛津氏发兵入侵琉球，掳走国王尚宁和主要大臣，史称"庆长之役"。翌年幕府将军德川忠秀下令将琉球以领地的方式赐给萨摩岛津氏，同意在其年俸中包含琉球纳贡份额，但要求萨摩不得更易琉球王室。幕府和萨摩都企图通过保存琉球王国来维持日中的间接贸易。关于萨摩藩发动此次侵略战争的原因，日本学界有的认为是丰臣秀吉率军侵略朝鲜，派萨摩藩诸侯岛津氏向琉球国敲诈钱财，遭到琉球国王拒绝；有的认为由于萨摩藩加入日本本土的文禄、庆长和关原大战，为防治财政上的危

[①] 何慈毅：《明清时期琉球与日本关系史》，南京：江苏古籍出版社，2002年，第42-43页。

机，除了吞并琉球、控制其对明贸易，别无他法。① 入清后，琉球进入第二尚氏王朝后期，琉球沿袭明制，请求清政府予以册封。世子尚丰分别于天启五年（1625 年）、天启六年和七年上表，请求中国给予册封。琉球天启年间的请封是在前述"庆长之役"后，王国受到萨摩暗中掌控下进行的。② "庆长之役"后，崇祯六年（1633 年），在萨摩藩的不断催促下，琉球恢复和中国的封贡关系、恢复随贡互市。这背后实则由萨摩藩缜密操控，萨摩藩的目的就是为了刻意隐瞒琉球和萨摩藩的关系，从而将琉球因中琉随贡互市的利益归己所有。琉球这种"明属中国、暗属日本"③ 的状态一直持续到日本明治维新初年。1872 年 9 月，明治天皇下诏将琉球王室"升为琉球藩王，叙列华族"④，为吞并琉球做好了形式上的准备，1879 年日本正式吞并琉球，这就是琉球"两属说"的由来。

中国学者对琉球"两属"的提法不尽赞成。有台湾学者评价，"'两属时代'为日本人所订名词，中国史家罕有知者。对于日本暗中控制琉球之详细情况，中国人知者固少，或知之而亦不予重视"⑤。无论赞成与否，难以否认的是，萨摩藩入侵后，一方面萨摩藩从政治、经济等诸多方面控制琉球，另一方面琉球和萨摩藩为维持琉球和中国的朝贡贸易，全面贯彻对中国的隐瞒策略，其中的手段包括：一是不准琉球改行日本制度及日本名姓，以免为中国天使（册封使）所发现。例如，《纪考》称，"宽永元年（天启四年，1624年）八月二十日，国相（萨摩藩对内自称"国"）承旨，命于琉球，自后官秩刑罚，宜王自制，勿称倭名，为倭服制"⑥。二是册封使驻琉球期间，萨摩藩为欺瞒耳目所安排的措施为所有日本官员如在番奉行、大和横目以及部署，

① 徐斌：《明清士大夫与琉球》，北京：海洋出版社，2011 年，第 2 页。
② 徐斌：《明清士大夫与琉球》，北京：海洋出版社，2011 年，第 4 页。
③ 郑海麟：《钓鱼岛列屿之历史与法理研究》（增订本），香港：明报出版社有限公司，2011 年，第 124 页。
④ 米庆余：《琉球历史研究》，天津：天津人民出版社，1998 年，第 112-114 页。
⑤ 杨仲揆：《琉球古今谈——兼论钓鱼台问题》，台北：台湾商务印书馆，1990 年，第 24-26 页。
⑥ 杨仲揆：《琉球古今谈——兼论钓鱼台问题》，台北：台湾商务印书馆，1990 年，第 64-65 页。

非妥善伪装混入册封者，一律迁居琉球东海岸偏僻之地，以远离中国人活动之西海岸；又如，取缔一切日文招贴、招牌；再如，一切典籍、记录、报告，均讳言庆长之役的日琉关系，等等。① 三是琉球官方出版和汇编了《唐琉球问答属》《旅行人心得》等文件和手册。为避免频发的"琉球漂流事件"② 败露萨摩藩统治琉球的事实，首里王府制作了一份应对中国官府的问答卷——《唐琉球问答书》，并设法贯彻实施。例如其中第一条问答，在回答琉球王国统治疆域时，回答为"统治的疆域有中山府、南山府、北山府，南面的八重山、与那国岛，北面的大岛、喜界岛，西面的久米岛、东面的伊计岛、津坚岛等36岛"，而当时（奄美）大岛、喜界岛已经在萨摩藩的管辖范围内，这一事实显然在向清朝予以隐瞒。③《旅行人心得》是印有中琉"标准答案"的小手册，"旅行人"指在旅行中国的琉球人。此手册出版于乾隆二十四年（1759年），为琉球华裔第一大政治家蔡温所撰，目的是教育琉球入华的官员、官生和一般商人如何答复中国人可能提出的问题，最重要的是有关萨琉关系的问题。④

对于1609年萨摩藩入侵琉球到1872年明治政府宣布废藩置县这段时期，

---

① 杨仲揆：《琉球古今谈——兼论钓鱼台问题》，台北：台湾商务印书馆，1990年，第64-65页。

② 琉球漂流事件：明代中琉交往后，琉球船只或贡船失事飘到中国沿海的有12起。明清两朝对包括琉球在内的漂风难民均有救助、安置和抚恤遣返的做法，形成以中国为中心，参与国包括朝贡国和非朝贡国（如日本）在内的海难救助机制。由于导致船舶漂流的原因是搞错了季风期，在"两属"时期，首里王府下达了严格遵守出港、归港期的命令，但即使这样，也不免有漂流事件的发生。参见赖正维：《清代中琉关系研究》，北京：海洋出版社，2011年，第56-60页；[日]村田忠禧著：《从历史档案看钓鱼岛问题》，韦平和译，北京：社会科学文献出版社，2013年，第52页。

③ [日]村田忠禧著：《从历史档案看钓鱼岛问题》，韦平和译，北京：社会科学文献出版社，2013年，第52-53页。

④ 杨仲揆：《琉球古今谈——兼论钓鱼台问题》，台北：台湾商务印书馆，1990年，第64-65页。

就"庆长之役"的性质及该时期琉球地位问题，国外研究①起步很早、分歧较大，比较有代表性的学说总结起来有以下六点：①"日本统一运动说"。例如，伸原善忠将萨摩藩对琉球的入侵视为明治政府"统一运动（或统一战争）"的结果②；②"日本幕府体制中的异国说"。高良仓吉强调，萨摩藩入侵后，琉球虽作为萨摩藩的领地被编入幕府体制，但仍保持了原有的王国体制，因此他认为近世琉球的地位是"幕府体制中的异国"③。类似的，安良城盛昭认为，近世琉球是日本幕府体制内"半国家或拟国家的存在"④。村田忠禧认为，琉球与中国、日本的关系"不仅仅是两属关系"，也基本沿袭了"幕府体制中的异国"之思路⑤；③"萨摩藩的附庸国或领地说"。萨摩藩征服琉球后，琉球国王尚宁在提交给萨摩藩的誓词中，曾无奈地承认琉球和萨摩藩"自古以来"的附庸关系，但依然接受明王朝的册封并向其进贡。⑥ 宫城祭吕认为，萨摩藩全面控制琉球的政治、经济、社会、文化事务，琉球成为日本事实上的殖民地和附庸国，而维持琉球作为形式上明朝朝贡国的真实目的，是为了独占朝贡贸易的巨大利益。⑦下村富士男还从琉球王国的主权角度，强调琉球和清国的关系仅仅是形式上的册封朝贡关系，近世琉球是"萨摩藩的领地"⑧；④"琉球为独立王国说"。井上清对"日本统一运动说"进行了批

---

① 中国大陆琉球问题研究概况：20 世纪 90 年代以来，中国第一历史档案馆组织了专门队伍从事清代中琉档案的整理和研究工作，而定期举办的中琉关系史国际学术研讨会（1986—）更促进了琉球研究的国际交流。该会议集结论文出版，有力地推动了中琉关系史研究的发展。我国以米庆余、徐恭生、谢必震为代表的历史学者研究明清以来朝贡体制的中琉藩属关系及清代中日琉球交涉，表明琉球自 1372 年起受封并成为中国的藩属国，日本通过武力非法吞并琉球。福建师范大学专门成立了"中琉关系研究所"，组织人员从事中琉历史、文学、音乐、戏曲和民俗等方面的综合研究。近年来，徐勇、唐淳风为代表的大陆学者主张"琉球地位未定"并支持"琉球独立说"，引起各界关注。

② ［日］伸原善忠：《伸原善忠选集》（上卷），冲绳タイムス社，1969 年，第 255–256 页。

③ ［日］高良舍吉：《琉球王国》，岩波书店，1993 年，第 1 页。

④ ［日］安良城盛昭：《新·冲绳史论》，冲绳タイムス社，1980 年。

⑤ ［日］村田忠禧著：《从历史档案看钓鱼岛问题》，韦平和译，北京：社会科学文献出版社，2013 年，第 59 页。

⑥ 袁家冬：《日本萨摩藩入侵琉球与东亚地缘政治格局变迁》，《中国社会科学》，2013 年第 8 期，第 200 页。

⑦ ［日］宫城祭吕：《冲绳の历史》，东京：日本放送出版协会，1989 年，第 90 页。

⑧ ［日］下村富士男：《琉球王国论》，《日本历史》第 167 号，第 1963 页。

评，指出近世琉球原来是一个独立的国家，后来之所以成为日本的一部分是被明治政府用武力强行吞并的结果①；⑤ "日本型华夷秩序说"。荒原泰典把琉球看做是日本 "大君外交" 体制中和中国保持联络的窗口，同时琉球又和朝鲜、虾夷地（现北海道）、中国商人、荷兰商人一起，被江户幕府编入 "日本式华夷秩序" 中。② 1614 年，江户幕府命萨摩藩写给明王朝驻福建军政当局一封书信，以期和中国恢复贸易往来，美国学者罗纳德·托比（Ronald P. Toby）分析这封书信指出，其中的表述表明当时日本意图模仿 "华夷秩序"，建立以日本为中心的新的东亚国际秩序③；⑥ "琉球为中日两国共同的附属国说"，以琉球大学西里喜行教授为代表，他尤其侧重从中日琉多边关系史研究琉球问题。④

日本学界涉及琉球地位的学说中，第二次世界大战前的研究多聚焦于古琉球。从当时的日本社会环境看，言论自由受到极大限制，"日本统一运动说" 代表了当时的 "正统观点"。第二次世界大战后，尤其是 20 世纪 60 年代后，伴随着美国把冲绳 "归还" 日本运动的开展，近代琉球历史地位又重新得到日本学术界重视，先有 "琉球为独立王国说" 和 "萨摩藩的附庸国或领地说" 的学术争论，后来 "日本幕府体制中的异国说" 逐渐成为琉球研究的新主流。⑤ 80 年代起，日本史学界对近世琉球的研究范围和研究方法得到拓展，"日本型华夷秩序说" 应运而生。不过，所谓的 "日本型华夷秩序" 和建立在封贡体制和不干涉内政传统的 "华夷秩序" 有着本质的区别。琉球学者松岛泰胜对 "日本型华夷秩序说" 进行了批判，认为它不仅建立在极端民族主义基础上，还宣扬殖民扩张，干涉内政，是将弱小

---

① ［日］井上清：《冲绳》，《岩波讲座日本历史》（16 卷近代 3）1962 年，转引自何慈毅：《明清时期琉球与日本关系史》，南京：江苏古籍出版社，2002 年，第 7 页。

② ［日］荒原泰典：《近世日本与东亚》，东京大学出版会，1989 年。

③ Ronald P. Toby, *State and Diplomacy in Early Modern Japan：Asia in the Development of the Tokugawa Bakufu*, California：Standford University Press, 1984, p. 182.

④ ［日］西里喜行著：《清末中琉日关系史研究》（上、下），胡连成等译，北京：社会科学文献出版社，2010 年。

⑤ 何慈毅：《明清时期琉球与日本关系史》，南京：江苏古籍出版社，2002 年，第 6-9 页。

国家变为保护国的强权政治的产物。① 进入 21 世纪，西里喜行教授独辟蹊径，他所著的《清末中琉日关系史研究》一书侧重从中日琉多边关系史研究琉球的近代史。

我国学界研究表明，"萨摩藩入侵琉球的直接原因，似因琉球自为一国，没有完全依照日本幕府和萨摩的意志行事，诸如拒绝如数提供侵朝军需，并将情报通知中国，从而得罪了日本。而中琉之间的相互贸易，更使日本幕府和萨摩的统治者垂涎欲得。前者可谓欲加之罪，何患无辞；而后者则是追求实际物质利益之所在"。② 琉球虽然受制于萨摩藩，但因为背后有宗主国明朝做靠山，仍然享有王国自治权。不同的是，琉球必须向萨摩藩进贡，而萨摩藩则负责琉球的军事防御。琉球若遇外敌入侵或琉球贸易船只遭遇海贼，都由萨摩藩负责派遣武装力量。换言之，受制于萨摩藩的琉球，虽然仍保持着国家主权，但却从此进入了近代日本的安全保障伞，这与日本战败后进入美军的安全保护伞何其相似！而当年的萨摩藩还只是在琉球有事时派兵，并没有在琉球设置过自己的军事基地。可见，1609 年萨摩藩对琉球的入侵并没有斩断中琉之间的藩属/朝贡关系，而萨摩藩不仅有吞并琉球的意图，还实施了一系列控制琉球的措施。然而，在 1609—1872 年期间，琉球不仅保有自己的政权和年号，与包括日本幕府在内的亚洲周边家国展开外交和贸易交往，1854—1859 年以现代国际法意义上主权国家的名义与美、法、荷兰三国签订过通商条约，更重要的是，为便于萨摩从中琉贸易中获利，萨摩藩和琉球向包括中国在内的国际社会刻意隐瞒琉萨之间的关系。从史实和中日琉外交关系史看，不仅琉球"两属"的说法成立，琉球为独立王国的论断也是成立的。

---

① 袁家冬：《日本萨摩藩入侵琉球与东亚地缘政治格局变迁》，《中国社会科学》，2013 年第 8 期，第 201 页。

② 米庆余：《琉球历史研究》，天津：天津人民出版社，1998 年，第 70 页。

（三）1872—1880 年中日"琉球交涉"及该时期琉球的地位

清末，中、日、琉三方间的重大外交事件——琉球交涉（又称"琉球处分"①）实则是琉球王国被日本明治政府蓄意强行吞并，从一个主权国家沦为日本一部分的历史进程。琉球从中日"两属"变成日本"单属"，标志着以中国为中心的中华朝贡体制在东亚的彻底崩溃。琉球交涉问题至今仍是历史学界研究的焦点。日本强占琉球的行动是从明治政权指令鹿儿岛县（原萨摩藩）提交关于日琉关系的《调查报告》开始的。② 1872 年，借明治天皇亲政之机，鹿儿岛县命令琉球伊江王子尚健等进宫朝拜。日本外务省擅自将琉球贺表"琉球国王尚泰"去掉国号，改为"琉球尚泰"。1872 年 9 月，明治天皇下诏将琉球王室"升为琉球藩王，叙列华族"。③ 第二年，又下诏书命琉球受内务省管辖，租税上缴大藏省，将其纳入日本内政的轨道，而这一切都没有得到琉球国的同意，④日本政府占有琉球的企图也遭到琉球王国的抵制。经历 1871 年"牡丹社事件"等多次外交交锋后，日本政府知道清政府无意力争琉球，遂于 1879 年 3 月派兵抵达那霸，强行掳走琉球国王和王子到东京，改琉球为冲绳县，⑤ 将琉球并入日本版图。在美国卸任总统格兰特的斡旋下，1880 年 10 月 21 日，中日达成协议，双方拟定的"琉球分割条约稿"中规定，"大清国大日本国公同商议，除冲绳岛以北，属大日本国管理外，其宫古八重山二岛，属大清国管辖，以清两国疆界，各听自治，彼此永远不相干预"⑥。此后由于清廷内部严重分歧，清政府采纳李鸿章"支展延宕"之拖延政策，

---

① 19 世纪末，日本明治政府用近十年的时间，以武力强行将琉球王国划入日本的版图，这在日本学界的历史研究中被称为"琉球处分"。参见何慈毅：《明清时期琉球日本关系史》，南京：江苏古籍出版社，2002 年，第 5 页。

② 米庆余：《琉球历史研究》，天津：天津人民出版社，1998 年，第 107-108 页。

③ 米庆余：《琉球历史研究》，天津：天津人民出版社，1998 年，第 112-114 页。

④ 顾育豹：《日本吞并中国藩属琉球国的前前后后》，《湖北档案》，2012 年第 8 期。

⑤ 参见米庆余：《琉球历史研究》，天津：天津人民出版社，1998 年，第 174 页；郑海麟：《钓鱼岛列屿之历史与法理研究》（增订本），香港：明报出版社有限公司，2011 年，第 127 页。

⑥ 参见《琉球處分條約案に關する件（琉球处分条约案に関する件）》，载日本外务省编：《日本外交年表并主要文书》（上卷），原书房，1965 年，第 81-85 页。

决定不批准协议草案，初衷是保存琉球社稷和避免"失我内地之利"。① 但最终 1895 年中国在甲午战争中战败，被迫签署《马关条约》并割让台湾、澎湖、辽东半岛给日本，对琉球问题更是失去发言权。

19 世纪后半叶，在中日"琉球交涉"前后，明治政府和清政府间进行过多次关于琉球地位的外交论战。期间双方都曾以《万国公法》作为依据，还援引大量条约作为论战的论据。从时间上看，中日"琉球交涉"可分为两个阶段：

第一阶段（1871—1874 年），即 1871 年"牡丹社事件"到日本明治政府出兵台湾这段时期。"牡丹社事件"后，日本借所谓的"琉球、中州属民被害"作为出兵台湾的借口。针对日本给闽督照会所提台湾内山为清故府"放权所不及"，故"观之为无主之地"的论点，1874 年 5 月 11 日闽督在"覆照"（照会）中明确声明："台湾全地，久隶我国版图，虽其土著有生熟番之别，然同为食毛践土已二百余年……虽生番散处深山……文教或者未通，政令偶有未及，但居我疆土之内，总属我管辖之人"。该照会列举《万国公法》内容，论证"台湾为中国疆土，生番定归中国隶属，当以中国律法管辖，不得任听别国越俎代谋。"闽督照会进而又驳斥："备中州遇风难民，前由生番送出，并未脱害一人，当经本部堂派员送蝠，交领事官送还"。在论及琉球时，照会中称，"至于琉球岛，即我属国中山疆土，该国世守外藩，甚为恭顺，本部堂一视同仁，已严檄地方官，责成生番头人，赶紧勒限交出首凶议抵"。沈葆桢于 6 月 20 日给西乡照会中也声明："生番土地，隶中国者二百余年"。在驳斥日本以琉球难民被杀为侵台借口时，他指出，"无论琉球虽弱，亦俨然一国，尽可自鸣不平"②。1874 年日本出兵台湾后，中日最终签订《中

---

① 米庆余：《琉球历史研究》，天津：天津人民出版社，1998 年，第 226 页。

② 陈在正：《牡丹社事件所引起之中日交游及其善后》，见台湾《"中央研究院"近代史研究所集刊》，1993 年第 22 期（下），第 34-36 页。

日北京专约》①（即《日清两国互换条款》）解决了争端。日本内务卿大久保利通从中国签约回国后，向明治政府提出逐步吞并琉球的建议——《有关琉球藩之处理意见书》，其基础就是"琉球两属说"。② 对于日本把"琉球两属论"作为出兵台湾借口的前后经过，西里喜行有着精到的总结，"明治政府在出兵台湾之际，将台湾乃无主地之主张与琉球乃'我藩属'之主张结合在一起，作为'讨藩之公理'的论据。在出兵台湾之后的北京谈判中，又专门追究'清国之政令及于台湾藩属否'这一问题，并站在《万国公法》的立场上，坚持台湾乃无主地之主张。在日清之间缔结的'互换条款'中，将日本出兵台湾称为'保民之义举'"。③ 可见，这个时期，日本坚称琉球为即属日本又属清朝的"两属"地位；清政府则坚称琉球为中国专属的属国，同时又明确琉球是独立的王国。

第二阶段（1875—1880 年），即日本禁止琉球向清国进贡，到琉球"分岛改约"这段时期。就琉球问题日本寺岛外务卿的《说略》和清政府的备文复照、竹添进一郎和李鸿章相约的笔谈记录，集中反映了中日在琉球归属问题上的分歧与矛盾，其中的焦点则是琉球王国的国际地位问题。

---

① 《中日北京专约》：中日两国于 1874 年（清朝同治十三年；日本明治七年）10 月 31 日在北京签订的条约，是日本明治维新后强迫清政府签订的第一个不平等条约。条约中规定："该处生番，中国自宜设法妥为约束"，日本公开承认"生番"住区属中国领土。但是，日本后来却确实利用《互换条约》作为并吞琉球的借口。1875 年 3 月，大久保利通听从法籍法律顾问巴桑拿的进言，开始将 1874 年《北京专约》暧昧的条文诠释歪曲，"解释成保民义举乃中国承认琉球属日，以便作为日本对琉球侵略的张本及所谓法理根据"。参见国家清史编纂委员会，国家清史纂修领导小组办公室：《清史镜鉴》，北京：国家图书馆出版社，2010 年。

② 大久保利的建议称："琉球两属状态，自中世纪以来，因袭已久，难以遽加改革，以致因循至于今日。今者中国承认我征蕃为义举，并抚恤难民，虽似足以表明琉球属于我国版图之实迹，但两国分界仍未判然。今以琉球难民之故，我曾费财巨万，丧亡多人，以事保护，其藩王理宜速自来朝，表明谢恩之诚，然至今尚未闻有其事，其故盖在畏惮中国。今如以朝命征召藩王，如其不至，势非加以切责不可。是以姑且缓图，可先召其重臣，谕以征藩事由及出使中国始末，并使令藩王宜自奋发，来朝觐谢恩，且断绝其与中国之关系。在那霸设置镇台分营，自刑法、教育以下以至凡百制度，逐渐改革，以举其属我版图之实效"。参见东亚同文会编：《对华回忆录》，北京：商务印书馆，1979 年，第100 页。

③ ［日］西里喜行著：《清末中琉日关系史研究》（上），胡连成等译，北京：社会科学文献出版社，2010 年，第 29 页。

首先看日本寺岛外务卿的《说略》和清政府的备文复照。1877 年中国驻日公使何如璋到达东京，向日本政府递交国书，是为近代中国驻日公使之始。1879 年日本"废藩置县"后，清政府得悉后于同年 5 月 10 日向日本新任驻华公使宾户玑递交照会，称"……琉球一国，世受中国册封，奉中国正朔，入贡中国，于今已数百年。天下之国，所共知之也。中国除受其职贡外，其国之政教禁令，悉听自为。中国盖认其自为一国也。即与中国并贵国换约之国，亦有与琉球换约者。各国亦认其自为一国也。琉球既服中国，而又服于贵国"。① 1879 年（光绪五年）8 月 2 日，日本驻华公使宾户玑将寺岛外务卿发出的《说略》转交清政府，从文字、语言、宗教、风俗等方面②作为"琉球专属日本说"的依据。《说略》还列举萨摩藩征服琉球时所制定的《法章十五条》《尚宁誓文》《三司官誓文》《中日北京专约》条款等，进一步加强琉球为日本专属的主张。③这段时期中日围绕琉球地位的论战中，清政府对中日琉三国历史关系的陈述是客观、属实的，即主张琉球是清国的一个属邦，同时又是一个自主之国；日本则反驳，"既自成一国，则非所属之邦土；既是所

---

① 《岩仓公实记》下卷，第 582-583 页，转引自米庆余：《琉球历史研究》，天津：天津人民出版社，1998 年，第 186 页。

② 《说略》内称："盖琉球为我南岛久矣。其土则弹丸黑子，足当萨摩州一郡邑也。地脉绵亘，在我股掌之间（周煌琉球志略所谓东与日本萨摩州邻，一苇可航，而去闽万里，中道无止宿之地者，正符其证也）。其文字（字母用我四十八字，即源从朝所授也。文书杂用汉字假字，皆与我同体）、言语（言语亦与我同种。自称其国为冲绳，冲绳土音屋其惹。始祖为天孙氏，天孙土音阿摩美久，即其证也）、神教（岛祠祀我伊势大神、八幡、天满、熊野神等）、风俗（燕飨用我小笠原流体，其他中国使臣所纪席地而坐，设具另食等，并与我同俗），〔无〕一莫非我国之物也。国史记南岛朝贡事，实在中国隋唐之际。……将军足利义教，赏萨摩守岛津忠国功，赐以琉球（嘉吉元年、明正统六年）尔来，隶属岛津氏，为其附庸，而贡聘不以时修。丰臣氏伐朝鲜之役，命征兵粮琉球，尚宁王仅输其半。德川氏继丰臣氏，命岛津家久发兵讨之。尚宁出降，家久引谒江户（庆长十四年、明万历三十七年）……岛津氏提封七十二万石，琉球全岛实在其中。尚宁留鹿儿岛三年放还，授尚宁及三司官以法章十五条，尚宁、三司官各献誓书。自此其后，世服萨摩吏治，于今经三百年矣"。参见《岩仓公实记》下卷，第 583-588 页，转引自米庆余：《琉球历史研究》，天津：天津人民出版社，1998 年，第 188-190 页。

③ ［日］西里喜行著：《清末中琉日关系史研究》（上），胡连成等译，北京：社会科学文献出版社，2010 年，第 32 页。

属之邦土，则非自成一国者。"① 因此，日本并没有单纯执著于历史证据，而是以《万国公法》为外交论战的论据，从国际法角度指出清政府论证的逻辑矛盾，以此坚持琉球乃日本属邦的主张。日本政府及其驻外使节，在推行占有琉球的政策上，其策略、手段以及灵活运用《万国公法》的主动性，都超出了清政府的预料。

再看日本官员竹添进一郎和李鸿章相约的笔谈记录。就琉球问题，美国卸任总统格兰特在中日之间的调停结束后，日本政府经过缜密筹议后提出新的处理方针，即所谓"分岛改约论"。日本派大藏省少书记官竹添进一郎来华，就琉案与李鸿章辩论，既为先行试探清政府对"分岛改约论"的态度，②也为侦察琉球官员向德宏等亡命的琉球人向清政府的救国情愿。③ 1879 年 12 月初，竹添进一郎上书李鸿章论琉案，声称："天下无两婚之妇，岂亦有两属之邦乎？……西人举事必藉口公法，而所谓公法有一君兼统两国，无一国属于二君。是西人亦不有两婚之妇也，明矣。"④ 竹添试图以此来否定原先日本政府的琉球两属之说，而将两属关系比诸男女婚姻关系。李鸿章驳斥称："前日本与我定约（即 1871 年《日清修好条约》）时，第一条称所属'邦土'，实指中国所属之朝鲜、琉球而言。当时伊达大臣及嗣后换约之副岛等，皆未向我声明琉球系日本属邦。今忽谓琉球专属日本，不属中国，强词夺理，深堪诧异。今若不必争辩琉球系属之谁邦，但讲两国宜倍敦和好，日本之意乃欲欺辱中国，吾虽欲和好其可得耶？"⑤竹添和李鸿章笔谈论争的焦点之一就是琉球的所属问题，竹添主张琉球专属于日本；李鸿章则坚持琉球为清国所属之国，并援引《日清修好条约》第 1 条，指出日本违反中日双边条约的行为。

---

① 日本外务省编：《日本外交文书》（第 12 卷），《世界文库》，1973 年。转引自［日］西里喜行著：《清末中琉日关系史研究》（上），胡连成等译，北京：社会科学文献出版社，2010 年，第 30 页。

② 戚其章：《日本吞并琉球与中日关于琉案的交涉》，《济南教育学院学报》，2000 年第 5 期。

③ ［日］西里喜行著：《清末中琉日关系史研究》（上），胡连成等译，北京：社会科学文献出版社，2010 年，第 320 页。

④ 《李鸿章全集》，译署函稿，卷十，第 11 页。

⑤ 《李鸿章全集》，译署函稿，卷十，第 14 页。

总之,"琉球两属说"曾一度在中日琉球交涉中被日本使用,作为出兵台湾的借口以及随后占领琉球的外交策略;而当日本成功实现对琉球"废藩置县"后,至 1880 年硫球分割方案提出时,"琉球两属说"最终被日本放弃①,转而坚持"琉球专属日本说"。

回顾历史,琉球王国与中日两国均有渊源。日本自明治维新以来,强行处置琉球,以至攫为己有,确属"无情无理",有"背邻交欺弱国"之意。诚然,琉球作为现今日本的冲绳县也已既成事实,但回顾和研究这段历史,并非毫无意义。从上述中日琉球交涉的大量史实可以清晰的看出,1879 年以前,琉球群岛并不是日本的"固有领土";相反,该时期中日之间就琉球所属问题频繁的外交交涉、第三国对中日间琉球问题的斡旋,以及 1880 年中日"分岛改约案"(最终清政府没有签署,下文将详述),都印证了 1872—1880年时期琉球地位为"悬案"的历史事实。

二、"琉球交涉"前后涉中、日、琉关系之条约考察

清朝后期,国防松弛,财政拮据,国势日衰。1840 年鸦片战争以清朝的失败告终,清朝被迫同英、美、法等国签订《南京条约》《望厦条约》《黄埔条约》等丧权辱国的不平等条约。随着《万国公法》等西方国际法著作传入中国和中外条约的缔结,以及清政府竭力维持传统中华秩序下的宗藩/朝贡体质,形成了传统朝贡体制与近代条约体制并存的局面。② 在日本,"倒幕运动"后成立的明治政府,在建立之初就具有对外扩张的倾向。1868 年明治天皇颁布的《御笔信》提出:"继承列祖列宗之伟业,不问一身艰难辛苦,经营四方,安抚兆亿,冀终开拓万里之波涛,布国威于四方。"③ 明治政府在对外扩张中逐渐形成其"大陆政策",把侵略目标锁定为中国大陆以及中国的诸藩

---

① [日]西里喜行著:《清末中琉日关系史研究》(上),胡连成等译,北京:社会科学文献出版社,2010 年,第 320 页。

② 林学忠:《从万国公法到公法外交:晚清国际法的传入、诠释与应用》,上海:上海古籍出版社,2009 年,第 3 页。

③ [日]吉野作造:《明治文化全集》(第 2 卷),东京:日本评论社,1968 年,第 33—34 页。

属国，琉球和中国的台湾是绝佳的染指中国大陆的跳板。日本对琉球（以及中国台湾）的吞并，在处心积虑、逐步试探下实现的，而 1871 年《中日修好条规》和 1874 年《北京专条》则是日本侵略计划不可或缺的部分。中日之间围绕琉球问题的外交交涉就是在这样的历史背景下展开的。分析琉球的地位问题，不仅需要分析琉球交涉前后中日之间的条约，还需结合琉球与欧美列强签订的条约一起进行考察。

（一）1871 年《中日修好条规》

《中日修好条规》（又名《日清修好条规》）是 1871 年（清同治十年，日本明治四年）9 月 13 日日本和清朝政府签订的平等条约。签约的日本代表是伊达宗城，清朝代表是李鸿章。《中日修好条规》共 18 条，从缔约主体、两国的缔约合意等方面看是典型的双边条约，其中涉及两国领土和安全、外交关系和礼仪、双边贸易、民事或刑事纠纷及其规则、两国军舰遵守之规则、条约的签署、换文和通告等内容。① 《中日修好条规》第一条规定，"嗣后大清国、大日本国被敦和谊，天壤无穷。即两国所属邦土，亦各以礼相待，不可稍有侵越，俾获永久安全"，这是对双方互不侵犯领土和两国和平友好关系的承诺。《中日修好条规》还有对两国军舰的规定。第十四条中，"两国兵船往来指定各口，系为保护己国商民起见。凡沿海未经指定口岸，以及内地河湖支港，概不准驶入……"，这是对军舰在对方管辖海域所应遵守规则的规定。此外，条约还规定："两国既经通好，自必互相关切"（第二条）；"所有沿海各通商口岸，彼此君应指定处所，准听商民来往贸易"（第七条）；"两国所属邦土，亦各以礼相待，不可稍有侵越"（第一条）；"两国政事禁令，各有异同，其政事应听己国自主，彼此均不得代谋干预，强请开办"（第三条）；"两国均可派秉权大臣，并携带眷属随员，驻扎京师"（第四条）等，这些条款体现了互惠、平等互利，互不干涉内政的原则。

《中日修好条规》的条款表明，该条约是中日双边平等条约，因此有日本

---

① 《中日修好条规》全文，参见王芸生：《六十年来中国与日本》，北京：生活·读书·新知三联书店，2005 年。

学者认为，"国家平等、双边互惠互利的精神贯穿在《中日修好条规》中，是近代日清两国间自主、对等、同盟性质的条约"。① 不过，从《中日修好条规》签订的背景看，自"千岁丸"号②入华后，日本基于国内外形势和对中国的认识，开始试图进入中国国门，进入"有约通商国"行列并争取享有最惠国待遇等特权。《中日修好条规》条文之外的意义在于，它标志着近代中日两国相互重新审视和定位的开端。日本已经意识到中国当时内忧外患的处境，并据此制定新的对华政策，把中国大陆作为它对外拓展的主要目标，并随后采取战略性举动，即由中国的藩属国向宗主国（中国大陆）、由边缘向内部、由岛屿向大陆逐步渗透和侵略，具体实施步骤就是入侵台湾、吞并琉球、觊觎朝鲜。日本虽然没有能够通过《中日修好条规》争取到欧美列强的贸易特权，但通过该条约取得和清廷平起平坐的"上国"地位，进而为入侵中国的藩属国朝鲜和琉球做出铺垫。所以《中日修好条规》可视为日本扩张战略的前奏，表面是平等条约，实则是提升其亚洲国际地位进而侵略朝鲜、琉球的"幌子"。

众所周知，1871 年《中日修好条规》不久，日本就公然违反《中日修好条规》，实施吞并琉球的计划。在竹添和李鸿章就"琉球所属"问题的笔谈中，李鸿章在驳斥"专属日本论"时就曾援引《中日修好条规》第一条，③指出日本吞并琉球是违反中日双边条约的行为。

---

① ［日］西里喜行著：《清末中琉日关系史研究》（上），胡连成等译，北京：社会科学文献出版社，2010 年，第 271 页。

② 1862 年幕府派商船"千岁丸"号前往上海，以贸易的名义对中国展开实地考察。"千岁丸"号来到上海后，试图加入到中国在鸦片战争后建立的对外贸易体制中，但是由于清政府主要官员的意见不同，日本的目的并没有完全达到，清朝政府虽然原则上承认日本在上海的"无约通商国"地位，但是对其进行了严格的限定。随同"千岁丸"号来华的日本幕藩武士，通过对中国的考察目睹了上海租界的繁荣、租界以外地区的混乱、鸦片的泛滥、清朝官员的腐败、外国人在中国的特权等等，回国后纷纷把在中国的见闻和对中国的认识记录成书，在日本社会产生了很大反响。参见［日］川岛真：《江户时代末期的中日交涉——总理衙门档案的视角》，载中国社会科学研究会编：《中国与日本的他者认识》，北京：社会科学文献出版社，2004 年，第 127-148 页。

③ 《李鸿章全集》，译署函稿，卷十，第 14 页。转引自戚其章：《日本吞并琉球与中日关于琉案的交涉》，《济南教育学院学报》，2000 年第 5 期。

（二）1874 年中日《北京专条》

中日间的钓鱼岛列屿争端，其实与历史上日本和侵占台湾吞并琉球有紧密关联。近代中日琉球交涉是由 1871 年"牡丹社事件"（又称"生番"事件，或"琉球漂民事件"）引起的。1871 年（同治十年）11 月，琉球国太平山岛一艘海船 69 人遇到飓风，船只倾覆，幸存的 66 人凫水登山，误入台湾高山族牡丹社生番乡内，和当地居民发生武装冲突。54 人被杀死，幸存的12 人在当地汉人杨友旺等帮助下，从台湾护送到福建。1872 年（同治十一年）2 月 25 日，福州将军兼署闽浙总督文煜等将此事向北京奏报，京城邸报对此作了转载。① 该事件本来只涉及中国和琉球的关系，和日本无关，但觊觎台湾和琉球的日本借机生事。1873 年，日本使者副岛种臣和柳原前光与总理衙门办事大臣毛昶熙、董恂见面，在谈到台湾土著杀死琉球人的事件时，毛昶熙和董恂答辞中有"番民皆化外，尤贵国之虾夷，不服王化，亦万国所时有"一语，结果被日本人抓住话柄，并曲解为台湾番地不属中国版图，并为"代表"琉球出兵台湾找借口。② "牡丹社事件"后，日本以 1871 年琉球遭风，船民被牡丹等社先住民杀害，以及 1873 年中州船民"被劫持"等为借口，于 1874 年出兵台湾。日军入侵台湾并不顺利，死伤惨重，而清政府则不断向台湾派兵。迫于形势，明治天皇派大久保利通为全权大臣，来华处理入侵台湾事宜。在美英公使"调停"下，中日双方 10 月 31 日签订《北京专条》，12 月 20 日日军全部退出台湾，中日台湾事件宣告结束。根据《北京专条》的"会议凭证"，清政府答应先付抚恤银 10 万两，还有 40 万两在 12 月

---

① 参见米庆余：《琉球漂民事件与日军入侵台湾（1871—1874）》，《历史研究》，1999 年第 1 期。

② 顾育豹：《日本吞并中国藩属琉球国的前前后后》，《湖北档案》，2012 年第 8 期。

20 日日本退兵后支付。① 日清《北京专条》② 共三条：

（1）日本国此次所办，原为保民义举起见，中国不指以为不是。

（2）前次所有遇害难民之家，中国定给抚恤银两，日本所有在该处修道、建房等件，中国愿留自用，先行议定筹补银两，另有议办之据。

（3）所有此事两国一切来往公文，彼此撤回注销，永为罢论。至于该处生番，中国自宜设法妥为约束，不能再受凶害。

那么，《北京专条》中"为保民义举起见"是否直接指向"琉球漂民事件"？《北京专条》是否是最终解决琉球问题的"法理依据"？中外历史学者一般认为，《北京专条》中有"日本出兵原为保民义举起见，中国不指以为不是"等内容，是断送了琉球的主权，是承认日本出兵侵略的正当性。③ 然而，也有学者指出，这样的结论源于把"琉球漂民事件"作为日本出兵的唯一原因，"史学界的上述看法，显然对条约内容作了严重的扭曲"④。

对"保民"中的"民"如何理解是《北京专条》产生争议的关键。从法律抗辩角度看，无论依据日本官方文件还是从《北京专条》条文本身看，对于当时日本政府声称的"清政府在北京专约中已经承认琉球是日本属土，琉球人是日本属民"⑤ 这样的论调，其实存在很大的漏洞：

① 《北京专条》除三个专条外，中日还签字画押了"会议凭证"。其内容是："台番一事，现在业经英国威大臣同两国议明，并本日互立办法文据。日本国从前被害难民之家，中国先准给抚恤银十万两。又日本退兵，在台湾所有修道建房等件，中国愿留自用，准给费银四十万两，亦经议定，准于日本国明治七年十二月二十日，日本国全行退兵；中国同治十三年十一月十二日，中国全数付给，不得愆期。日本国兵未经全数退尽之时，中国银两亦不全数付给。立此为据，彼此各执一纸存照。"参见《明治文化全集》第 11 卷外交篇，第 146 页。

② 《北京专条》：又名《中日北京专条》《台湾事件专约》或《台事北京专约》；日本称为《日清两国间互换条款》。《北京专条》中文文本，参见徐同莘等编：《同治条约》（卷 22），外交部图书处，1915 年，第 7 页；日文文本，参见日本外务省条约局：《旧条约汇纂》（第 1 卷第 1 部），第 628-631 页。

③ 参见［日］西里喜行著：《清末中琉日关系史研究》（上），胡连成等译，北京：社会科学文献出版社，2010 年，第 276-277 页；郑海麟：《钓鱼岛列屿之历史与法理研究》（增订本），香港：明报出版社有限公司，2011 年，第 244 页。

④ 陈在正：《牡丹社事件所引起之中日交涉及其善后》，见台湾《"中央研究院"近代史研究所集刊》，1993 年第 22 期（下），第 54 页。

⑤ 梁伯华：《近代中国外交的巨变》，台北：台湾商务印书馆，1991 年，第 70 页。

第一，1874年2月，内务卿大久保利通等人的《台湾番地处分要略》内部文件中，的确只提出兵是为了"报复杀害我藩属琉球人民之罪"①。但日本很快认识到，以琉球国漂民遇难而出兵作为借口站不住脚。同年4月给西乡从道的诏谕已将出兵的理由改为：明治四年，"我琉球人民漂流至台湾番地，为当地土人所劫杀者达五十四人"。明治六年，"我小田县（即今冈山县）下备中州浅口郡居民佐藤利八等四名漂流其地，衣类器财亦被掠夺"。② 因此，日本入侵台湾，琉球漂民事件是远因，小田县漂民事件是近因，而不是单由"琉球漂民事件"这一起事件促成的。③

第二，1874年中日《北京专条》的三条专约并没有提及琉球。如果将《北京专条》中的"保民义举"中的"民"牵强附会的认为指向的就是琉球人则有失偏颇。实际上，事实上中日双方都力图避免提"琉球漂民"字眼，一般都是提"漂民""遇害船民"等笼统的字眼，"保民义举"的"民"就是如此。④ 中国始终没有承认"琉球漂民"是日本属民，条约中也没有提及琉球，因此认为《北京专条》出买了琉球的主权没有法律根据。

毋庸置疑，日清《北京专条》对中国来说是屈辱的条约，它不仅暴露了清政府的软弱昏庸，更助长了日本的侵略气焰。王芸生先生把1874年日本侵台看做是"近代史上日本侵略中国的开端，中日间围绕《北京专条》的签订所进行的外交交涉，也使双方的相互认识逐步加深，进入了一个重要的历史阶段"⑤。

（三）1880年中日《琉球条约拟稿》

明治政府对琉球的吞并分为三阶段：第一阶段是1872年日本在琉球建

---

① 东亚同文会编：《日本外交文书》第7卷，第1号文书。
② 东亚同文会编：《日本外交文书》第7卷，第19页。
③ 梁伯华：《近代中国外交的巨变》，台北：台湾商务印书馆，1991年，第242-245页。
④ 陈在正：《牡丹社事件所引起之中日交涉及其善后》，见台湾《"中央研究院"近代史研究所集刊》，1993年第22期（下），第56页。
⑤ 王芸生：《六十年来中国与日本》（第1卷），北京：生活·读书·新知三联书店，2005年，第62页。

藩；第二阶段是 1875 年日本禁止琉球对清朝进贡；第三阶段是 1879 年日本在琉球废藩置县。① 1879 年，日本正式吞并琉球后，被激怒的清政府于同年 5 月 10 日照会日本新驻华公使，对日本单方面处分琉球的举动提出了强烈抗议。1879 年卸任的美国总统格兰特（Ulysses Simpson Grant）访问中国和日本，曾居中调停。中国倾向于"三分琉球"② 的方案，即将南部小岛归中国，中部归琉球王以复国，其北岛屿归日本的方案。日本则提出"二分琉球"的"分岛改约"③ 的组合方案：①琉球分割方案。琉球南部的宫古、八重山群岛划归清朝，琉球群岛以北归日本；②修改 1871 年《中日修好条规》。作为交换条件，日本提出修改《中日修好条规》，开放内地通商，给予日本片面最惠国待遇特权。④ 当时中俄伊犁边界问题爆发，清政府一则考虑到国际形势，二则为存琉球之国，⑤ 决定妥协并同意日本的提议。

1880 年 10 月 21 日，依据"分岛改约"的构想，中日达成协议并草签了《琉球条约拟稿》和《加约拟稿》。《琉球条约拟稿》（原文为中文）规定，"大清国大日本国共同商议，除冲绳岛以北，属大日本国管理外，其宫古、八

---

① ［日］西里喜行著：《清末中琉日关系史研究》（上），胡连成等译，北京：社会科学文献出版社，2010 年，第 298 页。

② 1879 年 8 月 10 日，格兰特会见明治天皇，认为若是日本吞并琉球，将"断绝清国与太平洋之通道"，建议日本"予彼以太平洋之广阔通路，如至此议，彼将应承之"。驻日公使何如璋亦发电报给总理衙门，称格兰特提出"琉球三分方案"，即包括冲绳本岛在内的中部各岛归还琉球，恢复琉球王国，将宫古及八重山以南各岛划归中国，将包括奄美大岛在内的五岛划归日本。应注意的是，日本学者西里喜行考证史料后认为，格兰特以及当时美国驻日公使宾哈姆都没有做出三分琉球方案的官方明确表态。参见 ［日］西里喜行著：《清末中琉日关系史研究》（上），胡连成等译，北京：社会科学文献出版社，2010 年，第 316–319 页。

③ 明治政府将"分岛改约案"称为"琉球处分条约案"（琉球處分條約案に關する件），参见日本外务省编：《日本外交年表并主要文书 1840—1945》（上卷），东京：原书房，1965 年，第 81 页。

④ 参见 ［日］西里喜行著：《清末中琉日关系史研究》（上），胡连成等译，北京：社会科学文献出版社，2010 年，第 33 页；［日］井上清：《钓鱼岛等岛屿的历史和归属问题》（中译本），生活·读书·新知三联书店，1973 年，第 16 页。

⑤ 戚其章：《日本吞并琉球与中日关于琉案的交涉》，《济南教育学院学报》，2005 年第 5 期，第 6 页。

重山二岛，属大清国管辖，以清两国疆界，各听自治，彼此永远不相干预"①。《加约拟稿》的第一款规定，"两国所有与各通商国已定条约内，载予通商人民便益各事，两国人民亦莫不同获其美。嗣后两国与各国加有别项利益之处，两国人民亦均沾其惠，不得较各国有彼厚此薄之偏。但此国与他国立有如何施行专章，彼国若欲援他国之益，使其人民同沾，亦应于所议专章一体遵守。其系另有相酬条款，才予特优者，两国如欲均沾，当遵守其相酬约条"；第二款规定，"辛未年（1871 年）两国所定《修好条规》，及《通商章程》各条款，与此次增加条项有相碍者，当照此次增加条项施行"。②

不过，10 天后正式签约时，清政府拒绝签署双方约定的琉球分割方案③，《琉球条约拟稿》成为废约。1895 年清政府由于在甲午战争中战败，被迫签署《马关条约》并割让台湾、澎湖、辽东半岛给日本，对琉球问题更是失去了发言权。自 1880—1895 年，尽管中日双方就重新缔约问题有过多次接触，但像朝鲜、越南、缅甸那样，最终以缔结条约解决中国藩属国"所属"事项或边界事宜的处理方式不同，中日双方并没有缔结条约正式解决琉球问题，琉球问题成为中日之间的"悬案"。

从条约法的角度看，《中日修好条规》是处理中日双边关系的平等条约，而《北京专条》是解决中日"牡丹社事件"的双边条约，二者都是中日两国

---

① 参见《琉球處分條約案に關する件（琉球处分条约案に关する件）》，载日本外务省编：《日本外交年表并主要文书 1840—1945》（上卷），东京：原书房，1965 年，第 81-85 页。

② 参见北平故宫博物院编：《清光绪朝中日交涉史料》（第 2 卷），北平故宫博物院，1932 年，第 9-10 页。

③ 关于清政府最终拒绝在"分岛改约"方案上签约的原因，史学界有多种解释：一是"清俄关系缓和主因说"。该说法主张，围绕着伊犁问题的俄清谈判进展顺利，清政府对"分岛改约"态度中途发生变化也是受其左右。参见［日］植田捷雄：《琉球の归属を绕る日清交涉》，载《东洋文化研究所纪要》（二），东京大学东洋文化研究所，1951 年；二为"清廷内部矛盾说"。由于清廷官员内部严重分歧，清政府采纳李鸿章"支展延宕"之拖延政策，决定不批准协议草案，初衷是保存琉球社稷和避免"失我内地之利"。参见米庆余：《琉球历史研究》，天津：天津人民出版社，1998 年，第 226 页；三是"琉球人林世功自杀影响说"。在清政府内部展开是否应该签署琉球分割条约的争论期间，为了阻止该条约签署，流亡清国的琉球人林世功写了一份决死的请愿书后自杀身亡。林世功的自杀事件也给清廷内部关于是否应当签署条约争论的结局以一定的影响。参见［日］西里喜行著：《清末中琉日关系史研究》（上），胡连成等译，北京：社会科学文献出版社，2010 年，第 35 页。

签署并对双方产生法律约束力的条约。相较而言，1880 年《琉球条约拟稿》的确是历史上的"废约"，对缔约方中日两国并不产生条约约束力。但应注意到，当代国际法中，国际法院在审理包括近代国家的领土争端案件中，视具体案情，会考虑把未批准的涉及领土安排的条约、甚至当事国间不具有约束力的默许临时协议赋予证据效力。[①] 领土争端中，未签署的条约不具备生效条约的效力，但并不等于未签署的条约不具备证据的可采信力。正如台湾学者林田富提出的，《琉球条约拟稿》可视为中日钓鱼岛争端"历史的反证"[②]。《琉球条约拟稿》是中、日两国共同协商的涉及琉球领土疆界安排的条约，它不仅对琉球地位问题，更对钓鱼岛主权争端问题具有重要的证据作用。

首先，1880 年，日清两国代表所议定的"分岛改约"案，因清廷未立即予以签署，日方便停止以后的交涉，但这并不表示表从那时起日本即可独占琉球全岛。日本政府也承认琉球问题是仍待交涉的悬案。[③]

其次，《琉球条约拟稿》的存在，证明在 1880 年以前日本并没有占领钓鱼岛列屿，甚至没有领有整个琉球群岛的意思。在当时，日本仅仅希望和清廷共同瓜分琉球群岛的领土而已。《琉球条约拟稿》对宫古、八重山两群岛交付清国后的事项做了具体安排。众所周知，如今日本外务省主张，钓鱼岛"隶属"于冲绳县八重山郡管辖范围。而 1880 年《琉球条约拟稿》则表明，当时日本根本没有留意钓鱼岛，更将八重山划归清朝管辖范围。

（四）1854—1859 年欧美列强与琉球签订的双边条约

进入近代以后，琉球面临欧美列强入侵的危机。据西里喜行统计，自 1843—1859 年，共有英、美、法、俄等国 73 艘船舰驶入琉球港口，不断要求琉球无偿提供粮食等必需品补给，并提出"和好、贸易、布教"等要求，显

---

① 张卫彬：《国际法院证据问题研究——以领土边界争端为视角》，北京：法律出版社，2012 年，第 186–187 页。

② 林田富：《再论钓鱼台列屿主权争端》，台北：五南图书出版股份有限公司，2002 年，第 180 页。

③ ［日］井上清：《"尖阁列岛"——钓鱼诸岛史的解明》，东京：第三书馆（株式会社），1996 年，第 98 页。

现欧美列强欲将琉球作为其殖民地或"保护国"的野心。① 在中日"两属"时期，面对欧美的觊觎，琉球曾以（现代国际法意义上的）主权国家的名义与美、法、荷兰三国签订通商条约（表四）。琉球王国缔约时不仅表明中国藩属国的身份，使用清朝的年号、历朔及文字。② 1854 年 7 月 11 日，美国与琉球签订《修好条约》，琉球王国签约代表是尚宏勋和马良才，美国的签约代表是佩里；1855 年 11 月 24 日，法国以武力强迫琉球签署《法琉修好条约》，琉球王国签约代表是尚景保、马良才和翁德祐，法兰西帝国签约代表是尼古拉斯·弗朗西斯·格冉；1859 年，琉球与荷兰签订《琉荷友好条约》，琉球王国签约代表是尚凤仪和翁德祐，荷兰王国签约代表是冯·卡佩莱尔（Van Kappeler）。

表四　鸦片战争后欧美舰船来琉以及缔结条约一览③

来航时间	国籍和船名	船长和人数	来航地	来航目的	缔约情况
1854. 7. 1— 1854. 7. 17	美国舰队	佩里提督	那霸港	开国交涉	1854. 7. 11 缔结 《琉美修好条约》
1855. 11. 6— 1855. 11. 28	法国"维豪基乌内"号等 3 艘船	尼古拉斯·弗朗西斯·格冉	那霸港	条约交涉	1855. 11. 24 缔结 《法琉修好条约》
1859. 5. 29	荷兰"阿兰陀"船	冯·卡佩莱尔	那霸港	条约交涉	1859. 7. 6 缔结 《琉荷条约》

以《琉美修好条约》为例，在美国佩里提督和琉球当局谈判时，仍然沿袭了以往对萨琉关系的隐蔽方针。琉球王国官吏（等）作为外交主体直接和美国代表佩里谈判，并于 1854 年 7 月 11 日签订《琉美修好条约》。条约由修

---

① ［日］西里喜行：《清国政府及び驻日各公使宛の请愿书概要一览表》，载武者英二编：《冲绳研究资料》（13），东京：法政大学文化研究所，1994 年，第 31 页。

② 参见李则芬：《中日关系史》，台北：中华书局，1970 年，第 253 页；戚其章：《日本吞并琉球与中日关于琉案的交涉》，《济南教育学院学报》，2000 年第 5 期。

③ ［日］西里喜行著：《清末中琉日关系史研究》（上），胡连成等译，北京：社会科学文献出版社，2010 年，第 154-155 页。

好、公正交易、承认领事裁判权、海难救助等 7 条组成，基本上参照了《日美和亲条约》的大部分内容，以汉字和英文记载，同时以清历和公历标注签署日期。①可见，从缔条约主体和缔约形式看，当时琉球被国际社会视为主权国家。

（五）1895 年中日《马关条约》

中日甲午战争爆发后，1895 年 3 月，清政府鉴于战场失利，被迫派直隶总督李鸿章为头等全权大臣前往日本马关（下关），与日本全权代表、总理大臣伊藤博文和外务大臣陆奥宗光议和。②日方于 1895 年 4 月 1 日向清政府的全权代表李鸿章提交了和约底稿，最终清朝政府和日本明治政府于 1895 年 4 月 17 日（光绪二十一年三月二十三日）在日本马关（今山口县下关市）签订。《马关条约》包括《讲和条约》11 款，《另约》3 款，《议订专条》3 款，以及《停战展期专条》2 款。

《马关条约》中规定割让台湾和澎湖列岛给日本的条款为第 2 款第 2 项：

第二款　中国将管理下开地方之权并将该地方所有堡垒、军器、工厂及一切属公物件，永远让与日本。

……

第二、台湾全岛及所有附属各岛屿。

第三、澎湖列岛，即英国格林尼次东经百十九度起、至百二十度止及北纬二十三度起、至二十四度之间诸岛屿。

在中日钓鱼岛"论战"中，日本政府一再否认《马关条约》提到的"台湾所有各附属岛屿"不包括钓鱼岛，其用意是把钓鱼岛从第二次世界大战后日本应归还的中国领土中剥离出来，进而为其"钓鱼岛是日本固有领土""钓

---

① ［日］西里喜行著：《清末中琉日关系史研究》（上），胡连成等译，北京：社会科学文献出版社，2010 年，第 154 页。

② 张海鹏，李国强：《论〈马关条约〉与钓鱼岛兼及琉球问题》，《台湾历史研究》，2013 年第 1 辑，第 30 页。

鱼岛主权不存在争议"的立场提供历史依据和条约法根据。①《马关条约》第
2 款第 2 项的国际法分析将在第五章第二节论述，此处不予赘述。

三、东亚藩属/朝贡体制中琉球的国际法地位考察

中日琉球交涉的研究集中于历史学文献，或关注李鸿章对琉球宗藩问题
的处理②，或从西方国际法与中国世界秩序之间的冲突③进行探讨，仅有少数
学者结合现代国际法对琉球法律地位进行研究。④ 值得注意的是，西里喜行从
多边外交史角度观察到，围绕着琉球的归属即主权问题，一方面，中日在不
同阶段的外交谈判中运用《万国公法》展开交锋和较量；另一方面，1875—
1879 年日本"琉球处分"期间，琉球王国的陈情特使们在东京的请愿活动
中，为力证琉球的地位，也曾因引用《万国公法》以对抗明治政府提出的琉
球乃日本专属的主张。⑤ 大陆学者陈伟芳早在 1986 年分析朝贡关系的概念问
题时曾指出，历史学界常用的"宗藩关系"或"藩属关系"概念极容易与近
代西方的宗主国与殖民地关系概念相混淆。⑥ 中日琉球交涉相关研究中，历史
学和法学研究间似乎有条看不见的红线，难有交集。

然而，这些概念如果着眼于国际法史中"国际人格者"的演进，并结合
19—20 世纪广泛公认的国际法论著和国际法基本原理，其实是可以打开思路
的。对待和处理领土争端，时际法是非常重要的因素。时际法（Intertemporal

---

① 参见张海鹏，李国强：《论〈马关条约〉与钓鱼岛兼及琉球问题》，《台湾历史研究》，2013
年第 1 辑，第 39 页。
② 参见黄俊华：《李鸿章的国际法意识与琉球宗主权的丧失》，《杭州航空工业管理学院学报》
（社会科学版），2005 年第 3 期，第 12-14 页；戚其章：《日本吞并琉球与中日关于琉案的交涉》，《济
南教育学院学报》，2000 年第 5 期。
③ 张启雄：《论清朝重建琉球王国的兴灭继绝观》，载《第二回琉中历史关系国际学术会议——
琉中历史关系论文集》，那霸，1989 年，第 495-520 页。
④ 陈龙腾：《战后台湾与琉球关系研究》，高雄：高雄复文图书出版社，2012 年，第 100-112 页。
⑤ ［日］西里喜行著：《清末中琉日关系史研究》（上），胡连成等译，北京：社会科学文献出版
社，2010 年，第 29-32 页。
⑥ 陈伟芳：《甲午战前朝鲜的国际矛盾与清政府的失策》，载山东省历史学会编：《甲午战争九
十周年纪念论文集》，济南：齐鲁书社，1986 年，第 31 页。

Law），或称过渡法（Transitory Law）是指解决法律时间抵触的法律，也就是决定法律时间适用范围的法律。① 国际法上的"时际法"是国际常设仲裁院（Permanent Court of Arbitration，PCA）"帕尔马斯岛案"由仲裁员胡伯首先提出，并逐步在领土争端解决实践和条约法中得到吸收和发展。胡伯表述的时际国际法的概念是："一个法律事实应当按照与之同时的法律，而不是按照该事实发生争端时所实行的法律或解决这个争端时所实行的法律予以判断"。② 换言之，从时际法视角看，对待 19 世纪后半叶琉球国际地位这样的议题，仅用现代国际法的标准去分析是不合适的；严格讲，应运用当时的国际法即《万国公法》，同时结合欧洲殖民入侵背景下的亚洲政治格局，才能予以清晰的分析和论证，并得出相对客观的结论。当然，现代国际法理论尤其是有关国家和主权以及领土争端理论和实践，对于现代人更好的理解琉球的国际法地位具有重要的参考作用。

（一）以《说略》为代表的"琉球专属日本论"不符合历史和国际法

中日"琉球交涉"过程中，无论日本寺岛外务卿《说略》和清政府的"备文复照"是双方正式外交交涉的代表性外交文件，还是竹添进一郎和李鸿章相约的笔谈，以及琉球官员向德宏对以《说略》为代表的日方观点进行反驳的史料，集中反映出 19 世纪后半叶中、日、琉三国在琉球归属问题上的看法和分歧，其中的核心则是琉球王国的国际地位问题。寺岛外务卿的《说略》代表了明治政府所持的"琉球专属日本"论，即琉球既非"自为一国"又非"服属两国"，而是萨摩藩的一部分，因此日本处分琉球是日本的"内政"。日本政府的具体理由为：第一，地缘和地理距离优势，"地脉绵亘，在我股掌之间"；第二，琉球与日本在语言、文字、宗教、风俗等方面的相通性，"其文字、语言、神教、风俗，莫非我国之物"；第三，舜天王系源为朝之子，而

---

① 李浩培：《论条约法上的时际法》，《武汉大学学报》（社会科学版），1983 年第 6 期，第 61 页。

② The Island of Palmas Case（or Miangas），United States of America v. The Netherlands（1928），Permanent Court of Arbitration，pp. 4–6，p. 37.

尚园复位，"即舜天之后"；第四，有史记载的琉球对日本的进贡发生在中国的隋唐时期，"国史记南岛朝贡事，实在中国隋唐之际"。因此，日本与琉球的藩属关系，明显早于中国和琉球最早建立朝贡关系的时代（1372 年）；第五，自日本与琉球建立朝贡关系后，即专设机构对琉球进行行政管理，"当时太宰府管南岛……既在我政教之下"；第六，日本幕府将军足利义教于嘉吉元年（1441 年）将琉球赐给萨摩岛律氏，后至日本庆长十四年（1609 年）出兵琉球，"并之萨摩封土，统其内政，兵戎其土，吏理其民，经其田，收其税，布禁行令，不一而足……"① 概括起来，明治政府除了强调 1609 年萨摩藩入侵琉球王国前，日本和琉球在地缘、地理、文化、种族等多方面的相通性外，还提到琉球对日本的进贡早于中国，日本特设太宰府对琉球进行管理。另外日本还强调，1609 年后日本幕府已把琉球赐给萨摩藩，萨摩藩对琉球实施了包括军事、税收、法律制定等多方面的统治。

以《说略》为代表的"琉球专属日本论"，无论从历史还是从国际法看，均存在不少问题：《说略》的第一条突出"地脉绵亘"的地理和地缘条件，这种情况古往今来例子众多。地理相邻和地缘优势，即使从现代国际法看，都不能构成领土所属关系过硬的依据；第二至第三条提出，琉球和日本在文字、语言、神教、风俗甚至种族具有共通性。然而，先且不论日本自身如何在语言文字、宗教、风俗等受到中国的影响，其实，自明代琉球被纳入中国朝贡体制后，明清两代对琉球的文明教化影响深远。不仅明代移民琉球的"闽人三十六姓"对琉球的政治、对外贸易等发挥重要的作用，而且中国文化对琉球的影响还渗透到教育、语言文字、音乐、建筑、饮食等诸多方面，并最终形成琉球独特的文化。因此，日方以文化归属作为琉球"莫非我国之物"的理由，言过其实；明治政府的第四条、第五条理由提到琉球和日本之间的朝贡关系。日本称，琉球朝贡日本最早可追溯到"中国隋唐之际"。然而据历史学者米庆余查证日本最早的史书《日本书纪》，相关记载的内容是有少数人

---

① 米庆余：《琉球历史研究》，天津：天津人民出版社，1998 年，第 199 页。

前来"归化",或因"战功"受赏,日本据此来佐证"南岛朝贡",并无根据。[①] 对于所谓的"太宰府管南岛",米庆余指出,公元 7 世纪中叶,日本在九州设置的太宰府位于现今福冈县,它当时的职能是管理从大陆来航的商船贸易。届时琉球群岛尚未形成王国,太宰府所辖也仅限九州属岛。[②] 琉球"既在我政教之下"的论断也不攻自破;第五条、第六条事关日本幕府政权和萨摩藩这二者和琉球之间的关系。1441 年足利义教曾将琉球赐给萨摩岛律氏,而日本学者的研究表明,琉球对此并不知晓,仍然"以独立的立场和萨摩藩保持过友好关系"[③]。关于日本所称琉球对日本"贡聘不以时修"却有反证,而 1609 年萨摩藩入侵琉球的重要原因就是 1603—1607 年,琉球王国多次拒绝了萨摩藩和德川家康对其"来聘"的要求。[④] 日本所称 1609 年后对琉球"统其内政、兵戎其土、吏理其民"的结论,米庆余质问道,"如果说萨摩世管琉球,那么明治以来,日本政府又何必另行攫取琉球的国家主权,诸如派遣兵员、收其裁判权和对外立约交涉权等?"[⑤] 实际上,1871 年日本明治政府在全国推行"废藩置县"[⑥] 的进程是在"版籍奉还"[⑦] 前提下实现的。琉球王国并非从天皇手中获得的对土地、人民的统治权,所以当时也就不存在"版籍奉还"的必要。[⑧] 这也就是 1879 年日本对琉球"废藩置县",不仅引起琉球国内的激烈反抗,也受到琉球宗主国清廷外交抗议的原因。

中日琉球交涉过程中,清政府认为琉球自成一国,世代受中国册封,奉

---

① 米庆余:《琉球历史研究》,天津:天津人民出版社,1998 年,第 199 页。

② 米庆余:《琉球历史研究》,天津:天津人民出版社,1998 年,第 200 页。

③ [日] 森克己,沼田次郎编:《体系日本史丛书》(5·对外关系史),东京都:山川出版社,1978 年,第 117 页。

④ [日] 高良仓吉:《琉球王国の构造》,东京:吉川弘文馆,1987 年,第 267 页。

⑤ 米庆余:《琉球历史研究》,天津:天津人民出版社,1998 年,第 201 页。

⑥ 废藩置县:明治 4 年（1871 年），日本政府实施郡县制度，将藩废除，设置 1 使 3 府 302 县。同年末改为 1 使 3 府 72 县。

⑦ 版籍奉还:日本政府于明治 2 年 6 月 17 日（1869 年 7 月 25 日）实行的一项中央集权政策。意指各"大名"向天皇交还各自的领土（即版图）和辖内臣民（即户籍）。

⑧ [日] 村田忠禧著:《从历史档案看钓鱼岛问题》,韦平和译,北京:社会科学文献出版社,2013 年,第 59 页。

中国为正朔,"琉球既服中国,而又服于贵国"。日本则坚持认为琉球系日本的"内政",既非"自为一国",也非"服属两国",并从地理、文字、语言、神教、风俗等方面寻找依据,这些依据其实无论从历史还是国际法都存在很大的漏洞。1609 年萨摩藩入侵琉球后,萨摩藩为从中琉贸易中获利,不但没有斩断中琉之间的宗藩/朝贡关系,萨摩藩和琉球都还向包括中国在内的国际社会刻意隐瞒琉萨之间的关系。琉球不仅保有自己的政权和年号,还与包括日本幕府在内的亚洲周边国家展开外交和贸易交往,19 世纪中期琉球以现代国际法意义上国家的名义与美国、法国、荷兰三国签订通商条约。从史实和中日琉外交关系史看,1609—1879 年琉球为中日"两属"符合历史,但同时期琉球为独立王国也是事实,该时期琉球地位绝不是明治政府所称的"内政"问题。

1879 年日本出兵琉球并改为冲绳县的行为,用国际法上较为相近的概念概括就是"征服"。征服是一国不经过他国同意,以武力将其领土置于统治之下,为古代国际法承认的领土转移方式,但晚近国际法已经不再承认这是取得领土主权的合法方式。[1]现代国际法禁止以侵略战争和武力解决国际争端,这使得征服不再被认为是领土取得的有效权源。但日本是在晚近国际法禁止以武力或其他强制方式取得领土等规定之前用征服的方式占领琉球,因此难以用现代国际法主张日本征服琉球行为本身的非法性。由于琉球问题和钓鱼岛争端联系紧密,这也就使得中日间的钓鱼岛争端更显复杂。[2]

(二)历史上琉球既"中日两属"又为"独立之国"符合国际法

中日就琉球问题进行外交交涉期间,清政府主张琉球"既服中国,又服贵国",同时又是自主之国。日本对此反驳道,"既是一国,则非所属之邦土;既是所属之邦土,则非自成一国",还用《万国公法》指出清国的"逻辑矛

---

[1] 苏义雄:《平时国际法》,台北:三民书局,1993 年,第 178 页。
[2] 陈龙腾:《战后台湾与琉球关系研究》,高雄:高雄复文图书出版社,2012 年,第 110-112 页。

盾",从而坚持琉球乃日本属邦之主张。① 西里喜行认为,"从传统册封进贡体制的逻辑来说,内政上的自主国与对外关系上的属国这二者之间并无矛盾,但对于不承认册封进贡体制的日本来说,并没有什么说服力,因此中日两国的争论陷入胶着状态"。② 西里喜行提出的其实是一个国际法问题,即,清廷主张琉球既"中日两属"又"自成一国"是否有国际法依据? 这就涉及国际法"国际人格者"尤其是有关国家构成的相关理论。③

对琉球地位进行国际法分析的文献中,已有用《万国公法》提到的欧洲国家进行类比的初步尝试。《万国公法》有如下记载:"进贡之国并藩邦,公法就其所存主权多寡而定其自主之分。即如欧罗巴滨海诸国,前进贡于巴巴里时,于其自立、自主之权,并无所碍。700 年来,那不勒斯尚有屏藩罗马教皇之名,至 40 年前始绝其进贡。然不因其屏藩罗马,遂谓非自立、自主之国也"。④ 历史上也曾有类似解读,例如,为对抗明治政府提出的琉球"专属日本"主张,东京的琉球陈情使以波兰曾经附属于普鲁士、奥地利和俄罗斯三国为例,指出《万国公法》也同样允许两属国家的存在。⑤

《万国公法》把现代国际法意义上的"国际人格者"分为"主权之国""半主之国""被保护国""藩属"等类型。作为区别于"主权之国"或"半

---

① 日本外务省编:《日本外交文书》(第 12 卷),世界文库,1973 年,转引自 [日] 西里喜行著:《清末中琉日关系史研究》(上),胡连成等译,北京:社会科学文献出版社,2010 年,第 30 页。

② [日] 西里喜行著:《清末中琉日关系史研究》(上),胡连成等译,北京:社会科学文献出版社,2010 年,第 30 页。

③ 现有文献中已用《万国公法》提到的欧罗巴滨海诸国和巴巴里之间关系与琉球的地位进行类比的初步尝试,参见王鑫:《从国际法的角度分析琉球法律地位的历史变迁》,《研究生法学》,2009年第 24 卷第 2 期,第 112-120 页;王鑫:《从琉球法律地位历史变迁的角度透析钓鱼岛争端》,中国政法大学 2010 年硕士论文,第 8 页;张毅:《琉球法律地位之国际法分析》,中国政法大学 2013 年博士论文,第 63-64 页。历史上也曾有类似解读,例如,为对抗明治政府提出的琉球"专属日本"主张,东京的琉球陈情使以波兰曾经附属于普鲁士、奥地利和俄罗斯三国为例,指出《万国公法》也同样允许两属国家的存在。参见 [日] 西里喜行编:《琉球救国请愿书集成》,东京:法政大学冲绳文化研究所,1992 年。

④ [美] 惠顿著:《万国公法》,[美] 丁韪良译,何勤华点校,北京:中国政法大学出版社,2003 年,第 41-42 页。

⑤ [日] 西里喜行编:《琉球救国请愿书集成》,东京:法政大学冲绳文化研究所,1992 年。

主之国"的藩属国,"进贡之国并藩邦,公法就其所存主权多寡而定其自主之分"。① 也就是说,藩属国的主权,并不因为其进贡于宗主国的事实而必然受到减损,而是取决于其自主性而定。1609 年萨摩藩入侵,琉球从此成为明属中国、暗属日本的事实上的"两属"状态,一直持续到日本明治维新初年。作为藩属国,琉球有国内事务自主权,宗主国中国不干涉琉球内政,只是琉球国王即位的时候派出使者进行象征性的册封。② 宗主国中国并不企图通过朝贡贸易获取利益,更多的是以赏赐的形式对藩属国进行经济资助,主要通过强大的政治、经济、文化号召力,保持对藩属国的影响,绝非靠武力征讨和吞并。期间,琉球对内仍维持其政治统治架构,对外则以国家的身份和法国、美国、荷兰缔结双边条约;琉球的内政虽受制于萨摩藩,民间风俗也逐渐日化,但只要当清使将到达琉球时,在琉球的日本人就会事先走避。结合史料和当时的国际法,1609—1879 年琉球既是中日"两属"又是独立自主的国家,二者并不矛盾。当然,自 1879 年被日本吞并、列入版图后,琉球则沦为日本的殖民地,从此琉球的主权遭到减损,这也是不争的事实。

(三) 中国其他藩属国以条约解决藩属国地位问题

在中国的册封朝贡体系中,琉球和朝鲜、越南、缅甸等是同一类型的"外藩",其中以琉球最为恭顺。然而,自从 1879 年日本在琉球"废藩置县"后,琉球沦为日本的殖民地。同属中华宗藩/朝贡体制内的还有越南、朝鲜、缅甸等藩属国。与琉球情况不同的是,越南、朝鲜和缅甸脱离中国都有条约可循:1885 年中法战争后,法国迫使中国签署《中法新约》,取代中国的宗主国地位,成为越南的保护国;1886 年中英签订《中英缅甸条约》,英国以缅甸维持"十年一贡"换取中国对英国在缅权利的承认,逐步把缅甸变为自己的殖民地;1894 年甲午战争后,日本迫使中国签订《马关条约》,明确中国放弃对朝鲜的宗主国地位。可见,清末中国周边藩属国法律地位的变更,

---

① [美] 惠顿著:《万国公法》,[美] 丁韪良译,何勤华点校,北京:中国政法大学出版社,2003 年,第 41 页。

② 修斌,姜秉国:《琉球亡国与东亚封贡体制功能的丧失》,《日本学刊》,2007 年第 6 期。

不仅以条约予以确认，而且经过宗主国中国的确认，这在当时成为惯例。然而从 1879 年日本以武力吞并琉球国到第二次世界大战结束，中日之间除了曾协商过 1880 年"分割琉球条约稿"之外，没有就琉球主权之变更或琉球疆域的安排达成过正式协议。

（四）琉球自我认知及欧美列强态度均视琉球王国为"自成一国"

除中日就琉球地位问题进行外交交涉外，琉球王国对自己地位的主张也不容忽略。琉球最后一任国王尚泰将琉球定位为"属于皇国、支那……两国乃父母之国。"① 1867 年巴黎万国博览会时，萨摩侯岛津氏甚至以琉球国王自居，不但不顾日本江户幕府反对，径自派出自己的代表，还与日本在不同区域进行展品展示。岩下佐次右卫门出席开幕式，自称是代表琉球王的使节。日本江户幕府虽向大会抗议称"琉球系江户幕府命令萨摩藩加以征服，因而成为萨摩藩的属国，不是独立于日本之外的国家"，但大会并未接受日本的抗议。② 1875—1879 年期间，琉球陈情使们以东京为中心进行请愿活动，反复强调要遵守"以信义行事"，表明了不愿放弃本国的政治独立，也不愿断绝中琉关系的意愿。为对抗明治政府提出的琉球"专属日本"这一主张，陈情使们还以波兰曾经附属于普鲁士、奥地利和俄罗斯三国为例，指出《万国公法》也同样允许两属国家的存在。③

1879 年，代表琉球王国向清政府求救的琉球紫巾官撰文，对日本寺岛外务卿的《说略》逐条进行反驳。就琉球王国的地位，向德宏更做出特别陈述："日本谓敝国国体、国政，皆伊所立，敝国无自主之权。夫国体、国政之大者，莫如膺封爵、赐国号、受姓、奉朔、律令、礼制诸巨典。敝国自洪武五年入贡，册封中山王，改琉求国号曰琉球。永乐年间赐国主尚姓，历奉中朝

---

① ［日］喜舍场朝贤：《琉球见闻录》，东京：至言社 1977 年版，卷之一二。转引自［日］西里喜行著：《清末中琉日关系史研究》（上），胡连成等译，北京：社会科学文献出版社，2010 年，第 31 页。

② 李明峻：《从国际法角度看琉球群岛主权归属》，《台湾国际研究季刊》，2005 年第 2 期，第 56 页。

③ ［日］西里喜行编：《琉球救国请愿书集成》，东京：法政大学冲绳文化研究所，1992 年。

正朔，遵中朝礼典，用中朝律例，至今无异。至于国中官守之职名，人员之进退，号令之出入，服制之法度，无非敝国主及大臣主之，从无日本干预其间者。且前经与法、美、荷三国互立约言，敝国书中皆用天朝年月，并写敝国官员名。事属自主，各国所深知。敝国非日本附属，岂待辩论而明哉？"①向德宏不仅用历史上长期以来的朝贡藩属制度来说明中琉之间的关系，还用琉球王国与法、美、荷三国订立条约等事例力证琉球王国"非日本附属"，而是"事属自主"之国，并且"各国所深知"。

1840—1850 年前半段时期，即清道光、咸丰年间，英、法、美等国船舰接踵而至，陆续航海来到琉球，要求琉球"开国"，琉球国王在此期间多次向清朝发出信件求援。英法等国不仅知道琉球是清廷的属国，还知道琉球处于萨摩藩的控制之下，一方面逼迫琉球"和好、通商、传教"，另一方面隐藏着最终要把琉球作为其保护国或殖民地的企图。② 例如，1840—1850 年法国在广东和清廷进行交涉时，承认琉球是清国的属国，作为和清国签订同盟条约以对抗英国的条件，暗中要求清国割让琉球；同时还强迫琉球签订双边条约，劝说琉球脱离萨摩藩的控制，最终法国和琉球于 1855 年 11 月缔结《琉法条约》。又如，美国卸任总统格兰特曾调停过中日间琉球问题。1879 年，在与李鸿章会谈商讨调解琉球问题时，格兰特表示，"琉球自为一国，日本乃欲吞灭以自广，中国所争者土地，不专为朝贡，此甚有理，将来能另立专条才好"，③此后他积极协调中日"分岛改约"的外交谈判。因此，1840—1879 年，欧美列强不仅知道琉球两属的现状，还怀着要求琉球开国的目的且秉持实用主义的外交政策在中日间周旋。其中，琉球以国家的身份和法国、美国、荷兰缔结了双边条约，对外交往和对外缔约能力是当时的国际法对国家身份认定的重要指标，琉球"自成一国"因而也是当时国际社会所公认的。

日本 1879 年吞并琉球既成事实之后，欧美舆论的态度大致可以分为两

---

① 王芸生：《六十年来中国与日本》（第 1 卷），天津：大公报社，1932 年，第 127-129 页。

② ［日］西里喜行著：《清末中琉日关系史研究》（上），胡连成等译，北京：社会科学文献出版社，2010 年，第 145 页。

③ 米庆余：《琉球历史研究》，天津：天津人民出版社，1998 年，第 211 页。

种：一种从清朝的立场出发，认为日本吞并琉球违反万国公法，对明治政府未经清政府允许就单方面"处分"琉球的做法持批评态度。例如，英国人1850年创刊的《北华捷报》（上海最早的英文周报，英文名为"North-China Herald"，供外侨阅读）1881年6月24日评价，"……将本次合并归结为单纯之合并，殊非妥当……以历史性证据言之，则理在中国。"① 另外一种则是支持日本的主张，认可明治政府采取的废藩置县是日本的内政举措。例如，1880年3月1日《法兰克福报》曾报道，"琉球居民已经顺应了新的状况，看起来很满足的样子，这是因为日本为改革警察和学制而不懈努力的结果。"②

（五）晚清维护藩属国琉球的外交交涉失败的教训与启示

国际法起源于欧洲，距今大约有400多年的历史。国际法以多数主权平等国家的存在的国际关系为基础，因此在16世纪以前的国际关系中无从产生国际法。③ 一直到16—17世纪民族国家兴起，主权观念产生以及神圣罗马帝国事实解体，规范主权平等国家关系的现代国际法逐渐开始发展，此时正值中国明、清两代。作为亚洲的国际关系规则，中华朝贡体系中，中国与邻国并不是平等关系，而是一种具有阶层的国际关系，这种国际关系规则与起源于欧洲并且规范主权平等国家间关系的西方国际法的性质完全不同。④ 19世纪，以《万国公法》为代表的近代国际法输入东方，具有其特殊的历史背景和适用上的局限性。当时，作为国际法适用基础的国际社会，将世界各国分为文明、野蛮和未开化等领域，中国等亚洲国家被视为野蛮国，只能适用国

---

① ［日］西里喜行著：《清末中琉日关系史研究》（上），胡连成等译，北京：社会科学文献出版社，2010年，第36页。

② ［日］西里喜行著：《清末中琉日关系史研究》（上），胡连成等译，北京：社会科学文献出版社，2010年，第37页。

③ 丘宏达著：《现代国际法》（修订第3版），陈纯一修订，台北：三民书局，2013年，第25—26页。

④ 丘宏达著：《现代国际法》（修订第3版），陈纯一修订，台北：三民书局，2013年，第52—53页。

际法的部分原则，不能享有国家主体的完全人格。① 自 1842 年中英《南京条约》缔结以来，中国一方面与欧美立约通商，确立"条约体制"，展开近代的外交关系；另一方面，又面临着如何维持朝鲜、琉球、越南、缅甸等藩属国的朝贡体制的紧迫局面。

19 世纪中后期，围绕着藩属国琉球问题的外交交涉就是在这样"文明的冲突"历史背景下展开的。1877 年 4 月 12 日，琉球紫巾官向德宏乘船到闽向清朝求助，面见闽浙总督何璟和福建巡抚丁日昌，呈递琉王陈情书，乞求代纾其国之难。面对驻日公使何如璋"阻贡不已，必灭琉球，琉球既灭，行及朝鲜"的警告和应对建议，李鸿章却主张："（何如璋）所陈上、中、下三策，遣兵舰责问及约琉人以必救，似皆小题大作，转涉张皇。唯言之不听时复言之，日人自知理绌，或不敢遽废藩制改郡县，俾球人得保其土，亦不藉寇以兵。此虽似下策，实为今日一定办法。"② 总理衙门基于"日清提携论"，也以李鸿章为是，展开和日本的交涉。事实证明，面对列强的入侵和国际格局的巨大冲击，国力和军力衰落的清政府完全寄希望于国际公法并以"据理访问为正办"，却对西方国际法只知其"器用"不知其"巧用"，教训惨重。正如海关总税务司哈特（Sir. Robert Hart）评论的，"我不信单靠正义可以成事，正像我相信单拿一只筷子不能吃饭一样，我们必须要有第二只筷子——实力。但是中国人却以为自己有充分的正义，并且希望能够以它来制服日本的铁拳，这想法未免太天真了"③。外交官薛福成曾直接参与中法越南问题的交涉。薛福成在评价国际法时，批评各国虽"用公法之柄，仍隐隐以强弱为

---

① 林学忠：《从万国公法到公法外交：晚清国际法的传入、诠释与应用》，上海：上海古籍出版社，2009 年，第 3 页。

② 《李鸿章全集》，译署函稿，卷八，第 1 页。转引自戚其章：《日本吞并琉球与中日关于琉案的交涉》，《济南教育学院学报》，2000 年第 5 期。

③ 参见戚其章：《日本吞并琉球与中日关于琉案的交涉》，《济南教育学院学报》，2000 年第 5 期。

衡"①。晚清维新运动著名活动家唐才常指出，中国之大患在于丧失国权，而丧权辱国的原因在于外交屡为外人所制，对外交涉挫败的原因在于"虽由中国积弱使然，亦以未列公法之故，又无深谙公法之人据理力争②"。中日关于琉案交涉的结局，正好证明了这个道理。

中国近代史一般会把鸦片战争以来，琉球、越南、朝鲜、缅甸等藩属国的丧失以及台湾的割让视为"天朝的崩溃"。面对中国涉及藩属国事务的外交频频失利，还被迫签订一系列不平等条约的残酷现实，清末涉外官僚和知识分子中，对公法、条约"不足恃"的认识存在普遍性，③中国人开始探究中国无法享有西方国际法所规定的国家权利背后的原因。薛福成观察到该时期中日对待国际法的不同态度，"惟亚细亚东方诸国，风气不同，政事不同，言语文字不同，初与公法格格不入之势，而此书（《万国公法》）亦未挈东方诸国在内。30年来，日本、暹罗尽力经营，以求附乎泰西之公法。日本至改正朔，以媚西人，而西人亦遂引入之公法矣"。薛福成不仅看到西方视中国为"公法"外之国，提出入"公法"，使中国成为国际法的主体，还点出日本的改革不唯富国强兵，而是更根本的、象征礼教体制的"改正朔"，将求国家体制以至文化的变更，通过文明化获取国际法主体的完全人格，方可平等享受国际法的权利。④明治初期的日本同样受到西方国家的不平等条约的束缚，却力图通过不平等条约向中国、朝鲜等地扩张，模仿西方列强的模式，并在周边关系中加以运用。例如，在1871年《中日修好条规》谈判过程中，日方力

① 薛福成：《论中国在公法外之害》，载《庸庵全集海外文编》（卷3），台北：广文书店，1963年，第15页。转引自林学忠：《从万国公法到公法外交：晚清国际法的传入、诠释与应用》，上海：上海古籍出版社，2009年，第204页。

② 唐才常：《拟开中西条例馆条例》，载湖南省哲学社会科学研究所编：《唐才常集》，北京：中华书局，1980年，第27页。

③ 林学忠：《从万国公法到公法外交：晚清国际法的传入、诠释与应用》，上海：上海古籍出版社，2009年，第203页。

④ 薛福成：《论中国在公法外之害》，载《庸庵全集海外文编》（卷3），台北：广文书店，1963年，第15页。转引自林学忠：《从万国公法到公法外交：晚清国际法的传入、诠释与应用》，上海：上海古籍出版社，2009年，第219-220页。

争的是"约同西例",而中方拒绝的是利益"一体均沾"的字样。清朝开始希望维持原有的区域关系模式,但奈何"各使动称万国公法,我即以公法治之"。① 最终,在这个藩属失落的过程中,中国开始努力的构建新的政治秩序,尝试在传统中华世界秩序的原有范畴内构建近代国家。②

第三节 甲午战争后琉球复国运动及中国政府对琉球的态度

历经三次"琉球处分"后,日本于 1879 年将琉球纳入版图。甲午战争以清朝失败而告终,形成了中日琉关系的新格局。在割让台湾后,面对新的国际形势,清政府已无意且无力提出琉球的归属问题,日本吞并琉球成为既成事实。日本通过《马关条约》迫使清政府割让台湾,最终巩固了对琉球群岛的殖民统治,一直持续到第二次世界大战结束后"雅尔塔体系"诸条约和《旧金山和约》把琉球事实上从日本本土剥离。尽管如此,琉球自主决定权问题并未因甲午战争而结束,战后仍经历了迂回曲折的历程。自 1879 年琉球被日本废藩置县,纳入版图后,琉球人开始展开"琉球复国运动",后来演变成"冲绳独立运动"。

一、"琉球处分"到第二次世界大战结束期间琉球复国运动

1945 年 6 月,在穷途末路之际,日本曾决定派前首相近卫文麿以"天皇特使"身份访苏,让苏联居间调停,以便日本在这场战争中"少输点"。当时日本拟定的"和平谈判大纲"及相关"解说"提道:"关于固有本土,最多失去冲绳(琉球)、小笠原和桦太(库页岛)。"这份大纲让琉球在日本执政者心中的地位显露无遗,即可以牺牲,可以割让。③ 1879 年以来的琉球政治运

① 王芸生编著:《六十年来中国与日本》(第 1 卷),北京:生活·读书·新知三联书店,2005年,第 57-58 页。

② 林学忠:《从万国公法到公法外交:晚清国际法的传入、诠释与应用》,上海:上海古籍出版社,2009 年,第 272-273 页。

③ 褚静涛:《琉球百余年的独立复国运动》,《协商政坛》,2012 年第 10 期。

动，可分为日本琉球处分前后、第二次世界大战期间、美军托管琉球时期、琉球"回归"日本时期以及 1972 年至今这五个时期，本节侧重于前两个时期的琉球复国独立运动，后三个时期琉球的政治运动将在第四章论述。

（一）"废藩置县"后日本对琉球的统治

琉球 1879 年以前曾是独立的国家，根本称不上是日本的"固有领土"，在遭到日本吞并后，情势颇为紧张。根据担任过琉球国王的尚泰侧士、参与过琉球处分交涉的喜舍场朝贤记录，日军在琉球镇压反抗力量，拘捕岛民以至严刑重罚，造成"首里那霸上下，极度骚扰，人人俱怀自危不安之心"①。琉球新闻界巨子太田朝敷记述，亡国初期数月，上下各机关，均停止办公。亲华官绅纷纷驾小船漂流海上来到中国者约八百余人。首里人和久米人，为免日人迫害，纷纷提前改姓埋名，移居乡下。明治政府占领琉球后，不仅加强政治统治，还推广实施文化同化政策。琉球的王城首里曾于 1877 年遭火焚一次，遭日本军队驻入后，只剩余荒凉殿阁或断瓦残垣；各级政府要职，均有日人接管，琉人退居下僚；商场也为日人世界，一切商业皆由日人主持操纵垄断；为实行文化同化，日人治理于开办学校。至 1885 年，全琉已有中小学校 57 所，但办校易招生难。如在 1884 年，全琉学龄儿童共约 75 000 余人，而实际入学者不过 1 854 人。学生家长皆不愿送子弟入日本学校，而令其入私塾，日人遂有查禁私塾之举。在偏僻的地方琉球人的反抗尤烈，如日人对宫古岛的高压统治，始终未见宏效。在琉球亡国后 13 年，尚有平良市暴动事件，统治者颇有死伤。②

（二）"脱清人"及琉球本土的复国运动

从日本"琉球处分"至甲午战争前后，琉球复国运动可分为琉球本土的复国运动，以及在清琉球人（又称"脱清人"）的复国运动。在清朝的"脱

---

① 徐勇：《战后琉球政治地位之法理研究与战略思考》，《战略与管理》，2010 年 3/4 期合编。
② 杨仲揆：《中国・琉球・钓鱼岛》，香港：友联研究所，1972 年，第 88 页。

清人"（表五）以林世功①、向德宏②、蔡大鼎③等人为核心，在"废藩置县"前后就展开了荡气回肠的挽救琉球王国的复国运动。1879 年琉球国为日本所灭，改为冲绳县。向德宏得知此事后扮作商贩，率蔡大鼎、林世功、李文达、蔡以正等从福州经海路到达天津，上书李鸿章，要求清朝就此事向日本交涉。为躲避日本特务的追杀，向德宏留在天津，躲藏在天津西大王庙，受到李鸿章的庇护。④蔡大鼎、林世功等则前往京师，他们与进贡使毛精长一起，上书总理衙门、礼部等处，请求清廷出兵救援琉球，未果。

表五　琉球人流亡清朝事件列表⑤

时间	清朝年号	日本年号	代表人物	人数	备注
1874 年	同治十三年	明治 7 年	毛精长（国头亲云上盛乘）	不详	毛精长为最后一任进贡使，琉球灭亡后不再归国。死后葬于福州
1876 年	光绪二年	明治 9 年	向德宏（幸地亲方朝常），蔡大鼎（伊计亲云上），林世功（名城里之子亲云上）	19 人	赴清朝交涉朝贡一事

---

① 林世功（和名城里之子亲云上春傍，1842—1880 年），琉球第二尚氏王朝末期士族，亲清派政治家。琉球国士族，久米村人。1868 年，与毛启祥、葛兆庆、林世忠一起，作为琉球国 4 名官生的一员前往清朝留学，入学北京国子监，四年后学成归国。1875 年，林世功担任琉球王国的国学大师匠，9 月成为中城王子尚典的讲解官。当时普遍认为，以林世功的身份将被升为国师，并执掌朝政。

② 向德宏（和名幸地亲方朝常，1843—1891 年），琉球国第二尚氏王朝末期王族、亲清派政治家。他的夫人是尚育王第四女兼城翁主，因此向德宏也是尚泰王的姐夫。在他逝世后，其第三子松金与其部份亲族，携其灵位亡命夏威夷。其灵位至今依然供奉在茂伊岛的一座临济宗寺院内。

③ 蔡大鼎（和名伊计亲云上汝霖，1823—？），琉球第二尚氏王朝末期的政治运动家、诗人。蔡大鼎出生在久米村，其祖先是汉人移民的后裔。蔡大鼎将自己北上向清国求助的经历写成《北上杂记》一书。蔡大鼎的逝世地不详，可能是京师，也可能是福州。

④ 李鸿章：《李文忠公全集》（卷十一），"请球案缓结"。

⑤ 参见"脱清人"，资料来源于维基百科 http://zh.wikipedia.org/wiki/%E8%84%AB%E6%B8%85%E4%BA%BA，访问日期：2015 年 1 月 30 日。

时间	清朝年号	日本年号	代表人物	人数	备注
1879 年	光绪五年	明治 12 年	湖城以正（蔡氏）神山庸忠（殷氏）	13 人	湖城以正是空手道高手，神山庸忠是亲清派神山庸荣之子
1880 年	光绪六年	明治 13 年	富名腰朝卫（向氏）	2 人	山奉行笔者，位阶"亲云上"，时年 49 岁
1882 年	光绪八年	明治 15 年	毛凤来（富川亲方盛奎），王大业（国场亲云上大业）	2 人	毛凤来是最后一任三司官之一
1882 年	光绪八年	明治 15 年	湖城以恭（蔡氏）	3 人	
1882 年	光绪八年	明治 15 年	真壁德名		
1882 年	光绪八年	明治 15 年	马必选（国头亲云上必达）	3 人	
1883 年	光绪九年	明治 16 年	向有德（浦添亲方朝忠）	42 人	按司奉行，时年 37 岁
1884 年	光绪十年	明治 17 年	仲本进辉	5 人	
1884 年	光绪十年	明治 17 年	宜野座朝义（向氏）	6 人	
1884 年	光绪十年	明治 17 年	毛有庆（龟川亲方盛栋）	4 人	毛有庆于次年归国，与祖父毛允良（龟川亲方盛武）同被冲绳警察逮捕
1885 年	光绪十一年	明治 18 年	向龙光（津嘉山亲方朝助）与其次子向廷选（津嘉山朝克）	2 人	亲清派首领。因毛有庆被捕而流亡清朝
1892 年	光绪十八年	明治 25 年	毛有庆（龟川亲方盛栋）		亲清派首领。政治避难
1896 年	光绪二十二年	明治 29 年	向志礼（义村按司朝明）	5 人	义村御殿三世。亲清派首领。因甲午战争清朝战败而流亡清朝避难

1880 年中日"分岛改约"谈判期间，日本主张"两分"方案，把宫古、八重山两岛给中国。对琉球要求的国土，清国则决定按照"两分"方案，把宫古、八重山两岛"归还"给琉球。①得知此消息的毛精长等人交给总理衙门的请愿书中认为，两岛"穷荒特甚、物产绝少、人户稀疏"，"名虽曰存，何异于亡国"，因此分岛方案万万不可接受。②日清此后的谈判陷入僵局，琉球问题被搁置，琉球最终被日本吞并。而林世功感到向清朝请愿的愿望破灭，托付琉球使臣蔡大鼎将奏折上呈清廷，留下绝命诗两首后，挥剑自杀。1880 年11 月，慈禧下令将林世功厚葬于通县张家湾立禅庵村（今北京通州区张家湾立禅庵村。"九一八事变"发生后，该墓葬被当地村民误以为日本人墓拆毁泄愤）。③蔡大鼎、毛精长等拒绝回国，不断为琉球问题奔走，最终客死中国。向德宏自此选择流亡清国，于 1891 年客死福州。④

中日甲午战争前，琉球社会就已分成几个派别，包括要求恢复琉球王国即要求独立的"独立派"，在日本的国家框架下谋求自治的"自治派"，以及要求琉球完全合并于日本的"合并派"。甲午战争以后，从日本各地涌入冲绳的"寄留人"（官吏、警察、商人等）为主体的合并派开始主导冲绳的战后改革；流亡清国、开展救国运动的独立派在冲绳社会影响力渐弱。⑤1896 年左右，末代琉球国王尚泰的次子尚寅在琉球联合志同道合者成立了公同会。从1895 年后半年至 1897 年，公同会开展了"复藩运动"（又称"主体性回复运动"），要求明治政府实施特别自治制度。公同会在短时间内获得了 7.3 万人

① ［日］西里喜行著：《清末中琉日关系史研究》（上），胡连成等译，北京：社会科学文献出版社，2010 年，第 348 页。

② ［日］西里喜行编：《琉球救国请愿书集成》，琉球大学教育学部纪要 1987 年版，第 68-74 页。

③ 陈龙腾：《战后台湾与琉球关系研究》，高雄：高雄复文图书出版社，2012 年，第 227 页。

④ 参见［日］上里贤：《戦後沖縄移民と文化形成——海外亡命士族の軌跡》，琉球大学（年代不详），第 68-72 页，资料来源于 http://ir.lib.u-ryukyu.ac.jp/bitstream/123456789/1211/1/H13.3p59-74.pdf，访问日期：2015 年 1 月 30 日；陈龙腾：《战后台湾与琉球关系研究》，高雄：高雄复文图书出版社，2012 年，第 227 页。

⑤ ［日］西里喜行著：《清末中琉日关系史研究》（上），胡连成等译，北京：社会科学文献出版社，2010 年，第 453 页。

签名，向明治政府呈递了《特别自治请愿书》。①《特别自治请愿书》的主要内容为：要求冲绳县的执政者由尚家世袭担任；执政者在日本政府的监视下行使冲绳县行政能力；给予冲绳县较高的自治权，并设置议会。②但由于明治政府已经在甲午战争中获胜，日本拒绝了这个情愿，琉球人要求恢复"自主决定权"的尝试受挫。

二、甲午战争到第二次世界大战结束中国对琉球和钓鱼岛问题的态度

日本吞并琉球后，历届中国政府从未承认日本吞并琉球的合法性，也没有放弃对琉球的固有权利，因而成为中日间的一大悬案。1919 年，时任中华民国总统的徐世昌在组织选编的《晚清诗汇》（1929 年编成）中仍然将琉球诗人的诗作为"属国"的作品收在最后一卷中。③民国时期，中国政府对琉球问题的表态，最为世人所知的就是在开罗会议期间罗斯福与蒋介石对琉球的讨论。

（一）第二次世界大战"开罗会议"期间"中美共管"琉球的动议

第二次世界大战胜利前夕，在对待亚洲殖民地问题上英美的态度很不相同。美国希望英、法、荷等欧洲宗主国能够效法其在菲律宾的做法，允许殖民地获得独立，美国在很大程度上与中国的主张一致。而英国则力图维持其帝国统治，拒绝承认中国的大国地位。

1943 年 11 月 23 日开罗会议期间，蒋介石与罗斯福举行会晤并讨论战后领土安排、军事合作等多个议题。当时罗斯福总统主动提及琉球群岛问题，并数次询问中国是否要求该群岛。蒋介石并未直接回应是否收回琉球的问题，而是称，"同意与美国共同占领琉球，并愿最终在一个国际组织（即后来的联

---

① ［日］西里喜行著：《清末中琉日关系史研究》（上），胡连成等译，北京：社会科学文献出版社，2010 年，第 453 页。
② 陈龙腾：《战后台湾与琉球关系研究》，高雄：高雄复文图书出版社，2012 年，第 228 页。
③ 徐世昌辑：《晚晴诗汇》（第 4 册），北京：中国书店，1988 年，第 915—916 页。

合国）的托管下，与美国共同管理（该地）"①。同时，蒋介石也表示，"琉球与台湾在中国历史上地位不同。琉球为一王国，其地位与朝鲜相等"②。

1944 年 1 月 12 日，在白宫举行的第 36 次太平洋战争委员会会议，罗斯福通报他分别与蒋介石和斯大林的会谈情况，并表示对会谈结果"非常满意"。太平洋战争委员会是由在太平洋地区参加过对日作战的《联合国家宣言》签字国代表组成，以罗斯福为主席，经常在华盛顿开会。在这次会议上，罗斯福又提及琉球群岛问题。他说斯大林非常熟悉琉球群岛的历史并赞同琉球群岛属于中国，应该归还中国。罗斯福复述称，斯大林"特别赞同"有关日本应归还中国领土的观点。同样在这次会议的记录中，罗斯福称他"极为满意地"（extremely gratify）发现蒋介石和斯大林与他在所有太平洋主要问题上的立场和看法"完全一致"（eye to eye with him）③。

据《蒋介石日记》记载，蒋介石之所以不提收复琉球而是提议琉球由国际机构委托中美共管，原因为，"三、谈领土问题，东北四省与台湾、澎湖群岛应皆归还中国。惟琉球可由国际机构委托中美共管。此由余提议，一以安美国之心；二以琉球在甲午以前已属日本；三以此区由美国共管比为我专有

---

① 英文原文 "The president then referred to the question of Ryukyu islands and enquired more than once whether China want the Ryukyus. The Generalissimo replied that China would be agreeable to joint occupation of the Ryukyus by China and the United States and, eventually, joint administration by the two countries under trusteeship of an international organization"。关于这次罗斯福与蒋介石的晚餐会晤，根据所公布的美国外交文件称，美方没有找到自己的官方记录，现在收录在美国外交文件中的这份文档，是中国官方记录文本英译的。参见 Foreign Relations of the United States, Diplomatic Papers: The Conference at Cairo and Tehen 1943, FRUS, Washington D. C.: Government Printing Office, 1961, p. 324; 丘宏达:《关于中国领土的国际法问题论集》（修订本），台北：台湾商务印书馆，2004 年，第 19 页；汪晖:《琉球与区域秩序的两次巨变》，《中国经济》，2009 年第 11 期；张郭:《美国外交档案中琉球群岛与中日岛屿领土分界北纬 30°线问题研究》，《太平洋学报》，2015 年第 23 卷第 11 期，第 85 页。

② 参见 "国立编译馆" 主编:《中华民国外交史料汇编》（12），台北：渤海堂文化公司，1996 年，第 5934-5935 页。

③ 出席这次会议的除罗斯福外，还包括荷兰大使、加拿大大使、新西兰公使、澳大利亚公使、英国大使代表以及时任中国驻美大使魏道明等。See Minutes of a Meeting of the Pacific War Council, FRUS, Diplomatic Papers, The Conference at Cairo and Tehran, 1943, United States Government Printing Office, Washington: 1961, pp. 868-870.

为妥也。"① 大陆学者王建朗认为，开罗会议上蒋介石向罗斯福提议中美共管
琉球的背景较为复杂，道义因素、实力因素及策略考虑均发挥了影响。国民
政府对收复琉球的态度并不能一以贯之，而是随着外交环境和国内舆论的变
化而发生变化，收回琉球似乎不是中国始终如一的追求，收回的迫切性不仅
不及台湾和东北，也不及外蒙古。②而另两位学者汪晖和陈龙腾持不同看法。
汪晖查阅美国胡佛研究所馆藏的《蒋介石日记》后指出，蒋介石已经从地缘
战略上看到了美国在战后不会愿意放弃对琉球的军事占领，也未必真心想将
琉球交给中国独立管辖。③台湾学者陈龙腾从开罗会议前中国的国际地位角度
指出，当时中国是一个弱国，能与英、美大国共同开会讨论战后安排对于中
国意义相当特殊。从初期罗斯福只提"三强"，到开罗会议最后奠定包括中国
在内的"四强"④ 格局的架构，这就是蒋介石提出"琉球可由国家机构委托
中美共管"的基本背景。⑤后两位学者综合当时的国际格局予以分析，相对更
为客观。

　　国民政府在开罗会议前后对待琉球的态度说明：第一，如本章第一节
所述，琉球、暹罗、安南等外藩与中国中央政府一直存在藩属关系，外藩
和以中国中央政府为中心的朝贡体系有着密切关系。蒋介石将这种关系视

---

① CHANG KAI-SHEK, *An Inventory of His Diaries in the Hoover Institution Archives*, 43-10（November, 1943），11 月 15 日。参见［日］古屋奎二著：《蒋总统秘录：中日关系八十年之证言》（第 13 册），"中央"日报译，台北："中央"日报社，1977 年，第 116 页；汪晖：《琉球与区域秩序的两次巨变》，《中国经济》，2009 年 11 月。

② 王建朗：《大国意识与大国作为——抗战后期的中国国际角色定位与外交努力》，《历史研究》，2008 年第 6 期，第 133、137 页。

③ 汪晖：《冷战的预兆：蒋介石与开罗会议中的琉球问题——〈琉球：战争记忆、社会运动与历史解释〉补正》，《开放时代》，2009 年第 5 期，第 27 页。

④ 1943 年 11 月 24 日，蒋介石指示王宠惠（时任国防最高委员会秘书）将中国政府的备忘录（经 Hopkins）转交罗斯福，其第一部分四条全部有关联合国理事会的构成。中方建议发表"四强"声明，形成"以四国为中心的常任理事会"。See Memoranda by the Chinese Government （Cario, November 24, 1943），United States Department of State/ Foreign Relations of the United States Diplomatic Papers, The Conference at Cario and Tehran （1943），（DC：Government Printing Office, 1961），p. 387.

⑤ 陈龙腾：《战后台湾与琉球关系研究》，高雄：高雄复文图书出版社，2012 年，第 79 页。

为一种为其争取独立和自由的道德义务，而没有视为主权关系。[1]第二，从法理上并没有承认日本对琉球享有主权，而是主张中美共同托管。在蒋介石的视野中，台湾和澎湖列岛与琉球有区别，前者属于中国的行政管辖范围，后者与中国的朝贡或宗主关系并不同于前一种关系。因此，前者必须收回，后者只能托管。他排除了日本对琉球的控制权，既不承认明治以来日本对琉球的统治权，但又没有用"收回"的模式。蒋介石的立场与英国力图维护亚洲地区的殖民体制的态度形成鲜明对比。他对中美共同托管的提议则是从战后国际关系和区域内部的力量平衡着眼的。[2]第三，国民政府对战后亚洲国家的独立自主表示支持。在 1943 年 11 月 15 日的《蒋介石日记》中提及，"琉球与台湾在我国历史地位不同，以琉球为一王国，其地位与朝鲜相等，故此次提案对于琉球问题决定不提，而暹罗独立问题乃应由我提出也。注意一，对丘吉尔谈话除与中、美、英有共同关系之问题外，皆以不谈为宜。如美国从中谈及港九问题、西藏问题与洋华侨待遇问题等，则照既定原则应之，但不与之争执"[3]。因此，蒋介石认为，琉球和台湾、西藏、港九在中国历史上的不同地位，强调琉球和朝鲜地位相似。在随后的日记中，蒋介石主张应提出暹罗独立问题，还主张安南（即越南）战后由中美扶持其独立并要求英国赞成，[4]这表明当时国民政府对周边国家摆脱殖民统治和自主独立进行安排的战后格局构想。

第二次世界大战期间，朝鲜、琉球、暹罗、安南的历史渊源和现实处境各不相同，但它们的战后命运均应置于整个殖民历史与战争形势、大国势力的消长、尤其是美国对于战后亚太地区的战略和霸权谋划中观察。琉球问题

---

① 参见汪晖：《冷战的预兆：蒋介石与开罗会议中的琉球问题——〈琉球：战争记忆、社会运动与历史解释〉补正》，《开放时代》2009 年第 5 期；汪晖：《琉球与区域秩序的两次巨变》，《中国经济》，2009 年 11 月。

② 汪晖：《琉球与区域秩序的两次巨变》，《中国经济》，2009 年 11 月。

③ CHANG KAI-SHEK, *An Inventory of His Diaries in the Hoover Institution Archives*, 43-10（November, 1943），11 月 15 日。

④ CHANG KAI-SHEK, *An Inventory of His Diaries in the Hoover Institution Archives*, 43-10（November, 1943），11 月 17 日。

是在殖民主义历史、太平洋战争和冷战的复杂关系中形成的，也是在近代世界秩序的形成中产生的。①但最终，中国对琉球的合理主张并没有列入同年12月1日发布的三国共同声明——《开罗宣言》中，美国外交档案馆保留的共同声明的美方草稿（初稿与修订稿）② 以及英方草稿③中也都没有提及琉球，但这三份文件都提到，必须从日本手中将其在太平洋地区占有的岛屿永久剥离及归还台湾、满洲等地给中国。美、英的两份草稿和最终的《开罗宣言》都提到朝鲜的解放和独立问题，而在《蒋介石日记》中被视为和朝鲜历史地位相似的琉球（以及暹罗），并不在共同声明涉及问题之列。此外，《开罗宣言》的措辞给人的印象似乎是只剥夺日本1914年以来侵占的领土，而琉球是在1879年遭到日本吞并的，这样造成后来对琉球归属的不同解释（将在第三章第二节详述）。

（二）第二次世界大战时中国政府对琉球问题的态度和立场

抗日战争爆发后直至开罗会议这段时期，国民政府主张琉球和台湾都是中国在甲午战争中失去的疆域。1938年4月，蒋介石在国民党临时全国代表大会上致词时表示：“日本自明治维新以来，早就有一贯的大陆侵略计划。过去甲午之战，他侵占我们的台湾和琉球，日俄战后吞并了朝鲜，侵夺我们旅

---

① 汪晖：《冷战的预兆：蒋介石与开罗会议中的琉球问题——〈琉球：战争记忆、社会运动与历史解释〉补正》，《开放时代》，2009年第5期，第30页。

② 美方修订稿的第三、四节，有如下记载：“我们确定，被日本占领的太平洋诸岛——其中许多违背日本的特殊而确定的非军事化承诺，已经成为强大的军事基地——必须从日本手中永久剥夺；日本背信弃义的从中国盗走的领土，如满洲和台湾，当然应当归还中华民国。所有被日本用暴力和贪婪攫取的土地必须被解放。”英文原文为：We are determined that the islands in the Pacific which have been occupied by the Japanese, many of them made powerful bases contrary to Japan's specific and definite pledge not to milititarize them, will be taken from Japan forever, The territory that Japan has so treacherously stolen from the Chinese, such as Manchuria and Formosa, will of course be retured to the Republic of China. All of the conquered territory taken by violence and greed by the Japanese will be freed from their clutches. See United Statets Department of State/Foreign Relations of the United States Diplomatic Papers, Conference at Cario and Tehran, 1943 (1943), DC: Government Printing Office, 1961, p. 403.

③ 英国的备忘录列印稿上用钢笔在台湾（“福摩萨”）后面加上“澎湖列岛”字样。See United Statets Department of State/Foreign Relations of the United States Diplomatic Papers, Conference at Cario and Tehran, 1943 (1943), DC: Government Printing Office, 1961, p. 404.

顺和大连，就已完成了他大陆政策的初步……"①这是国民政府最高当局在琉球问题上的第一次官方表态。②中美结成反法西斯同盟后，基于中琉传统关系的历史情结，中国国内舆论要求收回琉球的呼声日益高涨。1942 年 11 月 3 日，国民政府外交部长宋子文对中外记者表示，"中国应收回东北四省、台湾及琉球，朝鲜必须独立。"③这是中国政府首次正式表示中国要在战后收回琉球，从而拉开了中国要求收回琉球的序幕。④1943 年年初宋美龄访美前，蒋介石为表明中国政府在战后重大问题上的考虑，在拟定宋美龄与罗斯福谈话要点时，特别把琉球问题列在其中。宋美龄在与罗斯福会谈后致电蒋介石，表示罗斯福在战后领土问题上同意"琉球群岛、满洲及台湾将来应归还中国。"⑤此外，1943 年 3 月，蒋介石在其手书《中国之命运》中提到对中国领有琉球的看法，"琉球、台湾、澎湖、东北、内外蒙古、新疆、西藏无一处不是保卫民族生存之要塞，这些地方之割裂，即为中国国防之撤除，"⑥指出了琉球对中国国防安全的重要性。

1943 年开罗会议期间，蒋介石并未明确主张对琉球的领土要求，而是提出中美共管琉球。有资料表明，这一回应是经过深思熟虑的。在一份题为《军事委员会参事室呈蒋委员长关于开罗会议中我应提出之问题草案》的资料中，第 6 条提道："六、日本应将以下所列归还中国：甲、旅顺、大连（两地公有财产建设一并无偿交与中国）；乙、南满铁路与中东铁路（无偿交与中国）；丙、台湾及澎湖列岛（两处一切公有财产及建设一并无偿交

---

① 《蒋介石在中国国民党临时全国代表大会上作〈对日抗战与本党前途〉讲演》（1938 年 4 月 1 日）。参见中国第二历史档案馆编：《中华民国史档案资料汇编》（第 5 辑第 2 编），南京：江苏古籍出版社，1998 年，第 389 页。

② 王海滨：《中国国民政府与琉球问题》，《中国边疆史地研究》，2007 年第 3 期。

③ 《中央日报》，1942 年 11 月 9 日，第 2 版。

④ 参见王海滨：《中国国民政府与琉球问题》，《中国边疆史地研究》，2007 年第 3 期；陈龙腾：《战后台湾与琉球关系研究》，高雄：高雄复文图书出版社，2012 年，第 75 页。

⑤ 陈龙腾：《战后台湾与琉球关系研究》，高雄：高雄复文图书出版社，2012 年，第 75 页。

⑥ 秦孝仪：《中华民国重要史料初编——对日抗战时期》，台北：中国国民党中央委员会党史委员会，1981 年，第 791 页。

与中国）；丁、琉球群岛（或划归国际管理或划为非武装区域）。"①此后一段时间内，如何处理琉球问题以及是否对琉球进行托管也多次出现在国民政府讨论的议题中。例如，国民政府于 1947 年 9 月连续三次举行对日和约（即《旧金山和约》）审议委员会谈话会。关于琉球问题，"外交部"提出三个方案以供讨论："（1）是否全部收回？（2）是否共管？（3）是否托管？"会上意见颇为分歧，一种意见是强烈主张收回。如胡焕庸认为："琉球与中国关系密切，中国若不收回琉球就不能成为太平洋国家。琉球若给日本拿去，台湾就危险了"。还有一种意见认为，应该由中国托管，具体的办法也有两种：一种意见认为"应该由中国托管，将来再使她如巴勒斯坦一样获得独立，若成为自治领土更好"；第三种意见则主张，"琉球可交联合国托管，但中国要保有一份权利。力争收归我有，则可不必，因为就实力言，我们没有海军，把它拿过来也无大用"。但这三种意见限于内部讨论，国民政府外交部并没有做出正式文件。②

小　结

分析琉球的国际法地位这一议题不能仅聚焦于"琉球处分"这一阶段。本章把琉球王国存续的历史时期分为三个阶段，具体对不同阶段琉球的地位进行论证：

第一阶段，以 1609 年"庆长之役"为界，1609 年前中日琉关系，尤其是琉球分别和中国、日本各自的关系，以及在此阶段琉球的地位。在这一阶段，琉球无疑是个独立的国家。

第二阶段，1609—1872 年琉球"两属"时期，即"庆长之役"后到日本明治政府设置琉球藩这一阶段琉球的地位。琉球中日"两属"的身份并不能

---

① 参见《中华民国外交史料汇编》（十二），第 6015 页。转引自陈龙腾：《战后台湾与琉球关系研究》，高雄：高雄复文图书出版社，2012 年，第 77 页。

② 石源华：《民国外交史》，上海：上海人民出版社，1994 年，第 622–623 页。

抹煞其"自成一国"的事实。首先，作为中华朝贡体系下的外藩，琉球的内政外交均没有受到明清两代王朝的干预；其次，作为萨摩藩附庸国的琉球王国，仍以自己的名义在 19 世纪中后期陆续和美国、法国、荷兰签订条约，行使对外职能。期间，每当清使来临，在琉球的日本人事先走避。①

第三阶段，1872—1880 年中日琉球交涉时期琉球的地位。所谓日本拥有琉球"主权"最佳的反证就是日清的琉球交涉。如果日本对琉球"所属"合理并合法，就不会在 1879 年吞并琉球后，接受美国卸任总统格兰特调停，和清廷达成签署"分割琉球条约稿"的意向了。日清"琉球交涉"期间，"琉球自为一国"即琉球是独立的王国，这在当时成为国际社会和外交界的共识。然而，清廷并未签署"分割琉球条约稿"，琉球问题自此成为中日之间的"悬案"，日本吞并琉球也就既成事实。甲午海战以清廷失败而告终，清政府最终对琉球事宜已无力回天。

看待清末琉球等藩属国地位问题，需要结合列强殖民入侵带来的"文明的冲突"现象予以分析，具体表现为：第一，几千年来以中国为中心的亚洲国际关系，即朝贡/宗藩关系具有其存在的合理性和独特性，既难以照搬以国家为主体的近代国际法（始于 17 世纪初），又难以套用"万国公法体制"规范下的国际关系来分析其"合法性"；第二，面对朝鲜、越南、缅甸这些陆地接壤的藩属国被西方列强入侵的棘手问题时，对于藩属国自身是否为"自立之国"，以及如何为藩属国提供安全保障或军事支援的问题，本书观察到，清政府的外交政策及处理方法实际上"因藩而异"，这也部分解释清政府处理琉球问题的特殊性。总的来看，无论是 19 世纪美国卸任总统格兰特对中日间"琉球所属"的调停，还是 20 世纪日美冲绳问题，各时期的琉球地位问题都不可避免的和中、日、美三角关系存在紧密关联。

那么，近世琉球又是如何被日本吞并的呢？日本侵占琉球的过程与同时期中国的其他藩属国如朝鲜、越南、缅甸等被列强吞并的过程，又有何

① 郑海麟：《钓鱼岛列屿之历史与法理研究》（增订本），香港：明报出版社有限公司，2011 年，第 124 页。

异同？溯本及源，了解琉球特殊的历史地位，就必须结合历史事实看待中日琉多边关系，但更重要的是必须把琉球问题放到 19 世纪西方列强入侵，"万国公法体制"对东亚朝贡藩属体制产生冲击的大背景下予以考察。本章将清政府在处理朝鲜、越南、缅甸等藩属国问题的外交交涉进行横向考察后，发现清政府的外交部门和官员在处理藩属国地位问题时，往往坚持藩属国为中国的"属国"，即藩属国"专属中国论"；而在面临列强对这些属国是否为"独立自主之国"的质疑时，清廷又视属国与中华文化和中央政权的亲疏程度进行差别处理。同时，由于内外交困，清政府还不得不根据国内外政治和军事势态对涉藩属国外交事务予以调整，在面对"万国公法体制"对宗藩/朝贡体制形成的挑战，陷入处处受制、难以自圆其说的状态。但是，如果仅将这归结于"弱国无外交"则难免片面。日本武力吞并琉球并不符合当时的国际实践。19 世纪中后期，清政府一方面面对西方"万国公法体制"的冲击，一方面为了维护传统的中华朝贡册封体制系展开外交斡旋，围绕着藩属国琉球问题的外交交涉就是在这样"文明的冲突"历史背景下展开的。相较于朝鲜、越南、缅甸等藩属国，琉球被日本吞并的过程具有特殊性。明治政府在事前与清政府签订《日清和约》的前提下，违反条约中关于不侵犯对方领土、军舰不进入对方领海、和平共处等规定，背信弃义，出兵台湾、吞并琉球；日清进行琉球分割问题的谈判后，也并没有签订关于对琉球领土进行处置的条约。

与当时国际惯例不符的是，日本吞并琉球既没有和琉球宗主国中国缔约，又无琉球王国的城下之盟，完全是单纯武力吞并的行为，此后琉球沦为日本的殖民地。更重要的是，如今朝鲜、越南、缅甸等均摆脱了殖民统治，取得独立。可见，殖民国并不因其武力吞并行为就当然拥有被殖民地的主权；而被殖民地的地位和走向，需要尊重当地人民的诉求，被殖民地人民的民族自决权得到两次世界大战以来的国际法理论与实践的推崇与验证。从现实层面，不顾中国的反对，第二次世界大战后在中国未参与缔约的情况下，美国主导的对日和约——《旧金山和约》对琉球做出由美国单独托管的安排。而琉球在此后被美国占领，钓鱼岛则被划入琉球群岛管辖范围。琉球问题，如台湾著名国际法家丘宏达评论的那样，由于 20 世纪 70 年代被美国 "'归还'日本"，表面看 "已成定案"。①

---

① 丘宏达：《关于中国领土的国际法问题论集》，台北：台湾商务印书馆，2004 年，第 30 页。

第三章　从国际托管制度和
条约看琉球托管问题

琉球托管问题，事关我国如何驳斥日本依据琉球行政隶属进而主张对钓鱼岛的主权主张。因此，结合《旧金山和约》的领土条款，从国际托管制度看待美国托管和处置琉球就显得尤为重要，这其中的问题包括：战后美国对琉球实施"施政权"的法律依据是什么？美国本应托管琉球，但此后通过1971年《琉球移交协定》把琉球"返还"给日本是否符合联合国托管制度的实体法和程序法？如果按照国际托管制度对其他被托管领土的处置，琉球应当拥有怎样的法律地位？上述问题须从国际托管制度解题，结合当时的历史背景，以及第二次世界大战后建立国际秩序的"雅尔塔体系"诸条约予以分析。另外，美国主导下的旧金山和会最终签署了《旧金山条约》，其中涉及琉球和钓鱼岛条款，也需要从条约法角度予以分析。

第一节　国际托管制度与第二次世界大战后
琉球的定性问题

第一次世界大战前后，随着亚非拉民族解放运动的蓬勃开展，殖民地问题越来越引起国际社会关注。国际联盟（简称"国联"）时期的"委任统治制度"以及联合国建立后的托管制度，成为国际社会对战败国所属殖民地战后的领土安排。本节着眼于分析国际组织规定的殖民地领土制度，结合第二次世界大战后战胜国曾做出的日本所占领土（含琉球）的初始安排，从而对第二次世界大战后的琉球进行事实和法律方面的定性。①

一、"非殖民运动"下的"委任统治"和"国际托管"制度及对东亚的影响

殖民主义是近现代历史发展进程中，适应西方资本主义发展要求而产生的一个历史现象，它不仅开创了资本主义向全球扩张和东方屈从于西方的时代，而且促使国际社会深层结构发生剧烈变化，推动了整个世界朝着一体化的方向发展。随着历史的演进，殖民主义本身的弊病也越来越突出，终于在19世纪后半期陷入严重的危机；民族独立运动的兴起、欧洲殖民帝国的崩溃无疑都是20世纪的重大事件。第一次世界大战前后，随着亚非拉民族解放运动的蓬勃开展，"非殖民化"（Decolonization）② 问题越来越得到国际社会的重视和响应。"非殖民化"具有两层意义。从狭义上说，它指殖民统治终结、殖民机构解散这一历史过程，这是政治层面上的意义。在这一过程中，殖民宗主国和殖民地国家的政治关系得以改变。非殖民化的结果及其主要标志是原殖民地国家政治地位的改变：从外国统治下解放出来成为独立国家。③ 从第一次世界大战后国际联盟时期的"委任统治"制度（The mandate system），到第二次世界大战期间罗斯福倡导并落实于联合国层面的"国际托管"制度，都烙上了"非殖民化"的烙印。然而，在"非殖民化"的传播和使用进程中，各国反应不尽相同，有学者将各国对待"非殖民化"的"心态"形象地

---

① 本章第一节的部分内容，作者已形成《琉球托管的国际法研究——兼论钓鱼岛的主权归属问题》一文，发表在《太平洋学报》2012年12月第12期。

② 非殖民化：哈格里夫斯认为，M·波恩最早于1932年使用此词。但也有研究认为，布哈林于1927年即提出这一概念。我国学者李安山认为，最早对"非殖民化"进行理论概括的是印度共运创始人马·纳·罗易。1927年，罗易受共产国际的委托草拟《关于印度问题的决议草案》，正式提出了"非殖民化"理论。1932年，"非殖民化"一词出现在《社会科学百科全书》，这很可能是西方学术界第一次使用此词。参见李安山：《论"非殖民化"：一个概念的缘起与演变》，《世界历史》，1998年第4期，第2-3页。

③ 李安山：《论"非殖民化"：一个概念的缘起与演变》，《世界历史》，1998年第4期，第9页。

总结为"法国人的多情、英国人的冷漠、联合国的拥抱和原殖民地的复杂态度。"① 值得注意的是，与日益衰落的欧洲各殖民帝国相比，第一次世界大战后日趋强大的美国，不仅直接倡导和影响了委任统治制度和国际托管制度的制度设计，它关于殖民地问题的政策变迁更深刻影响了战后的世界非殖民化运动和 20 世纪的世界历史进程。同时，国际组织——第一次世界大战后的国际联盟和第二次世界大战后的联合国对非殖民化进程中委任统治和国际托管制度的法制化与实践更发挥了不可或缺的作用。

（一）委任统治制度和国际托管制度

为了适应在世界事务中发挥重大影响和作用的需求，美国开始要求摧毁旧的以欧洲为中心的世界体系，以逐步取代欧洲的世界优势地位，问鼎世界霸权，而在此过程中，"非殖民化"则成为其构建以美国为核心的新世界体系的必要手段。② 1918 年年初，美国总统威尔逊在国会演说中提出了第一次世界大战后处理德国和其他战败国殖民地的原则。他认为，殖民国家不应作为殖民地的主人行事，而应作为当地居民和国际利益的委托人行事。

委任统治制确立于第一次世界大战后，它规定战胜国以国际联盟的名义对德国殖民地和奥斯曼帝国属地进行重新分割，并由指定的"先进国"进行统治和管理。1919 年 1 月召开的巴黎和会上，战胜国将德国和土耳其的殖民地以委任统治的形式进行瓜分。《国际联盟盟约》第 22 条规定：①凡殖民地及领土，在战后不再从属于原宗主国，而对那些尚不便于实行自治的地区则实行委任统治的原则。委任统治制度的目的是要保证将居住在该地区内人民之福利及发展视作文明之神圣任务。②国联按各先进国的能力、意愿来授予他们的统治的资格，受任国此后承担管理的任务。③按照委任统治地区的社会发展、领土范围、经济状况来规定受任国对当地管理的程度。④将委任统治地分成甲、乙、丙三种类型。对政治经济比较发达的甲类地区，受任国的

---

① 李安山：《论"非殖民化"：一个概念的缘起与演变》，《世界历史》，1998 年第 4 期，第 3 页。

② 李艳娜：《"委任统治制"与"国际托管制度"之比较》，《历史教学》（高教版），2009 年第 8 期，第 54 页。

任务只是提供行政上的指导和帮助；对政治经济比较落后的乙类地区，受任国根据规定的条件负行政统治的责任；对地瘠民贫、人烟稀少的丙类地区，受任国遵照规定条件，将它们作为自己领土的一部分进行统治。① 由于国内的反对，美国并没有参加国际联盟及委任统治的管理。在英法等国的强烈反对下，威尔逊主张的"委任统治制"并没有适用在所有的殖民地，而是局限适用于战败国德国和奥匈帝国、日本等的殖民地。

第二次世界大战以前，国际社会已经认识到殖民主义是世界战争与冲突的重要根源，国际联盟设计的委任统治制度亦有部分满足委任统治地人民之民族自决要求的考虑。随着第二次世界大战的结束，联合国接过了非殖民化的旗帜，并在委任统治制度的基础上建立了托管制度（The Trusteeship System），使国际社会从广泛宣传非殖民化原则发展到建立完整的非殖民化机制，以及推动非殖民化实施的阶段。

国际托管制度是指联合国把某些殖民地交付一个或几个国家，或由联合国本身管理或监督的制度，② 托管制度是 1945 年 2 月由美国、苏联和英国政府首脑在雅尔塔会议上原则商定的。③ 联合国为推动世界非殖民化进程做出了重大贡献，1945 年 6 月 26 日旧金山制宪会议通过的《联合国宪章》对殖民地问题做出决定并以法律的形式固定下来。置于托管制度下的领土是联合国参照国际联盟的委任统治制度建立的，根据《联合国宪章》第 77 条的规定，适用托管制度的领土被分为三类。④ 原来在委任统治下的托管领土有 8 个，涉及这些托管的托管协定均于 1946 年 12 月被第一届联合国大会批准。据此，新几内亚由澳大利亚管理，卢旺达-乌隆迪由比利时管理。⑤ 1947 年安理会批准

① Henri Grimal, *Decolonization: The British, French, Dutch, and Belgian Empires 1919 - 1963*, Boulder, Colorado: Westview Press, 1978, p. 16.

② 参见孙建社：《贝劳独立与托管制度的终结》，《世界知识》，1995 年第 1 期。

③ ［英］詹宁斯·瓦茨修订：《奥本海国际法》（第 1 卷，第 1 分册），王铁崖等译，北京：中国大百科全书出版社，1998 年，第 261 页。

④ 《联合国宪章》（中文版，1945 年 6 月 26 日）第 77 条第 1 款（a）-（c）。

⑤ ［英］詹宁斯·瓦茨修订：《奥本海国际法》（第 1 卷，第 1 分册），王铁崖等译，北京：中国大百科全书出版社，1998 年，第 191 页。

关于太平洋岛屿（包括日本管理的委任统治的岛屿）的托管协定；1947 年联合国大会批准了关于瑙鲁的托管协定；1950 年大会批准索马里的托管协定，由意大利管理。到 1991 年 1 月 1 日，除部分太平洋岛屿外，共有 10 个托管领土成为独立国家或独立国的一部分，而不再是托管领土。①

（二）委任统治制度和国际托管制度对东亚政治格局的影响

沿袭"神圣信托"理念，从国际联盟的委任统治到第二次世界大战期间罗斯福构筑国际托管制度，美国关于殖民地问题的政策变迁，深刻影响了战后世界非殖民化运动和 20 世纪的世界历史进程。② 罗斯福认为，国际托管制度的方案是"促使殖民国家为了附属民族和全世界的利益发展其殖民地的强有力的手段。③ 罗斯福在其战后世界安全机制的设想中，曾考虑把中国提升为四大警察和四大托管国之一，这是与美国的政治和经济利益相一致的，主要目的是维护美国在太平洋和全世界的战时和战后利益。④ 第二次世界大战胜利前夕，在亚洲殖民地问题上英美的态度很不相同：美国希望英、法、荷等欧洲宗主国能够效法其在菲律宾的做法，允许殖民地获得独立，在很大程度上与中国的主张相互一致，而英国则力图维持其帝国统治，并拒绝承认中国的大国地位。1943 年开罗会议期间，罗斯福总统提及琉球群岛问题并数次询问中国是否要求该群岛，蒋介石并未直接回应是否收回琉球的问题，而是称，"将很愿意同美国共同占领琉球，并根据一个国际组织的托管制度，与美国共同管理该地"。⑤

第二次世界大战后，日本的被托管区域既有其在太平洋的前委任统治岛屿，又有琉球群岛。原属德国海外领土、曾是日本委任统治地的太平洋岛屿，

---

① 参见［英］詹宁斯·瓦茨修订：《奥本海国际法》（第 1 卷，第 1 分册），王铁崖等译，北京：中国大百科全书出版社，1998 年，第 191-192 页。

② 李艳娜：《"委任统治制"与"国际托管制度"之比较》，《历史教学》，2009 年第 16 期。

③ David Ryan and Victor Pungong eds, *The United States and Decolonization: Power and Freedom*, New York: ST. Martin's Press, 2000, p. 63.

④ 李艳娜：《富兰克林·罗斯福的托管制度方案与中国》，《山东师范大学学报》（人文社会科学版），2011 年第 56 卷第 1 期。

⑤ See Roosevelt-Chiang Dinner Meeting（23 Nov1943），*Foreign Relations of the United States*（以下简称"*FRUS*"），1943, The Conference at Cairo and Tehran, 1961, p. 324.

被列为战略防区，① 包括：马里亚纳群岛（关岛除外）、加罗林群岛和马绍尔群岛，这些岛屿通常被称为"密克罗尼西亚"（Micronesian）。1947 年安理会通过的《日本前委任统治岛屿的托管协议》，就美国作为托管方对托管领土的管理做出详细规定。但联合国对 1879 年以来日本侵占的琉球群岛则有不同的处理。不同于那些由联合国大会或安理会讨论托管领土，对琉球群岛的托管安排是由美国主导签订的《旧金山和约》第 3 条所确定的。应注意的是，《旧金山和约》第 3 条没有授予美国对琉球群岛的主权，而是授予美国在该群岛行使行政、立法和司法权。②

二、国际托管制度的适用范围和战后拟托管的日本"领土"

两次世界大战过程中，日本在海外扩张中大量侵吞他国领土作为自己的殖民地。在这段期间内，第一次世界大战后的国际组织——国际联盟③用委任统治制度专门处置战败国的殖民地。类似的，第二次世界大战后的国际组织——联合国也有托管制度处理战败国自身领土及其侵占的领土问题。

（一）国际联盟"委任统治制度"与联合国"托管制度"的关联

"委任统治制度"确立于第一次世界大战结束时，是为了处置已经决定从德国和土耳其分离出来的殖民地和其他某些领土而采取的制度。④ 1919 年 1

---

① Article 1, Trusteeship Agreement for the Former Japanese Mandated Islands, Approved at the 124th Meeting of the Security Council on April 2, 1947, U. N. Document S/318.

② ［英］詹宁斯·瓦茨修订：《奥本海国际法》（第 1 卷，第 1 分册），王铁崖等译，北京：中国大百科全书出版社，1998 年，第 263 页，注 428。

③ 国际联盟：即"国联"，《凡尔赛条约》签订后组成的国际组织。1920 年 1 月 10 日，《凡尔赛和约》正式生效，在威尔逊主持下，国际联盟也于当天宣告正式成立。1934 年 9 月 28 日至 1935 年 2 月 23 日高峰时期，国联曾拥有 58 个成员国。国联在作为国际组织存在的 26 年中曾协助调解某些国际争端和处理某些国际问题。然而，国联缺乏执行决议的强制力，未能发挥其应有的作用，其国际制裁亦影响同样施行制裁的国联会员。美国没有加入国际联盟，更使国联丧失了坚定的支持力量。最终国联无从阻止国际纠纷，不能阻止法西斯的侵略行为及第二次世界大战的爆发。第二次世界大战结束后，国际联盟被联合国所取代。

④ ［英］詹宁斯·瓦茨修订：《奥本海国际法》（第 1 卷，第 1 分册），王铁崖等译，北京：中国大百科全书出版社，1998 年，第 182 页。

月召开的巴黎和会上，战胜国将德国和土耳其的殖民地和其他某些领土以委任统治的形式进行瓜分。[1] 由于置于委任统治制度下的领土处于政治发展的不同阶段，《国际联盟盟约》第22条规定了三种委任统治地，按照政治个性的强弱次序，分为"甲""乙""丙"三类（表六）。[2] 对这三类委任统治地的分配，由主要协约国做出决定并通知国联行政院，然后记载于委任统治协定的前言中。[3]

表六　国联时期委任统治地

类别	委任统治领土	委任统治国
甲类	伊拉克	英国
	巴勒斯坦（和外约旦）	英国
	叙利亚和黎巴嫩	法国
乙类	英属喀麦隆	英国
	法属喀麦隆	法国
	英属多哥	英国
	法属多哥	法国
	坦噶尼喀	英国
	卢旺达乌隆迪	比利时
丙类	西南非	南非联邦
	萨摩亚	新西兰
	瑙鲁	英帝国（由英国、澳大利亚、新西兰共同管理）
	其他赤道以南太平洋岛屿	澳大利亚
	赤道以北太平洋岛屿	日本

国联时期，日本的委任统治领土就属于上述委任统治地里的"丙类领土"

---

[1] 参见李艳娜：《"委任统治制"与"国际托管制度"之比较》，《历史教学》（高教版），2009年第16期，第55页。

[2] ［英］詹宁斯·瓦茨修订：《奥本海国际法》（第1卷，第1分册），王铁崖等译，北京：中国大百科全书出版社，1998年，第182页。

[3] ［英］詹宁斯·瓦茨修订：《奥本海国际法》（第1卷，第1分册），王铁崖等译，北京：中国大百科全书出版社，1998年，第258页。

（参见附录图六"国联"时期日本太平洋岛屿"委任统治地"），即加罗林（Caroline）、马绍尔（Marshall）、马利安纳（Marianas）等赤道以北的太平洋岛屿。[①] 第二次世界大战结束，联合国成立时，甲类委任统治地如伊拉克、叙利亚和黎巴嫩，均已成为独立国家；而乙类和丙类委任统治地，则转变成联合国托管制度下的托管领土。[②]

委任统治只是"受任国的代理统治"，委任统治制度因此具有三大特征：一是委任统治制度是"对尚不克自立于今世特别困难状况中人民"的一种委托；[③]二是被置于委任统治下的领土，并不因被受委托统治的国家所兼并。例如，国际法院在西南非国际地位案（1950）中判称：将该领土交给南非委任统治，并不意味着将该领土割让或转移给南非联邦；[④] 三是分离出来的领土，必须由"受任统治国"的若干国家根据国联盟约和受任统治国之间订立《委任统治协定》，代表国联进行管理。"受任国为暂时的过渡的统治"。[⑤] 第二次世界大战前后，随着帝国主义殖民体系渐趋崩溃，国联时期的委任统治制度名存实亡，取而代之的是联合国的托管制度。

（二）第二次世界大战后纳入联合国托管制度的领土

托管制度早在 1945 年 2 月就由英、美、苏三国首脑在雅尔塔会议上做出原则商定，1945 年 6 月 26 日旧金山制宪会议通过的《联合国宪章》对殖民地问题做出决定并以法律的形式固定下来。

置于托管制度下的领土是联合国参照国际联盟的委任统治制度建立的。《联合国宪章》规定，适用托管制度的领土有三类：①依照国联盟约第 22 条

---

① 联合国情报部研究组：《托管理事会：解说文件第二十二号》（1947 年 11 月 10 日），纽约：成功湖，1947 年 11 月版，第 5、23 页。

② ［苏联］基·弗·马拉霍夫斯基著：《最后的托管：密克罗尼西亚史》，史瑞祥译，北京：商务印书馆，1980 年。

③ Article 22, The Covernent of the League of Nations.

④ ［英］詹宁斯·瓦茨修订：《奥本海国际法》（第 1 卷，第 1 分册），王铁崖等译，北京：中国大百科全书出版社，1998 年，第 182-183 页。

⑤ ［英］詹宁斯·瓦茨修订：《奥本海国际法》（第 1 卷，第 1 分册），王铁崖等译，北京：中国大百科全书出版社，1998 年，第 182 页。

原来在委任统治下的领土；②因第二次世界大战结果将自战败国割离之领土；③负管理责任之国家自愿置于托管制度下之其他领土。① 按规定，联合国托管理事会②一般每年5—6月举行一次会议，负责审议托管地管理国提交的报告，会同管理国接受和审查托管地居民的请愿书，定期派出视察团视察托管地情况等，事务以简单多数进行表决，但其决议须经联合国大会通过才能生效。中国人民共和国在联合国的合法席位恢复之前，台湾当局是托管理事会的成员。

最终纳入联合国托管体制托管领土的顺序如下：①首先是 8 个原国联时期的委任统治领土。1946 年 12 月，第一届联合国大会批准了 8 个原国联时期的委任统治领土的托管协定，如新几内亚由澳大利亚管理，卢旺达-乌隆迪由比利时管理等；③ ②1947 年安全理事会批准关于太平洋岛屿的托管协定，④ 这些岛屿被确定为战略防区，涵盖了国联时期日本委任统治下的领土；③1947 年和 1950 年，联合国大会相继通过关于瑙鲁和索马里的托管协定。最终纳入联合国托管体制的托管领土共有 11 块（见表七）。这 11 块托管领土及其托管方为：东部多哥（法国）、西部多哥（英国）、东喀麦隆（法国）、西喀麦隆（英国）、坦噶尼喀（英国）、卢旺达-布隆迪（比利时）、萨摩亚（新西兰）、索马里（意大利）、瑙鲁（澳大利亚、新西兰、英国）、巴布亚新几内亚（澳大利亚）、太平洋岛屿（美国）。

---

① 《联合国宪章》（中文版，1945 年 6 月 26 日）第 77 条。

② 托管理事会于 1994 年 11 月 1 日停止运作。理事会 1994 年 5 月 25 日通过决议，决定修改其议事规则，取消每年举行会议的规定，并同意需要举行会议——由理事会或理事会主席做出决定，或理事会多数成员或大会或安全理事会提出要求。

③ ［英］詹宁斯·瓦茨修订：《奥本海国际法》（第 1 卷，第 1 分册），王铁崖等译，北京：中国大百科全书出版社，1998 年，第 191 页。

④ Trusteeship Agreement for the Former Japanese Mandated Islands, Approved at the 124th Meeting of the Security Council on April 2, 1947, U. N. Document S/318.

表七　联合国托管领土①

序号	联合国托管地	托管方	现状
1	多哥（法国托管地）	法国	1960 年独立
2	多哥（英国托管地）	英国	1956 年并入英属非洲金海岸殖民地，1957 年以加纳为名取得独立
3	法属喀麦隆（法国托管地）	法国	1960 年独立为"喀麦隆共和国"
4	西喀麦隆（英国托管地）	英国	又分为南北两部分。经过全民公决，1961 年 5 月北部领土成为尼日利亚的一部分；1961 年 10 月，南部领土加入喀麦隆共和国
5	新几内亚领土	澳大利亚	该领土的东北部曾是国联时期的托管领土，东南部在第一次世界大战前曾属于澳大利亚。第二次世界大战后，为管理方便，这两部分领土合并并于 1975 年独立，成为巴布亚新几内亚
6	卢旺达-布隆迪	比利时	1962 年分别独立为卢旺达和布隆迪
7	坦噶尼喀	英国	1961 年独立。1964 年与前英国保护国 zanzibar 合并为坦桑尼亚
8	西萨摩亚	新西兰	1962 年独立
9	索马里	意大利	1960 年独立
10	瑙鲁	澳大利亚、新西兰、英国	1968 年独立
11	太平洋群岛	美国	被管理的领土分为马绍尔群岛（1979 年）、密克罗尼西亚联邦（1979 年）、北马里亚纳群岛（1978 年）和帕劳（1981 年）四个地区。北马里亚纳群岛成为美国的一个自治联邦；1991 年马绍尔群岛和密克罗尼西亚成为联合国会员；1994 年帕劳独立

① See "The United Nations and Decolonization", available at http：//www.un.org/en/decolonization/selfdet.shtml, access date：30 Jan, 2015.

应注意的是，美国负责托管的太平洋群岛原来是日本受国联之托管理的委任统治地（并不包括琉球群岛）。这些岛屿在 1944 年太平洋战争期间被美军攻占，战后经由联合国交由美国托管。这些太平洋群岛的后续情况是：1986 年 10 月 21 日，美国结束对马绍尔群岛的管理；1990 年 12 月 22 日，联合国正式终止马里亚纳群岛及加罗林群岛的雅蒲、楚克、波纳佩和科斯雷四个区域（组成密克罗尼西亚联邦）地区的托管；1994 年 10 月 1 日，太平洋岛国帕劳与美国达成协议，正式宣布独立。自此，联合国体系下的 11 块托管领土最终独立或并入某一国家。联合国决定暂停托管理事会的运作。① 由于取消托管理事会需要修改《联合国宪章》才能实现，而修改《联合国宪章》将耗费不少联合国的时间和人力，因此联合国转而考虑为托管理事会增加其他功能。②

（三）日本"前委任统治领土"之太平洋岛屿与琉球群岛的区别

对于战败国日本"领土"包括其本土以及通过武力攫取的领土的处置，体现在盟国最高司令官（Supreme Commander for the Allied Powers，SCAP）名为"关于将某些边远区域的政府和行政从日本分离"的"第 677 号指令"③中。"第 677 号指令"第 3 条将"北纬 30°以北"的琉球群岛等排除在"日本领土"之外。第 4 条还将其他那些被日本占领的领土则予以剥离，其中包括：①东北亚岛屿，包含"北纬 30°以南"的琉球群岛、郁陵岛、独岛、济州岛和千岛群岛等；②第一次世界大战以来日本占领并作为前委任统治地的太平洋

① 参见 "Trusteeship Council"，available at http：//www.un.org/en/mainbodies/trusteeship/，last visited on 1st Nov.1，2015；[英] 詹宁斯·瓦茨修订：《奥本海国际法》（第 1 卷，第 1 分册），王铁崖等译，北京：中国大百科全书出版社，1998 年，第 192、264 页。

② See Nathan Zimmermann，"The Future of the Trusteeship Council"，available at http：//atlanticsentinel.com/2011/06/the-future-of-the-un-trusteeship-council/，last visited on 30 Jan，2017.

③ See "Governmental and Administrative Separation of Certain Outlying Areas from Japan"，General Headquarters，Supreme Commander for the Allied Powers，SCAPIN-677（Jan 29，1946），available at http：//www.mofa.go.jp/mofaj/area/takeshima/pdfs/g_taisengo01.pdf，last visited on 30 Jan，2017.

岛屿；③满洲、台湾和澎湖列岛；④朝鲜；⑤库页岛。①

第二次世界大战后，盟国（及此后联合国）对"北纬30°以南"的琉球群岛和作为日本"前委任统治领土"的太平洋岛屿，无论在领土安排的适用范围还是法律依据方面，都不尽相同。应引起注意的是，近年来国际关系学界存在对第二次世界大战后太平洋岛屿托管及其托管法律依据的误解和误读，主要表现为：①误将琉球群岛也纳入日本前委任统治地的太平洋岛屿中；②误将1947年安理会"第318号决议"或《日本前委任统治岛屿的托管协议》认为是美国对琉球进行托管的"法律依据"。② 为了安排太平洋岛屿及其托管，联合国安理会于1947年4月2日通过"第318号决议"，③ 将国联时期根据《国联盟约》第22条由日本实施委任统治的太平洋岛屿（即马里亚纳群岛、加罗林群岛和马绍尔群岛）列为战略防区，由美国托管。④ 1947年4月2日，安理会又通过《日本前委任统治岛屿的托管协议》（Trusteeship Agreement for the Former Japanese Mandated Islands），明确将上述太平洋岛屿交由美国托管。⑤《旧金山和约》第2章"领土"第2条规定，"日本放弃与国际联盟委任统治制度有关之一切权利、权利根据与要求，并接受1947年4月2日联合国安全理事会将托管制度推行于从前委任日本统治的太平洋各岛屿之措施（作者按：即1947年4月2日安理会"第318号决议"）"⑥，第3条则另行对琉球群岛做出处理。可见，无论1947年安理会"第318号决议"还是《日

---

① See Article 3&4, "Governmental and Administrative Separation of Certain Outlying Areas from Japan", General Headquarters, Supreme Commander for the Allied Powers, SCAPIN-677 (Jan 29, 1946).

② 参见陈龙腾：《战后台湾与琉球关系研究》，高雄：高雄复文图书出版社，2012年，第156页；王海滨，胡令远：《挑衅钓鱼岛，日本需先解释琉球问题》，《社会观察》，2012年第8期；沈丁立：《美国有关冲绳主权的表态实为自相矛盾》，《新民晚报》，2013年5月12日。

③ Trusteeship of Stratigic Areas, 21 (1947), Resolution of 2 April 1947, ［S/318］.

④ See Article 1, 2, Trusteeship of Stratigic Areas, 21 (1947), Resolution of 2 April 1947, ［S/318］; H. Duncan Hall, *Mandates, Dependencies and Trusteeship*, New York: Kraus Reprint Co., 1972, p. 367.

⑤ Article 1, 2, Trusteeship Agreement for the Former Japanese Mandated Islands, Approved at the 124th Meeting of the Security Council on April 2, 1947, U. N. Document S/318.

⑥ Article 2 (d), San Francisco Peace Treaty (Sep 8, 1951).

本前委任统治岛屿的托管协议》都不涉及琉球群岛，即使在《旧金山和约》里，就琉球群岛和作为日本"前委任统治领土"的太平洋岛屿都是区分对待，分别在不同的条款予以规定的。

关于琉球群岛的战后安排，则是先有开罗会议罗斯福和蒋介石会晤时"中美共管"的动议，后有《旧金山和约》第 3 条由美国单独托管的规定。更特别的是，美国对琉球群岛实施的占领和管理行为，既没有托管协议作为依据，又不曾在联合国的托管体系中进行。那么美国第二次世界大战后对琉球群岛实施占领和管理的"法律依据"究竟是什么呢？不同于那些经过联合国合法程序、由联合国大会或安理会讨论的托管领土，美国对琉球群岛战后占领仅有的条约依据只有《旧金山和约》第 3 条，并没有合乎联合国托管程序要件的托管协议作为法律依据。而《旧金山和约》第 3 条并没有授予美国对琉球群岛的主权，仅授予其行使行政、立法和司法的权力。即使是美国占领琉球期间，日本最高法院的一份判例称，自冲绳运输货物到日本，应认为是日本的进口，①美国在此期间实施的其实是将琉球从日本本土剥离的措施。

三、联合国托管制度的实体法和程序法

托管制度是指联合国把某些殖民地交付一个或几个国家，或由联合国本身管理或监督的制度。②《联合国宪章》对托管地规定于第 11 章（关于非自治领土之宣言）和第 12 章（国际托管制度），其中就包括托管制度的实体性和程序性规则。

（一）托管制度"四原则"

查米安·杜桑（Charmian Toussaint）在 1976 年所著的《联合国托管制度》中论及"托管制度四原则"，即"神圣信托"原则、国际问责制原则、

---

① ［英］詹宁斯·瓦茨修订，王铁崖等译：《奥本海国际法》（第 1 卷，第 1 分册），北京：中国大百科全书出版社，1998 年，第 263 页，脚注。

② 孙建社：《贝劳独立与托管制度的终结》，《世界知识》，1995 年第 1 期。

"造福世界为目的"的殖民地管理原则以及殖民地信托临时性原则,[①] 这些原则体现在《联合国宪章》托管制度实体规则的多个条款中:

第一,"神圣信托"原则(The principle of the "sacred trust")。最早提出"殖民地托管"概念的是英国的埃德蒙·博克(Edmund Burke),出发点是为了维持英国的殖民统治。[②]在洛克"社会契约"思想的影响下,殖民政府的"神圣信托"是为了殖民地人民利益以及保护其自然权利而实施委托的观念逐步在西方世界得以接受。[③]《联合国宪章》第 11 章(关于非自治领土之宣言)第 73 条秉承"神圣信托"的理念规定,"联合国各会员国,于其所负有或担承管理责任之领土,其人民尚未臻自治之充分程度者,承认以领土居民之福利为至上之原则,并接受在本宪章所建立之国际和平及安全制度下,以充分增进领土居民福利之义务为神圣之信托"。《联合国宪章》第 11 章规定的义务是法律义务,[④] 因此保障第二次世界大战后托管领土非殖民化并最终走向自治是"神圣信托"的新内涵。

第二,国际问责制原则(The principle of international accountability)。国际问责制原则最初是以管理机构对宗主国政府及人民负责的形式引入的,也是把人权领域的国际规则适用在殖民问题上的延伸原则之一。[⑤] 委任统治制度本身就是国际问责制原则在国际联盟适用的例证,第二次世界大战后的托管理事会也是对该原则的实践。[⑥]

---

① Charmian Edwards Toussaint, *The Trusteeship System of the United Nations*, Connecticut: Greenwood Press, 1976, pp. 3-18.

② Charmian Edwards Toussaint, *The Trusteeship System of the United Nations*, Connecticut: Greenwood Press, 1976, p. 6.

③ Charmian Edwards Toussaint, *The Trusteeship System of the United Nations*, Connecticut: Greenwood Press, 1976, p. 7.

④ [英]詹宁斯·瓦茨修订:《奥本海国际法》(第 1 卷,第 1 分册),王铁崖等译,北京:中国大百科全书出版社,1998 年,第 183 页。

⑤ Charmian Edwards Toussaint, *The Trusteeship System of the United Nations*, Connecticut: Greenwood Press, 1976, p. 11.

⑥ Charmian Edwards Toussaint, *The Trusteeship System of the United Nations*, Connecticut: Greenwood Press, 1976, pp. 11-12.

第三，"造福世界为目的"的殖民地管理原则（colonial administration for the benefit of the world at large）。随着卢嘉（Lugard）勋爵的"双重委任统治"观点为世人接受，美国、苏联等大国开始关注殖民体制对世界安全的威胁，"神圣信托"既为殖民地人民也为了世界信托的理念得到国际社会普遍承认，这在《联合国宪章》第73条、74条、76条有关非自治领土和托管制度宗旨的规定中得到体现。①

第四，殖民地信托临时性原则（The temporary nature of the colonial 'trust'）。埃德蒙·博克在英国议会有关"神圣信托"的演说中，已提及殖民地信托并非永久性问题。② 体现在《联合国宪章》中，托管制度的宗旨之一就是增进托管领土"趋向自治或独立之逐渐发展"。③

沿袭"神圣信托"理念，从国际联盟的"委任统治制"到第二次世界大战期间罗斯福构筑"国际托管制度"，美国关于殖民地问题的政策变迁深刻影响了战后的世界非殖民化运动和20世纪的世界历史进程。④ 罗斯福认为，托管制度的方案是"促使殖民国家为了附属民族和全世界的利益发展其殖民地的强有力的手段。⑤ 罗斯福在其战后世界安全机制的设想中，曾考虑把中国提升为四大警察和四大托管国之一，这与美国的政治和经济利益相一致，主要目的是维护美国在太平洋和全世界的战时和战后利益。⑥ 这也就是开罗会议中，罗斯福询问蒋介石是否接收琉球群岛，而蒋介石以"国际托管为宜"作为回复的原因之一。

---

① Charmian Edwards Toussaint, *The Trusteeship System of the United Nations*, Connecticut: Greenwood Press, 1976, p. 13.

② Charmian Edwards Toussaint, *The Trusteeship System of the United Nations*, Connecticut: Greenwood Press, 1976, p. 14.

③ 《联合国宪章》第76条第2款。

④ 李艳娜：《"委任统治制"与"国际托管制度"之比较》，《历史教学》（高教版），2009年第16期。

⑤ David Ryan and Victor Pungong (eds.), *The United States and Decolonization: Power and Freedom*, New York: ST. Martin's Press, 2000, p. 63.

⑥ 李艳娜：《富兰克林·罗斯福的托管制度方案与中国》，《山东师范大学学报》（人文社会科学版），2011年第56卷第1期。

（二）托管制度的程序法

值得注意的是，《联合国宪章》的实体规则虽然体现了托管地的非殖民地化和自治趋势，但有关被托管国、托管管理者法律责任的标准、进程及程序等则由安理会成员国根据实际情况而定，即第二次世界大战后托管的具体操作中连基本的法律程序保障问题都鲜有提及。①即使如此，国际托管制度对托管的程序及形式仍有几点基本要求：

第一，国际托管制度中的托管领土分为普通托管地和战略防区托管领土两种，二者虽有区别，但原则上都应当订立托管协议。根据《联合国宪章》第 75 条，联合国设立国际托管制度是为了管理并监督"凭此后个别协定而置于该制度下之领土"。类似的，第 77 条指出，托管制度适用于"依托管协定所置于该制度下"的三类领土。因此《联合国宪章》中无论涉及设立国际托管制度的目的还是提及适用托管的领土时，都离不开托管协议这一基本要素。战略防区不同于普通的托管领土，但也应订立托管协议，并由安理会批准。《联合国宪章》把普通托管领土和战略防区区别开来，后者可以包括托管领土的全部或一部分。② 普通托管地协议由联合国大会通过。战略防区各项职务职权应由安全理事会在托管理事会的协助下行使，③战略防区托管协议也由安理会通过。④ 美国就日本前委任统治的太平洋岛屿设立战略防区托管就建立在托管协议之上。⑤

第二，《联合国宪章》对托管协议签署的"直接关系国"的规定虽具有伸缩性，但直接关系国的缺位仍会带来托管的合法性问题。《联合国宪章》第

---

① Alexandros Yannis, *The Concept of Suspended Sovereignty in International Law and Its Implications in International Politics*, Eur. J. Int. Law（2002），Vol. 13, No. 5.

② ［英］詹宁斯·瓦茨修订：《奥本海国际法》（第 1 卷，第 2 分册），王铁崖等译，中国大百科全书出版社，1998 年，第 191-192 页。

③ 《联合国宪章》第 83 条第 1 款，第 3 款。

④ Charmian Edwards Toussaint, *The Trusteeship System of the United Nations*, Connecticut：Greenwood Press，1976，p. 93.

⑤ Trusteeship Agreement for the Former Japanese Mandated Islands, Approved at the 124th Meeting of the Security Council on April 2, 1947, U. N. Document S/318.

79 条指出，"置于托管制度下之每一领土之托管条款，及其更改或修正"，应由"直接关系各国……予以议定"，该条款中"直接关系'各国'"（States directly concerned）用了复数，这进一步带来托管进程中是否并不仅有两个国家有权参与的问题。① 实践中，乌干达-乌隆迪托管协议、新几内亚托管协议、瑙鲁托管协议，以及美国托管的太平洋岛屿托管协议，都因为相关国家对"直接关系各国"理解不同而产生争议。②

第三，托管领土的处置及返还问题。《联合国宪章》第 77 条第 1 款第 3 项规定，托管制度适用于"负管理责任之国家自愿置于该制度下之领土"，这随之带来谁有权把某块领土置于托管制度下的问题。虽然第 77 条并不要求提交领土置于托管制度的国家对该领土具有所有权，该国仅具有该领土的管理权即可。但根据"任何人不得向他人转让超出自己所拥有的范围的权利"（nemo plus iuris ad alium transferre potest，，quam ipse habet）的格言，国际法一般要求一国在有权处置领土之前必须对其具有所有权，这已经得到国际常设仲裁院帕尔马斯岛案的权威印证。③ 换而言之，无论是将某一领土置于托管制度下、还是此后对托管领土的处置，都不应违反"任何人不得向他人转让超出自己所拥有的范围的权利"的原则。

第二节 "雅尔塔条约体系"对琉球和
钓鱼岛的处理与安排

根据国际法院"三重性分级规则"，国际条约在领土争端判例中往往作为判案的法理逻辑起点并优先处理。国际法院在具体的司法判例已经表明了一

---

① See Hans. Kelsen, *The Law of the United Nations: A Critical Analysis of Its Fundamental Problems*, The London Institute of World Affairs 1950, pp. 710 - 711; Charmian Edwards Toussaint, *The Trusteeship System of the United States*, Connecticut: Greenwood Press, 1976, p. 81.

② Charmian Edwards Toussaint, *The Trusteeship System of the United Nations*, Connecticut: Greenwood Press, 1976, pp. 83-85.

③ Charmian Edwards Toussaint, *The Trusteeship System of the United Nations*, Connecticut: Greenwood Press, 1976, p. 87.

项具有层级结构的优先程序规则：首先是条约法（treaty law）；其次是保持占有；然后是有效统治。[①] 无论分析琉球法律地位问题还是钓鱼岛主权争端，领土争端中条约的重要性不言自明。

就第二次世界大战后的领土安排，日本外务省称，"战争结果的领土主权的处理最终根据以和平条约为主的国际协议来决定……第二次世界大战在法律上来确定战后的日本领土范围的是《旧金山和平条约》，《开罗宣言》和《波茨坦公告》不能对日本的领土处理形成最终的法律效果"。[②] 日本这套说辞，一方面拔高美国操纵下的《旧金山和约》为基石的"旧金山体系"；另一方面则否认雅尔塔体系对战后秩序的基础性作用。对于第二次世界大战后领土安排问题，除了揭穿日本"打擦边球"以掩盖其阳奉阴违的历史观外，更重要的是，应区分"雅尔塔体系"和"旧金山体系"之间的区别，厘清"雅尔塔体系"中的法律文件对日本战后领土的安排。本节还将梳理"雅尔塔体系"中法律文件对日本战后领土的安排，尤其侧重在它们与琉球的关联[③]（"雅尔塔条约体系"与钓鱼岛的关联将在第五章论述）。

一、战后国际秩序与"雅尔塔体系"

国际体系的建立，是为了维持世界的均势，即维持世界和平。国际体系的存在，必须以维持均势、保证世界和平、安全和发展为前提。一种国际体系如果满足了均势存在的历史条件，就能存在下去，否则就会消亡。一般来说，国际体系存在于两次世界大战之间的和平时期。[④] 如果只谈"战后秩序安排"却不做具体指向的话，往往容易将"雅尔塔体系"和"旧金山体系"混淆。第二次世界大战后的国际秩序是以雅尔塔体系的系列条约为基础建立的，但此后《旧金山和约》对战败国的安排，包括领土问题、战后赔偿问题等的

---

① 张卫彬：《论国际法院的三重性分级判案规则》，《世界政治与经济》，2011 年第 5 期。

② 日本外务省：《"尖阁诸岛"问答》（中译本）。

③ 本节的部分内容，作者已形成《雅尔塔条约体系在处理钓鱼岛争端上的国际法地位》一文，发表于《太平洋学报》2014 年第 4 期。

④ 李先波：《从国际体系的视角再论雅尔塔体系》，《世界历史》，2007 年第 4 期，第 44 页。

处理却则背离了雅尔塔会议的初衷，这也就是日本官方做出上述狡辩的原因。

（一）"雅尔塔体系"的内涵与外延

相对于其他学科，我国历史学界较早关注并研究"雅尔塔体系"（Yelta System，又称"雅尔塔体制"）。① 从世界史视角看，"雅尔塔体系"主要指1943—1945年战时盟国领导人，从德黑兰、雅尔塔直至波茨坦会议以及期间另一些重要的双边多边会谈中所形成的一系列公报、议定书、协定、声明和备忘录等一致确认的对战后世界秩序所做的安排。② "雅尔塔体系"具体内容包括：①如何最后打败德、日法西斯，如何处置战败国，以防止法西斯主义东山再起；②重新绘制战后欧亚的政治地图，特别是重新划定德、日、意法西斯国家的疆界及其被占领地区的归属和边界；③建立联合国组织，作为协调国际争端、维持战后世界和平的机构；④对德、日、意的殖民地以及国联的委任统治地实行托管计划，原则上承认被压迫民族的独立权利。③

就"雅尔塔体系"的外延，一度有部分学者甚至将《旧金山和约》都囊括其中。④其实，这一议题曾是我国史学界1990年天津圆桌讨论会的议题，后以"会议摘要"的形式发表于《世界历史》杂志。"会议摘要"指出，"对'雅尔塔体系'的含义不宜理解得过狭、也不宜过宽"。五国和约、朝鲜战争、《旧金山和约》和奥地利国家条约等后续条约或事件，只是"雅尔塔体系"的既定框架内进一步的争夺和落实，虽先后有联系，但不宜直接说成是该体系的组成部分。如果对"雅尔塔体系"理解过宽，则易与战后国际关系史和冷战体制混同。⑤《旧金山和约》无疑应排除在雅尔塔体系条约之外。

---

① 1990年11月22日，世界历史编辑部与中国世界现代史研究会华北分会和天津社会科学联合会曾专门在天津举办的"圆桌讨论会"就雅尔塔体制的涵义、形成、发展及与冷战的关系，以及战后国际关系格局的影响及其历史评价等问题展开激烈讨论。

② 张志等著：《雅尔塔体制与战后世界格局》，《世界历史》，1991年第1期，第2页。

③ 李先波：《从国际体系的视角再论雅尔塔体系》，《世界历史》，2007年第4期。

④ 参见李世安：《从国际体系的视角再论雅尔塔体系》，《世界历史》，2004年第4期；齐涛：《世界通史教程》（现代卷），济南：山东大学出版社，2004年，第3页。

⑤ 张志等著：《雅尔塔体制与战后世界格局》，《世界历史》，1991年第1期。

（二）"战后国际秩序"的日美视角——"旧金山体系"

在相关研究领域，国外学者倾向于认为，《旧金山和约》不仅不属于"雅尔塔体系"，相反，却是"旧金山体系"的重要组成部分，后者对东亚地区冷战格局产生深远影响；[1] Kimie Hara 还将雅尔塔会议为代表的"雅尔塔体系"和《旧金山和约》为代表的"旧金山体系"并列，以分析这两个体系对冷战的影响。[2]

在第二次世界大战结束 70 多年后，东亚的领土问题为何仍未解决，日本的战争责任为何反复？美国麻省理工学院名誉教授约翰·道尔认为，答案在于冷战时期，或者说大部分重大问题的根源在于冷战初期，特别是要追溯至 1951 年签署的《旧金山和约》和《日美安保条约》为基础的"旧金山体系"。在东亚，领土问题包括北方领土（俄罗斯称南千岛群岛——作者注）、竹岛（韩国称独岛——作者注）、钓鱼岛、中国南海的各个群岛，这些在旧金山和会上都曾经有所讨论，但其解决过程却被冷战打断。和约促成了日美之间的良好关系，并成为战后日本繁荣的开始。不过，在日本控制殖民地的战争中，受到最大伤害的并不是美国，而是韩国和中国。然而，这两个国家并没有出席旧金山和会。以《旧金山和约》为契机，日本建立了全面依赖美国的"旧金山体系"，并"脱离"了亚洲。因此，"雅尔塔体系"并不包括《旧金山和约》，而同盟国对战后国际领土格局和国际秩序的安排，是以"雅尔塔体系"为核心建立的。

二、"雅尔塔条约体系"与琉球和钓鱼岛的关联

第二次世界大战前后，反法西斯同盟规制日本非法夺取的他国领土，并对战后国际秩序进行安排的"雅尔塔体系"中，既涵盖了《大西洋宪章》《联

---

[1]　Min Gyo Koo, *Island Disputes and Maritime Regime Building In East Asia：Between A Rock And A Hard Place*, Springer, 2009, p. 33.

[2]　Kimie Hara, *Cold War Frontiers In the Asia-Pacific：Divided Territories In The San Francisco System*, Nissan Institute/Routledge Japanese Studies, 2006, pp. 22-23.

合国国家宣言》《开罗宣言》《波茨坦公告》等条约，又涵盖如日本投降书、同盟国最高司令官总司令部《第 677 号指令》等针对战败国的法律文件。为叙述方便，以下统称"雅尔塔条约体系"或"雅尔塔体系诸条约"。雅尔塔体系重要的一环是重新绘制战后欧亚的政治地图，特别是重新划定德、日、意法西斯国家的疆界及其被占领区的归属和边界。① "雅尔塔条约体系"中的法律文件，大多与琉球第二次世界大战后的地位存在关联，本部分重点对这些法律文件的签署背景及核心条款进行列举和概述。②

（一）《大西洋宪章》

第二次世界大战伊始，1941 年 8 月 14 日，美英两国首脑发表《大西洋宪章》③，全文共 8 条，宣布两国不追求领土或其他方面的扩张，不承认法西斯通过侵略造成的领土变更，尊重各国人民选择其政府形式的权利，恢复被暴力剥夺的各国人民的主权，等等。《大西洋宪章》的第 1~3 条表述为：

第一，不寻求任何领土的或其他方面的扩张；

第二，不希望看见发生任何与有关人民自由表达的意志不相符合的领土变更；

第三，尊重所有民族选择他们愿意生活于其下的政府形式之权利；希望看到曾经被武力剥夺其主权及自治权的民族，重新获得主权与自治。④

《大西洋宪章》第 1 条确立了第二次世界大战后领土安排的一项重要原则——"领土不扩张"原则。⑤ 作为战后领土方案，美国政府曾讨论把包括

---

① 吴于廑，齐世荣：《世界史》（现代史编：上卷），北京：高等教育出版社，1994 年，第 24 页。

② 对"雅尔塔条约体系"中法律文件的条约法解读和核心条款条约解释的分析，参见本书第 5 章第 2 节。

③ 《大西洋宪章》：1941 年 6 月 22 日苏德战争爆发后，第二次世界大战的范围进一步扩大，美、英迫切需要进一步协调反法西斯的战略。美英两国首脑于 1941 年 8 月在大西洋北部纽芬兰阿金夏海湾的奥古斯塔号军舰上举行大西洋会议，最终形成的《大西洋宪章》于 1941 年 8 月 13 日签署，8 月 14 日发布。同年 9 月，苏联等国表示同意宪章的基本原则。

④ 参见"大西洋宪章"，资料来源于 http://www.un.org/zh/sections/history-united-nations-charter/1941-atlantic-charter/index.html，访问日期：2017 年 2 月 15 日。

⑤ 陈龙腾：《战后台湾与琉球关系研究》，高雄：高雄复文图书出版社，2012 年，第 113 页。

钓鱼岛在内的琉球群岛并入美国，还是继续长期置于联合国托管体制之下。将琉球并入美国领土的方案之所以不被国务院接受，其中重要的原因就是它与《大西洋宪章》所确定的"领土不扩张"原则相冲突。[①]

（二）《开罗宣言》

与琉球战后安排问题联系最为紧密的是《开罗宣言》。《开罗宣言》制定前夕，开罗会议中美两国首脑商谈中涉及对日本放弃的中国领土的处理，更包括对琉球归属的讨论。最终，盟国在1943年12月1日公布的《开罗宣言》中宣告：

我三大盟国（中美英三国）此次进行战争之目的，在于制止及惩罚日本之侵略，三国绝不为自己图利，亦无拓展领土之意思，三国之宗旨在剥夺日本自从1914年第一次世界大战开始后在太平洋所夺得或占领之一切岛屿，在使日本窃取中国之土地，例如东北三省、台湾澎湖群岛等归还中华民国；其他日本以武力或贪欲所攫取之土地，亦务将日本驱逐出境；我三大盟国念之朝鲜人民所受之奴役待遇，决定在相当期间，使朝鲜自由独立。

The Three Great Allies are fighting this war to restrain and punish the aggression of Japan. They covet no gain for themselves and have no thought of territorial expansion. It is their purpose that Japan shall be stripped of all the islands in the Pacific which she has seized or occupied since the beginning of the first World War in 1914, and that all the territories Japan has stolen from the Chinese, such as Manchuria, Formosa, and The Pescadores, shall be restored to the Republic of China. Japan will also be expelled from all other territories which she has taken by violence and greed. The aforesaid three great powers, mindful of the enslavement of the people of

---

① ［日］矢吹晋著：《钓鱼岛冲突的起点：冲绳返还》，张小苑等译，北京：社会科学文献出版社，2016年，第65页。

Korea, are determined that in due course Korea shall become free and independent。[1]

《开罗宣言》的制定进程中涉及对日本放弃的中国领土的处理，其中就包括对琉球的讨论。钓鱼岛争端中琉球问题的重要性在于，日本官方文件认为，钓鱼岛列屿的行政编制隶属琉球，琉球是日本的领土，因此钓鱼岛主权归日本，其依据除《旧金山条约》外，更重要的就是美国托管琉球以及返还琉球施政权给日本的安排。[2]根据美国的记录概要，1943 年开罗会议期间"罗斯福总统提及琉球群岛问题并数次询问中国是否要求该群岛"，[3]蒋介石并未直接回应是否收回琉球的问题，而称"将很愿意同美国共同占领琉球，并根据一个国际组织的托管制度，与美国共同管理该地"[4]。此后蒋介石承认，之所以不提收复琉球而是提议琉球由国际机构委托中美共管，其中原因，"一以安美国之心；二以琉球在甲午以前已属日本；三以此区由美国共管比为我专有为妥也"[5]。中国对于琉球的合理主张并未列入《开罗宣言》中，是一大失策。[6]

---

① 《开罗宣言》中文版，参见丘宏达：《关于中国领土的国际法问题论集》（修订本），台北：台湾商务印书馆，2004 年，第 20 页；英文版，参见 Charles I. Bevans，*Treaty and Other International Agreements of the United States of America 1776—1949*，vol. 3，multilateral，1931-1945，Washington，D. C，以及 "Cario Declaration"，资料来源于日本国立国会图书馆 http://www.ndl.go.jp/constitution/e/etc/c03.html，访问日期：2017 年 2 月 15 日。

② 刘丹：《琉球托管的国际法研究——兼论钓鱼岛的主权归属问题》，《太平洋学报》，2012 年第 12 期，第 78 页。

③ 英文原文 "The president then referred to the question of Ryukyu islands and enquired more than once whether China want the Ryukyu"，转引自汪晖：《琉球与区域秩序的两次巨变》，《中国经济》，2009 年 11 月。

④ Roosevelt-Chiang Dinner Meeting（1943/11/23），FRUS，1943，The Conference at Cairo and Tehran，1961，p. 324

⑤ Chiang Kai-Shek，*An Inventory of His Diaries in the Hoover Institution Archives*，43 - 10（November，1943），转引自 [日] 古屋奎二著：《蒋总统秘录：中日关系八十年之证言》（第 13 册），中央日报译，台北：中央日报社，1977 年，第 116 页；汪晖：《琉球与区域秩序的两次巨变》，《中国经济》，2009 年 11 月。

⑥ 丘宏达：《关于中国领土的国际法问题论集》（修订本），台北：台湾商务印书馆，2004 年，第 20 页。

此外,《开罗宣言》在涉及日本夺取的中国之领土的措辞中,首先就提到"三国之宗旨在剥夺日本自从 1914 年第一次世界大战开始后在太平洋所夺得或占领之一切岛屿,使日本窃取中国之土地,例如东北三省、台湾澎湖群岛等归还中华民国"。那么,《开罗宣言》日本"以武力或贪欲所攫取之土地",即日本第二次世界大战后被剥离的"领土"是否包括琉球呢?台湾学者大多持否定的观点,如台湾国际法学家丘宏达教授认为,"《开罗宣言》对琉球毫未涉及,尤其不利的是说明只剥夺日本自 1914 年以来窃占领土,而琉球是 1879 年日本窃去的"[1]。台湾大学陈荔彤教授认为,《开罗宣言》主要是决定第一次世界大战战后日本所夺得或占领的岛屿与自中国窃取的领土,应予归还或将日势力驱逐,或使之独立。《开罗宣言》内容中"未提及琉球主权归属亦系事实"。[2] 相反,大陆学者管建强认为,《开罗宣言》中"其他日本以武力或贪欲所攫取之土地,亦务将日本驱逐出境"的表述是典型的"兜底条款",将条款上文可能有所疏漏的日本所占领土囊括在内,因此"'其他'土地"可解释为包括琉球群岛。[3] 总之,《开罗宣言》虽然没有提及归还琉球群岛给中国,它却是战后第一份确认将"台湾和澎湖群岛归还中国"、确认台湾及其附属岛屿是中国领土的国际法文件,明确了日本侵占中国这些领土的非法性。

(三)《波茨坦公告》

为解决对日作战及战后领土安排等诸多问题,1945 年 7 月 17 日至 8 月 2 日美、英、苏三国在柏林郊区的波茨坦举行了战时第三次首脑会议。7 月 26 日,发表了由美国起草、英国赞同并邀请中国参加的《波茨坦公告》,敦促日本"立即无条件投降"。后苏联、法国加入签字。《波茨坦公告》第 8 条规定:

《开罗宣言》之条件必将实施,而日本主权必将限于本州、北海道、九

---

[1] 丘宏达:《关于中国领土的国际法问题论集》(修订本),台北:台湾商务印书馆,2004 年,第 20 页。

[2] 陈荔彤:《琉球群岛主权归属——历史角度与国际法》,《东海大学法学研究》,2005 年第 22 期,第 9 页。

[3] 管建强:《中日战争历史遗留问题的国际法研究》,北京:法律出版社,2016 年,第 359 页。

州、四国及吾人所决定之其他小岛之内。

The terms of the Cairo Declaration shall be carried out and Japanese sovereignty shall be limited to the islands of Honshu, Hokkaido, Kyushu, Shikoku and such minor islands as we determine。①

中国大陆学者多从驳斥"台湾地位未定论"角度研究《波茨坦公告》，②较少有人将《波茨坦公告》结合琉球问题进行探讨。有台湾学者指出，"《波茨坦公告》系中国认为其对琉球群岛主权的争议尚有置喙余地的依据"，③原因为：首先，依据《波茨坦公告》中"吾人所决定其他小岛之内"也就意味着琉球的归属应由盟国共同决定，"其他小岛"应包含琉球群岛在内；④其次，日本于 1945 年向同盟国投降文书中亦表示愿意接受《波茨坦公告》。总的来看，《波茨坦公告》第 8 条规定了剥夺日本殖民地、重新划定其领土范围的原则。⑤

（四）《日本投降书》

1945 年 9 月 2 日，日本政府在东京湾"密苏里"号战舰上签署《日本投降书》。⑥《日本投降书》开宗明义在第 1 条规定：

余等谨奉日皇、日本政府与其帝国大本营的命令，并代表日皇、日本政

① 《波茨坦公告》中文版，参见复旦大学历史系中国近代史教研室：《中国近代对外关系史资料选辑》（下卷第二分册），上海：上海人民出版社，1977 年；《波茨坦公告》英文版，参见"Proclamation Defining Terms for Japanese Surrender Issued at Potsdam"（July 26, 1945）, available at http://www.ndl.go.jp/constitution/e/shiryo/01/010shoshi.html, access date: 20 Jan, 2015.

② 参见张久营，孔令德，寇子春：《从〈开罗宣言〉〈波茨坦公告〉两个国际法文件看台湾地位》，《当代社科视野》，2005 年第 1 期；郑国梁：《从〈开罗宣言〉〈波茨坦公告〉驳台湾地位未定论》，《国防》，2005 年第 8 期。

③ 陈荔彤：《琉球群岛主权归属——历史角度与国际法》，《东海大学法学研究》，2005 年第 22 期，第 10 页。

④ 参见丘宏达：《关于中国领土的国际法问题论集》（修订本），台北：台湾商务印书馆，2004 年，第 21 页；陈荔彤：《琉球群岛主权归属——历史角度与国际法》，《东海大学法学研究》，2005 年第 22 期，第 10 页。

⑤ 徐勇：《战后琉球政治地位之法理研究与战略思考》，《战略与管理》，2010 年第 3/4 期合编。

⑥ 《日本投降书》：1945 年 8 月 19 日，日本政府派出以代理参谋总长河边虎郎中将为首的代表团到达马尼拉，同麦克阿瑟商定有关盟军进驻日本和投降书签字事宜。经同盟国一致同意的投降书于8 月 20 日交给日本代表。9 月 2 日，日本正式签署投降书。

府与其帝国大本营，接受美、中、英三国政府元首 7 月 26 日在波茨坦宣布的，及以后由苏联附署的公告各条款。①

《日本投降书》第 6 条规定：

余等兹担承日皇、日本政府及其继承者忠实实行波茨坦公告的各项条文，并颁布盟国最高统帅所需要的任何命令及采取盟国最高统帅所需要的任何行动，或者实行盟国代表为实行波茨坦公告的任何其他指令。②

可见，《日本投降书》第 1 条、第 6 条包含无条件接受《开罗宣言》，并履行其必须将台湾及其附属岛屿归还给中国的义务。

（五）《第 677 号指令》

1946 年 1 月 29 日，盟军最高司令部向日本政府发出题为《某些边远区域政府和行政从日本的分离》的《第 677 号指令》。该指令目的就是明确剥夺日本对本土以外地域的支配管辖权、明确界定日本的领土。《第 677 号指令》第 3 条规定：

为了确保本指令的目的，日本领土的定义由以下构成：四个主要的岛（北海道、本州、九州和四国）以及对马诸岛，包括北纬 30 度以北的琉球（南西）诸岛（不包括口之岛）的大约 1 000 个邻接小岛。不包括：（a）郁陵岛、竹岛、济州岛；（b）北纬 30 度以南的琉球（南西）诸岛（含口之岛）、伊豆、南方、小笠原、硫磺群岛以及包含大东群岛、冲之鸟岛、南鸟岛、中之鸟岛在内的所有其他边远的太平洋岛屿；（c）千岛列岛、齿舞群岛（包含水晶、勇留、秋勇留、志发、多乐岛）、色丹岛。③

从以上"雅尔塔体系"的国际法律文件可见，包括《开罗宣言》在内的

---

① 《日本投降书》中文版，参见复旦大学历史系中国近代史教研室：《中国近代对外关系史资料选辑》（下卷第二分册），上海：上海人民出版社，1977 年；《日本投降书》英文版，参见 "Japanese Surrenders Document"，available at http：//www. archives. gov/exhibits/featured_documents/japanese_surrender_document/，last visited on 20 Jan, 2015.

② 《日本投降书》（中文版）。

③ See Article 3, "Governmental and Administrative Separation of Certain Outlying Areas from Japan", General Headquarters, Supreme Commander for the Allied Powers, SCAPIN-677（Jan 29, 1946），available at http：//www. mofa. go. jp/mofaj/area/takeshima/pdfs/g_taisengo01. pdf, last visited on 30 Jan, 2017.

多个法律文件均未直接提到琉球。盟军最高司令部《第 677 号指令》直接涉及对战后琉球的领土安排，它不仅清晰地界定了日本的领土范围，还将"北纬 30°以南的琉球群岛（南西诸岛）"排除在"日本领土"的定义和范围之外。① 而根据《第 677 号指令》所确定的纬度范围，钓鱼岛列屿更不可能属于日本。

第三节 《旧金山和约》涉日本战后"领土"和琉球条款的缔约背景及其条约解释

日本官方对钓鱼岛的"主权主张"中，多处引用《旧金山和约》作为对其"固有领土"琉球和对钓鱼岛享有"主权"的条约法依据，具体为：① "'尖阁诸岛'不包含在《旧金山和约》第 2 条规定的日本所放弃的领土之内"；② ②《旧金山和约》第 3 条中，作为"南西诸岛"一部分的琉球被置于美国施政之下，后根据 1972 年 5 月生效的《日本国与美利坚合众国关于琉球诸岛及大东诸岛的协定》，"'尖阁诸岛'被包含在把施政权归还给日本的地区之内"，③ 而"中国对这一事实从未提出过任何异议，此外中方对于自己没有提出异议之事也没有作出任何解释"；④ ③中华民国（中国台湾省）通过 1952 年 8 月生效的《日华和平条约》承认了《旧金山和平条约》。⑤ 总之，日本官方企图通过以《旧金山和约》为基础的论证层次，以否认"根据《马关

---

① 管建强：《国际法视角下的中日钓鱼岛领土主权纷争》，《中国社会科学》，2012 年第 12 期，第 135 页。

② ［日］日本外务省：《关于"尖阁诸岛"所有权问题的基本见解》（中译本）。

③ 参见 ［日］日本外务省《关于"尖阁诸岛"所有权问题的基本见解》（中译本）；"Statements made by H. E. Mr. Kazuo Kodama, Ambassador Extraordinary and Plenipotentiary, Deputy Permanent Representative of Japan to the UN in exercise of the right of reply, following the statement made by H. E. Mr. Yang Jie-chi, Minister for Foreign Affairs of the People's Republic of China at the General Debate of the 67th Session of the UN General Assembly on 27 September, 2012," available at http：//www. mofa. go. jp/announce/speech/un2012/un_0928. html, last visitedon 30 Jan, 2015.

④ ［日］日本外务省：《关于"尖阁诸岛"所有权问题的基本见解》（中译本）。

⑤ ［日］日本外务省：《关于"尖阁诸岛"所有权问题的基本见解》（中译本）。

条约》第 2 条，'尖阁诸岛'并不在清朝割让给日本的台湾、澎湖诸岛之内……"，进而从法律角度上明确，确认"战后日本领土的条约是 1952 年 4 月生效的《旧金山和约》"。①

关于《旧金山和约》，虽然历史和国际关系学界的早期研究较为丰富，国际法的专题研究则相对较少。对《旧金山和约》的国内相关研究，已有角度包括：批判《旧金山和约》造成的台湾"主权未定"论；美国对日媾和政策的形成与发展；美国对日问题上与苏联、英国等国的外交交涉；日本战后战争赔偿问题；《旧金山和约》对东北亚国家之间关系的影响，等等。② 近期已开始有历史学界关注《旧金山和约》在我国岛屿争端中的作用和影响。③ 难以否认的是，《旧金山和约》毕竟是涉及第二次世界大战后亚洲领土格局、琉球地位以及东海、南海岛礁问题的重要国际法文件。现有岛屿争端的国际法研究④多将这部和约放到争端的"条约链"中考察而非专题研讨。整体看，我国国际法学界对《旧金山和约》的条约法研究尚显不足。

---

① ［日］日本外务省：《"尖阁诸岛"问答》（中译本）。

② 参见李纯青：《对日和约问题：斥美制对日和约草案》，北京：世界知识出版社，1951 年；中国人民保卫世界和平反对美侵略委员会编：《对日和约问题》，1951 年；力如：《美国武装日本与对日和约问题》，沈阳：东北人民出版社，1951 年；崔丕：《美国对日单独媾和政策形成史论》，《美国研究》，1992 年第 2 期；于群：《美国对日政策研究》，长春：东北师范大学出版社，1996 年；于群：《旧金山和约后的美国对日政策新构思》，《世界历史》，1996 年第 4 期；侯文富：《略论美菲交涉与〈旧金山对日和约〉中的"劳务赔偿"问题》，《日本学刊》，1997 年第 4 期；王建朗：《台湾法律地位的扭曲——英国有关政策的演变及与美国的分歧》，《近代史研究》，2001 年第 1 期；安成日：《旧金山对日和约与战后日韩关系》，《日本学刊》，2001 年第 6 期；余子道：《旧金山和约和日蒋和约与美日的"台湾地位未定"论》，《抗日战争研究》，2001 年第 4 期；张明亮：《旧金山对日和约再研究——关于其对西沙群岛、南沙群岛的处理及后果》，《当代中国史研究》，2006 年第 13 卷第 1 期；金明：《对日民间索赔中的〈中日联合声明〉与"旧金山和约框架"——兼评日本最高法院的两份判决》，《国际论坛》，2008 年第 1 期；孔繁宇：《从中国政府五次声明等外交文件看旧金山和约对华之法律效力》，《内蒙古社会科学》（汉文版）2009 年第 4 期；胡德坤，韩永利：《旧金山和约与日本领土处置问题》，《现代国际关系》，2012 年第 11 期，等等。

③ 参见胡德坤：《"旧金山和约"与东亚领土争端》，《边界与海洋研究》，2017 年第 1 期；［加］原贵惠惠：《旧金山体系下的竹岛/独岛问题》，《边界与海洋研究》，2017 年第 1 期

④ 涉及《旧金山和约》的国际法相关研究，参见曲波：《条约视角下钓鱼岛主权归属探究》，《当代亚太》，2013 年第 4 期；张卫彬：《中日钓鱼岛之争中的条约动态解释悖论》，《当代法学》，2015 年第 4 期；罗欢欣：《国际法上的琉球地位与钓鱼岛主权》，北京：中国社会科学出版社，2016 年，第 114—116 页，等等。

《旧金山和约》对战败国日本的领土处理问题，曾历经多份条约草案并最后定稿。《旧金山和约》"领土条款"的第 2 条涉及我国台湾澎湖列岛和南海诸岛、第 3 条涉及对琉球的领土安排，其中的条约用语的更改，不仅体现在波澜起伏的条约起草准备工作（travaux preparatoires），更是旧金山和会前夕各国在远东政治和领土格局问题上博弈的产物。回顾《旧金山和约》起草过程中的条约草案以及其他官方文件，有利于理解《旧金山和约》涉琉球和钓鱼岛条款并细化对这些条款的条约解释，这对我国反驳日本政府依据《旧金山和约》涉琉球条款对钓鱼岛的"主权主张"具有重要意义。

一、《旧金山和约》"中国代表权"问题及其隐患

战后冷战格局形成，在中国共产党领导的革命节节胜利的情况下，美国政府和日本当局自 1947 年以后，就急欲谋求结束对日本的"占领"和"管制"状态。对于美国来说，如何让日本以主权、独立国家的地位，以美国盟友的身份重返国际社会并充当美国推行全球战略的亚洲基地，美国主导的《旧金山和约》的缔结就成了重要的契机，但这一过程却是以牺牲中国等国的利益作为代价的。

（一）对日媾和的历史背景和"中国代表权"问题

1949—1950 年，远东政治格局发生巨大变化，对战后世界形势产生深远影响并也影响到美国牵头缔结的对日《旧金山和约》。1949 年中华人民共和国宣告成立，1950 年，《中苏友好同盟互助条约》订立、朝鲜战争爆发。正如当时国民党政府驻美大使顾维钧所作的判断，由于美国失去中国大陆，日本在其战略天平上的地位更显重要，"美国急于要使一个重新整顿过的日本同印度一起组成集团，以阻止共产主义威胁的进一步扩展"。① 1950 年 8 月 22 日美国国务卿艾奇逊致大使杰赛普的备忘录显示，因为远东局势变化和美国

---

① 顾维钧著：《顾维钧回忆录》（第 9 分册），中国社科院近代史研究所译，北京：中华书局，1989 年，第 2 页。

在该地区军事地位已被动摇，参谋长联席会议同意"在没有苏联和中国共产党政府参与的情况下与日本缔结和平条约"，① 企图把中国和苏联排斥于缔约国之外。10 月 26—27 日，在纽约召开的涉及《对日和平条约》缔约的会议上，杜勒斯向苏联驻安理会代表马里克表示，"美国希望苏联和美国一起签署和平条约。如果苏联真的愿意缓解两国的紧张状态，考虑条约内容时应更加实际一些"。② 可见，此时苏联的缔约国问题已经解决，后续则集中到中国的代表权问题上。

就中国代表权问题，美国外交档案显示，早期支持中华人民共和国参加媾和会议主要是苏联、英国。苏联政府于 1951 年 5 月 7 日对美国备忘录的答复中，提出应由中华人民共和国政府代表中国参加对日和约。③ 英国为确保香港的安定和保护在上海的 15 亿美元投资，在西方国家中率先承认中华人民共和国并与之建立代办级外交关系，此后英国在台湾归属和对日媾和问题都支持中华人民共和国政府。1951 年 1 月 10 日，英国向美国提出的备忘录中指出，"中共应参加对日媾和，台湾应归还给中国"。④ 1951 年 4 月中旬，英国政府向美国政府提出备忘录，提议应由中华人民共和国参加签订对日和约。木佃洋一的《对日媾和与英国的亚洲政策》一文指出，从 1949 年秋到 1951 年签订《旧金山对日和约》期间，美英就日本安保和日本重整军备问题达成了一致，但美英间的分歧主要是关于"中国问题"，也就是中华人民共和国还

---

① See Memorandum by the Secretary of State to the Ambassador at Large（Jessup），*FRUS*，1950，Vol. VI，East Asia and the Pacific，United States Government Printing Office，Washington：1976，pp. 1278-1282；"国务卿致杰赛普"，参见奚庆庆、张生编：《美国外交关系文件》，南京：南京大学出版社，2016 年，第 76 页。

② See Memorandum of Conversation，by Colonel Stanton Badcock of Department of Defense，*FRUS*，1950，Vol. VI，East Asia and the Pacific，United States Pringing Office，Washington：1976，pp. 1332-1336；"巴布科克谈话备忘录"，参见奚庆庆、张生编：《美国外交关系文件》，北京：南京大学出版社，2016 年，第 106 页。

③ 余子道：《旧金山和约和日蒋和约与美的"台湾地位未定"论》，《抗日战争研究》，2001 年第 4 期，第 130 页。

④ 廉德瑰：《美国与中日关系的演变：1949—1972》，北京：世界知识出版社，2006 年，第 31 页。

是台湾国民党当局参加和会问题。① 澳大利亚和新西兰虽尚未承认新中国,但在对日和约问题上,它们竭力主张应当参加和约的是北京而非台北。亚洲国家中,印度、印度尼西亚、缅甸等国亦对蒋介石政府参加和会持保留态度或不同意见。② 例如,印度大使潘迪特(Pandit)在 1950 年 12 月 21 日与东亚事务办公室主任阿利森(Allison)的会谈中,就对日和约给出了印度政府的意见,即印度政府希望起草《旧金山和约》时,所有远东事务委员会成员国都应为主要缔约国,"其中包括苏联和共产主义中国"。③

美国政府坚持反对新中国政府参会,它起初主张邀请台湾政府参会,但最终决定不邀请两岸双方政府参加旧金山和会。美国政府 1951 年 3 月提出"对日和约草案"和备忘录,排除中国政府参加和约。1951 年 7 月 12 日正式公布的"对日和约草案"中,并未将中国列为和约签字国,公开摒弃中国于和会之外。10 月 28 日,美国照会苏联政府:开罗会议所言之中国系属"中华民国",而非"中华人民共和国"。同时美国又表示,美国与中华人民共和国并无外交关系,无意邀其参加对日和会。后美国政府又拒绝苏联、波兰、捷克斯洛伐克出席和会的代表邀请中国政府出席会议的提议。④ 一方面,美国拒绝了苏联和英国提出的中华人民共和国参加对日媾和的要求;另一方面,出于对英国让步的考虑,1951 年 5 月 28 日,杜勒斯向杜鲁门提出,"关于谁代表中国签署和约这一点,我们建议不让中共和国民党政府的任何一方作为缔

---

① 参见〔日〕渡边昭夫,宫里正玄主编:《旧金山议和》,东京:东京大学出版会,1986 年,转引自赵爱伦:《英国及英联邦与旧金山对日和约研究述评》,《历史教学》,2008 年第 6 期,第 109 页。

② 余子道:《旧金山和约和日蒋和约与美日的"台湾地位未定"论》,《抗日战争研究》,2001 年第 4 期,第 132 页。

③ See Memorandum of Conversation, by the Director of the Office of Northeast Asian Affairs (Allison), *FRUS*, 1950, Vol. VI, East Asia and the Pacific, United States Pringing Office, Washington: 1976, pp. 1379-1383;参见"阿利森会谈备忘录",参见奚庆庆,张生编:《美国外交关系文件》,南京:南京大学出版社,2016 年,第 118-122 页。

④ 余子道:《旧金山和约和日蒋和约与美日的"台湾地位未定"论》,《抗日战争研究》,2001 年第 4 期,第 130 页。

约方。"① 这就是中华人民共和国政府和台湾当局都被排斥在《旧金山和约》缔约方之列的历史背景。

美、英两国政府在 7 月 20 日联名出面，邀请阿根廷等 50 个国家的政府参加在旧金山召开的对日和会，后来又邀请老挝等三国参加。9 月 4 日，由美国操纵和主持的对日和会在旧金山歌剧院开幕，与会国家 52 个，印度、缅甸、南斯拉夫 3 国受邀但拒绝参加会议。这些与会国家，其中仅有半数是战时对日宣战的国家，其中实际曾与日本作战者也只不过 8 个国家。② 1945 年 8 月《波茨坦公告》（及 12 月的"莫斯科外长会议"）中规定，中、美、英、苏 4 个主要同盟国应"共同一致"进行对日和约的协议。③ 换言之，未征得全体同盟国合意之片面行为，即属无权处分。④ 中国是对日作战中最重要的、起过决定性作用的国家，却被摒弃于和会之外。这说明，旧金山和会是片面的和会。从此意义上，《旧金山和约》将中国排除在外所做出的领土安排，应属于对战后领土的无权处分行为。

（二）"中国代表权"问题的隐患——"台日和约"

1951 年 6 月美英达成关于《旧金山和约》中国代表权问题的协定，约定："不邀请中国参加多边条约签字……日本可以与中国签订一个跟多边条约同样内容的双边条约……等多边条约生效以后，日本可以跟包括中国在内的任何一个未签订多边条约的国家开始缔结双边条约的谈判"。⑤ 1952 年 1 月 31 日吉田茂照会"中国驻日代表团"团长何世礼，告知日本将派河田烈为日本政府全权特使赴台北就缔约展开谈判。从 2 月 20 日至 4 月 28 日，经过 18 次非

---

① See Memorandum of Conversation, by the Secretary of State（28 May, 1951）, *FRUS*, 1951, Vol. VI, Part 1, Asia and the Pacific, p. 1051.

② 余子道：《旧金山和约和日蒋和约与美日的"台湾地位未定"论》，《抗日战争研究》，2001 年第 4 期，第 133 页。

③ ［日］富田健治：《敗戦日本の内側》，东京：古今书院，1962 年，第 231—237 页。

④ 许金彦：《琉球地位的分析与展望》，《问题与研究》，2009 年总第 48 期第 2 卷，第 87 页。

⑤ See Confidential U. S. State Department Special Files, JAPAN（1947—1956）, Lot Files, Reel 19, p. 655.

正式会议，两次正式会议，历时两个月，最终签署了《中华民国与日本国间和平条约》（简称"台日和约"①）。"台日和约"于 1952 年 8 月 5 日双方交换批准书时生效。"台日和约"共 14 条，主要目的为正式终止双方战争状态、确认战后处理领土、战争赔偿、财产、人民等问题，② 其中第 2 条规定：

兹承认依照公历 1951 年 9 月 8 日在美利坚合众国金山市签订之对日和平条约第 2 条，日本国业已放弃对于台湾及澎湖群岛以及南沙群岛及西沙群岛之一切权利、权利名义与要求。③

台湾学者赵国材认为，"台日和约"第 2 条表明日本放弃对台湾、澎湖群岛和南沙、西沙群岛的一切权利、权利名义与要求，且并未承认《旧金山和约》第 3 条"琉球托管"，因此这并不妨碍《开罗宣言》《波茨坦公告》为主的"雅尔塔体系"条约在处理中日间争议领土中的决定性作用。④ 但不可否认的是，台湾蒋介石政府缔结的"台日和约"的遗留隐患难以掩饰，原因为：其一，"台日和约"虽然确定或确认日本放弃对上述领土的一切权利、名义与要求，但却对于这些领土的归属于谁的问题避而不谈；其二，"台日和约"一如《旧金山和约》的措辞，一方面规定日本放弃对台湾的一切权利，一方面又不明定放弃给"中华民国"，为此后美日炮制"台湾地位未定"留下把柄；其三，在钓鱼岛问题上予人口实。如日本外务省称：钓鱼岛根据《旧金山和

---

① "台日和约"：中文为"中华民国与日本国间和平条约"，日文为"日本國と中華民國との間の平和條約"，英文为"Treaty of Peace between the Republic of China and Japan"。

② 参见"'中日和约'答客问"，资料来源于 http://www.mofa.gov.tw/Content_List.aspx？n=230AA315D5E0FCBB，访问日期：2017 年 2 月 15 日。

③ "台日和约"第 2 条的英文表述为：It is recognized that under Article 2 of the Treaty of Peace with Japan signed at the city of San Francisco in the United States of America on September 8, 1951 (hereinafter referred to as the San Francisco Treaty), Japan has renounced all right, title and claim to Taiwan (Formosa) and Penghu (the Pescadores) as well as the Spratly Islands and the Paracel Islands。"台日和约"中文版本，参见 http://www.lawbank.com.tw/treatise/lawrela.aspx？lsid=FL017850&ldate=19520428&lno=1，访问日期：2017 年 2 月 15 日；"台日和约"英文版本，参见 http://www.mofa.go.jp/region/asia-paci/china/treaty78.html，访问日期：2017 年 2 月 15 日。

④ 参见赵国材：《论钓鱼台列屿法律地位及其东海海洋划界争端之解决》，载陈纯一主编：《第三届两岸国际法学论坛学术研讨会实录》，台北：国立政治大学国际事务学院国际法学研究中心，2013 年，第 178 页。

平条约》第 3 条被置于美国施政之下，中国对这一事实从未提出过任何异议……中国没有将钓鱼岛视为台湾的一部分。"中华民国（台湾）随后通过 1952 年 8 月生效的'台日和约'承认了《旧金山和平条约》"。①

"台日和约"的模糊措辞和蒋介石当局在领土问题上的妥协，个种缘由与《旧金山和约》一脉相承。丘宏达教授在分析《旧金山和约》涉台澎条款时曾做过透彻的论析：韩战使美国决定这个战略性岛屿（指台澎）不能由一敌对的政权所控制，因此美国须为它的干涉、阻挠中共解放台湾制造"法律根据"。从美国的角度来看，如果台湾的地位能被称作未定，则它较易在法理上找寻派海军进入台湾海峡的理由。基于这个考虑，美国便草拟了"对日和约"中有关台湾地位的条文。②

总之，美国主导的旧金山和会及《旧金山和约》排斥中国参会，后台湾蒋介石当局对日做出重大妥协、签订"台日和约"。作为"旧金山体系"的组成部分，《旧金山和约》和"台日和约"公然违背第二次世界大战期间中美英苏四大盟国之间早已达成的有关的国际协议和公告，铸成了现代国际关系史上极不光彩的一页。③

二、《旧金山和约》涉琉球和钓鱼岛的"和约草案"及条约解释④

《旧金山和约》含条约正文和议定书两部分。《旧金山和约》以英语、法语、西班牙语和日语四种语言做成，每种文本同一作准。条约正文分为和平、领土、安全、政治及经济条款、求偿和财产、争议解决和最后条款共计 7 章、

---

① ［日］日本外务省：《关于"尖阁诸岛"的基本见解》（中译本）。

② 参见丘宏达：《中国、美国与台湾问题：中国与台湾问题的分析与文件汇编》，纽约：帕日格公司，1973 年，第 128 页。

③ 余子道：《旧金山和约和日蒋和约与美日的"台湾地位未定"论》，《抗日战争研究》，2001 年第 4 期，第 154-155 页。

④ 本部分内容，作者已形成《托管抑或军事占领：战后琉球二维国际法地位新探》一文，发表在《当代法学》2018 年第 4 期。

27 条。《旧金山和约》第 2 章标题为"领土",其中第 2 条涉及我国台湾、澎湖列岛和南海诸岛,第 3 条则对第二次世界大战后琉球领土的处置以及琉球托管问题做出安排。

(一)"三问"《旧金山和约》条约法效力

1951 年 9 月 8 日,包括日本在内的 49 个国家的代表在美国旧金山歌剧院签署《旧金山和约》。《旧金山和约》于 1952 年 4 月 28 日正式生效,条约缔约国①有 46 个国家,包括阿根廷、澳大利亚、比利时、玻利维亚、巴西、高棉(缅甸)、加拿大、锡兰(斯里兰卡)、智利、哥斯达黎加、古巴、多米尼加、厄瓜多尔、埃及、萨尔瓦多、埃塞俄比亚、法国、希腊、危地马拉、海地、洪都拉斯、伊朗、伊拉克、老挝、黎巴嫩、利比里亚、墨西哥、荷兰、新西兰、尼加拉瓜、挪威、巴基斯坦、巴拿马、巴拉圭、秘鲁、菲律宾、沙特阿拉伯、叙利亚、土耳其、南非、英国、美国、乌拉圭、委内瑞拉、越南和日本。关于《旧金山和约》的条约效力问题,多数学者主张《旧金山和约》对中国而言是无效条约、对中国没有法律约束力,主要观点包括:日本对华负有战争赔偿义务等角度的"对华无法律效力说"、② 从反法西斯联盟"不与敌人缔结单独停战协定或和约"和盟国一致原则角度的"非法无效

---

① 《旧金山和约》:1951 年 9 月 8 日,包括日本在内的 49 个国家的代表在美国旧金山的战争纪念歌剧院签订这份和约。苏联、波兰及捷克斯洛伐克反对条约内容,拒绝在和约上签字。印度、缅甸及南斯拉夫受邀但没有出席,哥伦比亚、印度尼西亚及卢森堡代表虽然签署和约,但没有批准该和约。最后共有 46 个国家签署并批准《旧金山和约》。《旧金山和约》的缔约国,参见联合国网站 https://treaties. un. org/doc/Publication/UNTS/Volume% 20136/volume − 136 − I − 1832 − English. pdf,访问日期:2017 年 2 月 15 日。

② 参见侯文富:《略论美菲交涉与〈旧金山对日和约〉中的"劳务赔偿"问题》,《日本学刊》,1997 年第 4 期;金明:《对日民间索赔中的〈中日联合声明〉与"旧金山和约框架"——兼评日本最高法院的两份判决》,《国际论坛》,2008 年第 10 卷第 1 期;孔繁宇:《从中国政府五次声明等外交文件看旧金山和约对华之法律效力》,《内蒙古社会科学》(汉文版),2009 年第 4 期。

说"①，以及从强行法和和约缔约缺陷角度的"绝对无效说"。② 近年还有学者提出《旧金山和约》"部分无效说"，即"《旧金山和约》中不利于中国的条款无效，而有利于或无关于中国的条款，只要不侵害国际社会的整体利益，不能简单的主张其无效"。③

从条约法角度，中华人民共和国没有缔结《旧金山和约》，并不是和约的缔约方，在条约关系中是《旧金山和约》的"第三方"或"第三国"（third party）。但可以确定的是，《旧金山和约》在 46 个缔约国间是具有条约效力的。围绕《旧金山和约》的法律效力，又可细分为三个问题：第一，《旧金山和约》对缔约方而言是否有缔约瑕疵？第二，《旧金山和约》对未缔约第三方的法律效力如何？第三，在何种条件下，即使对非缔约的第三方，条约仍具有法律效力，《旧金山和约》又是否具备这样的条件？第一、二两个问题，基本代表我国学界对《旧金山和约》存在的疑问；就第三个问题，本书第五章第二节将在结合"强行法"论述《旧金山和约》与"雅尔塔条约体系"的关系时详述。

关于第一个问题，美英主导的旧金山和会对日"和约"形式的签订的《旧金山和约》，在缔约权上是有瑕疵的。首先，《旧金山和约》违反了"盟国一致原则"和"不单独媾和"反法西斯四大国的两大约定。1941 年 7 月 12 日，英苏签订了《对德作战采取联合行动的协定》，其中第 2 条明确规定，两国政府承允在这次战争中，除经彼此同意外，既不谈判亦不缔结停战协定或和约。这是盟国在双边协定中首次对"盟国一致原则"的表述。1942 年 1 月 1 日，以中、美、英、苏为首的 26 个反法西斯国家签署的《联合国家宣言》第 2 条规定，"每一政府各自保证与本宣言签字国政府合作，并不与敌人缔结

---

① 参见李纯青：《对日和约问题：斥美制对日和约草案》，北京：世界知识出版社，1951 年；中国人民保卫世界和平反对美侵略委员会编：《对日和约问题》，1951 年；力如：《美国武装日本与对日和约问题》，沈阳：东北人民出版社，1951 年；胡德坤，韩永利：《〈旧金山和约〉与日本领土处置问题》，《现代国际关系》，2012 年第 11 期，第 9 页。

② 肖爱华：《关于〈旧金山和约〉的效力》，《重庆科技学院学报》（社会科学版），2009 年第 8 期。

③ 罗欢欣：《国际法上的琉球地位与钓鱼岛主权》，北京：中国社会科学出版社，2016 年，第 116-129 页。

单独停战协定或和约"。1943 年 10 月，中、美、英、苏发表《四国关于普遍安全的宣言》宣布，四大国决心在打败敌人及处理敌人投降事项方面"采取共同行动"。① 在和约缔约方问题上，作为反法西斯同盟国，在对日战争牺牲最大的中国被排除在参会国之外，最终苏联也因其对和约条款的意见不被采纳等因素而没有签约，这些都违反了"盟国一致原则"和"不单独媾和"的约定；其次，按国际习惯法，交战国通常以签订和约来结束战争状态，同时对战败国的战争赔款、战后领土等问题做出安排。缔结和约时，战胜国对战败国尤其对发动侵略战争的战败国，拥有索取战争赔偿的权利，这既是战争和武装冲突法形成的规则，也是缔结和约的目的之一。《旧金山和约》涉战争赔偿的条文，不仅放弃了包括对日的个人战争请求权在内的战争赔偿，而且主张仅以劳务赔偿为限，② 是以牺牲包括中国在内多个亚洲受害国家向日索要战争赔偿为代价的条款。

关于第二个问题，根据"条约对第三方既无损也无益"的条约法原则，中国主张《旧金山和约》对己无效具有扎实的国际法依据。"条约对第三方既无损也无益"（pacta tertiis nec nocent nec prosunt）的国际法格言反映了一项基本原则，即条约只在其当事国之间适用。国际法委员会的最后草案和《维也纳条约法公约》在提到这一原则时都把它作为"通则"（general rule），而且该原则是"国家同意"原则以及国家主权和国家独立原则的必然结果。③ 反映在《维也纳条约法公约》中，第 29 条"条约必须遵守"规定："凡有效之条约对其各当事国有拘束力，必须由各该国善意履行"；第 34 条"关于第三

① 胡德坤，韩永利：《〈旧金山和约〉与日本领土处置问题》，《现代国际关系》，2012 年第 11 期，第 8-9 页。

② See Chapter II "Claims and Property", Article 14, Treaty of Peace with Japan（with two declarations），Signed at San Francisco, on 8 September 1951.《旧金山和约》的英文文本，参见联合国网站 https://treaties. un. org/doc/Publication/UNTS/Volume%20136/volume-136-I-1832-English. pdf，访问日期：2017 年 2 月 15 日。

③ ［英］伊恩·布朗利著：《国际公法原理》，曾令良等译，北京：法律出版社，2003 年，第 685 页。

国之通则"规定:"条约非经第三国同意,不为该国创设义务或权利"①。中国不是《旧金山和约》缔约方,不受该和约的约束;中国自然也无需遵守那些《旧金山和约》为中国创设义务的条款。② 然而,即使《旧金山和约》存在为中国"规定权利"的条款,中国又是否可以援引呢?第36条"为第三国规定权利之条约"规定:

一、如条约当事国有意以条约之一项规定对一第三国或其所属一组国家或所有国家给予一项权利,而该第三国对此表示同意,则该第三国即因此项规定而享有该项权利。该第三国倘无相反之表示,应推定其表示同意,但条约另有规定者不在此限。

二、依第一项行使权利之国家应遵守条约所规定或依照条约所确定之条件行使该项权利。

结合《维也纳条约法公约》第36条,即使《旧金山和约》有为中国"规定权利"的条款,但因中国1951年9月18日的声明③对和约明确表示反对,原则上中国难以主张享有这些权利。

纵观如今亚洲的岛屿和领土争端态势,在东北亚,除日本是《旧金山和约》缔约方外,与日本存在领土争端的俄罗斯和韩国都不是缔约方;在南海海域,与中国存在岛屿争端的菲律宾和越南都是《旧金山和约》的缔约方。在《旧金山和约》条款设计上,出于战后控制远东的战略需要,美英一再违反"盟国一致原则"原则并对草拟的"和约草案"的"领土"安排条款进行

① 《维也纳条约法公约》:1969年5月23日在维也纳签订,于1980年1月27日生效。中华人民共和国于1997年9月3日交存加入书,公约于1997年10月3日对中国生效。《维也纳条约法公约》的中文文本,参见"维也纳条约法公约",资料来源于全国人民代表大会官网 http://www.npc.gov.cn/wxzl/gongbao/2000-12/07/content_5003752.htm,访问日期:2017年2月15日;《维也纳条约法公约》的英文文本,参见联合国官网 https://treaties.un.org/doc/publication/unts/volume%201155/volume-1155-i-18232-english.pdf,访问日期:2017年2月15日。

② 《维也纳条约法公约》第35条"为第三国规定义务之条约"规定:"如条约当事国有意以条约之一项规定作为确立一项义务之方法,且该项义务经一第三国以书面明示接受,则该第三国即因此项规定而负有义务。"

③ 参见《中华人民共和国中央人民政府外交部部长周恩来关于美国及其仆从国家签订旧金山对日和约的声明》(1951年9月18日),《人民日报》,1951年9月19日。

模糊处理，为如今东北亚和南海领土争端埋下导火索。在日俄之间，由于《旧金山和约》没有明确约定千岛群岛①的范围，苏联当时又没有签署这份和约，致使日俄的岛屿争端延续至今，日俄间关于岛屿争端和"日俄和约"谈判的落实一拖再拖。② 可预见的是，日俄间关于北方四岛领土谈判中必然涉及《旧金山和约》的具体条款。

（二）《旧金山和约》第 2 章第 3 条"琉球托管"条款的缔约背景和条约解释

《旧金山和约》第 2 章题为"领土"，其中第 3 条对琉球托管问题做出以下规定：

> 日本对于美国向联合国提出将北纬 29°以南之南西诸岛（包括琉球群岛与大东群岛）、孀妇岩岛以南之南方诸岛（包括小笠原群岛、西之岛与琉璜列岛）及冲之鸟礁与南鸟岛置于联合国托管制度之下，而以美国为唯一管理当局之任何提议，将予同意。在提出此种建议，并对此种建议采取肯定措施以前，美国将有权对此等岛屿之领土及其居民，包括其领海，行使一切及任何行政、立法与司法权力。③

对比多份"和约草案"和官方文件后，《旧金山和约》最终文本第 2 章第 3 条的"南西诸岛""北纬 29°以南""以美国为唯一管理当局"等关键条约

---

① 千岛群岛：俄语名为 Курильские острова/Kuril'skie ostrova，日语名为千岛列岛（クリル列岛），英语名为 Kuril Islands，由占守岛、幌筵岛、新知岛、得抚岛，以及择捉岛、国后岛、色丹岛、齿舞群岛四岛在内（日本称为"北方四岛"，为日俄争议岛屿）近 40 个岛屿组成，总面积约 15 600 平方千米。

② 参见《英媒：几个小岛如何成为日俄签署战后和约最大障碍?》，《参考消息》，2016 年 12月 16 日。

③ 《旧金山和约》第 3 条的英文原文："Japan will concur in any proposal of the United States to the United Nations to place under its trusteeship system, with the United States as the sole administering authority, Nansei Shoto south of 29deg. north latitude（including the Ryukyu Islands and the Daito Islands）, Nanpo Shoto south of Sofu Gan（including the Bonin Islands, Rosario Island and the Volcano Islands）and Parece Vela and Marcus Island. Pending the making of such a proposal and affirmative action thereon, the United States will have the right to exercise all and any powers of administration, legislation and jurisdiction over the territory and inhabitants of these islands, including their territorial waters."

用词均有过重大变化。这些条约用语对琉球群岛的领土安排产生直接影响，还间接牵涉钓鱼岛问题。

1. 第 3 条采用 "南西诸岛" 而非 "琉球群岛" 的用语

《旧金山和约》没有用 "琉球群岛" 而采用 "南西诸岛"，隐含了日本政府的政治用意。"南西诸岛"[①]中的 "Shoto" 是日文的英译，意思是 "岛链"（chain of islands）。[②]据我国学者鞠德源考证，19 世纪 60—80 年代中日甲午战争前，日本发行的十余种琉球地图中虽使用大隅群岛、琉球群岛、吐噶喇群岛等总括性地域名称，但均没有用过 "西南诸岛"。最早标注 "西南诸岛" 是 1877 年英国出版的《中国东海沿海自香港至辽东湾海图》，但只包括冲绳群岛和先岛诸岛（不含钓鱼岛列屿）。[③] 日本窃踞钓鱼岛及其附属岛屿后，"西南诸岛" 之名才出现在日本的地图中，如 1897 年日本海军省水路部《第二百十号》海图、吉山东伍绘制的《南西诸岛》图，以及 1923 年小川琢治《日本地图贴》为代表的各种地图。[④]

1941 年 "大西洋会议" 到 1945 年期间，美国国务院在讨论和研究琉球问题的文件和会议上，采用 Liuchiu（Liuqiu）这一中国发音。[⑤] 1945 年以后，美国国务院将此前一直沿用的 "琉球"（Liuqiu/Liuchiu）的汉语发音改为日语发音 Ryukyu。此时的国务院认为，琉球群岛不是中国的一部分，将其视为日本的 "领土问题" 加以考虑。[⑥] 此后美军设在琉球群岛的最高治理机构的

---

① 现今的 "西南群岛" 地理范围涵盖日本九州岛西南部至台湾岛东北部之间的全部岛屿，由大隅诸岛、吐噶喇列岛、奄美诸岛、冲绳诸岛（包括庆良间诸岛）、大东诸岛和先岛诸岛（包括宫古列岛和八重山列岛）等 6 个岛群。参见 Ajiro Tatsuhiko and Warita Ikuo, *The geographical names and those extents of the wide areas in Japan*, Technical Bulletin on Hydrography and Oceanography（Kaiyō Jōhōbu Gihō），Vol. 27, 2009.

② 王海滨：《琉球名称的演变与冲绳问题的产生》，《日本学刊》，2006 年第 2 期。

③ 鞠德源：《钓鱼岛正名——钓鱼岛列屿的历史主权及国际法渊源》，北京：昆仑出版社，2006 年，第 66 页。

④ 鞠德源：《钓鱼岛正名——钓鱼岛列屿的历史主权及国际法渊源》，北京：昆仑出版社，2006 年，第 346—347 页。

⑤ 刘少东：《日美冲绳问题起源研究（1942—1952）》，北京：世界知识出版社，2011 年，第 32 页。

⑥ 刘少东：《日美冲绳问题起源研究（1942—1952）》，北京：世界知识出版社，2011 年，第 44 页。

名称一直没有使用"冲绳"这个名称，而是名为"United States Civil Administration of the Ryukyu Islands"（琉球群岛美国民政府，以下简称"USCAR"）。

那么为何媾和前的美国官方文件使用 Liuqiu（Liuchiu）或 Ryukyu 的称谓，并没有采用"南西诸岛"的用语，但最终《旧金山和约》却用"南西诸岛"取代"琉球群岛"一词呢？做出这一取代提议的是日本政府。1950 年 4 月 4 日，日本政府收到"和约草案"后，提交备忘录，向美国建议将"北纬 29°以南的琉球群岛"改为"北纬 29°以南的南西诸岛"，理由是"北纬 29°以南包括奄美群岛，但此群岛不属于琉球群岛，如此修改是为避免误会而采取的一种措施"。[①] 对于日本的要求，当时即使是美国政要费阿里也认为日本提议的是一个"陌生的用语"，此举目的是消除"琉球群岛"这一国际公认的称谓的影响，尤其是避免《旧金山和约》第 3 条的条约用语受到中国发音的影响；而杜勒斯认为，这一名称的更改可能需要一个新的协议，不过将会遭到军方的反对。[②]

可见，《旧金山和约》使用"南西诸岛"的用语，除了中国政府没有被邀参加旧金山和会、无法表达诉求外，更与旧金山媾和时日本对美国政府长期的外交交涉与游说是密不可分的。

2. 第 3 条未沿用第"677 号指令"的"北纬 30°以南"而改用"北纬 29°以南"

1946 年 1—2 月，包括盟军最高司令部"第 677 号指令"等指令和文件表明：盟军将奄美群岛、琉球群岛、宫古群岛、八重山群岛等从日本分离出去；日本政府行使的政治、行政权力予以停止；琉球群岛则以北纬 30°为界，明确分为日本区域和琉球区域。

与《旧金山和约》"北纬 29°以南"表述不同的是，《开罗宣言》明确表

---

① 刘少东：《日美冲绳问题起源研究（1942—1952）》，北京：世界知识出版社，2011 年，第 187 页。

② Robert D. Eldridge, *The Return of the Amami Islands：The Reversion Movement and U. S. -Japan Relations*, Oxford：Lexington Books, 2004, pp. 15–16.

明，反法西斯盟国对日作战的目的要制止并惩罚日本侵略，将"北纬 30°以南领土从日本本土剥离"作为惩罚日本侵略的措施，这在《旧金山和约》签订以前美国的外交文件都中有系统体现。美国外交档案中，迄今所能看到的有关剥夺日本占据的北纬 30°以南所有岛屿、将日本领土限制在该界限以北的最早提法，见于 1942 年 9 月 15 日海军上将莱希（Willian D. Leahy）为回答戴维斯（Norman H. Davis，时任美国国务院战后外交政策咨询委员会安全问题分委会主席）提的问题代表参谋长联席会议的回信。① 信中写道："阻止日本控制横穿太平洋与西太平洋的海上和空中走廊极为重要也非常必要……也意味着，有必要剥夺日本占据的北纬 30°以南的所有岛屿，这些岛屿包括马绍尔群岛、卡罗林群岛、帕劳群岛、小笠原群岛、马里亚纳群岛和福摩萨岛，琉球群岛（Nansei）除外，如果可能的话"。②

1944 年 12 月 27 日，美国参谋长联席会议联合战后委员会起草了一份"日本投降条款草案"，28 日该草案作为备忘录附件提交副国务卿格鲁（Grew）。这份"日本投降条款草案"共有 15 条。第 1 条中，要求"日本政府和日本帝国最高司令部采取下列行动：……（c）将日本所有武装力量及其民事附属机构从以下地区撤出：（1）日本占领的中国领土（包括满洲和广东租借地）……（6）台湾和澎湖列岛……（13）马里亚纳群岛、马绍尔群岛、加罗林群岛和以上没有列举的所有其他北纬 30°以南地区的陆地和水域。"③ 这份"日本投降条款草案"成为此后美国召开有关日本投降问题会议的讨论蓝本与会商依据，得到《开罗宣言》、盟国总司令部"第 677 号指令"等文件的确认。

然而，盟国总司令部"第 677 号指令"中"琉球以北纬 30°"为界，为何到了《旧金山和约》第 3 条却变为"北纬 29°"为界呢？《旧金山和约》第

---

① 张郭：《美国外交档案中琉球群岛与中日岛屿领土分界北纬 30°线问题研究》，《太平洋学报》，2015 年第 11 期，第 87 页。

② The Joint Chiefs of Staff to the Secretary of State, FRUS, The Near East, South Asia, and Africa, the Far East, 1944, Vol. V, p. 1201.

③ Memorandum by Major General George V. Strong, Joint Post War Committee to the Joint Chiefs of Staff, to the Under Secretary ofState（Grew）. FRUS, the British Commenwealth, the Far East, 1945, Vol. VI, p. 499.

3条"北纬29°"这一纬度的确定，经过多次变更和反复，反映出条约起草者对日本领土范围和"置于托管"的琉球群岛范围的认识变化。究其原因：首先，早在1947年6月5日，日本外相芦田就公开提出，日本希望保留冲绳及千岛群岛中若干岛屿，其理由是"并非基于经济上之价值而基于感情上之价值"；日本政府还提出希望将琉球群岛北纬27°至北纬30°之间的岛屿划归日本。[①] 此后日本先后通过外务省"芦田备忘录"、1947年《天皇备忘录》等形式的外交交涉对美国传达意愿、并积极与联合国进行接触[②]；其次，美国国务院和军方就上述经纬度界限曾有过多次讨论和争锋（表八），并出现过多次反复。

表八　1940—1951年美国关于确定琉球托管范围经纬度的官方文件一览[③]

时间	官方文件及其内容
1941—1942年	美国国务院安全保障小委员会认为，应收回位于北纬30°以南日本属下的所有岛屿统治权，"南西琉球群岛"最终会留在日本，但对最终处理方案由必要进行研究
1946年	参谋长联席会议（JCS）570/50：应将北纬31°以南（九州最南端）的地区指定为战略托管统治区域
1946年3月4日	埃莫森报告（PR-35）的六点建议中，第二点为：琉球群岛的北部岛屿（北纬28°40′）应返还日本
1946年11月10日	联合战略委员会（JSSC）名为"太平洋地区的战略地位与托管统治"的文件中，分析美国拥有"北纬29°以南"的南西诸岛的必要性，首次出现"北纬29°以南"的提法，将奄美也囊括在美国占领的地区中
1948年2月6日	JCS1619/24强调：将北纬29°以南的南西诸岛、位于媾妇岩岛南部的南方诸岛和南鸟岛作为以美国为施政国的联合国的战略托管地区

① 参见胡德坤，韩永利：《旧金山和约与日本领土处置问题》，《现代国际关系》，2012年第11期；刘少东：《日美冲绳问题起源研究（1942—1952）》，北京：世界知识出版社，2011年，第72-75页。

② 刘少东：《日美冲绳问题起源研究（1942—1952）》，北京：世界知识出版社，2011年，第68-89页。

③ 参见［日］我部政明：《日米關系の中の冲繩》，三一书屋，1996年；［日］宫里政玄：《アメリカの对外政策决定过程》，三一书店，1981年；Robert D. Eldridge, *The Origins of the Bilateral Okinawa Problem*：*Okinawa in Postwar US-Japan*（1945—1952），Routledge，2001；Robert D. Eldridge, *The Return of the Amami Islands*：*The Reversion Movement and U. S. -Japan Relations*，Oxford：Lexington Books，2004；刘少东：《日美冲绳问题起源研究（1942—1952）》，北京：世界知识出版社，2011年。

续表

时间	官方文件及其内容
1948 年 2 月	国务院 PPS（政策计划室）10-1 "关于琉球群岛的最终处理特别报告"（"戴维斯报告"）提到："JCS 将战略托管统治设置在北纬 29°以南的琉球群岛"，但报告对 JCS 战略托管主张不能完全赞同
1948 年 3 月 25 日	PPS28（"凯南报告"）：（1）理论上并不认同冲绳和其他中部、南部的琉球群岛应包括在《波茨坦公告》中"其他小岛"之内；（2）SCAP（盟军最高司令部）权限所涉及的最南端在"北纬 30°以内"的解释，也使位于更南端的琉球群岛不被视为日本的一部分，这基本已经达成国际共识
1949 年 1—5 月	NSC（国家安全保障会议）13/1-13/3：美国对"北纬 29°以南"的琉球群岛（含琉球群岛、南方诸岛和南鸟岛）实行长期性战略统治
1950 年 9 月 11 日	杜勒斯拟定的条约草案第四条"领土"，日本承认：美国对"北纬 29°以南"的琉球群岛，包括西之岛在内的小笠原群岛、火山列岛、冲之鸟岛、南鸟岛，置于以美国为施政国的联合国托管统治之下。美国对这些岛屿的领域在行政、立法和司法上拥有全部权利

关于从日本剥离的琉球的领土界限，美国国务院或军方相关文件出现过"北纬 31°""北纬 28°40′"等提法，但提及最多的还是"北纬 30°"和"北纬 29°"，这其实反映了当时美国国务院自由派意见和军方对日强硬派意见之间的冲突。以"北纬 30°为界"，是因为"北纬 30°"以北的区域历史上是日本九州鹿儿岛县（即 1609 年入侵琉球王国的萨摩藩）的一部分，并不是琉球王国的范围；而"北纬 29°"线位于吐噶喇列岛和奄美诸岛之间（参见附录图七）。军方倾向于把"北纬 29°以南"的琉球由美军排他性托管，如上述表八 1946 年 11 月 6 日联合战略委员会（JSSC）题为"太平洋地区的战略地位与托管统治"的文件等。《旧金山和约》第 3 条确定以"北纬 29°"线为界，最终的状态是种子岛和屋久岛归还鹿儿岛县，吐噶喇列岛以南的和奄美诸岛再以南的区域（琉球本岛、宫古岛、八重山群岛）被美国以托管的名义继续占领。①

---

① ［日］矢吹晋著：《钓鱼岛冲突的起点：冲绳返还》，张小苑等译，北京：社会科学文献出版社，2016 年，第 69 页。

《旧金山和约》最终约文第2章第3条的涉琉球条款，改变了盟军最高司令部"第667号指令"以"北纬30°"为界对日本领土进行分离的规定，将日本"领土界限"改变为以"北纬29°"为界。杜勒斯还以"剩余主权"为依据，宣布允许日本保留对"北纬29°以南"的琉球群岛等西南诸岛、小笠原群岛等南方诸岛的"剩余主权"。① 但综合《旧金山和约》"和约草案"等文件不难看出以下两点：第一，不仅《旧金山和约》最终文本中没有出现"钓鱼岛"（无论汉语还是日语）字眼，而且起草者在"领土"条款的草拟过程中，都没有对钓鱼岛归属做出倾向于中国或是日本的规定；第二，《旧金山和约》第2章第3条中规定以"北纬29°"作为日本领土的分界线，美国作为唯一施政国对"北纬29°以南"的琉球群岛进行托管，而具体的托管地界在法律上仍没有划定。这为此后美国单方面用经纬度方式将钓鱼岛划入琉球"管辖范围"埋下了伏笔。但可以明确的是，即使按照日方"钓鱼岛属于冲绳县八重山"的逻辑，根据《旧金山和约》第3条，日本此时已然放弃"北纬29°以南"的琉球群岛的"权利和权利要求"，对钓鱼岛列屿的"主权"又从何谈起？

3. 第3条琉球"托管方"等相关用语

《旧金山和约》第3条最终条文中，采用的是将琉球"置于联合国托管""以美国为唯一管理当局"的用语。然而，美国无论对战后琉球是否进行托管的抉择，还是实施单独或共同托管的决定，美国政府的决策都是渐进的过程。从开罗会议到签署《旧金山和约》期间，对于中国可能收回或共同托管琉球的要求和日本要求对琉球共同托管的诉求，美国都曾做出过预案。

首先，针对中国可能提出的收回琉球的诉求，美国国务院早有预案，并力图杜绝与中国共同托管琉球之干扰。1943年开罗会议前，美国国务院领土委员会下设的"博顿远东小组"在4月13日完成了关于琉球问题最早的文件——"琉球群岛"（简称"T-343"）。T-343文件的最后一部分涉及领土

① 胡德坤，韩永利：《〈旧金山和约〉与日本领土处置问题》，《现代国际关系》，2012年第11期。

处置，其中对琉球的未来地位提出三种解决方案：第一是中国占领琉球；第二是国际管理琉球；第三是日本占领琉球。1942 年 11 月，时任外交部长的宋子文在会见记者时就已经提出中国收回琉球的愿望。但 T-343 认为，中国将琉球认领为自己的领土依据"十分薄弱"，因为岛民已大部分被日本同化，琉球群岛的文化、行政和经济已经和日本本土紧密连在一起。① 此后，美国国务院并没有派员陪同罗斯福总统参加开罗会议，会上罗斯福总统对美国国务院领土委员会的文件感兴趣并使用了这些文件，② 同时中国国内要求收回琉球的舆论也得到国际社会的广泛报道，因此罗斯福在开罗会议期间，对蒋介石提出了是否要琉球的问题。

其次，1946 年 3 月由埃莫森主笔的"PR-35 最终报告（修改版 B）"代表了国务院下属的远东委员会的态度，其中提到，在中国政府强烈要求占有琉球群岛的一部分或者是整个琉球群岛的情况下，甚至主张由中国作为联合国托管统治的委托者，美国应努力使中国放弃这种要求。③ 对美国在旧金山和会前将中国排除在托管方之外的原因，台湾国际法学家丘宏达做出一种解释，他认为，"美国将'媾和七原则'中琉球置于托管制度的规定，改为美国自行决定是否要交托管，如此安排事实上可能排除当时台湾当局对琉球问题的一切发言权（如未交托管）。因为如果琉球交付托管，台湾为托管理事会当然理事成员，就有权发言"。④

对日本提出的作为（托管）"共同施政方"的诉求，1951 年 8 月，参谋长联席会议在美英《旧金山和约共同草案》的意见中，要求就"日本领土"的条款做出如下修正："日本国完全同意美国向联合国提出的将北纬 29°以南的琉球群岛、媚妇岛以南的南方群岛（包括小笠原群岛、西之岛、火山列岛）

---

① 参见刘少东：《日美冲绳问题起源研究（1942—1952）》，北京：世界知识出版社，2011 年，第 35 页；［日］宫里政玄：《アメリカの对外政策决定过程》，三一书店，1981 年，第 185-186 页。

② ［日］宫里政玄：《アメリカの对外政策决定过程》，三一书店，1981 年，第 85 页。

③ PR-35 Final（Revision b），Disposition of the Ryukyu（Liuchiu）Islands（March 4，1946），Post World War II Foeign Policy Planning，Microfiche 1192-PR-35 Final Revision b.

④ 丘宏达：《关于中国领土的国际法问题论集》（修订本），台北：台湾商务印书馆，2004 年，第 23 页。

和同侧的冲之鸟岛以及南鸟岛归属到联合国为唯一管理当局的托管统治之下。在通过实施此案以前，联合国享有对这些岛屿及居民的行政、立法和司法的所有权利。"① 参谋长联席会议就该条款的修正做出解释，"并非任何国家都能参与对这些岛屿的战略性通知，或是进行法律上的干涉"。② 条约草案在"管理当局"前插入"唯一"一词，实际就是对日本"共同施政方"要求的明确拒绝。

在 1950 年 9 月《对日媾和条约七原则》前，多份"和约草案"涉及琉球托管问题的条文先后经过几次修改，美国军政各方对于将琉球实施托管的决策是渐进的过程，这些草案的内容为：

1949 年 10 月 13 日③和 1949 年 11 月 2 日④"和约草案"的条文中拟定，"日本放弃对北纬 29°以南的琉球群岛的权利和权利要求"，根据《联合国宪章》第 77 条、78 条和 85 条，以托管协议规定美国作为琉球群岛的托管方，盟军和盟国支持美国对这些岛屿的托管。这两份草案除了提到日本放弃南部琉球群岛外，更提到遵循《联合国宪章》，按照托管协议由美国对琉球南部进行托管的战后领土处理方式。

1949 年 12 月 8 日"和约草案"中，表明"日本割让并放弃所有第 3 条所列日本领土之外的领土、委任统治地，以及租借地的权利、权利要求和主张"，还提出"接受或由有关各方做出及可能做出的对这些领土的安排"或

---

① Memorandum for the Secretary of Defense on the Japanese Peace Treaty (June 26, 1951), FRUS, Vol. 6, p. 115.

② Memorandum for the Secretary of Defense on the Japanese Peace Treaty (June 26, 1951), FRUS, Vol. 6, p. 115.

③ Art. 6, Memorandum, Attached Treaty Draft, State Dep't Decimal File No. 740.0011 PW (PEACE) /10-1449, State Dep't Records, Record Group 59 (Oct. 14, 1949).

④ Commentary on Treaty of Peace with Japan, Commentary on Treaty of Peace with Japan, State Dep't Records, Record Group 59 (Nov. 2, 1949) (on file with the U. S. National Archives and Records Administration in College Park, MD), Article 8 in the draft dates Nov. 2, 1949.

"由联合国根据《联合国宪章》第 77 条、78 条和 85 条对这些岛屿的托管"。[①]
这里的"第 3 条"规定，日本领土限于四个本岛和其他小岛的条款。这份草案对日本的战后领土细化并区分为三类，同时提到对这些领土的安排，其中就包括由联合国托管的问题。

1949 年 12 月 19 日[②]和 12 月 29 日[③]的"和约草案"内容相似，但存在细微区别。12 月 29 日"和约草案"提到"日本放弃对北纬 29°以南琉球群岛的权利和权利要求"，12 月 19 日"和约草案"则没有提及。12 月 29 日草案第 7 条规定，"将北纬 29°以南琉球群岛置于联合国托管并以美国为唯一的托管方"。

1950 年 9 月《对日媾和条约七原则》[④] 中，第三项原则里的"领土问题"列明："日本方面，（乙）同意将琉球群岛及小笠原群岛交与联合国托管，并以美国为管理当局。"[⑤]《对日媾和条约七原则》给人的突出印象是：美国试图通过对日媾和控制日本及东南亚地区的安全局势，媾和后日本将处于美国控制之下，还包括在日本国内的驻军及托管琉球群岛和小笠原群岛。[⑥]《对日

---

① Art. 4, Memorandum from Samuel W. Boggs, Special Advisor on Geography, Office of Intelligence Research, to Maxwell M. Hamilton, U. S. Representative on the Far Eastern Commission, and Robert A. Fearey, Bureau of Far Eastern Affairs, Draft Treaty of Peace with Japan, Territorial Clauses, State Dep't Records, Record Group 59（Dec. 8, 1949）（on file with the U. S. National Archives and Records Administration in College Park, MD）.

② Territorial Clauses & Agreement Respecting the Disposition of Former Japanese Territories dated Dec 15, 1949, available at http：//en. wikisource. org/wiki/Territorial_Clauses_%26_Agreement_Respecting_the_Disposition_of_Former_Japanese_Territories, _Dec, _1949, access date：1ˢᵗ Nov, 2015.

③ Art. 7, Commentary on Draft Treaty of Peace with Japan, State Dep't Records, Record Group 59（Dec. 29, 1949）（on file with the U. S. National Archives and Records Administration in college Park, MD）.

④ 1950 年 10 月 20 日，杜勒斯与台湾驻美"大使"顾维钧会谈时，交给顾维钧一份"七原则"纲要。11 月 20 日，杜勒斯又把经过修改的"七原则"交给顾维钧。落款时间是 1950 年 11 月 9 日。参见"中华民国外交问题研究会"编：《旧金山和约与中日和约的关系》，载《中日外交史料丛编》（8），台北："中华民国外交问题研究会"，1966 年，第 11 页。

⑤ U. S. Sets Forth Principles for Japanese Peace Treaty（Released to the press November 24, Department of State Bulletin, December 4, 1950, p. 881，参见"中华民国外交问题研究会"编：《旧金山和约与中日和约的关系》，载《中日外交史料丛编》（8），台北："中华民国外交问题研究会"，1966 年，第 10-11 页。

⑥ ［日］细谷千博：《サンフランシスコ讲和への道》，东京：中央公论社，1984 年，第 114 页。

媾和条约七原则》是美国政府提交联合国讨论的官方文件，文件中对琉球托管的方针是明确的，具体措施为"将琉球群岛及小笠原群岛交与联合国托管，并以美国为管理当局"。正是在这份文件中，美国被列为对琉球实施托管的唯一托管方，并写入《旧金山和约》第 3 条的正式文本中。

（三）《旧金山和约》第 2 章日本"领土"条款与钓鱼岛的关联

《旧金山和约》第 2 章"领土"的第 2 条中有两项涉及我国东海、南海的领土和岛礁：

乙、日本放弃对台湾及澎湖列岛的一切权利、权利名义与要求（Japan renounces all right, title and claim to Formosa and the Pescadores）；

己、日本放弃对南威岛及西沙群岛之一切权利、权利名义与要求（Japan renounces all right, title and claim to the Spratly Islands and to the Paracel Islands）。[①]

严格说，即使在提及"台湾和澎湖列岛"时，《旧金山和约》第 2 章没有明确提到钓鱼岛列屿。但是从《旧金山和约》"和约草案"中日本应返还的台湾、澎湖列岛等中国领土的描述，以及限制日本战后领土的规定，可以反推出《旧金山和约》签订时钓鱼岛的主权归属。在 1947—1951 年的几份"和约草案"中，涉及日本应返还的台湾、澎湖列岛等中国领土的描述，具体内

[①] 《旧金山和约》第 2 条的英文原文："（a）Japan recognizing the independence of Korea, renounces all right, title and claim to Korea, including the islands of Quelpart, Port Hamilton and Dagelet. （b）Japan renounces all right, title and claim to *Formosa* and the Pescadores. （c）Japan renounces all right, title and claim to the Kurile Islands, and to that portion of Sakhalin and the islands adjacent to it over which Japan acquired sovereignty as a consequence of the Treaty of Portsmouth of 5 September 1905. （d）Japan renounces all right, title and claim in connection with the League of Nations Mandate System, and accepts the action of the United Nations Security Council of 2 April 1947, extending the trusteeship system to the Pacific Islands formerly under mandate to Japan. （e）Japan renounces all claim to any right or title to or interest in connection with any part of the Antarctic area, whether deriving from the activities of Japanese nationals or otherwise. （f）Japan renounces all right, title and claim to the Spratly Islands and to the Paracel Islands". 《旧金山和约》的中文文本，参见世界知识出版社编辑：《国际条约集 1950—1952》，北京：世界知识出版社，1959 年；英文文本，See "San Francisco Peace Treaty"（8 Sep, 1951），available at http://www.uni-erfurt.de/ostasiatische_geschichte/texte/japan/dokumente/19/19510908_treaty.htm, access date：30 Jan, 2015.

容如下。

1. 1947—1951 年的多份"和约草案"

（1）1947 年 3 月 19 日"和约草案"

这份草案是"博顿远东小组"① 草拟的第一份《旧金山和约》的"和约草案"。② "和约草案"第 1 章"领土"的第 1 条和第 7 条，对日本战后领土做出限制：

第 1 条 日本的领土应以其在 1894 年 1 月 1 日以前的存在为界限……范围包括日本本土四个主岛和所有本土外的小岛，不包括千岛群岛，但包括那些构成鹿儿岛县一部分的琉球群岛。

第 7 条 日本放弃形成冲绳县一部分的琉球群岛和大东群岛，以及拉沙群岛（Rasa Islands）。③

（2）1947 年 8 月 5 日"和约草案"

在这份由"博顿远东小组"草拟的"和约草案"中，第 1 章"领土"不仅在涉及日本区域范围的条款中囊括了琉球群岛，还包括日本将台湾澎湖等岛屿归还给中国的条款：

第 1 条 日本地区由本州、九州、四国、北海道四个主要岛屿以及包括琉球在内的其他数个小岛组成。

第 2 条 第 1 款 日本返还通过从中国割让取得的台湾和其他附近小岛（列

---

① "博顿远东小组"：1942 年 9 月，美国国务院设置远东问题工作组处理领土问题，由哥伦比亚大学日本专家博顿（1903—1995）任组长。参见刘少东：《日美冲绳问题起源研究（1942—1952）》，北京：世界知识出版社，2011 年，第 98 页。

② 刘少东：《日美冲绳问题起源研究（1942—1952）》，北京：世界知识出版社，2011 年，第 98 页。

③ See Chapter I, Article 1&7, Memorandum to General MacArthur, Outline and Various Sections of Draft Treaty, State Dep't Decimal File No. 740. 0011 PW（PEACE）/3 - 2047, State Dep't Records, Record Group 59（Mar. 3, 1947）（on file with the U. S. National Archives and Records Administration in College Park, MD）.

举的小岛中没有包括钓鱼岛）的主权；应返还的岛屿还包括澎湖列岛……①

（3）1948 年 1 月 8 日②和 1949 年 9 月 7 日③的"和约草案"

这两份"和约草案"在第一章"领土"条款中，再次把日本的领土定义为四个主岛和附近小岛，不再以鹿儿岛为标准，而是明确以北纬 29° 为界限，即"北纬 29° 以北的琉球群岛"才算日本的领土。

（4）1949 年 10 月 13 日和 1949 年 11 月 2 日"和约草案"

这两份草案中，把日本放弃琉球的领土与"置于联合国托管之下"开始放在同一条款，类似的条款也体现在 1949 年 12 月 8 日的"和约草案"④ 中：

日本放弃北纬 29° 以南的琉球群岛的所有权利与权利根据，协约国将支持美国根据《联合国宪章》第 77 条、78 条和 85 条，将这些岛屿置于托管之下的提案，托管协议中约定美国为管理当局。

（5）1950—1951 年期间的"和约草案"

这期间"和约草案"的多个版本主要是由美国和英国讨论确定的，但不仅美英讨论"和约草案"时对"领土条款"存在分歧，苏联等国提出的草案与美国的提议也大相径庭。1950 年，朝鲜战争爆发，这一时期美国制定的草案不再对日本领土范围做出明确定义，而是保留"将琉球置于联合国托管之下、以美国为管理当局"的内容，同时加入由美国进行行政管理的文字，此

---

① See Chapter I, Article 1&2, Memorandum, Background of Draft of Japanese Peace Treaty, State Dep't Decimal File No. 740. 0011 PW（PEACE）/ 1-3048 CS/W, State Dep't Records, Record Group 59（Jan 30, 1948）（on file with the U. S. National Archives and Records Administration in College Park, MD）.

② See Article 1. 1, Memorandum, Background of Draft of Japanese Peace Treaty, State Dep't Decimal File No. 740. 0011 PW（PEACE）/1-3048 CS/W, State Dep't Records, Record Group 59（Jan. 30, 1948）（on file with the U. S. National Archives and Records Administration in College Park, MD）.

③ See United States National Archives and Records Administration（NARA）, Records of Office of Northeast Asian Affairs, Relating to the Treaty of Peace with Japan — Subject File, 1945—1951（Lot File 56 D 527）, Box no. 6; Folder No. 2.

④ See Memorandum from Samuel W. Boggs, Special Advisor on Geography, Office of Intelligence Research, to Maxwell M. Hamilton, U. S. Representative on the Far Eastern Commission, and Robert A. Fearey, Bureau of Far Eastern Affairs, Draft Treaty of Peace with Japan, Territorial Clause, State Dep't Record Group 59（Dec. 8, 1949）（on file with the U. S. National Archives and Records Administration in College Park, MD）.

后演变为《旧金山和约》第2章第3条。例如，美国1950年9月11日"和约草案"第4章"领土"，除了没有对日本领土做出界定外，对台湾澎湖列岛和琉球托管的具体范围均做出规定：

5. 台湾、澎湖列岛以及北纬50°以南的库页岛，所属权由英、苏、中、美四国决定，日本必须同意……

6. 日本接受1947年4月2日联合国安理会扩展托管体系的决议，同意由美国担任管理者，托管先前由日本委任统治的太平洋岛屿。同时，美国将向联合国递交申请，申请由美国担任管理者，托管北纬29°以南的整个或部分琉球群岛、小笠原群岛，包括罗萨里奥岛、火山岛、帆型岛以及马尔库斯岛。在等候联合国许可期间，日本同意美国对上述岛屿享有全部行政、立法和司法权。①

与美国对琉球的处置不同，英国要求加上"日本放弃对琉球主权"的条款。例如，1951年1月2日英国内阁备忘录记载，英国虽不反对将琉球和小笠原群岛置于美国托管的条款，但要求和约中加入"日本放弃琉球主权"以及"美国政府有意签订有关琉球和小笠原群岛的联合国托管协议"的内容。②新西兰赞同英国的观点，也建议在和约中条款中写进"日本放弃琉球和小笠原群岛主权"③的内容。

苏联则反对将琉球托管，提出由日本保留琉球主权的意见，同时要求"领土"条款的第2条加上"日本承认中华人民共和国对满洲里、台湾及其一切附属岛屿、澎湖列岛、东沙群岛、西沙群岛和南沙群岛的全部主权，放弃上述领土的所有权利、权利根据与主张"的字样，还提出把第3条修改成："日本的领土包括本州、九州、四国、北海道以及琉球、小笠原群岛……和其

---

① See Draft of a Peace Treaty with Japan, *FRUS*, 1950, Vol. Ⅵ, East Asian and the Pacific, United States Government Printing Office, Washington: 1976, pp. 1297-1303.

② Article 5 (1), See C. P. (57) 137, no. 31. Cabinet Memorandum by the Secretary of State for Foreign Affairs, 23rd May, 1951, p. 16 (on file with the British National Archives, London).

③ See Japanese Peace Treaty: Working Draft and Commentary Prepared in the Department of State (June 1, 1951), *FRUS*, 1951, Vol. Ⅵ, p. 1062.

他除了上述第 2 条所提领土和岛屿以外，在 1941 年 12 月 7 日前属于日本的岛屿。"①

此外，印度大使潘迪特（Pandit）在 1950 年 12 月 21 日与东亚事务办公室主任阿利森（Allison）会谈时，递交了"印度对美国《对日和平条约》备忘录的初步意见"。这份"意见"表明：首先，"依据《开罗宣言》，台湾和澎湖列岛应归还给共产主义中国"；其次，印度同意由美国代表联合国托管琉球和小笠原群岛，行使行政权利，但印度认为应在和平会议上讨论是否将二者归还给日本。②

2. "和约草案"评析

1947 年 8 月 5 日和 1948 年 1 月 8 日的"和约草案"中，那些属于中国岛屿的经纬度范围是"从北纬 26°和东经 121°作为起点划线，东至东经 122°30′，然后南至北纬 210°30′，再往西经过巴士海峡到东经 119°，北再到北纬 240°，之后往东北方向回到起点，"③而我国钓鱼岛列屿的 8 个岛屿位于北纬 25°40′—26°00′，东经 123°—124°40′④之间的海域。"和约草案"起草方也并没有在对"台湾、澎湖和其他临近岛屿"的罗列中纳入钓鱼岛，或在台湾的经纬度范围

---

① 参见罗欢欣：《国际法上的琉球地位与钓鱼岛主权》，北京：中国社会科学出版社，2016 年，第 127 页。

② See Memorandum of Conversation, by the Director of the Office of Northeast Asian Affairs (Allison), *FRUS*, 1950, Vol. VI, East Asia and the Pacific, United States Pringing Office, Washington: 1976, pp. 1379—1383；参见"阿利森会谈备忘录"，参见奚庆庆、张生编：《美国外交关系文件》，南京：南京大学出版社，2016 年，第 120-122 页。

③ See Art. 2（1），Acting Special Assistant to the Director, Office of Far Eastern Affairs, to Charles E. Bohlen, Counselor of the Department of State: Draft Treaty of Peace for Japan, State Dep't Decimal File No. 740.0011 PW（PEACE）/8-647 CS/W, State Dep't Records, Record Group 59（Aug. 6, 1947）（on file with the U. S. National Archives and Records Administration in College Park, MD）［hereinafter Memorandum from Hugh Borton］；Article 2 in the draft dated January 8, 1948, see also Memorandum, Background of Draft of Japanese Peace Treaty, State Dep't Decimal File No. 740.0011 PW（PEACE）/1-3048 CS/W, State Dep't Records, Record Group 59（Jan. 30, 1948）（on file with the U. S. National Archives and Records Administration in College Park, MD）.

④ 福建师范大学闽台区域研究中心编：《钓鱼岛：历史与主权》，北京：海洋出版社，2013 年，第 2 页。

中涵盖钓鱼岛。① 总之，《旧金山和约》起草者在"领土"条款的草拟过程中，并没有对钓鱼岛归属做出倾向于中国或是日本的规定。究其原因，是美国决策层意识到未来将琉球施政权"返还"给日本的可能，但并不能因此损害中国的权利和主张。

在 1947 年 3 月 19 日"和约草案"中，被纳入日本领土的"琉球群岛"只包括"组成鹿儿岛县"（即大隅、吐噶喇和奄美等群岛）的岛屿，并非琉球群岛（1895 年 1 月 24 日，日本政府通过"阁议"将中国的钓鱼岛划入冲绳县管辖②）。"和约草案"提到"日本的领土应限于 1894 年 1 月 1 日以前的领土"，而日本政府在 1895 年 1 月"阁议"前并未主张对钓鱼岛主权，这表明和约起草者并不认可日本对钓鱼岛拥有主权，③日本的领土范围中并不包括钓鱼岛。这份"和约草案"还写明，"日本在此放弃归属于冲绳县的琉球群岛、大东岛的权利和权利要求"。④ 按此草案，日本放弃琉球群岛的所有权利。即使真如日本政府所主张的，钓鱼岛属于琉球，那么从这份草案看，日本也理应放弃"属于冲绳县的"钓鱼岛的"权利和权利要求"。⑤

1950—1951 年美英多份"和约草案"和同时期其他国家的意见表明，对日和约的谈判是法律与政治的博弈。最终《旧金山和约》的文本中，既没有载入英国要求的以及美国 1950 年前多份草案都包含的"日本放弃琉球主权"

---

① See Telegram, State Dep't File No. Pol 32-6 Senkaku Is, Taipei 2946, State Dep't Records, Record Group 59（June 17, 1971）（on file with the U. S. National Archives and Records Administration in College Park, MD）; *see also* Senkakus Dispute, State Dep't File No. Pol 32-6 Senkaku Is 051921, State Dep't Records, Record Group 59（Mar. 27, 1972）（on file with the U. S. National Archives and Records Administration in College Park, MD）.

② 郑海麟：《钓鱼岛列屿之历史与法理研究》（增订本），香港：明报出版社有限公司，2011 年，第 116 页。

③ See Seokwoo Lee, *The 1951 San Francisco Peace Treaty With Japan And The Territorial Disputes In East Asia*, 11 Pac. Rim L. & Pol'y J. 63 2002, p. 124.

④ Art. 7, Memorandum to General MacArthur, Outline and Various Sections of Draft Treaty, State Dep't Decimal File No. 740. 0011 PW（PEACE）/3 - 2047, State Dep't Records, Record Group 59（Mar. 3, 1947）.

⑤ Seokwoo Lee, *The 1951 San Francisco Peace Treaty With Japan And The Territorial Disputes In East Asia*, 11 Pac. Rim L. & Pol'y J. 63 2002, p. 125.

条款，也没有纳入苏联"日本保留琉球主权"的内容，甚至并不涉及印度代表提出的"讨论今后将琉球'返还'日本"的条款。实际情况是，"领土条款"中"将琉球置于联合国托管之下，以美国为唯一托管当局"的核心内容始终包括在美英的和约草案中，并得到最终文本的确认。

从条约解释的角度看，《旧金山和约》"领土"整体条款的缔约准备文件、"和约草案"等资料印证了对第 2 章"领土"条款中第 3 条的法律考量，即托管的约定并不仅是政治考虑，而是《联合国宪章》所规定的具有明确约束力的"联合国托管制度"。因此，如果一方面约定将琉球置于联合国实施托管，一方面又约定琉球主权归还给日本，正如英国指出的，必将造成"法律的障碍与混乱"。① 美国 1950 年前的草案和英国的前期草案，都在规定"联合国托管"的同时，以日本放弃对琉球的主权作为前提条件。这也就证明，要在符合国际法的情况下实现第 3 条将琉球置于"联合国托管"的目的，必然不能让日本保留主权。② 也正是基于《旧金山和约》"琉球托管"条款隐含的"法律悖论"，主管对日媾和谈判的美国国务卿杜勒斯③才不得不用"剩余主权"对《旧金山和约》的涉琉球条款予以"解读"。但是，即使援引源于英美国内法的"剩余主权说"，也难以破解美国 20 世纪 70 年代擅自将琉球"返还"给日本的"国际法悖论"。

第四节 "琉球托管"的决策和
"剩余主权论"的出台

第二次世界大战后美国对琉球的制度性安排，主要体现在对日《旧金山

---

① See C. P. （57）137, no. 31, Cabinet Memorandum by the Secretary of State for Foreign Affairs, 23rd May, 1951, p. 16 (on file with the British National Archives, London).

② 参见罗欢欣：《国际法上的琉球地位与钓鱼岛主权》，北京：中国社会科学出版社，2016 年，第 128-129 页。

③ 1950 年 5 月 18 日，杜鲁门总统举行记者招待会，正式宣布杜勒斯成为对日媾和问题的负责人。媾和条约谈判开始由国务院负责实施。参见刘少东：《日美冲绳问题起源研究（1942—1952）》，北京：世界知识出版社，2011 年，第 150 页。

和约》的"琉球托管"条款中，期间美国不仅提出对琉球适用"剩余主权"，更通过1971年《日本国与美利坚合众国关于琉球群岛及大东诸岛的协定》（《琉球移交协定》）① 实现日美间私相授受琉球。日本学者小林进认为，由于东西冷战的影响，美国主导下的《旧金山和约》主要目的在于"切割过去、不问将来"，意即要使日本放弃所有的占领区，但不在《旧金山和约》中决定这些被放弃的土地之将来归属问题。② 最终美国决定将琉球移交日本，这背后既有美国外交部门出台其"法理依据"即"剩余主权论"的铺垫，又与日本的外交斡旋与交涉密不可分，期间还夹杂台湾蒋介石政权的政治妥协。

从本章第三节的分析可见，《旧金山和约》第3条"琉球托管"条款中并没有提及"主权"一词。实际上，不仅《旧金山和约》文字中没有专门提到钓鱼岛列屿，而且条约相关的地图文件中也没有确切提到或体现出包括对钓鱼岛的处理。③ 然而，《旧金山和约》第3条里美国享有对琉球"行政权力"（power of administration，即日本所称的"施政权"）的表述，以及美国国务卿杜勒斯主张的"剩余主权"，仍构成日本和西方学者眼中美日私相授受琉球的重要依据，甚至成为"琉球'返还'"时裹挟钓鱼岛"施政权"归日本的"理论依据"。④ 从这个意义上，研究美国对日媾和时"琉球托管的决策""剩余主权论"的政策和理论溯源，对于定性第二次世界大战后琉球的地位具有重要的意义。

---

① See Agreement between the United States of America and Japan Concerning the Ryukyu Islands and the Daito Islands, United States, 17 June, 1971, In Dept. of State, *United States treaties and other international agreements*, Washington: U. S. Government Printing Office 1973, Part I, Vol. 23, pp. 449-458.

② ［日］小林进：《台湾の前途》，東京：サイマル出版会，1989年，第16页。

③ 罗欢欣：《国际法上的琉球地位与钓鱼岛主权》，北京：中国社会科学出版社，2016年，第117页。

④ See Dumbaugh, Kerry, et al., *China's Maritime Territorial Claims: Implications for U. S. Interests*, Congressional Research Service, 12 November 2001; Kimie Hara, *The San Francisco Peace Treaty and Frontier Problems in the Regional Order in East Asia: A Sixty Year Perspective*, The Asia Pacific Journal, 2012, Vol. 10, Issue. 17, No. 1; Yabuki Susumu, Two Key Concepts in San Francisco Peace Treaty 1951: General MacArthur's Peace Treaty Plan and Ambassador J. F. Dulles's Idea of "Residual Sovereignty" of Ryukyu Islands, 31 July, 2015.

一、美国对日媾和与杜勒斯"剩余主权论"的出台

"剩余主权论"首次被公之于众，是在杜勒斯 1951 年 9 月于旧金山和会上发表的讲话中。[①] 这一主张不仅对琉球战后处置起到关键作用，还成为日本与美国进行"收回琉球"谈判的基础。期间，美国甚至擅自将钓鱼岛列屿纳入该协议的"琉球地理界限"，后不顾中国反对，在将琉球"施政权""返还"日本时又将钓鱼岛裹挟其中，导致钓鱼岛争端延续至今。正由于美国支持日本对琉球享有"剩余主权"，美日才以此名义在 1971 年签订《琉球移交协定》，实现将琉球交给日本的安排。探究杜勒斯在倡导"剩余主权论"时的政治和法律因素，对于还原"剩余主权论"的原貌十分重要。

（一）"剩余主权论"的政治考量

根据琉球学者宫里政玄的研究，美国政界对战后琉球地位有几种提议或安排：第一是军方的"军部理论"，要求排除日本力量进入琉球，树立美国在当地完全的统治权（事实上的主权）；第二是曾任国务院政策企划部长的乔治·凯南的"凯南理论"，其主张与军方大体相同。麦克阿瑟强调，"冲绳人不是日本人，可以通过美军基地得到收入过愉快的生活"，凯南则认为"冲绳并非日本所固有之一部分"；第三是朝鲜战争时期出现的杜勒斯理论或称"剩余主权论"，他认为当时没有必要将琉球归还日本，而是要获得日本协力以统治琉球，但必要时可以附加一定条件移交琉球；第四是深陷越战泥潭时期的"尼克松理论"或"返还理论"，这种理论试图推动日本在东亚发挥领导作用，拟在归还琉球同时要求日本做出安全保障及经济上的贡献。[②] 美国政界的四种政策体现了当时处置战后琉球的意识形态与利己主义的战略立场，这种立场与美军在东亚政局中的挫折处境相结合。最终，时任国务卿杜勒斯主导

---

① 1951 年旧金山会议期间，美国代表杜勒斯在解释《旧金山和约》第 3 条时提到"剩余主权"，参见 American Foreign Policy, 1950—1955, Basic Documents Vol. 1, Washington, D. C: government Printing Office, 1957, p. 453.

② 徐勇：《战后琉球政治地位之法理研究与战略思考》，《战略与管理》，2010 年 3/4 期合编。

的"剩余主权论"在战后琉球的政策交锋中取得上风。

《旧金山和约》第3条及该和约正文其他条款中,并没有出现"剩余主权"一词。与琉球问题有关的"剩余主权"一词,只出现在杜勒斯在旧金山会议对《旧金山和约》第3条做出解释的讲话,以及与旧金山和会有关的美国外交档案中。① 1950年,在被任命为对日媾和问题的负责人前,杜勒斯是位从事40年国际业务的律师,曾任共和党外交问题的发言人。1951年9月4日晚,在美国旧金山歌剧院,对日媾和会议正式召开。会议上,杜勒斯首次公布了"剩余主权"这一提法。杜勒斯在发言中声称:

……(和约)第3条处理日本南方和东南方位置的琉球与其他群岛问题。自从投降以来,这些岛屿一直由美国进行单独管理。一些盟国强烈要求日本应当在和约中放弃这些岛屿的主权并同意美国的主权,另外一些则建议这些岛屿应完全地归还给日本。面对盟国的不同意见,美国感到最好的方案是允许日本保留剩余主权,而将这些岛屿置于联合国托管制度下,以美国为管理当局。《联合国宪章》托管制度的适用涵盖了作为第二次世界大战的结果而将从敌国割离的领土(《联合国宪章》第77条)。毫无疑问,将来的托管协议将决定这些居民与日本相关的公民身份,而管理当局可能行使《联合国宪章》第84条所述之"管理当局有保证托管领土对于维持国际和平及安全尽其本分之义务"……②

杜勒斯试图用"剩余主权"这一概念解决复杂的琉球领土问题,在避免政治问题的同时又实现安全保障的要求。沿用杜勒斯的方案,美国政府不仅在旧金山和会正式提出日本对琉球享有有"剩余主权"的说法,而且此后不止一次由总统对日发表联合公报承认日本对琉球享有"剩余主权",目的就是

---

① See "Memorandum from the Assistant Secretary of State for Far Eastern Affairs (Robertson) to the Secretary of State", 26 June, 1956, Foreign Relations of the United States, FRUS 1955—1957, Japan, Vol. XXIII, Part I.

② See Japan, San. Francisco, California, September 4-8, 1951, Record of Proceedings (Department of State publication 4392, 1951), pp. 84-86.

为日后归还日本铺路。①

1950 年 6 月 27 日，在杜勒斯和费阿里及国防司令马歇尔会谈的备忘录中，杜勒斯曾对琉球群岛适用"剩余主权"做出解释与说明。杜勒斯称，如果《旧金山和约》第 3 条只写明日本放弃琉球主权而不提由谁来处置，那么可能导致的后果包括：①主权归于琉球居民，则今后居民会依靠联合国来剥夺美国存在的权利；②战胜国之一的苏联也将对琉球拥有"不完全主权"（incholte title）；③联合国有权通过自己的方式处置琉球群岛及其居民；④美国通过某种方式取得琉球的主权。②以上前三种后果都是美国军方和国务院一直忌惮的结果。作为解决方案，杜勒斯提出了"剩余主权公式（formula）"，其核心为：日本同意"以美国为托管机构的联合国托管统治成为可能"，日本保留对琉球群岛的"剩余主权"的同时，美国对琉球群岛将拥有实施"对琉球群岛、居民及其领水的立法、行政、司法的所有权力"。③

（二）"剩余主权论"的法律因素

除了上述政治考量，将"剩余主权"适用于琉球的法律因素虽然不算是杜勒斯的主要考虑因素，但可以从他在旧金山和会的发言，以及美国外交档案记录中寻见端倪：

第一，将"剩余主权"适用于战后琉球群岛，是美国"领土不扩张原

---

① 台湾当局"外交部"对日和约研究委员会编译室，曾参照当时日本《每日新闻》《朝日新闻》等关于日本国会讨论《旧金山对日和约》的经过，做出以下观察："……琉球……群岛等，亦系日本历史上旧有的领土，划归托管，似与联合国宪章未尽符合，托管之目的，在领导受托管地区之居民，趋向独立或自治之途径。似此，则日本对该向岛屿之主权，恐将日趋消灭……以上为反对党所持之理由……（日本）政府之解释，约为以下三点：（1）对于日本犹存余悸之菲律宾等国，主张明白规定日本放弃该项岛屿，而其他同情日本之国家，则主张交还日本，由于双方争执不决，因此交付托管作为折衷方案。（2）美国对于托管问题将暂时搁置不谈，而维持现状，至行政、立法、司法三权之如何行使，或将予日本政府洽商……"参见"中华民国外交部"对日和约研究委员会编译室编：《中日外交史料丛编》（八），台北：中国国民党中央委员会党史委员会，1966 年，第 125-126 页。

② See Memorandum by the Consultant to the the Secretary（Dulles），June 27, 1951, *FRUS*, 1951, Asia and he Pacific, Vol. VI, Part 1, 1951, p. 1153.

③ See Memorandum by the Consultant to the the Secretary（Dulles），June 27, 1951, *FRUS*, 1951, Asia and he Pacific, Vol. VI, Part 1, 1951, p. 1153.

则"义务下的最佳选择。《大西洋宪章》"领土不扩张原则"对美国有法律约束力，假如，《旧金山和约》第 3 条只写明日本放弃琉球主权而不提由谁来处置，则存在美国对琉球取得主权的可能，这与美国所签署的《大西洋宪章》的法律义务不符。①

第二，将"剩余主权"适用于战后琉球群岛符合《联合国宪章》托管制度的规定。在对日媾和会议的讲话中，杜勒斯鼓吹，"《联合国宪章》将托管制度延伸到那些第 77 条战后可能被剥离的敌国领土"，今后的托管协议"无疑将决定未来与日本有关的民众之未来民事地位"，同时"赋予管理当局执行《联合国宪章》第 84 条的可能"，即"管理当局应当有义务确保托管领土在维持国际和平与安全中的作用。"②

第三，将"剩余主权"适用于战后琉球群岛并非个案，国际社会已有类似的领土实践或安排。为回应军方对"独家战略控制"琉球群岛的要求，③杜勒斯以同样属于美国"战略控制"的太平洋日本前委任统治岛屿的战后托管和巴拿马运河为例，主张自己主张的"剩余主权公式"与"独家战略控制"的目的"完全兼容"。杜勒斯称，以太平洋日本前委任统治岛屿的战后托管为例，最终主权归属于美国、英国和法国；而巴拿马运河的最终主权归属巴拿马。④

总之，针对《旧金山和约》第 3 条的"琉球条款"，杜勒斯关于"剩余主权"的想法"是在非公开场合下考虑的"。⑤杜勒斯以"剩余主权论"作为

---

① See Memorandum by the Consultant to the the Secretary（Dulles），June 27，1951，*FRUS*，1951，Asia and he Pacific，Vol. VI，Part 1，1951，p. 1153.

② See Japan，San. Francisco，California，September 4–8，1951，Record of Proceedings（Department of State publication 4392，1951），pp. 84–86.

③ See Report by the Joint Stragegic Survey Committee to the Joint Chiefs of Staff，*FRUS*，1950，Vol. VI，East Asia and the Pacific，United States Government Printing Office，Washington：1976，pp. 1385–1392.

④ See Memorandum by the Consultant to the the Secretary（Dulles），June 27，1951，*FRUS*，1951，Asia and he Pacific，Vol. VI，Part 1，1951，p. 1153.

⑤ 刘少东：《日美冲绳问题起源研究（1942—1952）》，北京：世界知识出版社，2011 年，第 192 页。

《旧金山和约》琉球条款的说辞，既是平衡美国国务院和军方等多方势力的权宜之计，也试图在"剩余主权"和实现最终琉球移交给日本间打开通道。站在美国国务院的角度，为了在《旧金山和约》生效前确保美国在琉球群岛的军事基地，采取琉球"剩余主权"的处理方式，既可以确保美国国家安全利益，也能暂时"平息"来自日本国内的政治压力和琉球岛内的呼声与不满，但实质不过是为了保障美国在亚洲战略利益、以免丧失琉球的战略地位采取的"吊诡之计"。①

二、"剩余主权论"的国际法溯源

如果说 19 世纪末日本吞并琉球所依据的是领土争端理论中"征服"② 的话（相应的分析参见本书第二章），那么 20 世纪日本主张对琉球群岛乃至钓鱼岛享有"主权"的"理论基础"就是"剩余主权论"。因此，结合对日媾和的历史背景，考察《旧金山和约》涉及琉球的条款，以及追溯剩余主权的国际法"源头"，对驳斥日本对钓鱼岛的"主权主张"十分关键。

（一）国际法上的"主权可分说"与实践

"Residual sovereignty"这一术语，因杜勒斯在旧金山会议上的讲话被国际社会熟知，中国大陆和台湾学者多将其译为"剩余主权"，日本官方、学界和媒体多译为"残存主权"③ 或"潜在主权"④。较早注意到琉球问题与"剩余

---

① 参见刘少东：《日美冲绳问题起源研究（1942—1952）》，北京：世界知识出版社，2011 年，第 200-201 页。

② 参见李明峻：《从国际法角度看琉球群岛主权归属》，《台湾国际研究季刊》，2005 年第 2 期，第 59 页；陈荔彤：《琉球群岛主权归属——历史角度与国际法》，《东海大学法学研究》，2005 年第 22 期，第 17 页。

③ 参见岛田征夫编著：《事例に学ぶ国际法》，敬文堂，2002 年，第 70-71 页；松井芳朗著：《国际法学者がよむ尖阁问题：纷争解决への展望を拓く》，日本评论社，2014 年，第 3 章第 2 节；"日本の领土をめぐる情势"，资料来源于 http://www.mofa.go.jp/mofaj/area/senkaku/qa_1010.html，访问日期：2017 年 2 月 15 日。

④ 参见"尖阁への潜在主権「意味ない言葉に」"（2015 年 11 月 3 日），资料来源于《朝日新闻》网站 http://www.asahi.com/articles/ASHC16SK1HC1UHBI01L.html? ref = chiezou，访问日期：2017 年 2 月 15 日。

主权"关联的主要是台湾学者，从 20 世纪 60 年代至今的此类研究多侧重美国和台湾"外交档案"和史料的发掘和整理。①近年来也有大陆学者开始从国际法角度探讨"剩余主权"。② 对"剩余主权"的考察，需要以国际法主权理论的演进为起点，结合 19—20 世纪以来的国家实践予以综合分析，才能对第二次世界大战后美国对琉球的"领土安排"有更全面的了解。

国际法上国家资格（statehood）的"四要素"（人民、定居的土地、政府，以及行使主权的政府）③ 中，最重要的就是主权。国际法实践中，独任仲裁员胡伯（Max Huber）在 1928 年"帕尔马斯岛"仲裁案中，对主权做出的定义是：

在国家间关系中，主权意味着独立。独立就是能排除其他任何国家的干预在地球上某一区域行使国家职能的权利。④

纵观主权理论的演进历史，自从博丹的《论共和国》（1577 年）把主权一词引入政治学科后的一个半世纪，学者们大多都同意主权是不可分的。⑤ 胡伯对主权的定义表明，领土主权是一种"展现从事国家活动的排他性权利"，⑥ 印证了作为国家完整重要标志的"主权不可分性"的重要地位。理论上讲，主权包含所有国家拥有的权力和权利，这些是与国家资格相联系的法

---

① 对"剩余主权"的相关研究，参见"中华民国外交问题研究会"：《中日外交史料丛编（八）》（旧金山和约与中日和约的关系），"中华民国外交问题研究会"1961 年版，第 32 页；司马桑敦：《中日关系二十五年，日本索取琉球的一段秘闻》，联合报丛书，1978 年版，第 245–251 页；丘宏达：《关于中国领土的国际法问题论集》（修订本），台北：台湾商务印书馆，2004 年，第 28 页；李明峻：《从国际法角度看琉球群岛主权归属》，《台湾国际研究季刊》，2005 年第 2 期，第 62 页，等。

② 参见罗欢欣：《琉球问题所涉"剩余主权"论的历史与法律考察》，《日本学刊》，2014 年第 4 期；罗欢欣：《国际法上的琉球地位与钓鱼岛主权》，北京：中国社会科学院出版社，2016 年，第 129–139 页。

③ 参见《1933 年关于国家权利和义务的蒙得维的亚公约》第 1 条；[英] 詹宁斯瓦茨修订：《奥本海国际法》（第 1 卷，第 1 分册），王铁崖等译，北京：中国大百科全书出版社，1998 年，第 92 页。

④ See *Island of Palmas* (Netherlands/US), 4 April 1928, United Nations Reports of International Arbitral Awards (UNRIAA), Vol. II, p. 838.

⑤ [英] 詹宁斯·瓦茨修订：《奥本海国际法》（第 1 卷，第 1 分册），王铁崖等译，北京：中国大百科全书出版社，1998 年，第 93–94 页。

⑥ See *Island of Palmas* (Netherlands/US), 4 April 1928, UNRIAA, Vol. II, p. 839.

律权限。实践中与主权的概念一起使用的概念还有管辖权（jurisdiction）、所有权（ownership），甚至是行政管理权（administration）：管辖权通常是指主权在特定领域的表现形式，它与主权的内含并不完全一致；国内司法实践常从现实主义的考虑，将领土一词等同于行使有效而实在的管辖权；此外，主权还会被用来与私法上的所有权做比较。① 除了这些易与"主权"相混淆的概念和实践外，国际形势的演进随之带来"主权可分说"，区分"完全主权"和"不完全主权"的理论争论贯穿于17—20世纪的国际法。②

19世纪，随着殖民主义的推行，"主权可分论"近代国际法著作中随之得到体现。美国国际法学者惠顿所著《万国公法》为代表的近代国际法理论认为，主权（sovereignty）是"治国之上权"，还将其分为内外之主权。据此"国"在当时分为"自主之国"（sovereign States）和"半主之国"③（semi-sovereign States④），保护国、附庸国被归入"半主之国"之列。⑤藩属国⑥则非常特殊，藩属国的主权并不因其进贡于宗主国的事实而必然受到减损，而是由其自主性确定归属于"自主之国"还是"半主之国"。⑦可见，近代国际法不仅认为主权"可分"，还用"半主之国"的术语将西方列强在亚非拉推行殖民统治的保护国、附庸国等类型予以囊括。对于藩属国，则视其自主程度，

---

① 参见贾兵兵：《国际公法：和平时期的解释与适用》，北京：清华大学出版社，2015年，第255-256页。

② See Lassa Francis L. Oppenheim, *International Law*：*A Treatise*, Second Edition, Vol. 1., Peace, New York：Longmans, Green and Co., 1912, p. 111-115.

③ ［美］惠顿著：《万国公法》，［美］丁韪良译，何勤华点校，北京：中国政法大学出版社，2003年，第35-36页。

④ "Semi-sovereign States" 的英文表述，参见 Wheaton, *Elements of International Law*, Richard Henry Dana（edied, with notes），Boston：Little, Brown and Company, 1866, p. 35.

⑤ ［美］惠顿著：《万国公法》，［美］丁韪良译，何勤华点校，北京：中国政法大学出版社，2003年，第45-48页。

⑥ 惠顿的 *Elements of International Law Henry* 第二章第37节的题目就是 "tributary states"，参见 Wheaton, *Elements of International Law*, Richard Henry Dana（edied, with notes），Boston：Little, Brown and Company, 1866, pp. 48-49.

⑦ ［美］惠顿著：《万国公法》，［美］丁韪良译，何勤华点校，北京：中国政法大学出版社，2003年，第45-46页。

或为"自主之国"、或为"半主之国"。主权可分离的理念，被列强用于把众多亚非拉国家包括中国的众多藩属国征服为殖民地的领土实践中，甚至在国联时期的委任统治制度中，都仍可看到早期的主权观念。

现代国际法理论的代表性著述——《奥本海国际法》第9版①指出，"主权可分论"将那些具有完全主权的国家和部分主权的国家做出区分，②"非完全主权"的实体如处于宗主权或保护权下的国家，或联邦国家内的成员，不能算作完全和正常的国际法主体。③基于对"主权可分论"的理解，作为完全主权国家的例外，《奥本海国际法》较为全面的列举了19—20世纪以来六类相应的国际实践：第一，共管（condomininium），即一块领土由两个或两个以上国家共同行使主权。例如现为独立国家的瓦努阿图，在1914—1980年是在英国的共管之下；第二，一国行使了在法律上属于其他国家的主权（one state exercises sovereignty which is, in law, vested elsewhere），例如，一块领土经其所属国家的同意由他国行使，例如1878—1914年，原属土耳其的塞浦路斯就由英国进行行政管理的；第三，一国将一块领土租借（lease）或抵押（pledge）给外国，例如历史上中国的租借地香港，这种租借因期限届满或废止而终止；第四，一国将一块领土永远让给另一个国家使用、占领和控制，而让与国对该领土不得行使任何权利。例如，巴拿马共和国1903年以这种方式把巴拿马运河转移给美国以作建筑、管理和防卫所用。此后1977年《巴拿马运河条约》和《华盛顿宣言》表明，美巴双方承认"巴拿马共和国对其全部国家的领土的主权"，即让与国巴拿马在法律上保留对运河的所有权；第五，联邦国家的领土（territory of a federal state）。由于联邦国家本身被认为是与其各成员邦管控共同存在的一个国家，各成员邦的领土同时也是联邦的领

---

①　《奥本海国际法》：从1905年出版以来，经过如劳特派特等英国国际法学者的多次修订，到该书第9版出版时，期间已历经两次世界大战。《奥本海国际法》是现代国际法的经典著作。

②　参见［美］惠顿著：《万国公法》，［美］丁韪良译，何勤华点校，北京：中国政法大学出版社，2003年，第93-94页。

③　参见［美］惠顿著：《万国公法》，［美］丁韪良译，何勤华点校，北京：中国政法大学出版社，2003年，第93-94页。

土，这是联邦国家和其成员邦之间分享主权的结果；第六，委任统治地和托管地。受委任统治国或托管国对不属于自己的领土行使大部分的主权属性。[①]

第二次世界大战后，随着殖民地人民主权意识的觉醒和非殖民运动的兴起，与"主权可分论"相关联的那些有别于完整主权国家的战后或平时领土安排越来越少。但是，从理论上讲，国际法中的"主权可分论"仍有助于理解国联时期的委任统治制度和联合国体制下的托管制度，也有助于了解当今的一些领土争端，包括与琉球地位有关的"剩余主权"。

（二）"剩余主权"词源的理论溯源

"剩余主权"（residual sovereignty）一词是否由杜勒斯在其旧金山和会讲话时"首创"仍有待考证，但英语文献中这一术语本身与它相似或相近的概念，却并非是在第二次世界大战后才出现的国际关系和国际法术语。相关国际法典籍或著作[②]或在涉主权理论时顺带阐述，或在结合第二次世界大战后美国对琉球的领土安排时对"剩余主权"有所涉及。与"剩余主权"相似或相近的术语还有"主权暂停"（suspended sovereignty）、"主权搁置"（sovereignty in abeyance）、"分散主权"（distributed sovereignty）、"复归型主

---

① 参见［英］詹宁斯·瓦茨修订：《奥本海国际法》（第 1 卷，第 2 分册），王铁崖等译，北京：中国大百科全书出版社，1998 年，第 1－7 页；Robert Jennings and Arthur Watts, *Oppenheim's International Law*, Vol. I, 9th ed., Part 2-4, Longmans Group UK Limited, 1992, pp. 564-572.

② 直接或间接提及提及"剩余主权"及其相似术语如"主权暂停"（suspened sovereignty）等的国际法文献，参见 Batty, *Can An Anarchy be a State?* 28 American Journal of International Law 1934, p. 454; Oda and Owada eds., *the Practice of Japan in International Law 1961—1972*, University of Tokyo Press, 1982, pp. 76-96; Yusuf, *Reflections on the Fragility of State Institutions in Africa*, 2 African Yearbook of International Law 1995, No. 3; Schachter, *Sovereignty-Then and Now*, In R. St. J. Macdonard ed., *Essays in Honour of Wang Tieya*, Martinus Nijhoff Publishers, 1994, pp. 685-688; Alexandro Yannis, *The Concept of Suspended Sovereignty in International Law and Its Implications in International Politics*, Eur. J. Int. Law, 2002, Vol. 13, No. 5; ［英］詹宁斯·瓦茨修订：《奥本海国际法》（第 1 卷，第 1 分册），王铁崖等译，北京：中国大百科全书出版社，1998 年，第 193-194 页；［英］詹宁斯·瓦茨修订：《奥本海国际法》（第 1 卷，第 2 分册），王铁崖等译，北京：中国大百科全书出版社，1998 年，第 5 页；Bernhard Knoll, *United Nations Imperium: Horizontal and Vertical Transfer of Effective Control and the Concept of Residual Sovereignty in "Internationalized Territories"*, 7 Austrian Rev. Int'l & Eur. L. 3 2002; ［英］伊恩·布朗利著：《国际公法原理》，曾令良等译，北京：法律出版社，2003 年，第 125 页；贾兵兵：《国际公法：和平时期的解释与适用》，北京：清华大学出版社，2015 年，第 259-260 页，等等。

权"（reversionary sovereignty）、名义主权（norminal sovereignty）等概念。

"主权搁置"（sovereignty in abeyance）一词，较早见于国际法院法官麦克奈尔（McNair）针对委任统治和托管制度所涉之主权问题的论述。[1] 麦克奈尔法官在 1950 年国际法院"西南非国际地位咨询案"的个别意见中认为，"主权问题在委任统治制度中是被搁置的"（sovereigny over a Mandated Territory is in abeyance）。[2] 20 世纪 60 年代，国际法院"西南非洲案"中，斯潘德（Spender）和菲茨莫里斯（Fitzmaurice）法官的反对意见在分析委任统治制度和托管制度时，提及"reversionary and residual rights"，但未对二者的内涵进行区分。[3] 布朗利（Browlie）则认为，"复归的主权"（reversionary sovereignty）和剩余主权应予以区别，"复归的主权"意味着主权的改变；至于"剩余主权"，所涉领土主权并不因此失去原有的地位。[4] 《奥本海国际法》第 9 版和英国国际法学家伊恩·布朗利则倾向于把"剩余主权"和托管制度直接关联。[5] 亚力山德罗·雅尼斯（Alexandro Yannis）提出"主权暂停"（suspended sovereignty）这一宽泛的概念，不仅将其运用于分析军事占领，也运用在分析委任统治制度和托管制度，以及第二次世界大战后特定领土的行政管理等国家和国际组织的实践中。[6]

第一次世界大战至第二次世界大战以来，国际法的发展与当时的国际形势呈密不可分的趋势，"剩余主权""主权暂停"等相近或相似的概念是西方

---

① Oscer Schachter, *Sovereignty-Then and Now*, in Robert St. John MacDonald（ed.）, Essays in Honour of Wang Tieya, Martinus Nijhoff Publishers, 1994, p. 685.

② Separate Opinion by Sir Arnold McNair, International status of South-West Africa, Advisory Opinion, I. C. J. Reports 1950, p. 150.

③ See Joint Dissenting Opinion of Sir Percy Spender and Sir Gerald Fitzmaurice, p. 482, 496, South West Africa（Liberia v. South Africa）, Proceedings joined with South West Africa（Ethiopia *v.* South Africa）on 20 May 1961, I. C. J Judgment of 21 December 1962.

④ Iran Browlie, *Principles of International Law*, 4th Edition, Oxford University Press 1990, p. 112.

⑤ 参见［英］詹宁斯·瓦茨修订：《奥本海国际法》（第 1 卷，第 1 分册），王铁崖等译，北京：中国大百科全书出版社，1998 年，第 193 页；［英］伊恩·布朗利著：《国际公法原理》，曾令良等译，北京：法律出版社，2003 年，第 125 页。

⑥ Alexandro Yannis, *The Concept of Suspended Sovereignty in International Law and Its Implications in International Politics*, Eur. J. Int. Law, 2002, Vol. 13, No. 5, pp. 1037-1052.

国际法由"主权不可分论"发展为"主权可分论"过程中的产物。系统论述这些概念的主要是英美国际法学者。在《旧金山和约》签订后、美日《琉球移交协定》签订前，美国国际法学家奥康奈尔（O'Connell）所著的《国际法》（1965年）第4部分在论及"主权"时，将"名义主权、剩余主权和分散主权"（titular, residual and distributed sovereignty）、"国家的法律概念"以及"英联邦、法兰西共同市场和荷兰王国"并列为项下的三章。奥康奈尔将"名义主权、剩余主权和分散主权"这些概念，用于解释共管、租借、委任统治和托管制度、保护国这几种区别于完整主权国家的情形。① 他还以1882—1922年的英属埃及、1875—1915年的塞浦路斯、1923—1956年的（摩勒哥）丹吉尔、1945年后的琉球，以及巴拿马运河等作为"名义主权、剩余主权和分散主权"运用于国家实践的例证。其中，"名义主权"指向巴拿马运河、"剩余主权"指向琉球群岛。②

英国国际法学家詹姆斯·克劳福德（James Crawford）的专著——《国际法上国家的建立》（2006年）在论及"国体的一些特例时"，提到第一次世界大战后被割让给法国的萨尔地区是受国际保护的"自治区"，即"国际领土"的一种类型。德国战败，但根据《凡尔赛和约》对萨尔地区享有"剩余主权"。③ 克劳福德在随后出版的《布朗利国际法》第8版（2012年）中对"剩余主权"有相对更成体系的论述。克劳福德在区分主权与所有权、（领土）管理、管辖权和主权权利等相关概念后，提出属于国家领土主权"特例"的几种"领土管理"（territorial administration）：①（主权）终止和复归权利（terminable and reversionary rights），前者如2005年前的法属摩纳哥，后者如第一次世界大战时后对德占领土实施的委任统治；②潜在主权（residual sov-

---

① See D. P. O'Connell, *International Law*（Vol. I）, New York: Oceana Publications, 1965, pp. 353–359.

② See D. P. O'Connell, *International Law*（Vol. I）, New York: Oceana Publications, 1965, pp. 360–385.

③ See James Crawford, *The Creation of States in International Law*, Second Edition, Oxford University Press, 2006, pp. 233–234.

ereignty），即和平时期，在涉领土主权条约基础上对外国领土的占领。例证一，如根据《旧金山和约》第 3 条美国对琉球群岛实施的行政管理，例证二，则见于国际常设法院的"克利特与萨莫斯灯岛塔案"（下文详述）；③国际租借（international leases），例如香港在 1997 年回归中国前由清政府根据不平等条约租借给英国，又如美国从古巴处租借的关塔那摩海湾，等等；④非军事和中立领土（demilitarized and neutralized territory），例如联合国安理会设立的非军事区等；⑤附庸、藩属和被保护领土（vassalges，suzerainty，and protection）。①

进入 21 世纪，近期国际法研究中对剩余主权问题的研究体现为：其一，对"剩余主权"和"主权暂停"并不做严格区分而混用，二者既运用在联合国的托管制度，也被用于科索沃、东帝汶等领土安排的实践中。② 其二，"剩余主权"的原理为：一国作为授予方，可以把领土主权"横向"进行转让，领土所有权的处置并不一定要达到受让人领土控制的程度。核心是，领土控制亦即对领土上人民的积极管辖，可以完全为了第三方利益而进行转让。正是基于以上原因，最终主权的归还得以维系。③

综上，第一次世界大战以来的国际法理论中，与"剩余主权"最为相近的概念是"主权搁置"，而"复归的主权"则与"剩余主权"完全不同。学者们明确提到的适用"剩余主权"的领土实例，既有第一次世界大战后的萨尔地区、又有第二次世界大战后的琉球群岛；国际司法实践则主要见于国际常设法院"克利特与萨莫斯灯岛塔案"、1950 年国际法院"西南非国际地位咨询案"和 1962 年国际法院"西南非案"等案件。

---

① James R. Crawford, *Browlie's Principle of Public International Law* (8th Edition), USA：Oxford University Press, 2012, pp. 206-210.

② See Bernhard Knoll, *United Nations Imperium：Horizontal and Vertical Transfer of Effective Control and the Concept of Residual Sovereignty in "Internationalized Territories"*, 7 Austrian Rev. Int'l & Eur. L. 3, 2002；Alexandro Yannis, *The Concept of Suspended Sovereignty in International Law and Its Implications in International Politics*, Eur. J. Int. Law, 2002, Vol. 13, No. 5.

③ Bernhard Knoll, *United Nations Imperium：Horizontal and Vertical Transfer of Effective Control and the Concept of Residual Sovereignty in "Internationalized Territories"*, 7 Austrian Rev. Int'l & Eur. L. 3, 2002.

（三）"剩余主权"的司法判例溯源

明确提及"剩余主权"及其相似概念的国际司法判例有 1937 年常设国际法院"克利特与萨莫斯灯岛塔案"、1950 年国际法院"西南非国际地位咨询案"和 1962 年国际法院"西南非洲案"。

1. 1937 年常设国际法院"克利特与萨莫斯灯岛塔案"

在法国和希腊的"克利特与萨莫斯岛灯塔案"中，案件的争议焦点是有关希腊克利特与萨莫斯岛上灯塔的特许合同的法律效力，这就需要先回答岛屿主权问题，即这份合同的签署方土耳其是否在 1913 年 4 月 1 日时享有对这两个岛的主权。1913 年 4 月，一家法国公司和（土耳其）奥特曼帝国政府签署了关于维护与管理克利特与萨莫斯岛上灯塔的特许合同。1912—1913 年土耳其在巴尔干战争中战败，保加利亚、希腊、黑山、赛尔维亚和土耳其于 1913 年 5 月 17 日签署《伦敦和平条约》①。《伦敦和平条约》第 4 条规定，奥特曼帝国苏丹把克里特岛割让给上述几国，放弃对该岛的所有主权权利和其他权利。② 第 5 条规定，奥特曼政府把爱琴岛上所有岛屿的未来归属权利委托给上述国家，但克里特岛除外。1914 年，萨莫斯岛被上述国家划给希腊，这还得到 1923 年《洛桑条约》第 12 条的确认。③ 希腊主张，土耳其在 1913 年向希腊转让某些领土的主权以前就已经丧失了对克利特与萨莫斯岛的主权，根据"没有则不能给付"（nemo dat quo non habet）原则，代位行为不适用于这两个岛，土耳其不能在 1913 年通过与其他国际法主体签订合同的方式对两岛屿的活动进行干涉。希腊还主张，萨莫斯岛在 1832 年、克利特岛在 1899 年或 1907 年时享有的高度自治都表明，这两个岛从奥特曼帝国的统治范围中

---

① 《伦敦和平条约》没有得到批准，但由于 1913 年 11 月 1 日《雅典条约》的规定，《伦敦和平条约》在希腊和土耳其之间仍具有效力。

② 《伦敦和平条约》第 4 条条文的英文翻译为："His Imperial Majesty the Sultan declares that he ceded to Their Majesties the Allied Sovereigns the island of Crete and renounces in their favour all rights of sovereignty and all other rights which he possessd over that island." See Lighthouses in Crete and Samos（8 Oct, 1937）, PCIJ Series A. /B. No 71, p. 104.

③ See Lighthouses in Crete and Samos（8 Oct, 1937）, PCIJ Series A. /B. No 71, p. 104.

分离出来了。①对于克利特岛在 1913 年时的主权状态，常设国际法院认为：

尽管处于自治状态，但是克利特并非不再作为奥特曼帝国的部分而存在。尽管苏丹在克利特岛行使主权权利时不得不接受重大的限制，但该主权并非不再属于奥特曼帝国，不管从法律角度看这个主权如何受到限制。这样的状态持续到克利特被后续的系列条约从土耳其分离出来并成为"分离领土"（detached territory）……这系列条约中的第一个就是 1913 年 5 月 17 日的《伦敦和平条约》。②

国际常设法院还查明，奥特曼政府通过 1913 年 11 月《雅典条约》放弃克利特岛，通过 1923 年《洛桑条约》割让萨莫斯岛。而事实是，1913 年 4 月 1 日涉案的特许合同的签署早于 1913 年 5 月 17 日的《伦敦和平条约》。因此，希腊必须代位行使奥特曼帝国的权利与义务，其中就包括该政府和法国公司签订的特许合同中规定的权利与义务。③

2. 1950 年国际法院"西南非国际地位咨询案"

根据《凡尔赛条约》第 119 条，德国第一次世界大战前的一块海外占领地西南非被交给大不列颠联合王国（即英国）进行委任统治，英国又授予南非联邦具体实施委任统治。④ 在"西南非国际地位咨询案"中，随着国际联盟的解散和联合国的创建，那些尚未取得独立的委任统治地应置于联合国的托管下。受任统治国中只有南非联邦拒绝把西南非（委任统治"丙"类领土，即今纳米比亚）置于托管之下。南非还以该委任统治地的地位特殊为由，主张与当地居民磋商后使西南非成为南非领土的一部分。⑤ 1949 年 12 月，联合国大会以决议的形式决定向国际法院提出咨询，询问"西南非的国际地位是

---

① 贾兵兵：《国际公法：和平时期的解释与适用》，北京：清华大学出版社，2015 年，第 259-260 页。

② See Lighthouses in Crete and Samos（8 Oct, 1937），PCIJ Series A. /B. No 71, p. 103.

③ See Lighthouses in Crete and Samos（8 Oct, 1937），PCIJ Series A. /B. No 71, p. 103.

④ See International status of South-West Africa, Advisory Opinion：I. C. J. Reports 1950, pp. 131-132.

⑤ ［英］詹宁斯·瓦茨修订：《奥本海国际法》（第 1 卷，第 1 分册），王铁崖等译，北京：中国大百科全书出版社，1998 年，第 184 页。

什么？以及基于该地位南非因此对西南非负有哪些国际义务？"① 关于主权问题，国际法院在此案中称：

> 根据委任统治协议条款以及《国际常设法院规约》第 22 条内含的原则，委任统治这种新制度的建立，并不意味着将该领土割让或转移给南非联邦。南非联邦过去代表国联执行对西南非的行政管理职能，目的应是提高当地人民的福祉与发展。②

国际法院以全体一致的意见确认：南非联邦本身无权采取行动改变该领土的国际地位，决定和改变该领土地位的权力属于联合国同意而行事的南非联邦；南非联邦仍然受《国际联盟盟约》第 22 条所规定的国际义务的约束，并且有转送该领土居民请愿书的义务。但关于国际联盟对委任统治地的监督义务是否移交给联合国这个问题，法官们的意见并不一致。咨询意见发布后，南非继续主张委任统治协议已经终止，它既拒绝接受联合国对该领土管理有任何监督职权，也拒绝与联合国合作执行国际法院的意见。但南非承认西南非有单独的国际地位，且表示对该领土并不主张任何主权。③

英国国籍的麦克奈尔法官发表了不同于此案多数意见的"独立意见"。他主张：委任统治下南非对西南非的持续性国际义务中，并不包括接受联合国行政监督和向其提交年度报告的义务。④ 麦克奈尔法官并不赞同此案多数意见中"委任统治不是一个单纯的契约性的安排"⑤ 的观点，而是主张委任统治制度与英美法私法上的信托制度存在紧密关联。⑥他进一步分析委任统治和托管制度与主权问题的关联，主张委任统治制度（以及联合国成立后对应的"托管制度"）是新的国际领域，处理的是被委任统治领土及其居民与委任统

---

① International status of South-West Africa, Advisory Opinion: I. C. J. Reports 1950, p. 129.

② See International status of South-West Africa, Advisory Opinion: I. C. J. Reports 1950, p. 132.

③ 参见［英］詹宁斯·瓦茨修订：《奥本海国际法》（第 1 卷，第 1 分册），王铁崖等译，北京：中国大百科全书出版社，1998 年，第 184-185 页。

④ See Separate Opinion by Sir Arnold McNair, International status of South-West Africa, p. 161.

⑤ ［英］詹宁斯·瓦茨修订：《奥本海国际法》（第 1 卷，第 1 分册），王铁崖等译，北京：中国大百科全书出版社，1998 年，第 185 页。

⑥ See Separate Opinion by Sir Arnold McNair, International status of South-West Africa, p. 148.

治政府之间的新型关系，是一种"自成一体"（sui generis）的制度，传统的国际法主权观念并不适用于这种制度。委任统治方实施这种权利并非基于对该领土的主权，而是委任统治本身赋予的权利与义务。① 这就是麦克奈尔法官"主权搁置"②（sovereigny in abeyance）这一提法的来源，也是英美法系国际法学者对委任统治和托管制度的代表性看法。

1950 年国际法院"西南非国际地位咨询案"的咨询意见虽没能解答委任统治地的主权归谁所有，却间接揭示了委任统治地的主权不应属谁的问题。国际法院指出，《凡尔赛条约》第 119 条废除战败国德国对西南非等"海外领土"的所有权利和权源（all rights and titles），转由授予盟军和协约国实施。处理这些还未能实现自治的领土时有两项原则：一是不吞并原则（principle of non-annexation）；二是为了被委任统治人民的福祉和发展实施"文明的神圣信托"（a sacred trust of civilization）的原则。③ 可见，对委任统治地或托管地而言，基于委任统治或托管制度本身，领土主权不属于委任统治方或托管方、更不可能属于战败方。即使是提出"主权搁置"的麦克奈尔法官也认为，"当委任统治地人民取得独立，该国被承认，则主权恢复并归新成立的国家所有"，④ 即他倾向于委任统治地的主权归该领土上的人民所有。

3. 1962 年国际法院"西南非案"

联合国大会采纳 1950 年国际法院"西南非国际地位咨询案"的意见作为对西南非的管理进行监督的依据，并根据 1953 年第 749A（Ⅶ）号决议，设立西南非委员会，行使监督职权。1961 年大会宣告西南非人民有取得独立和国家主权不可让予的权利，南非拒绝承认联合国对西南非的权利，导致前国联会员国利比亚和埃塞俄比亚于 1960 年向国际法院提起诉讼，控告南非没有

---

① See Separate Opinion by Sir Arnold McNair, International status of South-West Africa, pp. 150-152.

② See Separate Opinion by Sir Arnold McNair, International status of South-West Africa, p. 150.

③ See International status of South-West Africa, Advisory Opinion: I. C. J. Reports 1950, p. 131.

④ Separate Opinion by Sir Arnold McNair, International status of South-West Africa, p. 150.

遵守委任统治协定的某些义务。① 国际法院在 1966 年的最终判决中称，起诉方（利比亚和埃塞俄比亚）"没有证明它们对请求的事项有任何法律权利或利益"，驳回了它们的请求。② 强烈反对南非继续控制西南非的国家对这个判决表示严重关注。1967 年，联合国大会设立联合国西南非理事会（后改名为纳米比亚理事会），预定管理该领土直到其取得独立；1968 年，联合国将该领土名称改为"纳米比亚"；1970 年，安理会通过第 276 号决议，宣告南非当局继续在纳米比亚的存在为非法；1972 年起，西南非人民组织被允许以观察员身份参加大会关于纳米比亚的讨论，1973 年，该组织被大会承认为"纳米比亚真正的代表"；1976 年，在联合国的监督和控制下，纳米比亚举行自由选举；1988 年和 1989 年达成的安排，使得纳米比亚于 1990 年 3 月 21 日独立。③ 此案中，澳大利亚国籍的斯潘德（Spender）院长和英国国籍法官菲茨莫里斯（Fitzmaurice）的共同反对意见在分析委任统治协议的协议方时，提及委任统治地的"复归和剩余权利"（reversionary and residual rights）。④ 在他们看来：涉及德国第一次世界大战前在非洲和太平洋海外领土的各类委任统治地，由协约国（美国、英国、意大利、法国和日本）提名委任统治方后进行管理。根据《凡尔赛条约》第 119 条，德国放弃对这些领土的主权，转由协约国决定由谁对这些领土实施"文明的神圣信托"。正是基于以上原因，尽管协约国（暗指英国）不一定是某个委任统治的协议方，但却对委任统治的实际领土享有"复归和剩余权利"，"那些已经取得自治或独立的领土则除外"。⑤

---

① ［英］詹宁斯·瓦茨修订：《奥本海国际法》（第 1 卷，第 1 分册），王铁崖等译，北京：中国大百科全书出版社，1998 年，第 185-186 页。

② 该案中，院长斯潘德（Pency C. Spender）投了决定性的一票，他的声明被附在最终判决中。See *South West Africa*，Second Phase，Judgment，I. C. J. Reports 1966，p. 6，para. 99，pp. 50-58.

③ ［英］詹宁斯·瓦茨修订：《奥本海国际法》（第 1 卷，第 1 分册），王铁崖等译，北京：中国大百科全书出版社，1998 年，第 186-189 页。

④ See Joint Dissenting Opinion of Sir Percy Spender and Sir Gerald Fitzmaurice，p. 482，496，South West Africa（Liberia *v.* South Africa），Proceedings joined with South West Africa（Ethiopia *v.* South Africa）on 20 May 1961，I. C. J Judgment of 21 December 1962.

⑤ See Joint Dissenting Opinion of Sir Percy Spender and Sir Gerald Fitzmaurice，p. 482.

英美等国涉及托管领土的国内判例中，也直接或间接地提到"潜在主权"。"阿拉达纳斯诉霍根案"（1957 年）中，托管领土"主要是在联合国的主权和管辖权之下"；① 又如"波特诉美国案"（1974 年）表明，主权属于领土上的人民，但由受托管的管理当局持有。② 这些国内司法判例表明，联合国以及托管领土上的人民拥有对托管领土的剩余主权。

（四）"剩余主权"适用于琉球的国际法悖论

贾兵兵教授将"剩余主权"定义为，"领土主权者尚未完全丧失主权者地位，且可能在未来回复主权的情形"。③ 从国际法词源看，词义与"剩余主权"最为接近的是"主权暂停"，因为二者都被指向适用于委任统治和托管制度，而"主权分散""名义主权"等相似概念很多时候与"剩余主权"并不做严格区分而混用。不过，"复归的主权"意味着主权的改变，④ 因而与"剩余主权"差异最大。"剩余主权""主权暂停"等相近或相似的概念，是西方国际法在由"主权不可分论"发展为"主权可分论"过程中的产物。从相关判例看，英国国际法学家克劳福德和我国贾兵兵教授都把第二次世界大战前国际常设法院的"克利特与萨莫斯岛灯塔案"作为"剩余主权"经典案例。⑤ 第二次世界大战后，1950 年国际法院"西南非国际地位咨询案"、1962 年国际法院"西南非案"，以及英美等国涉及托管领土的案例，都直接或间接涉及对"主权搁置"或"剩余主权"的适用或讨论。琉球问题中，"剩余主权论"的实质是美国国务院和军方政治妥协的结果，这一概念的内涵确实也并不严

---

① 参见［英］詹宁斯·瓦茨修订：《奥本海国际法》（第 1 卷，第 1 分册），王铁崖等译，北京：中国大百科全书出版社，1998 年，第 203 页，脚注 443。

② See Porter v. United States, 496 F. 2d 583（1974），参见 http：//www.leagle.com/decision/19741079496F2d583_1959/PORTER%20v.%20UNITED%20STATES，访问日期：2017 年 2 月 15 日。

③ 贾兵兵：《国际公法：和平时期的解释与适用》，北京：清华大学出版社，2015 年，第259 页。

④ Iran Browlie, *Principles of International Law*, 4th Edition, Oxford University Press 1990, p. 112.

⑤ 参见贾兵兵：《国际公法：和平时期的解释与适用》，北京：清华大学出版社，2015 年，第259-260 页；James R. Crawford, *Browlie's Principle of Public International Law*（8th Edition），USA：Oxford University Press，2012，pp. 206-210.

谨。但是，从"剩余主权"的词源和既有判例看，却难以得出这一概念"在国际法上既无先例，也没有特定内涵可言"，不是国际法意义"法律概念"的结论。①

琉球所涉"剩余主权"的问题关键在于：第一，《旧金山和约》（以及美日私相授受琉球的《琉球移交协定》）虽没有明文出现有关琉球主权的条约用语，但相关争议方是否可以援引杜勒斯公开场合提出的"剩余主权论"对《旧金山和约》第 3 条"琉球条款"（甚至隐含的钓鱼岛主权问题）予以条约解释，从而作为抗辩的有利证据？第二，即使"剩余主权论"相关文件可以作为缔约方"准备工作"来解释《旧金山和约》第 3 条，是否可以得出日本对琉球享有完全主权的结论？笔者认为，出现第一个问题难以避免，因为正是美英主导和操作了《旧金山和约》相关条款的起草过程、包括"和约草案"和"剩余主权"的理论构建；而第二种可能则值得琢磨，因为杜勒斯仓促提出"剩余主权"以解决《旧金山和约》第 3 条自身的"法律缺陷"时，并没能预见到"剩余主权公式"可能导致琉球地位的国际法悖论。

从早期司法判例看，1937 年国际常设法院"克利特与萨莫斯岛灯塔案"②虽不涉及托管或委任统治制度，但该案所涉采用和约处理战败国领土处理的方式，与《旧金山和约》对琉球群岛的领土处置极为相似，二者都将战败国战前控制的"领土"从本土分割、成为"分离领土"。例如，《旧金山和约》第 3 条规定将"北纬 29°以南的琉球"从日本本土分离；"克利特与萨莫斯岛灯塔案"中，《伦敦和平条约》第 4 条规定，战败国奥特曼帝国苏丹把克里特

---

① 参见罗欢欣：《琉球问题所涉"剩余主权"论的历史与法律考察》，《日本学刊》，2014 年第 4 期，第 75 页。

② 参见贾兵兵：《国际公法：和平时期的解释与适用》，北京：清华大学出版社，2015 年，第 259–260 页；James R. Crawford, *Brownlie's Principle of Public International Law* (8th Edition), USA: Oxford University Press, 2012, pp. 206–210.

岛割让给战胜国，放弃对该岛的所有主权权利和其他权利。① 然而，在战胜国对被分离领土的主权处理方面，二者截然不同。"克利特与萨莫斯岛灯塔案"中，战胜国作为一个集体以和平条约的形式将涉案岛屿从战败国土耳其分离，无论是和约的条文、还是国际常设法院在涉及领土处置时，遵循的都是"战胜国一致"的原则，即涉案岛屿的主权从战败国土耳其移交给战胜国处置。旧金山和会中，除了排除盟军主要战胜国中国的参与外，在领土问题上更背离雅尔塔体系诸条约所规定的"盟国一致""不单独媾和"等约定。因此，从第二次世界大战前司法判例看，一旦发生和约自身效力以及条文解释的争议，《旧金山和约》是否符合国际道义及其所涉领土安排条款的合法性将首先受到挑战。

从上述第二次世界大战后涉托管领土的判例看，当出现被诉方以国内法上的契约法或信托法类比进行抗辩，②或用"剩余主权"为委任统治方/托管方非法行为辩护时，将会遭遇国际司法机构采用的两个原则检测：一是不吞并原则（principle of non-annexation）；二是为了被委任统治人民的福祉和发展实施"文明的神圣信托"（a sacred trust of civilization）的原则。③ 可见，如发生《旧金山和约》第 3 条"琉球条款"解释与执行的争议④时，相关争议方（尤其是美国或日本）必然会启用杜勒斯对《旧金山和约》第 3 条公开阐述的

---

① 《伦敦和平条约》第 4 条条文的英文翻译为：His Imperial Majesty the Sultan declares that he ceded to Their Majesties the Allied Sovereigns the island of Crete and renounces in their favour all rights of sovereignty and all other rights which he possessd over that island. See Lighthouses in Crete and Samos（8 Oct, 1937），PCIJ Series A./B. No 71, p.104.

② "西南非国际地位咨询案"中，南非就曾提出这一抗辩。See Separate Opinion by Sir Arnold McNair, International status of South-West Africa, p.146.

③ See International status of South-West Africa, Advisory Opinion：I.C.J. Reports 1950, p.131.

④ See Article 22 "Settlement of Dispute", Treaty of Peace with Japan（with two declarations），Signed at San Francisco, on 8 September 1951.

"剩余主权"① 作为法理依据。但是，无论将"剩余主权"用于解释《旧金山和约》还是战后琉球的领土安排，其中的国际法悖论却是无法回避的重大缺陷。

悖论一：按照美日的逻辑，如果将"剩余主权"适用于琉球就意味着其主权应"归还"日本的话，那将与《旧金山和约》的"目的与宗旨"相违背。《旧金山和约》的序言规定，日本表明其缔约的志愿为"请求加入联合国及在一切情形下遵守《联合国宪章》之原则"。从"目的与宗旨"角度解释《旧金山和约》第 3 条涉及琉球托管的条款，势必指向《联合国宪章》第 12 章和第 13 章有关托管制度的规定，即托管制度的宗旨之一是——增进托管领土"趋向自治或独立之逐渐发展"。②从"目的与宗旨"解释第 3 条的话，只可能得出琉球主权归于琉球人民的结论，无法归纳出琉球主权应归还日本的结论，此为悖论一。

悖论二：将"剩余主权"适用于琉球就意味着其主权应"归还"日本的话，将与《旧金山和约》第 3 条中（琉球）"置于联合国托管制度之下"不兼容。从《旧金山和约》第 3 条正文固然强调由美国作为唯一的琉球战后管理机构，但大前提是"置于联合国托管制度之下"；此外即使是杜勒斯提出日本保留"剩余主权"时，也指出琉球居民的身份地位应该按照《联合国宪章》由托管协议来决定，并且承认这种托管安排是依据《联合国宪章》第 77

---

① 有学者指出，1951 年杜勒斯提出"剩余主权论"与 1971 年美日签订《琉球与大东群岛协定》时提出的"剩余主权论"，尽管用词都是剩余主权，但其含义存在本质区别。《琉球与大东群岛协定》签订时，美日提出的"剩余主权"论直接将杜勒斯这种试图兼容联合国托管制度的"剩余主权"论替换为"返还日本"。参见罗欢欣：《琉球问题所涉"剩余主权"论的历史与法律考察》，《日本学刊》，2014 年第 4 期，第 72—73 页。本书认为，围绕琉球领土主权问题的核心条约是《旧金山和约》，杜勒斯在 1951 年发表有关"剩余主权论"的言论时也主要针对的是《旧金山和约》的涉"琉球"条款，对"剩余主权论"进行严格的理论、时间和地理界限进行限定，不宜将 1951 年"剩余主权论"的初衷进行演绎，与 1971 年美日的《琉球与大东群岛协定》（即《琉球移交协定》）甚至钓鱼岛问题相关联。

② 《联合国宪章》第 76（2）条。

条将琉球视作"作为第二次世界大战的结果而将从敌国剥离的领土"。[①]美国外交档案表明，英国代表就曾表示"保留日本对这些岛屿主权权利的同时进行托管"会导致法律障碍与混乱。将琉球从日本本土剥离是对琉球实施托管的内在逻辑为：要在符合国际法的前提下实现琉球置于联合国托管制度之下，就必然不能由日本保留对琉球的主权，此为悖论二。

悖论三：从涉"剩余主权"的国际法既有判例，无法推论出琉球应当归还日本的结论。撇开旧金山和会中排除盟国主要战胜国中国的参与不说，缔结和约后、将已从战败国本土剥离的领土最终又交还战败国，美国对琉球的领土处理方式，即使在国际关系和国际法历史上都鲜有类似案例，堪称世界领土争端史上的异类。第二次世界大战后，纵观1950年国际法院"西南非国际地位咨询案"、1962年国际法院"西南非案"和英美等国涉托管领土的国内案例，整体规律是，基于委任统治或托管制度本身，委任统治地或托管地的领土主权不属于委任统治方或托管方，更不可能属于战败方。

总体来看，美国出于战略需要，在缺乏托管协议、也没有联合国监督的情况下，在琉球设立琉球民政府对琉球单独实施占领，甚至无视琉球人民的意愿，通过美日《琉球移交协定》把琉球的行政权"返还"给日本，这不仅不符合《联合国宪章》对托管领土的基本宗旨，也违反了《旧金山和约》项下美国对琉球应实施托管的义务，更违反了第二次世界大战后民族独立及人民自决的国际法基本原则。

三、战后日本"领土"问题的外交斡旋及海峡两岸政府对和约的表态

旧金山和会前，美国对琉球的处置，从战后托管方和托管类型的考虑，到最终在《旧金山和约》第3条做出了由美国单独托管琉球的安排，其中第

[①] See Japan, San. Francisco, California, September 4-8, 1951, Record of Proceedings (Department of State publication 4392, 1951), pp. 84-86.

二次世界大战后东北亚局势的变动以及冷战局势的出现是美国重要的考量因素。在这个历史过程中，日本政府的外交斡旋与游说对美国最终做出利于日本的决策具有重要的作用。

（一）日本的外交斡旋

在旧金山和会前后，就对琉球群岛以何种方式托管对日本有利，以及如何实现最后"归还"日本等问题，日本政府的外交斡旋按照时间顺序分为以下几个阶段。

（1）日本外务省其实早于1945年就开始准备媾和条约。1947年6月5日，日本外相芦田均在记者招待会上指出，日本希望保留冲绳及千岛群岛中若干岛屿，其理由是"并非基于经济上之价值而基于感情上之价值"。① 接着日本政府提出，将琉球群岛北纬27°—30°之间的岛屿划归日本。②

（2）1947年9月30日，中华国民政府外交部获取了日本外务省《日本对和会要求》的秘密文件，该文件是针对盟国对日和约提案的"反要求"内容。其中，关于日本领土问题，如果盟国按照《雅尔塔协定》及《波茨坦宣言》提出将"库页岛南部及千岛群岛归还苏联"时，"日本必须明确表示，日本并未用任何侵略行为而获得千岛群岛，至少南部千岛群岛及色丹群岛（在北海道以北）必须仍属日本，而北部千岛群岛至多由联合国托管"。如果盟国按照《波茨坦宣言》提出，将"须割让之岛屿，包括冲绳、西南太平洋、小笠原群岛及日本本土附近之岛屿"，日本则"须强调日本并未用侵略手段获得此等岛屿，并当提及盟国在《大西洋宪章》《联合国宪章》中所申述并无扩张领土之企图，吾人当设法保有此等岛屿仍属日本，必要时可承认某种形式之地役权"。③ 后来日本声称对琉球享有"剩余主权"，目的就是企图坐实美国实施托管后，托管地主权仍属日本。为此，日本应"竭力避免此等领土

---

① 台湾"中央研究院"近代史所档案馆：《外交部档案》，档案号：012.6/0016。
② 台湾"中央研究院"近代史所档案馆：《外交部档案》，档案号：070.3/0006。
③ 台湾"中央研究院"近代史所档案馆：《外交部档案》，档案号：012.6/0016。

之割让，宁可使其置于托管之下"。① 这个秘密文件本质上是对《开罗宣言》《雅尔塔协定》和《波茨坦公告》所规定的对日本领土安排的否定。旧金山和会前，日本正是按照《日本对和会要求》这一秘密文件行事的。

（3）1948 年 10 月吉田茂担任外相后，为了搜集对日媾和草案的轮廓，以及汇总日本的对策，1951 年 1 月在提交给吉田茂报告书的"D 作业"的基础上，日本外务省完成《美国坚持对冲绳、小笠原群岛实施托管统治》的文件。这份文件提到两点：第一，附以托管统治期限。即如意大利托管的索马里那样，给当地托管统治附以年限；第二，日本作为共同施政方。托管地区设立共同施政者的实例是英国、澳大利亚和新西兰对瑙鲁的做法。如果日本和联合国一起对这些岛屿共同施政，那么这些岛屿的归属、行政和岛民权限都会与联合国处于平等地位。② 从这些日本官方文件中可看出，在《旧金山和约》签订前，日本的意图一是争取将一部分已放弃土地交给日本，二是争取将一部分放弃土地交由联合国托管，而托管国要承认该地的"地役权"。③ 此外，日本曾经力争和美国一起成为托管机构，妄想共同托管琉球。

在《旧金山和约》最终文本中，美国改变了盟军最高司令部《第 667 号令》将"30°以北之琉球群岛（南西诸岛）"划归日本的规定，而是将日本领土范围扩大到北纬 29°以北的琉球群岛。由此，日本政府根据美国提出并承认的"剩余主权论"进行"领土索求"。

（二）台湾海峡两岸政府对《旧金山和约》及琉球领土安排的表态

1. 台湾蒋介石政府的立场与表态

1951 年 6 月 18 日，台湾当局针对《旧金山和约》发表声明："第二次世界大战，实导源于日本侵略中国，故在各盟国中，中国抗日最早，精神最坚

---

① 台湾"中央研究院"近代史所档案馆：《外交部档案》，档案号：012.6/0016。

② 参见［日］日本外务省外交史料馆：D 作业（ダレス氏の访日に关する件、一九五〇年一二月二十七日（付）录二六）对日平和条约关系准备作业关系、リール番号 B'0009、フラッシュ番号 1，第 0232-0240 页。

③ 胡德坤，韩永利：《旧金山和约与日本领土处置问题》，《现代国际关系》，2012 年第 11 期。

决，牺牲最惨重，而其贡献亦最大，对日和约如无中国参加，不独对中国为不公，且使对日和约丧失其真实性"。①《旧金山和约》于 1952 年 4 月 28 日生效，其后美国并没有将琉球提交联合国并实施托管。台湾当局随之转变 1952 年 "台日和约" 谈判时将琉球视为 "日美间问题" 的暧昧态度，②开始对琉球问题采取较之前强硬的立场，态度转变的标志是 1953 年 11 月 24 日 "外交部" 关于琉球问题的备忘录（简称 "琉球问题备忘录"）。③

1953 年 8 月，美国国务卿照会日本首相，表示愿把琉球北部的奄美大岛 "交还" 日本。④ "中华民国外交部" 随即以备忘录的形式向美国驻华大使提出严正抗议，阐明对琉球问题的基本立场：

三、自公元 1372 年至 1879 年之 500 余年期间，中国在琉球享有宗主权，此项宗主关系仅因日本将其侵并始告中断。中国政府对于琉球群岛并无领土要求，亦无重建其宗主权之任何意图。惟愿见琉球居民之真实愿望完全受到尊重，彼等必须获得选择其自身前途之机会。在依金山和约（即《旧金山和约》）等 3 条所规定之将琉球群岛置于托管制度之下之建议尚未提出以前，此等岛屿之现状，包括其领土之完整，应予维持。

四、鉴于中国与琉球群岛之历史关系及地理上之接近，中国政府对于此等岛屿之最后处置，有发表其意见之权利与责任。关于此等问题之任何解决，如未经与中国政府事前磋商，将视为不能接受，爰请美国政府就上述意见，对此事重加考虑。⑤

"1953 年琉球问题备忘录" 中，台湾当局首度阐明对琉球问题的基本立

---

① 徐勇：《战后琉球政治地位之法理研究与战略思考》，《战略与管理》，2010 年 3/4 期合编。

② "台日和约" 签订前台湾当局对琉球的 "暧昧" 态度，参见陈龙腾：《战后台湾与琉球关系研究》，高雄：高雄复文图书出版社，2012 年，第 91—92 页。

③ 丘宏达：《关于中国领土的国际法问题论集》，台北：台湾商务印书馆，2004 年，第 25 页。

④ American Foreign Policy, 1950—1955, Basic Documents, Vol. II, Washington, D. C: Government Printing Office, 1957, pp. 2427-2428.

⑤ 参见《行政院函复对美国迳将奄美大岛交与日本一案处理情形请查照案》，1953 年 12 月 24 日 142（外）7496 号，载于《立法院公报》，1954 年第 12 会期第 8 期，第 88—89 页。转引自丘宏达：《关于中国领土的国际法问题论集》，台北：台湾商务印书馆，2004 年，第 36 页（注三七）。

场，表明"台湾对琉球的最后处置有发表意见的权利"的立场。① "1953 年琉球问题备忘录"的意义在于：第一，台湾当局主张，根据《波茨坦公告》和《旧金山和约》，琉球的归还必须经过所有'轴心国'的谘商，其中即包括"中华民国"；第二，备忘录象征着台湾当局改变了即往的对琉政策，开始寻求在外交上对琉球问题的发言权，也意味着此后"中华民国"对琉球政策进入新阶段。②

2. 中华人民共和国政府的立场与表态

《旧金山和约》生效前后，中华人民共和国政府发布了多份声明，对美国把中国排除在缔约方之外缔结和约的行为表示反对，具体立场为：

1950 年 12 月 4 日，外交部部长周恩来代表中华人民共和国政府，针对美国和苏联有关对日缔结和约的备忘录发表了《关于对日和约问题的声明》。这是中华人民共和国政府首次全面阐述对日媾和问题的观点和立场。中华人民共和国政府的声明指出，中国人民经过 8 年英勇抗战，取得了抗日战争的胜利，"因此对日和约的准备、拟制与签订，我中华人民共和国必须参加，乃属当然之事"。③

1951 年 8 月 15 日，周恩来外长代表中国政府发布关于美国及其仆从国家签订《旧金山对日和约》的声明。声明中称，《旧金山对日和约》没有中华人民共和国参加准备、拟制和签订，"中央人民政府认为是非法的，无效的"。④ 我国政府当时的考虑主要基于远东安全局势和联合苏联对抗美国的政治因素，这些因素体现在该声明中有多处：第一，没有中华人民共和国参加

---

① 台湾当局在其有关部门官方网站"关于我政府对日本外务省网站有关钓鱼台列屿十六题问与答逐题驳斥全文"中称："'外交部'在 11 月 24 日向美国驻华大使递交备忘录，首度表示对于琉球的最后处置，'中华民国'有发表其意见之权利与责任"。参见"关于我政府对日本外务省网站有关钓鱼台列屿 16 题问与答逐题驳斥全文"，资料来源于 http://www.mofa.gov.tw/cp.aspx? n = FBFB7416EA72736F&s = FAA8620A0EE72A91，访问日期：2017 年 1 月 30 日。

② 陈龙腾：《战后台湾与琉球关系研究》，高雄：高雄复文图书出版社，2012 年，第 92 页。

③ 参见《对日和约问题史料》（作者不详），北京：人民出版社，1951 年，第 67-71 页。

④ 参见《中华人民共和国中央人民政府外交部部长周恩来关于美国及其仆从国家签订旧金山对日和约的声明》（1951 年 9 月 18 日），《人民日报》，1951 年 9 月 19 日。

的对日单独和约"不是全面和约",而是"复活日本军国主义、敌视中苏、威胁亚洲、准备新的侵略战争的条约"。《旧金山和约》及《美日安全条约》,已对中华人民共和国的安全以及其他许多亚洲国家的安全,构成了严重的威胁;第二,美国政府在旧金山会议中拒绝苏联、波兰和捷克代表关于邀请中华人民共和国参加这次会议的意见,拒绝苏联提出的关于对日媾和的各项基本建议,也拒绝印度和缅甸的建议,因此,《旧金山和约》"违反了中国、苏联和亚洲人民以及全世界人民的意见"。[1]

1952 年 5 月 7 日,周恩来部长代表中国政府发布《关于美国宣布非法的单独对日和约生效的声明》。这份声明表明,美国单独媾和违反了美国参与缔结的诸多国际协议,如《联合国家宣言》《开罗宣言》《雅尔塔协定》《波茨坦公告》、莫斯科外长会议关于设立盟国对日委员会的决定,以及远东委员会对投降后日本之基本政策的决议等有关日本问题的国际协议等。美国还擅行宣布单独对日和约生效、解散远东委员会和盟国对日委员会,这种"片面措施"是"非法和没有道理的"。该声明还指出,"美日安全条约""行政协定"和《旧金山和约》一起在 4 月 28 日同时生效,《旧金山和约》是"彻底变日本为美国军事基地和附属国家的备战条约"。[2]

四、第二次世界大战后琉球地位定性的第一维度

在有关第二次世界大战后琉球地位问题相关的研究中,海峡两岸学者的论著从国际关系、历史和国际法等角度均有研究,都提到第二次世界大战后美国单独托管琉球的问题。但是,美日等国的文献中往往不提琉球托管,代之以"占领"或"军事占领"等表述。中外文献对于第二次世界大战后琉球地位定性的差异,原因何在?从《旧金山和约》角度看,琉球地位又该如何

---

① 参见《中华人民共和国中央人民政府外交部部长周恩来关于美国及其仆从国家签订旧金山对日和约的声明》(1951 年 9 月 18 日),《人民日报》,1951 年 9 月 19 日。

② 参见《中华人民共和国中央人民政府外交部周恩来部长关于美国宣布非法的单独对日和约生效的声明》,《人民日报》,1952 年 5 月 7 日。

定性？本部分在文献比较的基础上予以论证。

（一）第二次世界大战后对琉球托管问题的研究及认知差异

与第二次世界大战后琉球地位问题相关的专题研究中，我国海峡两岸学者的论著从国际关系、历史和国际法等角度均有研究。历史学角度的研究相对丰富，如杨仲揆①、石源华②、王海滨③、安成日和李金波④、任天豪⑤、陈龙腾⑥等学者，用丰富的史料佐证第二次世界大战后中、美、日在琉球托管问题上的交涉以及期间琉球的独立运动。国际法学者中，丘宏达教授除了审视托管制度的法理外，更提到台湾当局对美方对日《旧金山和约》几份和约草稿的意见和"外交"交涉，指出"和约中所规定的托管，实际上只是美国一时的遮眼法，暂时缓解反对琉球归日国家（如菲律宾）的情绪。"⑦陈荔彤指出，美国对琉球的处理与联合国宪章关于托管制度的规定不尽相符，是典型的"政治手段操弄一切"⑧。国际关系和历史学结合的综合研究中，许金彦⑨用多国的外交档案揭示美国对琉球单独托管，却间接排除其他同盟国（如中、英、苏）表达意见之权利的决策过程；汪晖关注到开罗会议中美首脑和罗斯福会晤

---

① 杨仲揆：《中国·琉球·钓鱼岛》，香港：友联研究所，1972年，第100-105页。

② 石源华：《论战后琉球独立运动及琉球归属问题》，《浙江溪口：第五次中华民国史国际学术讨论会论文》，2006年。

③ 王海滨：《中国国民政府与琉球问题》，《中国边疆史地研究》，2007年第3期。

④ 安成日，李金波：《试论第二次世界大战后美国托管冲绳政策的形成》（下），《北华大学学报》（社会科学版），2012年第1期；安成日，李金波：《试论第二次世界大战后日本在领土处理问题上的态度与美国托管冲绳（一）》，《大连大学学报》，2013年第1期。

⑤ 任天豪：《"中华民国外交部"对琉球归属问题的态度及其意义（1948—1952）》，台北：中国近代史学会第八届第一次年会论文，2008年。

⑥ 台湾学者陈龙腾的专著第七章名为"美国托管时期的琉球"。参见陈龙腾：《战后台湾与琉球关系研究》，高雄：高雄复文图书出版社，2012年，第153-169页。

⑦ 丘宏达：《关于中国领土的国际法问题论集》，台北：台湾商务印书馆，2004年，第24页。

⑧ 陈荔彤：《琉球群岛主权归属——历史角度与国际法》，《东海大学法学研究》，2005年第22期，第19-20页。

⑨ 许金彦：《琉球地位的分析与展望》，《问题与研究》，2009年第48卷第2期；许金彦：《论宫古岛在东北亚的战略地位》，《东亚论坛季刊》，2012年第477期，第79-90页。

期间，蒋介石提出对琉球由中美共同托管之动议背后的历史和国际局势因素；[①]
刘少东的专著详细总结了 1942—1952 年美国国务院和军方有关琉球托管的不同
构想，并分析"剩余主权"对《旧金山和约》最终条约文本所起的作用。[②] 可
见，海峡两岸学者的研究中，绝大多数都将第二次世界大战后直至 20 世纪 70
年代美日签订《琉球移交协定》这一整段时期的琉球地位定性为"托管"，只
有个别中国学者将战后琉球称为美国的"战略控制"[③] 或"军事占领"[④]。

然而，与两岸多数华人学者认为第二次世界大战后美国对琉球实施托管
的观点不同，大量研究第二次世界大战后琉球问题的英文文献并不认同琉球
托管的定性，反而代之以"占领"或"军事占领"等表述来定性琉球战后地
位。Robert D. Eldridge、[⑤] B. J. George[⑥] 的研究提出，琉球或由联合国托管或
"返还"日本，都曾是旧金山和会讨论的方案，但最终美国出于冷战需要绕开
联合国单独占领琉球。Robert D. Eldridge[⑦]、Gavan McCormack[⑧]、Glenn

---

① 汪晖：《琉球：战争记忆、社会运动与历史解释》，《开放时代》，2009 年第 3 期，第 21 页；汪晖：《冷战的预兆：蒋介石与开罗会议中的琉球问题——〈琉球：战争记忆、社会运动与历史解释〉补正》，《开放时代》，2009 年第 5 期，第 26—27 页。

② 刘少东：《日美冲绳问题起源研究（1942—1952）》，北京：世界知识出版社，2011 年。

③ 孔晨旭：《战后美国长期单独战略控制琉球群岛政策的形成》，《河北师范大学学报》（哲学社会科学版），2013 年第 4 期。

④ 李明峻：《从国际法角度看琉球群岛主权归属》，《台湾国际研究季刊》，2005 年第 2 期，第 63 页。

⑤ 大阪大学"国际公共政策研究科"学者 Robert D. Eldridge 从 2001—2015 年出版了 3 本有关战后冲绳问题的英文专著。由于 Robert D. Eldridge 既有在冲绳和日本本土工作和生活的经历，又有西方教育背景，他对琉球问题的系统性研究，在西方学者中尤其具有代表性。See Robert D. Eldridge, *The Origins of the Bilateral Okinawa Problem*: *Okinawa in Postwar US-Japan Relations*: 1945—1952, New York: Routledge-Garland, 2001; Robert D. Eldridge, *The Return of the Amami Islands*: *The Reversion Movement and U. S. -Japan Relations*, Lanham: Lexington Books, 2004; Robert D. Eldridge, *The Origin of U. S Policy in the East China Sea Islands Dispute*: *Okinwa's Reversion and the Senkaku Islands*, New York: Routledge, 2014.

⑥ B. J. George, Jr, *The United States in The Ryukyus*: *The Insular Cases Revived*, 39 N. Y. U. L. Rev. 785, 1964, p. 787.

⑦ Robert D. Eldridge, *The Origins of the Bilateral Okinawa Problem*: *Okinawa in Postwar US-Japan Relations*: 1945-1952, New York: Routledge-Garland, 2001.

⑧ Gavan McCormack, *Resistant Islands*: *Okinawa Confronts Japan and the United States*, Rowman & Littlefield Publishers, Inc. , 2012.

*Davis*①、Nicholas Evan Sarantakes ②等历史和国际关系的综合研究中，倾向于对第二次世界大战后的琉球用"占领""军事占领""行政管理"等提法。类似的，日本学者涉及第二次世界大战后冲绳问题的代表性论著中，也多用"统治"或"领有"③这样的说法。

（二）第二次世界大战后琉球地位的"应然"维度——"潜在的托管领土"

上述中外学者对琉球第二次世界大战后地位认知的差异，根源在于《旧金山和约》第3条的"琉球托管"条款。《旧金山和约》第3条④规定：

日本对于美国向联合国提出将北纬29°以南之南西诸岛（包括琉球群岛与大东群岛）、孀妇岩岛以南之南方诸岛（包括小笠原群岛、西之岛与琉黄列岛）及冲之鸟礁与南鸟岛置于联合国托管制度之下，而以美国为唯一管理当局之任何提议，将予同意。在提出此种建议，并对此种建议采取肯定措施以前，美国将有权对此等岛屿之领土及其居民，包括其领海，行使一切及任何行政、立法与司法权力。

中外学界目前对第二次世界大战后琉球的定性，在严谨性或客观性方面都存在值得推敲的地方。第二次世界大战后琉球地位定性的基础是《旧金山和约》，但又不能完全囿于《旧金山和约》，而应当从应然和实然两个维度予

---

① Glenn Davis，John G. Roberts，*An Occupation Without Troops*，Japan：Yeenbooks，1996.

② Nicholas Evan Sarantakes，*Keystone：The American Occupation of Okinawa and U. S. –Japanese Relations*，Texas A&M University Press，2000.

③ ［日］新崎盛晖著：《冲绳现代史》，胡冬竹译，北京：生活·读书·新知三联书店，2005年，第47，67页；［日］大江健三郎著：《冲绳札记》，陈言译，北京：生活·读书·新知三联书店，2010年。

④ 《旧金山和约》英文版中，第3条的原文为：Japan will concur in any proposal of the United States to the United Nations to place under its trusteeship system, with the United States as the sole administering authority, Nansei Shoto south of 29deg. north latitude（including the Ryukyu Islands and the Daito Islands），Nanpo Shoto south of Sofu Gan（including the Bonin Islands, Rosario Island and the Volcano Islands）and Parece Vela and Marcus Island. Pending the making of such a proposal and affirmative action thereon, the United States will have the right to exercise all and any powers of administration, legislation and jurisdiction over the territory and inhabitants of these islands, including their territorial waters.

以综合分析，并得出结论。

两岸学者"第二次世界大战后至 1972 年美国对琉球实施的是托管"的观点有合理性，但缺乏严谨性。"琉球托管"观点的合理性在于，美国对琉球群岛的战后安排，先有开罗会议罗斯福和蒋介石会晤时"中美共管"的口头动议，后有《旧金山和约》第 3 条中由美国单独实施托管的规定予以条约落实。但"琉球托管"观点值得推敲之处有二：

第一，如本章第一节第二部分所提，部分学者存在将琉球群岛与日本国联时期太平洋岛屿（即马里亚纳群岛、加罗林群岛和马绍尔群岛）混同的误区，进而出现"第二次世界大战后琉球群岛也被纳入太平洋岛屿托管的联合国托管体系"的观点。美国对太平洋岛屿的托管除了《旧金山和约》第 2 条的条约依据，更有联合国安理会"第 318 号决议"① 和《日本前委任统治岛屿的托管协议》② 予以落实。相较而言，除了《旧金山和约》第 3 条的"条约依据"，美国对琉球群岛后续的占领和管理行为，既无托管协议、又不曾提交联合国托管体系予以运作和监督。

第二，《旧金山和约》第 3 条第 2 句的表述为，"在提出此种建议，并对此种建议采取肯定措施以前，美国将有权对此等岛屿之领土及其居民，包括其领海，行使一切及任何行政、立法与司法权力"。这样模糊表述给人两个印象：日本同意美国可能将对联合国做出的将琉球群岛其托管下的任何提议，并以美国为唯一的管理当局；做出上述托管提议之前，美国有权对琉球领土及其居民行使行政、立法和司法权。③《旧金山和约》字里行间透露的信息似乎是，对琉球是否做出托管的决定权在美国手中，即使美国绕开联合国，不做出琉球托管的建议，也无可厚非。这也就是美英和日本学者研究中，把第二次世界大战后美国对琉球的处置用"占领""军事占领""行政管理""战略控制"等表述的原因。

---

① Trusteeship of Stratigic Areas, 21 (1947), Resolution of 2 April 1947, [S/318].

② Article 1, 2, Trusteeship Agreement for the Former Japanese Mandated Islands, Approved at the 124th Meeting of the Security Council on April 2, 1947, U. N. Document S/318.

③ Joseph W. Ballantine, *The Future of the Ryukyus*, 31 Foreign Aff. 653, 1952—1953, p. 671.

然而，西方和日本学者忽略《旧金山和约》"琉球托管"条款，直接将战后琉球定性为"管理"或"占领"，不仅掩盖美国战后琉球实施的若干非法行为，最大的问题还在于将琉球 20 世纪与 19 世纪末的历史割裂，缺乏客观性。回顾历史，琉球王国在 1609—1879 年是国际法意义上的主权王国，日本于 1879 年以武力吞并琉球，琉球自此沦为其殖民地。开罗会议期间，罗斯福询问蒋介石是否有意愿收回琉球。蒋介石回应，战后琉球处置应为中美共同托管琉球，这就是琉球托管的初始动议。再次，《旧金山和约》缔约前美国国务院和军方多份文件以及美国主导的《旧金山和约》多项"和约草案"都能印证美国对琉球实施托管的安排。西方学者以《旧金山和约》第 3 条中"做出上述托管提议之前"的模糊表述为依据，质疑第 3 条第 1 句将琉球"置于联合国托管制度之下"的客观安排，从条约解释看论证是薄弱的。

再回顾《旧金山和约》第 3 条的规定，从条约通常含义解释，可以归纳出缔约国通过对琉球地位约定的安排是：日本同意，琉球作为托管领土，经联合国批准并置于联合国监督之下，由美国作为唯一管理当局。在托管程序开始以及完成之前，琉球由美国实施行政管理（即"施政"），一旦琉球完成联合国托管的程序，则琉球将正式成为托管领土，即琉球是"潜在的托管领土"。① 对第二次世界大战结束至美日"琉球移交协定"这段时期，琉球定性的问题，源于《旧金山和约》但不应囿于《旧金山和约》，应综合第二次世界大战前后国际社会对琉球问题的认知和初始条约安排，以及美日、中美间对琉球问题的交涉予以定位。

小　结

第二次世界大战后，琉球的地位有实然（*lex lata*）和应然（*lex ferenda*）两个维度，二者并行于琉球移交前的时间与空间中。然而，第二次世界大战

---

① 罗欢欣：《国际法上的琉球地位与钓鱼岛主权》，北京：中国社会科学出版社，2016 年，第 121 页。

后琉球的地位不应只看它的实然状态，更应结合应然维度综合考虑。将第二次世界大战后至 1972 年美日"琉球'返还'"这段时间的琉球定性为"潜在的托管领土"，这不仅更符合历史事实，也得到包括《旧金山和约》在内的条约和"和约草案"等国际文件的佐证，从历史和法律看都是"应然性质的领土安排"。美国对琉球的占领，始于 1945 年 4 月 1 日"尼米兹公告"、在 1972 年 5 月 15 日《琉球移交协定》生效时结束，因此第二次世界大战后琉球的实然维度是军事占领，本书第四章也将详细对此从实然维度进行详细分析。

第四章 美国非法占领
琉球（1945—1972 年）及
美日"私相授受"琉球

海峡两岸学者的研究中，绝大多数都将第二次世界大战后直至 20 世纪 70 年代美日签订《琉球移交协定》① 这段时期琉球的地位定性为"托管"，只有个别中国学者将第二次世界大战后琉球称为美国的"战略控制"② 或"军事占领"③。关注第二次世界大战后琉球问题的国外文献有两个现象：一方面很少用"琉球"，反而取而代之用"冲绳"一词；另一方面，例如 Robert D. Eldridge④、B. J. George⑤ 的研究表明，琉球或由联合国托管，或"返还"

① Agreement between the United States of America and Japan Concerning the Ryukyu Islands and the Daito Islands, United States, 17 June, 1971, In Dept. of State, *United States treaties and other international agreements*, Washington：U. S. Government Printing Office, 1973, Part I, Vol. 23, pp. 449-458.

② 孔晨旭：《战后美国长期单独战略控制琉球群岛政策的形成》，《河北师范大学学报》（哲学社会科学版），2013 年第 4 期。

③ 李明峻：《从国际法角度看琉球群岛主权归属》，《台湾国际研究季刊》，2005 年第 2 期，第 63 页。

④ 大阪大学"国际公共政策研究科"副教授 Robert D. Eldridge 从 2001 至今出版了 3 本有关战后冲绳问题的英文专著。由于 Robert D. Eldridge 既有在冲绳和日本本土工作和生活的经历，又有西方教育背景，他对琉球问题的系统性研究，在从事琉球研究的西方学者中尤其具有代表性。See Robert D. Eldridge, *The Origins of the Bilateral Okinawa Problem：Okinawa in Postwar US-Japan Relations：1945—1952*, New York：Routledge-Garland, 2001; Robert D. Eldridge, *The Return of the Amami Islands：The Reversion Movement and U. S. -Japan Relations*, Lanham：Lexington Books, 2004; Robert D. Eldridge, *The Origin of U. S Policy in the East China Sea Islands Dispute：Okinwa's Reversion and the Senkaku Islands*, New York：Routledge, 2014.

⑤ B. J. George, Jr, *The United States in The Ryukyus：The Insular Cases Revived*, 39 N. Y. U. L. Rev. 785, 1964, p. 787.

日本都曾是旧金山和会讨论的方案，美国出于冷战需要绕开联合国单独占领琉球。因此，Robert D. Eldridge、Gavan McCormack 等的综合研究中，倾向于对第二次世界大战后的琉球用"占领""军事占领""行政管理"等提法。类似的，日本学者在第二次世界大战后冲绳问题的代表性论著中，也多用"统治"或"领有"① 的说法。近年来，还有个别国学者在军事占领的研究中，开始将美国占领琉球作为案例研究并对美日琉球主权安排的合法性提出质疑。②

第一节　从国际军事占领法看美国
摒弃托管对琉球的占领

目前对第二次世界大战后琉球地位的中外文献存在两个问题：第一，对第二次世界大战后琉球的定性较为笼统，缺乏分时间段的考虑。例如，以《旧金山和约》为界，1945—1951 年期间的琉球，与 1951—1972 年期间的琉球是否存在不同？在没有考虑上述时间段的情况下，把第二次世界大战后到1972 年期间的琉球统称为托管状态或者占领状态都是不合理的；第二，不可回避的是，美国在《旧金山和约》签订后，并未如和约明确的那样将琉球置于美国的托管并纳入联合国托管制度，而是纳入美国的占领和行政管理之下。因此，如果不结合国际法，仍难以窥见 1951—1972 年期间琉球的地位。本节结合国际军事占领法的占领规则、占领行为本身与领土的主权以及美国琉球民政府的诸多管理行为等问题，探究美国摒弃托管对琉球实施的占领是否具有法律依据，以及是否符合国际法。

---

① ［日］新崎盛晖著：《冲绳现代史》，胡冬竹译，北京：生活·读书·新知三联书店，2005 年，第 47、67 页；［日］大江健三郎著：《冲绳札记》，陈言译，北京：北京：生活·读书·新知三联书店，2010 年。

② See Annmaria Shimabuku, *Schmitt and Foucault on the Question of Sovereignty under Military Occupation*, Política común, Vol. 5, 2014.

一、军事占领法

（一）军事占领法的法律渊源

现代国际法中的军事占领制度是 19 世纪中期以来在西方逐步确立和发展起来的，这一体系内的规则被视为战争法的一部分，甚至专门被命名为"占领法"（law of occupation）。① 19 世纪后半叶，围绕着如何规范交战各方行为，1974 年的布鲁塞尔会议和 1899 年的海牙会议通过签订国际条约的方式形成了战争法规则，其中的成果之一就是 1899 年的"海牙公约体系"②。从这个时期开始，军事占领已经构成敌对行为存续期间直到和平条约缔结之间的阶段，具有临时性的特征。

为约束占领方行为、保护被占领方及其居民基本权益，尽可能实现军事必要与人道需求间的平衡，军事占领法律制度应运而生。作为武装冲突法的一个重要组成部分，该制度产生于武装冲突实践，在实践中得到丰富、发展，并不断接受着新的挑战。③国际法上有两种关于占领（occupation）的理解，一种是领土争端法中国家领土的原始取得方式，属于平时法的范畴。它又被译为"先占"，仅能由国家以国家的名义实行，客体只限于无主地；另一种是战争和武装冲突法意义上的占领，是指一国武装部队对另一国全部或部分领土的有效控制，这种占领一般也由国家来实施，但客体并非无主地，而是他国的领土。占领本身也不是为了获取土地的主权，这种占领通常都由武装部队来完成，因此也被称为"军事占领"。④ 此外，一些英美的早期研究还曾把军

---

① 李强：《军事占领制度研究》，北京：法律出版社，2014 年，第 1 页。

② Eyal Benvenisti, The Origins of the Concept of Belligerent Occupation, *Law and History Review*, 2008, Vol. 26, No. 3, p. 621.

③ 梁洁：《论军事占领法律制度的产生、发展及当代挑战》，《西安政治学院学报》，2015 年第 2 期，第 88 页。

④ 李强：《军事占领制度研究》，北京：法律出版社，2014 年，前言、第 1—2 页。

事占领和国内的军事管制法（martial law）混淆。① 为区别于领土争端法中的"占领"和国内法上的"军事管制法"，本书将国际法意义上的军事占领规则称为"国际军事占领法"（international law of military occupation）或"军事占领法"。

军事占领法的法律渊源，除了国际习惯法外，更多体现在国际条约中，主要包括以下几个方面：

第一，1907 年《海牙规章》。1899 年和 1907 年两次海牙和平会议产生了一系列有关战争法的国际条约。1907 年《海牙第四公约》② 及其附件，是在1899 年《海牙第二公约》的基础上修订。1907 年《海牙第四公约》的附件——《陆战法规和惯例规章》③（Regulations concerning the Laws and Customs of War on Land，简称 1907 "《海牙规章》"）中关于军事占领的规则被公认为反应了国际习惯法，这不仅得到第二次世界大战后设立的纽伦堡军事法庭的认可，④ 也被国际法院相关判例⑤所确认。

第二，1949 年《日内瓦第四公约》。⑥ 与 1949 年其他三个保护战争受害

---

① See Raymond Robin, *Des Occupations Militaries en Dehors des Occupation de Guerre* (Washington, DC: Carnegie, 1942), p.14; W. S. Holdsworth, Martial law Historically Considered, Law Quarterly Review, 18 (1902), pp.117–132.

② 李强：《军事占领制度研究》，北京：法律出版社，2014 年，第 16–17 页。

③ See Convention (Ⅳ) respecting the Laws and Customs of War on Land and its annex: Regulations concerning the Laws and Customs of War on Land, the Hague, 18 October 1907. 《海牙规章》有 38 个缔约国，15 个签署国。美国于 1907 年 10 月 18 日签署，1909 年 11 月 27 日加入。资料来源于国际红十字委员会网站 https://ihl - databases. icrc. org/applic/ihl/ihl. nsf/States. xsp? xp _ viewStates = XPages _ NORMStatesParties&xp_treatySelected=195，访问日期：2017 年 1 月 20 日。

④ International Military Tribunal (Nuremberg), Judgment and Sentences, Oct.1946, The American Journal of International Law (1947), Vol.41, No.1, pp.248–249.

⑤ See Advisory Opinion of 9 July 2004 on Legal Consequences of the Construction of a Wall in the Occupied Palestinian Territory, I. C. J Reports (2004), p.172, Para.89; Case concerning Armed Activites on the Territory of the Congo (Democratic Republic ofthe Congo v. Uganda), Judgment of 19 Dec 2005, I. C. J Reports (2005), p.70, para.217.

⑥ 《关于战时保护平民之日内瓦公约》（《日内瓦第四公约》），1949 年 8 月 12 日于日内瓦签订。资料来源于国际红十字委员会网站 http://www.icrc.org/chi/resources/documents/misc/gc4.htm，访问日期：2017 年 1 月 20 日。

者的《日内瓦公约》不同，《关于战时保护平民之日内瓦公约》（简称《日内瓦第四公约》）的内容是全新的。《日内瓦第四公约》中有 50 多条涉及对军事占领的规定，约占整体条文的三分之二。截至 2017 年 1 月，《日内瓦第四公约》有 196 个缔约国，① 这意味着该公约关于军事占领的规则已经得到普遍认可。

第三，1977 年《第一附加议定书》。1977 年在日内外举行的外交会议上通过了《1949 年 8 月 12 日日内瓦四公约关于保护国际武装冲突受难者的附加议定书》（简称《第一附加议定书》，② 适用于非国际武装冲突的《第二附加议定书》也同时通过），形成了对 1949 年四个《日内瓦公约》的补充。《第一附加议定书》虽有 173 个缔约方，但美国③和以色列一直反对议定书的关键部分。《第一附加议定书》第 63 条、68 条、69 条、71 条涉及军事占领，但和1949 年《日内瓦第四公约》相比，它适用的普遍性相对较弱。

军事占领状态的存在是适用国际军事占领法的基础，也是军事占领制度发挥作用的前提。从纽伦堡军事法庭的实践，以及晚近国际法院和前南斯拉夫国际刑事法庭的判决来看，判断军事占领的存在往往是个事实问题，只要符合法律规定的标准，当事方承认与否并不妨碍军事占领的存在。因此，国际条约对"军事占领"的法律界定就十分重要。④ 1907 年《海牙规章》第 42条规定，"合法政府的权力实际上既已落入占领者手中，占领者应尽力采取一

---

① 与此形成对照的是，截至 2017 年 1 月，联合国会员国共有 193 个。参见 "Convention（IV）relative to the Protection of Civilian Persons in Time of War. Geneva, 12 August 1949"，资料来源于 https://ihl-databases. icrc. org/applic/ihl/ihl. nsf/INTRO/380，访问日期：2017 年 1 月 20 日；"会员国的增长——1945 年至今"，资料来源于联合国网站 http：//www. un. org/zh/members/growth. shtml，访问日期：2017 年 1 月 20 日。

② See Protocol Additional to the Geneva Conventions of 12 August 1949, and relating to the Protection of Victims of International Armed Conflicts（Protocol I），8 June 1977, available at https：//ihl-databases. icrc. org/applic/ihl/ihl. nsf/INTRO/470, last visited on 20 Jan, 2017.

③ 美国于 1977 年 12 月 12 日签署《第一附加议定书》，但并未批准该议定书。参见 "Treaties, States Parties and Commentaries"，资料来源于 https：//ihl-databases. icrc. org/applic/ihl/ihl. nsf/States. xsp？xp_viewStates = XPages_NORMStatesSign&xp_treatySelected = 470，访问日期：2017 年 1 月 20 日。

④ 李强：《军事占领制度研究》，北京：法律出版社，2014 年，第 37 页。

切措施，在可能范围内恢复和确保公共秩序和安全并除非万不得已，应尊重当地现行的法律"。① 在军事占领仍被当作实现国家目标的历史背景下，军事占领被视为战争过程一个阶段。正是这个原因，军事占领经常被称为"交战占领"（belligerent occupation）。② 1907 年《海牙规章》强调合法政府权力落入占领者手中的事实，以及占领者对这种权利的行使，也是对历史背景的一种写照。

1949 年《日内瓦第四公约》虽然没有对占领直接定义，但在第 2 条第 2 款中规定，"凡在一缔约国的领土一部或全部被占领之场合，即使此项占领未遇武装抵抗，亦适用本公约"。第 6 条接着强调，只要军事占领没有结束，占领国"于占领地内行使政府职权之限度内"，公约相关规定仍然适用。③ 第二次世界大战期间的一些军事占领实例，呈现出与之前不同的特征，它们往往不是实际战争或武装冲突的结果，而是一国通过武力威胁迫使他国让出全部或部分领土的控制权。鉴于这些情况，《日内瓦第四公约》没有纠结于军事占领的概念，而是对不存在战争或实际武装冲突的状态下占领地存在的法律真空进行规定，并且更为务实的为被占领地的平民提供保护。④

1907 年《海牙规章》和 1949 年《日内瓦第四公约》都没有对"军事占领"或"军事占领法"进行明确的界定，但一些国家国内军事指导手册和理论著作可以为"军事占领"的定义提供借鉴。英国国防部 2014 年出版的《英国武装冲突法守则》（British Manual of the Law of Armed Conflict）提供了一种等同于"交战占领"的狭义定义："'交战占领'是对敌国领土的占领，也就

---

① 第 42 条的英文表述是："Territory is considered occupied when it is actually placed under the authority of the hostile army. The occupation extends only to the territory where such authority has been established and can be exercised."

② Nehal Bhuta, *The Antimonies of Transformative Occupation*, European Journal of International Law, 2005, Vol. 16, No. 4, p. 725.

③ 1949 年《日内瓦第四公约》第 6 条第 3 款。

④ 李强：《军事占领制度研究》，北京：法律出版社，2014 年，第 38-40 页。

是说，当武装冲突交战方控制敌方的领土并且直接由占领方负责对该领土的管理。"① 这一定义不能将包括联合国在地区冲突时派驻武装部队等第二次世界大战后的新型武装冲突形式包含在内，具有很大的局限性。② 《中国大百科全书·法学》将 "军事占领" 定义为："战争和武装冲突中交战一方的军队占领地方领土的一部分或全部，暂时行使统治的状态。军事占领是临时性的，不涉及领土主权的归属问题。它以存在战争或武装冲突和占领的事实以确保统治的意图为条件"。③ 这一定义显然更好的吸收了第二次世界大战后武装冲突的新形式，以及 1907 年《海牙规章》和 1949 年《日内瓦第四公约》的核心内容。

综合 1907 年《海牙规章》、1949 年《日内瓦第四公约》以及占领法理论界的观点，军事占领至少需要满足三个要素：第一，占领须发生在战争或国际性武装冲突期间，并且在和平条约缔结之前；第二，须有军事力量的使用，无论是被用于进行武力威胁还是实施了具体的军事行动；第三，占领是强制性和临时性的。④

（二）主权理论与军事占领制度演进的关联

军事占领中一项基本准则是，"占领不转移被占领土的主权"。⑤ 然而，国际社会对于占领制度中主权问题的认识，是随着战争和武装冲突法的变化而逐步演进的。

主权是随着民族国家的产生而产生的。15 世纪以前，军事占领和领土争

---

① UK Ministry of Defence, *The Manual of the Law of Armed Conflict* (Oxford: Oxford University Press, 2004), p. 274.

② Peter M. R. Stirk, *The Politics of Military Occupation* (Edinburgh University Press, 2009), p. 33.

③ 《中国大百科全书》总编辑委员会编：《中国大百科全书·法学》（修订版），北京：大百科全书出版社，2006 年，第 289 页。

④ 李强：《军事占领制度研究》，北京：法律出版社，2014 年，第 41 页。

⑤ Yoram Dinstein, *The International Law of Belligerent Occupation and Human Rights*, Israel Yearbook on Human Rights, 1978, Vol. 8, p. 105.

端法上的征服之间的区别并不明显，战争就意味着对另一国的征服。① 16 世纪尤其是欧洲 30 年战争期间，欧洲社会对战争的认识趋于理性。这一时期，"国际法之父"格老秀斯在《战争与和平法》提出了一整套在战时与平时都适用的平等解决国家间冲突的国际法原则。② 1648 年的威斯特伐利亚和会被广泛视为主权概念诞生的标志。③ 威斯特伐利亚和会及随后通过的和约对军事占领产生了深远的影响。18 世纪末，法国古典法学家博丹的《社会契约论》首先系统论证了主权的概念，提出主权对内对外的最高属性；而主权是公意的运用，不可以转让、不可分割。17—18 世纪，洛克、卢梭、杰佛逊等思想家的著述也丰富了主权理论。④

18—19 世纪，围绕着军事占领与主权的关联，军事占领的理论建构体系中出现了"欧洲学派"和"英美学派"两种理论。"欧洲学派"主张军事占领与征服应当区分开，代表学者是德国的威廉·赫夫特（Wilhelm Heffter）。威廉·赫夫特在 1844 年所著的《欧洲国际法》中提出，除被占领土出现丧失国际人格（debellatio）的情况外，军事占领应被视为对领土的临时控制，并不能导致对主权的取得。威廉·赫夫特主张限制战争的理论建立在两个原则之上：第一，国家之间主权平等；第二，对敌国应造成最小伤害。⑤ 另一位"欧洲学派"代表性学者是意大利的帕斯卡莱·菲奥里（Pasquale Fiore）。菲奥里在 1865 年所著的《新国际法》中主张，各国都应平等、自主。各国主权平等也就意味着，使用武力并不能剥夺一国的主权。⑥ 正因为"主权在民"，

---

① 参见［英］劳特派特修订：《奥本海国际法》（第 8 版，下卷第 1 分册），王铁崖，陈体强译，北京：商务出版社，1989 年，第 320–321 页。

② ［荷］格老秀斯：《战争与和平法》，［美］A. C. 坎贝尔（英译），何勤华等译，上海：上海人民出版社，2005 年。

③ Eyal Benvenisti, The Origins of the Concept of Belligerent Occupation, *Law and History Review*, 2008, Vol. 26, No. 3, p. 623.

④ 王沪宁：《论现当代主权理论的新发展》，《政治学研究》，1985 年第 1 期，第 39 页。

⑤ Eyal Benvenisti, The Origins of the Concept of Belligerent Occupation, *Law and History Review*, 2008, Vol. 26, No. 3, pp. 630–631.

⑥ Pasquale Fiore, *Nuovo dritto internazionale pubblico* (Milan: Casa Ed. e Tip. degliautoi-ed, 1865), 177.

根据"欧洲学派"的军事占领理论，主权就像国内法的私有财产那样应予以保护，不能从合法所有权人那里单方让渡。因此，对敌国领土的控制不能赋予占领者对他国领土的主权，因为这一占领是临时和有限的。1899 "海牙公约体系"为战时占领他国领土的军队规定了两种义务：其一是保护被占领土平民生命和财产的义务；其二是尊重被废黜政府的主权权利。[1] 总之，"欧洲学派"的理论反应在国家实践方面是缓慢的，奥本海指出，"军事占领和征服之间的明确区别，从国际法纸面落实到国家实践，是 19 世纪'拿破仑战争'[2]以后才实现的。"[3] 然而，"欧洲学派"结合主权理论对军事占领法的论证，对该领域国际法编纂发挥的积极作用却不容否定。

另一方面，直到 19 世纪初，英国还在奉行"被征服的国家立即成为英王领土一部分"这样的普通法原则。[4] 英国的立场极大的影响到美国 19 世纪的国内司法实践，U. S. v. Rice、[5] Fleming v. Page[6] 等判例都确认占领者取得领土所有权的合法性。美国的军事占领制度同时也受到"欧洲学派"的影响。美国学者亨利·W. 哈勒克（Henry W. Halleck）就试图糅合欧洲学派（主要借鉴赫夫特的理论）和美国判例法，提出以占领者的主观意愿来区分征服与军事占领。哈勒克主张，"当占领方成功控制了敌方领土，而被废黜的前政府通过武力也仍不能夺回该领土时，占领方就可以将该领土视为军事占领地。占领者可以按自己的愿望选择保留或是修改原有的法律"，但是当占领方决定采取"明确而具有权威的主权行为"，例如领土吞并或兼并时，占领方通过明

---

① Eyal Benvenisti, The Origins of the Concept of Belligerent Occupation, *Law and History Review*, 2008, Vol. 26, No. 3, p. 622.

② 拿破仑战争：拿破仑称帝统治法国期间（1803—1815 年）爆发的各场战争。随着拿破仑在滑铁卢败北，各交战国签订巴黎条约后，拿破仑战争于 1815 年 11 月 20 日结束。

③ Lassa Oppenheim, *International Law：A Treatise*, 1ˢᵗ ed, London：Longmans, Green, 1905, p. 168.

④ Grant T. Harris, *The Era of Multilateral Occupation*, Berkeley Journal of International Law, 2006, Vol. 24, p. 3.

⑤ United States v. Rice, 4 Wheat. 246, 17 U. S. 246, 254, 4 L. Ed. 562（1819）.

⑥ Fleming v. Page, 9 How. 603, 50 U. S. 603, 612, 13 L. Ed. 276（1850）at 50 U. S 603, 615.

示就可以取得领土的主权。① 当然这样的"理论融合"对国际法的影响极为有限，主要原因在于它鼓励通过单边使用武力的方式兼并他国的领土。但是，"英美学派"主张占领者拥有无限权利，这为美国 19—20 世纪在夏威夷、菲律宾和波多黎各海外殖民地的扩张提供了规避国际法的理由。正如美国人权法教授 Eyal Benvenisti 所评价的，"1907 年第二次海牙会议上达成的公约体系标志着军事占领法的正式成型，而美国对军事占领法理论发展的贡献则乏善可陈"。②

20 世纪以来的现代国际法学强调禁止以军事占领的方式吞并他国领土。1928 年《巴黎非战公约》③ 是国际社会达成的第一个全面禁止以战争作为推动国家政策的条约，战争非法化成为一个具有约束力的条约法原则。④ 1899 年和 1907 年两次海牙和平会议构建的"海牙公约体系"被视为倾向占领国的利益，而 1944 年的"日内瓦四公约"则更贴近其人道主义特质，更关注被占领领土平民的利益。⑤ 第二次世界大战结束后，《联合国宪章》规定，除非第 7 章规定的"对于和平之威胁、和平之破坏及侵略行为"外，"各会员国在其国际关系上不得使用威胁或武力，或以与联合国宗旨不符之任何其他方法，侵害任何会员国或国家之领土完整或政治独立"⑥。《联合国宪章》更是将"会员国主权平等"⑦ 列为七项国际法原则之首。通过占领获取领土在第二次世界大战后失去存在的依据，然而，战争非法化后，自 1949 年《日内瓦第四公约》通过后至今，占领中出现的新现象对当代军事占领法又提出了新的挑

① Henry W. Halleck, *International Law*, New York: D. Van Nostrand, 1861, pp. 781-812.
② Eyal Benvenisti, The Origins of the Concept of Belligerent Occupation, *Law and History Review*, 2008, Vol. 26, No. 3, pp. 641-642.
③ 《巴黎非战公约》: 全称《关于废弃战争作为国家政策工具的普遍公约》或《凯洛格—白里安公约》(Kellogg-Briand Pact)，1928 年 8 月 27 日在巴黎签署。该公约规定放弃以战争作为国家政策的手段并只能以和平方法解决国际争端或冲突。
④ 丘宏达著：《现代国际法》(第 3 版)，陈纯一修订，台北：三民书局，2013 年，第 1104 页。
⑤ Conor McCarthy, *The Paradox of the International Law of Military Occupation*, J. Conflict & Sec. L. 2005, Vol. 10, No. 1, p. 49.
⑥ 《联合国宪章》第 2 条第 4 款。
⑦ 《联合国宪章》第 2 条第 1 款。

战。一方面在国家实践中，占领国用"武装冲突"取代"战争"一词，而传统的"军事占领"隐含的负面意义也使得占领国改用"管理""解放"等词汇。① 典型的"占领国"如以色列，它不承认对东耶路撒冷、约旦河西岸和加沙地带构成占领，创设了"行政领土"（administered territory）② 这样的词汇，目的在于规避军事占领法的适用。占领国这样的立场往往伴随着人道灾难，例如 1992—1995 年克罗地亚和塞尔维亚军队在波黑占领区的暴行；1998—2000 年厄立特里亚和埃塞俄比亚的武装冲突中，双方军队在对方占领区实行的战争罪行，等等。另一方面，国际法学者结合主权理论的演进，继续推进军事占领法的发展。如上节所述，领土主权的安排主要依据条约完成，军事占领只是占领者获取对占领地有利条件的手段。而占领者因为实际上已经取代被废黜的政府，取得了对被占领土的权力，也就应当承担以国际法确定的方式管理该领土的义务。

第二次世界大战后有关军事占领的研究中有两种学说：第一种是"托管人说"。在对以色列占领制度的研究中，有学者将将占领国视为对被占领土"托管人"（trustee），尤其重视其中人道规则的适用；③ 第二种为"事实主权说"。还有学者则认为，由于占领不导致主权的转移，因此占领国在被占领土内实施的是"事实主权"（de facto sovereignty），并不是"法定主权"（de jure sovereignty）。④ 比利时根特大学学者尼克洛斯（Nicolosi）在研究中指出，"法

① 李强：《军事占领制度研究》，北京：法律出版社，2014 年，第 11 页。

② See Meir Shamgar, The Observance of International Law in the Administerred Territories, Isael Yearbook on Human Rights, 1971, Vol. 1, p. 262.

③ 相关讨论，参见 Meir Shamgar, *The Observance of International Law in the Administerred Territories*, Isael Yearbook on Human Rights, 1971, Vol. 1；Allan Gerson, *Trustee-occupant: the legal status of Israel's presence in the West Bank*, 14 Harvard Journal of International Law, 1973, pp. 1-49；Fireman, Steve, *The Impossible Balance: the Goals of Human Rights and Security in the Israeli Administered Territories*, Capital University Law Review, 1991, Vol. 20（2）, pp. 421-454.

④ 相关讨论，参见 Salvatore Fabio Nicolosi, *The Law of Military Occupation and the Role of de jure and de facto Sovereignty*, Polish Yearbook of Internatioal Law, 2011, Vol. 31；Tristan Ferraro ed., *Occupation and Other Forms of Administration of Foreign Territory*（ICRC Report, March 2012）, available at https://www.icrc.org/eng/assets/files/publications/icrc-002-4094.pdf, access date: 30 Jan, 2017.

定主权"是真正意义上的国家主权，是一个平等与他国进行国际交往、排除他国干涉其内部事务的权利。"事实主权"则是占领者在被占领土临时行使的职权。"事实主权"和"法定主权"之间的关系，可用主权（dominium）和治权（imperium）来类比。① 总体看来，不论"托管人说"还是"事实主权说"，都不否认"占领不转移被占领土的主权"这一原则。

（三）被占领土的行政管理机构和财产保护

实践中，占领国通常会建立行政管理机构实施对被占领地的行政事务管理。行政管理机机构的存在虽不是判断军事占领有效成立的决定性标志，但它可以成为判断军事占领状态存在与否的明显标志。前南斯拉夫国际刑事法庭在 Prosecutor v. Mladen Maletilic, aka "TUTA" And Vinko Martinovic, aka "ŠTELA" 一案中，就将"占领国建立占领机构并公开行使职权"作为判断是否存在军事占领状态的第一项标准。② 我国学者李强在《军事占领法》一书中，将占领国在被占领土建立的行政管理机构及其国际实践总结为以下几类：第一，军事政府。这里的"军事政府"是占领国在占领地行使权力的方式，是占领国任命军事统帅对被占领国实施管理的机构，与国内法的军事政府概念存在区别。被占领地的军事政府，既接受占领国的指示，又受到占领法规则的约束。第二次世界大战结束后盟军对德国的占领就采用了纯粹的军事模式；第二，文官政府。文官政府是专门负责占领地民事事务的机构，在实践中往往是作为军事政府的分支机构、受到军事统治者的制约，并非是由文职人员运作的独立的行政机关。第二次世界大战后，典型的文官政府是英美联

---

① Salvatore Fabio Nicolosi, *The Law of Military Occupation and the Role of de jure and de facto Sovereignty*, Polish Yearbook of Internatioal Law, 2011, Vol. 31, pp. 169-172.

② See *Prosecutor v. Mladen Maletilic, aka "TUTA" And Vinko Martinovic, aka "ŠTELA"*, I. C. T. Y Judgment of 31 March 2003, Case No. IT-98-34-T, para. 217.

军占领伊拉克后于 2003 年 5 月 8 日建立的联盟临时管理当局① （Coalition Provisional Authority）；第三，自治政府。在占领军掌握被占领土最高权力的前提下，军事占领制度允许占领前的当地政府在占领后继续履行一部分或大部分正常的政府职能，或者成立新的地方政府履行上述职能。占领国也往往愿意任命当地居民作为较低等级的官员来处理例如市政、乡村事务等，并由占领国对这些当地官员的行为负责。但是这样的自治政府的权利通常比较有限，并不可能获得独立政府所拥有的全部权力。自治政府是军事占领中较为常见的现象，英美联军 2003 年 7 月 13 日推动成立伊拉克管理委员会② （Iraq Governing Council），该机构由委员会领导机构的 9 名成员轮流担任主席，有权在金融经济改革、教育、选举法和卫生等任何领域制定政策和做出决定。③ 应注意的是，第二次世界大战后的军事占领情况复杂，判断被占领土行政管理组织结构是纯粹的军事政府，还是军事与民事混合的性质，不能一概而论，需要根据个案分析。

在被占领地的行政管理制度中，军事占领法的非常重要的一环就是对公私财产的管理。其中，禁止对被占领土公私财产的破坏与掠夺作为一项原则，体现在 1907 年《海牙规章》包括：禁止毁灭或没收敌人财产，除非此项毁灭和没收是出于不得已的战争需要；④ 禁止以任何手段攻击或轰击不设防的城镇、村庄、住所和建筑物；⑤禁止抢劫即使是以突击攻下的城镇或地方。⑥ 1949 年《日内瓦第四公约》第 53 条也做出类似的规定，"占领国对个别或集体属

---

① 联盟临时管理当局：2003 年 3 月 20 日伊拉克战争爆发后，美英为首的联军占领伊拉克，联盟临时管理当局是由美国政府于 2003 年 5 月 8 日成立暂时履行管理伊拉克国家事务、负责伊拉克重建和人道救援、重建伊拉克政府的临时机构。负责人由联军行政长官、美国资深外交官保罗·布雷默（Paul Bremer）兼任。该机构和伊拉克管理委员会至 2004 年 6 月 28 日向伊拉克临时政府完全移交权利以后解散。

② 又称为"伊拉克临时管理委员会"，该机构于 2004 年 6 月 1 日新的"伊拉克临时政府"成立后解散，6 月 28 日正式完成向伊拉克临时政府权利的移交。

③ 李强：《军事占领制度研究》，北京：法律出版社，2014 年，第 78–86 页。

④ 1907 年《海牙规章》第 23 条（g）款。

⑤ 1907 年《海牙规章》第 25 条。

⑥ 1907 年《海牙规章》第 28 条。

于私人，或国家，或其他公共机关，或社会或合作组织所有之动产或不动产之任何破坏均所禁止，但为军事行动所绝对必要者则为例外"。

整体看，军事占领法尤其是条约中涉及对占领地三类财产的规范，包括私有财产、公共财产和特殊财产。

（1）私有财产。占领地的私有财产与占领地的公有财产所享受的豁免权是不同的。军事占领法中对两大类私人财产做出规定，一类是普通的私人财产，包括动产和不动产；另一类则是私人所有的军火。关于私人的动产或不动产，1907 年《海牙规章》虽无独立的条款加以区分，但在第 46 条统一做出了原则性规定。第 46 条第 1 款规定"个人的私有财产应受到尊重"，这是一项原则性规定。在纽伦堡审判的"克鲁普案"中，军事法庭就曾确认，剥夺财产所有人对财产的优先权和阻止所有人行使使用权的行为，就是违反"尊重占领地私有财产"的行为。① 第 2 款进一步确定"私有财产不得没收"，这项规定固然和第 23（g）条"禁止毁灭或没收敌人财产"的规定不能相提并论，但第 46 条第 2 款并非没有例外，对占领地财产没收行为的合法与否的认定应结合具体情况分析，例如在满足用于军事用途和给予相应补偿的前提下，私有不动产可以被征用。② 以色列最高法院在"尤哈诉犹地亚和撒马利亚军事指挥官案"中指出，在同时满足以下三个条件的前提下，征用私人财产为合法：第一，征用必须有固定的期限，尽管期限仍有延续的可能；第二，因为财产被使用的事实，财产所有人"自动"获得补偿的权利；第三，对财产造成的任何损害都应予以赔偿。③

---

① The Krupp Trial（Trial of Alfried Felix Alwyn Krupp von Bohlen and Halbach and Eleven Others，Case No. 58），Uited States Military Tribunal，1948 Nuremberg. See The United Nations War Criminal Commission ed.，1948 Law Reports of Trials of War Criminals（London：United Nations War Criminal Commission，1949），Vol. X，p. 137.

② Dinstein Yoram，*International Law of Belligerent Occupation*，New York：Cambridge University Press，2009，pp. 226-227.

③ HCJ 290/89，*Juha v. Military Commander of Judea and Samaria*，43（2）PD 116，120，the judgment is excerpted in English in 23 IYHR 323（1993），cited from Dinstein Yoram，*International Law of Belligerent Occupation*，Cambridge University Press，2009，p. 227.

关于私人所有的军火，《海牙规章》第 53 条第 2 款做出规定，"除非海战法另有规定，无论在陆上、海上或空中用以传递消息、客运或货运的一切设施、军火储藏以及一般地即使为私人所有的各种军火，亦得予以扣押，但媾和后必须归还并给予补偿"。①

（2）公有财产。公有财产在占领时享有豁免，但以不动产为主。1907 年《海牙规章》第 55 条对占领地的公有不动产用列举的方式规定："占领国对其占领地内属于敌国的公共建筑、不动产、森林和农庄，只是被视为管理者和收益的享用者。占领国必须维护这些产业并按照享用收益的规章加以管理。"

第 55 条明确列举的公有不动产包括"属于敌国的公共建筑、不动产、森林和农庄"，但这个列举远不能穷尽占领地的公有不动产类型，《英国军事手册》将铁路、机场、港口、海军造船厂、兵营等也视为占领地的不动产。② 此外，第 55 条就占领者对公有动产的权利限制于"管理者和收益的享用者"，也就意味着不能随意进行处分包括转让或买卖；不过，占领者对不动产享有收益权③在同一条款中也得到了确认。

---

① 《海牙规章》第 53 条第 2 款的原文为："All appliances, whether on land, at sea, or in the air, adapted for the transmission of news, or for the transport of persons or things, exclusive of cases governed by naval law, depots of arms, and, generally, all kinds of munitions of war, may be seized, even if they belong to private individuals, but must be restored and compensation fixed when peace is made".

② UK, Military of Defense, *The Joint Service Manual of the Law of Armed Conflict* (JSP 383), 2004 Edition, p. 303, available at https://www.gov.uk/government/uploads/system/uploads/attachment_data/file/27874/JSP3832004Edition.pdf, access date: 20 Jan, 2017.

③ 对于占领者对公共不动产尤其是自然资源的收益权，学界存在争议。《英国军事手册》主张占领国可以在占领地砍伐和出售木材、开采矿藏，也有部分学者持相同观点，认为占领国可以在占领地开采石油。而根据 1962 年联合国大会《自然资源永久主权宣言》，各国对本国的自然资源享有永久主权，因此也有学者主张未经主权政府的同意，任何国家都无权开发和利用别国的自然资源，即使军事占领使占领国成为被占领土事实上的主权者。只有一种例外，即占领国开发和利用自然资源是为了当地居民的利益。参见 UK, Military of Defense, *The Joint Service Manual of the Law of Armed Conflict* (JSP 383), 2004 Edition, p. 303; Gerhand von Glahn and James Larry Taulbee, Law Among Nations: An Introduction to Public International Law (8th Edition), Longman Publishing Group, 2006, pp. 687-688; 李强:《军事占领制度研究》，北京：法律出版社，2014 年，第 134-135 页。

《海牙规章》第 53 条第 1 款①还涉及占领地公共不动产的基本规范："占领军只能占有严格属于国家的现款、基金和有价证券、武器库、运输工具、货栈和供应品以及一般可能用于军事行动的国家的动产"。理论上，占领地的公共动产和战场上的战利品是可以区分的。但鉴于条款中"可能用于军事行动"（may be used for military operations）的"可能"一词，在实践中要明确区分公有动产和战利品之间的界限并不容易。②

（3）特殊财产。除了对公共和私人财产进行规范外，军事占领法中还涉及市政建设、③ 医用财产、④ 文物、⑤ 海底电缆、⑥ 民防设施⑦五类特殊的财产的规定。

（四）被占领土的立法与司法

关于被占领土的立法，1907 年《海牙规章》第 43 条提供了指导性的规定：

合法政府的权力实际上既已落入占领者手中，占领者应尽力采取一切措施，在可能范围内恢复和确保公共秩序和人民生活并除非万不得已，应尊重

---

① 《海牙规章》第 53 条第 1 款的英文原文："An army of occupation can only take possession of cash, funds, and realizable securities which are strictly the property of the State, depots of arms, means of transport, stores and supplies, and, generally, all movable property belonging to the State which may be used for military operations"。

② Dinstein Yoram, *International Law of Belligerent Occupation*, New York: Cambridge University Press, 2009, p. 218.

③ 参见 1907 年《海牙规章》第 25 条、27 条、55 条、56 条。

④ 1907 年《海牙规章》第 56 条规定，市政当局的财产，包括宗教、慈善和教育、艺术和科学机构的财产，即使是国家所有，也应作为私有财产对待。对这些机构、历史性建筑物、艺术和科学作品的任何没收、毁灭和有意的损害均应予以禁止并受法律追究。

⑤ 1977 年《第一附加议定书》第 53 条规定，"在不妨害 1954 年 5 月 14 日关于发生武装冲突时保护文化财产的海牙公约和其它有关国际文件的规定的条件下，禁止下列行为：一、从事以构成各国人民文化或精神遗产的历史纪念物、艺术品或礼拜场所为对象的敌对行为；二、利用这类物体以支持军事努力；三、使这类物体成为报复的对象"。

⑥ 1907 年《海牙规章》第 25 条规定，占领地与中立领土相连接的海底电缆除在绝对必要的情况下，不得予以夺取或毁坏。同样，这些海底电缆必须于媾和时予以归还，并且给予补偿。

⑦ 参见 1977 年《第一附加议定书》第 61 条，第 63 条第 4、6 款，第 67 条第 4 款，等。

当地现行的法律。①

从第 43 条的措辞看，占领者在占领期间无疑是享有立法权的。但是占领当局的立法权并非不受限制，而是和"除非万不得已""恢复和确保公共秩序和人民生活"这两个立法的前提条件关联紧密；另外，如何解释和适用第 43 条中的"现行法律"，则又涉及立法的范围问题。对上述条约用语的解释和适用，具体分析如下。

（1）第 43 条的"除非万不得已"（unless absolutely prevented）。第 43 条的整体结构和"除非万不得已"（unless absolutely prevented），"应尊重（respect）当地现行的法律"的措辞，从条约谈判历史看，源于 1874 年《关于战争法规和惯例的国际宣言》②（简称《布鲁塞尔宣言》）和国际法学会 1880 年出版的《牛津陆战法手册》。③《布鲁塞尔宣言》第 2 条和第 3 条④的表述为：

---

①　关于 1907 年《海牙规章》第 43 条"公共秩序和人民生活"的表述，中英文本和法文作准文本是有细微差异的。在国际红十字委员会（www.https：//www.icrc.org）网站上，中文文本是"合法政府的权力实际上既已落入占领者手中，占领者应尽力采取一切措施，在可能范围内恢复和确保公共秩序和安全并除非万不得已，应尊重当地现行的法律"；法文文本原文是"L'autorité du pouvoir légal ayant passé de fait entre les mains de l'occupant, celui-ci prendra toutes les mesures qui dépendent de lui en vue de rétablir et d'assurer, autant qu'il est possible, l'ordre et la vie publics en respectant, sauf empêchement absolu, les lois en vigueur dans le pays"；英文原文是"The authority of the legitimate power having in fact passed into the hands of the occupant, the latter shall take all the measures in his power to restore, and ensure, as far as possible, public order and safety, while respecting, unless absolutely prevented, the laws in force in the country"。在比较三个文本后，作者采用条约作准文本——法文版的表述，翻译为"公共秩序和人民生活"。

②　See Project of an International Declaration concerning the Laws and Customs of War. Brussels, 27 August 1874.

③　Dinstein Yoram, *International Law of Belligerent Occupation*, New York：Cambridge University Press, 2009, p. 90.

④　《布鲁塞尔宣言》的法语本第 2、3 条的表述为：II. L'autorité du pouvoir légal étant suspendue et ayant passée de fait entre les mains de l'occupant, celui-ci prendra toutes les mesures qui dépendent de lui en vue de rétablir et d'assurer, autant qu'il est possible, l'ordre et la vie publique. III. À cet effet, il maintiendra les lois qui étaient en vigueur dans le pays en temps de paix, et ne les modifiera, ne les suspendra ou ne les remplacera que s'il y a nécessité. 参见 Projet d'une Déclaration Internationale concernant les Lois et Coutumes de la Guerre, 1874, 65 *British and Foreign State Papers*, pp. 1059-1060.

第 2 条　合法机构的职权被废黜并且转移到占领者手中，占领者应该采取一切措施，尽可能的恢复和确保公共秩序和人民生活。

第 3 条　为实现该目标，占领者应维持（maintain）和平时期当地现行有效法律，并且除非必要（unless necessary），不得更改、中止和取代。

在 1899 年第一次海洋和平会议期间，比利时和荷兰代表反对将《布鲁塞尔宣言》第 3 条的用语写入《海牙章程》，鉴于当时征服和军事占领尚未严格区分的历史背景，他们的理由是不能将入侵的行为合法化。① 最终在法国代表的协调下，《布鲁塞尔宣言》里"维持""除非必要"的用语，被改为《海牙章程》最终文本的"尊重"（shall respect）和"除非万不得已（unless absolutely prevented）的措辞，因为《海牙章程》的措辞被认为比《布鲁塞尔宣言》的措辞更具限制性。②

实践中，占领者是尊重占领地现有法律还是制定新法，是在衡量了自己的军事占领利益和占领军军民利益后做出决定的，而往往前者会处于优先地位，因此《海牙章程》中对占领者立法权的限制依赖于对"除非万不得已"（empêchement absolu）的解释。考虑到轴心国在占领区的残暴行为，第二次世界大战后设立的军事法庭往往对"为了保证战争胜利，采取军事必要行为是正当的"③ 这一抗辩理由予以否定。但此后出现一种趋势，即已经较少有学者反对占领者对被占领土立法做出任何改变，反而将第 43 条的"除非万不得已"等同于《布鲁塞尔宣言》第 3 条的"除非必要"来解释。滥用"军事必要"进而为占领者不遵守占领法规则开脱，赫然成为实践中的"新趋势"。例如，英美两个占领国在伊拉克的立法权完全突破了《海牙章程》"除非万不得已"的限制，

---

① Eyal Benvenisti, *The International Law of Occupation*, Princeton University Press, 1993, pp. 12–13.

② See Schwenk, Edmund H., Legislative Power of the Military Occupant under Article 43 Hague Regulations, *Yale Law Journal* 54, 2 (1944—1945), pp. 396–397; Eyal Benvenisti, *The International Law of Occupation*, Princeton University Press, 1993, p. 13.

③ The Hostages Trial (Trial of Wilhelm List and Others), US Military Tribunal, Nuremberg, 1948, Law Reports of Trials of War Criminals (1949), Vol. 8, pp. 66–67.

"万不得已"似乎已成"绝对必要"。① 第二次世界大战后军事占领的新实践（如英美对伊拉克的占领等）与第二次世界大战结束后盟军对战败国的占领存在较大的差异，最大的区别在于前者的立法权源于联合国安理会的授权，后者来源于战后的和平条约或《联合国宪章》。从此意义上讲，占领方是否可以成功的援引"军事必要"作为突破《海牙章程》第 43 条"立法权限制"抗辩理由，进而免责，则是需要结合当时的国际法原理和司法实践予以个案分析的。

（2）"恢复和确保公共秩序和人民生活"。对于《海牙规章》第 43 条"恢复和确保公共秩序和人民生活"，第二次世界大战前的学术界有两种不同的观点：一种意见倾向于从字面狭义解释，认为占领者仅能就公共秩序和人民生活有关的事项进行立法；② 另一种意见则主张，占领者在被占领土享有广泛的立法权，第 43 条的限制仅适用于那些公共秩序和人民生活有关的立法事项，而不适用于其他事项的立法。③ 实践中，对"恢复和确保公共秩序和人民生活"进行解释和适用的司法判例不多，但荷兰海牙上诉法院在 1953 年"荷兰诉耶森案"（the Netherlands v. Jessen）的判决④可提供一些启示。此案中，因第二次世界大战期间德国占领当局征用公有财产的合同纠纷，上诉法院在审理中涉及对第 43 条"公共秩序和人民生活"条款的适用。上诉法院首先认为，占领者尤其是占领区的民事管理当局，不应随意滥用"军事必要"（military necessity）作为理由，无视被占领土的法律；其次，上诉法院采用了

---

① See Yoram Dinstein, *Legislation Under Article 43 of the Hague Regulations*: *Belligerent Occupation and Peacebuilding* (Fall 2004), Occasional Paper Series No. 1 (Program on Humanitarian Policy and Conflict Research of Harvard University), available at http://www.hpcrresearch.org/sites/default/files/publications/OccasionalPaper1.pdf, access date: 30 Jan, 2017; 李强:《军事占领制度研究》，北京：法律出版社，2014 年，第 146-151 页。

② C. Meurer: Die Haager Friedenskonferenz, 2 Bde. (1905—1907), quoted from Edmund H. Schwenk, Legislative Power of the Military Power of the Military Occupant under Article 43, Hague Regulations, Yale Law Journal (1945), Vol. 54, p. 395.

③ Hyde, Charles Cheney, *International law Chiefly as Interpreted and Applied by the United States*, Boston: Little, Brown and Co., 1922, pp. 367-368.

④ State of the Netherlands v. Jessen, Hof (Court of Appeal), The Hague, January 24, 1953, N. J. 1955, no. 35, See Interpretation of Article 43 of The Hague Regulations on Land Warfare, Netherlands Journal of International Law, Volume 3, Issue 1, March 1956.

"合法性测试"，即用《海牙规章》第 43 条 "公共秩序和人民生活" 条款来审查希特勒政权在被占领土荷兰建立的 "民政府" 颁布法令的合法性。上诉法院指出，本案中德国民政府的法令与荷兰人民的利益相背离，其目的自始就是为了从政治和经济上将荷兰屈服在德国的利益之下。涉案的租赁行为是为了占领当局——民政府的利益，而不是 "直接为了被占领地荷兰的公共秩序和人民生活所需"，进而被认定为并不合法。① 可见，"荷兰诉耶森案" 没有采用过于狭义或广义的解释，而是更看重占领者的立法目的，并结合具体案情做出判决。

（3）"现行法律"。就占领当局立法的范围，第 43 条并没有给出明确的规定范围，需要对 "现行"（英文 in force，法文 en vigueur）和 "法律"（英文 laws，法文 les lois）的措辞进行解释。关于 "法律"（laws）一词，存在广义和狭义两种学理解释：部分学者从字面解释为第 43 条指向的仅为法律（law），不包括政令（decree）或条例（ordinance）。② 另一部分学者则反驳，狭义解释与第 43 条的立法目的不符。更重要的是，国内法上法律与条例、政令等的区分只是形式和效力等级上的而非实质上的，因此第 43 条的 "法律" 应作广义理解，是对占领地所有具有法律约束力的规范性文件的统称。③ 除了从法律效力等级角度的解释外，还有一种角度的解释是，对占领地的一般法和非正常状态下的特别法（如战时法令、条例等），占领者是区别对待的，第 43 条适用于一般法而不适用于特别法。实践中，鹿特丹地方法院在 "席勒肯斯诉德哈斯案"（Cillekens v. DeHaas）中，曾判定《海牙章程》第 43 条只适用于普通法律，不适用于战时措施。④《海牙章程》第 43 条的 "现行"（en

---

① See State of the Netherlands v. Jessen, Hof（Court of Appeal），The Hague, January 24, 1953, N. J. 1955, no. 35, cited from Interpretation of Article 43 of The Hague Regulations on Land Warfare, Netherlands Journal of International Law, Volume 3, Issue 1, March 1956, pp. 82-83.

② C. Meurer：Die Haager Friedenskonferenz, 2 Bde.（1914）99, n. 2.

③ 参见 Karl Strupp, Das Internationale Landkriegsrecht, Frankfurt a. M. 1914, n. 2；Edmund H. Schwenk, *Legislative Power of the Military Power of the Military Occupant under Article* 43, *Hague Regulations*, Yale Law Journal（1945），Vol. 54, p. 398；李强：《军事占领制度研究》，北京：法律出版社，2014 年，第 152-153 页。

④ Cillekens v. DeHaas, Dutch Dist. Ct., Rotterdam, May 14, 1919, cited from Williams and Lauterpacht, Annual Digest of Public International Law Cases：1919—1922（1932），No. 336, p. 471.

vigueur）一词，源于《布鲁塞尔宣言》第3条中"和平时期当地现行有效法律（*les lois qui étaient en vigueur dans le pays en temps de paix*）"的表述。从字面上看，"现行"法律指向的仅是那些占领开始前占领地"有效"的法律，这就意味着，对那些在占领发生后由丧失领土主权的当地政权颁布的法律，占领当局无需履行尊重该法律的义务；当然，占领当局可以自行选择是否给予这些占领发生后的特别立法以法律效力，挪威最高法院在1945年"哈兰案"（Haaland case）中对此曾予以确认。①

就被占领地的司法而言，被占领地的法院组织在占领期间不受影响是一项占领法的原则。② 1949年《日内瓦第四公约》第64条和第66条对被占领地两类法院——当地法院和军事法院的职能做出原则性规定。第64条规定，"占领地之刑事法规应继续有效，但遇该项法规构成对占领国安全之威胁或对本公约实行之障碍时，占领国得予以废除或停止。在后者之考虑及保证有效的司法之需要之限制下，占领地之法庭对于上述法规涉及之一切罪行，应继续执行职务。但占领国得使占领地居民服从该国为执行其在本公约下所负之义务，维持该地有秩序之统治，与保证占领国、占领军、与行政机关之人员及财产，以及其所使用之设置与交通线之安全所必要之规定"。③ 这一条款表明，除非当地法院系统损害了对占领国安全之威胁或对公约的实行形成障碍，被占领土的法院系统应予保留，并按照被占领地的既存法律执行职务。第66

① Yoram Dinstein, Legislation Under Article 43 of the Hague Regulations: Belligerent Occupation and Peacebuilding (Fall 2004), Occasional Paper Series No. 1, p. 4.

② Edmund H. Schwenk, *Legislative Power of the Military Power of the Military Occupant under Article* 43, *Hague Regulations*, Yale Law Journal, 1945, Vol. 54, p. 405.

③ 《日内瓦第四公约》第64条的英文原文如下：The penal laws of the occupied territory shall remain in force, with the exception that they may be repealed or suspended by the Occupying Power in cases where they constitute a threat to its security or an obstacle to the application of the present Convention. Subject to the latter consideration and to the necessity for ensuring the effective administration of justice, the tribunals of the occupied territory shall continue to function in respect of all offences covered by the said laws. The Occupying Power may, however, subject the population of the occupied territory to provisions which are essential to enable the Occupying Power to fulfil its obligations under the present Convention, to maintain the orderly government of the territory, and to ensure the security of the Occupying Power, of the members and property of the occupying forces or administration, and likewise of the establishments and lines of communication used by them.

条进一步规定，"遇有违反根据第 64 条第 2 款公布之刑法规定之案件，占领国得将被告交付正当组织之非政治的军事法庭，但以该法庭在占领地开庭为条件。上诉法庭最好在占领地开庭"。①《日内瓦第四公约》第 66 条认可占领方建立军事法院的做法，但也对军事法院设置了一些限制：①军事法院的管辖权是有限的。根据第 64 条第 2 款授权，占领国对那些违反占领地安全秩序等案件提交军事法院；②军事法院的组成需为正当组成（properly constituted），即应按照公认的司法原则组成；③军事法院行使审判管辖权应在占领地。

二、军事占领期间美国对琉球的行政管理及美国民政府"第 27 号公告"的法律效力

（一）1945—1972 年美国占领琉球的概况

琉球群岛美国民政府（日语"琉球列岛米国民政府"，英语"United States Civil Administration of the Ryukyu Islands"，简称"USCAR"或"美国民政府"）是美军在琉球群岛设置的占领政府。前身是琉球列岛美国军政府，1950 年 12 月 15 日被改组为美国民政府。从 1945 年 4 月 1 日美军发布"尼米兹公告"（即《美国海军军政府公告》第 1 号），至 1972 年生效的《琉球移交协定》美国将琉球的行政、立法、司法权移交给日本政府，美国对琉球的军事占领分为两个阶段：

第一阶段（1945—1950 年），从"尼米兹公告"的发布到"美国民政府"（1950 年 12 月 15 日）的成立。1945 年 4 月 1 日，"冲绳岛战役"后美军登陆琉球本岛，发布《美国海军军政府公告》第 1 号，宣布在有必要与日本继续

---

① 《日内瓦第四公约》第 64 条的英文原文如下：In case of a breach of the penal provisions promulgated by it by virtue of the second paragraph of Article 64, the Occupying Power may hand over the accused to its properly constituted, non-political military courts, on condition that the said courts sit in the occupied country. Courts of appeal shall preferably sit in the occupied country.

战争的判断下，停止日本政府所有的行政权，并在当日成立美国军政府。[1]
1946 年 1 月 29 日，盟军总司令"第 677 号指令"提出，把北纬 30°以南的
"南西诸岛"从日本分离，[2] 分离统治范围一直扩大到奄美诸岛。早在 1945 年
12 月，美军就已建立管辖宫古和八重山的南琉球美国海军军政府，并先后设
立负责行政管理的宫古支厅和八重山支厅。1946 年 1 月，美军在奄美设立军
政府。接到盟军总司令部"第 677 号指令"后，1946 年 3 月美军建立了"北
部南西诸岛军政府"。[3]1946 年 7 月 1 日，根据参谋长联席会议（Joint Chiefs of
Staff，JCS）授权，琉球的管理权限由美国海军转到美国陆军。1946—1948
年，管理琉球的美国海军军政府又历经多次改编。1950 年 11 月 4 日，美军在
奄美诸岛、冲绳诸岛、宫古列岛、八重山列岛组建了 4 个琉球民政府作为地
方管理机构。1950 年 12 月 5 日，美远东军总司令（Far East Command，FEC）
接到美国参谋长联席会议的命令，向琉球军政府发出《关于琉球群岛美国民
政府的指令》，将美军海军军政府更名为"美国民政府"作为占领机构，受美
军领导。第一任民政长官（见表九）是麦克阿瑟（Douglas MacArthur）将军，
民政副长官是毕德拉（Robert S. Beightler）少将。[4] 此后五任民政长官都由驻
日美军总司令担任，即使担任实际管理琉球政府工作的五任副长官都是少将
以上军衔。1957 年 6 月 5 日起，美国政府将管理琉球政府工作的副长官由美
国国防部长提名，经美国总统同意后指派为"高级专员"，听命于驻日总
司令。[5]

　　① ［日］新琦盛晖著：《战后冲绳史》，胡冬竹译，北京：生活·读书·新知三联书店，2010 年，
第 19 页。
　　② See Article 3，"Governmental and Administrative Separation of Certain Outlying Areas from Japan"，
General Headquarters，Supreme Commander for the Allied Powers，SCAPIN-677（Jan 29，1946），available
at http：//www. mofa. go. jp/mofaj/area/takeshima/pdfs/g_taisengo01. pdf，last visited on 30 Jan，2017.
　　③ 徐勇，汤重南主编：《琉球史论》，北京：中华书局，2016 年，第 277 页。
　　④ ［日］新琦盛晖著：《战后冲绳史》，胡冬竹译，北京：生活·读书·新知三联书店，2010 年，
第 56 页。
　　⑤ 唐淳风：《悲愤琉球》，北京：东方出版社，2013 年，第 219 页。

表九　琉球"美国民政府"（USCAR）历任民政长官和高级专员①

姓名	在任期间
道格拉斯·麦克阿瑟（Douglas MacArthur）将军	1950 年 12 月 15 日—1951 年 4 月 11 日
马修·里奇韦（Matthew Ridgway）将军	1951 年 4 月 11 日—1952 年 5 月 12 日
马克·W. 克拉克（Mark W. Clark）将军	1952 年 5 月 12 日—1953 年 10 月 7 日
约翰·E. 哈尔（John E. Hull）将军	1953 年 10 月 7 日—1955 年 4 月 1 日
马克思维尔·D. 泰勒（Maxwell D. Taylor）将军	1955 年 4 月 1 日—1955 年 6 月 5 日
莱曼·莱姆尼策（Lyman Lemnitzer）将军	1955 年 6 月 5 日—1957 年 6 月 30 日
詹姆斯·爱德华·摩尔（James Edward Moore）少将	1957 年 7 月 4 日—1958 年 4 月 30 日
唐纳德·普伦蒂斯·鲍斯（Donald Prentice Booth）少将	1958 年 5 月 1 日—1961 年 2 月 12 日
保罗·凯偌维（Lyman Lemnitzer）少将	1961 年 2 月 12 日—1964 年 7 月 31 日
阿尔伯特·华生二世（Albert Watson II）少将	1964 年 8 月 1 日—1966 年 10 月 31 日
费迪南德·托马斯·昂格尔（Ferdinand Thomas Unger）少将	1966 年 11 月 2 日—1968 年 1 月 28 日
詹姆斯·本杰明·兰珀特（James Benjamin Lampert）少将	1968 年 1 月 28 日—1972 年 5 月 14 日

　　第二阶段（1950—1971 年），从 1950 年 12 月"美国民政府"成立到 1972 年 5 月 15 日美日《琉球移交协定》（1971 年 4 月 17 日签署）生效。1952 年日本签署《旧金山和约》，同意美军占领琉球群岛，此后不久，奄美诸岛根据 1953 年 12 月 24 日美日间的协议率先回归日本。在《旧金山和约》缔约工作的推进期间，1951 年 5 月，琉球临时中央政府（Provisional Central Government）成立，逐渐发展成拥有立法院、行政院、上诉法院三个机关的管理机构。② 1952 年 4 月 1 日，各群岛的琉球民政府随之取消，被"琉球政府"（Government of the Ryukyu Islands，GRI）③ 取代。1952—1972 年，琉球政府（见表十）是琉球地方的中央管理机构，在美国政府的授权和控制下，享有立

---

① See "Okinawa and Ryukyu Islands"，available at http：//www. worldstatesmen. org/Japan. htm#Allied，access date：30 Jan，2017.

② ［日］新琦盛晖著：《战后冲绳史》，胡冬竹译，北京：生活·读书·新知三联书店，2010 年，第 64 页。

③ 琉球政府：平假名りゅうきゅうせいふ，英语名称 Government of the Ryukyu Islands，它是美国军事占领琉球时期在琉球群岛最后的、时间最长的地方管理机构，直到琉球群岛行政权被移交日本时才废除改为冲绳县厅。

法、行政和司法权。

表十 1952—1972 年琉球政府历任长官①

姓名	在任期间
Shūhei Higa	1952 年 4 月 1 日—1956 年 10 月 25 日
Jūgō Tōma	1956 年 10 月 25 日—1959 年 11 月 10 日
Seisaku Ōta	1959 年 11 月 10 日—1964 年 10 月 31 日
Seiho Matsuoka	1964 年 10 月 31 日—1968 年 12 月 1 日
Chōbyō Yara	1968 年 12 月 1 日—1972 年 5 月 14 日

（二）美国军事占领琉球期间的立法、行政与司法

美国占领琉球期间，关于琉球民事占领的法律文件有三类：① 1952 年 2 月 29 日琉球民政府颁布的"关于民事管理的第 13 号公告"②（简称"第 13 号公告"）；② 1954 年美国国防部拟定的"美国对琉球群岛民事管理的指令草案"③（简称"指令草案"）④；③ 1957 年 6 月 5 日，由时任总统艾森豪威

---

① See "Okinawa and Ryukyu Islands", available at http：//www. worldstatesmen. org/Japan. htm#Allied, access date：30 Jan, 2017.

② Civil Administration Proclamation No. 13, United States Civil Administration of the Ryukyu Islands, Office of the Deputy Governor, APO 719, 29 February 1952, （Amended by CA Proclamation No. 17, 1952, USCAR Proclamation No. 24, 1965, Ch 10, 21 Dec 65, to CA Ordinance 68, 29 Feb 52）, available at http：//ryukyu-okinawa. net/pages/archive/caproc13. html, acess date：30 Jan, 2017.

③ 《美国对琉球群岛民政管理的指令草案》（A Draft Directive for United States Civil Administration of the Ryukyu Islands, 1954 年 1 月 11 日, 华盛顿）, 参见奚庆庆、张生编：《美国外交关系文件》, 南京：南京大学出版社, 2016 年, 第 342–346 页；A Draft Directive for United States Civil Administration of the Ryukyu Islands, 11 January 1954, Foreign Relations of the United States, FRUS, 1952—1954, China and Japan, Volume XIV, Part 2, available at https：//history. state. gov/historicaldocuments/frus1952 – 54v14p2/d731, access date：30 Jan, 2017.

④ 《美国对琉球群岛民政管理的指令草案》（A Draft Directive for United States Civil Administration of the Ryukyu Islands, 1954 年 1 月 11 日, 华盛顿）, 参见奚庆庆、张生编：《美国外交关系文件》, 南京：南京大学出版社, 2016 年, 第 342–346 页；A Draft Directive for United States Civil Administration of the Ryukyu Islands, 11 January 1954, Foreign Relations of the United States, FRUS, 1952—1954, China and Japan, Volume XIV, Part 2, available at https：//history. state. gov/historicaldocuments/frus1952 – 54v14p2/d731, access date：30 Jan, 2017.

尔总统颁布的"关于琉球民事管理的第 10713 号行政命令"①　（简称"第
10713 号行政命令"）。

　　"第 13 号公告"是 1952 年 2 月 29 日由美国民政府民政副长官罗伯特·
贝特勒（Robert S. Beightler）颁布的法令，涉及琉球群岛的立法、行政和司法
等多项内容。根据 1957 年 2 月"国务院谈话备忘录"显示，琉球群岛的民政
管理最初就是由军政府的"第 13 号公告"确立的。② 1953 年 11 月，美国时
任国务卿罗伯森曾将关于琉球群岛的民事指令交给国务院以外的部门如国防
部等传阅，③ 最终形成"美国对琉球群岛民事管理的指令草案"。1954 年 8 月
3 日，白宫秘书保罗卡罗尔给国防部长和国务卿的备忘录中，称总统已于 8 月
2 日同意签署"指令草案"。④ 如果说"第 13 号公告"是"琉球人民唯一知道
的'宪法'"⑤ 的话，这份长期不被美国公开的涉及美国民政府职权和琉球
立法、行政和司法权的"指令草案"则也是美国对琉球群岛实施民事管理的
"依据"。⑥ 根据上述法律文件，琉球群岛行政管理机构的职能以及立法、行
政和司法权的情况如下：

　　第一，美国民政府的职权。"指令草案"涉及美国民事管理整体框架和
USCAR 的职权，又可概括为：①美国国防部和国务院等部门在琉球民事管理
中的分工和权限。国防部具体实施《旧金山和约》第 3 条赋予美国对琉球群
岛的行政管理、立法和司法权。在琉球群岛与外国政府和国际组织的关系方

---

　　① Executive Order 10713-Providing For Administration of the Ryukyu Islands, 5th June, 1957, availa-
ble at http://www.taiwanbasic.com/key/ryukyu-exor.htm#nitem3, access date: 30 Jan, 2017.
　　② 参见"国务院谈话备忘录"（1957 年 2 月 19 日），载奚庆庆、张生编：《美国外交关系文件》，
南京：南京大学出版社，2016 年，第 396 页。
　　③ 参见"罗伯森给国务卿的备忘录"（1954 年 1 月 8 日），载奚庆庆、张生编：《美国外交关系
文件》，南京：南京大学出版社，2016 年，第 333 页。
　　④ 直到 1955 年 2 月，这份指令都没有被美国公布和实施，参见奚庆庆、张生编：《美国外交关
系文件》，南京：南京大学出版社，2016 年，第 360 页。
　　⑤ Memorandum of a Conversation, Department of State, Washintong, 19 Feb, 1957, FRUS, 1955—
1957, Vol. XXIII, Part I, Japan, (in two parts), Part 2, Editor in Chief: John P. Glennon, Editor:
David W. Mabon, United States Government Printing Pffice, Washington: 1991, pp. 264-267, available at
https://history.state.gov/historicaldocuments/frus1955-57v23p1/d119, last visited on 30 Jan, 2017.
　　⑥ 《美国对琉球群岛民政管理的指令草案》，A（1）。

面，国务院在和国防部各部门商议后将实行美国的所有权利。美国民政府的行政长官应来自于军方，由国防部长和国务卿提名递交给总统签署同意；②美国民事管理的目标为：鼓励并增强琉球群岛群岛政府、经济和社会各机构的民主；鼓励发展建立在民主准则基础上，由良好金融机构支撑的高效负责的政府，该政府的管理除了其他因素外，还要考虑琉球群岛与日本之间文化和教育上的纽带关系；帮助琉球群岛人民实现可行的经济目标，使其生活水平可和日本国内相媲美，并最终由琉球人民自己维持这种状态；帮助琉球群岛政府和人民达到实现上述目标所需的生活、教育、公共卫生、公共安全标准；③美国民事管理的义务。"指令草案"在规定美国民政府行使民事管理的权利时，还规定"民政府应保证琉球人民可以拥有其他任何民主国家人民享有的自由，例如言论自由、机会自由、请愿自由、宗教自由、新闻自由、不受非法搜查和逮捕、不经法律程序不得剥夺其生命权、自由权和财产权"。①

第二，琉球政府作为中央政府行使琉球的行政权，各地方政府也予以保留，但琉球政府的行政权受美国民政府的支配和控制。②"第 13 号公告"规定，琉球政府可以（may）实施在琉球群岛的所有政府权利，但应遵守美国民政府颁布的公告、条例和指令（Proclamations，Ordinances and Directives）。③也就是说，美国民政府负责琉球的行政法立法事项，而琉球政府则负责民事、刑事法律（除有关军人及相关人员犯罪外）的立法工作。在官员选任上，"指令草案"规定，琉球群岛政府和地方自治政府的行政官员应直接由选举产生或者由各自的立法机构选出，遵从立法机构指定的规则和程序。④

第三，立法权。"第 13 号公告"对此做出原则性的规定，琉球群岛的立法权由琉球政府选举的立法机构享有。立法机构有权就执行琉球政府职能所必须的领域制定法律，其中包括对税费、关税和消费税，以及对群岛各地方

---

① 《美国对琉球群岛民政管理的指令草案》，A-C 部分。
② 《美国对琉球群岛民政管理的指令草案》，D（1）。
③ Article 2，Civil Administration Proclamation No. 13.
④ 《美国对琉球群岛民政管理的指令草案》，D（4）。

政府财政补贴的立法。①关于法律的编纂，"指令草案"规定，美国民政府不仅要协调琉球政府颁布和有效管理民事、刑事法律，还要协助有关琉球群岛的法律、条例和规章（laws, ordinances and regulations）的编写。②

第四，司法权。"第13号公告"对琉球群岛法院审判级别做出规定，分别是琉球上诉法院、巡回法院和地方法院。司法机构行使司法权时，应独立于立法和行政机构。关于各级法官的任命，上诉法院法官由 USCAR 民政长官任命；巡回法院和地方法院法官的任命，在 USCAR 民政副长官同意前提下，由 GRI 民政长官任命。③"指令草案"规定，琉球的法院体系应包括民事、刑事法庭和上诉法庭，还规定那些涉及"美国军人、公务员、美国政府雇员及其家属，以及其他适用于'军事审判统一法典'的其他人员"的案件由"特别法庭"审理、免于被琉球法院审理。④

表面上，琉球政府享有琉球群岛的立法、行政管理和司法权，⑤但这些权利受到以美国民政府为代理人的美国占领军的全面限制。"指令草案"直白的把美国民政府行使的权利规定为：否定或搁置琉球政府或其他当地机构的法律或其他议案；直接颁布法律、法令或条例；审查或者修正法院的任何判决、审判或裁决以及解雇官员；如果对安全十分必要时，美国民政府可以全部或部分恢复其对琉球群岛的全部权利。⑥也就是说，美国政府保留随时收回"给予"琉球当地管理机构立法、行政管理和司法权的权利。此外，美国民政府行政长官和副行政长官负责实施和执行对琉球当地行政机构的行政管理、立法和司法的控制权。例如，美国外交关系文件显示，1954年总统签署的"指令草案"附有"给琉球群岛行政长官的补充指示"（以下简称"补充指

---

① Article 3, Civil Administration Proclamation No. 13.

② 《美国对琉球群岛民政管理的指令草案》，E 部分。

③ Article 3, Civil Administration Proclamation No. 13.

④ 《美国对琉球群岛民政管理的指令草案》，D（5）-（6）。

⑤ Article 1, Civil Administration Proclamation No. 13, United States Civil Administration of the Ryukyu Islands.

⑥ 《美国对琉球群岛民政管理的指令草案》，C（1）部分。

令"）。"补充指令"要求行政长官领导下的美国民政府应"尽一切努力确保琉球政府及其职能机构与地方政府的最终行为能符合民政府的要求"，包括实施"否决立法、废止选举、撤销已公布的行政决定，推翻琉球政府的方案或者干预其发挥正常的职能"等"极端措施"。① 又如，"第 13 号公告"规定，美国民政府行政副长官有权对立法和司法实施干预，这项干预权包括：其一，行政副长官在紧急情况下，"保留推翻、禁止、暂停琉球政府及其职能机构与地方政府制定的法律、法令或条例的权利，并可以恢复对琉球群岛部分和全部的所有职权（即立法、行政和司法权）"；② 其二，行政副长官可以根据其自由裁量权，对"任何法庭的裁定、判决或刑罚裁定进行复查、批准、暂缓、改判、赦免，或实施修改、搁置的措施"。③ 可见，在美国民政府及其行政长官控制下的琉球政府及其职能部门，其实是纸面上的三权分立。琉球政府对立法、行政和司法权并没有最终的决定权，而"司法独立"当然更是无法实现。

1950 年 12 月 15 日美国民政府成立到 1957 年 6 月 5 日美国总统"关于琉球民事管理的第 10713 号行政命令（Executive Order）"（简称"第 10713 号行政命令"）颁布期间，美国政府对琉球群岛立法、行政和司法权的实质控制，以及保留收回琉球群岛立法行政司法权的做法，是否具有充分的（国内）法律依据呢？1957 年 2 月 19 日美国国务院谈话备忘录显示，预算署和远东事务办公室曾就美国管理琉球群岛的法律依据问题召开会议讨论。这份备忘录揭示，1950 年 12 月 15 日到 1957 年 6 月 5 日，美国对琉球群岛的行政管理欠缺（国内）法律依据的事实如下：

首先，关于琉球民事管理最初的法律文件是"第 13 号布告"，但文件的

---

① 在 1954 年 7 月 15 日美国国防部长威尔逊给国务卿的信件中，《给琉球群岛总督的补充指令》是作为附件一并提交的，并被归为"秘密"。参见"国防部长给国务卿的信"（1954 年 7 月 15 日），载奚庆庆，张生编：《美国外交关系文件》，南京：南京大学出版社，2016 年，第 352-360 页。

② Article 7, Civil Administration Proclamation No. 13, United States Civil Administration of the Ryukyu Islands.

③ Article 5, Civil Administration Proclamation No. 13, United States Civil Administration of the Ryukyu Islands.

签署人是美国民政府的副行政长官（少将军衔），法律效力低下。

其次，1950 年美国民政府成立后直到 1955 年，美国对琉球群岛的管理主要基于"指令草案"。但这份文件由国防部拟定，在 1954 年生效前仅是对琉球实施民事管理的"权宜之计"，直至 1955 年年初都未被公开。预算署认为该指令"不具有法律效力"，因为"琉球群岛居民从未被告知有关基本'法'的信息或他们自己政府的宪法情况"。①

为解决琉球行政管理法律依据不足的问题，国防部和国务院负责草拟一份行政命令，② 形成了艾森豪威尔总统于 1957 年 6 月 5 日颁布的"第 10713 号行政命令"。③ "第 10713 号行政命令"后来又被多位继任的总统行政命令"第 11010 号行政指令"（1962.3.19）、"第 11263 号行政命令"（1965.12.20）、"第 11395 号行政命令"（1968.1.31）和第"11618 号行政命令"（1971.9.10）。这些关于琉球行政管理的"行政命令"，随着《琉球移交协定》的签订和美国将琉球的立法、行政、司法权移交给日本随之全部失效。④

（三）1953 年美国民政府"第 27 号公告"中对琉球群岛地理界线的修改

据 1951 年《旧金山和约》，美军第二次世界大战后正式接管琉球，其领土范围仍沿袭旧制。例如，1952 年 2 月 29 日，美国民政府于成立当日发布

---

① 参见"国务院谈话备忘录"（1957 年 2 月 19 日），载奚庆庆，张生编：《美国外交关系文件》，南京：南京大学出版社，2016 年，第 395-398 页。

② 参见"国务院谈话备忘录"（1957 年 2 月 19 日），载奚庆庆，张生编：《美国外交关系文件》，南京：南京大学出版社，2016 年，第 396 页。

③ See Executive Order 10713-Providing For Administration of the Ryukyu Islands, 5th June, 1957, available at http：//ryukyu-okinawa.net/pages/archive/eisen.html, access date：30 Jan, 2017.

④ See "Execute Order Disposition Tables", available at https：//www.archives.gov/federal-register/executive-orders/1957.html, access date：30 Jan, 2017.

"关于琉球民事管理的第 68 号条例"①（简称"第 68 号条例"），3 月 13 日被琉球政府以《琉球政府章典》的形式颁布。根据"第 68 号条例"第 1 条，琉球政府的政治和地理管辖区域应构成并包括由以下地理坐标所列的岛屿和领水范围之内：

（1）29°N，125°22′E 作为起点；

（2）24°N，122°E；

（3）24°N，133°E；

（4）29°N，131°E，回到起点。

美国民政府"第 68 号条例"于 1952 年 4 月 1 日生效，也就是说，早于《旧金山和约》27 天生效。从上述地理坐标所圈定的不规则四边形范围看，"第 68 号条例"所列地理范围中并不包括钓鱼岛列屿。

然而，1953 年 12 月 25 日，美国民政府颁布"关于琉球列岛地理界线的第 27 号公告"②（简称"第 27 号公告"），声称："因根据 1951 年 9 月 8 日签署的《旧金山和约》之条款及 1953 年 12 月 25 日生效的有关奄美大诸岛的日美行政协议，有必要重新指定迄今为止琉球列岛美国民政府及琉球政府按照民政府布告、条例及指令所规定的地理境界。故本人，琉球列岛美国民政副长官、美国陆军少将戴维 A. D. 奥格登（David A. D. Ogden）在此发布公告如下"：

第 1 条　重新指定琉球列岛美国琉球民政府及琉球政府管辖的区域为如下地理境界内的诸岛、小岛、环礁和岩礁以及领海……

第 2 条　超出上述地理界限设定的疆界或影响管辖权的美国民政府的公

---

①　"第 68 号条例"：CA Ordiance No. 68，条例的标题为 Provisions of the Government of the Ryukyu Islands，日语名称为"米国民政府布令第 68 号"，1952 年 3 月 13 日公布，1952 年 4 月 1 日生效。"第 68 号条例"的英文文本参见"CA Ordinance Number. 68"，https：//www. spf. org/islandstudies/jp/wp/infolib/docs/01_history030_doc01. pdf，访问日期：2017 年 1 月 30 日；日文文本参见"琉球政府章典"，https：//ja. wikisource. org/wiki/，访问日期：2017 年 1 月 30 日。

②　See "Civil Administration Proclamation No. 27, Geographical Boundaries of the Ryukyu Islands, United States Civil Administration of the Ryukyu Islands, Office of the Deputy Governor APO 719, 25 December 1953. available at http：//ryukyu-okinawa. net/pages/archive/caproc27. html, last visited on 30 Jan, 2017.

告、布令、指令、命令或其他规定，均以第 1 条为准予以修正。

在"第 27 号公告"中，详细列明了"琉球列岛地理界线"的地理坐标，① 具体为：

第一点——以 28°N，124°40′E 为起点；

第二点——24°N，122°E；

第三点——24°N，133°E；

第四点——27°N，131°50′E；

第五点——27°N，128°18′E；

第六点——经 28°N，128°18′E，回到起点。

连接以上 6 点，即形成不规则梯形形状的琉球地域图（参见附录图四"美国民政府'第 27 号公告'的'琉球群岛地理界限'"）。钓鱼岛（25°44.6′N，123°28.4′E）、黄尾屿（25°55.4′N，123°40.9′E）② 等，却正好在第一点（28°N，124°40′E）至第二点（24°N，122°E）所连成的界限边缘，成为琉球领域的一部分。然而，很明显这一范围并非传统意义上琉球王国范围。根据"第 27 号公告"第 2 条，此前 1946 年、1950 年美国驻琉球政府颁布的关于琉球境内的公告、条例、指令、命令或其他规定都予以修改。此后，1954 年 3 月 16 日美国民政府颁布的《琉球列岛刑法及诉讼手续法典》，其中列明的琉球地理界限基本与"第 27 号公告"相同。③

三、第二次世界大战后琉球地位定性的第二维度

分析第二次世界大战后美国对琉球的占领是否符合军事占领的构成要件，

---

① Article 1, Civil Administration Proclamation No. 27, Geographical Boundaries of the Ryukyu Islands, United States Civil Administration of the Ryukyu Islands, 25 December 1953.

② 钓鱼岛列屿的经纬度，参见《中华人民共和国政府关于钓鱼岛及其附属岛屿领海基线的声明》（2012 年 9 月 10 日），资料来源于中华人民共和国中央政府网站 http：//www. gov. cn/jrzg/2012-09/10/content_2221140. htm，访问日期：2017 年 1 月 30 日。

③ 参见《琉球列岛的地理疆界》，《季刊冲绳》（南方同胞援護会機関誌），1972 年 12 月 31 日特集，"尖閣列島"第 2 集，第 63 号，第 158-159 页，资料来源于 https：//www. spf. org/islandstudies/jp/wp/infolib/docs/01_history030_add01. pdf，访问日期：2017 年 1 月 30 日。

需要从“有效控制”、占领的类型，以及占领开始和结束的时间这几个方面进行考察。

（一）1945—1972 年琉球地位的“实然”维度——军事占领

判断是否存在军事占领，“有效控制”是重要的衡量标准，因为这一标准用事实证明并详细说明了占领当局“权力”的概念。没有敌军当局实施的有效控制，就不可能有对一国领土的占领，而这正是《海牙规章》第 42 条包含的“占领”定义①的核心。从《海牙规章》的措辞看，有效控制的存在需要占领当局权力已经实际建立，并且能够行使，即占领国应当既有建立权力的事实，也有行使这种权力的能力。国际司法实践表明，这两个要素缺一不可。② 美国《陆战手册》特别在第 355 节强调，“军事占领是事实问题”。③与“代理人占领”④ 或其他争议性的占领不同，1945 年 4 月 1 日“尼米兹公告”颁布后，美国在琉球群岛各岛上逐步设立行政管理机构，并最终于 1950 年 12 月成立受美国国防部控制的美国民政府作为占领机构，1952 年 4 月又成立琉球政府作为琉球群岛当地管理机构，享有立法、行政、司法权。从事实和法律看，美国对琉球的占领行为都符合军事占领法“有效控制”的要件。

对军事占领的个案适用占领法规则时，还需判断占领开始和结束的时间、区分占领的类型。红十字国际委员会日内瓦总部法律顾问特里斯坦·费拉罗

---

① 《海牙章程》第 42 条规定，“合法政府的权力实际上既已落入占领者手中，占领者应尽力采取一切措施，在可能范围内恢复和确保公共秩序和安全并除非万不得已，应尊重当地现行的法律。”

② See The Hostage Trial（Trial of Wilhelm List and Others），US Military Tribunal，Nuremberg，1948，Law Reports of Trials of War Criminals（1949），Vol. 8，pp. 55-56；Case Concerning Armed Activities on the Territory of the Coongo（Democratic Republic of Congo v. Uganda），Judgment of 19 December 2005，I. C. J Reports 2005，p. 59，para. 173；ICTY，Prosecutor v. M. Naletilic and Martinovic，Judgment of Trial Chamber I，Case No. IT-98-34-T，31 March 2003，para. 217.

③ See Section 355，FM 27-10，Department of the Army Field Manual：The Law of Land Warfare，Washington，DC，July，1956.

④ 例如，1931 年“九一八事变”后，日本扶持伪满洲政权对中国东北的占领。参见李强：《军事占领制度研究》，北京：法律出版社，2014 年，第 53 页。

（Tristan Ferraro）指出，原则上判定占领开始和结束适用的都是"有效控制"标准。①正因为军事占领是需要客观判断的事实问题，符合实际控制标准的占领之事实状态一旦确立，占领即开始。而关于占领的结束，结合 20 世纪军事占领现象，主要有军事力量被完全驱逐或完全撤出、通过条约结束占领、通过移交权力结束这三种情况。也有一种例外，即被占领土所属国自愿将领土割让给占领国，由于主权转让导致占领自然结束，但这种结束的方式在现代国际法实践中十分罕见。② 美国对日本本土的占领，因 1952 年 4 月 28 日《旧金山和约》生效而告终。③ 美国对琉球的占领，则始于 1945 年 4 月 1 日 "尼米兹公告"、在 1972 年 5 月 15 日《琉球移交协定》生效时结束。鉴于第二次世界大战后美日之间的战争状态于 1952 年 4 月 28 日《旧金山和约》的生效结束，美国对琉球的占领是复合型的军事占领，即先是交战占领中投降后的占领，后过渡到平时占领。美国对琉球的占领共 28 年，可分为两个阶段：第一阶段，交战占领，从 1945 年 4 月 1 日 "尼米兹公告" 到 1950 年 12 月美国民政府成立；第二阶段，平时占领，1950 年 12 月美国民政府成立到 1972 年 5 月 15 日《琉球移交协定》生效。

从 1952 年《旧金山和约》到 1971 年《琉球移交协定》签署这段时间，琉球群岛存在美国民政府（USCAR）和琉球政府（GRI）这两个行政管理机构，琉球的行政事务名义上是由琉球政府进行管理、实际上则被美国民政府全面控制。前南斯拉夫国际刑事法庭曾将 "占领国建立占领机构并公开行使职权" 作为是否存在军事占领状态的标准之一，④ 结合占领国在被占领土建立的行政管理机构及其国际实践，美国对琉球行政管理属于军事占领中的"混

---

① Tristan Ferraro, *Determining the Beging and End of An Occupation under International Humanitarian Law*, International Review of the Red Cross, 2012, Vol. 94, No. 885, pp. 133-163.

② 参见李强：《军事占领制度研究》，北京：法律出版社，2014 年，第 57-59 页。

③ 参见马克斯普朗克比较公法及国际法研究所主编：《国际公法百科全书》（第三专辑——使用武力、战争、中立、和约），中山大学法学研究所国际法研究室译，陈致中等校，广州：中山大学出版社，1992 年，第 72-75 页。

④ See *Prosecutor v. Mladen Maletilic*, aka "*TUTA*" And *Vinko Martinovic*, aka "*ŠTELA*", I. C. T. Y Judgment of 31 March 2003, Case No. IT-98-34-T, para. 217.

合管理机制"，即糅合了军政府和当地管理政府的混合型行政管理。

（二）美国改托管为军事占领的背景及非法性分析

从 1952 年 4 月 28 日《旧金山和约》生效到 1971 年《琉球移交协定》签署这段时间，琉球在很长一段时间内处于名为托管、实为军事占领的状态。问题在于，美国这样的处置方式是否具有充分的法律依据？原因又何在呢？

从 1945 年 4 月 1 日"尼米兹公告"的发布到 1950 年 12 月 15 日美国民政府成立可视为战时的占领状态，占领军实施行政管理法律依据为占领军发布的各项命令。1950 年 12 月 15 日美国民政府成立，正式开启了美国对琉球的和平时期占领。美国并没有遵照 1951 年《旧金山和约》第 3 条，对琉球群岛实施托管，而是"心安理得"地取得了对琉球的行政、司法和立法权。除了没有遵从《旧金山和约》和国际法依据不足外，从 1950 年 12 月 15 日到 1957 年 6 月 5 日"第 10713 号行政命令"颁布，这 7 年间美国对琉球的民事管理不仅法律依据严重欠缺，而且部分法律文件并不对国际社会和琉球民众公开。在 1957 年 6 月 5 日到 1972 年 5 月 15 日这 5 年间，美国对琉球是依据一系列总统的"行政命令"[1] 予以管理的。

关于第二次世界大战后美国对琉球名为托管、实为军事占领的处置原因，可以从美国外交关系文件中寻找"答案"。1953 年 12 月 24 日《日美奄美群岛协议》签订前夕，6 月 15 日，美国代理国务卿赖伊给国家安全委员会的备忘录表明，将琉球提交联合国实行战略托管曾是美国政府考虑过的一个选项。

---

[1]　美国总统的行政命令有行政命令（executive order）、总统备忘录（presidential memorandum）、行政协议（executive agreement）等各类文件，此处所指的是狭义的总统"行政命令"即 executive order。总统发布行政命令的权力主要有三大来源：一是宪法规定；二是国会立法与授权；三是来自于总统职位的实际运作和总统工作本身的"固有权力"。值得注意的是，美国宪法第 2 条虽规定总统有"执行权"，但并未做出界定。美国学者中，Erica Newland（2015）整理了 152 份涉及（广义）总统行政命令的判例，归纳联邦法院对行政命令司法审查的规律；Jonh Yoo（2017）一方面承认总统对外交关系、保护国家安全、解释和执行法律、对较低一级联邦官员实施管理方面有权制定行政命令，另一方面也对总统滥用行政命令的情况表示担忧。对美国总统行政命令的相关研究，参见 Erica Newland, *Execute Orders in Court*, The Yale Law Journal, 2015, Vol. 124, No. 6, pp. 1836-2201；贾圣真：《总统立法——美国总统的"行政命令"初探》，《行政法学研究》，2016 年第 6 期；Jonh Yoo, *Executive Order Run Amok*, The New York Time, 6 Feb, 2017。

国家安全委员会（National Security Council，NSC）曾在《NSC 规划署关于对日和约所涉岛屿的报告》中提出四种处理琉球的方案：①向联合国申请战略托管；②将所有岛屿权利"归还"日本；③维持美国对琉球群岛现有程度的控制；④将奄美群岛主权归还日本，其他岛屿维持现状不变。这份报告中分析认为，向联合国申请战略托管的弊端有三：第一，有可能会遭遇苏联在安理会中使用否决权，美国因此只能获得普通托管权；第二，苏联及其"卫星国"（satellites）会阻挠美国对琉球的后续民事管理；第三，日本将视托管为美国不愿最终把民事管理权归还给他们，因此产生反感。基于以上原因，美国国务院和国防部都主张，就琉球群岛问题获取联合国托管的方案不可取。①

（三）美国民政府"第 27 号公告"的非法性分析

鉴于 1971 年美日《琉球移交协定》将第"27 号公告"所列的地理坐标作为琉球地理疆界（含钓鱼岛列屿）的法律依据（在本章第二节中详述），第"27 号公告"的法律效力值得审查。先不论美国搁置《旧金山和约》对美国对琉球实施托管的安排是否合法，关键在于，作为占领当局的美国，1953 年以美国民政府"第 27 号公告"的形式重新修改琉球的地理疆界，改变《旧金山和约》对战后东亚（包括琉球）领土范围界定的行为是否符合军事占领法呢？军事占领具有"暂时性"的特征，这也就决定了占领当局享有的管辖权包括：颁布法律或进行管理的权利、设立法庭对占领地居民实施司法权，以及执行权。② 但这些管辖权意味着占领当局拥有的职权是有期限和应受到制约的，军事占领法对占领扩张占领地的领土地界、海空管辖权和行政立法均

---

① 参见 No. 651，Memorandum by the Executive Secretary（Lay）to theNational Security Council，FRUS，1952—1954，Vol. China and Japan，Volume XIV，Part 2（in two parts），Part 2，Editor in Chief：John P. Glennon，United States Printing Office，Washington：1985，pp. 1431，available at https：// history. state. gov/historicaldocuments/frus1952-54v14p2/d651，access date：30 Jan，2017；"赖伊给国家安全委员会的备忘录"，载奚庆庆，张生编：《美国外交关系文件》，南京：南京大学出版社，2016 年，第 325 页。

② See Restatement of the Law：The Foreign Relations Law of the United Nations，Vol. I，232，American Law Institute，3rd Edition，1987.

做出限制性规定。① 1953 年美国民政府"第 27 号公告"不仅背弃盟国剥离日本领土的初衷，还擅自变更琉球地理疆界，将钓鱼岛列屿纳入琉球群岛的范围，这与国际法尤其是军事占领法不符（第五章第三节详述）。

（四）美国以军事征用琉球私有土地为代表的违反军事占领法的其他行径

美国占领琉球的 28 年间，因占领当局的土地征收与使用政策、美军基地、美军事故和美军犯罪，以及占领当局和美军侵犯人权等问题，② 多项涉嫌违反军事占领法相关规定。美军占领琉球期间的这些问题在当地怨声载道，引起琉球当地民众的持续抗争。美国涉嫌违反占领法的若干行径中，20 世纪 50—60 年代琉球的土地征用问题最为突出，隐患甚至延续到现今琉球民众的反美军基地抗争运动。

琉球学者新琦盛晖将 20 世纪 50 年代美国在琉球的征地政策称为"暴力性接收土地"的"军用地政策"。③ 战后的琉球群岛，由于土地契约书等土地证书被战火烧毁、地形改变等因素，土地的确权和登记问题十分必要。美军控制下美国民政府的军用地法律和政策，较早见于 1950 年 4 月 14 日美国民政府"关于土地所有权证书的第 36 号特别公告"（简称"第 36 号特别公告"）。"第 36 号特别公告"宣称，民政长官负责实施对琉球土地使用和所有权的相关事宜，琉球人应完成对琉球土地所有权的确认、确权和登录。④ 美军占领琉球群岛时，在把居民赶进收容所的同时，也征用了琉球大量土地作为

---

① Dinstein Yoram, *International Law of Belligerent Occupation*, New York：Cambridge University Press, 2009, pp. 48–49.

② 我国日本问题专家、外交官唐淳风在《悲愤琉球》一书中，用编年的方式列举美军暴行及琉球土地抗争情况。参见唐淳风：《悲愤琉球》，北京：东方出版社，2013 年，第 156–178 页，第 232–253 页，第 281–324 页。

③ ［日］新琦盛晖著：《战后冲绳史》，胡冬竹译，北京：生活·读书·新知三联书店，2010 年，第 83 页。

④ See Special Proclamation No. 36, Certificate of Land Title, Military Government of Ryukyu Islands, APO 719, signed by J. R. Sheetz, Major General, United States Army, Military Governor of the Ryukyu Islands, available at http：//ryukyu-okinawa. net/pages/archive/sproc36. html, access date：30 Jan, 2017.

军用。根据 1955 年《普莱斯报告》（Price Report），1945 年阶段美军接收的土地约为 45 000 英亩，之后归还约 5 000 英亩，这些土地是战时美军在"没有补偿的情况下"从土地所有权人处征收的；到 1955 年美军仍占有 45 000 英亩。[①] 也就是说，当时琉球本岛面积约 13% 为军用地，其中 44% 就是原来琉球居民的农耕地。[②] 更恶劣的是，19 世纪 50 年代，美军陆续对读谷村的渡具知地区、那霸、宜野湾市依佐滨地区，还有伊江岛真谢、西琦地区等地进行强制征地。此外，为阻止琉球人在军事基地内外耕种农作物，据琉球政府的调查，美军还采取大规模的纵火毁耕地行为。[③]

1952 年 11 月，美国民政府颁布"有关契约权的第 91 号法令"（简称"第 91 号法令"），涉及军用地租借契约的方法、租借时间、使用费用等事项。按照该法令，首先由琉球政府行政主席和土地所有者缔结租借契约，然后再和美军签订契约。租借时间是从 1950 年 7 月 1 日开始，共 20 年，使用费用为 1950 年 7 月 1 日时地价评估价格的 6%，即每年平均每坪 1 日元 8 钱。[④] 当时每坪地每年的租金为 2.4 日元，10 年的租金才 26.64 日元，而当时一瓶可口可乐的售价是 18 美分，相当于 21.6 日元。也就是说，9 坪地的年租金才相当于一瓶可乐（当时日元兑美元的比价是 120 日元兑 1 美元）。[⑤] 20 年的租借时间和低廉的租借费用，使得签约者寥寥。1953 年 12 月 5 日，美国民政府

---

① 《普莱斯报告》：根据琉球当地由行政府、立法院、市政村长会、土地联合会 4 个团体组成的"四者协议会"的要求，美国众议院军事委员会向琉球派遣了以 M·普莱斯（Melvin Price）为主席的特别分委员会，于 1955 年 10 月 14 日—11 月 23 日在对琉球的土地征收问题进行调查，并最终向议会提交《美国众议院军事委员会特别分委员会特别报告》，这份报告又简称为"普莱斯报告"。See "Report of a Special Subcommittee of the Armed", Services Committee, House of Representatives, Following an Inspection Tour October 14 to November 23, 1955.

② ［日］新琦盛晖著：《战后冲绳史》，胡冬竹译，北京：生活·读书·新知三联书店，2010 年，第 83 页。

③ 唐淳风：《悲愤琉球》，北京：东方出版社，2013 年，第 352–353 页。

④ 参见［日］新琦盛晖著：《战后冲绳史》，胡冬竹译，北京：生活·读书·新知三联书店，2010 年，第 83 页；CA Ordinance No. 91, "Authority to Contract", 1 November 1952, United States Administration of the Ryukyu Islands, available at http：//ryukyu-okinawa. net/pages/archive/caord91. html, access date：30 Jan, 2017.

⑤ 唐淳风：《悲愤琉球》，北京：东方出版社，2013 年，第 355 页。

接着发布"第 26 号公告"，单方面宣布，不论契约是否成立，如果有美军土地使用的事实，美军就因此取得租借权。[①] 另一方面，美国民政府在 1953 年 4 月为进一步接收需要的土地，还公布并实施了"关于土地征用程序的第 109 号法令"（简称"第 109 号法令"）。[②] 以这个法令为依据，美军从 1953 年到 1955 年，陆续在真和至村安谢、小禄村具志、伊江村真谢、宜野湾村伊佐滨等地，动用武力镇压农民的抵抗，暴力性接收土地。[③] 1955 年 3 月 23 日，美国民政府颁布"授权完成执行 1950 年 7 月 1 日到 1952 年 4 月 27 日美军占领的琉球私有土地租赁和租借补偿费用的第 105 号法令"（简称"第 105 号法令"），通过一次性支付标准地价中相应部分的费用，以设定永久租借权。[④] 美国民政府的征收琉球私有土地的法规和政策，实质是对琉球土地权的侵害。1954 年 4 月 30 日，琉球立法院全体表决通过"关于军用地处理的请愿"，提出反对一次性付清地租、反对所谓的"正当赔偿"、损害赔偿和反对新征收的"保卫土地四原则"。[⑤]琉球当地由行政府、立法院、市政村长会、土地联合会

①　See Civil Administration Proclamation No. 26, Compensation for Use of Real Estate Within Military Areas, 5th December 1953, available at http：//ryukyu‐okinawa. net/pages/archive/caproc26. html, access date：30 Jan, 2017.

②　See CA Ordinance No. 109, 3 April 1953, Land Acquisition Procedure, United Sates Civil Administration of the Ryukyu Islands, Office of The Deputy Governor, APO 719, available at http：//ryukyu‐okinawa. net/pages/archive/caord109. html, access date：30 Jan, 2017.

③　［日］新琦盛晖著：《战后冲绳史》，胡冬竹译，北京：生活·读书·新知三联书店，2010 年，第 84 页。

④　See CA Ordinance No. 105, "Authority to Accomplish Execution of Leases and Rental Payment of Privately Owned Ryukyuan Lands Occupied by the United States of American for the Period from 1 July 1950 Through 27 April 1952", 23 March 1955, UNITED STATES CIVIL ADMINISTRATION OF THE RYUKYU ISLANDS, APO 719, http：//ryukyu‐okinawa. net/pages/archive/caord105. html, access date：30 Jan, 2017.

⑤　琉球立法院决议表明，即使以军用地地主维持最低生活的标准来说，低廉的土地使用费用也和这个标准相去甚远。美军带来的巨大损害和伤害也没有得到赔偿，而"美国进一步提出购买冲绳土地和永久使用、一次性付清地租等问题，造成好像这一切都是琉球居民的希望所在的现象"。参见［日］新琦盛晖著：《战后冲绳史》，胡冬竹译，北京：生活·读书·新知三联书店，2010 年，第 87 页。

4个团体还成立"四者协议会"与美国民政府展开交涉。① 1956 年，围绕着"保卫土地四原则"，琉球人民展开了"全岛一致斗争"的政治运动：6 月 20 日，琉球地区 56 个市、町、村议会召开全体居民大会，据报道有 15 万～16 万人参加集会；6 月 25 日，第二次居民大会在那霸和胡差召开，分别有 10 万和 15 万人参加；7 月 28 日又召开 15 万人参加的"贯彻四原则县民大会"。当时琉球地区居民约有 80 万人，可以说有近四分之一的人参加此次斗争。②

除还未签署 1977 年《海牙第一议定书》外，美国是 1907 年《海牙规章》和 1949 年《日内瓦第四公约》的缔约国，这两个条约对美国可以适用。1907 年《海牙规章》虽未对私人的动产或不动产区别性规定，但第 42 条规定"个人的私有财产应受到尊重"。③ 纽伦堡审判的"克鲁普案"中军事法庭曾确认，剥夺财产所有人对财产的优先权和阻止所有人行使使用权的行为，就是违反"尊重占领地私有财产"的行为。④ 美军上述强制征用琉球农民耕地、甚至蓄意火烧耕地的行为无疑违反了《海牙规章》第 42 条第 1 款。

《海牙规章》第 42 条第 2 款还确定，"私有财产不得没收"。对占领地财产征用征收行为合法与否的认定应结合个案分析，例如在满足用于军事用途和给予相应补偿的前提下，私有不动产可以被征用。⑤以色列最高法院在"尤哈诉犹地亚和撒马利亚军事指挥官案"中指出合法征用私人财产的三个前提条件：征用须有固定期限（期限可延续）；财产所有人"自动"获得补偿；

---

① ［日］新琦盛晖著：《战后冲绳史》，胡冬竹译，北京：生活·读书·新知三联书店，2010 年，第 86-87 页。

② 徐勇，汤重南主编：《琉球史论》，北京：中华书局，2016 年，第 250 页。

③ 1907 年《海牙规章》第 46 条第 1 款。

④ The Krupp Trial（Trial of Alfried Felix Alwyn Krupp von Bohlen and Halbach and Eleven Others, Case No. 58），Uited States Military Tribunal，1948 Nuremberg. See The United Nations War Criminal Commission ed.，1948 Law Reports of Trials of War Criminals（London：United Nations War Criminal Commission，1949），Vol. X，p. 137.

⑤ Dinstein Yoram, *International Law of Belligerent Occupation*，New York：Cambridge University Press，2009，pp. 226-227.

对财产造成的任何损害都应予以赔偿。① 然而，美国民政府在 20 世纪 50 年代颁布以"第 26 号公告""第 91 号法令""第 109 号法令"和"第 105 号法令"为代表的征用或租借琉球私有土地的法律文件，以极其低廉的价格征用私有土地，即使在交战占领结束后的和平占领时期仍用于军事基地、机场等军事用途，琉球私有土地所有者的合法权益长期受到侵害。美国民政府颁布的上述法律文件违反了《海牙规章》第 42 条第 2 款。

　　美国对琉球军事占领中"民事管理"的形式与第二次世界大战结束后盟军对战败国德国的占领②存在相似之处，但和第二次世界大战后军事占领的新实践（如英美对伊拉克的占领等）区别很大。占领方可否成功援引"军事必要"作为突破《海牙规章》第 43 条"立法权限制"抗辩理由免责，除鉴别占领地行政管理的立法权源外，更要结合国际法原理和司法实践分析。涉及占领地财产征收的典型判例，可见于荷兰海牙上诉法院 1953 年"荷兰诉耶森案"（the Netherlands v. Jessen）。③ 海牙上诉法院不仅指出民事管理当局不应随意滥用"军事必要"（military necessity），还侧重从占领者的立法目的来解释《海牙规章》第 43 条"公共秩序和人民生活"的条款。审理中，海牙上诉法院运用《海牙规章》第 43 条"公共秩序和人民生活"条款审查希特勒政权在被占领土荷兰建立的"民政府"法令的合法性，最终判定涉案的租赁行为是为了占领当局——民政府的利益，而不是"直接为了被占领地荷兰的公共秩序和人民生活所需"，进而被认定为不合法。④ 从司法实践看，即使援引

---

　　① 　HCJ 290/89, *Juha v. Military Commander of Judea and Samaria*, 43 (2) PD 116, 120, the judgment is excerpted in English in 23 IYHR 323 (1993), cited from Dinstein Yoram, *International Law of Belligerent Occupation*, Cambridge University Press, 2009, p. 227.

　　② 　总体看，盟军对战败国占领与第二次世界大战后军事占领新实践最大的区别之一在于，前者对占领区立法的权源来自战后和平条约或《联合国宪章》，后者多源于联合国安理会的授权。

　　③ 　State of the Netherlands v. Jessen, Hof (Court of Appeal), The Hague, January 24, 1953, N. J. 1955, no. 35, See Interpretation of Article 43 of The Hague Regulations on Land Warfare, Netherlands Journal of International Law, Volume 3, Issue 1, March 1956.

　　④ 　See State of the Netherlands v. Jessen, Hof (Court of Appeal), The Hague, January 24, 1953, N. J. 1955, no. 35, cited from Interpretation of Article 43 of The Hague Regulations on Land Warfare, Netherlands Journal of International Law, Volume 3, Issue 1, March 1956, pp. 82-83.

"军事必要"抗辩，美国民政府颁布的征用或租借琉球私有土地的法律文件也难逃《海牙规章》"公共秩序和人民生活"的条款审查。

第二节　美日私相授受琉球的经纬

美日间私相授受琉球的进程，是以 1953 年《日美奄美群岛协议》和 1968 年《日美关于南方诸岛及其他岛屿的协议》的签订作为前奏，以 1971 年 6 月 17 日美日最后签署《琉球移交协定》而最终完成的。"琉球移交"进程不仅涉及美日间大量官方文件，牵涉《日美安保条约》，同时还伴随着海峡两岸当局强烈的抗议。

一、"琉球移交"前美日系列协议和官方文件

第二次世界大战后，日本岸信介政府曾经设想通过修改日本宪法，参加美国主导的亚洲太平洋集体安全保障体系的途径，收复琉球的"主权"，但并没有得到美国政府的认同。肯尼迪政府建立以后，将维护美日安保体制和发展美日战略同盟关系作为"平衡共产党中国力量增长"的重要手段，[①] 对琉球政策开始显露出调整的迹象。日本池田政府在对外政策的基本路线方面坚持对美协调，但在琉球问题上则采取了"搁置返还冲绳施政权、增加对冲绳援助水平、促进冲绳与日本本土一体化"的政策与策略。在此背景下，20 世纪 50—60 年代，美日两国政府对琉球政策就是这样逐步演进的，期间《日美奄美群岛协议》和《日美关于南方诸岛及其他岛屿的协议》的签订，成为日美"琉球'返还'"的前奏。

（一）有关奄美群岛和小笠原群岛"领土移交"的日美双边协议

1953 年，美国未经盟国同意，将北纬 29°以南的奄美群岛交给日本。根

---

① 参见 Paul Kesaris, ed., *Documents of the National Security Council* (*Sixth Supplement*), Washington: University Publications of America, Inc., 1993, Reel 3；崔丕：《日美相互合作及安全保障条约新论》，《历史研究》，2005 年第 1 期。

据 1953 年 12 月 24 日签署的《日美奄美群岛协议》第 1 款，美国宣布，"（美国）放弃依据《旧金山和约》第 3 条取得的奄美群岛的所有权利和利益并支持日本拥有这些权益。自本协议生效日起，日本应承担对奄美群岛的领土和居民所应行使一切和任何行政、立法和司法的全部责任和职权"。①在协议的附件中，"奄美群岛" 的地理界限被界定为 "北起北纬 29 度、南至北纬 27 度、西起 128 度 18 分、东至 130 度 13 分的岛屿、小岛、环礁和岩礁"。②而琉球的美国民政府之所以几乎同步的颁布 "第 27 号令"，主要就是因为美日《奄美群岛协议》在 1953 年 12 月 25 日生效，即奄美群岛此时已不再是美国管辖琉球的一部分，而属于日本鹿儿岛县所管辖。作为调整后的美国管辖范围，必须重新指定地理界限并向琉球居民宣布。③

1968 年 4 月 5 日，日本外相三木和美国驻日大使约翰逊在东京签署《日美关于南方诸岛及其他岛屿的协议》。根据该协议第 1 条第 1 款，"（美国）放弃依据《旧金山和约》第 3 条取得的南方诸岛及其他岛屿（Nanpo Shoto and other islands）的所有权利和利益并支持日本拥有这些权益（relinquishes in favour of Japan④）。日本自协议生效之日起，应承担对上述各岛的领土和居民所应行使一切和任何行政、立法和司法的全部责任和职权"。第 1 条第 2 款中，

① 《日美奄美群岛协议》第 1 条第 1 款的英文原文为："With respect to the Amami Islands, the U-nited States of America relinquishes in favour of Japan all rights and interests under Article 3 of the Treaty of Peace with Japan signed at the city of San Francisco on September 8, 1951, effective from December 25, 1953. Japan, as of such date, assumes full responsibility and authority for the exercise of all and any powers of administration, legislation and jurisdiction over the territory and inhabitants of the Amami Islands." 该协议英文文本，参见 Robert D. Eldridge, *The Returen of the Amami Islands: The Reversion Movement and U. S. -Japan Relations*, US: Lexington Books, 2004, pp. 157 - 162; "Agreement Between Japan and the United States of America Concerning the Amami Islands"，资料来源于 http://ryukyu-okinawa.net/pages/archive/amami. html，访问日期：2017 年 2 月 15 日。

② Annex, Agreement Between Japan and the United States of America Concerning the Amami Islands, 24th December, 1953.

③ 刘江永：《钓鱼岛列岛归属考：事实与法理》，北京：人民出版社，2016 年，第 419 页。

④ Relinquishes in favour of: 也有文献译为 "让与"，参见黄安年主编：《国际条约集（1966—1968）》，《当代世界史资料选集》（第二分册），北京：首都师范大学出版社，1996 年，第 492-493 页。

"南方诸岛及其他岛屿"是指"孀妇岩以南（包括小笠原群岛、罗萨里，奥岛和火山列岛）的南方诸岛及帕里西维拉礁和马尔斯库岛以及它们的领水。"① 自此，美国将包括小笠原群岛在内的"南方诸岛及其他岛屿"移交给日本。

（二）1953—1971 年日美涉"琉球移交"的系列官方文件

从 1953 年《旧金山和约》生效到 1971 年日美签署《琉球移交协定》期间，美日两国陆续发表关于琉球的公报、官方文件或声明。② 这些官方文件的内容如下：

（1）1956 年 6 月 27 日，美驻日大使对日本新闻界发表声明，承认日本对琉球有"剩余主权"，并表示美国无意占领琉球。

（2）1957 年 6 月 21 日，美国总统艾森豪威尔与日本总理岸信介发表联合公报，其中提到日本对琉球保有"剩余主权"。

（3）1961 年 6 月 22 日，美国总统肯尼迪与日本总理池田发表联合公报，其中提及日本对琉球保有"剩余主权"。

（4）1962 年 3 月 19 日，美国总统肯尼迪发表声明承认琉球为日本本土的一部分，并期望"当自由世界的安全利益许可时"，恢复日本对琉球主权。

（5）1964 年 4 月 25 日，美日签订协定，将建立琉球经济援助协议委员会及技术委员会，由日本派员参加。

（6）1965 年 1 月 13 日，美国总统约翰逊与日本总理佐藤发表联合公报，美方表示在安全许可时，将恢复日本对琉球的行政权。

（7）1967 年 9 月 15 日，美国国务卿鲁斯克（Rusk）在记者招待会表示，美国承认日本对琉球有"剩余主权"并注意琉球"返还"日本问题。

---

① Art 1 (2), Agreement between Japan and the United States of America Concerning Nanpo Shoto and Other Islands, April 5, 1968. See "Agreement between Japan and the United States of America Concerning Nanpo Shoto and Other Islands", available at http://www.ioc.u-tokyo.ac.jp/~worldjpn/documents/texts/docs/19680405.T1E.html, last visited on 15 Feb, 2017.

② 丘宏达：《关于中国领土的国际法问题论集》（修订本），台北：台湾商务印书馆，2004 年，第 29 页。

（8）1967 年 11 月 15 日，美国总统约翰逊于日本首相佐藤再度发表声明，同意日本在琉球设立咨询委员会，美方答应在数年内（within few years）将琉球归还日本。

1969 年 11 月日本总理佐藤再次访美，11 月 21 日美日两国发布的"美日联合公报"确定，琉球将于 1972 年返还日本。该声明中有关琉球的部分如下："总理（佐藤）强调实现日本本土及冲绳人民，将冲绳行政权在美日友好的基础上归还日本，恢复冲绳正常地位的强烈愿望已经到来。总统（尼克松）对总理的意见表示了解。总统及总理承认，在远东当前情势下，美军在冲绳负有重要任务。双方讨论结果同意，在返还冲绳行政权给日本的安排下，美日共同安全利益得以协调。双方因此同意在不妨害包括日本在内的远东安全（情形）下，双方政府应立即协商早日将冲绳'返还'日本的具体步骤。双方更进一步同意加速协商，以期在获得必要的立法支持及缔结此等具体办法（的条件）下，在 1972 年完成归还手续。总理对此表示其政府在归还后，将逐渐承担冲绳的防卫责任，作为日本本土防卫的一部分。总统与总理还同意，对美国在冲绳为保障两国共同安全所必需的军事设施及区域，基于日美安保条约规定，仍予保留。"①

二、1971 年美日《琉球移交协定》和"日美安保体系"

现今日本政府在主张钓鱼岛的"主权"时，动辄将"根据 1972 年 5 月生效的《日本国与美利坚合众国关于琉球诸岛及大东诸岛的协定》（即《琉球移交协定》），'尖阁诸岛'被包含在把施政权归还给日本的地区之内"作为重要的条约依据。②然而，实际情况是，这份涉及琉球群岛安排的双边协议名称并没有用日本所称的"冲绳"一词，美国也刻意在条约用语中避免使用"'主权'返还"这一用语。此外，就如今日美宣称的"日美安保条约适用于

---

① 丘宏达：《关于中国领土的国际法问题论集》（修订本），台北：台湾商务印书馆，2004 年，第 29 页。

② ［日］日本外务省：《关于"尖阁诸岛"所有权问题的基本见解》（中译本）。

钓鱼岛"这一问题，也需要对 1951 年和 1960 年两份《日美安保协议》的条约内容及其与琉球、钓鱼岛的关联问题进行考察。

（一）1971 年《琉球移交协定》及美日私相授受琉球和钓鱼岛

根据 1970 年 8 月 12 日日本外务省美国局北美第一课长提出的"美日'返还冲绳'交涉的主要问题点例示"，《移交琉球协定》涉及的具体事项内容如下：①前言，即该协定的主旨；②美国放弃的权利与利益，包括地域方面的规定；③日美两国之间诸条约、协定的适用范围；④根据"地位协定"提供的设施和区域；⑤涉及"美国之音"的问题；⑥关于经济和财政方面的原则规定；⑦其他事项，例如美国军政府、美国琉球民政府、琉球政府的各项法令的效力及其处理、民事和刑事审判，等等。此外，美日之间拟签署的"谅解议定书"涉及事项为：提供的设施和区域名称与用途、货币兑换、琉球政府财政赤字的处理、美国以及其他国家在冲绳的外资企业及自由业者的处理、其他美国民间权益的处理、美国琉球民政府的职能、开设美国总领事馆，等等。① 不过，日本政府预定谈判的重点目标之一就是移交区域问题，涉及移交区域的具体事项将通过"附属议定书或换文"的方式来处理。②

1961 年东海大学教授新野弘和埃默里博士共同撰写了题为《东海和南海浅水区的沉积物》③ 的论文，指出钓鱼岛周边海域可能有石油储藏，这成为引发 20 世纪 60—70 年代美日直接讨论钓鱼岛主权归属问题的重要诱因。而 20 世纪 70 年代台湾和海外华人发起的保钓运动不仅对台湾当局的钓鱼岛政策产生了影响，④ 也为"琉球移交"前后的中日钓鱼岛争端抹上浓墨重彩的一笔。

①　参见崔修竹：《美日返还琉球群岛施政权谈判中的谅解事项研究——从返还区域、军事基地、民航权益为例》，华东师范大学 2017 年博士论文，第 103 页。

②　崔修竹，崔丕：《美日返还琉球群岛和大东群岛施政权谈判中的钓鱼岛问题》，《世界历史》，2014 年第 2 期，第 7 页。

③　See Ninno, H., Emery, K. O., Sediment of Shallow Portion of East China Sea and South China Sea, Geological Society of American, Bulletin, Vol. 72, 1961.

④　参见"台湾研讨会保钓老将林孝信分享经验"（2014 年 4 月 19 日），资料来源于 http://hk. crntt. com/doc/1031/3/6/8/103136872_2. html? coluid = 93&kindid = 8010&docid = 103136872&mdate = 0419003116，访问日期：2017 年 11 月 1 日。

1968 年，联合国亚洲远东经济委员会组织由美、日、韩和中国台湾科学家组成科学调查团考察东海大陆架，确认该海域大陆架是世界上蕴藏石油最丰富的地区之一。[1] 1970 年 4 月 10 日，台湾留学生等在华盛顿举行保钓游行。[2] 1970 年 9 月 2 日，台湾《中国时报》4 名记者登上钓鱼岛，9 月 15 日，他们在岛上插的旗帜被冲绳警察降下。1970 年 12 月 4 日、29 日，中国大陆《人民日报》连续发表评论文章，反对美国支持日、韩与台湾地区联合进行钓鱼岛附近海域的联合开发，提出警惕佐藤荣作政府借机将钓鱼岛纳入日本版图的企图。台湾学生发起的保钓运动触动了时任台湾领导人蒋介石，然而，当时他对钓鱼岛慎重而软弱的态度体现在"钓鱼岛五点处理方针"中仍是"乙、事实上，（钓鱼岛列岛）现为美军所占领，其归属何国当有（由）美国定夺"。[3]

研究表明，日本政府最初曾要求美国以《琉球移交协定》之条约《附件》的形式、用经纬度坐标点和经纬度线标出返还区域的地理范围。日本最终做出妥协，同意以附加《共识议事纪要》的形式缔结条约，但是始终坚持以经纬度坐标点和经纬度线的方式明确划定"返还"区域。[4] 当时媒体报道，"根据《琉球移交协定》及其系列文件，钓鱼岛被裹挟于琉球群岛的一部分移交给日本，美国则有权使用该群岛上的靶场"，[5] 美日间私相授受琉球进而对钓鱼岛主权归属产生影响，这引发了海峡两岸政府的密切关注和强烈抗议。1971 年 4 月 9 日美国国务院的声明称，"就琉球连同南西诸岛，于 1972 年交换日本一事达成的协议，目前仍在美国手中的钓鱼台列屿自'归还'日本"，

---

①　刘江永：《钓鱼岛列屿归属考：事实与法理》，北京：人民出版社，2016 年，第 425-426 页。

②　[日] 矢吹晋著：《钓鱼岛冲突的起点：冲绳返还》，张小苑等译，北京：社会科学文献出版社，2016 年，第 43 页。

③　《蒋中正日记》，1971 年 4 月 7 日，美国斯坦福大学胡佛研究所藏，转引自邵玉铭：《保钓风云录》，台湾联经出版社事业股份有限公司，2013 年，第 46 页。

④　崔修竹、崔丕：《美日返还琉球群岛和大东群岛施政权谈判中的钓鱼岛问题》，《世界历史》，2014 年第 2 期，第 21 页。

⑤　"美将继续使用钓鱼台靶场"，央秘参（61）第 0896 号，参见董为民、殷昭鲁、徐一鸣编：《"国史馆"藏档》，南京：南京大学出版社，2016 年，第 204-205 页。

这再度遭到海峡两岸的反对，台湾当局的态度趋于强硬。4 月 10 日，台湾当局有关部门发言人表示坚决反对，4—5 月，保钓人士通过大游行和发表《致尼克松总统和国会议员的公开信》的方式表示抗议。① 中华人民共和国外交部于 1971 年 12 月 30 日发表声明，重申"钓鱼岛、黄尾屿、赤尾屿、南小岛、北小岛等岛屿是台湾的附属岛屿，它们和台湾一样，自古以来就是中国领土不可分割的一部分。美日两国政府将其纳入'归还冲绳协定'中，完全是非法的，这丝毫不能改变中华人民共和国对钓鱼岛等岛屿的领土主权"。②

迫于来自两岸政府的压力，1970 年 8 月，在《琉球移交协议》签订前，美国国务院对美国驻台北"使馆"发出通知表示，"美国政府认为任何关于'尖阁诸岛'及其邻近大陆架的争端应由争端者们去解决"。③ 《琉球移交协议》签订后，1971 年 11 月，美国参议院外交委员会发表报告做出表态，一方面称《旧金山和约》涵盖区域的地理坐标将钓鱼岛包括在行政管辖以内，一方面又说明，"美国在这方面的权利来自于和约，从该和约美国只得到'施政权'而没有主权。美国将琉球'施政权'移交给日本，并不构成主权（美国并无此种主权）之移交，亦不能影响到任一争论者的基本的领土主张。委员会确认协议中的条款，不影响到任何国家关于尖阁诸岛或钓鱼台诸岛的任何主权主张"。④外交委员会这一表态，不仅说明中日钓鱼岛争端的"关键日期"在第二次世界大战之前，也表明在 1972 年美国移交给日本的只有钓鱼岛的施政权而不是主权，钓鱼岛主权有待有关国家谈判解决，美国不持立场，这背后正是出于美国利用中日领土争端以主宰东亚势力均衡的战略考量。⑤

---

① 刘江永：《钓鱼岛列屿归属考：事实与法理》，北京：人民出版社，2016 年，第 427 页。

② 《中华人民共和国外交部声明》（1971 年 12 月 30 日），载《人民日报》1971 年 12 月 31 日第 1 版。

③ Kashiwashobo Publishing Co., Ltd., Documents on United States Policy Toward Japan, XIX, Documents Related to Diplomatic and Military Matters 1972, DEF Japan /POL Japan/DEF Ryukyu, Vol. 9, p. 8.

④ 参见中国国民党中央委员会第四组：《钓鱼台列屿问题资料汇编》，台北：兴台印刷厂，1972 年，第 33 页；刘江永：《钓鱼岛列屿归属考：事实与法理》，北京：人民出版社，2016 年，第 430 页。

⑤ 参见刘江永：《钓鱼岛列屿归属考：事实与法理》，北京：人民出版社，2016 年，第 431 页。

（二）"日美安保体系"与琉球、钓鱼岛的关联

从美国对琉球实施占领开始，琉球的地位问题在美日外交交涉中引起各种讨论，关于钓鱼岛问题的议论则相对罕见，当时最紧迫的是奄美大岛的回归问题，因此将琉球本岛和八重山群岛从日本本土分离的言论则盛行一时。①然而，局势发展至今，2017 年 2 月美国防长马蒂斯访日并与日本首相安倍晋三和日本防卫大臣稻田朋美分别会晤时，马蒂斯向安倍晋三承诺，美国"百分之百"与日本站在一起，并重申"日美安保条约"的重要性。② 2 月 10 日，安倍晋三在访美期间与就任不久的美国总统特朗普会面并发布"共同声明"，声称"日美安保条约第 5 条涵盖'尖阁群岛'"，反对"任何单方寻求危害日本对这些岛屿的施政权（administration）的行为"。③

撇开美国是否将会在法律上或事实上卷入中日钓鱼岛列屿领土争端④这一问题，"日美安保体制"是第二次世界大战后日美两国通过系列法律文件而逐步形成的军事同盟，鉴于日美之间在条约上的约定，第二次世界大战后琉球问题的提出与解决始终处于日美安保体制框架之内。⑤"日美安保体制"的条约基础是 1951 年《日本国和美利坚合众国之间的安全保障条约》（Security Treaty Between the United States and Japan，简称 1951《日美安保条约》或《旧

---

① ［日］矢吹晋著：《钓鱼岛冲突的起点：冲绳返还》，张小苑等译，北京：社会科学文献出版社，2016 年，第 15 页。

② 参见"美新防长马蒂斯访日派'定心丸'：100% 与日本肩并肩"，资料来源于 http：//news. ifeng. com/a/20170204/50647331_0. shtml，访问日期：2017 年 2 月 4 日。

③ See "Joint Statement from President Donald J. Trump and Prime Minister Shinzo Abe"，available at ht-tps：//www. whitehouse. gov/the-press-office/2017/02/10/joint-statement-president-donald-j-trump-and-prime-minister-shinzo-abe，last visited on 15 Feb, 2017.

④ 相关讨论，参见刘江永：《美国军事介入钓鱼岛将面临两难困境》，《国际问题研究》，2011 年第 3 期；张磊：《论美国军事介入中日与中菲岛屿争端的可能性——以军事盟条约为视角的比较研究》，《美国问题研究》，2012 年第 1 期；［日］矢吹晋著：《钓鱼岛冲突的起点：冲绳返还》，张小苑等译，北京：社会科学文献出版社，2016 年，第 7 页，等等。

⑤ 龚娜：《日美安保体制中的冲绳问题》，《外国问题研究》，2010 年第 2 期，第 68 页。

安保条约》)① 和 1960 年《日美共同合作和安全条约》②（Treaty of Mutual Cooperation and Security between the United States and Japan，以下简称《新日美安保条约》）等系列条约。这两个条约尤其是《新日美安保条约》一开始并没有牵涉琉球群岛或钓鱼岛列屿的"共同防卫"问题，这就需要对"美日安保体制"各阶段的条约缔结背景和具体条款进行深入探讨。

1951 年 9 月 8 日《日美安保条约》由前言和五条正文组成，主要包括：日本给予美国以在日本国国内及其周围驻扎陆海空军的权利，这些部队将用以协助保卫远东的国际和平与安全，并为日本的安全抗击外来的武装进攻；美国驻军可用于"应日本政府紧急要求去平定日本国内由于外来的一国或几国的煽动或干预所引起的大规模暴动和骚乱"；美军驻扎条件由两国间的行政协定另行规定，等等。③ 1952 年 2 月 28 日，两国签订《日美行政协定》，正文共 29 条，于 1960 年 6 月 23 日《新日美安保条约》生效时失效。在 1952 年 4 月 28 日（即《旧金山和约》生效日），《日美安保条约》和《日美行政协定》同时生效。1951 年《日美安全条约》，为美日安保体制提供了初始基础，但美日间是主从关系。结合当时的历史背景，1951 年《日美安保条约》所确立的并不是严格意义上的军事同盟关系，而是更多地体现了美国对日本的"半占领"状态。④

1960 年 1 月 19 日，日本首相岸信介和美国总统艾森豪威尔在华盛顿签订《新日美安保条约》，条约于 1960 年 6 月 23 日生效。美日同时还修订了 1951

---

① 参见 Security Treaty Between the United States and Japan（Sep. 8, 1951），available at http：//avalon. law. yale. edu/20th_century/japan001. asp，access date：Jan 30, 2015.

② See "The Treaty of Mutual Cooperation and Security between the United States and Japan"（日本国とアメリカ合衆国との間の相互協力及び安全保障条約，signed between the United States and Japan in Washington, D. C. on January 19, 1960），available at http：//www. mofa. go. jp/region/n-america/us/q&a/ref/1. html，access date：1st Nov, 2017.

③ 参见 Security Treaty Between the United States and Japan（Sep. 8, 1951），available at http：//avalon. law. yale. edu/20th_century/japan001. asp，access date：Jan 30, 2015；于群：《美国对日政策研究》，长春：东北师范大学出版社，1996 年，第 180-181 页。

④ 张磊：《论美国军事介入中日与中菲岛屿争端的可能性——以军事盟约为视角的比较研究》，《美国问题研究》，2012 年第 1 期，第 48-49 页。

年的《日美行政协定》，改称为《关于设施和区域及美国驻日本国军队的地位的协定》。日本岸信介内阁曾力图使《新日美安保条约》适用于琉球群岛和小笠原群岛，主要考虑是如果新条约适用于琉球，也就意味着美国政府将施政权的一部分归还给了日本，且将修改安保条约与归还琉球联系起来，能够得到日本国民广泛支持。1960 年签署的《新日美安保条约》第 5 条将条约适用范围确定为 "日本国施政下领土"，修订的条约明确了琉球、小笠原与条约的关系，即对尚未实施行政权的地区暂不包括在内，待将来归还施政权后再纳入条约区域。[①] 这次修改不仅使日本在国际法上与美国平等，而且带来了美日关系的新变化，美日在大致平等的基础上以双边条约的形式确立了双边关系。《新日美安保条约》还明确了日美同盟关系，其中规定，美国可在日本国内及周围驻扎陆海空军，"用以维持远东的国际和平与安全和日本免受外来武装进攻之安全"，包括根据日本政府的要求，镇压 "在日本引起的大规模暴动和骚乱"，而且未经美国事先同意，"日本不得将任何基地给予任何第三国"。这样明显的不平等的条约，使美国可以在日本拥有军事基地和长期驻军，而日本则沦为美国的附庸。[②] 就日美安保体制是否适用于钓鱼岛这一问题，从 1972年 "琉球移交" 后一段时间，美国历届政府和美国政界人士的表态经常出现反复和前后矛盾的言论。但是从 20 世纪 90 年代后期开始，尤其在奥巴马执政后，2010 年美国开始推行 "重返亚太" 战略，美国虽然仍然宣称在钓鱼岛主权问题上 "不持立场"，但坚称日本对钓鱼岛拥有 "施政权"，并反复宣称《美日安保条约》适用于钓鱼岛，明确反对 "任何旨在改变日本对钓鱼岛行使管辖权的行为"，更加露骨地袒护日本。

美日结成军事同盟关系，起初是为了保卫日本免受苏联的攻击，1960 年《新日美安保条约》规定的防卫范围仅限于日本本土为中心的 200 里以内范围，以及宫古、对马和津轻海峡，但此后日美安保的范围和合作内容随着时间的推移发生着变化：1971 年《美日安保防卫合作指针》将范围扩到 "远东

---

① 王振锁：《日本战后五十年（1945—1995）》，北京：世界知识出版社，1996 年，第 175 页。

② 崔世广：《从战后体制看日本 "战后" 意识的变迁》，《当代世界》，2015 年第 12 期。

地区"；1996 年 4 月，美国与日本针对安全问题举行高层会谈并发表《日美安全保障联合条约——面向 21 世纪的同盟》（简称《日美安保联合宣言》）（Japan-US Joint Declaration on Security—Alliance for the 21ˢᵗ Century），将以前的"远东有事"改为"日本周边事态"（situations in areas surrounding Japan）；① 1997 年修订的《日美防卫合作指针》将日美的合作地域从日本扩大至"周边"，除了为美军提供后勤支持之外，还规定日本要对自身安全负首要责任，美国则提供辅助性支援；② 2015 年 4 月 27 日，日美发布新版《防卫合作指针》，一举实现日本防卫政策"三级跳"的最后一跳，强化日美军事同盟并扩大日本军事行动范围和内涵，日美合作的海域包括东海、南海和印度洋，其中关键的内容是将《防卫合作指针》的适用范围涵盖钓鱼岛。③

总之，美国对日本的安全承诺与保障，由其安全利益决定，从传统的地理、区域范围，逐渐发展为关切事态影响的概念。然而不可忽略的是，美国的安全政策与战略利益影响到美国对钓鱼岛的主权归属的认定。④

三、海峡两岸对美日私相授受琉球的立场与态度

在 1971 年《琉球移交协定》中，美国将琉球的"施政权"返还给日本，而在钓鱼岛列屿主权问题上则采取了中立的立场，强调由争端当事方解决。那么，为什么美国在《琉球移交协定》的措辞中强调归还给日本的是"行政、立法和司法"而非主权，也就是将"施政权"和主权分开处理呢？

1971 年 10 月 25 日，根据联合国大会《第 2758 号决议》，联合国不仅承认"中华人民共和国政府作为中国在联合国组织的唯一合法代表"和"中华

---

① 盛欣等：《富士军刀——日本军事战略发展与现状》，北京：解放军出版社，2002 年，第 180-183 页。

② 参见吴正龙：《解析新版日美防卫合作指针》，《北京日报》，2015 年 5 月 4 日版。

③ 王鹏：《日美修改防卫合作指针，打造全球性军事同盟》，《中国青年报》，2015 年 5 月 22 日。

④ 参见赵国材：《论钓鱼列屿法律地位及其东海海洋划界争端之解决》，载陈纯一主编：《第三届两岸国际法学论坛学术研讨会实录》，台北：国立政治大学国际事务学院国际法学研究中心，2013 年，第 173 页。

人民共和国是安全理事会五个常任理事国之一"，而且还"恢复中华人民共和国的一切权利，承认她的政府的代表为中国在联合国组织的唯一合法代表"，蒋介石的代表也在联合国组织及其所属一切机构中所非法占据的席位上被驱逐出去。① 1972 年，尼克松总统访华，开启中美建交的序曲，中美最终在 1979 年 1 月 1 日建交。同样也在 20 世纪 70 年代，中日两国首脑于 1972 年 9 月 29 日签署《中华人民共和国政府、日本国政府联合声明》（简称《中日联合声明》），两国恢复邦交。在日本学者矢吹晋看来，"'返还'冲绳"和"日中正常化"这两个战后处理问题像是被脐带绑在了一起，而这个脐带就是"'尖阁'问题"；他同时也将中日间钓鱼岛问题的起源回溯到 1895 年。② 本书并不赞成将钓鱼岛问题比喻为"琉球移交"和"日中正常化"间的脐带，因为这一比喻容易造成"钓鱼岛问题是因为'琉球移交'才被国际社会和中国提起"的误导。但是要全面了解"琉球移交"问题与钓鱼岛主权间在当时复杂国际形势中的关联，就需要回溯海峡两岸政府对《旧金山和约》、"琉球移交"和对钓鱼岛的立场和表态予以综合分析。

（一）台湾当局的"琉球立场"

美日《琉球移交协定》签订前后，台湾当局对琉球问题的表态主要体现在对钓鱼岛问题的系列声明中，③ 其中较有代表性的有以下两个：

（1）1971 年 6 月 11 日，针对琉球"返还"的美日交涉，在《琉球移交协定》签署前的第 6 天，台湾官方发表《"中华民国外交部"关于琉球群岛与

---

① 参见《联合国大会第 2758 号决议"恢复中华人民共和国在联合国的合法权"》，A/RES/2758（XXVI），1971 年 10 月 25 日联合国大会第 26 届会议通过，资料来源于联合国官网 http://www.un.org/chinese/ga/ares2758.html，访问日期：2017 年 2 月 15 日。

② ［日］矢吹晋著：《钓鱼岛冲突的起点：冲绳返还》，张小苑等译，北京：社会科学文献出版社，2016 年，第 8—14 页。

③ 自 20 世纪 70 年代初期中日钓鱼岛争端激化以来，截至 2012 年 8 月 22 日，台当局"外交部"及其主要负责人就钓鱼岛问题公开发表过声明、新闻稿、新闻说明会纪要、新闻背景参考资料、"立法院"报告或答询等文献 74 份。这些文献被台当局"外交部"下属的"条约法律司"和"亚东关系协会"（负责对日事务）汇编成"外交部历年来就钓鱼台主权问题之声明一览表"，并公布在台当局"外交部"的官方网站上。

钓鱼台列屿问题的声明》。该"声明"称:"兹获悉美国政府与日本政府即将签署移交琉球群岛之正式文书,甚至将'中华民国'享有领土主权之钓鱼台列屿亦包括在内……关于琉球群岛:中、美、英等主要盟国曾于1943年联合发表开罗宣言,并于1945年发表《波茨坦宣言》规定《开罗宣言》之条款应予实施,而日本之主权应仅限于本州、北海道、九州、四国以及主要盟国所决定之其他小岛。故琉球群岛之未来地位,显然应由主要盟国予以决定"。该《声明》还称:"1951年9月8日所签订之金山对日和约,即系以上述两宣言之内容要旨为根据,依照该和约第3条之内容,对琉球之法律地位及其将来之处理已作明确之规定。'中华民国'对于琉球最后处置之一贯立场为:应由有关盟国依照《开罗宣言》及《波茨坦宣言》予以协商决定。此项立场素为美国政府所熟知,'中华民国'为对日作战主要盟国之一,自应参加该项协商。而美国未经此项协商,遽尔将琉球交还日本,'中华民国'至为不满。现美国竟将该列屿之行政权与琉球群岛一并交予日本,'中华民国政府'认为绝对不能接受,且认为此项美日间之移转绝不能影响中华民国对该列屿之主权主张,故坚决加以反对。"[1]

从这份"声明"看:首先,台湾当局明确提出处理琉球群岛归属问题的法源应该是《开罗宣言》《波茨坦公告》和《旧金山和约》,且应由"中、美、英等主要盟国"协商解决。台当局认为,美日对于琉球问题的处置方法并不合法,琉球群岛的法律地位并未最终确定。这实际上是一种"琉球地位未定"的立场;其次,台湾当局综合地理、地质、历史、使用、法理等五个方面,初步论证钓鱼岛是台湾的附属岛屿,其主权属于中国。

(2)1972年5月9日,即美日《琉球移交协定》生效前第6天,台湾当局针对美日私相授受琉球的行为,再次授权"外交部"发表声明。该"声明"称:"兹美国政府已定于本年5月15日将琉球群岛交付日本,且竟将

---

① 1971年6月11日《"中华民国外交部"关于琉球群岛与钓鱼台列屿问题的声明》,参见"'外交部'历年来就钓鱼台主权问题之声明一览表",资料来源于 http://www.president.gov.tw/Default.aspx?tabid=131&itemid=32081&rmid=514,访问日期:2017年1月30日。

'中华民国'享有领土主权之钓鱼台列屿亦已包括在内，'中华民国政府'特再度将其立场郑重昭告于世界：对于琉球群岛，'中华民国政府'一贯主张，应由包括'中华民国'在内之第二次世界大战期间主要盟国，根据开罗会议宣言及波茨坦会议宣言揭橥之原则，共同协议处理。美国未经应循之协商程序，片面将琉球交付日本，'中华民国政府'至表遗憾。至于钓鱼台列屿，系属'中华民国'领土之一部分。此项领土主权主张，无论自地理位置、地质构造、历史渊源、长期继续使用以及法理各方面理由而言，均不容置疑。现美国将该列屿之行政权与琉球一并'交还'日本，'中华民国政府'坚决反对。'中华民国政府'本其维护领土完整之神圣职责，在任何情形下，绝不放弃对钓鱼台列屿之领土主权"。[1]

在 1972 年 5 月 9 日的"声明"里，台湾当局对美国未经"应循之协商程序"就把琉球群岛交给日本的做法，仍然表达了异议，但在用词上从 1971 年 6 月 11 日声明中的"不满"降格为"遗憾"，显示出台当局在琉球问题上的立场有所退缩。总之，台湾当局基于战后琉球之地位应由相关盟国依照《开罗宣言》与《波茨坦宣言》予以协商决定，而反对美国于 1972 年单方面将琉球交还日本，因此长久以来并不承认日本对琉球的主权。例如，台湾驻冲绳代表机构称之为"中琉文化经济协会"，有别于驻日机构，直至 2007 年 2 月才改名为"台北驻日经济文化代表处那霸分处"。[2] 虽主要是针对琉球的表态，但从中可看出，从两蒋时期到李登辉和陈水扁时期，台湾当局在钓鱼岛主权问题的立场是由强到弱的软化过程，马英九上任后又转趋强硬，但有一定的局限性。[3]

---

① 1972 年 5 月 9 日台湾当局"外交部"声明，参见"'外交部'历年来就钓鱼台主权问题之声明一览表"，资料来源于 http：//www. president. gov. tw/Default. aspx？ tabid = 131&itemid = 32081&rmid = 514，访问日期：2017 年 1 月 30 日。

② 参见林泉忠："冲绳人的钓鱼台归属认知（上）"，资料来源于 http：//blog. ifeng. com/article/2395953. html#%23，访问日期：2017 年 1 月 30 日。

③ 王伟男：《台湾当局在钓鱼岛问题上的立场演变——以台当局"外交部"历年来的涉钓文献为视角》，《太平洋学报》，2012 年第 12 期。

（二）中华人民共和国政府对涉及琉球问题的表态

新中国成立以来，中华人民共和国政府对《旧金山和约》和钓鱼岛问题均有表态，在美日"琉球移交"牵涉钓鱼岛这一问题也表明了反对的立场，表现为：

1971年12月30日，中国外交部就美日签署《琉球移交协定》发表声明指出，"美、日两国政府在'归还冲绳协定'中，把我国钓鱼岛等岛屿列入'归还区域'，完全是非法的，这丝毫不能改变中华人民共和国对钓鱼岛等岛屿的领土主权"。[①]

1972年3月10日，中国代表安致远在联合国"和平利用国家管辖范围以外海床洋底委员会"上发言，"日本政府妄图霸占中国领土钓鱼岛等岛屿，掠夺这些岛屿附近的海底资源，这是明目张胆的侵略行为，对此我们当然不能漠然置之"。

1972年5月20日，中华人民共和国常驻联合国代表黄华致函联合国秘书长和安理会主席的信中特别指出，"美、日两国政府在1971年6月17日关于琉球群岛和大东群岛的协定中，公然把中领土钓鱼岛等岛屿划入"归还区域"，这是侵犯中华人民共和国领土主权的严重行动"。[②]

（三）对海峡两岸涉琉球立场/表态之评析

在琉球和钓鱼岛问题上，台湾当局多次表达自己的主权主张，这对于海峡两岸的中国人持续维护在钓鱼岛问题上的合法民族权益显然是有益的。但除了20世纪70年代的两份声明外，在此后至今的所有"涉钓声明"中，台湾当局再也没有在琉球问题上表达过异议。对此，邱宏达的评论颇为悲观，"琉球地位除了将来东亚政治情势或中日美之间的政治力量对比，有重大变化，其归还日本，已成定案"。[③] 也有大陆学者在观察台当局"'外交部'历

---

① 徐勇：《战后琉球政治地位之法理研究与战略思考》，《战略与管理》，2010年3/4期合编。
② 参见《人民日报》1972年5月22日版。
③ 丘宏达：《关于中国领土的国际法问题论集》（修订本），台北：台湾商务印书馆，2004年，第30页。

年来就钓鱼台主权问题的声明"后持类似看法，认为在台湾，"'琉球地位未定论'可谓昙花一现"。①

1972 年，大陆与日本关系正常化时签订的《中日联合声明》并未提及琉球主权问题。此外，大陆媒体也没有沿袭"琉球"的称谓，反而经常使用"冲绳"的称谓。自"琉球再议论"在学术界提出后，中国政府在 2013 年曾回应称，"中国政府在有关问题上的立场没有变化。冲绳和琉球的历史是学术界长期关注的一个问题。该问题近来再度突出，背景是日方在钓鱼岛问题上不断采取挑衅行动，侵犯中国领土主权。有关学者的署名文章反映了中国民众和学术界对钓鱼岛及相关历史问题的关注和研究"。② 知名琉球问题专家林泉忠就此解读称，由于中国大陆在《中日联合声明》强调"反霸权"，却未言及日本当年单方面以武力吞并琉球，以及其后中日之间留下的"悬案"一事。中日两国恢复邦交 37 年以来，大陆官方未曾就琉球的主权发表异议。但是值得注意的是，也正因为中国未发表过承认"琉球归日本"的正式文件，因此也可解读为是为了为将来琉球地位再次发生变化时，留下转圜之余地。③

可见，由于海峡两岸长期分离、受到冷战思维的影响，以及各自从战略利益的考虑，两岸对琉球问题的态度使得美、日两国有机可乘，致使琉球在 1972 年重新回到日本的实际控制之下，为钓鱼岛问题和东海海上冲突埋下了极大的安全隐患。今后海峡两岸对琉球、对钓鱼岛问题的态度不仅需要默契，更需要有出于中华民族共同利益的战略考量。

第三节　现代琉球社会政治运动

1879 年日本用武力攫取琉球、废藩置县，但琉球不仅向历届中国政府寻

---

① 王伟男：《台湾当局在钓鱼岛问题上的立场演变——以台当局"外交部"历年来的涉钓文献为视角》，《太平洋学报》，2012 年第 12 期。

② 参见"2013 年 5 月 9 日外交部发言人华春莹主持例行记者会"，http://www.fmprc.gov.cn/mfa_chn/wjdt_611265/fyrbt_611275/t1038866.shtml，访问日期：2015 年 1 月 30 日。

③ 参见"中国对琉球的主权归属立场如何？"，资料来源于林泉忠博客 http://blog.ifeng.com/article/2476652.html，访问日期：2017 年 1 月 30 日。

求帮助，琉球复国和琉球独立运动更是持续百年。第二次世界大战期间，琉球独立运动有所发展。1941年5月，"琉球青年同志会"先后在琉球和台湾两地成立，起初成员有30人，宗旨是"解放琉球，归属中国，并启发琉球之民族思想，击破日本之侵略政策"。冲绳战役中，日军强迫琉球人跳崖自杀，甚至杀死琉球人来解决食物匮乏问题，琉球约20万人战死。第二次世界大战结束时，美军与日军在琉球进行空前规模的激战，3000名琉球学生协助美军攻击日本军队。[1]日本投降后，随着美国对琉球实施军事占领、建立美国民政府实施民事管理，琉球独立运动并未取得实质性成效，但主张琉球独立的政治潮流始终没有中断。第二次世界大战结束初期，琉球当地民众对琉球的命运基本上来说有三种看法：一是琉球独立论；二是即由美国托管统治，或者联合国托管由美国行使行政权[2]；三是琉球"复归日本"论。但当时琉球人对自己的命运几乎没有什么发言权，琉球人的想法和行为基本上对《旧金山和约》和《美日安保条约》毫无影响。[3]尽管如此，琉球本土的政治运动对于今后琉球地位的走向却是不可忽视的因素，须予以考察。

一、第二次世界大战后琉球独立运动

1945—1950年，是琉球结党、结社的黄金时期。但随着第二次世界大战后美国经营中国大陆的失败和美国国内麦卡锡反共势力的兴起，琉球的独立倾向受到压制。20世纪70年代，琉球仍然存在"琉球独立党"等政治组织，以追求琉球独立的国际地位为使命。第二次世界大战后琉球的独立斗争主要是由琉球本土的政党或社团领导进行的。

（一）主张琉球独立的政党及其活动

第二次世界大战后，主张琉球独立的政党中最值得关注的是奄美共产党、琉球国民党和琉球独立党。

---

① 石源华：《抗战胜利前后的琉球独立运动》，《东方早报》，2013年5月13日。
② Mikio Higa, *Politics and Parties in Postwar Okinawa*, University of British Columbia, 1963, p. 17.
③ 陈静静，张英姣：《美日同盟的出现与冲绳问题的产生》，《东北亚论坛》，2011年第1期。

奄美共产党是 1947 年成立的布尔什维克政党，它的组织纲领和奋斗目标包括："制定奄美人民共和国宪法；实行土地改革；实现集会、结社、信仰的自由；成立共产主义青年团作为党的基础队伍；反对日本帝国主义的殖民统治，反对美帝国主义的军事压迫，坚持以民族自由、独立、解放、回归祖国和建立人民民主政权，等等"。[①] 1950 年 3 月，奄美共产党被美军当局宣布为非法组织遭到取缔，领导人被逐出琉球。之后，奄美共产党又改名为"琉球人民党"进行活动。1954 年 8 月，美国"防共法案"出台后，琉球人民党的活动转为地下。

第二次世界大战后，以旅居大陆和台湾的琉球同胞为基础，"中国国民党琉球支部"设立。1958 年"琉球国民党"正式在琉球登记成立，选举大宜味朝德为党首，选举著名琉球独立运动领导人蔡璋（琉球名为喜友明嗣正）为副党首兼外交部长，并在台湾的琉球人中设"琉球国民党台湾支部"。琉球国民党将旅居海外的琉球同胞作为发展对象，除提出建立琉球的自卫部队外，还具有较强的外交意识，推动了致联合国、美国政府等的陈情信件，追求琉球在联合国托管下的独立，受到台湾蒋介石政府的直接支持。[②]该党党首大宜味朝德先后参加过 1960 年琉球政府首脑竞选、1961 年那霸市长选举和 1965 年立法院议员选举，累选不胜。

琉球独立党的前身是"嘉利吉俱乐部"，以原大众金融公库总裁崎间敏胜等琉球政府干部为中心组建。琉球独立党于 1970 年 7 月成立，由野底土南担任党首。琉球独立党主张"琉球独立建国"，定国号为"琉球共和国"，以蓝天碧海间黄红白三星的"三星天洋旗"作为国旗（参见附录图八"琉球独立党的琉球共和国'三星天洋旗'"）。1971 年琉球独立党在第 9 次参议院议员选举中提出"冲绳的自主独立"，并未得到支持。1972 年"琉球移交"后，

---

① 唐淳风：《悲愤琉球》，北京：东方出版社，2013 年，第 255 页。
② 唐淳风：《悲愤琉球》，北京：东方出版社，2013 年，第 256-257 页。

该党活动陷入"休眠"。① 2005 年,琉球独立党恢复活动,重新站在琉球独立运动的前列,在现任党首屋良朝助的领导下,以开设网站、举办讲座等形式展开社会活动。

(二) 主张琉球独立的社团及其活动

日本投降后,琉球的社团活动活跃,出现了喜友名嗣正和赤岭亲助领导的"琉球革命同志会"、柴田米三等领导的"琉球民主党"、牧志崇得等组织的"共和会"、大城安养等组织的"成人会"等社团,宗旨均在启蒙琉球人的民主自立精神。②

1948 年 6 月 15 日,琉球民主同盟成立,仲宗根源和被推选为委员长。仲宗根源和曾在琉球"咨询委员会"中担任事业部长,咨询委员会转变为美国民政府后,他随即成为议会议员,对美国民政府做出激烈批评。琉球民主同盟在"九大工作目标"中并未明确提出琉球独立或建国的主张,主要以启蒙演讲会、文化讲座、促进选举等为主要活动形式。③ 不过,我国日本问题专家唐淳风的研究认为,从秘密警察监视社团的汇报文件看,琉球民主同盟的事业目标中是包括独立建国的。④ 琉球民主同盟于 1950 年 10 月解散。

主张琉球独立的社团中,值得一提的还有琉球革命同志会。1947 年初,"琉球青年同志会"更名为"琉球革命同志会",成员发展到 6800 余人,在琉球和台湾两地开展琉球独立运动。"琉球革命同志会"的领导人之一喜友明嗣正战前与战争时期都在中国度过。1948 年 7 月 25 日,琉球同胞喜友名嗣正、庆田嵩熏、久贝清德、我那霸生康、岛袋松助等 17 人以"琉球人民代表"身

---

① 参见唐淳风:《悲愤琉球》,北京:东方出版社,2013 年,第 258-259 页;"戦後沖縄の政党一覧",资料来源于 https://ja.wikipedia.org/wiki/戦後沖縄の政党一覧,访问日期:2017 年 2 月 15 日;"琉球独立運動資料館",资料来源于 http://www.bekkoame.ne.jp/i/a-001/index.html,访问日期:2017 年 2 月 15 日。

② 石源华:《抗战胜利前后的琉球独立运动》,《东方早报》,2013 年 5 月 13 日。

③ [日] 新崎盛晖著:《冲绳现代史》,胡冬竹译,北京:生活·读书·新知三联书店,2005 年,第 31-31 页。

④ 参见唐淳风:《悲愤琉球》,北京:东方出版社,2013 年,第 267 页。

份联名向新当选的 "行宪" 政府总统蒋介石送交请愿书，呼吁政府收回琉球。① 1948 年 9 月 8 日，该组织又向全国各省市参议会发表 "快邮代电"，呼吁全国人民支持琉球回归中国，该项呼吁曾得到中国各省市参议会的热烈响应。据不完全统计，对此作出响应决议案的省市有江苏省临时参议会、南京市参议会、杭州市参议会、北平市参议会、青海省参议会等，纷纷表示声援，力主收回琉球主权等。喜友明嗣正此后在台湾推进琉球独立运动，持续不断的反对琉球归还日本，主张琉球独立或是归属于中国。②

二、美军占领期间琉球本土 "复归" 和 "反复归" 运动

第二次世界大战后的《旧金山和约》第 3 条做出由美国对琉球实施单独托管的安排。然而，美国改变《旧金山和约》的初始安排，转而对琉球实施占领，直至 1972 年单方面将琉球施政权 "返还" 日本。美国军事占领琉球的28 年间，围绕着琉球是否应 "回归日本" 的争论，琉球本土的 "复归" 和 "反复归" 运动此消彼长。

（一）第二次世界大战后 "复归" 思想和 "复归运动" 的萌芽

美国军事占领琉球初期，在独立论政治主张占统治地位的阶段，"复归日本" 运动也迈出了第一步。"复归日本" 思潮的代表性人物是战前新闻记者、首里市市长仲吉良广。仲吉良广最初在 1945 年 8 月 4 日向美军提出复归日本的陈情书。1946 年 9 月，该陈情书又在成立不久的 "琉球咨询委员会" 上被提出，但咨询委员会的成员认为，陈情书并不代表大多数琉球人意见，因此并未理睬。同年，仲吉良广到达东京，向日本外务省和盟军总司令部提出让琉球 "复归日本" 的要求。同时 "复归日本" 的主张虽不是琉球当地主流，但在教职员阶层拥有一定的市场，美国民政府文部省也有计划的展开与日本

---

① 《请愿书》（1948 年 7 月 25 日），中国国民党党史会藏。
② 陈龙腾：《战后台湾与琉球关系研究》，高雄：高雄复文图书出版社，2012 年，第 235 页。

本土"看齐"的教育。①

在上述背景下，20 世纪 50—60 年代，琉球出现了要求"复归（日本）祖国"运动。随着冷战格局的成型、左派势力的壮大，以及部分民众中的"日本人意识"，50 年代后由"反美"的左派势力所发起的"复归祖国运动"正式启动。除了左派政党外，各工会也纷纷加入。运动初期采用联署方式，后来则发展成以群众运动为主的模式。到了 60 年代，运动随着"冲绳县祖国复归协议会"的成立而如火如荼，充当运动先锋的社会大众党更在其党纲中将"复归"列为首要目标。"复归"运动的倡导者主张，那些要求独立或支持美国托管的要求没有发展空间。这些运动又被称为"冲绳日本民族主义"运动。②

（二）《琉球移交协议》签署前后的"复归"和"反复归"运动

1971 年美日签署《琉球移交协议》前，琉球本土出现了要求"复归"和反对"复归"两种不同的声音。1968 年，日本政府发布与美国的谈判结果，宣布琉球将于 1972 年"复归"日本，美军在移交行政权给日本政府后，将会继续驻守琉球。由于"复归运动"在后期将斗争的具体目标锁定为"非核化、向日本看齐"，日本政府的宣布让参与运动者感到"被出卖"，因此"复归运动"将抗争对象从美国扩大到日本政府，"复归"由此降温。反对"复归"的琉球民众强调，"冲绳人的祖国是我们正踏着的大地'琉球'。此次'归还'是琉球之再度被侵占，基于民族自决的原则，他们要求先将行政权交还琉球人民，举行公民投票，由琉球人民决定琉球未来的前途与命运"。③

这个阶段的"反复归"势力可分为三派：一派是原来支持"复归"，然而在较早时期就察觉运动"走歪"的知识菁英，称为"复归反省派"。代表

---

① 参见 ［日］ 新崎盛晖著：《冲绳现代史》，胡冬竹译，北京：生活·读书·新知三联书店，2005 年，第 44-45 页。

② 参见林泉忠："琉球故事（五）：'三起三落'的'祖国'——寻觅与犹豫"，资料来源于 http://jonlim.blog.ifeng.com/article/1593349.html，访问日期：2017 年 1 月 30 日。

③ ［日］山里永吉著：《冲绳人之冲绳》，知日译，《中华杂志》，1972 年，第 106 页。

人物是新川明、川满信一、冈本惠德、仲宗根勇等；第二个派别来自财经界，该势力在早期就提出"复归尚早"的观点，在"复归"前，组成"琉球议会"（真荣田义见为委员长）与"冲绳人创建冲绳之会"（由原琉球政府行政主席当间重刚受邀主持）；第三派为"传统独立派"，1969 年琉球独立党成立，直接主张建立独立的国家。这三个派别虽然未能发展至大规模的社会运动，但可视为"冲绳民族主义"浪潮的代表。[①]

三、1972 年后琉球独立运动的复兴

从 1945 年第二次世界大战结束到 1972 年《琉球移交协定》生效，琉球的政党政治曾有过一段蓬勃发展的阶段。美日间私相授受琉球后，琉球本土的政治运动又经历了两个阶段：其一是 1972 年以来的琉球独立思潮；其二是 2013 年以来民间琉球独立力量的兴起。琉球的思想界和社会精英阶层对琉球未来地位的探索，一向就没有停止过。

（一）琉球独立思潮与近期独立力量的兴起

1972 年，琉球正式"复归"日本，是为琉球近代以来的第三次"归属变更"。琉球"复归"日本后，实际情况是，当地民众一方面期待着提升自身经济的"一体化生活"；另一方面，由于在经济上长期依赖日本的巨额补助，同时还不得不承受美军基地的压力。琉球民众开始思变，逐渐走向寻求"自立"的方向。20 世纪 80 年代在工会和知识界就曾出现"自立论"的讨论，提出了"自治县"或"自治州"等构想，还制定各种版本的"宪法"。这一时期"自立论"思潮，是在"复归"十周年时作为对"复归祖国"主张的一次反思。20 世纪 90 年代，琉球社会摸索"自立"的举动再次出现，更首度出现了官（县政府）民共同推动的"自立"运动。自此谋求"自立"成为琉球社会的主流意识。在这一波"自立"主流化的过程中，视日本为"祖国"的意

---

① 参见林泉忠："琉球故事（五）：'三起三落'的'祖国'——寻觅与犹豫"，资料来源于 http：//jonlim. blog. ifeng. com/article/1593349. html，访问日期：2017 年 1 月 30 日。

识也相对趋于淡薄。进入 21 世纪，琉球社会的"自立"倾向虽没有明显减弱的趋势，但积极主张的团体仍然不多，主要包括来自文化思想界的"21 世纪同人会"、学术界的"冲绳自治研究会"，以及于 2005 恢复运作的"琉球独立党"。琉球独立党是唯一以"独立"为诉求和展开政治活动的团体。其他政党或社团不仅低调，还倾向用"自立"的主张替代相对敏感的"独立"诉求。

2013 年 5 月 15 日，由琉球当地政治家、大学教授、社会活动家以及市民团体成员组成的"琉球民族独立综合研究学会"宣告成立。学会公开表示，将寻求冲绳独立并组建"琉球自治联邦共和国"。"琉球民族独立综合研究学会"由石垣岛出身的龙谷大学教授松岛泰胜和冲绳国际大学副教授友知政树等人组织发起。松岛泰胜表示，日本政府借助于《日美安保条约》而获得利益，却让琉球成为牺牲品，琉球人一直受到日本社会的歧视。他认为，"冲绳过去是琉球王国，并不隶属于日本"。即使在被日本占领后，琉球也没有将自治权交给日本，因此冲绳人民有寻求自己的独立的决定权。他还表示，太平洋岛国帕劳虽然只有 2 万人，却依然获得了独立。琉球有 140 万人口，具备独立的条件。"琉球民族独立综合研究学会"将广泛吸纳琉球当地居民入会，期待逐渐发展成地方政党，并计划向联合国"脱离殖民地化特别委员会"申诉琉球独立的要求。①他还认为，"1972 年'回归'后，因日本政府的复兴开发失败，形成了殖民地经济体系。冲绳独立后可以与亚洲进行经济交流，在无日本政府介入的情况下冲绳才能使经济独立的可能性变大。即使日本政府撤去冲绳的美军基地，也不能解决经济、语言、文化等冲绳的殖民地主义问题，所以独立运动还是会持续下去的"。②

（二）琉球人身份的自我认知及其原因

近年来琉球独立运动的重新兴起，让世人又将目光投向了琉球的地位问题。然而，由琉球思想界和社会精英推动的独立运动，在琉球本土的"群众

① 参见《冲绳独立组织正式成立 欲建琉球共和国》，《环球时报》，2013 年 5 月 15 日。
② 参见"独家对话冲绳独立倡导者：若独立不会加入中国"，资料来源于 http://news.sina.com.cn/w/zg/gjzt/2015-10-30/20031452.html，访问日期：2017 年 2 月 15 日。

基础" 又是如何呢？如果任何第三方抛开琉球民众的自我认知来谈琉球的地位，必将是无源之水、无本之木。从此意义上，当代琉球人的归属感和身份意识及其成因，值得思考。

琉球 "返还" 日本后，随着日本经济的发展和日本同化政策的实施，"琉球独立运动" 出现变化。2005 年，当时就职琉球大学的副教授林泉忠在当地的电话民意调查表明：在 1 029 位调查者中，当问到自己是 "冲绳人、日本人，或者二者都是" 时，结果分别为 40.6%、21.3% 和 36.5%。[①] 该调查还包括是否赞成冲绳独立的调查（表十一）中，比较结果显示：倾向琉球独立的民众仅占约四分之一，而反对的则占了六成左右。其中，在反对的理由中以 "冲绳没有自立的能力" 为最多，占了 32.6%。2012 年《冲绳时报》的另一项调查指出，72% 的琉球民众 "感受到与日本内地之间存在差异"，大幅度高于 "感受不到" 的 18%。[②]

表十一 琉球民众对琉球应否独立的态度[③]

条件	假设日本政府许可的情况下 a		假设日本政府不许可的情况下 b	
选项	2005 年 11 月	2006 年 11 月	2005 年 11 月	2006 年 11 月
应该独立	24.9%	23.9%	20.5%	16.3%
不应该独立	58.7%	65.4%	57.4%	69.5%
由居民自己决定	2.8%	1.7%	4.9%	2.0%
其他	2.5%	0.8%	4.1%	1.4%
不知道/难说	11.1%	8.3%	13.1%	10.7%

注：a 的问题是，如果日本政府允许冲绳人民自由选择冲绳的前途，您认为冲绳应该独立吗？b 的问题是，如果日本政府不允许冲绳人民自由选择冲绳的前途，您认为冲绳应该独立吗？

---

① See Okinawa Times（January 1, 2006），available at http：//www.bekkoame.ne.jp/i/a-001/anketo.html，access date：Jan 30, 2017.

② 资料来源于 http：//blog.ifeng.com/article/19534851.html，访问日期：2015 年 1 月 30 日。

③ 根据（时任）琉球大学国际关系学系副教授林泉忠所主持的电话问卷调查的机构。调查 18 岁以上的冲绳定居者为对象，共成功收集了 1 029 份（2005 年）及 1 200 份（2006 年）有效问卷。

2015 年，《琉球新报》报社与冲绳电视台的民意调查中则有了一些变化。调查结果显示，有 8.4% 的人支持琉球独立。而 2011 年同样的调查结果显示，支持琉球独立的是 4.7%。这等于增加了约一倍的支持者。现今冲绳县人口有 143 万人，也就是说有 10 多万的居民支持独立。①

琉球曾经拥有异于日本的国家与民族的历史及文化。1609 年后，琉球被迫接受日本萨摩长达近 270 年沉重的经济压榨，1879 年被日本武力所吞并后又受到日本人的歧视，还经历了第二次世界大战时毁灭性的"冲绳之战"。那么，为何战后的部分琉球民众视日本为"祖国"，并期盼回到"祖国"的怀抱？如今为何琉球民众的归属认同现实与大陆和台湾民众的认知存在距离呢？林泉忠指出，近代以来琉球社会的"日本化"现象，在某种意义上可视为建立消除中华文化影响的基础上。同时，近代以来中国在琉球社会的"退出"，还不单单只是在中国对琉球的政治与文化的影响上，也呈现在琉球民众对中国的离心力上。这也反映在战后琉球的反美左派势力，为何选择与日本本土的左派阵营结合，而不投向中国的缘故。

小　结

日本战败后，1946 年 1 月 29 日的盟军最高总司令部《第 667 号指令》，明确把日本领土界定为九州、四国、本州、北海道四岛，以及北纬 30°以北的 1 000 多个岛屿，② 而北纬 30°以南之"南西诸岛"（即琉球群岛）则与日本本土分离。钓鱼岛列屿最北的黄尾屿的经纬坐标是北纬 25°56′，东经 123°41′，远在北纬 30°以南，因此钓鱼岛并不包含在日本"领土"之内。"第 667 号指令"有关日本战后领土的类似规定也在《波茨坦公告》第 8 条得到重申。

第二次世界大战后在缺少中国参会的前提下，美国主导的对日《旧金山

---

① 参见"独家对话冲绳独立倡导者：若独立不会加入中国"，http：//news.sina.com.cn/w/zg/gjzt/2015-10-30/20031452.html，访问日期：2017 年 2 月 15 日。

② Art. 3, Supreme Commander For Allied Powers（SCAPIN 677），Jan 29, 1946, available at http：//www.mofa.go.jp/mofaj/area/takeshima/pdfs/g_taisengo01.pdf, access date：Jan 30, 2015.

和约》第 3 条以"北纬 29°"为界，将"北纬 29°"以南的琉球群岛被置于以美国为唯一托管机构的联合国托管制度之下。可是，如果美国想要对冲绳实行排他性的军事统治，就不能把冲绳纳入联合国的托管制度内；如果想把冲绳置于战略托管下，就必须获得联合国安全理事会的承认，即得到苏联的同意；如果要把冲绳置于非战略托管下，就必须接受联合国托管理事会的定期审查。所以美国并不打算向联合国提议把冲绳置于托管制度下。也就是说，以一个既不可能实现，也无意去实现的提案为前提，美国让日本承认了其在提案之前，对冲绳、小笠原实行全面统治的权力。尽管避免了吞并的坏名声，但美国却获得了吞并所伴随的所有利益。《旧金山和约》第 3 条从条约缔结伊始，就被称为"法的怪物"。[①]

美国根据《旧金山和约》事实托管琉球后，美军司令部于 1952 年 2 月 29 日颁布第 68 号指令（即《琉球政府章典》第 1 章第 1 条）详定琉球列岛之地理境界的经纬线，六点加起来即是包括从北纬 24°—28°，东经 122°—133° 之内的琉球群岛。[②]而钓鱼岛、黄尾屿、赤尾屿位于北纬 25°—26°，东经 123°—124° 之间，正好在其经纬度内，这便是日本声称钓鱼岛列屿属琉球领土的持论依据。1953 年 12 月 25 日，即美国单方面处置原琉球国土并向日本归还奄美大岛的《日美奄美协定》生效的当天，美国民政府"第 27 号布告"再次规定"琉球列岛地理境界"的经纬线[③]时，将台湾附属岛屿钓鱼屿、黄尾屿、赤尾屿划入设定的管辖区域。可见，美国第二次世界大战后的这些行为明显属于侵犯中国领土主权行为，不仅违反了《波茨坦公告》，也和盟军最高总司令部《第 667 号指令》对日本战后领土的规定不相符合。

值得注意的是，研究表明，两岸虽然都各自主张对钓鱼台的主权，但是对琉球的主权定位的认识并不一致。中华人民共和国政府于 1972 年与日本关

---

① ［日］新崎盛晖：《现代日本与冲绳》，《开放时代》，2009 年第 3 期。

② ［日］冈仓古志郎，牧濑恒二编：《资料冲绳问题》，东京劳动旬报社，1969 年，第 224 页。

③ Art. 1, Geographical Boundaries of the Ryukyu Islands, Civil Administration Proclamation No. 27, 25 Dec. 1953, available at http://www.niraikanai.wwma.net/pages/archive/caproc27.html, access date: Jan 30, 2015.

系正常化后，未曾就日本对琉球的主权发表过异议。但是，台湾当局基于战后琉球之地位应由相关盟国依照《开罗宣言》与《波茨坦宣言》予以协商决定，而反对美国于 1972 年单方面将琉球交还日本，因此长久以来并不承认日本对琉球的主权。基于这一认知，台湾驻冲绳代表机构称之为"中琉文化经济协会"，有别于驻日机构，直至 2007 年 2 月才易名为"台北驻日经济文化代表处那霸分处"。①

对于冲绳人而言，几代冲绳人经历了"三起三落"的反复历程，这在认同的研究史上应是颇为罕见的个案。所谓"三起三落"，指的是时而强调自己的冲绳人意识，为过去辉煌的琉球国历史与文化而自豪，是为"冲绳民族主义"的浮现；时而又声嘶力竭地追求自己的"日本人"身份，还为此掀起一波波"同化"或"复归"日本的社会运动，是为"日本民族主义"的表露。②中国在提出"琉球再议"以及为了收复钓鱼岛而进一步考虑琉球法律地位的战略意义时，必须将琉球本土民众和社会各界的身份认同和归属感考虑进入，并做长期战略考量。

随着时间的流逝、国际格局的巨变，由当年共同发挥主导作用的盟国或由旧金山和会的与会国再次聚首，重新商讨制定可以替代《旧金山和约》的可能性几乎不复存在，而召开其他会议以处置远东军国主义时代的遗留问题、并重新讨论琉球主权问题的可能性，无疑也是十分渺茫。但需要强调，综合学界研究成果，可以看出美日两国对琉球的私相授受背离了国际法。台湾学界指出，"美日两国间的私相授受，并未获得二次世界大战同盟国家的共同认可"，大陆学界近来还提出"琉球地位并未确定"。这些都揭示了琉球问题再议的显著空间。③ 因此，某种意义上，中国在琉球问题中的发言权或异议权是不容质疑的。

---

① 参见林泉忠："冲绳人的钓鱼台归属认知（上）"，资料来源于 http：//blog. ifeng. com/article/2395953. html#%23，访问日期：2015 年 1 月 30 日。

② 参见林泉忠："琉球故事（五）：'三起三落'的'祖国'——寻觅与犹豫"，资料来源于 ht-tp：//jonlim. blog. ifeng. com/article/1593349. html，访问日期：2015 年 1 月 30 日。

③ 徐勇：《战后琉球政治地位之法理研究与战略思考》，《战略与管理》，2010 年 3/4 合编。

第五章　从琉球地位及美日私相授受的非法性驳日本对钓鱼岛的"主权"主张

　　自20世纪70年代初中日领土争端激化，中日双方的历史资料、政府立场和民间文献几乎均已出炉。我国海峡两岸论著大量集中在钓鱼岛主权归属的历史和法理依据，以及围绕着钓鱼岛争端的中、日、美关系论述。我国学术界尤其是大陆的相关研究中，对日本钓鱼岛主张中琉球因素的关注相对较少；由钓鱼岛争端引发的"琉球热"，在2012年"购岛事件"导致中日关系紧张期间前后凸显出来。如今，日本外务省对钓鱼岛的"主权主张"与"琉球因素"密不可分：首先，为了证明将钓鱼岛并入版图的行为符合国际法上的"先占"，日本不仅称"'尖阁诸岛'在历史上始终都是日本领土的'南西诸岛'的一部分"，还用冲绳县在19世纪末对钓鱼岛所谓的"实地调查"作为"历史证据"；其次，日本依据《旧金山和约》中日本战后"领土"条款和"琉球托管"条款，称"'尖阁诸岛'不被包含在第2条日本所放弃的领土之内"；最后，第二次世界大战后至1972年美日将琉球"返还"日本的一系列条约安排，成为日本主张对钓鱼岛拥有主权的重要依据。[①] 日本外务省的上述主张，将历史与国际法的领土争端理论和条约法相结合的特点鲜明。日本学者自20世纪60年代开始，把历史典籍结合现代国际法进行长期研究，最终定型并被吸纳进日本钓鱼岛"主权主张"的官方表述中。尽管有少数日

----

　　① 参见日本外务省：《"尖阁诸岛"问答》（中译本）；日本外务省：《关于"尖阁诸岛"的基本见解》（中译本）。

本研究者称,"日本政府方面并不主张'尖阁群岛'在从前即归属琉球,而是琉球和中国之间的'无主地',日本以先占的名义,将其列入冲绳县的管辖",[①] 然而,事实胜于雄辩,正是看到把琉球和钓鱼岛行政隶属关系捆绑的逻辑漏洞,日本才肢解和利用国际法上领土争端的理论,为自己的"主权主张"寻找依据。

可见,如能认清日本钓鱼岛主张中的"琉球因素",以历史事实抽丝拨茧般的揭露其主张的本质,将对日本钓鱼岛"主权主张"起到釜底抽薪的作用。本章建立在前几章对1372年以来中日琉的历史和多边关系研究的基础上,更注重结合国际法的领土争端理论驳斥日本依据上述"琉球因素"对钓鱼岛的"主权主张"。

第一节　日本以钓鱼岛和琉球的"隶属关系" 主张钓鱼岛"主权"的荒谬性

自20世纪60年代末、70年代初开始,日本学者如奥原敏雄、绿间荣、喜舍场一隆等对我国的历史典籍进行研读[②],对其中的历史事实进行别有用心的歪曲,还辅之以现代国际法理论予以解读。他们不仅否认中国对钓鱼岛的"原始发现"和"最先主权持有人"的地位,还提出对日本有利的钓鱼岛"主权主张"。然而,日本所称"'尖阁诸岛'在历史上始终都是日本领土的'南西诸岛'的一部分",究竟是否符合历史事实?本章的论证思路为:其一,考察琉球王国的地理范围和中琉疆域分界,先从历史和地理的角度论证钓鱼

---

① 〔日〕宇佐美滋:《"尖阁列岛"问题》,载程家瑞主编:《钓鱼台列屿之法律地位——钓鱼台列屿问题学术研讨会论文集》,台北:东吴大学法学院,1998年8月,第215页。

② 该时期日本学者对钓鱼岛国际法研究中的代表性论著,参见入江启四郎:《尖阁列岛海洋开发的基盘》,《季刊·冲绳》,1971年3月,第56号;入江启四郎:《日清讲和与尖阁列岛的地位》,《季刊·冲绳》1972年12月,第63号;奥原敏雄:《尖阁列岛的领有权问题》,《季刊·冲绳》1971年3月,第56号;尾崎重义:《关于尖阁列岛的归属》,《参考》1972年,第260-263号;胜沼致一:《尖阁列岛领土问题的历史与法理》,《法学志林》,1973年,第71卷第2号;绿间荣:《尖阁列岛》,那霸:ひるぎ社,1984年,等等。

岛的主权归属;其二,梳理从 1429 年至 1879 年间中日琉三方的史料,结合国际法尤其是"无主地"相关理论,佐证钓鱼岛不属于琉球更不属于日本的事实,再论证我国对钓鱼岛拥有领土主权的历史与国际法依据。

一、钓鱼岛自古属中国不属琉球的史料、管辖及地理依据

钓鱼岛自古属于中国而不属于琉球,这不仅有中、日、琉三国的史料证据,还有我国明清两代对钓鱼岛的行政管辖依据,以及社会文化和地理水文等方面的依据。[①]

(一) 中国的"册封使录"和日琉史料体现的中琉两国边界

1. 中国明清以来的册封使录

从 1372 年(明洪武五年)至 1866 年(清同治五年)近 500 年间,明清两代朝廷先后多次派遣使臣前往琉球王国册封。钓鱼岛是册封使远赴琉球的途经之地,关于钓鱼岛的记录大量出现于中国使臣撰写的报告中。使臣是明清两代朝皇帝派遣出使的,归来后将出使过程上报朝廷,因此《使琉球录》具有官方报告的性质。例如,明朝册封使陈侃所著《使琉球录》(1534 年)明确记载"过钓鱼屿,过黄毛屿,过赤屿,……见故米山(又为"古米山"),乃属琉球者";明朝册封使郭汝霖所著《使琉球录》(1562 年)记载,"赤屿者,界琉球地方山也";明朝册封副使谢杰所著《琉球录撮要补遗》(1579 年)记载,"去由沧水入黑水,归由黑水入沧水";明朝册封使夏子阳的《使琉球录》(1606 年)记载,"水离黑入沧,必是中国之界";清朝册封使汪辑的《使琉球杂录》(1683 年)记载,赤屿之外的"黑水沟"即是"中外之界";清朝册封副使周煌所著《琉球国志略》(1756 年)记载,琉球"海面西距黑水沟,与闽海界"。清朝册封副使徐葆光所著《中山传信录》(1719 年)记载,从福建到琉球,经花瓶屿、彭佳屿、钓鱼岛、黄尾屿、赤

---

① 本节部分观点,作者已形成《近世琉球的历史和国际法地位——兼论钓鱼岛主权归属》一文,发表在《中国海洋法学评论》2016 年 12 月第 24 期。

尾屿，"取姑米山（琉球西南方界上镇山）、马齿岛，入琉球那霸港"。① 以上史料表明，从中国方面看，中琉之间的地方分界是赤尾屿；从琉球方面看，中琉地方分界是姑米山。② 16 世纪，西方人航海东来，世界从海上连接成一个整体，海上世界发生重大转折，明清两代的海洋政策随之发生变化。在此背景下，钓鱼岛列屿在国家叙事中彰显出来。中国在国际关系中界定了钓鱼岛的归属，钓鱼岛列屿完成了从海路航标向国家界标的转变。这一转变反映出海上疆域的确立，标志着中国近代国家建构过程的启动。③

2. 琉球王国的史料

1650 年，琉球国相向象贤监修的琉球国第一部正史《中山世鉴》记载，姑米山是琉球的领土，而赤屿（今赤尾屿）及其以西则非琉球领土。1708 年，琉球学者、紫金大夫程顺则所著《指南广义》④ 指出，中国传授给琉球的海上针路是"琉球修贡海道"，书中有 7 条内容涉及钓鱼岛及其附属岛屿，其中"福州回琉球" 4 条针路提到的起航地分别为梅花、东沙、东墙、东湧和钓鱼台。这说明钓鱼岛与梅花、东沙、东墙、东湧等地同属福建，是中国人和琉球人的共识。⑤ 琉球国派往中国留学的官生郑学楷在《海上观潮歌》中写道："长帆十幅出姑米（姑米下属岛国，过此则无岛屿矣），苍茫万里无津涯"。⑥ 这句诗扩号里的原句是郑学楷特意加的，意在说明从隶属琉球王国的姑米山启航前往中国，海上再无琉球所属的岛屿。琉球方面的史料表明，

① 参见中华人民共和国国务院新闻办公室：《钓鱼岛是中国的固有领土》，北京：人民出版社，2012 年，第 3-4 页。

② 郑海麟：《钓鱼岛列屿之历史与法理研究》，北京：中华书局，2007 年，第 2 页。

③ 万明：《明代历史叙事中的中琉关系与钓鱼岛》，《历史研究》，2016 年第 3 期，第 88 页。

④ 《指南广义》：这以中国的航海针簿为蓝本汇辑而成的适用于中琉航路的航海指南。该书成书于清康熙四十七年（1708 年）。《指南广义》的作者程顺则（1663—1734 年）是琉球著名政治家、文学家和教育家，官至三司官座敷。参见陈硕炫：《指南广义中有关钓鱼岛资料的考述》，《太平洋学报》，2013 年第 7 期，第 38 页。

⑤ （清）程顺则著：《指南广义》，琉球大学附属图书馆仲原善忠文库本。转引自陈硕炫：《指南广义中有关钓鱼岛资料的考述》，《太平洋学报》，2013 年第 7 期，第 43 页。

⑥ ［琉］《琉球诗录》四卷，清道光二十四年（1844 年）刻本，参见黄润华、薛英编：《国家图书馆藏琉球资料汇编》（下），北京：北京图书馆出版社，2000 年，第 795 页。

赤尾屿以东的姑米山是琉球的边界，而包括赤尾屿在内的钓鱼岛等岛屿无疑是海上贡道上属于中国的岛屿。[①]

3. 日本的相关史料

除了中国和琉球方面的史料记载中琉疆域分界外，日本方面也有典籍记载琉球王国的地理范围。其中，最具代表性的文献是日本林子平（1783—1793 年）所绘《三国通览图说》[②]附图中的《琉球三省并三十六岛之图》（见附录图五）。该图不仅是目前日本史籍中有关琉球的重要文献，也是钓鱼岛属于中国领土的重要历史证据[③]。琉球王国当时分为三省：一为中山，名为中头省；二为山南，名为岛窟省；三为山北省，名为国头省。[④] 这些名称在《琉球三省并三十六岛之图》中均有反映。从《琉球三省并三十六岛之图》看琉球各岛，从最南端的八重山群岛（包括 8 个岛屿），到宫古群岛（包括 7 个岛屿）、琉球本岛、大屿，以及最北端的奇界岛，还有西南端和赤尾山相对的姑米山，均用茶色绘制。《琉球三省并三十六岛之图》用彩色绘制，其中日本本土用紫色、琉球王国用茶色、中国本土用淡红色（台湾用深黄色）。从着色看，林子平把中国和琉球王国的边界划定为赤尾山和姑米山之间，这正好和上述史料典籍的文字描述一致。自 1609 年岛津藩进攻琉球以来，琉球国从属于中国与日本两国，琉球国与清国的境界不可能不清晰，这一绘图描写的无疑是当时琉球及附属的三十六岛。[⑤] 琉球方面的历史书，例如蔡铎编纂，由其子蔡温年改订的《中山世谱》明确记载了琉球的范围，据其记载，琉球本岛由"三府五州十五郡"应为二十五郡组成。所谓"三府"是中头的中山府

---

① 刘江永：《钓鱼岛列屿归属考：事实与法理》，北京：人民出版社，2016 年，第 101 页。
② "三国"指虾夷地、朝鲜、琉球。林子平所绘《三国通览图说》出版于日本天明五年（即中国乾隆五十年，1785 年）秋。《三国通览图说》共有五幅《附图》，分别是：《三国通览舆地路程全图》《虾夷国全图》《朝鲜八道之图》《无人岛大小之八十余之图》《琉球三省并三十六岛之图》。
③ 郑海麟：《钓鱼岛列屿——历史与法理研究（增订本）》，香港：明报出版社有限公司，2011年，第 267 页。
④ 程鲁丁：《琉球问题》，文献书局，1949 年，第 19 页。
⑤ ［日］村田忠禧：《钓鱼岛争议》，《百年潮》，2004 年第 6 期。

五州十郡，"岛尾"的山南府十五郡，"国头"的山北府九郡，另外有三十六岛。① 德川幕府在统一全国后，于正保年间（1644—1647 年）命令各落以六寸为一里的比例尺绘制各地地图以制作全国地图。作为萨摩藩的岛津私家文书保存下来的萨摩国地图和琉球国地图保管在东京大学史料编纂所中。

琉球王国在统一时期的领土由三部分岛群组成的，即：①包括喜介岛、大岛在内的奄美诸岛；②以冲绳岛为首的冲绳诸岛；③包括宫古岛、八重山岛等在内的先岛诸岛。② 综合 18 世纪，中国、琉球和日本三国研究琉球的三位权威人士——徐葆光、程顺则和林子平对中国、琉球所辖地区的分界取得如下共识：即赤尾屿、古米山间的黑水沟即冲绳海槽，是中、琉两国在该区间的海上自然疆界。③ 从以上中、日、琉三国的历史资料和地图看，那些属于琉球的岛屿中，并不包括钓鱼屿、黄尾屿、赤尾屿，这是当时三国共同的认识。

（二）明清两代已将钓鱼岛纳入海防图并进行行政管辖

钓鱼岛不仅是中国明清两代册封使前往琉球王国的海上航标，也是抵御倭寇的海上前沿。④

明朝时钓鱼岛就已经纳入福建省的海防区域。明嘉靖四十一年（公元 1562 年），由抗倭最高军事长官胡宗宪主持，地理学家郑若曾编撰的《筹海图编》一书，是我国最早体现御近海、固海岸、严城守等海防战略思想的著作，其中的内容是海防地图和战略要地的文字记述。《筹海图编》卷一《沿海山沙图》（参见附录图十一）的"福建七""福建八"⑤ 这两幅地图上，自右至左，从第五岛鸡笼山起，依次为彭加山、钓鱼屿、花瓶山、黄毛山、橄榄山和赤屿等岛屿。其中"钓鱼屿"即现在的"钓鱼岛"，"黄毛山"即现在的

① ［日］村田忠禧：《钓鱼岛争议》，《百年潮》，2004 年第 6 期。
② 何慈毅：《明清时期琉球日本关系史》，南京：江苏古籍出版社，2002 年，第 5 页。
③ 吴天颖：《甲午战前钓鱼列屿归属考》，北京：中国民主法制出版社，2013 年，第 88 页。
④ 刘江永：《钓鱼岛列屿归属考：事实与法理》，北京：人民出版社，2016 年，第 101 页。
⑤ "福建七""福建八"是《筹海图编》中关于福建全省地图的第七部分和第八部分。参见（明）郑若曾：《筹海图编》，李致忠点校，北京：中华书局，2007 年。

"黄尾屿","橄榄山"即现在的"南小岛、北小岛"。《筹海图编》卷一的《福建沿海山沙图》明确的把钓鱼岛、黄尾屿和赤尾屿等钓鱼岛的附属岛屿编入,这表明:其一,钓鱼岛在明朝就已经纳入中国的海防管辖范围之内。明朝官方海防图绘制的目的是为"备倭之制",即配合防倭御倭,打击侵犯沿海倭寇的设防策略;其二,胡宗宪是明朝抗倭最高军事长官,由他主持、郑若曾编撰的《筹海图编》中的《福建沿海山沙图》为官方而非民间绘制,其中岛屿归属的省份划定十分明确。从这张军事海防图上,可以看出钓鱼岛在明代属福建省的辖地,在明代我国就已通过官方文献和海防图的形式,向其他国家宣示钓鱼岛及其岛群的海域主权归属,钓鱼屿归于福建辖下,隶属于福建布政使司管辖范围并行使主权。日本外务省称:"胡宗宪《筹海图编》中该诸岛是否被包括在明朝海上防卫的范围内并不明确。该地图上有记载并不能证明'尖阁诸岛'当时被认为是中国的领土"。①《筹海图编》的海防图《福建沿海山沙图》所绘的都是中国的岛屿,并不包括琉球的岛屿(相反同时期郑若在《郑开阳杂记》中所绘的《万里海防图》则包括大洋对岸的琉球国),这显示钓鱼岛是明朝海防范围内的中国岛屿。此后明朝天启元年(1621年)茅元仪所绘《武备志·海防二·福建沿海山沙图》、明末施永图编纂《武备秘书》卷二"福建沿海山沙图"等明代海防图,都沿用了《筹海图编》的画法。这些后世海防图的重要背景是,丰臣秀吉于1592年、1597年两次入侵中国的藩属国朝鲜,开始大举扩张,目的是进占中国。因此,中国自明代起就已经把钓鱼岛划进沿海海防范围,载入海防图并实施海上巡航,而在同一时期日本或琉球的文献中则并没有关于钓鱼岛是"无主地"或是属于本国领土的记载。②

　　清朝海防图沿袭了明代海防图的绘法,继续将钓鱼岛等中国沿海岛屿包括其中,清朝时钓鱼岛的管辖权从福建省转移到台湾府,钓鱼岛被纳入台湾

---

① 〔日〕日本外务省:《"尖阁诸岛"介绍手册》(2014年3月),资料来源于http://www.cn.emb-japan.go.jp/territory/senkaku/index.html,访问日期:2017年9月1日。

② 刘江永:《钓鱼岛列屿归属考:事实与法理》,北京:人民出版社,2016年,第102-105页。

地方政府的行政管辖。清朝将台湾纳入版图后，于康熙二十二年（1683 年）①
在台湾设立一府三县（台湾府、台湾县、凤山县、诸罗县）建制，后至 1895
年发展到三府一直隶州十一县六厅。钓鱼岛不仅在清朝被纳入台湾府海防区
域，而且由于台湾渔民经常在钓鱼岛周边海域出没作业的关系，习惯上将该
列屿作为台湾附属岛屿。对于钓鱼岛是台湾附属岛屿这一概念的历史形成，
均有大量历史文献资料予以佐证，② 具体如下：

1. 明清两代的历史文献记载表明钓鱼岛列屿是台湾的附属岛屿

明朝嘉靖皇帝派遣的"宣谕日本国"的特使郑舜功所著《日本一鉴》
（1564 年）年就有"钓鱼屿，小东（即台湾）小屿也"③ 的记载，用现代汉
语表达就是"钓鱼屿是台湾的小岛"。《日本一鉴》绘制的"沧海津镜"开卷
绘制的台湾到琉球国间这一部分（参见附录图十二"郑舜功所绘台湾至琉球
间诸岛屿图"），图中以北的鸡笼山、花瓶屿、彭佳山、钓鱼屿、黄麻屿（即
黄尾屿）、赤坎屿（赤尾屿）等岛屿，都是中国沿用的名称。又如，清康熙六
十一年（1722 年）巡视台湾御史黄叔璥所著《台海使槎录》卷二《武备》，
在列举了台湾水师船舶的巡逻航线、途径哨所、停泊船艇型号等之后，特别
强调"（台湾）山后大洋北，有山名钓鱼台，可泊大船十余；崇爰之薛坡兰，
可进杉板"。④

---

① 应警惕的是，以奥原敏雄等为代表日本学者以康熙二十二年（1683 年）清政府在台湾设立一
府三县为界，断定在 1683 年以前台湾与中国无关，进而达到割裂台湾与大陆，进而否定台湾及其附属
岛屿与大陆的联系。对于 1683 年以后，奥原敏雄则对康熙三十五年高拱乾修《台湾府志》、乾隆二
十九年（1764 年）余文仪等所修《台湾府志》采取断章取义的方法，目的就是把钓鱼岛等岛屿从台
湾所有附属岛屿中割裂出来。对此，我国历史学者吴天颖用详尽的历史考证的方法，均予以了反驳，
本书不再赘述。参见吴天颖：《甲午战争前钓鱼列屿归属考》（增订版），北京：中国民主法制出版社，
2013 年，第 123-124 页。

② 郑海麟：《钓鱼岛新论》，香港：海峡学术出版社，2011 年，第 150 页。

③ （明）郑舜功：《日本一鉴·桴海图经·万里长歌》（卷一），《钦定四库全书》。参见 http：//
ctext. org/library. pl? if=gb&file=51814&by_title=台湾使槎录 &page=1，访问日期：2017 年 9 月 21 日。

④ （清）黄叔璥：《台海使槎录》，《钦定四库全书》本，参见 http：//ctext. org/library. pl? if=
gb&file=51814&by_author=黄叔璥 &page=2&remap=gb，访问日期：2017 年 9 月 21 日。

2. 清代大量官方文献记载清政府对钓鱼岛的管辖情况

清代记载钓鱼岛管辖情况的官方代表性文献为：

（1）《台海使槎录》。《台海使槎录》详细记载台湾、海岛、港、澳及港道，以及附属岛屿泊船口岸等，行文中全面展示了当年台湾附属岛屿钓鱼台的重要地位，展示了"中国统治的痕迹"。[①]《台海使槎录》是黄叔璥巡视台湾后的述职报告，不仅是为实地调查报告，也具有清朝官方文献的性质。有关钓鱼岛的文字，在《台海使槎录》中，被记载在专门强调疆土安危的章节——《武备》中[②]。

（2）《重纂福建通志》等官方修订的地方志记载了钓鱼岛纳入台湾管辖和海防范围的事实。清乾隆十二年（1747 年），巡视台湾兼提督范咸所著《重修台湾府志》[③] 援引了《台海使槎录》关于钓鱼岛的记载。这是中国清朝官员修订的台湾府志对钓鱼岛属于台湾的正式确认，至迟从这时起钓鱼岛被纳入台湾府的管辖。[④] 此后清乾隆十七年（1752 年）王必昌所编《重修台湾县志》、乾隆二十九年（1764 年）余文仪所编《续修台湾府志》等，大多仍沿用《台海使槎录》的记载。[⑤]

在清代官方修订的地方志中，尤其值得一提的是，同治十年（1871 年）闽浙总督英桂、福建巡抚王凯泰刊行的《重纂福建通志》的《海防各县冲要·台湾府·噶玛兰厅》卷八十六条记载：

噶玛兰即厅治，北界三貂，东沿大海……设炮台防守。嘉庆十七年设噶玛兰营，道光四年设都司，驻五围城内。

苏澳港在厅治南，港门宽阔，可容大船，属噶玛兰营分防。又后山大洋

---

① 参见鞠德源：《钓鱼岛正名——钓鱼岛列屿的历史主权及国际法渊源》，北京：昆仑出版社，2006 年，第 198–199 页。

② 参见吴天颖：《甲午战争前钓鱼列屿归属考》（增订版），北京：中国民主法制出版社，2013 年，第 125–126 页。

③ （清）范咸编纂：《重修台湾府志》，清乾隆十二年（1747 年），中国国家图书馆分管古籍藏书。

④ 刘江永：《钓鱼岛列屿归属考：事实与法理》，北京：人民出版社，2016 年，第 141 页。

⑤ 刘江永：《钓鱼岛列屿归属考：事实与法理》，北京：人民出版社，2016 年，第 141 页。

北有钓鱼台，港深可泊大船千艘……①

　　与《台海使槎录》相比，1871 年的《重纂福建通志》更明确地把钓鱼岛纳入台湾噶玛兰厅的守备范围，并在前面注明了台湾东北部沿海的苏澳港，这也表明这里所述的钓鱼岛正是现在宜兰县所管辖的苏澳镇外海的台湾附属岛屿。② 从时间顺序看，钓鱼岛先后归福建省台湾府噶玛兰厅及宜兰县管辖；光绪十一年（1885 年）台湾府升格为省后，钓鱼岛归台湾省宜兰县管辖。③《重纂福建通志》正式记录了 1871 年钓鱼岛归福建省台湾府噶玛兰厅管辖的历史事实。此外，乾隆十七年王必昌的《重修台湾县志》、乾隆二十九年余文仪的《续修台湾府志》，以及嘉庆十二年谢金銮的《续修台湾县志》，都延续了钓鱼岛由台湾进行行政管辖的记载。

　　（3）清朝《坤舆全图》《皇城中外一统舆图》等官方地图均将钓鱼岛列屿绘入版图。《坤舆全图》藏于第一历史档案馆，它是法国传教士蒋友仁（Michel Benoist）绘制，在乾隆五十寿辰时（1760 年）献给乾隆，后于 1767 年另绘成④并存入内务府舆图房，为乾隆钦定的国家级图籍。⑤《坤舆全图》图中台湾东北方向依次为彭嘉、华宾须、好鱼须、欢未须和车未须，其着色和中国大陆、台湾完全相同，为黄中带浅红色。海中虚线是古代欧洲来中国、琉球、日本等国的航线。钓鱼岛列屿的名称标作"好鱼须""欢未须"和"车未须"，这三岛标注的是福建话发音，例如，"好鱼须"（hao-yu-su）的

---

　　① （清）陈寿祺等编纂：《重纂福建通志》，清同治十年（1871 年），中国国家图书馆分管古籍藏书。
　　② 刘江永：《钓鱼岛列屿归属考：事实与法理》，北京：人民出版社，2016 年，第 142-143 页。
　　③ 吴天颖：《甲午战争前钓鱼列屿归属考》（增订版），北京：中国民主法制出版社，2013 年，第 127 页。
　　④ 1760 年 8 月初，乾隆命庄亲王允禄查看《坤舆全图》后，在允禄奏折上朱批："是。着另画一张，派好中书缮写。"参见中国第一档案馆藏内务府档案，转引自秦国经：《18 世纪西洋人在测绘清朝舆图中的活动与贡献》，《清史研究》，1997 年第 1 期。
　　⑤ 吴天颖：《甲午战争前钓鱼列屿归属考》（增订版），北京：中国民主法制出版社，2013 年，第 128-129 页。

"hao-yu"是闽南语"葫（捞）鱼"的发音，"su"是闽南语"岛屿"的意思。①也就是说，"好鱼须"即钓鱼岛、"欢未须"即黄尾屿，"车未须"即赤尾屿。"好鱼须"以西的"华宾须"则是花瓶屿，"彭嘉"就是彭嘉屿。②《皇城中外一统舆图》是清同治二年（1863 年）湖北巡抚衙门刊行的，由湖北巡抚胡林翼倡议编绘，由其继任官文主持绘制而成，在中国乃至世界地图史上占有重要地位，为以后绘制编辑全国地图提供了有益的经验。③ 从证据角度看，作为官方主持的绘图——《皇城中外一统舆图》，无疑具有证据效力。

3. 清朝海防图继承明朝海防图画法，继续将钓鱼岛列屿等中国沿海岛屿包括其中

清雍正年间（1723—1735 年）绘制的《筹海全图》④，是长 433 公分、宽 36 公分的彩色长卷，现藏于中国国家图书馆，曾于 2014 年作为该馆藏品展出。《筹海全图》根据明代沿海图摹绘，清楚地把钓鱼岛等岛屿列入中国海防范围，在东海部分不仅确认了中琉海上各自属岛，而且图上特别附注文字"贼人必先犯之地"。这表明当时清朝意识到倭寇对琉球国和福建海疆的威胁。因此，从明朝到清朝，中国一直把台湾及其附属岛屿钓鱼岛列屿，作为守卫东南沿海所必先确保的海上防区。⑤

---

① 参见郑海麟：《钓鱼岛列屿之历史与法理研究》，北京：中华书局，2007 年，第 174 页；"钓鱼岛曾归属厦门同安县管辖明朝地图提供佐证"，资料来源于 http://fujian. people. com. cn/n/2012/0903/c235038-17432389. html，访问日期：2015 年 1 月 30 日。

② 吴天颖：《甲午战争前钓鱼列屿归属考》（增订版），北京：中国民主法制出版社，2013 年，第 129 页。

③ 参见吴天颖：《甲午战争前钓鱼列屿归属考》（增订版），北京：中国民主法制出版社，2013 年，第 130 页；鞠德源：《钓鱼岛正名——钓鱼岛列屿的历史主权及国际法渊源》，北京：昆仑出版社，2006 年，第 294-296 页。

④ （清）《筹海全图》（舆图），中国国家图书馆中文及特藏文馆藏，资料来源于 http://opac. nlc. cn/F? func=item-global&doc_library=NLC01&doc_number=001846034，访问日期：2017 年 9 月 10 日。

⑤ 参见刘江永：《钓鱼岛列屿归属考：事实与法理》，北京：人民出版社，2016 年，第 133 页。

（三）钓鱼岛由中国人而非琉球人原始发现的史料、社会文化和地理水文等依据

把永乐元年（1403 年）作为中国历史典籍中关于钓鱼岛最早记载的认识，是以明代《顺风相送》的记载作为立论依据的。《顺风相送》是明朝使臣前往（东）西洋各国开招时查勘航线，校正针路而作。① 记载了钓鱼岛列屿的《顺风相送》，藏于英国牛津大学鲍德林图书馆（Bodleian Library），20 世纪 30 年代，由我国著名历史学者向达从英国牛津大学的鲍德林图书馆抄回。关于《顺风相送》的成书年代，我国历史学界多根据该书"序"之末节"永乐元年，奉差前往西洋等国开诏，累次较正针路"等记述，定为永乐元年（1403 年）。② 我国历史学者吴天颖推断："历史事实说明，自明初以来，中国政府派遣前往琉球的大量官员及其随行人员，都是由福州出发途经台湾海峡之后，趁着东南季风，顺着黑潮流向，经过钓鱼岛等岛屿之后，进入琉球国境的。他们本身虽未留下直接记录，但已在作为《顺风相送》的祖本中清楚地记载下来。因此，可以断定，钓鱼岛等岛屿最迟是在 1372—1403 年之间，被中国人民首先发现即"原始发现"的。③

钓鱼岛自明朝初年以来一直是中国的领土，并被用作航海的航标，从未成为琉球的领土，根本原因是琉球人未能在中国人之前发现钓鱼岛。④ 而中国人能先发现钓鱼岛，除了社会文化因素外，还有地理地质水文等多重因素，具体如下：

---

① 郑海麟：《钓鱼岛列屿——历史与法理研究》（增订本），香港：民报出版社有限公司，2011 年，第 48 页。

② 参见郑海麟：《钓鱼岛列屿之历史与法理研究》，北京：中华书局，2007 年，第 4 页；郑海麟：《钓鱼岛列屿——历史与法理研究》（增订本），香港：民报出版社有限公司，2011 年，第 48-49 页；吴天颖：《甲午战前钓鱼列屿归属考——兼质日本奥原敏雄诸教授》，北京：社会科学文献出版社，1994 年，第 28 页。

③ 吴天颖：《甲午战前钓鱼列屿归属考——兼质日本奥原敏雄诸教授》，北京：社会科学文献出版社，1994 年，第 28 页。

④ 沙学骏：《钓鱼岛属中国不属琉球之史地根据》，台北：学萃杂志，1972 年，第 16 页。

（1）琉球人的造铁造船以及航船技术较之中国落后。古代航海知识的积累和航海技术的水平取决于物质技术基础，包括铁矿的拥有、冶铁技术的精湛、造船工艺的优化、指南针（罗盘）和航海记录（针簿）的完善等。[①] 古代造船尤其是海船必需两种原料，一是木材，二是铁钉、铁环和铁锚。[②] 琉球向来产硫磺，明代琉球进贡中国的贡物主要是硫黄和马。硫黄是从硫化铁中提取的，提炼硫所剩的铁渣，没有炼铁的价值，故琉球自古缺乏铁砂以供炼制熟铁，市面上甚至缺乏作为日用品的铁器，[③]以铁针为例，由于琉球"地不产铁"，琉球人"所好者唯铁器"[④]。历史上琉球"地无货殖""商贾不通"，琉球人"缚竹为筏，不驾舟楫"[⑤]，14—15 世纪琉球的航海事业还处于低级阶段。相较同时期的明代，郑和七下西洋数经福州府属修、造船只，东南沿海抗倭防盗的战船也多由福建地区建造；福州还是明代建造使琉球的"册封舟"的重要基地，当时中国已达到相当高的造船水平。[⑥] 正因为琉球造船和航海技术十分落后，难以和明朝保持密切的朝贡贸易关系，1392 年朱元璋除了赐海舟给琉球外，还赐"闽人三十六姓善操舟者，令往来朝贡"[⑦]。"铁矿之有无是地质决定的，会不会炼铁和造海舟则由文化水准决定"[⑧]，这些因素的制约决定琉球人不可能先发现钓鱼岛；相反，同时期的中国人具备造船、航海技术等条件，还发明了航海必需的指南针，中国先发现钓鱼岛则在情理之中。

（2）从针路距离远近与指标岛屿多少而言，古代中国人发现钓鱼岛更具优势。古代由中国前往琉球大多从闽江口的港口为出发港，如萧崇业、夏子

---

① 吴天颖：《甲午战争前钓鱼列屿归属考》（增订版），北京：中国民主法制出版社，2013 年，第 37 页。

② 沙学骏：《钓鱼岛属中国不属琉球之史地根据》，台北：学萃杂志，1972 年，第 16 页。

③ 沙学骏：《钓鱼岛属中国不属琉球之史地根据》，台北：学萃杂志，1972 年，第 16 页。

④ 陈侃：《使琉球录》，《台湾文献丛刊第 287 种》，台湾银行研究室（编印），1970 年，第 20 页。

⑤ 《明经世文编》（卷 460），参见（明）陈子龙等编：《李文节公文集》，北京：中华书局，1962 年。

⑥ 赖正维：《清代中琉关系研究》，北京：海洋出版社，2011 年，第 118-119 页。

⑦ （清）龙文彬：《明会要》（卷 77，外藩 1，琉球），北京：中华书局，1956 年。

⑧ 沙学骏：《钓鱼岛属中国不属琉球之史地根据》，台北：学萃杂志，1972 年，第 17 页。

阳、周煌等从"梅花所"开洋就是证明。更具中国史料中的针路和距离记载，从闽江口到钓鱼岛共约 330 千米，在基隆以西，有白犬屿、东沙山（岛）等小岛为（针路的）指标岛十分便利。而基隆到钓鱼岛之间，只有 200 千米，又有花瓶屿和彭佳屿为指标岛屿。反之，从琉球的那霸到钓鱼岛有 460 千米，由古米山到钓鱼岛也有 410 千米，比基隆到钓鱼岛的距离长了一倍有余。尤其重要的是，古米山和钓鱼岛之间，只有一个面积很小的赤屿作为指标岛。仅考虑到赤尾屿到古米山之间需要"过海"280 千米之远，对于航海技术和造船工程很落后的琉球人，已经是不容易克服的困难；即使此后赤尾屿到钓鱼岛的距离仅 130 千米，但因远离那霸和古米山，联络十分不便，"过海"更加不容易克服。①

（3）从黑潮流向、钓鱼岛海域的水文状况和册封使路线看，中国人较琉球人更容易"先发现"钓鱼岛，因此日本的"无主地论"缺乏依据。自古以来，中国人航行琉球与日本，均靠信风及洋流，洋流即为黑潮（也称为"日本洋流"）。黑潮是太平洋北赤道洋流遇大陆后的向北分支，自菲律宾经台湾海峡及台湾东部，过八重山、宫古岛、钓鱼岛列屿、再往日本、韩国。黑潮时速平均为四、五海里，经过八重山、宫古岛、琉球诸岛和钓鱼岛列屿时，因风向和海岸冲击，又形成西侧向南洄流现象。② 钓鱼岛位于冲绳海槽的西侧。我国古代海船，由闽江经台湾北部前往琉球，正是顺着黑潮支流、乘东南季风前进。钓鱼屿、黄尾屿、赤尾屿都位于大陆架的边缘，周围是 200 米以下的浅海。但是经过钓鱼岛、黄尾屿、赤尾屿后，碰到黑潮主流，航行者必须横渡涡流状潮流，才能到达属琉球的古米山，小船很难渡过的。③ 而琉球本岛与先岛诸岛间分布了许多岛屿，由浅海相连，琉球的人们可以乘小船自由往来，所以能够形成琉球三十六岛之间的网络。当时西班牙的贸易商曾记

---

① 沙学骏：《钓鱼岛属中国不属琉球之史地根据》，台北：学萃杂志，1972 年，第 17 页。

② 杨仲揆：《中国·琉球·钓鱼岛》，香港：友联研究所，1972 年，第 26 页、135 页。

③ 吴天颖：《甲午战争前钓鱼列屿归属考》（增订版），北京：中国民主法制出版社，2013 年，第 73-74 页。

载，沿先岛诸岛前进的话，要"每天夜间可以到陆地睡觉"。[①] 既然有这么安全的航线，为什么册封使还必须沿"钓鱼屿—黄尾屿—赤尾屿—久米岛"这一路线前往那霸呢？历史学者村田忠禧解释说，因为这不是民间贸易，而是代表国家的使节，当然要求他们走正式的路线，而不会是别的原因。这说明当时的领海意识是明确的。[②]此外，古代中国海船由闽江口经台湾北方前往钓鱼岛，因为是顺着黑潮支流前进、速度加快，容易到达钓鱼岛，故容易发现钓鱼岛。反之，琉球海船欲过琉球海沟前往钓鱼岛，须逆黑潮前进，因受到阻力而速度减少，航行困难，使琉球"先发现"钓鱼岛更为不可能。[③]

（4）从海底地形看，中琉存在自然疆界。从对马海峡到钓鱼岛及赤尾屿南侧，经台湾北部沿海及全部台湾海峡，以及广东沿海，都是 200 公尺（1公尺＝1 米）以内的大陆礁层（即大陆架），这是中国领土的自然延伸。另一方面，琉球群岛东南方的短距离以内，海深达到 3 000 公尺以上，最深处深达7 000 多公尺。在琉球群岛与钓鱼岛之间存在的海沟叫"琉球海沟"（Ryukyu Trench），大部分深 1 000~2 000 公尺，由北东北向南西南延长，其南部介于八重山列岛与台湾之间。上述黑潮就在琉球海沟之中，由南向北推进。黑潮和琉球海沟共同成为中国和琉球王国领土的自然疆界。[④]自古以来，琉球人在此地带以东生活，中国人在此地带以西生活。

（四）窃占钓鱼岛后日本用"南西诸岛"取代"琉球"称谓却无法掩盖其窃土事实

"西南群岛"这一总括地域名称，并不是日本地图上传承沿袭的名称，而是舶来语。从"琉球"到"南西诸岛"的变化，其实却隐含日本"舆图窃土"的政治意图。

我国学者鞠德源从地图角度考证"南西诸岛"一词的来历。他认为，日本窃踞钓鱼岛及其附属岛屿后，"西南诸岛"之名才出现在日本地图中，此前

---

①②　[日] 村田忠禧：《钓鱼岛争议》，《百年潮》，2004 年第 6 期。

③④　沙学骏：《钓鱼岛属中国不属琉球之史地根据》，台北：学萃杂志，1972 年，第 17 页。

日本官方地图并没有使用"西南诸岛"的称谓。① 最早标注"西南诸岛"的是 1877 年英国出版的《中国东海沿海自香港至辽东湾海图》，但只包括冲绳群岛和先岛诸岛（不含钓鱼岛列屿）。② 反观 19 世纪 60—80 年代中日甲午战争前，日本发行的十余种琉球地图中虽使用大隅群岛、琉球群岛、吐噶喇群岛等地域总括名称，但均没有用过"西南诸岛"的名称。其中，1880 年中日谈判分割琉球诸岛时，1873 年大槻文彦绘制的《琉球诸岛全图》是日驻华公使宍户玑向清政府代表提交的地理依据，③ 具有官方效力和历史证据价值。《琉球诸岛全图》是大槻文彦所著《琉球新志》一书的附图，该图中琉球诸岛分为三部分，分别是北部诸岛、中部诸岛和南部诸岛，与宍户玑同时提交的《宫古八重山两岛考略》④ 记载一致，并无"西南诸岛"这样的外来语名称。日本窃踞钓鱼岛及其附属岛屿后，"西南诸岛"之名才出现在日本的地图中，典型的如 1897 年日本海军省水路部《第二百十号》海图、吉山东伍绘制的《南西诸岛》图，1923 年小川琢治《日本地图贴》等。⑤ 1897 年 3 月 29 日，日本海军省水路部刊行的《第二百十号海图》则抄袭了 1877 年英国海图所绘制的海图，图中把"南西诸岛"从英国原图冲绳群岛、先岛群岛的东南侧位移到西北侧上方，将辖域外扩至包括冲绳群岛及其所属的庆良间列岛、伊平屋诸岛、奄美群岛、先岛群岛以及所属的宫古列岛和八重山列岛（未包含日本新窃踞的钓鱼岛列屿）。1909 年 12 月《大日本地名辞书·续编》附有吉田东伍绘制的《南西诸岛图》，该图最大的变化是，首次在日本新窃取"领

---

① 鞠德源：《钓鱼岛正名——钓鱼岛列屿的历史主权及国际法渊源》，北京：昆仑出版社，2006 年，第 66 页。

② 鞠德源：《钓鱼岛正名——钓鱼岛列屿的历史主权及国际法渊源》，北京：昆仑出版社，2006 年，第 78 页。

③ ［日］岩田丰树：《幕末维新古地图大图鉴》，新人物往来社，1977 年。

④ ［日］日本外务省编：《宫古八重山两岛考略（1880 年 10 月 7 日）》，日本国驻清公使馆提供，台北：清总理各国事务衙门档案。

⑤ 鞠德源：《钓鱼岛正名——钓鱼岛列屿的历史主权及国际法渊源》，北京：昆仑出版社，2006 年，第 346-347 页。

土"和原"琉球国土"中间，通栏斜行重复标出"西南诸岛"字样。①

日本学者村田忠禧则以日本出版的辞典和辞书为研究方法来考证"南西诸岛"的含义与演进：首先，岩波书店出版的《广辞苑》第六版、小学馆出版的《大辞泉》第 2 版和三省堂出版的《大辞林》第 3 版。这三种辞典对"南西诸岛"普遍的定义为，是从九州南端到台湾东北端之间、呈弧状分布的岛屿的总称，其中并不含"尖阁列岛"（钓鱼岛）。其次，与上述三类辞书不同，《世界大百科事典》第 2 版中认为琉球群岛由位于北部的、包括大东群岛在内的冲绳群岛和位于南部的、包括钓鱼岛在内的先岛群岛构成。村田忠禧参考东京大学出版会出版的《日本的地形七——九州·南西群岛》一书后指出，"尖阁列岛""大东群岛"是"南西诸岛"的"周边群岛"，并未出现《世界大百科事典》那样牵强的定义。最后，小学馆出版的《日本大百科全书》对"南西诸岛"的描述为："'南西诸岛'现在已经成为该群岛的正式名称，其实并没有什么历史意义，该名称原本主要是海上保安厅水路部使用的称呼，1968 年（昭和 43 年）经过协商确定下来。这进一步表明，'南西诸岛'这个名称并非来自历史传承"。②

综上，由于社会文化因素和地理地质水文等多重因素制约，琉球人无法早于中国先发现钓鱼岛。而中琉之间存在疆界、钓鱼岛属于中国的事实，早已成为中琉两国的共识。

二、史料记载中琉传统边界且钓鱼岛位于边界的中国一侧

明宣德四年（1429 年），中山国统一琉球全境，琉球王国进入"第一尚氏"统治时代。③ 1522 年尚真王平定与那国岛"鬼虎之乱"④，之后尚清王又

---

① 鞠德源：《钓鱼岛正名——钓鱼岛列屿的历史主权及国际法渊源》，北京：昆仑出版社，2006 年，第 66 页、349 页。

② ［日］村田忠禧著：《从历史档案看钓鱼岛问题》，韦平和译，北京：社会科学文献出版社，2013 年，第 216-218 页。

③ 米庆余：《琉球历史研究》，天津：天津人民出版社，1998 年，第 46 页。

④ ［日］宫城荣昌等编：《冲绳历史地图》，柏书屋，1983 年，第 52 页。

攻占奄美大岛，确定了琉球王国北起喜界（又称奇界、喜介）岛、奄美大岛，南至宫古、八重山群岛的疆界，即史书和古地图中所称"三省并三十六岛"。此后"三省并三十六岛"成为琉球王国领土的代称。自琉球国统一到1609年萨摩藩入侵，琉球自成一国，内政、外交皆由自主。自明洪武五年（1372年）中琉两国建立封贡制度后，到清光绪五年（1879年）日本灭琉球国并改为冲绳县止，中国派往琉球的册封使共24次。中国册封使把出使的经过和琉球的现状写成《使琉球录》等报告提交给皇帝。我国有关钓鱼岛列屿的记载，大多见于册封使回国复命的述职报告——册封使录中。册封使从当时与中琉交往的"窗口"——福建省福州（最初为泉州）出发，前往琉球的那霸。当时的船是帆船，利用夏至前后的西南风在海上航行。钓鱼屿、黄尾屿、赤尾屿等这些位于大陆架边缘的岛屿是保证安全航海的重要目标，所以在《使琉球录》中多次出现关于这些岛屿的记载。值得注意的是，这些记载中都认识到，过了赤尾屿，就到了"古米山"即现在的久米岛，开始进入琉球的境内。①

钓鱼岛自古以来是中国的领土，这是铁证如山的事实。日本学者意识到，"搜集日本有关'尖阁列岛'上古时代的资料是十分困难的，而且有限的资料作为论理性的证据是否有价值，其评价也十分困难"②，面对有利于中国的大量史料和证据，从20世纪70年代至今，日本学者一直对我国钓鱼岛主张所涉及的历史典籍在进行对策研究。他们一方面对史料咬文嚼字以进行利于日方的解读，另一方面还"运用"国际法予以歪曲和反驳，如国际法学者绿间荣称，"在领土争议上拿出古文书来并不可贵，问题在于解决领土争端时，争端的当事国所提出的古文书，在国际法上是否有意义"。③历代"册封使录"如陈侃等人的《使琉球录》、清册封使许葆光的《中山传信录》，乃至日本林子平所著《三国通览图说》等，均成为日本学者攻击的

---

① [日]村田忠禧：《钓鱼岛争议》《百年潮》2004年第6期。
② [日]绿间荣：《"尖阁列岛"》，那霸：ひるぎ社，1984年，第46页。
③ [日]绿间荣：《"尖阁列岛"》，那霸：ひるぎ社，1984年，第46页。

目标，目的多为论证中琉之界的历史记载证据不足，或分析钓鱼岛属于中国的历史典籍不具备证据效力或效力不够，转而反证日本所主张的钓鱼岛在中日甲午战争以前为"无主地"的结论。对于日本学者歪曲史料的论断，台湾历史学家杨仲揆、日本历史学家井上清，以及我国历史学家吴天颖都曾给予过回应。

本部分在以上研究的基础上，对"中琉之界"中日学者的争论焦点予以归类，结合前三章已论及的中日琉交往史，予以梳理和阐述，重点在于结合国际法驳斥日方的质疑。

（一）中国赴琉球册封使身份和册封使录的官方证据效力不容置疑

中国册封使记录的文书《册封史录》大量记载了钓鱼岛归属中国的事实。然而，日本学者却就中琉册封的若干史料和史实提出质疑：①质疑册封使的官方身份。如绿间荣称，"连续多次的册封使录，均属航海者个人的航行记录，而非中国的官方记载和声明"；① ②质疑"册封史录"的证据效力。如喜舍场一隆提出，"使录不是历史研究上的第一等史料"②，这些观点是颇具证据法角度的质疑。现代国际法判例如 1953 年英法明基埃和埃克荷斯群岛案、2002 年印度尼西亚/马来西亚利吉丹岛和西巴坦岛案表明，体现一国主权意志和意图的证据分量大于私人行为的分量，③ 日本学者因此质疑使琉球的册封使身份乃至使琉球录的效力。

然而，日本学者以上观点，实际上源于对中琉交往历史知之甚少。针对第一项质疑，中国册封使的身份应从册封使的选任和官阶来考察，而非简单臆测。明朝时，天使就任登程，代表的是皇帝的天威，即使天使自身仅为六品、七品的行人或翰林院编修的官员，却都是士大夫官员。而且上述人员一

---

① ［日］绿间荣：《"尖阁列岛"》，那霸：ひるぎ社，1984 年，第 52 页。

② ［日］喜舍场一隆：《"尖阁列岛"と册封使录》，《季刊冲绳》（"尖阁列岛"特集第二集），1972 年第 63 号。

③ 张卫彬：《国际法院证据问题研究——以领土边界争端为视角》，北京：法律出版社，2012 年，第 224-225 页。

旦完成册封任务回国后，朝廷一般都予以晋升职务。① 清代对赴琉球的册封官员甄选要求更高，甄选册封使强调"学问优长、仪度修伟者"，十分严格，多从翰林院挑选（见第一章表一）。② 明清两代赴琉球册封使的官方身份明确，他们出使琉球是官方职务行为，不是"个人"的航海行为。对第二项关于册封史录是否为官方记录的质疑，吴天颖指出，册封使回到京师后向皇帝提交的述职报告——"册封使录"，尽管名称不尽一致，内容却是陈述出使册封琉球，收集琉球的有关资料，包括受命出使原委、航海行程、双方公文概述，以及琉球国情报告等，作为国家档案存入史馆，提供撰修皇室《实录》及其后制定对琉球政策的重要依据。此外"册封使录"还向国内外发行，宣示其中全部内容，以供有关国家的认同或引证。如陈侃"使录"中关于古米山"乃属琉球者"的记载，就被琉球正史《中山世鉴》一字不漏地录入。③ 综上所述，中国前往琉球的册封使的官方身份以及"册封使录"的官方效力不容置疑，"册封使录"完全能作为证明中国对钓鱼岛拥有主权的书面证据（documentary evidence）。

（二）日方质疑中国最早发现并命名钓鱼岛源于对中琉"海交史"知之甚少

首先应明确的是，目前所见最早记载钓鱼岛、赤尾屿的史籍，是中国成书于 1403 年（明永乐元年）的《顺风相送》；④ 而钓鱼屿、黄毛屿（黄

---

① 徐斌：《明清士大夫与琉球》，北京：海洋出版社，2011 年，第 24 页。

② （清）李鼎元：《使琉球记》，载《国家图书馆藏琉球资料续编》（上册），北京：北京图书馆出版社，2002 年，第 725 页。

③ 吴天颖：《甲午战争前钓鱼列屿归属考》（增订版），北京：中国民主法制出版社，2013 年，第 54 页。

④ 《顺风相送》一书是明代使臣往（东）西洋各国开诏时查勘航路、校正针路而作。关于《顺风相送》的成书时间，史学界一般根据卷首叙末"永乐元年，奉差前往西洋等国开诏，累次较正针路"等语，定为当年即 1403 年。关于成书时间更详细的解说，郑海麟认为"最早不能超过明永乐元年（1403 年）。又因该书封底有 1639 年劳德的赠书题记，知最晚不能迟于明崇祯十二年（1639 年）"。吴天颖主张，"将《顺风相送》的祖本订为 14 世纪，当属最保守的判断"。参见郑海麟：《钓鱼岛列屿之历史与法理研究》，北京：中华书局，2007 年，第 4 页；吴天颖：《甲午战争前钓鱼列屿归属考》（增订版），北京：中国民主法制出版社，2013 年，第 29 页。

尾屿）、赤屿（赤尾屿）三岛之名一齐出现，则首先见于陈侃《使琉球录》
（此后我国历史典籍对三岛的叫法虽然不尽相同，但都是同音、近音或略
称）①（见表十二），依据 18 世纪以前的国际法，仅领土发现这一事实，即
可取得对该土地的"原始主权"②。然而，日本学者否认中国最早命名钓鱼
岛的事实，直接或间接将最早发现、最早命名钓鱼岛列屿"归功"于琉球
人，表现为：

（1）以琉球进贡次数和中国册封次数之间的比例，推断并否认中国人最
早发现钓鱼岛的事实。典型的论断如奥原敏雄声称，"即使最早记载钓鱼台等
的国代文书是在中国方面，钓鱼台也未必是中国人发现、中国命名的"③；绿
间荣也主张，"在这 500 年间，琉球的进贡船合计有 241 次（明代 173 次，清
代 68 次）渡海到中国；但中国方面的册封船只有 23 次回航，琉球为了答谢
而派遣的谢恩使船也是 23 次……多少琉球船都曾目睹'尖阁列岛'，与中国
进行往来，更远能达到安南、暹罗、苏门答腊，乃至麻六甲等地开拓航路，
进行贸易"④。

（2）质疑中国最早命名钓鱼岛。奥原敏雄称，"各岛中除钓鱼台以外，其
他如黄尾屿、赤尾屿等之名称，在册封使之记录上，俱有不同。有称黄尾屿
为久场岛者，有以久米赤岛称赤尾屿者。而久场岛与久米赤岛，皆当时琉球
人所命之名，足见此等岛屿在册封使心目中，只是航海标志，而无国家领土
之意念"⑤。

---

① 吴天颖：《甲午战争前钓鱼列屿归属考》（增订版），北京：中国民主法制出版社，2013 年，
第 31 页。
② 丘宏达：《关于中国领土的国际法问题论集》（修订本），台北：台湾商务印书馆，2004 年，
第 74 页。
③ ［日］奥原敏雄：《"尖阁列岛"领有权の根据》，《中央公论》1978 年 7 月号。
④ ［日］绿间荣：《"尖阁列岛"》，那霸：ひるぎ社，1984 年，第 51 页。
⑤ ［日］奥原敏雄：《"尖閣諸島"の領有権問題——台湾の主張とその批判》，《季刊沖繩》
（"尖閣諸島"特集），1971 年 3 月第 56 号。

表十二　明嘉靖年间五种文献对钓鱼岛及附属岛屿的称呼一览①

嘉靖十三年 （1534 年）	陈侃 《使琉球录》	钓鱼屿	黄毛屿	赤屿
嘉靖三十五年 （1556 年）	郑舜功 《日本一鉴》	钓鱼屿	黄麻屿	赤坎屿
嘉靖四十年 （1561 年）	郑若曾 《郑开阳杂著》	钓鱼屿	黄毛山	赤屿
嘉靖四十年 （1561 年）	郭汝霖 《使琉球录》	钓屿		赤屿
嘉靖四十一年 （1562 年）	胡宗宪等 《筹海图编》	钓鱼屿	黄毛山	赤屿

上述日本学者的第一点质疑，通过中琉册封进贡次数的对比，推测福建沿海船民很少经过钓鱼岛，驾舟护送册封船者为数寥寥，"操舟行船技术不可信赖"，"对于航路的经验，在一生中也就只有一次或两次"，言下之意就是，发现并命名钓鱼岛只可能是进贡次数十余倍于中国的琉球人。日本学者对中琉"海交史"的了解之少，让人啼笑皆非。明洪武十八年（1385 年），朱元璋先后赐给琉球国海舟两艘②，以帮助"物料工力俱少，不能成舟"的琉球国，1392 年又下令赐给"闽人三十六姓善操舟者，令往来朝贡"③，此后"闽人三十六姓"成为琉球文明开化的先驱。琉球《历代宝案》卷八记载，至 17 世纪琉球尚宁王给明朝的奏折中仍称"夷酋不谙指南车路"④，请求明朝继续支援航海人员。中国方面洞悉钓鱼岛位置及其归属者，除了那些把钓鱼岛白纸黑字的记载于官方航海文献中的册封使，也还大有人在，既有闽粤沿海

---

① 吴天颖：《甲午战争前钓鱼列屿归属考》（增订版），北京：中国民主法制出版社，2013 年，第 31 页。

② ［琉］蔡铎等著：《中山世谱》（卷 3），载伊波普猷等：《琉球史料丛书》，东京：东京美术刊 1972（昭和 47 年）年，第 42 页。

③ （清）龙文彬：《明会要》（卷 77，外藩 1，琉球），北京：中华书局，1956 年。

④ 杨仲揆：《中国·琉球·钓鱼岛》，香港：友联研究所，1972 年，第 26 页。

"善操舟者"的各类舟工，也有以舟工为主（抗击倭寇、捍卫海防）的水师官兵。[①] 古代琉球的航海技术与中国无法相提并论，在"闽人三十六姓"移民琉球前，钓鱼岛就已经为中国所有，而此时琉球航海业尚处初级阶段；此后"闽人三十六姓"及其后裔主要从事琉球海上贸易和航海业，使琉球人得知这些岛屿，对钓鱼岛属于中国一事习以为常，进而把古米山视为琉球理所当然的边界。

针对第二项质疑，即以奥原敏雄为代表的日本学者用晚清册封使录有用久场岛与久米赤岛等琉球命名者，借以攻击中国人最早命名钓鱼岛的事实，台湾学者杨仲揆曾查证后，做出回称，"晚清只有最后两任册封使即林鸿年和赵新，[②] 误用琉球名"。杨仲揆对二人误用琉名的原因做出推测：林鸿年受到船上琉球籍迎封使或琉球籍水手的影响，而赵新受林之影响所致。[③] 郑海麟教授综合中日琉三方史料指出，"这是琉球舟子的误植"，"琉球渔民之间早就知道有久场岛（琉球语发音为'姑巴甚麻'，也就是古巴山，位于琉球境内庆良间列岛）的存在并且知道该岛在册封使往来于福建与那霸之间的航线上，但具体位置他们却并不清楚"。[④] 记载钓鱼岛的中琉文献，还有明朝册封使陈侃《使琉球录》、明朝册封使郭汝霖《使琉球录》、清朝册封副使徐葆光《中山传信录》等历代册封使录，此外1650年琉球国相向象贤监修的琉球国第一部正史《中山世鉴》、1708年琉球紫金大夫程顺则《指南广义》都有关于中琉边界记载。日本学者对大量代表性的"册封使录"中对钓鱼岛列屿名称的正确记录避而不谈，仅指出个别册封使录中的误用现象，犯的是"孤证不立"的证据和考据之大忌。

---

① 吴天颖：《甲午战争前钓鱼列屿归属考》（增订版），北京：中国民主法制出版社，2013年，第91页。

② 林鸿年于1838年（道光十八年）到达琉球，册封琉球国王尚育；赵新于1866年（同治五年）到达琉球，对琉球末代国王尚泰进行册封。

③ 杨仲揆：《中国·琉球·钓鱼岛》，香港：友联研究所，1972年，第535页。

④ 郑海麟：《钓鱼岛列屿之历史与法理研究》，北京：中华书局，2007年，第9—10页。

（三）日方歪曲"册封使录"却无法否认中琉疆界的客观存在

中国方面记载钓鱼岛的典籍，自 1534 年到 1866 年间仅册封使录这类著作就有十余种，而日本方面大约同一时期（相当于德川幕府或江户时代，1603—1867 年），除了仙台人林子平《三国通览图说·琉球三省并三十六岛之图》外，寥寥无几。鉴于此原因，日本学者采取的对策是贬低中国"册封使录"在领土取得方面的证据效力，具体表现在对历代"册封使录"中"古米山乃属琉球者""赤屿者，界琉球地方山也"，以及"沟""郊"即"中外之界"这三大问题[①]上，针对中琉疆界的质疑。这三类问题，基本集中了日本历史、国际法领域学者对我国钓鱼岛史料的质疑。此后，日本学者类似研究[②]没有更多超出前人 20 世纪 70—80 年代的"创见"。

1. "古米山乃属琉球者"以及古米山为"琉球西南方界上镇山"

明嘉靖十三年（1534 年）明册封使陈侃《使琉球录》有记载，"［五月］八日出海口……过平嘉山，过钓鱼屿，过黄毛屿（黄尾屿），过赤屿（赤尾屿）……十一日夕，见古米山，乃属琉球者。夷人鼓舞于舟，喜达于家"。[③]类似表述还见于清康熙五十八年（1719 年）徐葆光《中山传信录》，此书卷一《针路图》引用了琉球著名学者程顺则《指南广义》的一段文字，其中在

---

① 吴天颖：《甲午战争前钓鱼列屿归属考》（增订版），北京：中国民主法制出版社，2013 年，第 55 页。

② 参见 Unryu Suganuma, Sovereign rights and territorial space in sino-Japanese relations-irredentism and the Diaoyu/Senkaku islands, published jointly by the University of Hawaji press and the association for Asian studies, 2000. US; Shigeyoshi Ozaki, Territorial Issues on the East China Sea A Japanese Position, 3 J. E. Asia & Int'l L. 151, 2010；[日] 尾崎重义：《尖阁诸岛与日本的领有权》，《外交》，2012 年第 12 期；《上奏文に'尖阁は琉球'と明记 中国主张の根拠崩れる》，《産经新闻》，2012 年 7 月 17 日；[日] 石井望：《尖阁前史（ぜんし）、无主地（むしゅち）の一角に领有史料有り》，《八重山日报》，2013 年 8 月 3 日（平成二十五年八月三日）。

③ 这段记载的全文为，"［五月］八日出海口……九日，隐隐见一小山，乃小琉球（台湾）也。十日，南风甚迅，舟行如飞，然顺流而下，亦不甚动，过平嘉山，过钓鱼屿，过黄毛屿（黄尾屿），过赤屿（赤尾屿），目不暇接，一昼夜兼三日之程。夷船（琉球船）帆小不能及，相失在后。十一日夕，见古米山，乃属琉球者。夷人鼓舞于舟，喜达于家……二十五日，方达泊舟之所，名曰那霸港"。参见（明）陈侃：《使琉球录》，台湾银行经济研究室编印：《使琉球录三种》，台北：台湾银行经济研究室，1970 年，第 12 页。

"古米山"下方有双行引文："琉球西南方界上镇山。"这两份史料都强调琉球王国版图的西南方以古米山为界。对因这类描述引出的琉球最西南端边界为古米山的事实，日本学者的质疑体现为：

质疑一，对陈侃《使琉球录》"古米山乃属琉球者"的表述，绿间荣称："从久米岛起就是琉球领属的记述，是出于法学的概念呢，还是单纯地用航海日志来表达，还不能判辩清楚……法学概念的'属'字，是领土归属的意思……这里所明确的只不过是说久米岛为琉球领而已。所谓'属者'是从属、跟随、关联的意思。册封使并不是以钓鱼岛作为中国领土的意识，来记述从久米岛起就属琉球领有，而将其理解为以该岛作为航海标志来予以记述，则是自然的"①。

质疑二，奥原敏雄则直接质问《中山传信录》的证据效力并称，"徐葆光因针路错误而未见钓鱼台列屿②，《中山传信录》关于钓鱼台列屿部分系引用《指南广义》之语，应认为出于传闻，故其可靠价值降为次等。"③ 他甚至认为《中山传信录》的证据价值"存在问题"，而"（日本林子平的）《三国通览图说》是依据《中山传信录》的传闻，价值也只能属于第二等"④。

---

① 绿间荣的文章中该段质疑的全文为："在这里，从久米岛起就是琉球领属的记述，是出于法学的概念呢，还是单纯地用航海日志来表达，还不能判辩清楚。法学概念的'属'字，是领土归属的意思。的确，当时在琉、明之间，从久米岛起，往东是琉球领属，到久米岛近处的赤尾屿即为即为明国的领土，但在为政者及航海者的意识中，是否就成为明确的规定或惯例了？这里所明确的，只不过是说久米岛为琉球领而已，所谓'属者'是从属、跟随、关联的意思，在航海日志中所写'属'的意思，是否用以表明从久米岛起，在地理上与琉球地域相关联呢？并不明确。册封使并不是以钓鱼岛作为中国领土的意识，来记述从久米岛起就属琉球领有的，而将其理解为以该岛作为航海标志来予以记述，是自然的"。参见［日］绿间荣：《"尖阁列岛"》，那霸：ひるぎ社，1984年，第53页。

② 《中山传信录》卷一《针路》中确有记载："……二十七日已亥，日出，丁午风。日未中，风静船停；有大沙鱼二，见于船左右。日入，丁午风气；至二漏，转丁风，用乙辰针，二更天。天将明，应见钓鱼台、黄尾、赤尾等屿，皆不见。共用卯针二十七更天，船东北下六更许……"参见（清）徐葆光：《中山传信录》（卷一，《针路》），载黄润华编：《国家图书馆藏琉球资料汇编》（中编），北京：北京图书出版社，2003年，第38—42页。

③ ［日］奥原敏雄：《"尖閣諸島"の領有権問題——台湾の主張とその批判》，《季刊沖縄》（"尖閣諸島"特集），1971年3月，第56号。

④ ［日］奥原敏雄：《"尖閣諸島"の領有権問題——台湾の主張とその批判》，《季刊沖縄》（"尖閣諸島"特集），1971年3月，第56号。

对日本学者的第一项质疑，即绿间荣"所谓'属'者是从属、跟随、关联的意思"这样的曲解，吴天颖教授从汉语词源和发音角度做出驳斥："属"字确有"连接"之意，但读音为 zhǔ，而不念 shǔ，如《汉书·郊祀志上》"使者存问共给，相属于道。"①郑海麟则结合陈侃《使琉球录》"见古米山，乃属琉球者"后面的一句"夷人鼓舞于舟，喜达于家"做出解释："山前（西面）为中国海域，山后（东面）为琉球海域，这种疆界划分意识，在琉球水手亦有明确反应。这才是他们'鼓舞于舟，喜达于家'的原因"。② 可见，在陈侃《使琉球录》中，中琉之间的疆界划分是清楚的。

再看奥原敏雄的第二项质疑，即因为徐葆光没有亲眼见到钓鱼岛列屿，所以《中山传信录》涉及钓鱼岛"针路图"部分乃至《中山传信录》都是"传闻证据"。证据法规则中的"传闻证据"（hearsay evidence）一般是指证人对某事实并非以自己的切身感知作为基础，而是以道听途说的事实在法庭上所做的陈述，或者在庭外以未经宣誓做成的书面证言或陈述笔录等。③ 国际法院在《国际法院规约》或其他规则中，并没有明确排除传闻证据，在领土争端案件中，对于是否排除传闻证据而言，国际法院享有自由裁量权；国际法院审查的类似证据中，除了言词证据外，还包括地图等其他一些非直接证据。通常作为地理事实的地图是传闻证据，但如果是建立在原始勘探基础上绘制而成的地图除外。④ 为回应日本国际法学者的质疑，以下分成三个更细的角度分析：

第一，《中山传信录》究竟是何种性质的证据？从史学价值和国际影响力看，《中山传信录》不容置疑。《中山传信录》堪称当时海内外了解琉球的第一部"百科全书"，囊括了航海、封宴礼仪、王家沿革、琉球地理、琉球社会

---

① 吴天颖：《甲午战争前钓鱼列屿归属考》（增订版），北京：中国民主法制出版社，2013年，第59页。

② 郑海麟：《钓鱼岛列屿之历史与法理研究》，北京：中华书局，2007年，第19-21页。

③ 宋英辉，汤维建主编：《证据法学研究述评》，北京：中国人民大学出版社，2006年，第214页。

④ 张卫彬：《国际法院证据问题研究——以领土边界争端为视角》，北京：法律出版社，2012年，第94-95页。

文化、琉球社会民俗共六卷，全书配有包含了针路图、琉球三十六岛图、琉球地图等 52 幅图画。①徐葆光并不是仅根据在琉球的见闻，而是充分利用历代的册封使录，特别研究琉球大学者向象贤等的著作后写就《中山传信录》。该书对琉球社会影响很大，琉球国紫金大夫、国师蔡温在琉球第二部国史《中山世谱》第二版序言中写道，"康熙已亥受封之时臣温在册封使徐公处，获琉球沿革志及使录等书……始知向象贤所著世鉴（即《中山世鉴》）果有误差……岂非前籍淹没之所致也哉"②；该书被引进到江户幕府时代的日本社会，经日本文人点句加以日文解释，③ 还被翻译为法文并于 1782 年在巴黎出版，成为当时欧洲唯一详细介绍琉球的文献。④ 从《中山传信录》作者的官方身份和写作的严谨程度看，徐葆光等出使时还赋有测量琉球的使命，书中对琉球国位置等的记载大量引用实地测绘所得数据、考据极为详实。《中山传信录》由徐葆光和琉球官方人士"去疑存信、反复互定"⑤，是中琉双方官员共同审定的官方文书，无疑具有法律效力。即使从如今国际法庭的证据规则看，《中山传信录》都是融合了书面证据和地图证据的权威官方文献。

第二，即使如日本学者所恶意歪曲的，徐葆光没有亲眼见到钓鱼岛列屿，那么《中山传信录》涉及琉球疆界尤其是琉球地图的部分是否为传闻证据呢？1719 年（康熙五十八年）徐葆光和海宝出使琉球，正值康熙时期《皇舆全览图》在法国传教士帮助下完成后的一年，⑥ 朝鲜半岛也被纳入版图，因此这次出使也是第一次由中国主持，沿用"东渐"以来的先进近代西方测量技术对琉球进行的测量。由于随行带有测量官，书中对于琉球国地理位置等内容大

---

① 徐斌：《明朝士大夫与琉球》，北京：海洋出版社，2011 年，第 76-77 页。

② ［琉］蔡温：《中山世谱·序言》，载《国家图书馆藏琉球资料续编》（下册），北京：北京图书馆出版社，2002 年，第 4-5 页。

③ ［日］原田禹雄：《琉球中国》，吉川弘文馆，2003 年，第 97 页。

④ 方豪：《康熙五十八年清廷派员测量琉球地图之研究》，载《方豪自定稿》（上册），台北：台北学生书局，1969 年，第 550-551 页。

⑤ 吴天颖：《甲午战争前钓鱼列屿归属考》（增订版），北京：中国民主法制出版社，2013 年，第 62-63 页。

⑥ 方豪：《康熙五十八年清廷派员测量琉球地图之研究》，载《方豪自定稿》（上册），台北：台北学生书局，1969 年，第 527 页。

量引用实地测绘所得数据，考据极为详实，"地理范围部分在册使记载中，尤为空前绝后"。[1]很明显，徐葆光赴琉球的任务之一是完成前几代册封使没有完成的对琉球地理范围的测量，[2]《中山传信录》是在实地勘探的基础上，结合琉球的官方典籍，最终完成的琉球领土勘察记录。《中山传信录》第四卷对琉球三十六岛有较为详细的分区说明，对琉球与邻国的界限是明确的：琉球北部同日本领土的界限，在"西南九岛八重山"一节中记载了石垣岛及其附近八岛；而琉球和中国的界限，而记述"西南九岛"即八重山时，在"八重山"（石垣）之后，历数乌巴麻、巴度麻、由那姑呢、姑弥、达奇度奴、姑吕世麻、阿喇姑斯古、巴梯吕麻这些岛屿名称后，称曰"以上八岛，俱属八重山，国人称之曰八重山，此琉球极西南属界也"。[3]吴天颖根据《中山传信录·序》和徐葆光所作《三十六岛之歌》等资料指出，1719年6月徐葆光抵达琉球那霸三个月后，由于对琉球所属各岛的名称和地理位置仍不清楚，"琉球旧无地图"，琉球国王尚敬提供了琉球官方档案资料，并把其中琉球文字译成汉字；国王还接受徐葆光请求，命琉球学者程顺则亲自绘制了琉球全图的草图。[4]成书后的《中山传信录》包含针路图、琉球三十六岛图、琉球地图等52幅图画。《中山传信录》的琉球地理记述和琉球疆界地图，是经过中国册封使和测量官员实地勘探、由中琉双方官方共同审定的书面证据，即使按今日的证据规则视为"传闻证据"，也属于"地理事实"类、具有采信力的"传闻证据"。

第三，如果《中山传信录》有关琉球的部分并非传闻证据，那么"琉球西南方界上镇山"一语是否为徐葆光加注，因而降低证据价值，而"镇山"

①　杨仲揆：《中国·琉球·钓鱼岛》，香港：友联研究所，1972年，第94页。

②　《中山传信录》第四卷是关于琉球地理的内容，包括"星野""潮""琉球三十六岛图""琉球地图""纪游"几部分。

③　参见［日］井上清：《关于钓鱼岛等的历史和归属问题》，北京：生活·读书·新知三联书店，1973年，第4-5页；吴天颖：《甲午战争前钓鱼列屿归属考》（增订版），北京：中国民主法制出版社，2013年，第63页。

④　吴天颖：《甲午战争前钓鱼列屿归属考》（增订版），北京：中国民主法制出版社，2013年，第62-63页。

一词又如何解释？《中山传信录》卷一《针路图》征引了琉球著名学者程顺则所著《指南广义》中的一段文字。其中在"姑米山"下有双行注文——"琉球西南方界上镇山"①。一般认为，"琉球西南方界上镇山"一语，并非琉球学者程顺则《指南广义》的原文，而是由徐葆光后来加注的，② 那么这是否会因此减少《中山传信录》作为中琉边界证据的价值呢？中日两国都有历史学者对此做出否定的回答。井上清认为，徐葆光不仅根据本人在琉球的见闻，还研究程顺则和其他琉球人的著作，以及历代的册封使录等书后写成的《中山传信录》。徐葆光引用《指南广义》的同时加注，这样的注反而更有分量。从徐葆光对琉球国领域的关心程度，包括琉球北部和日本领土的界线来看，就"琉球西南方界上镇山"即（钓鱼岛列屿的）赤屿以西不属于琉球这样的事实"肯定是经过详细调查的"③。关于"镇山"的词义，无论是井上清将"镇山"解释为边境之"界山"④，还是杨仲揆"国与国标界"⑤ 的理解，甚至吴天颖就明朝曾对琉球古米山有过"封山奠城，分宝赐赠"⑥ 的推测，都更加强了"琉球西南方界上镇山"的真实性和权威性，从而印证了古米山为琉球西南边界的证据效力。

---

① （清）徐葆光：《中山传信录·针路图》（卷一），日本明和三年（1766 年）刻本（藏国家图书馆文津街分馆）。

② 对《中山传信录》所记录的"琉球西南方界上镇山"已进行探讨的早期研究，参见杨仲揆：《从史地背景看钓鱼台列岛》，《文艺复兴》，1970 年第 10 期；杨仲揆：《琉球日本史籍上所见之钓鱼台列岛》，《文艺复兴》，1971 年第 18 期；《明报》资料室编：《钓鱼台列岛是我们的》，《明报》资料室，1971 年，第 87 页；［日］井上清：《关于钓鱼岛等的历史和归属问题》，北京：生活·读书·新知三联书店，1973 年，第 4 页。应注意吴天颖近期的研究指出，《指南广义》一书，现存者至少"有七种传写本，迄今为止，一概没有（'琉球西南方界上镇山'）这句注解"，井上清所见东恩纳宽惇收藏的复制本亦然，正文也稍有出入。参见吴天颖：《甲午战争前钓鱼列屿归属考》（增订版），北京：中国民主法制出版社，2013 年，第 63 页。

③ ［日］井上清：《关于钓鱼岛等的历史和归属问题》，北京：生活·读书·新知三联书店，1973 年，第 5 页。

④ ［日］井上清：《"尖閣列島"——釣魚諸島の史的解明》，現代評論社，1972 年，第 42 页。

⑤ 杨仲揆：《中国·琉球·钓鱼岛》，香港：友联研究所，1972 年，第 138 页。

⑥ 吴天颖：《甲午战争前钓鱼列屿归属考》（增订版），北京：中国民主法制出版社，2013 年，第 63-65 页。

2. "赤屿者，界琉球地方山也"

嘉靖四十一年（1562年），册封使郭汝霖在《使琉球录》中，对中琉边界从另外的角度进行了记载，"五月二十九至梅花［所］开洋，……闰五月初一日，过钓鱼屿。初三日，至赤屿焉——赤屿者，界琉球地方山也。再一日之风，即可望见古米山矣"。总结起来，日本学者的观点有：质疑一，奥原敏雄早年在反驳杨仲揆的文章中称，"因为册封使录是中国人写的，如果赤屿是中国领土，是以久米岛为界的话，那么，任何人都理当毋庸置疑地加以记述，譬如可以写作："赤屿乃中国与琉球为界之地方山也。"他进而指摘杨仲揆关于赤尾屿（等钓鱼岛列屿）属于中国的结论，称"杨氏所述的逻辑一开始就忽视了在确定属中国抑或属琉球之前，也有可能出现不属于两国中任何一方的情况"。[①] 质疑二，绿间荣声称，"这里所谓'界'的含义，是作为法理概念上的国境之界，抑或只是地理概念的交界之界，有必要加以明确。郭氏所说'界'的意思，可以解释为'隔开''交界'和'划分'的意思"。又称"把这个'界'理解为国境，是轻率的。册封使录把赤尾屿记作'交界'的，是在航海日志中记述临近琉球属之事，而非明确表达到达赤尾屿都是中国的领土"。[②] 质疑三，喜舍场一隆称，"陈侃首先记述了以久米岛作为'进入琉球属'的意思，郭氏说赤尾屿是界琉球地方的岛屿，然而从未说从赤尾屿开始就是琉球领土，同时也没有说至赤尾屿是明朝的领土……这里只是记载两国版图的分歧点而已"。[③]质疑三，2012年《产经新闻》报道了长崎纯心大学汉文学专业准教授石井望的"新发现"，并称由此可推断，"'尖阁列岛'不属于中国"[④]。石井望声称，明朝使臣郭汝霖所著《石泉山房文集》中有"行

[①] ［日］奥原敏雄：《"尖閣諸島"の領有権問題——台湾の主張とその批判》，《季刊沖縄》（"尖閣諸島"特集），1971年第56号。

[②] ［日］绿间荣：《"尖阁列岛"》，那霸：ひるぎ社，1984年，第54、90页。

[③] ［日］喜舍场一隆：《"尖阁列岛"と册封使录.季刊冲绳》（"尖阁列岛"特集第二集），1972年第63号。

[④] 参见《上奏文に'尖阁は琉球'と明记 中国主张の根拠崩れる》，《産経新闻》，2012年7月17日。

至闰五月初三，涉琉球境，界地名赤屿"一语。石井望把其中的"涉"解释为"进入"，据此认定"这是明朝皇帝所派使节团正式承认赤尾屿属于琉球，并由琉球人命名"的证据。①

　　针对上述第一项来自国际法学者奥原敏雄的质疑，台湾历史学者杨仲揆在答辩文章中已做出回应，"这不是郭汝霖原文法律解释的问题，而是中国文义的翻译和认识问题。"② 针对日本学者对"界琉球地方山也"汉语语义的曲解，吴天颖指出，这里的"界"作动词用，意为"接界""毗邻"，是个主语省略句，被省略的主语当然是"中国"。因为按照当时我国的惯例，凡邦内所辖之地，无需赘言"中国所属"云云。日本学者第二项质疑更不合逻辑，倘若喜舍场一隆主张"'赤屿者，界琉球地方山也'不过是'记载两国版图的分歧点'"这一逻辑为正确，那么如何实现"从赤尾屿开始便是琉球领土"在地理上的可行性呢？因为事实上赤尾屿、古米山之间远隔 200 余千米，还横亘着冲绳海槽。③ 对第三项来自石井望的质疑，吴天颖已从语言学角度作出解答：汉语的"涉"是个多义词，"涉琉球境"中的"涉"，应当作"面临"而不是"进入"解释。④更重要的是，即使石井望的推断成立，所谓"孤证不立"，无论是 1534 年明朝使臣陈侃《使琉球录》对 5 月 9 日过赤屿的描述——"十一日夕，见古米山，乃属琉球者"；还是 1756 年出使琉球的周煌

① 参见《上奏文に "尖阁は琉球" と明记 中国主张の根拠崩れる》，《産経新闻》，2012 年 7 月 17 日；高洪：《日本所谓新史料恰恰佐证明钓鱼岛属于中国》，《瞭望新闻周刊》，2012 年第 31 期；［日］石井望：《尖阁前史（ぜんし）、无主地（むしゅち）の一角に领有史料有り》，《八重山日报》，2013 年 8 月 3 日（平成二十五年八月三日）。

② 杨仲揆先生对此的具体解答为：（能证明钓鱼岛为中国领土的文献记载众多）册封使录，除徐葆光以外，均为册封旅行之记录，并非领土勘察之记录，故无理由正面详载领土观念之必要。有之亦仅偶然反映当时中琉双方之共同认识而已。故诸家使录中提到领土观念之密度或频率，不影响其（郭汝霖《使琉球录》）价值及可靠性。参见杨仲揆：《钓鱼台列屿主权平议——兼答奥原敏雄氏〈钓鱼台列屿领有权问题〉一文》，《文艺复兴月刊》，1972 年第 28 期；杨仲揆：《琉球古今谈——兼论钓鱼台问题》，台北：台湾商务印书馆，1990 年，第 535-536 页。

③ 吴天颖：《甲午战争前钓鱼列屿归属考》（增订版），北京：中国民主法制出版社，2013 年，第 68-69 页。

④ 吴天颖：《甲午战争前钓鱼列屿归属考》（增订版），北京：中国民主法制出版社，2013 年，第 68 页。

所提的福建至琉球，必经沧水过黑水，以及黑水沟是"中外分界处"的记载，都可以反证位于冲绳海沟中国大陆架一侧的赤尾屿属于中国，石井望的"发现"和解读是断章取义。① 综合起来，对"赤屿者，界琉球地方山也"的正确理解为：陈侃说的是古米山及其以东属于琉球，郭汝霖则说赤尾屿是和琉球接界的山，赤尾屿及其以西属于中国。②

3. "沟""郊"即"中外（琉）之界"

中琉之间不光有海岛为界，还有海上的自然边界——黑水沟。钓鱼岛位于冲绳海槽的西侧。我国古代海船，由闽江经台湾北部前往琉球，正是顺着黑潮支流、乘东南季风前进。这一带水深在 50～200 米之间，但是经过钓鱼岛、黄尾屿、赤尾屿后，碰到黑潮主流，航行者必须横渡涡流状潮流，才能到达属琉球的古米山。因此，赤尾屿—古米岛之间的黑潮就成为中琉两国的自然疆界。古代海船在横渡黑潮时往往会举行祈求海神保佑的仪式。③ 我国古代对黑潮称呼不一，常称"黑水沟"或"沟"，而将黑潮以西东海大陆架上的蓝绿色海水称为"沧水"。康熙二十二年（1683 年）出使琉球的册封正使汪楫所著《使琉球杂录》记载，"薄暮过郊（或作沟）……问：'郊之义何取？'曰：'中外之界也。''界于何（办）［辩］'曰：'悬揣耳。'然顷者恰当其处，非臆度也……"④ 奥原敏雄质疑称，"汪楫绝无理由认可这一议论（即有关'沟''郊''中外之界'的对话），他在'郊'子下注明'或作沟'……但周煌是对汪楫使录做了订正的，他没有使用汪楫所写'过郊'的'郊'字，而是使用一般所用的'沟'字，记作'过沟'。进而，周煌使录卷五中，没有将其作为'中外之界'，而是明确记为'闽海之界'……因此

① 廉德瑰：《断章取义妄称发现钓鱼岛曾属琉球史料 日学者岂可如此治学》，《解放日报》，2012 年 7 月 19 日。

② 吴天颖：《甲午战争前钓鱼列屿归属考》（增订版），北京：中国民主法制出版社，2013 年，第 68 页。

③ 吴天颖：《甲午战争前钓鱼列屿归属考》（增订版），北京：中国民主法制出版社，2013 年，第 68 页。

④ （清）汪楫：《使琉球杂录》（卷 5），参见黄润华、薛英编：《国家图书馆藏琉球资料汇编》（上册），北京：北京图书馆出版社，2000 年，第 796-803 页。

'沟'是区别海上特色的意思，不过被称为'闽海之界'而已。"① 尾崎重义
也主张，"这里并非清朝官方使节汪楫自身断定郊是'中外之界'，而是记录
了从同船者（不清楚姓名身份，是中国人还是琉球人）处听闻来的话语"②。
奥原敏雄和尾崎重义都提到"郊"与"沟"的记载，意在说明汪楫并不认可
"沟"（黑水沟）为"中外之界"。就以上日本学者的质疑，吴天颖再次从语
言学角度做出解释，"郊"与"沟"两个字虽然普通话读音截然不同，但是
在福建闽南方言里读音均为"gao"，③ 完全一样。因此，"和汪楫这位江西老
表对话的，是操闽南方言的船工，当场的人按船工的读音记下来，'郊'与
'沟'闽南方言别无二致，两者连在一起的缘由也就豁然贯通了"。④

　　以上日本学者从抗辩的立场出发，对中国赴琉球册封使"册封使录"进
行刻意质疑和歪曲。就此，我国日本问题专家廉德瑰教授的评价颇为中肯：
日本学者中很少有人对中琉关系中诸多史料进行综合研究，他们大多只能
"发现"一些孤立的资料，从中断章取义，再加上对古汉语的解读能力今不如
昔，得出的结论自然是所谓"'尖阁列岛'乃无主之地"，故日本可以根据国
际法实行"先占"云云。⑤

　　（四）日方否认林子平《三国通览图说》是自欺欺人

　　针对日本林子平所著《三国通览图说》之《琉球三省并三十六岛图》
（参见附录图五"林子平《三国通览图说·琉球三省并三十六岛之图》"）

---

　　① ［日］奥原敏雄：《動かぬ尖閣列島の日本領有権——井上清論文の〈歴史的虚構〉をあば
く》，东京：《日本及日本人》，1973 年 1 月，第 65—75 页。
　　② ［日］尾崎重义：《"尖阁诸岛"与日本的领有权》，《外交》，2012 年第 12 期，资料来源于
http：//www. japanpolicyforum. jp/cn/archives/diplomacy/pt20121224171310. html，访问日期：2015 年 1
月 30 日。
　　③ 吴天颖书中提到就"郊"与"沟"的发音问题请教过中国社科院语言研究所方言研究室的张
振兴研究员，结论是读音均为 kan。作者也就该问题质询过多位说福建闽南语的人士，结论是读音应
均为 gao，作者认为不排除该书为笔误。
　　④ 吴天颖：《甲午战争前钓鱼列屿归属考》（增订版），北京：中国民主法制出版社，2013 年，
第 78 页。
　　⑤ 廉德瑰：《断章取义妄称发现钓鱼岛曾属琉球史料　日学者岂可如此治学》，《解放日报》，
2012 年 7 月 19 日。

的证据价值，来自日本学者和日本官方的质疑主要有三：其一，奥原敏雄主张，"《三国通览图说》是依据《中山传信录》的传闻，其证据价值也只能属于第二等"；① 其二，奥原敏雄、滨川今日子等均对《三国通览图说》的着色问题提出质疑，他们认为，汇总《三国通览图说》全部图集看，日本本土和旧满洲都是绿色，台湾及朝鲜都是黄色，虾夷（北海道）的大部分及琉球都是浅棕色。如果用这些颜色来辨别领土的话，那么，林子平则是把满洲认为是日本的领土，把台湾认为是朝鲜的领土，把北海道认为是琉球的领土了（或者相反）。② 琉球官方发布的《琉球政府声明》基本照搬奥原敏雄的说法，称："《三国通览图说》是由《中山传信录》内《琉球三十六岛图》和《航海图》拼凑而成。他把《三十六岛图》中未列入琉球领土的钓鱼岛、黄尾屿等，机械的作为中国领土着色。不过，即使在《中山传信录》的《航海图》中，也找不出这些岛屿属于中国的证据"③。其三，日本外务省《"尖阁诸岛"问答》中，日本政府辩称，"制作该地图是否具有为了显示当时的领土意识之意图并不明确。而且该地图所绘台湾面积只有冲绳本岛的三分之一大小，这显示作者并没有正确的知识"④。

奥原敏雄声称，《中山传信录》是"传闻证据"，进而否认《三国通览图说》。但《中山传信录》是册封使徐葆光带着对琉球进行地理测绘任务而著的官方权威论著，被包括日本在内的国际社会所尊崇，绝非"没有证据价值的传闻证据"。而1970年《琉球政府声明》和日本外务省《"尖阁诸岛"问答》对林子平所著《三国通览图说》的攻击，集中在林子平的地图着色方法，以及该地图制作是否具有领土意识两个方面。日本学者井上清和我国的吴天颖

---

① ［日］奥原敏雄：《"尖閣諸島"の領有権問題——台湾の主張とその批判》，《季刊沖縄》（"尖閣諸島"特集），1971年第56号。

② 参见［日］奥原敏雄：《"尖閣諸島"の領有権問題——台湾の主張とその批判》，《季刊沖縄》（"尖閣諸島"特集）1971年第56号；［日］滨川今日子：《"尖閣諸島"の領有をめぐる論点》，《国立国会図書館調査と情報》，2007年2月28日，第565页。

③ 琉球政府：《"尖阁列岛"の領有権について》（1970.9.17），《季刊冲绳》，1970年第56号，第180-182页。

④ 日本外务省：《"尖阁诸岛"问答》（中译本）。

对此有较为详细的回应，总结起来：

（1）关于日方所称所谓地图为"机械着色"及相关质疑。林子平刊行的《三国通览图》内载朝鲜、琉球和虾夷（今北海道）三国的地理情况，并附有五幅地图，即《三国通览舆地路程全图》《朝鲜八道之图》《琉球三省并三十六岛之图》《虾夷国全图》和《无人岛大小八十余山之图》。① 在《琉球三省并三十六岛图》设色说明中，"赤"下面为"无人岛·支那（指中国）·堪察加半岛"。其中"无人岛"是专指小笠原全岛，因此，各图内除了小笠原群岛和堪察加半岛外，着赤色的部分显然就是中国领土。② 从地图着色上可以看出：临近中国大陆的花瓶屿、彭佳屿、钓鱼台、黄尾山、赤尾山，以及这些岛屿北部的里麻山、台山、鱼山、凤尾山、南杞山等，都是与中国大陆相同的浅红色。而琉球三省及三十六岛，北起奇界，南至宫古、八重山诸岛，则概为浅棕色，并且与日本列岛的浅灰绿色有明显的区别。吴天颖认为，《中山传信录》内《琉球三十六岛图》（参见附录图一"徐葆光《中山传信录·琉球三十六岛图》"）是单色图，在处理中国领土钓鱼岛等一系列岛屿时，采取了略去而该绘为大海的方法。林子平在处理福州到那霸南北两条航路上述岛屿归属时，赞同并吸收了《中山传信录》反映的中琉人士共识，即确认这些岛屿岛屿属于中国版图。林子平只不过是在所绘彩色舆图中，将《中山传信录》那张单色舆图中被绘为大海而被隐去的中国所属岛屿恢复其本来面目，并在这些岛屿上涂了和中国一样的红色。③ 再次，长期以来，地图上对于海洋和陆地不同国属，如何只用四种颜色使相邻两个地区达到具有不同颜色

---

① 《琉球三省并三十六岛之图》珍藏原版，现今分别收藏在东京大学和早稻田大学的图书馆内，早稻田大学收藏本为"上毛桐生村长泽纯藏书"，两版皆为"天明五年秋东都须原屋市兵卫梓"的着色原版。天明五年（1787 年）刊本为"旧和歌山德川氏藏"，藏日本东京大学附属图书馆，参见［日］井上清：《关于钓鱼岛等的历史和归属问题》，北京：生活·读书·新知三联书店，1973 年，第14 页。

② 吴天颖：《甲午战争前钓鱼列屿归属考》（增订版），北京：中国民主法制出版社，2013 年，第84 页。

③ 吴天颖：《甲午战争前钓鱼列屿归属考》（增订版），北京：中国民主法制出版社，2013 年，第85 页。

的效果，这本来就是拓扑学中难以解决的"四色问题"①。而林子平制图只用了赤、黄、绿、棕四种颜色，对于同属一国的不同区域他并没有用深浅不一的同一颜色加以区别。因此，对于"满洲"和台湾为何不涂上和中国大陆一样的颜色，合理的推测就是：林子平或许以为满洲是清朝的龙兴之地而与中国大部分领土而稍有不同，而中国山东等地已经用了赤色、毗邻的朝鲜用的黄色，因此选用和不相连的日本一样的绿色；台湾则因郑氏政权降清前后的情况有所不同，所以用了不同于大陆的颜色，但却清楚标明《台湾三县之图》，并在图内以虚线划出三县——台湾、凤山、诸罗县界。②

（2）关于日方对林子平本人及其制图是否反映日本领土意识的质疑。林子平是"卓越的经世家"，他从仙台游学江户（今东京），1775 年去过长崎，从荷兰人那里得悉沙俄南下扩张的消息，痛感日本防卫的紧迫性，认为必须将日本国防中存在的问题告之民众，故为幕府所忌，他的著述《三国通览图说》和《海国兵谈》（1786 年）因而被毁版。③ 1861 年 11 月，在日美有关小笠原群岛归属问题的交涉中，江户幕府以法语版《三国通览图说》一书的附图向美国政府证明日本对小笠原群岛的主权。虽然当时小笠原群岛只有欧洲移民，还没有日本人，但日方仍以该列岛为日方先发现为由，向美英政府申索主权并取得成功。④村田忠禧由此做出客观评价称，"如果提出《三国通览图说》作为证明小笠原岛是日本领土的依据，也应尊重钓鱼岛列屿从颜色上

---

① 四色定理：四色定理的通俗解释是："任意一个无飞地的地图都可以用四种颜色染色，使得没有两个相邻国家染的颜色相同"。"只需要四种颜色为地图着色"最初是由法兰西斯·古德里（Francis Guthrie）在 1852 年提出的猜想。1852 年，古德里在绘制英格兰分郡地图时，发现许多地图都只需用四种颜色染色，就能保证有相邻边界的分区颜色不同。

② 吴天颖：《甲午战争前钓鱼列屿归属考》（增订版），北京：中国民主法制出版社，2013 年，第 86-87 页。

③ 参见［日］高桥庄五郎：《"尖阁列岛"ノート》，东京：青年出版社，1979 年，第 199 页。

④ 参见吴天颖：《甲午战争前钓鱼列屿归属考》（增订版），北京：中国民主法制出版社，2013 年，第 18 页；［日］村田忠禧著：《从历史档案看钓鱼岛问题》，韦平和译，北京：社会科学文献出版社，2013 年，第 101-112 页。

区分属于中国领土这一事实。"① 日方关于林子平的制图不能反映领土意识的言论纯属自欺欺人。

即使在 "中华帝国" 体系下，宗主国（明清两朝）与藩属国（琉球）之间也并非没有界线，无论是海上分界，还是设立行政区划，就是要通过 "分疆划界" 明确各自属地、统辖范围和的权利和义务。尽管这种延续了上千年的领土取得方式与近代以来国际法要求的领土取得原则不尽相同，但却是当时国际秩序下的产物。②鉴于钓鱼岛的地理位置和地理特征，以及当时海洋管理方式和手段的局限性，明清两朝对钓鱼岛不可能实施派官兵驻岛实施驻防，正如井上清先生指出的："明、清时代的中国人唯一能够留给后世的，就是确定这个岛屿的位置、给它命名、指示到那里的航线，并把这一切都记录下来，并且，'这样做也就足够了'！"③ 但从本节所列史料、典籍和地图看，我国明清两代对钓鱼岛实施的管辖还包括中琉海上分界、将钓鱼岛列屿纳入版图、纳入海防辖区、划归行政隶属等等诸多措施和手段，这些管辖行为都是具有国际法效力的主权行为。

三、日方主张 "1885 年至甲午战争对钓鱼岛多次实地调查后为 '无主地'" 既不合史实也缺乏国际法依据

日本宣称："自 1885 年以来曾多次对 '尖阁诸岛' 进行彻底的实地调查，慎重确认尖阁诸岛不仅为无人岛，而且也没有受到清朝统治的痕迹"④。即，日本政府宣称对钓鱼岛的占领依据的是国际法上的 "无主地先占"，后又通过合法程序编入日本领土。日方所称的 "多次实地调查" 是历史问题，"无主地

---

① ［日］村田忠禧著：《从历史档案看钓鱼岛问题》，韦平和译，北京：社会科学文献出版社，2013 年，第 112 页。

② 张磊：《关于中日对钓鱼岛 "有效管辖" 主张探微》，《边疆史地研究》，2013 年第 4 期，第 44-45 页。

③ ［日］井上清著：《钓鱼岛的历史与主权》，贾俊琪、于伟译，新星出版社，2013 年，第 72 页。

④ ［日］日本外务省：《关于 "尖阁诸岛" 所有权问题的基本见解》（中译本）。

先占"则是国际法问题，本部分将结合钓鱼岛争端的时间因素对这两个问题予以分析。

（一）领土争端中的"关键日期"因素及中日钓鱼岛争端关键日期的选择

"无主地先占"是国际法上领土取得的传统方式之一，其他几种方式还有割让、添附、征服和时效。在格老秀斯创立国际法时，国家领土或多或少被视同国家君主的私有财产，格老秀斯及其门徒将罗马法中关于取得私有财产的规则适用于领土的取得。但在今天，罗马法中关于私有财产取得"方式"的规则就不能全部适用。因此，国际法上领土取得的传统方式应受到关键日期、历史性权利等的限制。①

常设仲裁院1928年的"帕尔马斯岛案"中，独任仲裁员胡伯（Huber）首次将国内法中的时际法规则引入国际法，还在适用时际法规则时提出了审理领土争端中的"关键日期"概念。② 国际司法机构判例以及公法学家不仅承认关键日期，赞同以关键日期的情势裁决案件，而且认为，关键日期实际上就是争端正式产生的日期。国际争端解决机构，包括国际法院、国际常设法院和常设仲裁法院的多数此类判例在认定"关键日期"时，大多将涉及领土主权争议条约或官方声明、外交文书等文件的发布日期作为判断"关键日期"的标准。关键日期既可以是一个具体的日期，也可以为某段具体的时期。从领土争端的判例看，一旦进入程序阶段，争端各方将提出对己有利的关键日期主张，而国际争端解决机构对关键日期的审查也相当重视。③ 格尔蒂指出，关键日期的作用是为了防止各方"弄虚作假"，也就是说，在关键日期

---

① ［英］詹宁斯·瓦茨修订：《奥本海国际法（第1卷，第2分册）》，王铁崖等译，北京：中国大百科全书出版社，1998年，第70页。

② See Island of Palmas Case（Netherlands v. U. S），April 4 1928，R. I. A. A，Vol. 2，pp. 845-846.

③ 参见刘丹：《领土争端解决判例中的"关键日期"因素及对钓鱼岛争端的启示》，《太平洋学报》，2013年第7期，第81-90页。

时，案件各方应明确其立场、确定诉讼的标的。① 从这个意义上说，关键日期的确定，对于设定案件起诉和应诉方提交的证据所指向的"截止日期"就十分关键。

关于中日钓鱼岛争端可能涉及的关键日期，中外学界观点总结起来有四种可能性：第一，1895 年 1 月 14 日，日本内阁"阁议"将钓鱼岛编入日本领土。作为关键日期，这一日期不但体现了日本政府占领钓鱼岛的意图，而且国家机关实际行使职能的活动一定程度上也是占领行为的体现；② 第二，1971 年，中国政府和台湾当局都多次对 1971 年美日《关于琉球群岛和大东群岛的协定》提出了官方抗议。日本学者松井芳郎（Matsui Yoshiro）主张，中日双方的争端主张在 1971 年已"固化"，因此应是钓鱼岛争端的关键日期。③ 韩国学者 Lee Seokwoo 认为，中国政府抗议声明做出的时间可能成为钓鱼岛争端的关键日期；④ 第三，1972 年，《归还琉球协定》生效。《归还琉球协定》第一次在文本中明确提及将钓鱼岛列屿施政权交于日本。1972 年 5 月 20 日，中国常驻联合国代表黄华致信瓦尔德海姆秘书长和安理会主席，指出"美日两国政府拿中国领土钓鱼岛列屿等岛屿私相授受，完全是非法的、无效的"⑤。也

① L. F. E. Goldie, The Critical Date, *The International and Comparative Law Quarterly*, 1963, Vol. 12, No. 4, p. 1266.

② 参见 Tao Cheng, The Sino-Japanese Dispute Over the Tiao-yu-tai (Senkaku) Islands and the Law of Territorial Acquisition, *Virginia Journal of International Law*, 1974, Vol. 14, pp. 253, 262；Han-yi Shaw, Revisiting the Diaoyutai/Senkaku Islands Dispute: Examing Legal Claims and New Historical Evidence Under International Law and The Traditional East Asian World Order, *Chinese（Taiwan）Yearbook of International Law and Affairs*, 2008, Vol. 26, pp. 156-157；刘丹：《时际国际法与我国海洋领土争端之考量》，《金陵法律评论》，2009 年秋季卷；曲波：《有效控制原则在解决岛屿争端中的适用》，《当代法学》，2010 年第 1 期。

③ Matsui Yoshiro, Legal Bases and Analysis of Japan's Claims to the Diaoyu Islands, In Qiu Huang Quan ed., 1997 *Diao Yu Tai Guo Ji Fa Yan Tao Hui Lun Wen Yu Tao Lun Ji Shi Hui Bian*［Papers and Proceedings of the 1997 International Law Conference on the Dispute over the Diaoyu/Senkaku Islands between Taiwan and Japan］, 1997, p. 11.

④ Lee Seokwoo, Territorial Disputes among Japan, China and Taiwan Concerning the Senkaku Islands, *Boundary&Territory Briefing（IBRU）*, 2002, Vol. 3, No. 7, p. 30.

⑤ 季国兴著：《中国的海洋安全和海域管辖》，上海：上海人民出版社，2009 年，第 255-256 页。

有学者主张，此时中日法律主张对立而明确，形成与争端相关的重大法律事实，构成钓鱼岛争端的关键日期；① 第四，一旦钓鱼岛争端提交国际争端解决机构，案件当事方提起诉讼（或仲裁）之日，也有可能被争端解决机构作为关键日期之一予以考虑。②

我国有大量 1895 年以前的典籍、海防图等中外文献资料资料证明中国对钓鱼岛的先命名、先发现，以及明清两代在此之前对钓鱼岛的长期行政管辖。将中日钓鱼岛争端的关键日期定为 1895 年，进而作为与日方法律斗争的重要时间点，对我国更为有利。

（二）日方所称自 1885 至甲午战争以来"对钓鱼岛的多次'实地调查'"并非事实

日本声称自 1885 年至甲午战争以来，对钓鱼岛"多次"进行"实地调查"，发现钓鱼台列屿是"无主地"，但是这却并非事实。

明治时期的官方文件证实，日本仅在 1885 年 10 月间对钓鱼岛列屿进行过一次实地调查，并非多次进行了实地调查。1885 年 10 月 29—30 日，冲绳县石泽兵吾等先对钓鱼岛登陆进行了最多 6 个小时的实地调查，后因海上大风，调查人员在调查船"出云丸"号上对黄尾屿进行观察，归途中路过赤尾屿，由于风高浪急夜暗漆黑甚至无法进行观察。③ 当时外务卿井上馨了解到，钓鱼岛列屿是"接近清国国境、台湾近傍之清国所属岛屿"。外务省"亲展第三十八号"文件反映出，井上馨对内文卿山县有朋表达了对建立国标的反对

---

① 张卫彬：《国际法院解决领土争端中的关键日期问题——中日钓鱼岛列屿争端关键日期确定的考察》，《现代法学》，2012 年第 3 期。

② 刘丹：《领土争端解决判例中的"关键日期"因素及对钓鱼岛争端的启示》，《太平洋学报》，2013 年第 7 期，第 89 页。

③ 此次调查的结果，体现在石泽兵吾的《鱼钓岛及另外二岛调查概略》和"出云丸"号船长林鹤松的《鱼钓岛、久场、久米赤岛回航报告书》中。二人的报告提交给了代理冲绳县令西村舍三之职的冲绳县大书记官森长义。参见［日］村田忠禧著：《从历史档案看钓鱼岛问题》，韦平和译，北京：社会科学文献出版社，2013 年，第 166-169 页；李理：《近代日本对钓鱼岛的非法调查及窃取》，北京：社会科学文献出版社，2013 年，第 12-14 页。

意见，称"此时倘公开建立国标，无疑将招致清国猜疑"①；同年 11 月 24 日冲绳县令西村舍三也在公文中证实："此事与清国不无关系，万一发生矛盾冲突，如何处理至关重要，请予以指示"②。1885 年 11 月 30 日，大政大臣三条实美给和外务卿井上馨的指令书"秘第二一八号之二"中，最终决定暂缓建设国标。③

　　佐证上述结论的证据包括：第一，台湾学者邵汉仪在海军省文件中查到，1892 年 1 月 27 日，冲绳县县令丸冈莞尔（Maruoka Kanji）致函海军大臣桦山资纪（Kabayama Sukenori），鉴于钓鱼岛列屿为"调查未完成"之岛屿，要求海军派遣"海门舰"前往实地调查，但是海军省以"季节险恶"为由并未派遣（参见附录图九"1892 年 8 月 12 日日本海军省确认没有对钓鱼岛进行调查的文书"）。④ 第二，1894 年 5 月间，冲绳县县令奈良原繁（Narahara Shigeru）致函内务省（参见附录图十），确认自从 1885 年首次实地调查以来，没有再进行实地调查。⑤ 1894 年 8 月中日甲午战争爆发，9 月 15 日，中国陆军在平壤严重失利，9 月 17 日，黄海大战，北洋水师遭受重创。就在清朝战败之际，1894 年 12 月，日本内务省认为兼并钓鱼台计划时机已告成熟，内务大臣野村靖向外务大臣陆奥宗光发出"密别一三三号"秘密文件，对如何答复一年前冲绳县知事第三次申请建立管辖航标一事进行磋商，文件称，兼并

---

① "沖縄県久米赤島、久場島、魚釣島ヘ国標建設ノ件"，JCAHR（亚洲历史资料中心）：B03041152300，《日本外交文书》（第 18 卷），第 572 页。

② 参见 B03041152300の17，《日本外交文书》（第 18 卷），第 576 页。

③ 参见 "沖縄県久米赤島、久場島、魚釣島ヘ国標建設ノ件"，JCAHR：B03041152300，《日本外交文书》（第 18 卷），第 572 页。

④ 参见 Han-yi Shaw, *The Inconvenient Truth Behind the Diaoyu/Senkaku Islands*, The New York Times, September 19, 2012；台湾当局有关部门："对日本外务省网站有关钓鱼台列屿十六题问与答逐题驳斥全文"，资料来源于 http://www.mofa.gov.tw/cp.aspx? n = FBFB7416EA72736F&s = FAA8620A0EE72A91，访问日期：2015 年 1 月 30 日。

⑤ 参见 "沖縄県久米赤島、久場島、魚釣島ヘ国標建設ノ件"，JCAHR：B03041152300；Han-yi Shaw, *The Inconvenient Truth Behind the Diaoyu/Senkaku Islands*, The New York Times, September 19, 2012；台湾当局有关部门："对日本外务省网站有关钓鱼台列屿十六题问与答逐题驳斥全文"，资料来源于 http://www.mofa.gov.tw/cp.aspx? n = FBFB7416EA72736F&s = FAA8620A0EE72A91，访问日期：2015 年 1 月 30 日。

案"业经与贵省磋商后，以指令下达……唯因今昔情况已殊"①。这句"唯因今昔情况已殊"表明，日本在甲午战争中战胜清廷后，情况已经和1885年时完全不一样了。这充分暴露了日本政府趁甲午战争窃取我领土的密谋过程，更使得日本试图将钓鱼岛和甲午战争后中日《马关条约》分离的主张难以自圆其说。此外，2016年4月，日本内阁官房官网发布"调查报告书"②，较以往补充列举了一些"新证据"。但是，该报告中关于"1895年尖阁诸岛领土编入文书"中所涉及的两件航标建设的文件，与以往设置航标的文件一致，并不具备领土编入的功能；报告中提及井泽弥喜太等赴"胡马岛"飘至中国获救等内容，恰好则表明日方知悉钓鱼岛归属中方的事实。整体来看，日本政府这些材料从性质到内容并无根本性突破，③不仅对日本主张的"无主地先占"帮助有限，甚至部分证据起到的是反证的作用。

综上所述，与冲绳县花费一天时间调查大东岛并设立国标④相比，日本所称自1885年以来经由冲绳当局等多次对钓鱼台列屿进行实地调查，以及日本自称钓鱼台列屿是"无主地"等公开宣示，并非事实。另外，《鱼钓岛及另外二岛调查概略》中记载："此岛与英国出版之日本台湾间海图下相对照，相当于Hoa Pin su……海图上以Tia u su标记，实有所误。久米赤岛相当于Raleigh Rock，唯一礁石尔……海图上以Pinnacle为久场岛，亦有所误。Pinnacle一语为顶点之意……故勘其误，鱼钓岛应为Hoa Pin Su，久场岛应为Tia u su，久

---

① B03041152300の29，日本外交文书（第18卷）。

② 参见"尖閣諸島"関係資料調査研究委員会："平成27年度内閣官房委託調査"尖閣諸島"に関する資料調査報告書"，资料来源于日本内阁官房官网网站 http：//www.cas.go.jp/jp/ryodo/img/data/archives-senkaku02.pdf，访问日期：2017年9月10日。

③ 张磊：《关于日本所谓钓鱼岛"无主地先占"的时际法探微》，《河北法学》，2017年第2期，第94页。

④ 1885年6—7月，内务省发出密令给冲绳县令西村舍三，指示其调查位于冲绳本岛东部的无人岛大东岛。在西村舍三的命令下，当年8月29日石泽兵吾等人乘"出云丸"号登陆南大东岛，31日登上北大东岛，遵照指令进行实地调查，并建立名为"冲绳县管辖"的国家标志。船长林鹤松建立了题为"奉大日本帝国冲绳县之命东京共同运输公司出云丸创开汽船航路"的航标。"出云丸"号于9月1日返回那霸港。参见［日］村田忠禧著：《从历史档案看钓鱼岛问题》，韦平和译，北京：社会科学文献出版社，2013年，第150-152页。

米赤岛应为 Raleigh Rock"①。因此，即使在 1885 年冲绳县唯一一次对钓鱼岛调查后的报告里，其中反复提到英国海图中的 Hoa Pin Su，Tia u su，也都均为中国对钓鱼岛列屿的命名。②

（三）日本援引"无主地先占"主张对钓鱼岛的"主权"存在多方面瑕疵

依据国际法，领土取得方式中的"先占"（occupation），是一个国家意图将不属于任何国家主权下的土地，即无主地置于其主权之下的据为己有的行为。③先占的成立必须确认是以"无主地"（terra nullius）④ 为前提，即先占的客体只限于不属于任何国家的土地，这种土地或者完全没有人居住，或者虽然有土著居民，但该土著社会不被认为是一个国家。⑤ 20 世纪 70 年代，联合国大会曾咨询国际法院，请求裁判西撒哈拉是否为"无主地"。国际法院的咨

---

① 村田忠禧指出，报告的提交者石泽兵吾实际上是误将钓鱼屿认作花瓶屿。参见 [日] 村田忠禧著：《从历史档案看钓鱼岛问题》，韦平和译，北京：社会科学文献出版社，2013 年，第 169 页。

② 郑海麟：《钓鱼岛列屿之历史与法理研究》，北京：中华书局，2007 年，第 75 页。

③ 英文 occupation 一字，大陆国际法学家王铁崖领衔翻译的《奥本海国际法》（第 9 版）中被译为"占领"，台湾国际法学家丘宏达的《现代国际法》（陈纯一修订）在引用《奥本海国际法》同一版本涉及领土争端的部分时，将 occupation 翻译为"先占"。丘宏达认为，occupation 的翻译在领土取得方面中文译为先占，但在战争法上译为占领，两者涵义不同。军事占领（millitary occupation）不能取得主权。本书采用丘宏达先生的译法。参见丘宏达著：《现代国际法》（修订第 3 版），陈纯一修订，台北：三民书局，2013 年，第 514-515 页；[英] 詹宁斯·瓦茨修订：《奥本海国际法》（第 1 卷，第 2 分册），王铁崖等译，北京：中国大百科全书出版社，1998 年，第 74-79 页。

④ "无主地"：这一概念一度在 18 世纪流行，被欧洲各国用来为殖民行为辩护。18 世纪著名国际法学家瓦特尔（Emmerich De Vattel）的《国家间的法律》（Le Droit des Gens）中阐述了国际法上的"无主地"。他对英国占有大洋洲，或欧洲各国占有整个北美洲的行为进行合理化，将原住民的土地区别为"已垦殖"（cultivated）与"未垦殖"（uncultivated）两类。瓦特尔认为，欧美主导的国际法应当确认人类对于所栖身、使用的土地负有开发、垦殖的义务。那些居无定所的游牧部落失于开发、垦殖土地的义务本身，即意味着可以视他们从未"真正而合法地"占有这些土地；因为这些部落没有成型昭彰的社会组织者，其与土地二者间不得认作国际法上之占有关系，因而其土地为"无主地"，根据发现与先占原则，无主地向所有殖民者敞开。参见 De Vattel, *Les droit des Gens*, *ou Principles de la Loi naturelle*, *appliqués a la conduit at aux affaires des Nations et des Souverains*（1758），translated by Charles Ghequiere Fenwick, Carnegie institution of Washington, 1916, p. 194.

⑤ [英] 詹宁斯·瓦茨修订：《奥本海国际法》（第 1 卷，第 2 分册），王铁崖等译，北京：中国大百科全书出版社，1998 年，第 74 页。

询意见认为，"国家实践表明，如果该领土已有部落居住或者有已形成社会和政治组织形式的人群居住，则不能视为'无主地'"。① 1992 年，澳大利亚联邦最高法院在著名的"玛宝"案（Mabo v The State of Queensland）判决中推翻了该项普通法原则，在法律上确定澳大利亚乃征服地而非定居地，正式承认了原住民土地权（native title）。② 如今，学者倾向于把普通法的"无主地"原则评价作"法律拟制"或"法律神话"③。

应明确的是，国际法上的先占取得的方式必须为有效的（effective），而不能仅是拟制的（fictitious）。④ 有效的领土先占，要件有二：①国家必须将有人居住的领土置于其占有之下，并意图取得该地的主权，通常要有人定居其上，并有某种正式宣告的行为；②国家对此领土置于某种行政管理之下。如果其占领领土后，在合理的期间内未建立某些管理权力，则这种先占并非有效。早期的国际法并未规定先占必须具备上述占有和行政管理两个条件，而认为发现就可以主张主权，但到了 19 世纪，国际法学者与国家实践均支持先占必须有效才能取得领土主权。仅仅是发现，只能取得原始主权（inchoate title），可以阻止其他国家再对同一土地行使先占，但如果在合理的期间内不能有效的占领被发现的土地，则其他国家可以有效占领而取得该地的领土主权。⑤ "先占"原则虽然在现代国际法还被应用，但由于国际公认的无主地越来越少，该原则影响力与认可度也渐渐衰落。

《琉球政府声明》中称，"直至明治前期（1877—1882 年），'尖阁列岛'还是无人岛……"⑥ 日本外务省《关于"尖阁诸岛"所有权问题的基本见解》

---

① Western Sahara, Advisoty Opinion, I. C. J. Reports 1975, p. 12, paras. 80–81.

② Mabo v. Queensland（No. 21）（1992）175 CLR 1.

③ Michael Connor, *The Invention of Terra Nullius*: *Historical and Legal Fictions on the Foundation of Australia*, Macleay Press, 2005.

④ ［英］詹宁斯·瓦茨修订：《奥本海国际法》（第 1 卷，第 2 分册），王铁崖等译，北京：中国大百科全书出版社，1998 年，第 75 页。

⑤ Robert Jennings and Arthur Watts, *Oppenheim's International Law*, Vol. I, 9ᵗʰ ed., Part 2–4, Longmans Group UK Limited, 1992, pp. 689–690.

⑥ 琉球政府：《"尖阁列岛"の领有权について》（1970. 9. 17），载《季刊冲绳》1970 年第 56号，第 180–182 页。

也做出类似的主张，声称"在 1885 年以来多次对'尖阁列岛'进行彻底实地调查的基础上，于 1895 年 1 月 14 日，由内阁会议决定在岛上建立标桩并正式编入日本领土之内"①。可见，日本政府宣称对钓鱼岛拥有"主权"，依据的不仅是国际法"无主地先占"原则，还声称通过合法程序即 1895 年 1 月 14 日内阁会议决议正式编入日本领土。然而，日本的主张存在的问题在于：在 1895 年"关键日期"以前，"无人岛"是否是国际法意义上的"无主地"？日本将钓鱼岛并入其领土的"内阁决议"是否为合法手续？这样的程序是否符合"无主地先占"的国际法？以下拟结合史实与国际法从以下四方面进行分析：

第一，国际法上"先占"的客体只限于那些不属于任何国家的土地，而无人岛并不等同于国际法上的"无主地"。钓鱼岛列屿虽为无人岛，但从明代起就被中国官方划入版图、列入军事海防区域、列入福建的行政管辖范围，清朝延续了明朝的多数做法，这些都是符合国际法的有效统治（effective control）的方式。冲绳县在 19 世纪末对包括大东岛在内的无人岛调查研究表明，日本有很多无人岛，无人并不意味着没有主人或所有者，必须寻找无人岛的所有者。事实上，1885 年日本政府放弃在钓鱼岛列岛建设国标，是因为已经知道这些岛屿与清朝存在关系。如果不向清国询问这些无人岛的主权，并从清国那里得到"不属于清国领土"的答复，日本政府就无法申领所谓的无人岛。②

第二，先占公示的效力和程序性要件欠缺。学术界对日本政府 1895 年 1 月 14 日内阁决议的法律性质存在质疑：质疑一是内阁决议宣告意义。鉴于内阁决议的"秘"字属性，不论日方以"秘"字作为该决议属性的目的为何，该决议已不具备宣示意义，更遑论冲绳县并未在此决议后收到任何命令实施的公文。也就是说，由于内阁决议保密的属性，限制了它作为主权宣告依据

---

① 日本外务省：《关于"尖阁诸岛"所有权问题的基本见解》（中译本）。
② ［日］村田忠禧著：《从历史档案看钓鱼岛问题》，韦平和译，北京：社会科学文献出版社，2013 年，第 150-177 页。

的功能，宣告效果并未真正实现；① 质疑二是内阁决议缺乏法律效力。一项国家政令的法律效力依赖国家体制以及保障政令有效性或合法性的完整的制定程序。近代日本政令的合法化需要天皇的批准或授权。该决议形成后，日本国内并不见天皇所签发的相应敕令。日本该内阁决议，在确立其"秘"属性，且缺乏天皇授权的前提下，并没有完成法定程序，因而缺乏日方所提出的法律效力。② 事实上，1895 年以前，日本并非不了解国际法"无主地"的确认与占领的宣告的原则。例如，明治政府于 1891 年编入硫黄岛时，在 1891 年 8 月 19 日内阁决议后，曾于同年 9 月 9 日以敕令第 190 号公布；之后，明治政府 1898 年编入南鸟岛时，在 1898 年 7 月 1 日内阁决议后，也于同年 7 月 24 日以东京府告示第 58 号公布。可见，日本秘密先占钓鱼台列屿不但与国际法与国际惯例不符，也和它自己的国内实践不一致。③

第三，1896 年由冲绳县郡编制的"第 13 号敕令"的目的是将冲绳县编制成五郡，然而这一行政编制行为并没有提及钓鱼岛及其附属岛屿，也未将钓鱼岛、黄尾屿等与八重山诸岛并列在一起。第 13 号敕令"朕兹裁可冲绳县之郡编制并公布之"④ 的表述表明，该文书本身是为冲绳县区划设置的官方文书。敕令正文第一条⑤列举的地区与其郡区归属中，并没有涉及钓鱼岛的任何表述（参见表十三）。第 13 号敕令里"八重山郡"所指向的八重山诸岛并没有特别列出钓鱼岛列屿，究其原因，井上清指出是因为"八重山的辖区仅仅

① 参见张植荣：《明治时期日本官书对"尖阁列岛"地位的认识》，《中国边疆史地研究》，2008 年第 1 期，第 98-106 页；张磊：《关于日本所谓钓鱼岛"无主地先占"的时际法探微》，《河北法学》，2017 年第 2 期，第 98 页。

② 张磊：《关于日本所谓钓鱼岛"无主地先占"的时际法探微》，《河北法学》，2017 年第 2 期，第 98 页。

③ 台湾当局有关部门："对日本外务省网站有关钓鱼台列屿十六题问与答逐题驳斥全文"，资料来源于 http://www.mofa.gov.tw/cp.aspx? n = FBFB7416EA72736F&s = FAA8620A0EE72A91，访问日期：2015 年 1 月 30 日。

④ ［日］浦野起央，刘苏朝，植荣边吉编：《钓鱼台群岛（"尖阁群岛"）研究资料汇编》，香港：励志出版社，2001 年，第 165-198 页。

⑤ 《明治二十九年第十三号》第一条，参见［日］井上清：《中国钓鱼岛的历史与主权》，贾俊琪、于伟译，北京：新星出版社，2013 年，第 170-171 页。

为历代众人所周知的八重山群岛"①。与此大相径庭的是，日本明治政府在把小笠原群岛西南原无人岛屿纳入版图时，不仅在另行提交阁议的草案中详细提及岛屿名称和经纬度，明治二十四年"敕令第190号"《管报》还通报其位置、名称和所管省厅；类似的，日本在把朝鲜郁林岛附近的"竹岛"（韩国称"独岛"）② 纳入日本领土时，不仅在 1905 年 1 月 28 日内阁会议通过决议，岛根县知事还将内相的训令在辖区内进行公告。③

表十三　"第 13 号敕令"所涉及的冲绳县五郡（那霸、首里两区除外）④

1	岛尻郡	岛尻各村、久米岛、庆良间诸岛、渡名喜岛、粟国岛、伊平屋诸岛、鸟岛及大东岛
2	中头郡	中头各村
3	国头郡	国头各村及伊江岛
4	宫古郡	宫古诸岛
5	八重山郡	八重山诸岛

也就是说，钓鱼岛及其附属岛屿并未被纳入敕令第 13 号的编制对象。即使在甲午中日战争结束后，日本政府也未对钓鱼岛列岛正式办理领有手续。⑤由内阁会议批准设置的标桩，冲绳县此后并没有设置。1968 年联合国亚洲远东经济委员会发布了对周边海底资源调查的结论性报告。1969 年 5 月 9 日，

---

① ［日］井上清：《中国钓鱼岛的历史与主权》，贾俊琪、于伟译，北京：新星出版社，2013 年，第 175 页。

② 竹岛：韩日争议岛屿，是位于北纬 37°14′12″，东经 131°51′51″ 的 2 个岛屿和礁岩群，距离韩国郁陵岛东偏南 94 千米。韩国称其为独岛（Dokdo 或 Tokdo），日本称竹岛（Takeshima），英语称 Liancourt Islands。

③ ［日］井上清：《中国钓鱼岛的历史与主权》，贾俊琪、于伟译，北京：新星出版社，2013 年，第 173-174 页。

④ 参见 ［日］浦野起央，刘苏朝，植荣边吉编：《钓鱼台群岛（"尖阁群岛"）研究资料汇编》，香港：励志出版社，2001 年，第 165-198 页；［日］井上清：《中国钓鱼岛的历史与主权》，贾俊琪、于伟译，北京：新星出版社，2013 年，第 170-171 页；张磊：《关于日本所谓钓鱼岛"无主地先占"的时际法探微》，《河北法学》，2017 年第 2 期，第 98 页。

⑤ ［日］村田忠禧著：《从历史档案看钓鱼岛问题》，韦平和译，北京：社会科学文献出版社，2013 年，第 222-223 页。

石垣市才匆匆在钓鱼岛上设置了界标。①

第四，法治的一项基本原则是，合法权利不能源于非法行为（ex injuria non oritur jus），该原则的基本精神是实施非法行为将不能也不应获得利益。②日本声称 1895 年 1 月 14 日的内阁决议是在《马关条约》签订前三个月通过的，因此日本并非由战争取得钓鱼岛列屿，而是根据国际法上的"无主地先占"。然而日本的历史档案记录证明，事实并非如此，日本是在刻意回避中日甲午战争与其窃占钓鱼岛之间的关联。有两项来自日本的证据佐证日方对钓鱼岛的主张自始无效：第一项证据是夏威夷大学东亚图书馆所藏"冲绳县"水产技师（官名）1913 年编纂的《宫古郡八重山郡渔业调查书》。文中提道，日本人古贺辰四郎想向日本政府租借"尖阁群岛"，由于当时"不无清国所属之说"，因此"迟迟不见（日本）政府处置。适逢日清战役，依其结果台湾新入我国领土、该岛（'尖阁群岛'）之领域亦随之明朗"③。这透露出日本明治政府将钓鱼岛编入"版图"前，已经知晓其并非"无主地"；第二项证据是 1920 年 12 月 9 日《官报》第 2507 号。其中有"所属未定地之编入"与"字名设定"两项记载。"所属未定地"指的是赤尾屿，而新设名称是"大正岛"。这表示 1895 年 1 月 14 日秘密内阁决议，既未合乎日本国内法或国际法，并再编入范围有重大疏漏，以至于日本于甲午战争结束 25 年后，才将赤尾屿片面编入，改名大正岛。④此外，1885 年 10 月，日本外务大臣和外务省官员对钓鱼岛列屿的描述仍是："接近清国国境……台湾近傍清国所属之岛

① ［日］村田忠禧著：《从历史档案看钓鱼岛问题》，韦平和译，北京：社会科学文献出版社，2013 年，第 201-202 页。

② 王可菊：《不法行为不产生权利》，《湖南：中国国际法学会 2013 年学术年会论文集》（上），第 404-408 页。

③ Han-yi Shaw, *The Inconvenient Truth Behind the Diaoyu/Senkaku Islands*, The New York Times, September 19, 2012.

④ Han-yi Shaw, *The Inconvenient Truth Behind the Diaoyu/Senkaku Islands*, The New York Times, September 19, 2012.

屿"①。从日方档案记录看，1895 年 5 月，当时的冲绳县知事确认 1885 年以前的实地勘察是第一次也是最后一次勘察，并因而有该岛屿为清国所属的认知。然而，这再一次回避了有关战争的史实。从时间上看，1894 年 9 月 17 日，日本击败中国北洋舰队，成为中日战争的重要转折点；1894 年 11 月，中国求和的意愿不仅被日方知悉，而且也被国际外交界所共知；1895 年 3 月，日本入侵临近台湾的澎湖列岛。所以，尽管《马关条约》在 1895 年 4 月 17 日签订，但这并不能抹去之前发生的一系列事件，正是这些事件为日本占据争议岛屿做好了铺陈。②

国际法上先占的确立，必须确认是以"无主地"为前提。中国先发现、先命名钓鱼岛，在明清时期对钓鱼岛纳入海防和行政管理，日本所称钓鱼岛为"无人岛"，并不等于钓鱼岛是国际法上的"无主地"；其次，依据文明国家所承认的一般国际法原则，无主地的确认与占领的宣告都是国际法上"无主地"有效先占原则不可或缺的要件。而不仅日本援引的领土编制文书——"第 13 号敕令"并不涉及钓鱼岛，日本所称的"先占"公示的效力和程序性要件也都严重欠缺。日本官方文件显示，日本从 1885 年开始调查钓鱼岛到 1895 年正式窃占，始终都是秘密进行、从未公开宣示，因此日本对钓鱼岛的主权主张不具有国际法规定的效力③；再次，国际法"一国不得以违法作为或不作为取得合法权利或资格"的原则，更充分说明日本窃取钓鱼岛的违法行为不得作为取得合法权利的基础。大量历史事实证明，日本援引"无主地先占"原则以主张钓鱼岛主权，法律依据和历史证据并不充分。

---

① 邵汉仪：《关于钓鱼岛，日人难以示人的真相》，《纽约时报》（中文网）2012 年 9 月 28 日，资料来源于 https：//cn.nytimes.com/opinion/20120928/c28shaw/，访问日期：2017 年 9 月 10 日。

② 邵汉仪：《关于钓鱼岛，日人难以示人的真相》，《纽约时报》（中文网）2012 年 9 月 28 日，资料来源于 https：//cn.nytimes.com/opinion/20120928/c28shaw/，访问日期：2017 年 9 月 10 日。

③ 参见中华人民共和国国务院新闻办公室：《钓鱼岛是中国的固有领土》，北京：人民出版社，2012 年。

四、对日本外务省罗列 1895—1971 年中国"涉琉球认知之反证"的反驳

琉球问题上，大陆官方并没有和日本达成有关琉球的官方协议或共识，但一些非官方、非正式场合认知被日本政府作为反证，公布在外务省网站上。基于对两岸政府态度的观察，日本政府主张，"中国政府以及台湾当局在 20 世纪 70 年代以后才开始有关尖阁诸岛的独自主张……在此之前，'尖阁诸岛'根据《旧金山和平条约》第 3 条被置于美国施政之下，中国对这一事实从未提出过任何异议。此外，中方对自己没有提出异议的事实也没有做出任何解释"。① 日本政府的上述主张，"潜台词"是将 20 世纪 70 年代作为钓鱼岛争端的"关键日期"，尤其是罗列 1895 年至 20 世纪 70 年代一些对我不利的证据，本部分逐一分析并予以反驳。

（一）"冯冕感谢状"

1919 年中华民国驻长崎领事冯冕的感谢状称，"中华民国八年冬，福建省惠安县渔民郭合顺等 31 人遭强风遇险而漂泊至日本帝国冲绳县八重山郡'尖阁列岛'内和洋岛。承日本帝国八重山郡石垣村雇玉代势孙伴君热心救护，使得生还故国。洵属救灾恤邻当仁不让深堪感佩服，特赠斯状以表谢忱"。② 作为中国对琉球和钓鱼岛表态的所谓"反证"，"长崎感谢状"被日本外务省放到官方网站上。这其实可以从《马关条约》与琉球和钓鱼岛问题的关联来解释。由于 1894 年《马关条约》的签订，台湾成为日本的殖民地，而此前 1879 年日本入侵琉球后，琉球早已成为日本的殖民地，中国官员在这样的历史背景下公开致谢也就不足为奇。

---

① 参见［日］日本外务省：《"尖阁诸岛"问答》（中译本）。
② 参见［日］日本外务省：《"尖阁诸岛"问答》（中译本）。

（二）20 世纪关于 "琉球移交" 问题美日交涉期间，在美国最终将琉球 "施政权" 移交日本的问题上，大陆领导人的表态、官方立场和非官方认知

例如，出于支援越南、日本广大人民反抗美国压迫，同时不干涉他国内部事务的国际主义精神，毛泽东主席在 1960 年 6 月 21 日对来访的日本左翼日本文学代表团发表了《美帝国主义是中日两国人民共同敌人》的讲话。[①] 讲话中对日本人民收回冲绳的主权表示全力支持。[②] 又如，1972 年 5 月 20 日，中华人民共和国常驻联合国代表黄华向联合国秘书长和安理会主席的致函中提到，"日本人民为收复冲绳进行了长期斗争，迫使美国政府不得不把冲绳的施政权归还日本。但是，佐藤政府却允许美国在冲绳继续保留大量军事基地和军事设施。这是违背日本人民要求全面、无条件地移交琉球的愿望的"。[③]

从上述材料可以看到，新中国成立之初，在当时恶劣的国际环境下，中国政府和人民一方面不承认《旧金山和约》，反对美国托管琉球并将其军事化，另一方则支持日本人民、琉球人民争取琉球群岛归还日本，这样的立场多年有其一致性。

第二节　涉钓鱼岛（含琉球）诸条约的条约法考察

根据国际法院 "三重性分级规则"，国际条约在领土争端判例中往往作为判案的法理逻辑起点并优先处理。[④] 领土争端中条约的重要性不言自明。1969年《维也纳条约法公约》于 1980 年 1 月 27 日生效，其中第 3 部分第 3 节

---

① 参见 "我是谁：琉球地位的开始和不是结局的结局"，资料来源于 http：//www.zhgpl.com/crn-webapp/search/allDetail.jsp？访问日期：2015 年 1 月 30 日。

② 外交部中共中央文献研究室编：《毛泽东外交文选》，北京：中央文献出版社、世界知识出版社，1994 年。

③ 参见《人民日报》1972 年 5 月 22 日。

④ 张卫彬：《论国际法院的三重性分级判案规则》，《世界政治与经济》，2011 年第 5 期。

"条约解释"包括第31条（解释的通则）①、第32条（补充的解释资料）② 和第33条（用两种或更多语文认证的条约的解释）。由于该公约第3部分第3节在维也纳大会上通过时没有遇到反对票，因此可以说这部分有关条约解释的下属规则是对国际习惯法的宣告。③ 根据第31条和第32条的规定，条约应就其用语，按照上下文，并参照条约的目的和宗旨所具有的通常意义进行善意解释④；为印证条约解释的效果，或为了避免单独使用第31条导致歧义或不合理的结果，条约解释还可以使用补充的解释资料，包括条约的准备资料和缔约情况等文件⑤。在晚近国际争端解决机构的条约解释实践中，时间的流逝是否会对条约本身或其条款中术语产生影响，以及"嗣后协定"⑥ 或"嗣后实践"⑦ 对条约解释产生的后续效果，这些则外化为国际法学界所关注的"条约静态解释"和"条约演化解释"问题，不同的是，它们往往被视为灵活的条约解释技巧而非僵化的条约解释规则⑧。

　　围绕着钓鱼岛争端所涉国际法律文件，中日双方的论证路径迥然不同，除了条约效力和条约适用问题，更本质的分歧则是条约解释问题。

---

　　① 1969年《维也纳条约法公约》第31条"解释之通则"规定，"一、条约应依其用语按其上下文并参照条约之目的及宗旨所具有之通常意义，善意解释之。二、就解释条约而言，上下文除指连同弁言及附件在内之约文外，并应包括：（a）全体当事国间因缔结条约所订与条约有关之任何协定；（b）一个以上当事国因缔结条约所订并经其他当事国接受为条约有关文书之任何文书。三、应与上下文一并考虑者尚有：（a）当事国嗣后所订关于条约之解释或其规定之适用之任何协定；（b）嗣后在条约适用方面确定各当事国对条约解释之协定之任何惯例；（c）适用于当事国间关系之任何有关国际法规则。四、倘经确定当事国有此原意，条约用语应使其具有特殊意义"。

　　② 1969年《维也纳条约法公约》第32条"解释之补充资料"规定，"为证实由适用第31条所得之意义起见，或遇依第31条作解释而：（a）意义仍属不明或难解；或（b）所获结果显属荒谬或不合理时，为确定其意义起见，得使用解释之补充资料，包括条约之准备工作及缔约之情况在内"。

　　③ Jiménez de Aréchaga, Eduardo, "International law in the past third of a century" (first published in 1978), Volume 159, In The Hague Academy of International Law, *Collected Courses of the Hague Academy of International Law*, Consulted online on 06 February 2018.

　　④ 1969年《维也纳条约法公约》第31条。

　　⑤ 1969年《维也纳条约法公约》第32条。

　　⑥ 1969年《维也纳条约法公约》第31（3）（a）。

　　⑦ 1969年《维也纳条约法公约》第31（3）（b）。

　　⑧ Julian Arato, Subsequent Practice and Evolutive Interpretation: Techniques of Treaty Interpretation over Time and Their Diverse Consequences, 9 Law & Prac., Int'l Cts. & Tribunals 443, 2010, p. 452.

我国的论证路径为：钓鱼岛在明代划入福建海防版图、清代归台湾管辖，1895 年根据《马关条约》割让给日本→根据《开罗宣言》《波茨坦公告》等"雅尔塔体系"内的法律文件，钓鱼岛应归还中国→中国并未签署《旧金山和约》，该条约及其"领土"条款对中国无效→1971 年美日《琉球移交协定》依据琉球美国民政府 1953 年"第 27 号公告"将钓鱼岛划入琉球群岛"地界"并"返还"给日本，但日美协议不能处置中国的领土钓鱼岛。①

日本的论证路径为：日本占有钓鱼岛与《马关条约》无关，《马关条约》并非钓鱼岛问题的条约"起点"→《开罗宣言》、《波茨坦公告》等文件中并没有明文提及钓鱼岛→《旧金山和约》是涉钓鱼岛问题的条约"起点"，根据其"领土条款"钓鱼岛被划入"南西诸岛"中由美国实施施政权的范围→"台日和约"第 5 条虽有"日本放弃（台湾和澎湖列岛）特殊权利与利益"的表述，但双方没有讨论钓鱼岛，即对方默认日本占有钓鱼岛的事实→《琉球移交协定》将钓鱼岛包括在美国将"施政权"返还给日本的领土范围内。②可见，1895 年《马关条约》是中日钓鱼岛争端的"肇始条约"③，对《马关条约》条约解释的重点在于如何解释"附属岛屿"以及第 2 款第 2 条"台湾

①　应注意的是，我国台湾官方在钓鱼岛所涉及的条约问题上的主张与大陆相近，但存在两点差异：第一，台湾当局承认 1951 年《旧金山和约》的有效性；第二，台湾当局主张，《旧金山和约》与 1952 年"台日和约"均规定"日本放弃对台湾及澎湖列岛之一切权利、权利名义与要求"，而依据"台日和约"第 4 条，《马关条约》归于无效，因此钓鱼岛理应回归中国。我国大陆官方对钓鱼岛的主张，参见《中华人民外交部声明》，《人民日报》，1971 年 12 月 30 日版；钟严：《论钓鱼岛主权的归属》，《人民日报》，1996 年 10 月 18 日；中华人民共和国新闻办公室：《钓鱼岛是中国的固有领土》（2012 年 9 月），北京：人民出版社，2012 年。我国台湾官方对钓鱼岛的立场，参见"关于钓鱼台列屿是中华民国领土之声明"（1971 年 6 月 11 日），载"中央日报"，1971 年 6 月 12 日版；"'外交部'历年来就钓鱼台主权问题之声明一览表"，资料来源于 http：//www. president. gov. tw/Default. aspx？tabid＝131&itemid＝32081&rmid＝514，访问日期：2012 年 8 月 22 日；"钓鱼台列屿案答客问"，资料来源于 http：//www. mofa. gov. tw/cp. aspx？n＝6AA59E4253B4FFCA，访问日期：2013 年 6 月 14 日；"关于我政府对日本外务省网站有关钓鱼台列屿十六题问与答逐题驳斥全文"，资料来源于 http：//www. mofa. gov. tw/cp. aspx？n＝FBFB7416EA72736F&s＝FAA8620A0EE72A91，访问日期：2013 年 6 月 14 日。

②　日本官方对钓鱼岛的立场，参见［日］日本外务省：《关于"尖阁诸岛"所有权问题的基本见解》（中译本）；［日］日本外务省：《"尖阁诸岛"问答》（中译本）。

③　曲波：《条约视角下钓鱼岛主权归属探究》，《当代亚太》，2013 年第 4 期，第 138 页。

全岛及其附属岛屿"是否包括钓鱼岛。

第二次世界大战后涉钓鱼岛（含琉球）的诸多条约或国际协议本质上属于《维也纳条约法公约》第 31 条第（3）款（a）项指向的"嗣后协定"，还可再细分为三类：①第二次世界大战时盟国处理日本问题的《开罗宣言》《波茨坦公告》、"日本投降书"等法律文件，可用"雅尔塔条约体系"来统称；②日本引用并据以主张对钓鱼岛拥有"主权"的条约，例如《旧金山和约》和《美日琉球移交协定》；③中日间双边条约，如 1951 年"台日和约"和1972 年《中日联合声明》。本节着眼于第二次世界大战后涉钓鱼岛的一系列"嗣后协定"，其中的条约解释问题的核心在于，中日对相关条约涉钓鱼岛条款如何进行条约解释，以及相关的嗣后协定和实践行为是否构成条约解释的佐证。本节将结合条约法尤其是条约解释理论，对 19 世纪以来涉钓鱼岛（含琉球）的系列国际法律文件，逐一进行分析。

一、《马关条约》

中日甲午战争爆发后，1895 年 3 月，战事失利的清政府被迫派直隶总督李鸿章到日本马关（今山口县下关市），与日本全权代表、总理大臣伊藤博文和外务大臣陆奥宗光议和①。1895 年 4 月 1 日，日方向清政府全权代表李鸿章提交"和约底稿"，最终中日于 1895 年 4 月 17 日签订《马关条约》②。《马关条约》包括条约文本 11 款，另有三份附属文件——《另约》3 款、《议订专条》3 款和《停战展期专条》2 款，以及"非正式附属文献"即同年 3 月 30

---

① 张海鹏，李国强：《论〈马关条约〉与钓鱼岛兼及琉球问题》，《台湾历史研究》，2013 年第 1辑，第 30 页。

② 《马关条约》：中文文本题为《讲和条约》、日文文本题为《媾和条约》，而作为"作准文本"的英文本，则题名为 "Treaty of Shimonoseki, 1895"。据我国学者权赫秀考证，《日本外交文书》第二十八卷第二分册收录的《马关条约》英文本中直接就是条约的内容，《马关条约》（"Treaty of Shimonoseki, 1895"）的英文题名，极有可能是后来清政府海关在编辑条约的过程中自行添加。参见权赫秀：《〈马关条约〉附属文献的内容及其意义》，《聊城大学学报》（社会科学版），2015 年第 2 期，第 60-64 页。

日签订的《停战条款》6 款。①

《马关条约》中规定割让台湾和澎湖列岛给日本的条款为第 2 款的第 2 条：

第 2 款 中国将管理下开地方之权并将该地方所有堡垒、军器、工厂及一切属公物件，永远让与日本。

第 1 条 下开划界以内之奉天省南边地方。从鸭绿江口溯该江抵安平河口，又从该河口划至凤凰城、海城及营口而止，画成折线以南地方；所有前开各城市邑，皆包括在划界线内。

该线抵营口之辽河后，即顺流至海口止，彼此以河中心为分界。辽东湾东岸及黄海北岸在奉天所属诸岛屿，亦一并在所让界内。

第 2 条 台湾全岛及所有附属各岛屿。

第 3 条 澎湖列岛。即英国格林尼次东经百十九度起、至百二十度止及北纬二十三度起、至二十四度之间诸岛屿。

在钓鱼岛与《马关条约》的关系上，我国官方主张，钓鱼岛并非"无主地"，中国最先发现、命名和利用钓鱼岛，自明清起中国对钓鱼岛实施了长期管辖。1895 年 4 月 17 日，甲午战争战败后清政府被迫与日本签署不平等的《马关条约》，割让"台湾全岛及所有附属各岛屿"，而钓鱼岛等作为台湾"附属岛屿"一并被割让给日本。第二次世界大战结束，根据《开罗宣言》《波茨坦公告》《日本投降书》和盟军最高司令部《第 677 号指令》等法律文件，日本领土范围不包括钓鱼岛，钓鱼岛作为台湾的附属岛屿应与台湾一并归还中国。② 日本政府则主张《马关条约》提到的"台湾全岛及所有各附属岛屿"不包括钓鱼岛，并否认《马关条约》与钓鱼岛的关联。日本声称："该列岛向来构成我国领土'西南诸岛'的一部分，而根据《马关条约》第 2

① 权赫秀：《〈马关条约〉附属文献的内容及其意义》，《聊城大学学报》（社会科学版），2015 年第 2 期，第 60 页。

② 中华人民共和国国务院新闻办公室：《钓鱼岛是中国的固有领土》（白皮书），2012 年 9 月 25 日。

款，该列岛并不在清朝割让给我国的台湾、澎湖诸岛内"①。日本的用意是把钓鱼岛从第二次世界大战后日本应归还的中国领土中剥离出来，进而为其"钓鱼岛是日本固有领土""钓鱼岛主权不存在争议"的立场提供历史依据和条约法根据。②

围绕钓鱼岛争端，有关《马关条约》第 2 款条约解释的官方或学理争论集中于三个议题：第一，我国史学界关注的第 2 款"导言"存在的三种语言文本差异，是否和中日钓鱼岛之争存在关联？第二，依据条约解释规则，第 2 款第 2 条割让给日本的"台湾全岛及所有附属岛屿"是否包含我国钓鱼岛列屿？第三，如何解释《马关条约》中"附属岛屿"这一条约用语，以及钓鱼岛是否属于台湾的"附属岛屿"？在解释《马关条约》相关条款时，涉及多语文认证的条约解释，还涉及例如约文解释、历史解释等条约解释方法的运用。此外，将《维也纳条约法公约》的条约解释规则和方法用于解释 1895 年签订的《马关条约》时，会涉及条约解释规则的时间因素或时际法因素。例如，在解释《马关条约》的"附属岛屿"时还牵涉将"条约静态解释"③ 或"条约演化解释"④ 运用于《马关条约》条约解释是否恰当的问题。

（一）第 2 款"导言"多语言文本差异及其对钓鱼岛争端的影响

《马关条约》订约时有中、日、英三种文本。其中，在第 2 款有关割让给日本的台湾、辽东等中国领土的"导言"中，中文文本使用"管理……之权"，日文文本用了"主权"，英文本则是"perpetuity and full sovereignty"

---

① ［日］日本外务省：《关于"尖阁诸岛"所有权问题的基本见解》（中译本）。

② 张海鹏、李国强：《论〈马关条约〉与钓鱼岛兼及琉球问题》，《台湾历史研究》，2013 年第 1 辑，第 39 页。

③ "条约静态解释"（static interpretation）：强调条约应当根据其缔结时的情况和法律来解释。参见 Sondre Torp Helmersen, Evolutive Treaty Interpretation: Legality, Semantics and Distinctions, 6 Eur. J. Legal Stud. 161（2013），p. 163.

④ "条约演化解释"（evolutionary interpretation）：又称"条约动态解释"（dynamic interpretation），是在条约解释时，将嗣后法律的发展加以考虑，根据适用时的情况和法律来解释。参见 Malgosia Fitzmaurice, The Practical Working of the Law of Treaties, In Malcolm D Evans（ed.），International Law（3rd edn., Oxford University Press, 2010），p. 188.

（具体区别见表十四）。①

表十四　《马关条约》第2款"导言"的3种文本对照表②

日文稿本	汉文稿本	李鸿章电报	英文稿本
清国ハ左记ノ土地ノ主权竝二该地方二在ル城壘兵器制造所及官有物ヲ永远日本国二割与ス	清国将管理下开地方之权并将该地方所有堡垒、军器、工厂及一切属公物件，永远让予日本国	清国将管理下开地方之权，并将该地方所有堡垒、军器、工厂及一切属公物件，永远让予日本	China cedes to Japan in perpetuity and full sovereignty the following territories, together with all fortifications, arsenals, and public property thereon

关注第2款"导言"用语中不同语言文本差异的主要为历史学者，③ 他们的论述角度主要集中在中日对"管理权"和"主权"用语的缔约过程和不同文本拟定的历史考察，少有结合条约法深入分析条约用语的差别所带来的影响的研究。这些研究分为两种观点：① "差异说"，多数学者通过比较中日两方的缔约档案，指出"主权""管理权"的不同表述由日中两国各自提出。条约文本的差异使割让产生的效果存在差异，"主权"系领土永久割让，"管理权"程度较轻，最终领土归属仍在中方；④ ② "同质说"，例如权赫秀认为"主权""管理权"实质相同，只是在法律规范的明确性上存在差异。⑤ 又如，

---

① 《马关条约》的日文和英文文本，参见 Kashima Peace Institute, ed., Nihon Gaiko Shuyo Bunsho Nenpyo (Main Documents and Chronology of Japanese Diplomacy), Vol. 1 (1941—1960) (1983), pp. 55, 73.

② 岳忠豪：《〈马关条约〉"主权""管理权"考辨》，《台湾研究集刊》，2017 年第 4 期，第 71 页。

③ 值得注意的是，也有美国学者结合《马关条约》第一条以及国际法上的"主权""承认"等概念，考察第二条与所谓"台湾地位"之间的关系，认为无论根据《马关条约》还是国际法都没有给予台湾独立的地位，参见 Mitchell A. Silk, Imperial China and International Law: A Case Study of the 1895 Treaty of Shimonoseki, 2 Chinese (Taiwan) Y. B. Int'l L. & Aff., 1982, pp. 136–140.

④ 参见郑海麟：《〈马关条约〉：三种文本有差异》，《两岸关系》，2001 年第 12 期；郑海麟：《关于〈马关条约〉的内中隐秘》，《文史知识》，2015 年第 9 期；伍俐斌《〈马关条约〉是否割让台湾给日本之考辨》，《台湾研究》，2013 年第 3 期；李育民：《台湾问题的相关条约及其法律地位的演变》，《史学月刊》，2016 年第 3 期，等等。

⑤ 参见权赫秀：《〈马关条约〉的中日英文异同考》，《二十一世纪》，2004 年 12 月号。

岳忠豪结合《万国公法》及晚清政府其他条约的类似表述，不仅认为《马关条约》中"主权""管理权"意义一致，还认为日方最终确定在中文本中采取"管理权"用语的原因是为了遵照中方的条约用法习惯。①

无论"差异说"还是"相似说"，从国际法角度看，则是条约中不同文本作准，以及不同文本用语不同时的条约解释问题。对此，1969 年《维也纳条约法公约》第 33 条"以两种以上文字认证之条约之解释"规定：

一、条约约文经以两种以上文字认证作准者，除依条约之规定或当事国之协议遇意义分歧时应以某种约文为根据外，每种文字之约文应同一作准。

二、以认证作准文字以外之他种文字作成之条约译本，仅于条约有此规定或当事国有此协议时，始得视为作准约文。

三、条约用语推定在各作准约文内意义相同。

四、除依第一项应以某种约文为根据之情形外，倘比较作准约文后发现意义有差别而非适用第 31 条及第 32 条所能消除时，应采用顾及条约目的及宗旨之最能调和各约文之意义。

《马关条约》第 2 款"导言"部分有关"主权""管理权"用语的中英日三种文本存在差异，属于第 33 条中"两种以上文字认证"的情况。甲午战争中国战败，因此《马关条约》的订约的主动权完全操纵在日方手中，《马关条约》的"议订专条"对多种文本认证作出了如下规定：

大日本帝国大皇帝陛下政府及大清帝国大皇帝陛下政府，为预防本日署名盖印之和约日后互有误会以生疑义，两国所派全权大臣会同商订下开条款：

第一，彼此约明本日署名盖印之和约添备英文，与该约日本正文、汉正文较对无讹。

第二，彼此约明日后设有两国各执日本正文或汉正文有所辩论，即以上开英文约本为凭，以免蚌错，而昭公允。②

从"议订专条"第 2 条里"日后设有两国各执日本正文或汉正文有所辩

_____

① 岳忠豪：《〈马关条约〉"主权""管理权"考辨》，《台湾研究集刊》，2017 年第 4 期，第 73 页。
② 郑海麟：《〈马关条约〉：三种文本有差异》，《两岸关系》，2001 年第 12 期。

论"的描述可见，日方当时已认识到《马关条约》中日文本存在差异，为避免或解决今后缔约方对条文用语不同文本产生争议，因此约定了以非缔约方的语言文本——英文"为凭"。《马关条约》的"议订专条"这样的约定并非"孤案"，例如 1919 年对奥地利、保加利亚和匈牙利的和约，除了第一部分和第十二部分关于国际联盟和国际劳工组织的规定外，都以法文约文作准①。原则上，多文本的条约每种文字约文当同等作准，也就是说，虽有一个以上作准文本，但只有一个条约，其中有一系列用语，因此应当推定，这些用语在各作准约文内意义相同，但这一原则存在两个例外，即"依条约之规定"或"当事国之协议遇意义分歧"。② 我国学者所关注的《马关条约》第 2 款"主权""管理权"用语的中日文本差异，就属于条约用语产生"意义分歧"的第二种例外。日本预见到这种情况并在"议订专条"中约定，"以英文约本为凭"。对比《马关条约》第 2 款"导言"的三种用语——"主权"（日文）、"管理……之权"（中文）和 "perpetuity and full sovereignty"（英文）后，使用通常的解释方法仍不能消除三种文本尤其是中日文本的差异，而"当事国协议以某一特定约文"③ ——英文文本为准的情况下，将第 2 款"导言"的含义理解为英文文本 "full sovereignty"（完全主权）也就顺理成章了。

我国史学界对《马关条约》第 2 款"导言"用语的"差异说"或"同质说"，有利于厘清条约用语的历史脉络，但该用语的文本差异难以构成中日钓鱼岛争端的法律焦点问题。整体来看，《马关条约》的第 2 款第 2 条是中国割让台湾、澎湖列岛主权给日本的法理依据。中国主张，日本依据《马关条约》窃取了台湾的附属岛屿——钓鱼岛列屿，而日本则对《马关条约》避之而唯恐不及。从双方各自主权主张的"逻辑链"来说，《马关条约》第 2 款"导

---

① ［英］詹宁斯·瓦茨修订：《奥本海国际法》（第 1 卷，第 2 分册），王铁崖等译，北京：中国大百科全书出版社，1998 年，第 725 页。

② ［英］詹宁斯·瓦茨修订：《奥本海国际法》（第 1 卷，第 2 分册），王铁崖等译，北京：中国大百科全书出版社，1998 年，第 668 页。

③ ［英］詹宁斯·瓦茨修订：《奥本海国际法》（第 1 卷，第 2 分册），王铁崖等译，北京：中国大百科全书出版社，1998 年，第 668 页。

言"用语的文本差异难以成为双方的争辩"焦点"。中日双方钓鱼岛之争的焦点体现于《马关条约》，是如何解释第 2 款第 2 条"台湾全岛及所有附属各岛屿"的问题。

（二）《马关条约》"附属岛屿"条约用语的条约解释

支持或反对"台湾全岛及所有附属各岛屿"（The island of Formosa, together with all islands appertaining or belonging to the said island of Formosa）包括钓鱼岛列屿的争论，实质是对"附属岛屿"在国际法上的判定标准，以及该术语在《马关条约》中的条约解释存在争议。因此，解释第 2 条第 2 款"台湾全岛及所有附属各岛屿"是否包括钓鱼岛列屿之前，仍需解读钓鱼岛列屿是否为国际法意义上台湾的"附属岛屿"。我国学界主张钓鱼岛是台湾附属岛屿的观点中，主要论据为地理相邻、"大陆架延伸"和台湾渔民长期对钓鱼岛的经济利用[1]，通常使用历史文献和古代以及近代的地图等作为证明[2]。代表性观点为：钓鱼岛列屿距台湾 92 海里，相对距日本琉球群岛 145 海里更近[3]，还是台湾陆地领土向外的自然延伸和台湾"岛链"的组成部分，属于东海大陆架的自然延伸，与日本以冲绳海槽相隔，因此钓鱼岛在地理上附属于台湾。[4] 上述观点多结合现代国际法的大陆架和地理临近理论，可归于条约演化解释的方法，但由于缺乏结合国际法理论和实践的系统分析，说服力不

---

[1] See Tao Cheng, The Sino-Japanese Dispute over the Tiao-yu-tai（Senkaku）Islands and the Law of Territorial Acquisition, 14 Va. J. Int'l L. 221, 266（1974）; Chao, K. T., East China Sea: Boundary Problems Relating to the Tiao-Yu-T'ai Islands, Chinese（Taiwan）Yearbook of International Law and Affairs, 1982, Vol. 2, pp. 45-97; Y. -J. Ma, The East Asian Seabed Controversy Revisited: Relevance（or Irrelevance）of the Tiao-yu-tai（Senkaku）Islands Territorial Dispute, 2 Chinese Yearbook of International Law and Affairs 1（1982）; Ma, Ying-Jeou, Legal Problems of Seabed Boundary Delimitation in the East China Sea, Occasional Papers/Reprints Series in Contemporary Asian Studies, 1984, Issue 3.

[2] 郑海麟：《钓鱼岛列岛之历史与法理研究》（增订本），香港：明报出版社有限公司，2011 年，第 304 页。

[3] 应注意的是，段洁龙主编的《中国国际法实践与案例》一书对钓鱼岛与台湾和琉球群岛的具体提出不同的数据：钓鱼岛等岛屿距离中国台湾基隆约 92 海里，距离琉球群岛的与那国岛约 78 海里。书中附有"中国钓鱼岛等岛屿位置图"（国家海洋局海洋发展战略所 2008 年 10 月制图）。参见段洁龙主编：《中国国际法实践与案例》，北京：法律出版社，2011 年，第 134-135 页。

[4] 黄世席：《钓鱼诸岛主权归属与条约法的适用》，《外交评论》，2013 年第 4 期。

够，反而成为国外学者质疑中国立场的攻击目标。反对钓鱼岛是台湾附属岛屿的主要为日本和美国学者，多从领土争端实践和条约解释的角度提出反驳。例如，日本国际法学者松井芳郎（Yoshiro Matsui）认为，中国主张建立在"地理临近说"或"大陆架说"基础上，但从现代领土争端实践看，无论地理距离还是地质属性的主张，都难以得出"台湾附属各岛屿"包括钓鱼岛列屿的结论。① 又如，美国学者艾尔丹姆·登克结合《马关条约》第 2 款第 1 条和第 3 条对第 2 条做出解释，利用条约"上下文"来反驳"地理临近说"②。

国内外学界围绕《马关条约》"附属岛屿"的争论，引出以何种方法或标准解释"附属岛屿"等问题。结合国际法理论与实践，本书就"附属岛屿"条约解释的相关问题逐一分析如下：

第一，《马关条约》的"附属岛屿"（islands appertaining or belonging）应适用何种解释方法？《马关条约》缔结时的国际法对"附属岛屿"术语的内涵和标准都没有明确的规定，从而留下解释空间，但并不等于可以任意滥用演化解释。国际法院在"哥斯达黎加诉尼加拉瓜航行权案"提出条约演化解释的一般规则：首先是缔约方意识到条约术语本身属于通用术语，会随着时间的推移发生演化，并且涉案条约缔结时间或存续时间较长；其次，当事方的嗣后事件或情势，都有可能导致与缔约基础的缔约方意图相背离的结果发生。③ 符合条约演化解释适用前提的通用术语，在"哥斯达黎加诉尼加拉瓜航行权案"中是《1858 条约》的"comercio"（商业），④ 在爱琴海大陆架案中则是"希腊的领土状态"⑤。然而，国际法院迄今没有一例领土主权争端案是

---

① Yoshiro Matsui, International, *Law of Territorial Acquisition and the Dispute over the Senkakus（Diaoyu）Islands*, 40 Japanese Ann. Int'l L. 3, 1997, p. 22.

② Erdem Denk, Interpreting a Geographical Expression in a Nineteenth Century Cession Treaty and the Sekaku/Diaoyu Islands Dispute, 20 Int'l J. Marine & Coastal L., 2005, pp. 109–115.

③ Dispute regarding Navigational and Related Rights（Costa Rica v. Nicaragua）, Judgment, I. C. J. Reports 2009, p. 213, paras. 64–66.

④ Dispute regarding Navigational and Related Rights（Costa Rica v. Nicaragua）, Judgment, I. C. J. Reports 2009, p. 213, para. 67.

⑤ Aegean Sea Continental Shelf（Greece v. Turkey）, Judgment, I. C. J. Reports 1978, p. 32, para. 77.

基于条约的演化解释来最终决定领土主权归属，原因在于：①领土争端毕竟不同于人权或经贸等类型的条约。涉及人权或经贸方面等价值导向性的通用术语，并不需要依赖当事国的意图，因此可以做演化解释。而领土争端的术语是非价值导向性术语，除非当事国在缔约时或在嗣后实践中有明确的合意或默示同意，否则不能采用条约的演化解释；①②国际法院实践表明，如果某术语仅有一种含义，但在涉案条约中的含义"模糊不清"，应采用条约静态解释。相反，如果该条约用语为"通用术语"且可做出"语义含糊"的两种以上解释，则应采用演进解释。②

《马关条约》的"附属岛屿"一词并非价值导向性的"通用术语"，也没有证据表明，缔约时的双方意图或嗣后实践表明，该术语会随着情势的发展而有所演化。另外，中日双方其实是对该条约"附属岛屿"的范围"模糊不清"存在条约解释上的分歧，因此，对"附属岛屿"采用静态解释受到国际法理论与实践的支持。

第二，国际法上衡量"附属岛屿"的标准有哪些，基于演化解释的"地理距离"和"地理连续"可否成为解释《马关条约》"附属岛屿"的依据？实践中易引起争议的"附属岛屿"有两种——群岛中主岛的附属岛屿和大陆的附属岛屿。关于衡量"附属岛屿"的标准，艾尔丹姆·登克提出地理属性（含地理距离和地质构造）、经济或行政管理以及历史因素③的"三要素说"，我国学者张卫彬提出地理标准、历史标准、政治标准和经济标准④的"四要素说"。可见，学界并不否认地理标准在解释"附属岛屿"中的重要性，但这一标准却需经过国际法理论与实践以及现实中领土争端个案的考验。

早期国际法理论和实践多将"地理临近"（contiguity）作为论证领土取得

---

① 张卫彬：《中日钓鱼岛之争中的条约动态解释悖论》，《当代法学》，2015 年第 4 期，第 142 页。

② Sondre Torp Helmersen, *Evolutive Treaty Interpretation*: *Legality*, *Semantics and Distinctions*, 6 Eur. J. Legal Stud. 161, 2013, p. 180.

③ Erdem Denk, *Interpreting a Geographical Expression in a Nineteenth Century Cession Treaty and the Sekaku/Diaoyu Islands Dispute*, 20 Int'l J. Marine & Coastal L., 2005, p. 103.

④ 张卫彬：《国际法上的"附属岛屿"与钓鱼岛问题》，《法学家》，2014 年第 5 期，第 3 页。

的"逻辑起点"①，但领土争端实践并未就地理临近可否成为"附属岛屿"的标准给出答案。例如，1928 年"帕尔马斯岛案"的独任仲裁员胡伯指出，"尽管特定情况下一国会根据地理位置来主张那些靠近海岸的岛屿的主权，但实在国际法却不可能因为一国领土由"干燥陆地"（terra firma，即一定规模的岛屿或最靠近大陆的陆地）构成，就给予该国领海之外的岛屿以（领土主权）的效力"②。相反，在 1999 年厄立特里亚/也门仲裁案中，仲裁庭认为 Mohabbakah 群岛（由 3 个距离厄立特里亚大陆海岸 12 海里之内、1 个位于 12.72 领海外的岩礁组成）一直被视为法律意义上的一个整体，最终将争议的附属岛礁主权判给厄立特里亚。③ 至于沿海国基于"地理连续"对大陆架上岛礁的权利主张，劳特派特（H. Lauterpacht）在 1950 年的论著中认为，基于占领的权利主张，效力要强于以地理临近或地理连续为由的权利主张。④ 类似的，还有学者主张，基于地理连续的主张并不能取得大陆架之上的岛屿主权，而仅能赋予沿海国对大陆架海底和底土的经济权利。⑤

　　结合中日钓鱼岛争端，在界定"附属岛屿"时，地理标准虽在一些个案中被置于优先考察地位，但适用情况条件一般为争议岛屿一般不超过大陆或主岛 12 海里：当争议岛屿位于当事国的领海重叠区域，则对单纯的地质地貌证据不予考虑；如该岛屿位于 12～24 海里之内，就需要根据自然或地球物理的"整体性原则"并结合传统习惯来确定。⑥ 钓鱼岛列屿无论距离中国台湾还是琉球群岛都远超 12 海里，因此无论争端哪一方基于"地理临近"主张该

----

① 张卫彬：《国际法上的"附属岛屿"与钓鱼岛问题》，《法学家》，2014 年第 5 期，第 3-4 页。

② Island of Palmas case（Netherlands, USA）, 4 April 1928, Report of International Arbitral Awards, Volume II, p. 854.

③ In the Matters of an Arbitration between Eritrea and Yemen, 9th Oct 1998, Award of the Arbitral Tribunal, in the First Stage of the Procedure, para. 475.

④ H. Lauterpacht, Sovereignty over Submarine Areas, 27 Brti. Y. B. Int'l L.（1950）, pp. 422-423.

⑤ Erdem Denk, *Interpreting a Geographical Expression in a Nineteenth Century Cession Treaty and the Sekaku/Diaoyu Islands Dispute*, 20 Int'l J. Marine & Coastal L., 2005, p. 106; Sondre Torp Helmersen, *Evolutive Treaty Interpretation: Legality, Semantics and Distinctions*, 6 Eur. J. Legal Stud. 161, 2013, pp. 180-181.

⑥ 张卫彬：《国际法上的"附属岛屿"与钓鱼岛问题》，《法学家》，2014 年第 5 期，第 9 页。

列屿为本土的"附属岛屿",在国际法上的依据都不够充分。此外,基于"地理连续"的"大陆架"并非《马关条约》签订时的概念,而是 20 世纪 40—50 年代才兴起的,依据"大陆架"的权利主张也不可能作为演化解释《马关条约》"附属岛屿"的依据,除非中日当事国一致同意。① 总之,由于缺乏国际法理论与实践的支撑,以"地理临近"或"地理连续"的地理标准来演化解释《马关条约》中"附属岛屿"的主张,难以成为解释该条约"附属岛屿"用语的依据。

第三,地理标准并不适用于解释《马关条约》"附属岛屿"这一个案。那么参照与运用判断"附属岛屿"的其他标准,钓鱼岛仍是台湾的附属岛屿吗? 综合上述"三要素说"和"四要素说",下文用历史标准、行政管辖以及经济因素标准来综合考察钓鱼岛是否为台湾的附属岛屿。

1. 历史标准

从国际立法看,《联合国海洋法公约》关于历史性海湾、② 历史性所有权、③ 历史性文物④和群岛国⑤等规定都包含了历史因素,在第 46 条"群岛"的定义中,除了强调由自然地形所构成的"地理、经济和政治"因素外,更特别强调"在历史上已被视为群岛"的历史因素,明确采用了历史标准。国际司法实践涉及"附属岛屿"的案例,以 2012 年尼加拉瓜诉哥伦比亚"领土与海洋争端案"具有代表性。案件的争议点《1928 年条约》第 1 条里没有明确规定圣安德烈斯群岛包括哪些岛屿。判断涉案的 7 个争议岛屿是否为圣安德烈斯群岛的"附属岛屿"时,因当事国提交的历史证据对于"该群岛附属岛屿的构成"既"不明确"又"难以让人信服",国际法院没有接受基于历

---

① 张卫彬:《国际法上的"附属岛屿"与钓鱼岛问题》,《法学家》,2014 年第 5 期,第 21 页。

② 《联合国海洋法公约》第 10 条第 6 款。

③ 《联合国海洋法公约》第 15 条、第 298 条第 1 款。

④ 《联合国海洋法公约》第 303 条第 1 款和第 4 款。

⑤ 《联合国海洋法公约》第 46 条"群岛国"的(b)款规定,"群岛"是指一群岛屿,包括若干岛屿的若干部分、相连的水域或其他自然地形,彼此密切相关,以致这种岛屿、水域和其他自然地形在本质上构成一个地理、经济和政治的实体,或在历史上已被视为这种实体。

史标准的对圣安德烈斯群岛"附属岛屿"的单方主张。① 换言之，如果一国能够提供清晰、确信的历史证据，国际法院仍可赋予历史证据以较大的分量。② 相较地理、行政管辖或经济标准而言，以历史证据举证"钓鱼岛为台湾的附属岛屿"时，应遵循严格的标准。支持钓鱼岛为台湾附属岛屿的历史证据，既有缔约前后外交档案或史料的文字记载，又有来自中、日、琉三国的史料、地图，以及第三方地图佐证，具体如下：

首先，《马关条约》缔约前后的外交档案揭示了日本对第 2 款第 2 条"台湾全岛及其附属岛屿"的缔约意图，而缔约时双方参考的地图表明"台湾的附属岛屿"包括钓鱼岛。1895 年中日《交接台湾文据》前日本公使水野遵和清政府全权委员李经方的讨论纪要③表明，"台湾的附属岛屿"的范围曾是中日讨论的议题之一。就李经方所提出是否应列出台湾所有附属岛屿名录的要求，水野弁理回复称：其一，如果将岛名逐一列举，难免会出现疏漏或涉及无名岛屿问题。如此一来该岛将不属于日、中任何一方，从而带来麻烦；其二，有关台湾附属岛屿已有公认的海图及地图，而且在台湾和福建之间有澎湖列岛为"屏障"，日本政府决不会将福建省附近的岛屿视为台湾附属岛屿。④ 这一史料反映出日本在缔约时已明确：福建省附近的岛屿不是台湾的附属岛屿，关于台湾附属岛屿已有公认的海图或地图。关于《马关条约》谈判时的附加地图，在日本国立国会图书馆《马关条约》的扫描件中，相关信息显示的是远东地图⑤，并非日方所称的由山吉盛义 1895 年 3 月绘制的《台湾

---

① Territorial and Maritime Dispute（Nicaragua v. Colombia），Judgment，I. C. J. Reports 2012，p. 624，paras. 42，52-55.

② 张卫彬：《国际法上的"附属岛屿"与钓鱼岛问题》，《法学家》，2014 年第 5 期，第 6 页。

③ 日本公使水野遵和清政府全权委员李经方之间讨论的纪要，现收录于日本公文书馆。参见〔日〕滨川今日子：《"尖阁诸岛"の之领有そめぐる论点》，《调查与情报》，2007 年 2 月 28 日，Issue Brief，No. 565。

④ 参见张海鹏，李国强：《论〈马关条约〉与钓鱼岛问题》，《人民日报》，2013 年 5 月 8 日第 009 版；张海鹏，李国强：《论〈马关条约〉与钓鱼岛兼及琉球问题》，《台湾历史研究》，2013 年第 1 辑，第 31 页。

⑤ 〔日大藏省印刷局编：《官报の书志情报》，《官报》，1895 年 5 月 13 日。资料来源于 http：//www. dl. ndl. go. jp/info：ndljp/pid/2946833/8，访问日期：2018 年 3 月 1 日。

诸岛全图》①。《马关条约》谈判时中日双方参考的公认地图，最有可能为英国 1877 年出版的《中国东海沿海自香港至远东湾海图》。根据该图，"台湾全岛及所有附属岛屿"必然包括"台湾全岛的附属岛屿东北诸岛"，而"东北诸岛"则包括花瓶屿、棉花屿、钓鱼屿、黄尾屿、赤尾屿等岛屿，不会有遗漏或例外。②

其次，来自中日琉三方大量的史料、地图和第三方地图，不仅表明中琉之间以琉球海槽作为海上的分界线，还证明钓鱼岛是台湾的附属岛屿，而非琉球的附属岛屿：

（1）中日琉史料记录了钓鱼岛为台湾附属岛屿的事实。1564 年明朝嘉靖皇帝派遣"宣谕日本国"的特使郑舜功所著的《日本一鉴》，就有"钓鱼屿，小东（即台湾）小屿也"③的记载，即"钓鱼屿是台湾的小岛"。康熙二十二年（1683 年）台湾正式纳入清朝版图，过去为"小东小屿也"的钓鱼岛列屿随之纳入清朝版图。④清政府第一任巡台御史黄叔璥于 1736 年所著《台海使槎录》卷二《赤嵌笔谈》之《武备》在列举了台湾水师船舶的巡逻航线、途径哨所、停泊船艇型号等之后，特别强调"（台湾）山后大洋北，有山名钓鱼台，可泊大船十余；崇爻之薛坡兰，可进杉板"⑤，这表明清政府把钓鱼岛视为台湾的重要海防要冲，钓鱼岛在行政上划归台湾府管辖。这份史料随后被

---

① 日本曾就《马关条约》所附地图的"举证"并宣称，该地图是山吉盛义于 1895 年 3 月所绘制的，一张为台湾诸岛全图，另一张为澎湖岛及台湾北部，当中并不包括"钓鱼台列屿"，以此作为"台湾全岛及所有附属岛屿"不包括钓鱼岛的证据。台湾当局有关部门就此做出过反驳："日方声称依据《马关条约》，清朝和日本将按照上述条款，以及条约黏附的台湾地图，另行划定海界。然而，目前公开在日本亚洲历史数据中心（JACAR）的日文原版《马关条约》并未黏附台湾地图，显然无法支持上述日方之说法。又查现收藏于台北故宫之《马关条约》光绪皇帝御览本及日本天皇批准本，皆仅黏附有辽东半岛地图，而无黏附台湾地图，故日方之说法毫无根据"。参见"钓鱼台列屿案答客问"，资料来源于 http：//www.mofa.gov.tw/cp.aspx？n=6AA59E4253B4FFCA，访问日期：2017 年 11 月 1 日。

② 鞠德源：《日本国窃土源流钓鱼列屿主权辩》，北京：首都师范大学出版社，2001 年，第 147-153 页。

③ （明）郑舜功：《日本一鉴·桴海图经·万里长歌》（卷 1），中国国家图书馆普通古籍。

④ 邵汉仪：《钓鱼台列屿主权新论》，载陈纯一主编：《爱国学人：纪念丘宏达教授学术研讨会会议实录暨论文集》，台北：三民书局股份有限公司，2013 年，第 336 页。

⑤ （清）黄叔璥：《台海使槎录》，卷 2，台中县：文听阁图书有限公司，2007 年。

范咸的《重修台湾府志》、余文义的《续修台湾府志》和李元春的《台湾志略》等所引用。1871 年陈寿祺的《重纂福建通志》① 正式记录了钓鱼岛归福建省台湾府噶玛兰厅管辖的历史事实，这是中国清朝官员修订的台湾府志对钓鱼岛属于台湾的正式确认，至迟从这时起钓鱼岛被纳入台湾府的管辖。② 而乾隆十七年（1754 年）王必昌的《重修台湾县志》、乾隆二十九年（1766年）余文仪的《续修台湾府志》，以及嘉庆十二年（1809 年）谢金銮的《续修台湾县志》，都有钓鱼岛隶属于台湾的记载。此外，1708 年琉球学者、紫金大夫程顺则所著的《指南广义》③ 有 7 条内容涉及钓鱼岛列屿，其中"福州回琉球"4 条针路提到的起航地分别为梅花、东沙、东墙、东湧和钓鱼台，这说明钓鱼岛与梅花、东沙、东墙、东湧等地在当时同属福建，是中琉两国国人的共识④。

（2）中日琉的地图和第三方地图也表明，钓鱼岛是台湾的附属岛屿，而非琉球的附属岛屿。中国方面，1719 年清康熙册封副使徐葆光所著《中山传信录》附有中琉之间的航海针路图，虽未注明途中岛屿属于哪个国家，但1722 年出版的《琉球三十六岛图》⑤ 延续了琉球第一部史书《中山世鉴》关于三十六岛的记述，其中可以明确的是，琉球的附属岛屿并不包括钓鱼岛。日本方面，日本国际知名学者林子平（1783—1793 年）所绘《三国通览图说》⑥ 附图中的《琉球三省并三十六岛之图》将花瓶山、彭佳屿、钓鱼屿、黄尾山、赤尾山的绘色跟中国的福建等省（当时台湾归于福建省管辖）涂成

---

① 《重纂福建通志》将钓鱼岛列屿列于"卷八十六·海防·各县冲要"之"噶玛兰厅"之下。

② 刘江永：《钓鱼岛列屿归属考：事实与法理》，北京：人民出版社，2016 年，第 141 页。

③ （清）程顺则著：《指南广义》，琉球大学附属图书馆仲原善忠文库本。

④ 陈硕炫：《〈指南广义〉中有关钓鱼岛资料的考述》，《太平洋学报》，2013 年第 7 期，第 38 页。

⑤ （清）徐葆光：《中山传信录》，康熙五十八年（1719 年），黄润华，薛英主编：《国家图书馆藏琉球资料汇编》（上），北京：北京图书馆出版社，2000 年，第 315 页。

⑥ "三国"指的是虾夷地、朝鲜和琉球。林子平所绘《三国通览图说》出版于日本天明五年（即中国乾隆五十年，1785 年）秋。《三国通览图说》共有五幅《附图》，分别是：《三国通览舆地路程全图》《虾夷国全图》《朝鲜八道之图》《无人岛大小之八十余之图》《琉球三省并三十六岛之图》。

相同的颜色。① 此外，1875 年，由日本海军省绘制、外务省确认的《清国沿海诸省》，更清楚地认定钓鱼屿、黄尾屿、赤尾屿属于台湾东北部岛屿。② 来自第三国的地图中，法国出版家暨地理学家皮耶·拉比所绘《东中国海沿岸各国图》（1809 年），将钓鱼屿、黄尾屿、赤尾屿绘成和台湾及其附属岛屿相同的红色，而把琉球群岛绘成绿色，清楚的将钓鱼岛列屿归入台湾的附属岛屿。③

2. 行政管辖标准

在国际实践中，鉴于当事国依据地理标准解决附属岛屿的局限性，当涉领土边界的条约条款出现争议，或即使经过条约解释也难以确定主权归属时，行政管辖标准就将起到越来越重要的作用。④ 那么以行政管辖标准，钓鱼岛是否为台湾的附属岛屿？从明朝的行政管辖和军事海防看，答案是肯定的。明嘉靖四十一年（1562 年），由胡宗宪主持、地理学家郑若曾编撰的海防战略著作——《筹海图编》，其中卷一《福建沿海山沙图》明确把钓鱼岛、黄尾屿和赤尾屿等钓鱼岛的附属岛屿编入海防。此后明朝天启元年（1621 年）茅元仪所绘《武备志·海防二·福建沿海山沙图》、明末施永图编纂《武备秘书》卷二"福建沿海山沙图"等明代海防图，都沿用了《筹海图编》的画法。这些官方文件将台湾、澎湖澳（澎湖列岛）、彭佳山、钓鱼屿、黄毛山（黄尾屿）、赤屿等作为福建沿海岛屿划入海防区域，置于东南沿海军事指挥部的行政管制内。

入清后，钓鱼岛隶属于台湾的事实被地方志等官方文献所记录。除了黄淑璥 1736 年所著《台海使槎录》记载清朝水师营在钓鱼岛海域巡航及泊船的细节外，清光绪元年（1875 年），时任四川、福建按察使方浚颐所著《台湾

---

① 郑海麟：《钓鱼岛列屿——历史与法理研究》（增订本），香港：明报出版社有限公司，2011 年，第 267 页。

② 刘江永：《钓鱼岛列屿归属考：事实与法理》，北京：人民出版社，2016 年，第 141 页。

③ 郑海麟：《钓鱼岛列屿——历史与法理研究》（增订本），北京：中华书局，2007 年，第 100 页。

④ 张卫彬：《国际法上的"附属岛屿"与钓鱼岛问题》，《法学家》，2014 年第 5 期，第 4 页。

地势番情纪略》也指出，"惟鸡笼山阴有钓鱼屿者，舟可泊，是宜设防"。[①]
1747年台湾知府范咸编修的《重修台湾府志》卷二"海防"和1807年台湾
知府余文仪主修的《续修台湾府志》卷二"海道"，也记录了和黄叔璥一书
相同的内容。道光年间修撰的《噶玛兰厅志》、1871年刊印并由陈寿祺总纂
的《福建通志》卷八十六"海防"，也记录了钓鱼岛隶属台湾噶玛兰厅管辖
的史实。[②] 清朝之后台湾仍隶属福建省，光绪十一年（1885年）始改行省，
钓鱼岛列屿是否在台湾改行省时一并将其行政管制权转移，虽无明文记载，
但这没有改变钓鱼岛的领土属性归属中国的事实，清朝官员方浚颐还在涉及
台湾的公开出版文献中提出在钓鱼岛设防。总之，从明朝到清朝末年，钓鱼
岛一直被纳入中国的海防范围。作为对钓鱼岛有直接行政辖属关系的噶玛兰
厅建置年代虽迟（1812年），但建置初始就规定钓鱼岛属于噶玛兰厅的海防
范畴。[③]

3. 经济因素

相较于地理标准、历史标准或行政管辖标准，经济因素在领土争端中起
到辅助证明的作用。钓鱼岛列屿因位于台湾基隆附近海面，被台湾渔民经常
使用，入清并在台湾改行省后，自然就被视为台湾的附属岛屿。除了明朝郑
舜功所著《日本一鉴》里"钓鱼屿，小东小屿也"[④] 的记载外，明治28年日
本海军省所撰《日清战史稿本》之《别记·台湾匪贼征讨》记载了钓鱼岛的
位置是在"台湾淡水港北方约九十海里（小基隆之海面）"[⑤]，也就是将钓鱼

---

① 刘江永：《钓鱼岛列岛归属考：事实与法理》，北京：人民出版社，2016年，第138—140页。

② 吴巍巍，方宝川：《清代钓鱼岛隶属于台湾行政管辖史实考——兼驳日本外务省的"基本见解"》，《福州大学学报》（哲学社会科学版），2016年第1期，第7页。

③ 吴巍巍，方宝川：《清代钓鱼岛隶属于台湾行政管辖史实考——兼驳日本外务省的"基本见解"》，《福州大学学报》（哲学社会科学版），2016年第1期，第7页。

④ （明）郑舜功：《日本一鉴·桴海图经·万里长歌》（卷1），中国国家图书馆普通古籍。

⑤ See Checklist of Microfilm Reproductions of Selected Achieves of the Japanese Army, Navy and Other Government Agencies, 1868—1945, Washington DC: Georgetown University Press, 1958, R34. 转引自吴天颖：《甲午战前钓鱼岛列屿归属考——兼质日本奥原敏雄诸教授》，北京：社会科学文献出版社，1994年，第116—120页。

岛列屿视为台湾的附属岛屿。① 因此，"钓鱼岛列屿为台湾的附属岛屿"的地理概念固然是台湾渔民对其经济使用所长期形成的，但也同样有中日历史证据可以佐证。

第四，如何解读国外学者用条约"上下文"对《马关条约》第 2 款第 2 条"附属岛屿"做出的相反解释？美国学者艾尔丹姆·登克结合《马关条约》第 2 款第 1 条、第 3 条对第 2 条做出解释，从而否认钓鱼岛为台湾的附属岛屿，论证依据为：其一，从《马关条约》第 2 款第 3 条对澎湖列岛的规定看，距离台湾本岛 23~34 海里的澎湖列岛不但没有被列为台湾的附属岛屿，反而单独列为和第 2 款第 2 条并列的条款，这恰好反证"中日双方都无有意愿将远在 92 海里外的钓鱼岛列屿纳入台湾的附属岛屿"②；其二，第 2 款第 1 条也提及"辽东湾东岸及黄海北岸"在奉天的"所属诸岛屿"③。即便作为国防目的，"辽东湾东岸"最远的附属岛屿在 8 海里外，"黄海北岸"附属岛屿中最远的也仅位于 32 海里外，那么距离台湾 92 海里外的钓鱼岛列屿又怎么可能纳入"台湾全岛及所有附属各岛屿"之内？④

上文已对地理标准不适于解释《马关条约》"附属岛屿"做出了分析，因此第 2 款第 1 条辽东"所属诸岛屿"对第 2 条的解释意义不大；但用第 2 款第 3 条有关澎湖列岛的规定来质疑"台湾及其附属岛屿"的范围，对不熟悉中国历史和主张的国外舆论则有一定的"反效果"，需要结合历史从学理上予以澄清。澎湖的开发历史可以追溯到秦汉以前，宋代已纳入中国版图并隶属福建省泉州府，开发时间比台湾本岛早 380 余年；据元朝地理学家汪大渊

---

① 郑海麟：《钓鱼岛列屿——历史与法理研究》（增订本），北京：中华书局，2007 年，第 119-120 页。

② Erdem Denk, Interpreting a Geographical Expression in a Nineteenth Century Cession Treaty and the Sekaku/Diaoyu Islands Dispute, 20 Int'l J. Marine & Coastal L., 2005, pp. 114-115.

③ 第 2 款第 1 条第 2 项英文文本的表述为"This cession also includes all islands appertaining or belonging to the province of Fêngtien situated in the eastern portion of the Bay of Liao-tung and the northern portion of the Yellow Sea."

④ Erdem Denk, Interpreting a Geographical Expression in a Nineteenth Century Cession Treaty and the Sekaku/Diaoyu Islands Dispute, 20 Int'l J. Marine & Coastal L., 2005, pp. 109-113.

所著《岛夷志略》记载，澎湖"地隶（福建泉州）晋江县，至元年间，立巡检司"，"职巡逻，专捕获"，兼办"盐课"①，这是现存元朝在彭湖设巡检司的最早记载，是中央政府在彭湖建立正式政权机构的开端。明代澎湖曾被荷兰人占据，1664 年郑成功收复台湾后在澎湖设置安抚司②；清代先后设置巡检司和、通判。而到了 1684 年（清康熙二十三年），清朝才在台湾始设台厦道，台湾与厦门共署，设一府三县，置台湾为一府，称台湾府。因此从中国历史看，我国对澎湖列岛的开发和行政建制不仅早于台湾，大陆的本土文化也是从澎湖向台湾传播的。日本对台湾和澎湖的历史也有认知，即使在"举证"所谓《马关条约》黏附山吉盛义绘制的地图时，日本也称其中一张是台湾诸岛全图，而另一张是澎湖岛及台湾北部地图。③ 19 世纪 40 年代《开罗宣言》草案拟定过程中，英国首相丘吉尔的"草案"修改稿在"满洲和台湾"两个地名后特别加上"澎湖"，④ "台湾"与"澎湖"为并列关系而非从属关系也为当时的国际社会所认知。此后即使在日本常常援引的《旧金山和约》⑤中，都将"台湾"和"澎湖"并列，而非将澎湖列岛列为"台湾及其附属岛屿"范围。

　　总之，解释《马关条约》"附属岛屿"这一用语时需考虑缔约时的时间因素，对"附属岛屿"采用条约静态解释受到国际法理论与实践的支持。某一涉案岛屿是否为大陆或群岛中主岛的"附属岛屿"，并不单纯是条约解释问题，还是举证问题。单纯以地理标准主张钓鱼岛为台湾的附属岛屿，难以得

---

① （元）汪大渊著：《岛夷志略校释》，苏继庼校释，中华书局，2004 年，转引自王红：《略谈元朝澎湖巡检司的建置》，《文教资料》2011 年 11 月号中旬刊，第 89 页。

② 吴昊：《明代澎湖海防制度探析》，载邢广程主编：《中国边疆学》（第六辑），北京：社会科学文献出版社，2016 年，第 259 页。

③ 参见"钓鱼台列屿案答客问"，资料来源于 http：//www.mofa.gov.tw/cp.aspx? n = 6AA59E4253B4FFCA，访问日期：2017 年 11 月 1 日。

④ 参见《美国对外关系文件》，FRUS1943，第 566 页。转引自李理：《"收回琉球"中的美国因素与钓鱼岛问题》，《清华大学学报》（哲学社会科学版），2012 年第 6 期，第 28 页。

⑤ 《旧金山和约》第 2 款规定，"日本承认台湾与澎湖等岛屿独立之事实，并放弃对台湾、澎湖等岛屿的一切权利、权利名义与要求"。参见世界知识出版社：《国际条约集（1949—1951）》，北京：世界知识出版社，1959 年，第 335-336 页。

到近代国际司法实践的支持；但是，如果结合历史标准、行政管辖和经济因素，钓鱼岛为台湾的附属岛屿则具有充分的历史和国际法依据。

（三）第 2 条第 2 款"台湾全岛及所有附属各岛屿"的条约解释

就《马关条约》缔约时"台湾全岛及所有附属各岛屿"是否包括钓鱼岛列屿这一问题，日方主张，1885 年以来冲绳县多次实地调查确认钓鱼岛为无人岛且无清朝统治痕迹后，在 1895 年《马关条约》签订前，日本已通过"无主地先占"和 1895 年 1 月内阁"阁议"编入领土的方式将钓鱼岛纳入己方版图，因此日本取得钓鱼岛和《马关条约》无关。在占领钓鱼岛的依据上，日方不仅依据现代国际法"无主地先占"理论，还援引 1951 年《旧金山和约》、1971 年《日本国与美利坚合众国关于琉球诸岛及大东诸岛的协定》等"嗣后协定"作为"主权主张"，[1] 呈现出条约演化解释的思路。但嗣后实践或协定作为"可采证据"是否受到时间因素的限制，这牵涉领土争端中的关键日期问题。[2] 关键日期是争端各方的权利明确化，进而各方之后的行为都不会改变其法律地位的日期[3]，它包括某个条约缔结、批准和生效的日期，或领土被占领的日期，或政府行为发生的日期，也可以指向某一争端发生之时[4]。1895 年，中日缔结了将台湾的附属岛屿钓鱼岛割让给日本的《马关条约》，钓鱼岛争端的关键日期应为 1895 年。根据国际司法实践，中日无论哪方为其条约解释举证时，都需提供关键日期前"嗣后实践"的证据，否则该嗣后条约或实践都难以被国际法庭所采纳。从此角度看，日本援引 1895 年之后"嗣后协定"支撑对《马关条约》条约演化解释的主张，并无牢固的国际法依据。

就"钓鱼岛是以什么名义'被日本纳入版图'"的问题，学界有"割让说"、"窃占说"和"先窃占后割让说"。

---

① ［日］日本外务省：《"尖阁诸岛"问答》（中译本）。

② 张卫彬：《国际法上的"附属岛屿"与钓鱼岛问题》，《法学家》，2014 年第 5 期，第 9 页。

③ *Argentine-Chile Frontier Case*（the "*Palena*" Case），Arbitral Award of 24 November 1966, 38 ILR 10，p.79.

④ G. Fitzmaurice, *The Law and Procedure of the International Court of Justice*, 1951—1954；*Points of Substantive Law*, Part II, 32 BYIL, 1965—1966, p.23-24.

　　"割让说"和"先窃占后割让说"主张，《马关条约》第 2 条第 2 款"台湾全岛及所有附属各岛屿"包括钓鱼岛列屿；持"窃占说"的日本学者井上清和村田忠禧教授，虽主张钓鱼岛属于中国，却不认为《马关条约》和钓鱼岛主权归属有直接关联，而是主张日本采用窃占的手段取得钓鱼岛。① 这些学说中，或引用该条款缔约时的准备资料、或援引缔约前后来自中日的官方文件为依据，可归于条约静态解释，特点是以 1895 年以前的证据作为解释《马关条约》的依据。"割让说"强调钓鱼岛通过《马关条约》作为台湾的附属岛屿被割让给日本，持此观点学者的论据为：第一，结合《马关条约》的上下文看，第 2 款第 1 和第 3 条对同时割让给日本的辽东半岛、澎湖列岛地理范围（澎湖列岛甚至列出经纬度）都有明确界定，却对第 2 条"台湾全岛及所有附属各岛屿"做出模糊表述，② 日本对第 2 条不做经纬度列明之"模糊处理"背后的缔约意图值得推敲；第二，鞠德源指出，中日双方订约时都曾参考英国 1877 年出版的《中国东南沿海自香港至辽东湾海图》，自然清楚"台湾及全岛及所有附属各岛屿"一款包括"台湾全岛的附属岛屿"即钓鱼岛列屿；③ 第三，张海鹏、李国强进一步以日本公使水野遵和清政府全权委员李经方的讨论纪要④即"水野谈话"这一来自日方的证据从侧面佐证，当时日本政府承认"台湾附属岛屿"已有公认的海图及地图，因此不需要在《马关条约》第 2 款第 2 条以及此后接管台湾的公文中列出钓鱼岛列屿⑤。

---

　　① 参见［日］井上清著：《钓鱼岛的历史与主权》，贾俊琪、于伟译，北京：新星出版社，2013 年，第 151-161 页；［日］村田忠禧著：《从历史档案看钓鱼岛问题》，韦平和译，北京：社会科学文献出版社，2013 年，第 195-202 页。

　　② 张海鹏，李国强：《论〈马关条约〉与钓鱼岛兼及琉球问题》，《台湾历史研究》，2013 年第 1 辑，第 30 页。

　　③ 鞠德源：《钓鱼岛正名——钓鱼岛列屿的历史主权及国际法渊源》，北京：昆仑出版社，2006 年，第 59 页。

　　④ 日本公使水野遵和清政府全权委员李经方之间讨论的纪要，现收录于日本公文书馆。参见［日］滨川今日子：《尖阁诸岛の之领有そめぐる论点》，《调查與情报》，2007 年 2 月 28 日，Issue Brief，No. 565。

　　⑤ 张海鹏，李国强：《论〈马关条约〉与钓鱼岛兼及琉球问题》，《台湾历史研究》，2013 年第 1 辑，第 31 页。

"窃占说"多运用日本官方文书分析日本占领钓鱼岛的历史由来，进而分析日本对《马关条约》第2款第2项"模糊处理"的缔约意图。根据内务省1894年12月27日"秘别133号"公文，日本外务省内务大臣野村靖就1893年11月2日冲绳县知事第三次申请在钓鱼岛建立管辖标桩一事，曾和外务省外务大臣陆奥宗光磋商，该公文不仅用红色标注"密"字，更出现"其时与今日之情况相异"的措辞。① 究其原因，日本自1885年就有意占领钓鱼岛，但忌惮清政府实力和国际社会的反对而未有动作，而日本在甲午战争中战胜清政府，此时正是夺取钓鱼岛的大好时机。②

关于日本如何占领钓鱼岛，我国学者还提出"先窃占后割让说"。如王健朗主张，日本利用清军甲午战争战败之际，先窃占了钓鱼岛，再在《马关条约》中故意采用模糊表述，使清政府官员产生台湾所有附属岛屿已尽数割让的理解。这样，中国无从发现和抗议，而日本日后也可以声称，钓鱼岛并非经由《马关条约》割取获得。③ 刘春明进一步举证称，1894年10月8日日方最早的媾和草案就用了"中国割让台湾全岛"④ 的措辞，这种"模糊"风格被《预定条约》和《媾和预定条约》等其他"条约草案"一脉相承，而这些草案对中方割让的其他领土的规定却明确和细致。日本对割让"台湾全岛及所属诸岛屿"这种晦而不明表述的效果，一方面是要从条款字面上要让清政府一看就明白，割让的是台湾全岛及其所有岛屿⑤；另一方面，如能以清政府己方的理解来达到占领钓鱼岛列屿的目的，日本就无需应对国际舆论谴责或法律责任，也不会在和清政府发生分歧并影响谈判进程。⑥这三种学说都考虑

① ［日］井上清著：《钓鱼岛的历史与主权》，贾俊琪、于伟译，北京：新星出版社，2013年，第151-161页；［日］村田忠禧著：《从历史档案看钓鱼岛问题》，韦平和译，北京：社会科学文献出版社，2013年，第195-202页。

② 刘春明：《〈马关条约〉与钓鱼岛列岛》，《太平洋学报》，2012年第7期，第93页。

③ 王健朗：《钓鱼岛是被日本窃取的中国领土》，《人民日报》，2013年5月23日版。

④ ［日］陆奥宗光：《蹇蹇录》，伊舍石译，北京：商务印书馆，1963年，第106页。

⑤ 例如，李鸿章看到日方和约底稿后，其随员科士达就提到，"奉天南边各地台湾澎湖各岛尽让与日本"。参见《李文忠公全书·电稿》卷二十，第30页。

⑥ 刘春明：《〈马关条约〉与钓鱼岛列岛》，《太平洋学报》，2012年第7期，第94页。

到《马关条约》缔约时的时间因素，所涉证据多发生于 1895 年 4 月以前，在论证逻辑上也各有优劣。在处理几项关键性疑问的前提下，"割让说"更能从国际法角度解释《马关条约》第 2 款第 2 条"台湾全岛及所有附属各岛屿"是否包括钓鱼岛列屿这一议题。

"窃占说"的优势在于，"窃占"并不是合法的领土取得方式，根据《开罗宣言》中"日本必须归还窃占自中国的领土"的规定，第二次世界大战后日本应将窃占自中国的领土钓鱼岛归还中国。然而"窃占说"的弊端为：首先，"窃占"一词并非国际法上领土争端取得的表现形式（相似的表达顶多是"时效"）；其次，"窃占说"难以解释日本所称"1895—1945 年日本统治钓鱼岛期间以及 1951—1972 年美国占领琉球（含钓鱼岛）期间中方并未提出过抗议"[1] 的指摘，也难以对日本官方以"1920 年中华民国驻长崎领事冯冕感谢状"作为中国"默认"钓鱼岛"归属日本"[2] 的证据做出回应。"先窃占后割让说"部分解答或回应了"窃占说"里对"中国不抗议"的指摘，但这一学说以史料旁证为主，缺乏国际法的学理支持。

相较"窃占说"或"先窃占后割让说"，"割让说"的优势在于：如果钓鱼岛列屿是经由《马关条约》割让给日本的，1941 年 12 月 9 日国民政府主席林森签署发布《中国政府对日宣战布告》提出中日之前间的条约、协定、合同有涉及中日关系的一律废止，其中就包括《马关条约》，[3] 那么根据《开罗宣言》《波茨坦公告》等第二次世界大战后的法律文件，日本理应将钓鱼岛列屿归还中国；从证据法角度，"割让说"也有利于解释中国相关的嗣后实践，以及批驳美日第二次世界大战后对钓鱼岛采取的各种不法行为。[4] 但"割让说"需要解决三个关键疑问：①钓鱼岛列屿是否为台湾的附属岛屿？②钓鱼岛确如日方所称"经过反复调查后是无主地"吗？③如按日本所称，日本在签署《马关条约》（1895 年 4 月）前，就已经通过早前同年 1 月的内阁"阁

---

① ［日］日本外务省：《关于"尖阁诸岛"所有权问题的基本见解》（中译本）。

② ［日］日本外务省：《"尖阁诸岛"问答》（中译本）。

③ 刘春明：《〈马关条约〉与钓鱼岛列岛》，《太平洋学报》，2012 年第 7 期，第 97 页。

④ 张卫彬：《国际法上的"附属岛屿"与钓鱼岛问题》，《法学家》，2014 年第 5 期，第 10 页。

议"从法律上将钓鱼岛并入版图的话,那么从时间节点看又何来"割让"之说?关于第一点,即"附属岛屿"的条约解释已在上文论证,此处不再赘述。而对第二、三点,则需要结合历史和国际法予以分析:

首先,国际法上"先占"的客体只限于那些不属于任何国家的土地,而无人岛并不等同于国际法上的"无主地"。日本声称 1895 年 1 月 14 日的内阁"阁议"于《马关条约》签订前三个月通过,日本并非由战争取得钓鱼岛,然而日本的历史档案却证明,事实并非如此。有几项证据佐证日方对钓鱼岛的主张自始无效:第一项证据是夏威夷大学东亚图书馆所藏"冲绳县"水产技师(官名)1913 年编纂的《宫古郡八重山郡渔业调查书》。文中提到,日本人古贺辰四郎想向日本政府租借"尖阁群岛",由于当时"不无清国所属之说",因此"迟迟不见(日本)政府处置。适逢日清战役,依其结果台湾新入我国领土、该岛('尖阁群岛')之领域亦随之明朗"[1]。这表明日本政府在把钓鱼岛编入"版图"前,已经知晓其并非"无主地";第二项证据是 1920 年 12 月 9 日《官报》第 2507 号,其中有"所属未定地之编入"与"字名设定"两项记载。"所属未定地"指的是赤尾屿,而新设名称是"大正岛"。这表示 1895 年 1 月 14 日秘密内阁阁议,既不合乎日本国内法或国际法,其编入范围也有重大疏漏,以至于日本于甲午战争结束 25 年后,才将赤尾屿片面编入,改名大正岛[2];第三项证据,1885 年 10 月日本外务大臣和外务省官员对钓鱼岛列屿的描述仍是:"接近清国国境……台湾近傍清国所属之岛屿"[3]。从日方档案记录看,1895 年 5 月,当时的冲绳县知事确认 1885 年以前的实地勘察是第一次也是最后一次勘察,因而才有该岛屿为清国所属的

① Han-yi Shaw, *The Inconvenient Truth Behind the Diaoyu/Senkaku Islands*, The New York Times, September 19, 2012.

② Han-yi Shaw, *The Inconvenient Truth Behind the Diaoyu/Senkaku Islands*, The New York Times, September 19, 2012.

③ 邵汉仪:《关于钓鱼岛,日人难以示人的真相》,《纽约时报》(中文网),2012 年 9 月 28 日,资料来源于 https://cn.nytimes.com/opinion/20120928/c28shaw/,访问日期:2017 年 9 月 10 日。

认知。然而，这仍再一次回避了有关战争的史实。①

　　其次，日本"无主地先占"所需的公示的实质与程序性要件欠缺。1895
年1月14日，日本内阁阁议（即"第13号敕令"）的目的是把冲绳县编制
成五郡（见表十三），其中明确将（琉球群岛的）大东岛划归岛尻郡。然而
这一行政编制行为并没有提及钓鱼岛列屿，也没有把钓鱼岛、黄尾屿等与八
重山诸岛并列在一起②。究其原因是因为"八重山的辖区仅仅为历代众人周知
的八重山群岛"③。因此，钓鱼岛列屿并未纳入1895年1月14日内阁"阁议"
的领土编制对象，即使甲午战争结束后，日本政府也未对钓鱼岛列屿正式办
理领有手续，④ 直到1969年5月9日才由石垣县树立界标。⑤ 再从"公示"的
形式看，鉴于内阁阁议的"秘"字属性，不论其目的为何，该阁议已不具备
宣示意义，此后既缺乏天皇国内相应授权，冲绳县也并未在此决议后收到任
何命令实施的公文。"钓鱼岛编入日本领土"的说法，既缺乏"阁议"实质
内容的证据支持，也没有完成"无主地先占"法定程序，因而该行政编制行
为缺乏法律效力。⑥ 事实上，1895年以前日本并非不了解国际法"无主地"
的确认与占领宣告的原则。例如，明治政府于1891年编入硫磺岛时，在1891
年8月19日内阁阁议后，曾于同年9月9日以"敕令第190号"公开公布；
明治政府1898年编入南鸟岛时，在1898年7月1日内阁决议后，也于同年7
月24日以"东京府告示第58号"公布。可见，日本秘密"先占"钓鱼岛列

　　① 邵汉仪：《关于钓鱼岛，日人难以示人的真相》，《纽约时报》（中文网），2012年9月28日，
资料来源于 https://cn.nytimes.com/opinion/20120928/c28shaw/，访问日期：2017年9月10日。
　　② 参见 [日] 井上清著：《钓鱼岛的历史与主权》，贾俊琪、于伟译，北京：新星出版社，2013
年，第165-177页；[日] 村田忠禧著：《从历史档案看钓鱼岛问题》，韦平和译，北京：社会科学文
献出版社，2013年，第195-202页。
　　③ [日] 井上清：《中国钓鱼岛的历史与主权》，贾俊琪、于伟译，北京：新星出版社，2013年，
第175页。
　　④ [日] 村田忠禧著：《从历史档案看钓鱼岛问题》，韦平和译，北京：社会科学文献出版社，
2013年，第222-223页。
　　⑤ [日] 村田忠禧著：《从历史档案看钓鱼岛问题》，韦平和译，北京：社会科学文献出版社，
2013年，第201页。
　　⑥ 张磊：《关于日本所谓钓鱼岛"无主地先占"的时际法探微》，《河北法学》，2017年第2期，
第98页。

屿不但与国际法与国际惯例不符，也和其国内实践不相一致。①

综上，从中日主张的"逻辑链"看，《马关条约》第 2 款"导言"用语多文本差异难以成为钓鱼岛之争的焦点。《马关条约》条约解释的焦点是：钓鱼岛是否为台湾的"附属岛屿"，以及如何解释第 2 款第 2 条"台湾全岛及所有附属各岛屿"的条款这两个问题。结合国际法理论与实践，以及钓鱼岛领土争端的特质，《马关条约》的条约解释应结合时间因素采用条约静态解释。单纯以地理临近或地理连续的地理标准主张钓鱼岛为台湾的附属岛屿，缺乏牢固的国际法依据，而结合历史标准、行政管辖标准和经济因素，可以证明钓鱼岛为台湾的附属岛屿。围绕"'台湾全岛及所有附属各岛屿'是否包含钓鱼岛"的多种学说中，在解决事实证据的关键疑问后，"割让说"相较而言，更能从法律逻辑和证据法上回应《马关条约》第 2 款第 2 条的条约解释问题。

二、"雅尔塔条约体系"与《旧金山和约》的条约法关系

2012 年日本对钓鱼岛的"国有化"导致中日关系降到冰点后，日本时任外务大臣玄叶光一郎在媒体发表文章称：作为战后的第一步，日本缔结了《旧金山和平条约》，这一条约有 48 个国家签署，包括美国。该条约包括了战后秩序的一个重要组成部分，但是中国政府视该条约非法、无效。不仅如此，中国在 1992 年通过了《领海及毗连区法》，该法律视"尖阁诸岛"为中国的一部分，此举试图单方面改变《旧金山和平条约》定义的该岛属性。他进而声称，"究竟是哪个国家，日本还是中国，在否定战后国际秩序"？② 日本政客在国际场合混淆视听，以"中国否定战后秩序"这一言论向国际社会"恶人先告状"。利用《旧金山和约》，日本官方和政客不仅将其作为其钓鱼岛

---

① 台湾当局有关部门："对日本外务省网站有关钓鱼台列屿十六题问与答逐题驳斥全文"，资料来源于 http：//www. mofa. gov. tw/cp. aspx？n = FBFB7416EA72736F&s = FAA8620A0EE72A91，访问日期：2015 年 1 月 30 日。

② 玄叶光一郎：《日中关系正处在一个重要的十字路口》，《国际先驱论坛报》，2012 年 11 月 21 日。

"主权主张"的条约法依据，更提出"日本所倡导的战后国际秩序"。日本政客的上述言论，其实引出了中国国际法学界应思考的几大重要议题：第一，确定第二次世界大战以后国际秩序的是"雅尔塔体系"还是"旧金山体系"的条约？第二，雅尔塔体系中最具代表性的《开罗宣言》具有何种条约性质和条约法效力？《旧金山和约》又具有怎样的条约性质和条约法效力？第三，"雅尔塔体系"诸条约和《旧金山和约》与钓鱼岛争端各自又有怎样的关联？结合钓鱼岛争端，本部分将从上述几个问题入手，结合条约法进行论述。

日本就战后领土安排这一问题称，"战争结果的领土主权的处理最终根据以和平条约为主的国际协议来决定……第二次世界大战在法律上来确定战后的日本领土范围的是《旧金山和平条约》，《开罗宣言》和《波茨坦公告》不能对日本的领土处理形成最终的法律效果"。[①] 如果只谈"战后秩序安排"却不做具体指向的话，第二次世界大战后国际秩序固然是以雅尔塔体系为核心建立的，但此后《旧金山和约》对战败国的安排，包括领土问题、战后赔偿问题等的处理某种程度是则背离了雅尔塔会议的初衷，这也就是日本官方做出上述狡辩的原因。除了揭穿日本"打擦边球"以掩盖其阳奉阴违的历史观外，更重要的是应理顺、理清"雅尔塔体系"诸条约和《旧金山和约》各自的条约性质和地位以及两个体系中条约间的关系，从而从法理上驳斥日本官方观点。

（一）"雅尔塔体系"包含的法律文件及其与钓鱼岛的关联

雅尔塔体系涵盖《大西洋宪章》《联合国国家宣言》《开罗宣言》《波茨坦公告》等诸多国际法律文件。雅尔塔体系重要的一环是重新绘制战后欧亚的政治地图，特别是重新划定德、日、意法西斯国家的疆界及其被占领区的归属和边界，[②] 与钓鱼岛争端存在紧密关联的主要是《开罗宣言》《波茨坦公告》《日本投降书》和盟军最高司令部《第 677 号指令》。

盟国在 1943 年 12 月 1 日公布的《开罗宣言》中宣告，"我三大盟国（中

---

① ［日］日本外务省：《"尖阁诸岛"问答》（中译本）。
② 吴于廑，齐世荣：《世界史之现代史编》，北京：高等教育出版社，1994 年，第 24 页。

美英三国）此次进行战争之目的，在于制止及惩罚日本之侵略，三国绝不为自己图利，亦无拓展领土之意思，三国之宗旨在剥夺日本自从 1914 年第一次世界大战开始后在太平洋所夺得或占领之一切岛屿，在使日本窃取中国之土地，例如东北三省、台湾澎湖群岛等归还中华民国；其他日本以武力或贪欲所攫取之土地，亦务将日本驱逐出境；我三大盟国念之朝鲜人民所受之奴役待遇，决定在相当期间，使朝鲜自由独立"。① 关于《开罗宣言》的法律效力，自 20 世纪 50 年代以来就有西方和海外政府、学者以《开罗宣言》的形式问题为名质疑甚至否定其效力②。维护还是否定《开罗宣言》法律效力的斗争，不是一般的学术之争，说到底是要不要维护国际法的权威和效力的问题。③《开罗宣言》在钓鱼岛争端中的法律效力不容质疑，原因如下：

第一，《开罗宣言》是以第二次世界大战时同盟国的国家元首而非仅是"全权代表"④ 的名义缔结的，国家元首有为本国缔约的权利和最高的公信力。《开罗宣言》不仅以中美英三国政府首脑的名义共同发表，表明三国政府的共同意愿，还记载了三国领导人达成的对日作战的协议，以及明确规定盟国对日作战、处置战后日本的行为规则，包括承诺务必使日本将台湾归还中国，等等。这些内容不但使《开罗宣言》区别于国家间的一般政策性声明，成为一项法律文件，而且具备了国际法上条约构成的法律要素，成为对三国

---

① 参见丘宏达：《关于中国领土的国际法问题论集》（修订本），台北：台湾商务印书馆，2004 年，第 20 页；Charles I. Bevans, Treaty and Other International Agreements of the United States of America 1776—1949, vol. 3, multilateral, 1931—1945, Washington, D. C; "Cario Declaration"，资料来源于日本国立国会图书馆 http://www.ndl.go.jp/constitution/e/etc/c03.html，访问日期：2015 年 10 月 1 日。

② 参见 Y. Frank Chiang, One China Policy and Taiwan, 28 Fordham Int'l L. J. 1, 2004；Y. Frank Chiang, State, Sovereignty and Taiwan, 23 Fordham Int'l L. J. 959, 2000；彭明敏、黄昭堂著：《台湾在国际法上的地位》，蔡秋雄译，台北玉山社，1995 年，等等。

③ 饶戈平：《维护开罗宣言的权威性和有效性》，《台湾研究》，2003 年第 4 期。

④ 全权代表在缔结条约过程中需要使用全权证书，即需要持有国家有权机关所颁发、用以证明持有人为该国进行条约谈判（包括草成和议定条约约文）和认证约文以及签署条约的文件。在国际法上，国家元首向来被认为具有"一切形式的代表性"（jus repraesentationis omnimodal），从而当然无须全权证书而有代表国家谈判缔约的权能。参见李浩培：《条约法概论》，北京：法律出版社，2003 年，第 58-59 页。

都有法律拘束力的协议。①

　　第二，《开罗宣言》具备条约的实质要件，其文件形式不影响它的法律性质和效力。1969 年《维也纳条约法公约》规定："称条约者，谓国家间所缔结而以国际法为准之国际书面协定，不论其载于一项单独文书或两项以上相互之文书内，亦不论其特定名称为何"。②宣言或公告是不是条约只能依当事者的意思来确定，而确定当事者的意思当然只能依其外部的表现，特别是宣言所用的文字。③确定一项文件的法律性质是否为条约，决定性因素并不是其名称或形式，而在于它是否意图在缔结国之间创设权利和义务关系。④《开罗宣言》虽没有采用一般法律文件的形式，包括没有采用领导人正式签字的步骤，但是这些外在形式不影响其法律性质和效力。中美英领导人⑤在《开罗宣言》中宣称，其宗旨是，"剥夺日本自 1914 年第一次世界大战开始以后在太平洋所获得或占领之一切岛屿，在使日本所窃取于中国之领土，例如满洲、台湾、澎湖列岛等，归还中华民国"。《开罗宣言》之所以被公认具有条约或协议的性质主要不是依据其形式，而是依据实质内容及发布国的意愿，即包含了中美英三国之间协订的有关如何共同对日作战及处置战后日本的权利义务的承诺。⑥

　　第三，《开罗宣言》的法律性质和效力，事实上被包括《波茨坦公告》在内的国际法律文件和国际实践所确认，因而具有连续一贯的权威性和有效性。1945 年 7 月 26 日，中美英共同签署、后又有苏联参加的《促令日本投降的波茨坦公告》是战时同盟国的正式协定。《波茨坦公告》第 8 条重申："《开罗宣言》之条件必将实施，而日本主权必将限于本州、北海道、九州、

---

　　①　饶戈平：《维护开罗宣言的权威性和有效性》，《台湾研究》，2003 年第 4 期。

　　②　1969 年《维也纳条约法公约》（中文作准本），第二条（甲）。

　　③　李浩培：《条约法概论》，北京：法律出版社，2003 年，第 24 页。

　　④　饶戈平：《维护开罗宣言的权威性和有效性》，《台湾研究》，2003 年第 4 期。

　　⑤　1951 年 6 月 10 日，苏联就对日和约问题致电美国的照会中说明，由于中华民国已经成了中华人民共和国，因此台湾、澎湖应交还中华人民共和国。参见廉德瑰：《美国与中日关系的演变》，北京：世界知识出版社，2006 年，第 300 页。

　　⑥　饶戈平：《维护开罗宣言的权威性和有效性》，《台湾研究》，2003 年第 4 期。

四国及吾人所决定之其他小岛之内"①，正式把《开罗宣言》列入其中，进而验证和加强了《开罗宣言》的国际法效力。

第四，"日本投降文书"等其他雅尔塔体系国际法律文件也确认了《开罗宣言》的法律效力。1945 年 9 月 2 日 "日本投降文书" 明白无误地承诺将 "忠诚履行《波茨坦公告》各项规定之义务"②，该投降书构成盟国与日本间的国际协定。不仅如此，当时的中国政府根据《开罗宣言》及盟国间协议从日本手中收复台湾、再度确立中国对台湾的主权后，世界各国包括西方主要国家，都以多种方式对《开罗宣言》的法律效力及台湾回归中国的法律地位予以确认。③ 第二次世界大战以后，1972 年日本政府在《中日联合声明》中又重申，"遵循《波茨坦公告》第 8 条的规定"，据此，钓鱼岛作为台湾的附属岛屿应与台湾一并归还中国。

第五，日本官方并不否认《开罗宣言》的法律效力。1972 年 9 月 29 日，中日两国政府发表建交《联合声明》。日本表示充分理解和尊重中国政府关于台湾是中国领土不可分割的一部分的立场，坚持遵守《波茨坦公告》第 8 条的规定，进一步验证了《开罗宣言》连续的一贯的法律拘束力。④ 即使日本此后和第二次世界大战同盟国成员多方签订和约，但并不否认《开罗宣言》的存在。如日本国立国会图书馆官方网站可以公开查阅《开罗宣言》，日本不仅将《开罗宣言》作为 "日本宪法诞生" 的法律基础，还将开罗会议蒋介石与罗斯福会谈中对天皇制的意见作为天皇存续的依据。⑤

《开罗宣言》涉及日本的夺取岛屿或领土的第一句话是条约解释的重点，应从 "通常含义" "上下文" 和案文草案等对《开罗宣言》进行条约解释，

---

① 廉德瑰：《美国与中日关系的演变》，北京：世界知识出版社，2006 年，第 301 页。

② See "Instrument of Surrender", available at http：//www. ndl. go. jp/constitution/e/etc/c05. html, access date：Oct 1，2013.

③ 饶戈平：《开罗宣言的法律效力不容否定》，《人民日报》，2003 年 11 月 28 日。

④ 饶戈平：《维护开罗宣言的权威性和有效性》，《台湾研究》，2003 年第 4 期。

⑤ 参见 "Cario Declaration"，资料来源于日本国立国会图书馆 http：//www. ndl. go. jp/constitution/e/etc/c03. html，访问日期：2017 年 2 月 15 日

具体如下：

第一，"剥夺日本自从 1914 年第一次世界大战开始后在太平洋所夺得或占领之一切岛屿"指向的是加罗林群岛等太平洋岛屿，而非其他岛屿包括钓鱼岛。1914 年第一次世界大战爆发后，日本占领的加罗林群岛、北马里亚纳群岛、马绍尔群岛等太平洋岛屿成为日本的委任统治地，第二次世界大战后被美国托管。这就是《开罗宣言》将"1914 年"及第一次世界大战与该条款关联的缔约背景。①

第二，"使日本窃取中国之土地，例如东北三省、台湾澎湖群岛等归还中华民国"英文本的引导语"and that"，表明这句话和"剥夺日本自从 1914 年第一次世界大战开始后在太平洋所夺得或占领之一切岛屿"是并列而非从属关系，即盟国的目的在于剥夺日本占领的太平洋岛屿以及日本归还从中国窃取的土地。因此"1914 年后第一次世界大战开始后"的时间限制，限定的是日本占领的太平洋的岛屿，而非日本从中国窃取的领土；位于东海的钓鱼岛自然不受"1914 年后"或"第一次世界大战开始后"这一时间限制。

第三，在说明日本从中国窃取的领土时，《开罗宣言》列举了"东北三省""台湾"和"澎湖群岛"，并在前面使用插入语"例如"（such as），表明并非穷尽式的列举，句前"日本窃取中国之所有土地"（all the territories）更表明也涵盖了中国的领土钓鱼岛。

第四，《开罗宣言》最终文本将"台湾"与"澎湖列岛"并列，从宣言草案修改过程看，有来自《马关条约》的考虑因素。"澎湖列岛"是丘吉尔手写添加在宣言草案打印文稿上的，美方代表霍普金斯的 3 个文本草案并没有"澎湖列岛"的字样。② 考虑到《马关条约》写明割让台湾与澎湖两者并列"，如果只写台湾不写澎湖，不仅与《马关条约》中日代表的缔约意见不合，战争结束后日方也能借口不归还澎湖，因此中国代表王宠惠听取武官杨

① 管建强：《中日战争历史遗留问题的国际法研究》，北京：法律出版社，2016 年，第 360-361 页。

② 张郭：《美国外交文件中的〈开罗宣言〉与日本海外领地处置研究》，《国际论坛》，2015 年第 1 期，第 39 页。

宣诚意见后，向美方提出将"台湾"和"澎湖"并列的建议并落实在最终文本中。① 可见，当时在中国代表看来，《开罗宣言》写了"台湾"甚至都能包括澎湖列岛，罗列"台湾的附属岛屿"自然也就不在其用语再细化的考虑范畴，因为根据 1895 年《马关条约》，这些台湾的附属岛屿包括钓鱼岛都曾割让给日本，属于"日本窃取中国之所有土地"之列。

《波茨坦公告》（Potsdam Proclamation）是中、美、英三国政府于 7 月 26 日向国际社会公布的②，苏联 8 月 8 日对日宣战并在公告上签字，法国也加入签署。③《波茨坦公告》共计 13 条，其中第 8 条规定："《开罗宣言》之条件必将实施，而日本主权必将限于本州、北海道、九州、四国及吾人所决定之其他小岛之内"。④ 在这一条款中，涉及钓鱼岛归属的条约解释主要集中于两点：第一，日本领土主权范围限制与"其他小岛"。延续《开罗宣言》旨在剥夺日本太平洋的委任统治地、海外殖民地和其他窃取的海外领土的目的，第 8 条继续限制日本的领土主权范围，即本土四岛——本州、北海道、九州、四国，以及由盟国所决定的"其他小岛"（minor islands）。琉球王国原是国际法意义上独立的王国，并不是日本本土组成部分的"固有领土"，而是 1879 年日本政府通过武力强行吞并的，⑤ 琉球群岛自然属于这些"小岛"之列，

---

① 马骏杰：《中国代表修正〈开罗宣言〉》，《环球时报》，2004 年 9 月 6 日第 19 版。

② 《波茨坦公告》签订时，苏联尚未对日作战，因此没有签字。中国政府虽未参加讨论，但公告事前征得中国政府同意，因此是以中美英三国共同宣言的形式公布的。

③ Foreign Relations of the United States, Diplomatic Papers: The Conference of Berlin (The Potsdam Conference), 1945, Vol. II, Washington: Government Printing Office, 1960, p. 1474（苏联），pp. 1555-1556（法国）.

④ 《波茨坦公告》第 8 条的英文文本为："The terms of the Cairo Declaration shall be carried out and Japanese sovereignty shall be limited to the islands of Honshu, Hokkaido, Kyushu, Shikoku and such minor islands as we determine"。《波茨坦公告》中文版，参见复旦大学历史系中国近代史教研室：《中国近代对外关系史资料选辑》（下卷第 2 分册），上海：上海人民出版社，1977 年；《波茨坦公告》英文版，参见 "Proclamation Defining Terms for Japanese Surrender Issued at Potsdam" (July 26, 1945), available at http://www.ndl.go.jp/constitution/e/shiryo/01/010shoshi.html, access date: 20 Jan, 2018.

⑤ 刘丹：《论近世琉球的历史与法律地位——兼议钓鱼岛主权归属》，《中国海洋法学评论》，2016 年第 2 期，第 107 页。

因此"《波茨坦公告》系中国认为其对琉球群岛主权争议尚有置喙余地的依据"①。第二，第8条用"吾人"（we）指代的对日本领土范围具有决定权的盟国成员有哪些国家？发布《波茨坦公告》的虽然是中美英三国，但最终签署的还有苏联和法国。因此"吾人"指向的是中美英苏法五国，决定日本领土范围的也应是这五个国家的一致同意，而非个别国家或国家集团。《波茨坦公告》第8条规定了剥夺日本殖民地、重新划定其领土范围的原则。② 依据《波茨坦公告》"吾人所决定其它小岛"的规定，琉球的归属应由中美英苏法共同决定。因此，即使日本主张1879—1945年对琉球群岛（含1895年日本所占的钓鱼岛）拥有主权，此时也已由盟国来决定其主权归属。

《日本投降书》和盟军最高司令部《第677号指令》是第二次世界大战结束时重要的国际法律文件，它们在钓鱼岛争端"嗣后协定"证据链中的作用不容忽视。1945年9月2日，日本政府在东京湾"密苏里"号战舰上签署《日本投降书》。③ 从《日本投降书》第1条④和第6条⑤表述看，日本表示无条件接受并"忠实履行《波茨坦公告》各项条文"，则日本的领土必须被限制在"本州、北海道、九州、四国及盟国所决定的其他小岛之内"；并且日本必须从"以武力或贪欲所夺取的领土"上被驱逐出境。当时美军已经占领琉

---

① 参见陈荔彤：《琉球群岛主权归属——历史角度与国际法》，《东海大学法学研究》，2005年第22期，第10页；丘宏达：《关于中国领土的国际法问题论集》（修订本），台北：台湾商务印书馆，2004年，第21页。

② 徐勇：《战后琉球政治地位之法理研究与战略思考》，《战略与管理》，2010年3/4期合编。

③ 《日本投降书》：1945年8月19日，日本政府派出以代理参谋总长河边虎四郎中将为首的代表团到达马尼拉，同麦克阿瑟商定有关盟军进驻日本和投降书签字事宜。经同盟国一致同意的投降书于8月20日交给日本代表。9月2日，日本正式签署投降书。

④ 《日本投降书》第1条规定："余等谨奉日皇、日本政府与其帝国大本营的命令，并代表日皇、日本政府与其帝国大本营，接受美、中、英三国政府元首7月26日在波茨坦宣布的，及以后由苏联附署的公告各条款"。《日本投降书》中文版，参见复旦大学历史系中国近代史教研室：《中国近代对外关系史资料选辑》（下卷第2分册），上海：上海人民出版社，1977年；《日本投降书》英文版，参见"Japanese Surrenders Document"，available at http://www.archives.gov/exhibits/featured_documents/japanese_surrender_document/，last visited on 20 Jan, 2018.

⑤ 《日本投降书》第6条规定："余等兹担承日皇、日本政府及其继承者忠实履行《波茨坦公告》的各项条文，并颁布盟国最高统帅所需要的任何命令及采取盟国最高统帅所需要的任何行动，或者实行盟国代表为实行波茨坦公告的任何其他指令"。

球群岛，虽然按照联军最高统帅麦克阿瑟的《一般命令第一号》（1945 年 9 月 2 日）的战区分配，琉球群岛（含钓鱼岛）由美军实施军事占领，美国随后单方面通过琉球民政府管理当局文件的形式非法把钓鱼岛划入琉球地界，但也并不能改变一项事实——日本因甲午战争和《马关条约》取得台湾及其附属岛屿，进而取得钓鱼岛。① 依据《日本投降书》的精神，日本应从这些领土上被驱逐出境。和《日本投降书》一脉相承的是，1946 年 1 月 29 日盟军最高司令部向日本政府发出题为"将特定边远区域（outlaying areas）政府和行政（权）从日本分离"的《第 677 号指令》，旨在剥夺日本对本土以外地域的支配管辖权、明确界定日本的领土。根据《第 677 号指令》第 3 条，北纬 30°以南的琉球（南西）诸岛（含口之岛）、伊豆、南方、小笠原、硫磺群岛，以及含大东群岛、冲之鸟岛、南鸟岛、中之鸟岛在内的太平洋"边远岛屿"（outlying islands），② 都属于被剥离出日本领土的范围。因此《第 677 号指令》不仅清晰界定了日本战后的领土范围，还将"北纬 30 度以南的琉球群岛（南西诸岛）"排除在"日本领土"的定义和范围之外。③ 即使日本主张钓鱼岛是琉球群岛的一部分，由于钓鱼岛列屿位于北纬 25°40′—26°00′之间的海域④，根据《第 677 号指令》被剥离出日本领土的琉球群岛的纬度界限的规定，此时钓鱼岛列屿也并不属于日本的领土范围。

总之，"雅尔塔体系"中对日本主权限制的基础性文件是《开罗宣言》《波茨坦公告》《日本投降文书》和《第 677 号指令》，它们前后内容关联紧密、环环相扣，不仅是构成对日本主权限制的基本文件，也是钓鱼岛回归中国的法律依据。

---

① 林田富：《钓鱼台列屿主权归属之研究》，台北：五南图书出版有限公司，1999 年，第 182-183 页。

② Article 3 (b)，"Governmental and Administrative Separation of Certain Outlying Areas from Japan"，General Headquarters，Supreme Commander for the Allied Powers，SCAPIN-677 (Jan 29, 1946).

③ 管建强：《国际法视角下的中日钓鱼岛领土主权纷争》，《中国社会科学》，2012 年第 12 期，第 135 页。

④ 中华人民共和国新闻办公室：《钓鱼岛是中国的固有领土》（2012 年 9 月），北京：人民出版社，2012 年，第 2 页。

（二）"强行法"（*Jus Cogen*）的视角看"雅尔塔体系"法律文件的国际法地位

过去对《开罗宣言》为代表的雅尔塔体系条约的相关研究往往忽略从"强行法"（jus cogens）角度来考察这些条约。现代国际法学者菲德罗斯指出，国际法中的强行法规则是为了满足整个国际社会的较高利益而存在的，而不是像"任意法"那样，为了满足个别国家的需求而存在的。① 1969 年《维也纳条约法公约》第 53 条对强行法做出一般性规定："强行法"是"列国国际社会作为整体接受并承认为不得背离且只能由发生在后且具有同一性质的一般国际法规则予以更改的规则"；② 该条款同时规定，"条约在缔结时与一般国际法强制规律抵触者无效③。关于强行法渊源的讨论，一般会将其与国际法传统的初级渊源即条约、国际习惯法、一般法律原则，甚至自然法联系起来。④ 如今，被广泛接受的强行法规则包括如《联合国宪章》禁止使用武力原则⑤、禁止奴隶制、禁止酷刑、禁止种族隔离⑥等。

结合国内外学者对"强行法"规则的论述，"强行法"具有以下特征：

---

① 李浩培：《条约法概论》，北京：法律出版社，2003 年，第 241 页。

② 参见王铁崖，田如萱：《国际法资料选编》，北京：法律出版社，1982 年，第 117 页；1969 年《维也纳条约法公约》（中文本），资料来源于中华人民共和国外交部"条约文件"http：//www.fmprc.gov.cn/mfa_chn/ziliao_611306/tytj_611312/t83909.shtml，访问日期：2013 年 10 月 1 日。参照王铁崖教授和外交部网站公布的《维也纳条约法公约》中文翻译，第 53 条的"一般国际法强行规则"被翻译为："国家之国际社会全体接受并公认为不许损抑且仅有以后具有同等性质之一般国际法规律始得更改之规律"。对于"国家之国际社会全体接受"这样的表述，对照《维也纳条约法公约》英文版 "a peremptory norm of general international law" 的定义 "a norm accepted and recognized by *the international community of States as a whole* as a norm from which no derogation is permitted and which can be modified only by a subsequent norm of general international law having the same character"，笔者更赞同并采用李浩培先生的翻译即"列国国际社会作为整体接受"。

③ 1969 年《维也纳条约法公约》（中文本）。

④ The Commentary of the I. L. C. to Article 50 of its "Drafts Articles on the Law of Treaties", In Reports of the I. L. C. on the Work of Its 18ᵗʰ Session（1966），2 YbI. L. C. 172, p. 248.

⑤ The Commentary of the I. L. C. to Article 50 of its "Drafts Articles on the Law of Treaties", In Reports of the I. L. C. on the Work of Its 18ᵗʰ Session（1966），2 YbI. L. C. 172, p. 248.

⑥ Michael Byers, *Conceptualising the Relationship between Jus Cogens and Erga Omnes Rules*, Nodic Journal of International Law 66, 1997, p. 219.

第一，强行法规则是国际社会的"公共政策"，具有"不容损抑"的特性。违反强行法规则的条约无效，源于世界各国国内法都承认的违反国内强行法规则的契约无效的原则，输入到国际法就成为"背离国际强行法规则的条约无效"的原则。如果没有此原则，一切违反国家重要利益和社会幸福的契约都将被认为有效，其结果是国家和社会的解体,[1] 因此国家不能通过双边或多边条约对强行法予以限制或排除适用;[2]

第二，强行法"列国之国际社会作为整体接收"这一重要因素，并不在于国际社会的成员毫无例外地全体一致接受，而只需要"绝大多数的成员表示接受"就行了，个别或是为数极少的国家或国家集团执意反对某一规则的强行效力，也丝毫无损于该规则的强行性质,[3] 这正是强行法与国际习惯法在这一问题上的根本区别之所在。[4]

第三，违反一般国际法强行规则的条约无效。在解释条约对第三国的效力问题上，强行法比国际习惯法具有现代国际法上更积极的内容，对国际社会的协调能起到促进作用。强行法适用于国际社会的一切成员国，毫无例外，即强行法的效力具有普遍性。任何国家虽具有主权的属性，都不能以此为借口主张不受强行法约束而违背整个国际社会的利益。强行法的这一特征是对国际法的传统法则"条约不约束第三国"的重大限制，因为任何国家都不得

---

① 李浩培：《条约法概论》，北京：法律出版社，2003 年，第 248 页。

② 潘德勇：《论国际法规范的位阶》，《北方法学》，2012 年第 1 期。

③ 对于如何理解"列国之国际社会作为整体接收"，维也纳公约外交公议起草委员会主席雅森解释："起草委员会意欲强调：不存在要求一个规则被全体国家接受或承认大具有强行性质的问题。如果经一个很大多数接受或承认那就够了；这意味着，如果一个国家孤立地拒绝接受一个规则的强行性，或者该国得到较少数目国家的支持，国际社会作为整体对该规则的强行性的接受和承认并不因而受到影响"。国际法委员会委员阿戈解释："对于规则的强行性的确信，应当是国际社会的一切必要成分所共同具有的，而不仅只是一些西方国家或东方国家，只是一些发达国家或发展中国家，或者只是一个洲的国家或另一个洲的国家所共有的。"参见李浩培：《条约法概论》，北京：法律出版社，2003 年，第 246 页。

④ 万鄂湘：《从国际条约对第三国的效力看强行法与习惯法的区别》，《法学评论》，1984 年第 3 期。

以不是条约的当事国为借口，否定载有强行法规范的条约对其所具有的强制效力。① 强行法规则和"对一切"（erga omnes）规则有时被混用，但二者之间的区别却很明显。强行法规则都必然具有"对一切"特征，但"对一切"的规则却并不必然具有强行法特性。② 一定程度上，强行法由于其初级法律规则的属性，甚至可以视为类似于宪法性的规则。③

1943年，中美苏英等国成立反法西斯联盟时发布的《联合国家宣言》④约定，"加入宣言的国家不得单独与德日意签署和约"。⑤ 1943年中、美、英发表《开罗宣言》表明："三国之宗旨，在剥夺日本自1914年第一次世界大战开始以后在太平洋上所夺得或占领之一切岛屿，在使日本所窃取于中国之领土，例如满洲、台湾、澎湖列岛等，归还中华民国"。⑥ 这是第一份确认台湾及其附属岛屿是中国领土的国际法文件，明确了日本侵占中国这些领土的非法性。1945年，中美英共同签署，后有苏联参加签署的《波茨坦公告》第8条规定："开罗宣言之条件必将实施"，"日本的主权仅限于本州、北海道、九州、四国及吾等所决定之诸小岛之内"。第二次世界大战末期，1945年3月底美军在冲绳群岛登陆作战，并于4月1日登陆与日军展开了冲绳岛战役。日本战败后，1946年1月29日的盟军最高总司令部《第667号指令》明确把日本领土界定为九州、四国、本州、北海道四岛，以及北纬30°以北的1 000

---

① 万鄂湘：《国际强行法与国际法的基本原则》，《武汉大学学报》（社会科学版），1986年第6期。

② Michael Byers, *Conceptualising the Relationship between Jus Cogens and Erga Omnes Rules*, Nodic Journal of International Law 66, 1997, pp. 236-237.

③ 对宪法性规则的讨论，参见 Geoffrey Marshall, Constitutional Theory, Oxford：Clarendon, 1971.

④ 《联合国家共同宣言》：1942年1月1日，中、苏、美、英等26国在华盛顿发表的宣言，亦《联合国国家共同宣言》，又称《二十六国宣言》。该宣言表示赞成《大西洋宪章》，并决心共同战败德、意、日法西斯侵略，不到侵略国无条件投降，决不和敌国单独议和。经与苏联磋商并告知有关国家后，1942年1月1日，26个国家的代表在华盛顿签署了《联合国家共同宣言》。此宣言标志着反法西斯联盟正式形成。

⑤ See "Declaration by United Nations", available at http：//www. un. org/en/aboutun/history/declaration. shtml, visited on Sep. 15, 2012.

⑥ See "Cairo Communiqué", available at http：//www. ndl. go. jp/constitution/e/shiryo/01/002_46/002_46_001l. html, last visited on June 20, 2012.

多个岛屿，① 而北纬 30°以南之 "南西诸岛" 则从日本领土分离。钓鱼岛列屿最北的黄尾屿的地理坐标是北纬 25°56′，东经 123°41′，远在北纬 30°以南，因此，钓鱼岛并不包含在日本领土之内。

"雅尔塔体系" 中以《开罗宣言》《波茨坦公告》为代表的国际法律文件是最重要的反法西斯战争成果之一，这是包括中国人民在内世界反法西斯斗争用生命代价所换来的国际性条约。② "雅尔塔条约体系" 不仅是盟国对法西斯宣战的正义战争的一系列条约，更是确立国际 "公共秩序" 的战后秩序安排，完全具有 "强行法" 特质，其中的强行法规则包括：禁止盟国成员单独与法西斯媾和（《联合国家宣言》）；将法西斯战败国攫取的领土剥离（《开罗宣言》）；战败国日本领土限于盟国决定的本土四岛（《波茨坦公告》）等。

以《开罗宣言》为基础，《波茨坦公告》、日本《无条件投降书》等国际法文件组成了环环相扣的法律链条，明确无误地确认了第二次世界大战后日本领土的范围。尤其是《开罗宣言》和《波茨坦公告》明确了战胜国接受德国、日本等战败国投降，确定了战后国际新秩序并划定了战胜国与战败国的领土和主权范围，因此是纲领性、基石性、甚至具有国际强行法性质的国际法文件。根据这些国际法文件，钓鱼岛并不在日本的领土范围之内。从形式上看，《旧金山和约》起到了执行这些国际法文件的作用，并使这些文件具体化。

三、《旧金山和约》的条约效力和条约解释问题

《旧金山和约》是否遵从了上述 "雅尔塔条约体系" 内那些确定战后格局的国际法文件呢？如果仅看形式的话，首先，《旧金山和约》序言提到，

---

① Art. 3, Supreme Commander For Allied Powers (SCAPIN 677), Jan 29, 1946, available at http://www.mofa.go.jp/mofaj/area/takeshima/pdfs/g_taisengo01.pdf, last visited on Sep. 15, 2012.

② 荣维木：《奠定战后世界秩序的基本法律文件——〈开罗宣言〉和〈波茨坦公告〉对反法西斯成果的巩固》，载《北京日报》2013 年 6 月 3 日，第 20 版。

"各盟国及日本决定……愿缔结和约，借以解决一切由于他们之间存在之战争状态所引起而尚未解决的问题"①，缔约一方为战胜国——反法西斯同盟国，另一方是战败国日本；其次，该和约框架具体涉及战后和平、领土安排、安全、战后政治及经济条款、战争求偿与财产等内容。因此，单纯从形式看，《旧金山和约》确实对《联合国家宣言》《开罗宣言》《波茨坦公告》等有关日本侵占领土问题的精神做出规定和"落实"，正如国外学者指出的："《旧金山和约》表面上是对《波茨坦公告》等有关日本侵占领土简短条款的具体执行"。②

　　更具有迷惑性的是，2012 年玄叶光一郎在《国际先驱导报》的文章称，"作为战后的第一步，日本缔结了《旧金山和约》，这一条约有 48 个国家签署，包括美国。该条约包括了战后秩序的一个重要组成部分"。③ 玄叶光一郎这一言论的内在逻辑关系是：《旧金山和约》由美国主导，并有 48 个国家签署，因此成为确定战后秩序的重要组成部分。如前述，确定战后国际秩序的最初和最重要的依据是"雅尔塔条约体系"。日本提升《旧金山和约》并取代"雅尔塔条约体系"以作为确定战后国际秩序的法律依据，其实是典型的偷梁换柱的做法，虽具有欺骗性但较容易驳斥。但从国际法角度看，更具有难度的问题是：《旧金山和约》具有怎样的条约特质？《旧金山和约》是否可以适用于非缔约国（包括中国）呢？回答这些问题就必须从《旧金山和约》的条约特质及其法律效力予以考察。

　　《旧金山和约》是部分同盟国与日本签订的和平条约，于 1951 年 9 月 8 日由包括日本在内的 48 个国家的代表在美国旧金山签订，1952 年 4 月 28 日生效。和约的起草人为当时的美国国务卿顾问杜勒斯。当时就中华人民共和

---

　　① See San Francisco Peace Treaty (1951.09.08), available at http://www.uni-erfurt.de/ostasiatische_geschichte/texte/japan/dokumente/19/19510908_treaty.htm, last visited on April. 20, 2012.

　　② Seokwoo Lee, *The 1951 San Francisco Peace Treaty With Japan And The Territorial Disputes In East Asia*, 11 Pac. Rim L. & Pol'y J. 63, 2002.

　　③ 玄叶光一郎：《日中关系正处在一个重要的十字路口》，《国际先驱论坛报》2012 年 11 月 21 日。

国政府还是台湾国民党政府代表中国参会问题上，在同盟国内部引起激烈争执，① 美、英最终达成国共双方均不参与和约签署的共识。

（一）《旧金山和约》不符合和平条约缔约权的基本特质

在古代，条约即与国际间发生战争后恢复和平有关。② 传统意义上，欧洲各国和平条约的序言和主要条文中都规定，战争各方结束战争，战胜方之间达成和平的合议，条约从而对战胜方之间、战胜方的领土、同盟者以及战败方适用。③ 和平条约的各种格式性规定表明，和平条约是战胜方之间达成的，条约对它们直接适用；而通过战胜国的协调，条约才对战胜方的领土以及战败方产生约束力。④ 缔约权，指在国家、国际组织等国际法主体内特定机关或机构行使代表该国际法主体缔结条约的职能的权限。缔约权因而是条约有效的必备要件之一。1951 年 9 月 4 日，美国单方面邀请了 52 个国家，由于对日和约草案的起草工作被美国所垄断，印度、缅甸、南斯拉夫三国受邀但拒绝参加会议。9 月 8 日，和会代表在对日和约上签字，但苏联、波兰和捷克斯洛伐克三国拒绝签字。这些与会国家中仅有半数是战时对日宣战的国家，而实际曾与日本作战者不过 8 个而已。《旧金山和约》对日本第二次世界大战期间占领领土的安排基于美、英战略考虑⑤是无需置疑的。美英主导下的《旧金山和约》与会国忽视亚洲受害国的利益和要求，却要缔结一部涉及多元利益的全球性条约，它们是否具备对战后全球秩序具体事项的缔约权就值得商榷。

按国际习惯法，交战国通常以签订和约来结束战争状态。在缔结和约时，

---

① Mallappa Amravati, *The Japan - US Alliance: A History of Its Genesis*, New Delhi: Concept Publishing Company, 1985, p. 180.

② 李浩培：《条约法概论》，北京：法律出版社，2003 年，第 32 页。

③ Randall Lesaffer (ed.), *Peace Treaties and International Law in European History: From the Late Middle Ages to World War One*, New York: Cambridge University Press, 2004, p. 18.

④ Randall Lesaffer (ed.), *Peace Treaties and International Law in European History: From the Late Middle Ages to World War One*, New York: Cambridge University Press, 2004, pp. 18-19.

⑤ Memorandum by the United Kingdom Delegation: Territorial, Political and General Clauses of the Treaty of Peace with Japan, in USDOS, 1947/10/6 [USNARA/740. 0011 PW (PEACE) /10-647]. See Seokwoo Lee and Jon M. Van Dyke, *The 1951 San Francisco Peace Treaty and Its Relevance to the Sovereignty over Dokdo*, 9 Chinese Journal of International Law, 2010, p. 745.

战胜国对战败国尤其对发动侵略战争的战败国，拥有索取战争赔偿的权利，这是数百年来国际社会交往形成的规则，也是缔结和约的通常目的。① 事实上，中国是对日作战中起到决定性作用的国家，却被摒弃于和会之外。从此意义上，旧金山和会是片面的和会，在缔约主体上存在重大缺陷。美国主导的《旧金山和约》在没有中国参加的情况下，对我国包括钓鱼岛在内的固有领土进行处置的行为，是对中国主权和领土完整的严重侵犯，也与战后和约缔结的国际习惯法规则不相符。

（二）《旧金山和约》违反"条约对第三者既无损也无益"（*pacta tertiis nec nocent nec prosunt*）原则

条约在原则上只对缔约国有约束力，《旧金山和约》违反了"条约对第三者既无损也无益"（pacta tertiis nec nocent nec prosunt）② 即"条约相对效力"的格言。"条约相对效力"原则存在的原因在于，国际社会是以法律上平等的各主权国家组成的社会，各国不能以一个双边或多边条约将权利或义务强加于第三国。③ 国际法委员会的最后草案和《维也纳条约法公约》都把"条约对第三者既无损也无益"作为通则（General Rule），④《维也纳条约法公约》规定，对第三国设定义务或设定权利的条约，前者须第三国书面明示接受⑤，后者须该第三国同意或者尚无相反表示。⑥《旧金山和约》第 2 条涉及日本投降后，放弃我国的"台湾及澎湖列岛"⑦ 以及"南威岛（日语中对中国南沙群岛的称谓）及西沙群岛"的"一切权利、权利根据与要求"；⑧ 第 3 条则规

---

① 肖爱华：《关于旧金山和约的效力》，《重庆科技学院学报》（社会科学版），2009 年第 8 期。

② ［英］伊恩·布朗利著：《国际公法原理》，曾令良等译，北京：法律出版社，2003 年，第 685 页。

③ 李浩培：《条约法概论》，北京：法律出版社，2003 年，第 390 页。

④ ［英］伊恩·布朗利著：《国际公法原理》，曾令良等译，北京：法律出版社，2003 年，第 685 页。

⑤ 1969 年《维也纳条约法公约》第 35 条。

⑥ 1969 年《维也纳条约法公约》第 36 条。

⑦ Article 2 （b） of the San Francisco Peace Treaty （1951.09.08）.

⑧ Article 2 （f） of the San Francisco Peace Treaty （1951.09.08）.

定扩大了美国占有的托管地。① 因此，旧金山和会及在美国操纵下缔结的《旧金山和约》牵涉就日本侵占中国领土的处置这一核心利益，但该和约并没有得到中国政府（无论是中华人民共和国政府还是台湾国民党政府）的书面接受或者同意，因而是严重违反国际法的行为。这也就是中华人民共和国政府在公开场合表示不承认《旧金山和约》，② 并表明《旧金山和约》为"非法无效"的基本法理依据。

（三）《旧金山和约》不属于具有"对一切"（erga omnes）的条约范畴

即使不考虑上述"条约相对效力"以及和约缔约主体因素，仍有国外学者从"对一切"角度考察并论证《旧金山和约》普遍适用性。也就是说，即使《旧金山和约》仅有 48 个国家签署，如果它具备"对一切"的条约特质，那么就算对非缔约国也应适用。Lee Seokwoo 和 Jon M. Van Dyke 在《1951 年旧金山和约及其与独岛主权的关联》一文中，就从"构成性条约"（constitutive treaty）性质的战后和约角度，考察《旧金山和约》是否具备"对一切"的条约效果。③ 他们首先提出，"构成性条约"性质的和约在国际法上具有特殊地位，由于它对交战国关系及其领土问题做出规定，因此往往被视为界定国家主权和国际法基本原则的基础性条约。其次，该文引用国际法院"西南非洲咨询案"迈克奈尔法官"独立意见"的观点："大国，或者

① Article 2（f），Article 3，Article 8（c），San Francisco Peace Treaty（1951.09.08）.

② 例如周恩来于 1951 年 9 月 18 日的声明指出："中国人民在击败日本帝国主义的伟大战争中，经过时间最久，遭受牺牲最大，所作贡献最多。然而，美国政府却公然违反一切协议，排斥中华人民共和国……美国政府在旧金山会议中强制签署的没有中华人民共和国参加的对日单独和约，不仅不是全面和约，而且完全不是真正的和约……中央人民政府认为是非法的，无效的，因而是绝对不能承认的。"又如周恩来在 1951 年 8 月 15 日的声明中严厉谴责美国单方面拟定的和约草案"最荒谬地公然排除中华人民共和国于对日作战的盟国之列"。参见《周恩来外长关于美国及其仆从国家签订旧金山对日和约的声明》（1951 年 9 月 18 日），载田桓：《战后中日关系文献集（1945—1970）》，北京：中国社会科学出版社，2002 年，第 103-104 页。

③ Seokwoo Lee and Jon M. Van Dyke, *The 1951 San Francisco Peace Treaty and Its Relevance to the Sovereignty over Dokdo*, 9 Chinese Journal of International Law, 2010, pp. 744-745.

由众多大国、小国组成的国家集团不时地通过多边条约的形式创制一些新的国际领域，这样的条约很快超过缔约国的数量限制得到各国普遍而持久的接受，并且形成客观存在（objective existence）"。最后，他们认为，构成性条约在"客观领域"（objective regime）建立新的适用于所有国家的新制度，即使对非缔约国也适用。这些"客观领域"包括中立问题、领土划界问题、保障国际水道自由通行问题等。他们就此认为，"具有构成性条约性质的和平条约（《旧金山和约》）具有'对一切'的性质，因此对缔约国或非缔约国均具有约束力"。①

就"构成性条约"的含义，《奥本海国际法》第九版中的表述为：那些"起源和性质上是契约性的"，但有建立"对一切人"都有效的地位或制度效果的条约，即契约性（而非造法性）并有"对一切"效果的条约。② 其实《奥本海国际法》还明确指出，契约性条约无法与造法性条约相提并论，这类契约性条约所谓"对一切"效果是否及于非缔约第三方的法理依据并不明确。③《旧金山和约》是典型的契约性而非造法性条约，其中固然有对第二次世界大战中日本窃取他国领土进行安排的条款，但正如"雅尔塔条约体系"尤其是"日本投降文书"所明确的，日本的领土边界仅限于其本土四岛及盟国确认的岛屿，即日本和中国的领土边界是清晰的，《旧金山和约》并不属于上述"客观领域"中领土划界的"构成性条约"，不具备"对一切"的条约效果，因此对既未参会又未缔约的中国并不适用。综上，《旧金山和约》不具备"对一切"的特性，其条约性质就是战后规定战胜国权益和战败国义务（为主）的和平约。

---

① Seokwoo Lee and Jon M. Van Dyke, *The 1951 San Francisco Peace Treaty and Its Relevance to the Sovereignty over Dokdo*, 9 Chinese Journal of International Law, 2010, pp. 757-758.

② Robert Jennings and Arthur Watts（eds）, Oppenheim's International Law, 9th Edition, Vol. I, Longman, 1992, p. 1205.

③ Robert Jennings and Arthur Watts（eds）, Oppenheim's International Law, 9th Edition, Vol. I, Longman, 1992, pp. 1205-1206.

（四）《旧金山和约》的条款解读

与中国援引"雅尔塔体系"法律文件论证对钓鱼岛的主权主张不同，日本在钓鱼岛问题上援引的主要是《旧金山和约》、《琉球移交协定》和《日美安全保障条约》。日本官方称，根据《旧金山和约》的规定，钓鱼岛并不在第2条由日本所放弃的领土之内，而是作为第3条中"南西诸岛"的一部分由美国施政，并明确包含在1972年的"冲绳返还"其施政权归还给日本的地区之内。此后就《日美安全保障条约》第5条的适用，美国也表示钓鱼岛自1972年作为"冲绳返还"的一环归还于日本以来，属于日本的施政之下①。这表明，日本除了将1951年《旧金山和约》作为钓鱼岛争端的"肇始条约"，据此提出钓鱼岛此时被纳入美国施政范围外，还将《琉球移交协定》和《日美安全保障条约》视为"嗣后协定"，对《旧金山和约》的"领土条款"进行解释与补充说明。日本援引以《旧金山和约》为中心的法律文件，其条约解释的核心聚焦于"钓鱼岛是'南西诸岛'（即琉球群岛）的附属岛屿"，体现了条约演化解释的思路。

《旧金山和约》涉及对日本第二次世界大战期间攫取的我国岛屿以及琉球问题的处理见于第2条和第3条。《旧金山和约》第2条规定，"日本承认台湾与澎湖等岛屿独立之事实，并放弃对台湾、澎湖等岛屿的一切权利、权利名义与要求。"②《旧金山和约》第3条就美国托管的琉球列岛及其领海范围规定，"日本同意美国对北纬29度以南之南西群岛（含琉球群岛与大东群岛）、孀妇岩南方之南方各岛（含小笠原群岛、西之与火山群岛），和冲之鸟岛以及南鸟岛等地送交联合国之托管统治制度提议。在此提案获得通过之前，美国对上述地区、所属居民与所属海域得拥有实施行政、立法、司法之权利"。③此后美国特设立琉球民政府作为琉球的管理机构。

---

① ［日］日本外务省：《"尖阁诸岛"问答》（中译本）。

② 世界知识出版社：《国际条约集（1949—1951）》，北京：世界知识出版社，1959年，第335-336页。

③ 世界知识出版社：《国际条约集（1949—1951）》，北京：世界知识出版社，1959年，第335-336页。

《旧金山和约》第2条所指的"台湾"，理应包含台湾的附属岛屿，因为这是《开罗宣言》和《波茨坦公告》所强调的。我国详尽的历史、地理文献资料证明，钓鱼岛一直是台湾的附属岛屿，因此第2条日本"放弃"的范围应包括钓鱼岛。或许有质疑称，第2条字面只提到日本放弃台湾和澎湖列岛，却没有列明归还给中国。但是从《日本投降书》看，日本政府表达的是，日本愿意忠诚履行《波茨坦公告》的条款，即有义务"放弃"这些领土，并无条件从这些"以武力和贪欲夺取的土地上退出"。至于日本所放弃的土地地位如何，已与日本无关。[①] 此外和约缔约前的美国外交档案显示，美国国家安全委员会认为，"无论从道义或历史，还是从国际协定，尤其是《开罗宣言》和《波茨坦公告》的角度考虑，台湾都应归属中国"。[②]

从条约解释的"一般规则"和"补充规则"的角度，《旧金山和约》第3条值得质疑的细节[③]不少，包括：①"南西诸岛"而不是"琉球群岛"这一用词对被托管的琉球地理范围的影响；②如何依据条约的宗旨和目的解释"北纬29度以南"这一地理界限，界定日本被剥离领土，以及交给美国托管的领土；③就"在提出此种建议，并对此种建议采取肯定措施以前"（Pending the making of such a proposal and affirmative action thereon）的措辞中，"Pending"[④] 一词是需要按照条约"文意"进行详尽解释的；④美国行使的"行政、立法与司法权力"是否等于主权。即背后的"剩余主权"如何解读。

总之，《旧金山和约》上述条款对琉球群岛的处置，表面上按照开罗会议蒋介石的提议，但实际上已变质，即原义由中美共管或国际共管，但在《旧金山和约》却变成美国独管，这为日后美日私相授受琉球群岛及钓鱼岛列屿留下了伏笔。更为严重的是，本为限制日本军国主义的反法西斯条约，但到

---

①　林田富：《钓鱼台列屿主权归属之研究》，台北：五南图书出版有限公司，1999年，第186页。

②　Report to the National Security Council by the Executive Secretary（Lay），FRUS, 1951, Vol. Ⅵ, Asia and the Pacific（in Two Parts），Part 1，General Editor：Fredric Aandahl, United States Government Printing Office, Washington：1977, pp. 33-63.

③　更详细的解读，参见本书第三章第三节。

④　《柯林斯高阶英汉双解词典》的解释为：Pending（介词），在等到……发生之际；直到……为止。

了《旧金山和约》，却变成了一个扶持日本军国主义势力复活的条约，同时还将反法西斯同盟——中国排除在签字国之内。[①] 这部和约实为冷战的产物，是按照美国的政治和军事的战略需要而制定的，当时两岸政府对《旧金山和约》均不予承认，[②]客观上为日本依据《旧金山和约》作为钓鱼岛主权"肇始条约"和抗辩理由提供了依据。因此，以应诉的角度看待《旧金山和约》就显得非常必要。除了对《旧金山和约》以条约解释一般规则进行解读外，如本书第三章第三节所述，回溯多份"和约草案"不难发现，尽管《旧金山和约》第2条没有提及钓鱼岛，但"和约应遵从《开罗宣言》和《波茨坦公告》精神"这一宗旨在缔结过程中多次提及，即作为台湾附属岛屿的钓鱼岛应归还中国。其次，尽管《旧金山和约》第3条从条款内容看，并不涉及钓鱼岛列屿，但日本政府在解释"条约第3条的地域"时，明确指出："历史上的北纬29度以南的西南群岛，大体是指旧琉球王朝的势力所及范围"，这一"解说"清楚地表明，《旧金山和约》规定交由美军托管的范围，不含钓鱼岛列屿，因为众所诸知，钓鱼岛列屿并非"旧琉球王朝的势力所及范围"。[③]

四、1971 年美日《琉球移交协定》及其对钓鱼岛争端的影响

日本官方依据《琉球移交协定》主张对钓鱼岛的"主权"，尤其强调1972年后对钓鱼岛的"有效统治"，包括：①警备和取缔工作的实施（例如取缔在领海内非法捕鱼的外国渔船）；②土地所有者交纳固定资产税（"民有地"的久场岛（Kuba Island）；③作为"国有地"予以管理。如"国有地"的大正岛（Taisyo Island）、鱼钓岛（Uotsuri Island）等；④对于久场岛和大正岛，自1972年以来，日本根据《日美地位协定》作为"日本国"的设施及地

---

① 郑海麟：《钓鱼岛列屿之历史与法理研究》，北京：中华书局，2007年，第143页。

② 1951年台湾当局"外交部长"叶公超于《中央日报》发表声明，表示《旧金山和约》歧视台湾，因而对台湾没有任何约束力。1951年9月18日，中华人民共和国外长周恩来也发表声明指出：没有新中国参加的对日单独和约"是非法的、无效的，因而是绝对不能承认的"。参见田桓：《战后中日关系文献集（1945—1970）》，北京：中国社会科学出版社，1996年，第103—104页。

③ 郑海麟：《钓鱼岛主权归属的历史与国际法分析》，《中国边疆史地研究》，2011年第4期。

区提供给美国使用；⑤政府以及冲绳县进行调查等。例如冲绳开发厅进行的利用开发调查（临时直升飞机场的设置等，1979 年）、冲绳县进行的渔场调查（1981 年）、环境厅委托的信天翁航空调查（1994 年）。① 可见，美日《琉球移交协定》与如今中日钓鱼岛争端脱不开关系。

（一）美国在"移交"琉球中将钓鱼岛行政管辖权和主权分离的决策过程

1953 年 12 月美国民政府"第 27 号公告"单方面把钓鱼岛划入琉球群岛地理范围，成为将钓鱼岛争端和美日关系中"琉球群岛地位"问题联系起来的根源。但是直到 1969 年 11 月美日首脑会谈及"返还"琉球群岛"施政权"谈判时，美日从未讨论过钓鱼岛归属问题，美日有关钓鱼岛归属的政策是在"返还"琉球群岛"施政权"谈判进程中逐步确立的。

1970 年 2 月，美国国务院亚太司日本处建议，在怎样表达有关返还施政权的地理区域问题时，"最好依据在《旧金山对日和约》第 3 条使用的文字，应当避免涉及'尖阁'问题"。根据 1970 年 4 月 6 美国国务院《美日返还琉球群岛和大东群岛协定草案》第 1 条第 2 段，"琉球群岛和大东群岛"是指"北纬 29 度以南包括冲绳和西南诸岛在内的所有岛屿以及这些岛屿的领水"，1953 年 12 月 24 日《美日奄美大岛协定》所包括的岛屿及领水不在该范围之内。可见，在美国移交琉球群岛和大东群岛施政权的早期谈判方针和草案中，美国拟移交给日本的区域是《旧金山和约》第 3 条的区域，并没有明确提出钓鱼岛问题。②

美国官方文件表明，20 世纪 60 年代末 70 年代初，迫于中国两岸政府的压力，美国政府当时的决策思路为，只向日本移交钓鱼岛列屿的施政权（即行政管辖权），但这与该列屿主权无关，钓鱼岛主权归属问题应由各有关方面谈判解决。1970 年 8 月 10 日，日本外务大臣爱知接一在参议院的讲话中称，

---

① 日本外务省：《"尖阁诸岛"问答》（中译本）。

② 参见崔修竹：《美日返还琉球群岛施政权谈判中的谅解事项研究——从返还区域、军事基地、民航权益为例》，华东师范大学 2017 年博士论文，第 102-104 页。

"'尖阁诸岛'属于'西南诸岛',日本对该区域拥有潜在主权"。① 1970 年 8 月 11 日,美国国务院随即向美国驻中国台北大使发布指令,要求其按照该指令解释"西南诸岛"的定义,这是美国政府首次表达对钓鱼岛问题的立场。该指令共计包括三项内容:首先,"日本政府尚未要求美国确认关于'西南诸岛'一词的含义,如果日本提出要求,国务院的立场如下:用于对日和约第 3 条中的该词,当初的含义是包括'尖阁诸岛'。和约中的"西南诸岛"一词,是指第二次世界大战末期在日本统治下的北纬 29 度以南的所有岛屿,和约中对此并无其他表达"。其次,"根据该条约,美国政府将'尖阁诸岛'作为琉球群岛的一部分进行施政管辖,认为日本仍然拥有琉球群岛的'剩余主权'。美国对琉球群岛的施政权,预计将在 1972 年返还日本"。再次,"美国政府认为任何关于'尖阁诸岛'及其毗邻大陆架的争端应当由争端双方去解决"。②

1971 年 6 月 17 日,美国国务院声明称,移交琉球的同时将钓鱼岛列屿一起归还给日本,但美国将继续使用其中的两岛作为军事演习的靶场。美国将这一列屿的施政权归还日本的行动,不影响台湾的主张,美国不能强化对日和约之前日本的所有法律权利,也不能缩小台湾方面的所有权利。③ 1971 年 11 月 4 日,美国参议院外交委员会发表报告指出,"美国将琉球施政权移交给日本,并不构成基本主权(美国并无此种主权)之移交,亦不能影响到任一争论者的基本的领土主张。委员会确认协议中的条款,不影响到任何国家关于'尖阁诸岛'或钓鱼岛的任何主权主张"。显然,美国政府重新解释《旧金山和约》第 3 条的地域范围,使其立场具有双重特征,一方面,美国已经

---

① See Seokwoo Lee, Territorial Disputes among Japan, China, and Taiwan Concerning the Senkaku Islands, In Shelagh Furness and Clive Schofield eds., Boundary and Territory Briefing, 2002, Volume 3, Number 7, p. 6.

② 参见 Kashiwashobo Publishing Co., Ltd., Documents on United States Policy Toward Japan, XIX, Documents Related to Diplomatic and Military Matters 1972, DEF Japan /POL Japan/DEF Ryukyu, Vol. 9, p. 8;中国国民党中央委员会第四组出版发行:《钓鱼台列屿问题资料汇编》,台北:兴台印刷厂,1972 年,第 33 页。

③ [日]浦野起央,刘苏朝,植荣边吉编:《"钓鱼台群岛"("尖阁诸岛")问题研究资料汇编》,香港:励志出版社,2001 年,第 331-333 页。

决意将我国钓鱼岛的施政权返还给日本；另一方面，美国政府迫于压力，又不得不表达其不介入钓鱼岛主权归属争端的立场。即使到了 1996 年 9 月 11 日，美国政府发言人伯恩斯仍表示：美国既不承认也不支持任何国家对钓鱼岛的主权主张。①

然而，美国将"施政权"归还日本，并不能恢复日本对钓鱼岛的"主权"，先且不论在国际法上"施政权"抑或"剩余主权"是否等同于主权，事实上，日本侵占钓鱼岛的依据是《马关条约》，第二次世界大战后根据中美英三国发布的《波茨坦公告》，日本领土限于"本州、北海道、九州、四国及吾人所决定的其他小岛之内，"所以美国要"归还"琉球给日本，自然应当与中国政府商议，② 但美国不顾战后盟国达成的国际条约，擅自将钓鱼岛列入移交给日本的条约范围内，自然招致两岸中国人的强烈反对。美国将"施政权"与主权分离的做法，就像在中日关系的伤痕上预留了的纱布，至今中日两国仍在承受着这块纱布下暗藏的剧痛。③

（二）《琉球移交协定》牵涉钓鱼岛列屿的内容

1971 年 6 月 17 日，美日两国同时在华盛顿和东京签订《关于琉球诸岛及大东诸岛的日美协议》即《琉球返移交协定》。与此同时，日方代表爱知揆一与美方代表迈耶还签署了与《琉球移交协定》有关的《共识纪要》（Agreed Minutes）、《关于第三条的谅解备忘录》（Momorandum of Understanding concerning Article Ⅲ，简称"《谅解备忘录》"）等一共 7 份文件。④

---

① 孙伶伶：《从国际法角度分析钓鱼岛主权问题》，《日本学刊》，2004 年第 2 期，第 149 页。

② 丘宏达：《关于中国领土的国际法问题论集》（修订本），台北：台湾商务印书馆，2004 年，第 84 页。

③ 郭培清，郑萍：《美国东亚安全战略中的岛屿安排》，《中国海洋大学学报》（社会科学版），2006 年第 4 期，第 47 页。

④ 参见 General Services Administration, National Archives and Records Service, Office of the Federal Register, United States Government Printing Office, *Public Papers of the Presidents of the United States*, *Richard Nixon*, 1971: *Containing the Public Messages*, *Speeches*, *and Statements of the President*, United States Government Printing Office, 1999, p. 962; "沖縄返還協定及び関係資料"，资料来源于日本外务省网站 http://www.mofa.go.jp/mofaj/gaiko/bluebook/1972/s47-contents-3-1.htm，访问日期：2017 年 2 月 15 日。

　　《琉球移交协定》由序言和9个条款组成，其序言声称，美国放弃琉球群岛，并给予日本依据《旧金山和约》第3条所享有的权利和利益。① 第1条第1款称，"根据《旧金山和约》之第3条规定，自本协定生效之日起，美利坚合众国将把第2条规定所指的关于琉球诸岛、大东诸岛的一切权利和利益放弃给日本。日本将承担对琉球群岛、大东诸岛及其居民行使行使一切和任何的行政、立法和司法的全部责任和职权"②。第1条第2款还确定了该协议的适用范围，将"琉球诸岛、大东诸岛"界定为"根据《旧金山和约》第3条所给与美国的全部领土和领水范围（不含美国已经归还给日本的奄美诸岛、南方岛屿及其他岛屿）"③。不过，《琉球移交协定》全文只提及琉球群岛，并没有明确指出琉球群岛的范围包括钓鱼岛列屿，也没有任何关于琉球群岛经纬度疆界的表述。

　　但是，《琉球移交协定》的关联文件——《共识议事纪要》（"合意された議事録"，agreed minute）将该协议第1条第2款"琉球诸岛、大东诸岛"的领土范围解释为，"根据与日本国签署的《旧金山和平条约》第3条中规定的美利坚合众国施政权下的领土，即按照1953年12月美国民政府'第27号公告'所指，用直线依次连接坐标的各点所形成区域内的所有的岛、小岛、

---

　　① See Preamble, Agreement Between the United States of America and Japan Concerning the Ryukyu Islands and the Daito Islands, Washington and Tokyo (simultaneously), 17th June, 1971.

　　② 《关于琉球群岛和大东群岛的协议》第1条第1款的英文原文："With respect to the Ryukyu Islands and the Daito Islands, as defined in paragraph 2 below, the United States of America relinquishes in favour of Japan all rights and interests under Article Ⅲ of the Treaty of Peace with Japan signed at the City of San Francisco on September 8, 1951, effective as of the date of entry into force of this Agreements. Japan, as of such date, assumes full responsibility and authority for the exercise of all and any powers of administration, legislation and jurisdiction over the territory and inhabitants of the said islands". See Agreement between the United States of America and Japan Concerning the Ryukyu Islands and the Daito Islands, United States, 17 June, 1971, Dept. of State, United States Treaties and Other International Agreements, Washington: U. S. Government Printing Office 1973, Part I, Vol. 23, p. 449.

　　③ Article 1 (2), Agreement between the United States of America and Japan Concerning the Ryukyu Islands and the Daito Islands, United States, 17 June, 1971.

环礁及岩礁"。①同一条款中，还列出琉球群岛的经纬度地理坐标为：

（1）28°N，124°40′E；

（2）24°N，122°E；

（3）24°N，133°E；

（4）27°N，131°50′E；

（5）27°N，128°18′E；

（6）28°N，128°18′E；

（7）28N°，124°40′E。

《共识议事纪要》所提到的琉球群岛地理界限的地理坐标，其中第 7 条的地理坐标和第 1 条的内容重合，意为返回起点。②《琉球移交协定》所指向的琉球群岛地理界限和 1953 年 12 月美国民政府颁布的"第 27 号公告"基本一致，结果仍是单方用地理坐标的方式，将我国领土钓鱼岛列屿纳入琉球的地理范围中。

此外，根据《琉球移交协定》另一份关联文件由日本外务大臣爱知揆一和美国驻日大使迈耶秘密签署的《谅解备忘录》（Memorandum of Understanding），美国政府移交琉球群岛及大东群岛施政权以后，日本政府继续向驻日美军提供 88 个军事设施，其中就包括黄尾屿和赤尾屿（序列号分别为第 84 号和第 85 号）。③ 这样，钓鱼岛也就被划入移交范围，日本随后在 1972 年《琉球移交协定》生效日接管钓鱼岛。至此，美日对《开罗宣言》和《波茨坦公告》中对日本领土处置的规定，进行了颠覆性否定。中国固有领土钓鱼岛的管辖权被美国移交给了日本，造成中日围绕钓鱼岛主权问

---

① 参见日本外务省："沖縄返還協定及び関係資料 合意された議事録（外交青書第 16 号，1972 年版）"，资料来源于 http://www.mofa.go.jp/mofaj/gaiko/bluebook/1972/s47-shiryou-4-4.htm，访问日期：2017 年 1 月 30 日。

② 刘江永：《钓鱼岛列岛归属考：事实与法理》，北京：人民出版社，2016 年，第 420 页。

③ "Memorandum of Understanding, List A"，1971 年 6 月 17 日，《美国对日政策文件集》，第 17 期第 8 卷，第 100 页。转引自崔修竹，崔丕：《美日返还琉球群岛和大东群岛施政权谈判中的钓鱼岛问题》，《世界历史》，2014 年第 2 期，第 19 页。

题的争端不止。

（三）《琉球移交协定》及其关联文件的国际法解读

无论是《琉球移交协议》约文中的序言、第 1 条的第 1 款还是第 2 款，都没有对"琉球诸岛、大东诸岛"的地理范围做出明确规定。因此，如何理解"琉球诸岛、大东诸岛"的地理范围，严格说是《琉球移交协议》的条约解释问题，将钓鱼岛列屿列入琉球群岛范围的《共识议事纪要》和《谅解备忘录》既不是条约也不是约文本身构成部分，在对《琉球移交协议》约文条款进行条约解释中的地位较低。首先，《琉球移交协议》的《共识议事纪要》和《谅解备忘录》都是该协议的关联文件，并非独立的法律文件，它们并非条约约文本身的组成部分①。其次，在解释《琉球移交协议》"琉球诸岛、大东诸岛"或"《旧金山和约》（第 2 章）第 3 条所给与美国的全部领土和领水范围"的条约用语时，应首先根据条约约文的通常含义和上下文进行解释，"《旧金山和约》第 3 条所给与美国的全部领土和领水范围"就应解释为该条约"北纬 29 度以南"的地理界限，钓鱼岛列屿根本不可能划入琉球群岛的范围。再次，从美日有关"返还"区域的法律文件形式的磋商看出，日本政府从要求以《附件》形式明确标示返还区域的地理范围退让为接受《共识议事纪要》的形式，原因在于从条约的形式和效力看，《附件》是条约正文的组成部分，而《共识议事纪要》仅为关联文件。虽然《琉球移交协议》的《共识议事纪要》记载了琉球群岛的经纬度地理坐标（包含钓鱼岛列屿），《谅解备忘录》也将黄尾屿和赤尾屿列为移交琉球后美军的军事设施，但这些文件甚至连条约的"补充资料"都算不上。从解释《琉球移交协议》的相关文件角度看，《琉球移交协议》的《共识议事纪要》或《谅解备忘录》将处于低等和次位的地位。

---

① 1969 年《维也纳条约法公约》第 2 条规定，称"条约"者，谓国家间所缔结而以国际法为准之国际书面协定，不论其载于一项单独文书或两项以上相互有关之文书内，亦不论其特定名称如何。单独以"议事记录"或"谅解议事录"命名的国际协议可以视为条约约文本身，但作为《琉球移交协议》关联文件的《共识议事纪要》和《谅解备忘录》却不属于此列。

即使《琉球移交协议》的关联文件能够起到解释《移交琉球协议》的作用，《移交琉球协议》自身也违反了《联合国宪章》相关规定和条约法相关法理，进而不能成为日本主张钓鱼岛主权的条约法依据，原因如下：

第一，《联合国宪章》第 79 条规定，"置于托管制度下之每一领土之托管条款，及其更改或修正，应由直接关系各国、包括联合国之会员国而为委任统治地之受托国者，予以议定，其核准应依第 83 条及第 85 条之规定"。第 83 条、85 条也规定，无论是战略托管地还是非战略托管地，有关托管协定的"条款之核准及其更改或修正"，应由联合国安理会或大会来行使。《旧金山和约》将"北纬 29 度以南"的琉球群岛置于联合国托管制度之下，由美国为"施政者"行使立法、行政和司法。琉球群岛作为联合国托管领土的"应然"地位，决定了该领土的后续处置应在联合国框架下进行。然而，美日通过《琉球移交协议》及其关联文件的"暗箱操作"，将琉球群岛连同钓鱼岛裹挟着移交给了日本，这无疑违反了《联合国宪章》有管托管制度的相关条款。

第二，《琉球移交协定》违反了"条约对第三方无损益"的条约法原则。条约原则上只对缔约国有约束力，对第三国是它国的行为，既不有损，也不有利（pacta tertiis nocent nec prosunt），这就是条约的"相对效力"原则或"条约对第三方无损益"原则。① 从美国"移交琉球"中将钓鱼岛行政管辖权和主权分离的决策过程，到《琉球移交协定》中"琉球群岛"和"《旧金山和约》第 3 条"牵涉中国领土钓鱼岛的条约约文；从《共识议事纪要》标明的"琉球群岛"地理坐标，到《谅解备忘录》把黄尾屿和赤尾屿指定为美军

---

① 李浩培：《条约法概论》，北京：法律出版社，2003 年，第 390 页。

的军事设施①的规定，《琉球移交协定》的约文及其关联文件已经对中国对钓
鱼岛列屿的主权权益造成了损害。而"条约对当事国（第三国）有损，它们
就有要求法律上救济的权利"②。

第三，美国通过《琉球移交协定》及其关联文件处置琉球群岛和中国领
土钓鱼岛的行为，既违反了条约善意履行的原则，也和《旧金山和约》中领
土问题多边处理机制不符。《旧金山和约》第 3 条对琉球群岛的处置为：琉球
群岛置于联合国托管制度之下，由美国实施立法、行政和司法权；美国还承
担托管事项向联合国大会或安理会提出提案的义务。《马普国际法大百科全
书》将《旧金山和约》第 3 条项下的琉球群岛视为从敌国领土分离的潜在托
管领土，而这项义务并未履行。③的确，从 1952 年到 1972 年，美国并没有履
行《旧金山和约》规定的上述义务，和约所要求的对琉球群岛置于联合国之
下的托管并没有得到执行，美国是"假借联合国托管之名，行单边（军事）
占领之实"④，违反了条约法上"善意履行条约"的原则。其次，《琉球移交
协定》第 1 条的第 1 款和第 2 款，造成将《旧金山和约》第 3 条项下所有权
利与利益"让渡"给日本的结果。我国学者罗欢欣主张，这在实质上"构成
了对该和约第 3 条的修正"。《旧金山和约》中虽没有专门规定条约的修正问
题，但第 7 章第 23 条明确要求包括美国在内的多数缔约国批准才能生效，参
照《维也纳条约法公约》有关条约修正的国际习惯法规则，《旧金山和约》

---

① 日本学者矢吹晋的研究认为，即使是"冲绳返还"后，黄尾屿和赤尾屿还列于《琉球移交协
定》的《谅解备忘录》"军事基地 A 名单"中继续使用，这源于台湾当局的推动。1971 年 5 月 13 日，
"中华民国驻美大使"沈剑虹提交在钓鱼岛列屿设立射击场的要求。1972 年 3 月 26 日，周书楷"外
长"也向美国驻台北"大使"提出将钓鱼岛列屿作为美军轰炸射击场的提案。而即使是《谅解备忘
录》里，使用的也是黄尾屿和赤尾屿的中国名称，而不是相应的"久场岛"和"大正岛"的日本名
称。矢吹晋认为背后的原因在于，美方为了安抚蒋介石政权，决定继续保有射击场，以作为台湾当局
安全保障的象征。参见［日］矢吹晋著：《钓鱼岛冲突的起点：冲绳返还》，张小苑等译，北京：社会
科学文献出版社，2016 年，第 37—40 页。

② 李浩培：《条约法概论》，北京：法律出版社，2003 年，第 389 页。

③ See Andriy Melnyk, United Nations Trusteeship System, In Max Planck Encyclopedia of Pulic Inter-
national Law, p. 12.

④ 参见罗欢欣：《国际法上的琉球地位与钓鱼岛主权》，北京：中国社会科学出版社，2016 年，
第 148 页。

条款修正应适用其缔结与生效的要求，即由多数缔约国同意并批准。此外，从该和约的目的和宗旨看，第 3 条有关领土的规定属于和约集体决定事项，美日私相授受琉球也与《旧金山和约》相关事项多边处理机制不符。[①]

五、"日美安保体系"下美国"协防钓鱼岛义务"的国际法解读

日美安保体系和钓鱼岛争端之间存在微妙的联系。1951 年《日美安保条约》使日本处于对美国的依附地位。1960 年 1 月 19 日，日美对 1951 年《日美安保条约》进行重大修改，修订后的《新日美安保条约》在第 5 条第 1 款中规定，"缔约国的每一方都认识到：对在日本管理下的领土上的任何一方所发动的武装进攻都会危及它本国的和平和安全，并且宣布它将按照自己的宪法规定和程序采取行动以应付共同的危险"。[②] 就日美安保体系是否适用于钓鱼岛这一问题，自 1972 年"琉球移交"后的一段时间，美国历届政府和美国政界人士的表态经常出现反复和前后矛盾的言论。

（一）美国对"日美安保体系"下"协防"钓鱼岛问题的立场之演变

第二次世界大战之后，钓鱼岛处于美国的实际管辖之下。1971 年 6 月 17 日，美国国务院做出声明称：移交琉球的同时将钓鱼岛一起归还给日本，但美国将继续使用其中的两岛作为军事演习的靶场。美国将这一列屿的施政权归还日本的行动，不影响台湾的主张，美国不能强化对日和约之前日本的所有法律权利，也不能缩小台湾方面的所有权利。[③] 1972 年，美国将钓鱼岛连

---

① 参见罗欢欣：《国际法上的琉球地位与钓鱼岛主权》，北京：中国社会科学出版社，2016 年，第 148-149 页。

② Article 5, The Treaty of Mutual Cooperation and Security between the United States and Japan（日本国とアメリカ合衆国との間の相互協力及び安全保障条約, signed between the United States and Japan in Washington, D. C. on January 19, 1960）, available at http://www.mofa.go.jp/region/n-america/us/q&a/ref/1.html, access date: 1st Nov, 2017.

③ ［日］浦野起央，刘苏朝，植荣边吉编：《"钓鱼台群岛"（"尖阁诸岛"）问题研究资料汇编》，香港：励志出版社，刀水书房，2001 年，第 181 页。

同琉球一起"归还"日本，但声明这不会影响未来主权归属的谈判，当事者应当通过谈判和平解决这一争端。

1996 年 4 月 17 日，日本首相桥本龙太郎和美国总统克林顿签署《日美安全保障联合声明——面向 21 世纪的联盟》，确立了冷战后日美同盟的总体框架。随后不久，1996 年 8 月，美国驻日大使蒙戴尔接受《纽约时报》采访时表示，美军不会因为《新日美安保条约》而被迫介入钓鱼岛纠纷，因为"日美安全保障条约不适用于'尖阁群岛'"。同年 9 月 11 日，美国政府发言人伯恩斯发表声明称："美国既不承认也不支持任何国家对钓鱼列岛的主权主张。① 1997 年 9 月，美国完成《日美防务合作指针》的修订，提出了"周边事态"概念，将"周边事态"定义为"对日本的和平与安全造成重大影响的事态；它不是地理概念，而着眼于事态的性质"。② 1996 年美国国会特别调查小组委员会发布的《"尖阁群岛"/钓鱼岛列屿争端：美国的法律关系与责任》中提出，美日安保条约适用于"尖阁列岛"，美国负有共同防卫的责任与义务。对来自第三国的军事攻击，美国依然负有日美安保条约中所规定的防卫责任与义务。③ 2004 年 3 月，布什总统执政时，美国国务院副发言人艾瑞里在记者会上表示：自 1972 年移交琉球"施政权"给日本后，钓鱼岛就处于日本的行政管理下。根据 1960 年《新美日安保条约》第 5 条，美日安保条约适用于日本"施政"的领域，因此，《美日安保条约》适用于钓鱼岛。美国国会研究处 1974 年题为《"尖阁列岛"所有权争议》和 1996 年题为《"尖阁列岛"争议：美国在法律方面的关联与责任》两份报告都表明，美国在钓鱼

---

① ［日］浦野起央，刘苏朝，植荣边吉编：《"钓鱼台群岛"（"尖阁诸岛"）问题研究资料汇编》，香港：励志出版社，刀水书房，2001 年，第 71 页。

② See "The Guidelines For Japan-U. S. Defense Cooperation", available at http：//www. mofa. go. jp/region/n-america/us/security/guideline2. html, access date：Jan 30, 2017.

③ 参见 Niksch, Larry A, "Senkaku（Diaoyu）Islands Dispute：The U. S. Legal Relationship and Obligations", CRS Report for Congress, 30 September 1996, available at http：//congressionalresearch. com/96-798/document. php? study=Senkaku+Diaoyu+Islands+Dispute+The+U. S. +Legal+Relationship+and+Obligations, access date：30 Jan, 2017；［日］浦野起央，刘苏朝，植荣边吉：《"钓鱼台群岛"（"尖阁诸岛"）问题研究资料汇编》，香港：励志出版社，刀水书房，2001 年，第 325-335 页。

岛主权归属问题上仍保持中立立场。直到 20 世纪末，美国政府高官在不同场合也多次表示，《日美安保条约》不适用于钓鱼岛。①

　　然而进入 21 世纪后，美国政府高官在钓鱼岛问题上的发言及表态开始发生重大转变。2009—2016 年奥巴马执政期间，尤其是 2010 年钓鱼岛"撞船"事件②以来，美国在钓鱼岛争端问题上采取对日本明里暗里支持的行动。例如，美国国务卿希拉里于 2010 年 10 月 27 日与日本外相前原诚司在夏威夷檀香山会谈后向记者表示，钓鱼岛属于《新美日安保条约》第 5 条的（适用）范围，这是奥巴马政府首次公开做出这样的表态。③ 10 月 30 日在越南河内举行的美中外长会谈及随后的记者会上，希拉里仍宣称《美日安保条约》适用于钓鱼岛。对此我国外交部回应称，"日美安保条约作为双边安排，不应损害包括中国在内的第三方利益"。④ 2012 年 12 月 20 日，美国众议院批准 2013 财年的国防预算授权法案最终版本中，重申了《日美安保条约》）第 5 条并宣称，反对任何挑战日本对钓鱼岛行使行政权的举动。⑤ 2012 年 11 月 29 日美国参议院全体会议决定，在 2013 财年"国防授权法案"中增加一个附加条款，明确规定美国对日防卫义务的《日美安保条约》的第 5 条适用于钓鱼岛。2014 年 4 月 25 日，美国总统奥巴马与日本首相安倍晋三举行首脑会谈后发布了《日美联合声明》，声明中针对规定美国对日防卫义务的《日美安保条约》

---

①　张磊：《论美国军事介入中日与中菲岛屿争端的可能性——以军事同盟条约为视角的比较研究》，《美国问题研究》，2012 年第 1 期，第 61 页。

②　钓鱼岛"撞船"事件：2010 年 9 月 7 日，一艘中国渔船在钓鱼岛海域先后与两艘日本巡逻船相撞。日本海上保安厅以嫌疑妨碍公务逮捕中国渔船船长詹其雄，同时以涉嫌违反日本《渔业法》为由对该船展开调查。9 月 9 日，中国政府抗议日方的扣押行为。9 月 13 日，日本海上保安厅释放了中国船员。9 月 25 日，被日方非法扣留的船长詹其雄返回福州。

③　See "Joint Press Availability with Japanese Foreign Minister Seiji Maehara", October 27, 2010, a-vailable at http：//www. state. gov/secretary/rm/2010/10/150110. htm, access date：Jan 30, 2017.

④　参加"我国外交部有关'日美安保'问题的资料"，资料来源于 http：//www. fmprc. gov. cn/wjb/search. jsp? searchword＝%E6%97%A5%E7%BE%8E%E5%AE%89%E4%BF%9D，访问日期：2017 年 1 月 30 日。

⑤　参见"美众院批准 6 333 亿美元国防授权法案 涉及钓鱼岛"，资料来源于 http：//world. huanqiu. com/exclusive/2012-12/3404818. html，访问日期：2017 年 2 月 15 日。

适用问题称，"包括'尖阁诸岛'在内，适用于所有处于日本施政权之下的区域"。① 美国总统特朗普新政府建立后，2017 年 2 月，美国国防部长詹姆斯·马蒂斯访日期间，在和日本首相安倍晋三的会谈中表示，美国将遵守对日防卫义务的《日美安保条约》第 5 条。② 因此，美国如今已明确表明立场，即《日美安保条约》适用于钓鱼岛。日美双边政治性质的"安保条约"具有强烈的军事同盟的色彩，涉及中国台湾、钓鱼岛的领土主权，干预了中国和亚洲其他国家的内政。这不仅违背了条约法上"条约不拘束第三国"的原则，而且也同中日、中美的有关双边条约发生了冲突。就此，我国外交部对此多次表示，"日美安保条约作为双边安排，不应损害包括中国在内的第三方利益"。③

（二）1960 年《新美日安保条约》第 5 条美国"协防义务"的国际法解读

1960 年《新日美安保条约》共 10 条，其中第 5 条的规定就是如今"日美安保协议覆盖钓鱼岛"④ 及美国"协防钓鱼岛义务"⑤ 这些说法的来源。第 5 条规定：

缔约国的每一方都认识到，对在日本施政下的领土上（the territories under the administration of Japan）的任何一方所发动的武装攻击都会危及它本国的和平和安全，并且宣布将按照自己的宪法规定和程序采取行动（would

---

① 参见《美日发表联合声明：钓鱼岛适用日本施政区域》，《环球时报》，2014 年 4 月 25 日。

② 参见"马蒂斯访日确认'协防'钓鱼岛 外媒：美展遏华意图"，资料来源于 http：//news. xhby. net/system/2017/02/04/030518921. shtml，访问日期：2017 年 11 月 1 日。

③ 我国外交部有关"日美安保"问题的资料，资料来源于 http：//www. fmprc. gov. cn/wjb/search. jsp? searchword=%E6%97%A5%E7%BE%8E%E5%AE%89%E4%BF%9D，访问日期：2017 年 11 月 1 日。

④ 参见"「尖阁は安保対象」発言に安堵トランプ砲に日本注视"，《朝日新闻》2017 年 1 月 12 日，资料来源于 http：//www. asahi. com/articles/ASK1D6VVHK1DUTFK017. html，访问日期：2017 年 2 月 15 日。

⑤ 参见"美国如何协防钓鱼岛"（2012 年 10 月 7 日），资料来源于 http：//news. xinhuanet. com/world/2012-10/08/c_123792111. htm，访问日期：2017 年 2 月 15 日。

act）以应付共同的危险……①

　　从第5条的措辞看，美国的"协防范围"包括两个要素：第一，协防范围是日本的"领土"（territory）。国家领土是"指隶属于国家主权的地球表面的特定部分"，其重要性在于"它是国家行使最高并且通常是排他的权威的空间"；② 第二，该领土必须是处于日本施政之下（under the administration of Japan），这就意味着，如果日本对某领土没有实际控制权，美国将不负有协防的义务，例如日本与俄罗斯存在争议的北方四岛就属于这种情况。③ 但站在日本的角度，则可能援引美日《琉球移交协定》中有关美国将琉球群岛"施政权"移交给日本的条款，诡辩称《新日美安保条约》应扩大适用于钓鱼岛。因此，也有观点指出，《新日美安保条约》将我国钓鱼岛等地区纳入其"周边地区"范围，违反了条约的"相对效力"原则。④ 不过，《新美日安保条约》第5条的条文用语中，仍存在操作性较大的法律空间与"漏洞"：第一，第5条在提到"采取行动以应付共同的危险"时，使用的助动词是"would"而非"should"，美国可以解读这不是一种义务而为自己解套，即适用不等于要直接出兵干预；第二，第5条在采取措施前的法定条件是——"依照自己的宪法的规定和程序"。美国《战争权力法案》规定，对外宣战应由总统和国会共同决定，为美国留下了灵活决定是否最终采取包括军事在内的"行动"的模糊空间。第5条的法律"漏洞"也表明，美国各种表态的背后其实隐藏着它对

---

　　① 《新日美安保条约》第5条的英文原文为：Each Party recognizes that an armed attack against either Party in the territories under the administration of Japan would be dangerous to its own peace and safety and declares that it would act to meet the common danger in accordance with its constitutional provisions and processes. Any such armed attack and all measures taken as a result thereof shall be immediately reported to the Security Council of the United Nations in accordance with the provisions of Article 51 of the Charter. Such measures shall be terminated when the Security Council has taken the measures necessary to restore and maintain international peace and security.

　　② ［英］詹宁斯·瓦茨修订：《奥本海国际法》（第1卷，第2分册），王铁崖等译，北京：中国大百科全书出版社，1998年，第3页。

　　③ 张磊：《论美国军事介入中日与中菲岛屿争端的可能性——以军事同盟条约为视角的比较研究》，《美国问题研究》，2012年第1期，第52页。

　　④ 顾爽：《法律视野下〈日美安全保障条约〉挑战国际法评析》，《法制与社会》，2015年第7期（下），第256页。

钓鱼岛问题所持的模糊立场。

日美双边政治性质的"安保条约"具有强烈的军事同盟的色彩,涉及中国台湾、钓鱼岛的领土主权,干预了中国和亚洲其他国家的内政。这不仅违背了条约法上"条约不拘束第三国"的原则,而且也同中日、中美的有关双边条约发生了冲突。我国外交部对此多次表示,"日美安保条约作为双边安排,不应损害包括中国在内的第三方利益"。① 此外,鉴于美国1996年之前从未明确宣称或主张钓鱼岛适用于《美日安保条约》第5条,因此美国以"普通的条约解释"之名掩饰动态解释之实的表态,实际上违反了国际法上的"禁止反言"原则。②

美国的口头"承诺"是一回事,但就美国未来是否会因钓鱼岛冲突而介入中日钓鱼岛争端,学界观点并不一致。有学者在比较《新日美安保条约》和《美菲共同防御条约》后认为,从美国的协防范围、协防程度以及协防意愿来看,美国"更可能被日本拉拢介入钓鱼岛军事冲突",而菲律宾捆绑美国参与其在南海诸岛武装冲突的可能性较小。③ 相反,另有学者主张:钓鱼岛距离中国大陆近而距离美国关岛较远;钓鱼岛是中国的核心利益,而非美国的核心利益。就美国战略特性而言,它也可能在评估钓鱼岛海域实力对比之后,不对日本作出实质性支持,或者在东海问题上对中国提高要价筹码后,于关键时刻退缩并"出卖"日本。④

总之,从《新日美安保条约》条约用语看,对于缔约方尤其是美国而言,存在较大的模糊性和可操作空间。由于第二次世界大战后《联合国宪章》对成员国使用武力有着严格的限制,美国如要在现实中出于协防日本的目的使

---

① 我国外交部有关"日美安保"问题的资料,资料来源于 http://www.fmprc.gov.cn/wjb/search.jsp?searchword=%E6%97%A5%E7%BE%8E%E5%AE%89%E4%BF%9D,访问日期:2017年11月1日。

② 张卫彬:《中日钓鱼岛之争中的条约动态解释悖论》,《当代法学》,2015年第4期,第148页。

③ 张磊:《论美国军事介入中日与中菲岛屿争端的可能性——以军事同盟条约为视角的比较研究》,《美国问题研究》,2012年第1期,第47页。

④ 赵景芳:《透视〈美日安保条约〉虚实》,《瞭望新闻周刊》,2012年10月9日,资料来源于 http://www.chinanews.com/gj/2012/10-09/4234457.shtml,访问日期:2017年11月1日。

用武力等措施，不仅需要受到《新日美安保条约》第5条在采取"行动前"有关"自卫"和"报告安理会"等条件限制，也受到其国内法的约束。因此，对于"日美安保协议覆盖钓鱼岛"或美国"协防钓鱼岛义务"问题，美国对其战略实力的运用，在特定时空和条件下将会做出谨慎的评估。美国的反复口头承诺，背后隐藏的是日本政府对美国立场不确定性的焦虑，这也是日本历届政府反复向美国政府寻求确认"《新日美安保条约》第5条是否会适用于钓鱼岛"的原因。结合东海和南海局势日益紧密的趋势，鉴于2017年后美日"印太"① 战略逐步坐实并对我国周边海洋安全带来的影响，无论美国将来是否会因钓鱼岛冲突介入中日钓鱼岛争端，当前中国更需要警惕和注意把钓鱼岛问题同南海问题分割处理，避免两者形成联动，以防日本将介入南海问题作为解决钓鱼岛问题博弈的筹码。

六、中日之间的双边条约

从缔约方看，第二次世界大战后涉钓鱼岛争端的条约有多边条约以及日美双边条约的话，争端的"'嗣后协定'链"中还有一环就是中日之间签署的双边协定，包括台湾当局和日本政府1951年签署的《中华民国与日本国间和平条约》（简称"台日和约"② ），以及中华人民共和国与日本邦交正常化进程中签订的1972年《中华人民共和国政府与日本国政府联合声明》（简称

---

① "印太"并非新的概念，早在20世纪二三十年代，德国地缘政治学者卡尔·豪斯霍夫（Karl Ernst Haushofer）就已提出"印太地区/空间"的概念。20世纪60年代，澳大利亚学术界对地区安全的学术研讨中也开始使用"印太"的概念。近年来日本和美国逐步接纳"印太"概念，安倍晋三上台后提出的"自由与繁荣之海""大亚洲"和"菱形安全体系"的涵盖国家和地域就与"印太"高度重合。随着美国"重返亚太"战略的施行，"印太"（Indo-Pacific）概念开始频繁出现在日本、美国、澳大利亚、印度等政要的讲话及官方的政策文件中。2017年11月特朗普"亚洲行"期间，日美更频繁的在各种公开场合提及"印太战略"。

② "台日和约"：中文题为"中華民國與日本國間和平條約"，日文题为"日本國と中華民國との間の平和條約"，英文题为"Treaty of Peace between the Republic of China and Japan"。

"《中日联合声明》")①。

（一）"台日和约"

1950 年 6 月，朝鲜战争爆发。美国对当时有意与中华人民共和国政府和谈的日本政府施加压力，如果日本不与台湾当局签订和平条约就不批准《旧金山和约》。② 1952 年 1 月 31 日吉田茂照会"中国驻日代表团"团长何世礼，告知日本将派河田烈为日本政府全权特使赴台北就缔约展开谈判，4 月 28 日日本政府和台湾国民党当局签署"台日和约"。"台日和约"于 8 月 5 日双方交换批准书时生效，同时缔结的还有议定书和交换文书。"台日和约"共 14 条，涉及终止双方战争状态、确认战后处理领土、战争赔偿、财产、人民等问题，③ 其中第 2 条规定："兹承认依照公历 1951 年 9 月 8 日在美利坚合众国金山市签订之《对日和平条约》第 2 条，日本国业已放弃对于台湾及澎湖群岛以及南沙群岛及西沙群岛之一切权利、权利名义与要求；"第 4 条规定，中日之间自 1941 年 12 月 9 日以前缔结的一切条约、专约和协定归于无效。④

台湾学者主张，"台日和约"第 2 条表明日本放弃对台湾、澎湖群岛和南沙、西沙群岛的一切权利、权利名义与要求，且并未承认《旧金山和约》第

---

① 除了 1972 年《中日联合声明》，中日关系的四个政治文件还包括 1978 年《中日和平友好条约》、1998 年《中日关于建立致力于和平与发展的友好合作伙伴关系的联合宣言》和 2008 年《中日关于推进战略互惠关系的联合声明》。《中日友好和平条约》涉及钓鱼岛问题中日双方是否存在"搁置争议"的争论，更偏重于国际法上的"争端"问题而非"主权归属"议题，《中日关于建立致力于和平与发展的友好合作伙伴关系的联合宣言》和《中日关于推进战略互惠关系的联合声明》并未直接触及钓鱼岛主权归属，这三个文件不纳入本书讨论范畴。

② 管建强：《中日战争历史遗留问题的国际法研究》，北京：法律出版社，2016 年，第 206 页。

③ 参见"'中日和约'答客问"，资料来源于 http：//www. mofa. gov. tw/Content_List. aspx？n = 230AA315D5E0FCBB，访问日期：2018 年 2 月 15 日。

④ "台日和约"第 2 条的英文表述为：It is recognized that under Article 2 of the Treaty of Peace with Japan signed at the city of San Francisco in the United States of America on September 8, 1951 (hereinafter referred to as the San Francisco Treaty), Japan has renounced all right, title and claim to Taiwan (Formosa) and Penghu (the Pescadores) as well as the Spratly Islands and the Paracel Islands。"台日和约"中文版本，参见 http：//www. lawbank. com. tw/treatise/lawrela. aspx？lsid = FL017850&ldate = 19520428&lno = 1，访问日期：2018 年 2 月 15 日；"台日和约"英文版本，参见 http：//www. mofa. go. jp/region/asia - paci/china/treaty78. html，访问日期：2018 年 2 月 15 日。

3 条"琉球托管",因此并不妨碍《开罗宣言》《波茨坦公告》为主的"雅尔塔体系"条约在处理中日争议领土中的决定性作用。① 但"台日和约"的隐患难以掩饰,原因为:其一,"台日和约"虽然确定或确认日本放弃对上述领土的一切权利、名义与要求,但却对于这些领土归属于谁的问题避而不谈;其二,"台日和约"一如《旧金山和约》的措辞,一方面规定日本放弃对台湾的一切权利,另一方面又不明确放弃给"中华民国",为美日炮制"台湾地位未定论"留下把柄;其三,在钓鱼岛问题上予人口实,例如日本外务省称:钓鱼岛根据《旧金山和约》第 3 条被置于美国施政之下,中国对这一事实从未提出过任何异议……中国没有将钓鱼岛视为台湾的一部分。"中华民国(台湾)随后通过 1952 年 8 月生效的'台日和约'承认了《旧金山和约》"。②

1952 年 5 月 5 日,周恩来总理发布声明,指责蒋介石放弃赔偿要求的允诺是慷他人之慨,表明"台日和约"非法无效以及中国政府不予承认的立场。③ "台日和约"的法律效力与违法性分析如下:第一,缔约主体不适格。1971 年 10 月 25 日联合国大会 2758 号决议决定"恢复中华人民共和国在联合国组织中的合法权利"。"恢复"意味着具有溯及力,即中华人民共和国自成立之日起就拥有合法的代表权。因此,台湾当局在 1949 年后擅自以主权者身份签订的"台日和约"为无效④;第二,"契约不约束第三方"。新旧政府并存的情况下往往发生"不完全政府继承"问题。内战中,在革命政府实际支配确立前,旧政府代表国家与他国签订的条约等国家行为,在排除恶法和政治性、人身性条约外,才能对其后的革命政府具有约束力;当革命政府在国内建立无法逆转的政权后,旧政权和他国缔结的条约对革命政府无约束力。"台日和约"缔结时,新中国政府除台湾、澎湖、金门、马祖外已经支配全中

---

① 参见赵国材:《论钓鱼台列屿法律地位及其东海海洋划界争端之解决》,载陈纯一主编:《第三届两岸国际法学论坛学术研讨会实录》,台湾政治大学国际事务学院国际法研究中心,2013 年,第 178 页。

② [日]日本外务省:《关于"尖阁诸岛"的基本见解》(中译本)。

③ 管建强:《中日战争历史遗留问题的国际法研究》,北京:法律出版社,2016 年,第 211 页。

④ 管建强:《国际法视角下钓鱼岛主权归属》,《中国社会科学报》,2012 年 9 月 5 日。

国地域，并已有效管辖两年半。根据上述国际法上继承的规则和《维也纳条约法公约》第 34 条的规定，"台日和约"对中华人民共和国无约束力，除非新中国政府明示承认。而《中日联合声明》和其他中日双边协定都没有对"台日和约"表示认可。因此，"台日和约"对中华人民共和国无法律约束力。①

（二）《中日联合声明》

在 1972 年 9 月 29 日中日两国政府发表的《中日联合声明》中，"复交三原则"被写进序言。②"复交三原则"是中日邦交的基础，具体包括：第一项原则，"中华人民共和国是中国唯一合法政府"，这体现于《中日联合声明》的第 2 条；第二项原则，台湾是中华人民共和国领土不可分割的一部分，这体现在第 3 条中，即"中华人民共和国政府重申：台湾是中华人民共和国领土不可分割的一部分。日本国政府充分理解和尊重中国政府的这一立场，并坚持遵循《波茨坦公告》第 8 条的立场"；第三项原则是"台日和约"为非法、无效，应予废除，从表面看这一原则似乎没有直接落实在《中日联合声明》的具体条款中。③结合"复交三原则"，《中日联合声明》中几个条款及其条约用语与钓鱼岛问题存在直接或间接的关联，具体分析如下：

第一，第 1 条中日间"不正常状态宣告结束"④可否解读为中日间"战争状态宣告结束"，从而确认"复交三原则"的第三项，即"台日和约"为"非法、无效，应予废除"的主旨，进而将"台日和约"排除在涉钓鱼岛"嗣后协定"的"证据链"之外？从《中日联合声明》的序言和有关条款内涵看，中日两国已达成了"台日和约"无效的共识。按日方的解读，根据

---

① 参见管建强：《中日战争历史遗留问题的国际法研究》，北京：法律出版社，2016 年，第 211-212 页，220 页。

② 《中日联合声明》，《人民日报》，1972 年 9 月 30 日。

③ 管建强：《国际法视角下钓鱼岛主权归属》，《中国社会科学报》，2012 年 9 月 5 日。

④ 《中日联合声明》第 1 条全文为："自声明公布之日起，日本和中华人民共和国之间迄今为止的不正常状态宣告结束"。

"台日和约"的第 1 条，中日间的战争状态在 1952 年"台日和约"签订时结束；[①] 日本外相大田正芳在《中日联合声明》签订后记者会上的说明，即"由于中日关系正常化的结果，'中日和约'失去存在的意义，可以认为已经终止"[②] 的见解，也被日方解读为"台日和约"不是非法或被废除的条约，而是被终止的条约。然而从条约解释的角度看却并非如此：首先，结合该声明上下文和序言[③]的表述，"两国人民切望结束迄今存在于两国间的不正常状态"紧接着就是"战争状态的结束，中日邦交的正常化"，这两句话是并列关系。如果中日两国政府在缔约时均认为"台日和约"有效的话，那么中日间的战争状态就该在 1952 年结束，则《中日联合声明》就不可能出现如此并列的表述。反推则第 1 条中日间"不正常状态宣告结束"指的是中日在公布《中日联合声明》前依然存在的战争状态；其次，根据《维也纳条约法公约》第 32 条有关条约解释补充规则的规定，条约准备工作和缔约时有关情况可以纳入条约解释。《纪录与考证·日中国交正常化·日中和平友好条约缔结交涉》一书以解密的外务省文书和中日复交秘密会谈为依据，记载了中日首脑以"复交三原则"为《中日联合声明》的前提和基础所达成的共识，以及最终中日达成以间接方式表达"台日和约"为非法、无效、必须废除的共同立场。[④] 因此，第 1 条"不正常状态"指向的是当时中日间尚未结束的战争状态，《中日联合声明》也已确认"台日和约"为无效。

　　第二，如何解释第 3 条涉"台湾条款"后半部分"日本国政府……坚持遵循《波茨坦公告》第 8 条的立场"？《波茨坦公告》第 8 条强调"《开罗宣言》必须实施"，《开罗宣言》又规定"在使日本所窃取于中国之领土，例如

---

①　钟放：《国际法视角下的 1972 年中日联合声明》，《日本学论坛》，2008 年第 4 期，第 74 页。

②　参见［日］日本外务省：《外交青书第 17 号》，第 537 页；林金茎：《战后中日关系之实证研究》，台北："中日关系研究会"，1984 年，第 324—325 页。

③　《中日联合声明》序言第 4 自然段全文为："中日两国是一衣带水的邻邦，有着悠久的传统友好的历史。两国人民切望结束迄今存在于两国间的不正常状态。战争状态的结束，中日邦交的正常化，两国人民这种愿望的实现，将揭开两国关系史上新的一页"。

④　管建强：《中日战争历史遗留问题的国际法研究》，北京：法律出版社，2016 年，第 224 页。

满洲、台湾、澎湖列岛等，归还中华民国"。因此第 3 条条约解释的焦点为，其后半部分所最终指向的《开罗宣言》的表述是否用语模糊，进而可以理解为日本将台湾（含钓鱼岛）、澎湖列岛等中国领土归还给中华民国而非中华人民共和国[1]，这直接牵涉国际法的政府继承尤其是政府的条约继承问题。新政府通过政变等非宪法手段上台时将产生政府继承问题，例如 1949 年的中国解放战争，[2] 中华人民共和国对"中华民国"的继承因而是政府的继承。[3] 解释《中日联合声明》必须结合《开罗宣言》和《波茨坦公告》这类"嗣后协定"，而后二者因其涉及领土边界，是处分性质的条约而不是非处分性质的条约，[4] 属于中华人民共和国应继承的条约，因此"日本所窃取的中国领土"——台湾（含钓鱼岛）应归还中华人民共和国是站得住脚的。

第三节　从托管（应然）和军事占领（实然）二维度看美国对琉球及钓鱼岛的非法处置

首先应当明确的是，中国的立场是，日本侵占钓鱼岛的主要根据在于《马关条约》，而根据第二次世界大战后雅尔塔条约体系中的《开罗宣言》和《波茨坦公告》等国际法律文件，日本必须无条件归还其窃取的中国领土，其中就包括钓鱼岛。[5] 日本窃占钓鱼岛的依据，与琉球诸岛在 1879 年被日本用武力吞并的情况不同，所以，美国"移交"琉球给日本时，对钓鱼岛自不应当与琉球群岛一并待遇。

然而，日本对钓鱼岛的"主权主张"，则非常强调第二次世界大战后《旧

---

① 钟放：《国际法视角下的 1972 年中日联合声明》，《日本学论坛》，2008 年第 4 期，第 76 页。
② 罗国强：《政府继承的内容、方式与原则新解》，《江苏大学学报》（社会科学版），2018 年第 1 期，第 26 页。
③ 李秘：《两岸政治关系初探：政府继承的视角》，《台湾研究集刊》，2010 年第 1 期，第 45 页。
④ 罗国强：《政府继承的内容、方式与原则新解》，《江苏大学学报》（社会科学版），2018 年第 1 期，第 27 页。
⑤ 中华人民共和国国务院新闻办公室：《钓鱼岛是中国的固有领土》，北京：人民出版社，2012 年，第 13 页。

金山和约》对琉球的安排，以及根据 1971 年《琉球移交协定》日美间对琉球行政权的移交。日本的逻辑为：由于在日本窃据台湾及钓鱼岛期间，将钓鱼岛划入冲绳县管辖范围，因此 1945 年美国实施托管琉球时即根据日本的行政区划，也将钓鱼岛划入占领范围。1971 年日美签订的《琉球移交协定》，条约所附的地图将钓鱼岛也包括在内。[①] 中日钓鱼岛争端的"始作俑者"美国的逻辑则是：美国把琉球"移交"日本，主要依据是 1945 年美国自日本取得"行政权"时，是包括钓鱼岛在内的，因此移交也应包括在内，中国如有任何权利主张，可以在移交后与日本交涉，与美国无关。[②]

美国将琉球"返还"给日本的重要理论依据就是"剩余主权"理论，分析"剩余主权"的理论渊源，除了依托 19—20 世纪近、现代国际法中的主权理论之外，还必须结合国家和领土制度在国际法的发展变化予以综合分析。此外，第二次世界大战后琉球的托管方案是美国主导的旧金山对日和会制定的主导方针，之后被明确在《旧金山和约》第 3 条中。此外，国际托管制度根植于普通法系信托法，本节还将结合信托法原理，对第二次世界大战后美国事实托管琉球，以及此后美日"琉球移交"是否合乎国际法进行分析。

一、从 1879 年到第二次世界大战结束期间琉球的法律地位

对中日琉球交涉到第二次世界大战结束期间琉球主权问题，台湾学者早期已做出探讨。其中，丘宏达、陈荔彤主张：清政府自 1879 年后对琉球问题就没有再作任何主张，所以在国际法上，日本可认为根据"时效"原则，取得琉球地区的主权。清政府不签约又不作抗议或保留声明，显然不能影响该

---

① 丘宏达：《关于中国领土的国际法问题论集》（修订本），台北：台湾商务印书馆，2004 年，第 83 页。

② 丘宏达：《关于中国领土的国际法问题论集》（修订本），台北：台湾商务印书馆，2004 年，第 83 页。

地的主权。① 张启雄、李明峻认为，日本真正取得琉球群岛主权的 "法律程序"，应为 1879 年派兵强占琉球并改为冲绳县一事。② 该时期琉球的法律地位，应以日本 19 世纪侵占琉球的历史为依据，结合近、现代国际法理论分析为妥：

第一，"清政府自 1879 年后对琉球问题就没有再作任何主张" 不符合史料记载，琉球问题为中日关系的 "悬案" 却是历史事实。1880 年 "分岛该约" 案后，中日之间就琉球问题曾多次进行接触。日本于光绪十一年（1885年）提请中国 "遣使赴日谈判琉案"，不过清廷并未派使前往。③ 1887 年在《日清修好条约》该约谈判期间，清廷将琉球问题和修约问题捆绑，提出 "条约改订底稿"。6 月 17 日，清廷提出条约 "底稿" 的同时提出关于琉球问题的照会，其中提道，"惟琉球一案，虽经久辩论而未定"，最终条约谈判破裂。④ 此后日清陷入战争状态，也是众所周知的事。可见，中日间关于琉球问题的外交磋商，即使在 1879 年后都还在进行。清末，日清两国的外交部门将琉球问题、朝鲜定为日清之间的两大悬案，并将琉球问题和朝鲜问题、越南问题视为同类问题。⑤

第二，1879 年日本以武力征服琉球并对其实施殖民统治，性质与同时期日本对朝鲜及台湾的殖民地⑥ 一样。但日本对中国的藩属国琉球的吞并过程，

---

① 参见丘宏达：《关于中国领土的国际法问题论集》（修订本），台北：台湾商务印书馆，2004年，第 19 页；陈荔彤：《琉球群岛主权归属——历史角度与国际法》，《东海大学法学研究》，2005 年第 22 期，第 8 页。

② 参见张启雄等著：《琉球认同与归属论争》（初版），《"中央研究院" 东北亚区域研究》，2001 年，第 18 页；李明峻：《从国际法角度看琉球群岛主权归属》，《台湾国际研究季刊》，2005 年第 2 期，第 8 页。

③ 参见 "中央研究院" 藏：《关于处理琉球群岛之意见案 "外交部" 签呈附件：琉球问题节略》，1948 年 3 月 3 日（民国 37 年），台北："外交部" 档案 419/0011，第 5-6 页。

④ ［日］西里喜行著：《清末中琉日关系史研究》（上），胡连成等译，北京：社会科学文献出版社，2010 年，第 435-449 页。

⑤ ［日］西里喜行著：《清末中琉日关系史研究》（上），胡连成等译，北京：社会科学文献出版社，2010 年，第 450 页。

⑥ 谢俊美：《马关条约后日本对朝鲜的殖民吞并和对中国台湾的殖民统治》，《河南社会科学》，2005 年第 4 期。

却并未如同朝鲜、越南等藩属国被列强侵占那样，伴随着条约的签订和对宗主国中国的照会。征服固然可以使日本取得对琉球的实际控制，却并不能使日本取得对琉球主权的权源（title），日本声称对琉球享有的"主权"实际是有瑕疵的所有权。中国历届政府并未公开承认日本合法吞并琉球，不愿做亡国奴的琉球人奋起抵抗日本侵略，1879 年后琉球复国①和琉球独立运动持续百年。即使在第二次世界大战后到 1972 年所谓的琉球"复归"期间，对琉球进行事实托管的美国政府，也只能用"潜在主权"作为将琉球非法移交日本的所谓"法律依据"，这恰恰反证日本对琉球所称的"主权"是有瑕疵的"不完全主权"。按照国际托管制度的法理，琉球的主权应归 1429—1879 年期间一直为独立王国的琉球人民所有。第二次世界大战后，非殖民地化成为主流，殖民地国家寻求独立也为大势所趋，琉球独立以及琉球人的民族自决当然具有国际法依据。

第三，从时效角度看，从 1894 年甲午战争前后琉球人民反抗日本的暂时平息到第二次世界大战结束，日本是否构成对琉球的领土取得时效也值得质疑。首先，时效作为取得领土的一种方法，由于不考虑最初占有的善意与否以及取得领土主权没有确定的期限，其效力在国际法上历来存在很大的争议。② 如 1959 年国际法院在"荷兰和比利时边境土地案"的判决中就否决了荷兰以时效为理由对领土的主权要求；③ 其次，从 1894 年甲午战争后琉球人民反抗日本的暂时平息到第二次世界大战结束，50 多年日本所称对琉球"稳定而有效"的"统治"是否形成领土主权，仍应根据传统国际法理论予以分

---

① 从 1875 年到甲午战争反对日本吞并与统治的琉球复国运动包括向中国求援、向驻东京各国使节求助、原琉球高官拒绝就任新职、原琉球高级官员反对吞并的联署、罢工罢市、渗透到各地的"血判书"、联署、暴动、流亡中国、殉国等多种形态，其中以前高官为首的社会精英到中国求援的活动为期最久。另外，为恢复琉球独立，毛允良组织"结盟党"抗击日寇、宫古岛惨案、北部琉球大岛的"犬田布骚动"、宫古岛不良西里的"南名小事件"等都反映出琉球民众的反抗精神。参见蔡璋：《琉球亡国史谭》，台湾：正中书局，1951 年，第 11 页；修斌，常飞：《琉球复国运动的历史回顾》，《中国海洋大学学报》（社会科学版），2010 年第 4 期。

② 周忠海：《国际法》，北京：中国政法大学出版社，2008 年，第 187 页。

③ Case concerning Sovereignty over certain Frontier Land, Judgment of 20 June 1959: I. C. J. Reports 1959, p. 209, p. 26.

析。构成稳定、有效统治的"时效"在国际法上并无定论，50 年是否构成取得时效也极有争议。① 相反，日本自 1879 年到第二次世界大战期间对琉球的占领状态，实为国际法领土取得理论中的"征服"，然而这并不能掩盖"琉球法律地位未定"的事实。第二次世界大战后日本战败投降、无条件接受《开罗宣言》和《波茨坦公告》也就意味着日本对琉球"有效统治"的中断。

二、美国私相授受琉球违反联合国托管制度的实体和程序规则

如第一章所述，开罗会议罗斯福和蒋介石会谈中提到过琉球问题，蒋介石认为应中美共管，不过当美国在 1950 年和 1951 年进行对日和约工作时，台湾当局没有做出有关收回琉球的主张，也没有要求参加托管，② 最终琉球由美国独立托管，并对钓鱼岛的主权问题产生影响。尽管如此，美国托管琉球的"安排"及日美"琉球移交"存在诸多违反托管制度实体规则和程序规则的地方，具体理由如下。

（一）美国改变《旧金山和约》对琉球托管的初衷及美日私相授受琉球违反托管法

1. 《旧金山和约》对琉球托管的安排存在法律瑕疵

美国对琉球托管的"法律依据"来自于条约（《旧金山和约》）而非托管协议。③琉球属于托管领土中的战略托管，④ 按照《联合国宪章》战略托管也应订立托管协议，并由安理会批准。那么琉球托管的安排为什么没有按照

---

① 参见 ［英］詹宁斯·瓦茨修订：《奥本海国际法》（第 1 卷，第 2 分册），王铁崖等译，北京：中国大百科全书出版社，1998 年，第 88 页；Ian Brownlie, *Principles of Public International Law*, 5th Edition, Oxford University Press, 1998, p. 155; Malcolm N. Shaw, *International Law*, 4th Edition, Cambridge University Press, 1997, p. 345.

② 丘宏达：《关于中国领土的国际法问题论集》（修订本），台北：台湾商务印书馆，2004 年，第 22 页。

③ Bernhard Knoll, *United Nations Imperium: Horizontal and Vertical Transfer of Effective Control and the Concept of Residual Sovereignty in "Internationalized Territories"*, 7 Austrian Rev. Int'l & Eur. L. 3 2002.

④ Robert Eldridge, *The Origins of the Bilateral Okinawa Problem: Okinawa in Postwar US-Japan Relations* (1945—1952), New York: Garland Publishing, 2001, p. 188.

联合国托管制度的程序规定，由联合国安排托管并签订托管协议呢？琉球托管之前，由于中华人民共和国政府的联合国席位还没有恢复，大陆学者对这段历史鲜有论述，对美国托管琉球以前的考证多来自台湾学者的文献。1950年10月20日美国务院顾问杜勒斯提交台湾当局"驻美大使"顾维钧"对日和约七原则节略"中对琉球安排的规定为，"（3）领土——日本应……（乙）同意将琉球及小笠原群岛交由联合国托管，以美国为治理国。"① 但到1951年3月28日杜勒斯再提交的"对日和约"初稿第4条对琉球地位的规定为，"美国得向联合国建议……琉球群岛……置于托管制度之下，并以美国为其管理当局。日本对于任何此项建议将予以同意。在提出此项建议并就此向建议，采取确定性质行动以前，美国又对此等岛屿之领土及其居民，包括此等岛屿之领水，行使一切行政、立法及管辖之权力"。②

对此，丘宏达教授指出，美国对《旧金山和约》做出更改，把原来"七项原则"中将领土置于托管制度之规定，改由美国自行决定是否交托管。如此安排事实上可能为了排除台湾当局（当时托管理事会"理事国"）对琉球问题之一切发言权；如果不交托管理事会而台湾在"对日和约"中又无其他对琉球的权利规定，则除了《波茨坦公告》之外当然对琉球无从置喙。③ 美国处心积虑，游离在联合国托管制度之外"制造"琉球托管合法性的做法可见一斑。不过，即便美国托管琉球的法律依据为《旧金山和约》，本章之前已分析过《旧金山和约》的诸多条约法缺陷，由于《旧金山和约》遭到反法西斯多个国家的抵制和诟病、琉球托管和钓鱼岛的利益直接相关方——中国两岸政府又都没有签字，此"法律依据"既不充分也不合法。总之，琉球历史上是中国的藩属国，后被日本以武力吞并为其殖民地。开罗会议上，中美首

---

① 丘宏达：《关于中国领土的国际法问题论集》（修订本），台北：台湾商务印书馆，2004年，第22页。

② 丘宏达：《关于中国领土的国际法问题论集》（修订本），台北：台湾商务印书馆，2004年，第22页。

③ 丘宏达：《关于中国领土的国际法问题论集》（修订本），台北：台湾商务印书馆，2004年，第22页。

脑会谈及《旧金山和约》草拟过程中都表明，中国也应是琉球托管的"直接关系国"。无视直接关系国，美国对琉球的托管并非合法托管而是"事实托管"；在没有托管协议、也没有经过联合国监督的情况下，美国以《旧金山和约》作为"法律依据"对琉球的托管既不符合《联合国宪章》，又不符合国际托管制度的形式要求。

2. 美日改托管为军事占领违反联合国托管制度宗旨和民族自治原则

上文第一部分已分析中日琉球交涉及中日有关"琉球分治"谈判的历史，琉球王国即使在"两属"时期仍是主权国家。1879 年日本用武力攫取琉球、废藩置县，但琉球不仅向历届中国政府寻求帮助，琉球复国和琉球独立运动更是持续百年。1971 年美日达成的《琉球移交协定》遭到琉球民众的坚决反对，他们强调，"冲绳人的祖国是我们正踏着的大地'琉球'。此次'归还'是琉球之再度被侵占，基于民族自决的原则，他们要求先将行政权交还琉球人民，举行公民投票，由琉球人民决定琉球未来的前途与命运"。① 冲绳"返还"日本后，随着日本经济的发展和日本同化政策的实施，琉球独立运动出现变化，但琉球民众寻求独立的意愿仍然存在。

结合上述托管前后和琉球移交中琉球人民的独立运动和复国运动，美日琉球移交违反了国际托管制度的诸多原则及规定。根据"托管制度四原则"，保障第二次世界大战后托管领土非殖民化并最终走向自治是"神圣信托"的新内涵，托管制度的宗旨之一就是增进托管领土"趋向自治或独立之逐渐发展"。联合国成立时，联合国托管体制下的托管地全世界有 11 个，其中有 10 个相继独立。1994 年，最后一个托管地，即美国管理下的太平洋岛屿战略托管地——密克罗尼西亚群岛中的部分岛屿也实现了独立。② 可见，在联合国托管体制下的托管地都以被托管领土上的人民的独立作为最终解决方案，而美

---

① ［日］山里永吉著：《冲绳人之冲绳》，知日译，《中华杂志》，1972 年第 106 期，转引自陈占彪：《琉球人：日本不是我们的祖国》，《社会观察》，2012 年 10 月。

② 参见"托管理事会"，资料来源于 http://news.xinhuanet.com/ziliao/2003 - 06/16/content_921544.htm，访问日期：2017 年 1 月 30 日。

国出于战略需要，在缺乏托管协议、也没有联合国监督的情况下，将琉球由自己单独托管，甚至无视琉球人民的意愿，通过美日《琉球移交协定》把琉球的行政权移交给日本，这不仅不符合《联合国宪章》对托管领土的基本宗旨，更违反了第二次世界大战后民族独立及人民自治的国际法基本原则。

（二）从信托法原理看"琉球移交"的非法性及与钓鱼岛的关联

国际托管制度类似于普通法系的托管法，即由法庭权威监督下授权赋予委托人为第三方利益而作为的权力。① 尽管被引入国际法后的托管制度与普通法系的信托有所不同，联合国托管制度仍应遵循几项信托原理：首先，被托管的物需要事前确权，以确保没有所有权争议；其次，领土托管不同于动产托管，无论是普通托管还是战略托管，均需签订协议；最后，附条件、附时间的信托有别于一般的信托。从国际司法实践看，国际法院1950年"西南非地位案"② 中，并没有明确回答委任统治地的主权归谁所有的问题。此后的判例则明晰，联合国以及托管领土上的人民才拥有对托管领土的剩余主权。③ 托管制度中的托管领土并不构成负责管理的国家领土的一部分。非经联合国批准，托管国不能割让托管领土，或以其他方式改变托管领土的地位。

第二次世界大战后琉球的托管方案是美国主导的旧金山对日和会制定的主导方针，之后被明确在《旧金山和约》第3条中。之后，美国没有像其他托管领土那样对琉球的管理制定专门的托管协议，唯一的法律文件就是《旧金山和约》。在琉球托管问题中，受托方是美国；受益方是美国（在琉球保有

---

① Alexandro Yannis, *The Concept of Suspended Sovereignty in International Law and Its Implications in International Politics*, Eur. J. Int. Law, 2002, Vol. 13, No. 5.

② 1950年国际法院"西南非地位案"判称，将西南非领土（委任统治地的"丙类"领土）交给南非委任统治，并不意味着将该领土割让或转移给南非联邦。See p. 132, International status of Soulh-West Africa, Advisory Opinion：I. C. J. Reports 1950, p. 128.

③ 《奥本海国际法》一方面指出，在"阿拉达纳斯诉霍根案"（1957年）的评论认为，托管领土"主要是在联合国的主权和管辖权之下的"，另一方面也提到在"波特诉美国案"（1974）中则有这样的见解：主权属于领土上的人民，但由受托管的管理当局特有。参见［英］詹宁斯·瓦茨修订：《奥本海国际法》（第1卷，第1分册），王铁崖等译，北京：中国大百科全书出版社，1998年，第203页，脚注443。

军事基地）和日本（琉球后移交日本）；委托方究竟是《旧金山和约》的 48
个缔约方、对日宣战盟国、还是联合国，则并不清楚。但是从信托法原理以
及托管制度看，第二次世界大战后美国对琉球并未实施"置于联合国体制下"
的托管，此后对 1972 年移交琉球给日本，其中存在几方面违法事项：

第一，被托管的琉球主权（归属问题）在历史上是存在争议的，管理
方——美国不可能不知道这一被托管的"标的物"存在瑕疵。从 19 世纪佩里
船长登陆琉球，到美国和当时琉球王国（当时国际法意义上的国家）签署通
商条约；从美国卸任总统格兰特调停中日"琉球处分"并牵涉到"二分"或
"三分"琉球的争议中，到开罗会议中罗斯福询问蒋介石是否要收回琉球，这
些历史事实均从侧面印证美国明知琉球归属存在纠纷。因此，琉球的托管安
排是有法律权属瑕疵的托管。

第二，《联合国宪章》规定，普通托管或战略托管均应签署托管协议，但
在《旧金山和约》第 3 条明确琉球领土进行托管的安排后，美国撇开联合国，
自始至终都没有安排有关琉球托管的协议，反而在统治琉球多年后于 1972 年
将琉球移交给日本。

第三，《旧金山和约》第 3 条"在提出此种建议，并对此种建议采取肯定
措施以前（Pending the making of such a proposal and affirmative action
thereon）"这一措辞无异于附时间、附条件托管的表述，不能作为美国不作
为的理由。

（三）"剩余主权说"不能使日本获得琉球和钓鱼岛的主权

日本对所谓钓鱼岛主权的重要论据之一为：战后美国占领、管辖和归还
琉球群岛的全过程均以承认日本对琉球群岛拥有的"剩余主权"为前提，[①]
隶属琉球群岛的钓鱼岛列屿也自然在日本的领土范围之内，应随琉球一同回
归日本主权管辖。那么美日依据"剩余主权"最终对琉球的私相授受，是否

---

① 参见张植荣，王俊峰：《东海油争：钓鱼岛争端的历史、法理和未来》，哈尔滨：黑龙江人民
出版社，2011 年，第 39 页；John Foster, *Dulles on the Status of Okinawa*, available at http：//
www. niraikanai. wwma. net/pages/archive/dulles. html, last visited on Sep. 15, 2012.

就意味着日本从而拥有对钓鱼岛的主权？

　　1951 年 4 月，时任美国国务卿顾问的杜勒斯访日时，对琉球群岛提出允许日本保留“剩余主权”的概念，但强调美国对这些岛屿可拥有并享受行政、立法和司法方面的所有权利，这和美国具有“排他性的统治权”是一致的。此后，1957 年、1962 年，时任美国总统也曾向日本表明上述观点。①因此可以推断，杜勒斯提出“剩余主权”的概念时，认定日本拥有“剩余主权”的琉球群岛的法定境界，和美国行使立法、行政、司法等排他性统治权的地理范围是一致的。进而可以认定，钓鱼岛列屿既不在日本“剩余主权”的疆界范围内，也不属于美国拥有立法、行政、司法等排他性统治权的地理范围之内。②

　　正基于上述原因，1971 年美日《琉球移交协定》规定，自条约生效之日起，美国将琉球群岛和大东群岛“有关执行行政、立法和管辖权的完整的责任和权力”移交给日本。③ 但同日，美国参议院外交委员会在批准该协议时的声明却表明，美国政府对中日钓鱼岛争端所持立场是：《旧金山和约》是美国权利的唯一来源，在和约上，美国仅取得‘施政权’，而非主权。因此，美国将行政权移交给日本的行动，并不构成基本的主权（美国并无此种主权）之移交，亦不可能影响到任一争论者的基本的领土主张。委员会确认协定中的条款，不影响到任何国家关于‘尖阁列岛’或钓鱼岛列屿的任何主张”④。这些美国的文件表明，按照“剩余主权说”，美国在战后琉球托管的安排中取得的仅是包括行政、立法和司法权在内的“施政权”而非琉球的主权。

---

　　① 参见刘少东：《第二次世界大战前后的冲绳问题及中日美关系研究》，北京：人民出版社，2015 年，第 198 页；邵玉铭：《保钓风云录》，台湾联经出版社事业股份有限公司，2013 年，第 52 页。

　　② 刘江永：《钓鱼岛列岛归属考：事实与法理》，北京：人民出版社，2016 年，第 424 页。

　　③ Article I (1), Agreement between the United States of America and Japan Concerning the Ryukyu Islands and the Daito Islands, United States, 17 June, 1971, In Dept. of State, *United States treaties and other international agreements*, Washington：U. S. Government Printing Office, 1973, Part I, Vol. 23, p. 449.

　　④ 丘宏达：《日本对于钓鱼台列屿主权问题的论据分析》，明报编辑部编：《中国领土钓鱼台》，1996 年。

从国际法看，根据"任何人不得向他人转让超出自己所拥有的范围的权利"（nemo potest plus juris transferre ad alium quam ipse habet）的格言，即使美日双边通过协议私相授受，将琉球群岛移交给日本，日本不能也无法获得钓鱼岛的主权；对于琉球群岛而言，主权"复归"给琉球才是"剩余主权说"的真正主旨。2012 年 9 月，美国国务院题为《钓鱼岛争端：美国的条约义务》的报告中明确，"日本对钓鱼岛拥有的施政权而不是主权"①，这又一次从侧面印证钓鱼岛主权不属日本。

三、美国对琉球群岛的军事占领及 1971 年《琉球移交协定》把钓鱼岛划入琉球群岛地理范围违反国际法

从 1952 年 4 月 28 日《旧金山和约》生效到 1972 年《琉球移交协定》生效期间，琉球在很长一段时间内处于名为托管、实为军事占领的状态。然而，美国改变《旧金山和约》第 3 条对琉球实施托管的"初衷"，对琉球实施军事占领，以及占领期间的立法、行政管理等行为是否符合包括军事占领法在内的国际法的相关规则？更严重的是，美日《琉球移交协定》的关联文件还根据美国琉球民政府颁布的"第 27 号公告"，将钓鱼岛划入"移交"给日本的琉球群岛范围，这样的行为又是否符合军事占领法等国际法规则？本节侧重分析上述两个问题。

（一）美国对琉球群岛军事占领的相关行为违反军事占领法等国际法

第一，美国并没有遵照 1951 年《旧金山和约》第 3 条对琉球群岛执行"置于联合国体制"下的托管，而是根据和约取得对琉球的行政、司法和立法权后，对琉球实施军事占领，因此美国改托管为军事占领违反了"善意履行条约"的义务。

---

① Mark E. Manyin, Senkaku（Diaoyu/Diaoyutai）Islands Dispute：U. S. Treaty Obligations, CRS Report for Congress, September 25, 2012, available at http://www.japanfocus.org/-Koji-Taira/2119, access date：Feb 10, 2017.

第二，美国军事占领琉球期间，对琉球实施民事管理的法律依据严重欠缺，且公开性、透明性不足。美国占领琉球期间从 1945 年 4 月 1 日 "尼米兹公告"的发布到 1950 年 12 月 15 日美国琉球民政府成立是"战时占领"状态，这一时期占领军实施行政管理的法律依据是占领军发布的各项命令。1950 年 12 月 15 日琉球民政府的成立，则标志着美国对琉球的和平时期占领。然而，从 1950 年 12 月 15 日到 1957 年 6 月 5 日 "第 10713 号行政命令"颁布，这 7 年间美国对琉球的民事管理不仅法律依据严重欠缺，而且部分法律文件并不对国际社会和琉球民众公开；在 1957 年 6 月 5 日到 1972 年 5 月 15 日这 15 年间，美国对琉球是依据一系列总统的"行政命令"① 予以管理的。

第三，美国占领琉球的期间，占领当局的土地征收与使用政策、美军基地、美军事故和美军犯罪，以及占领当局和美军侵犯人权等问题，② 存在大量涉嫌违反军事占领法相关规定的案例。

第四，军事占领具有"暂时性"的特征，这也就决定占领当局享有的管辖权包括：颁布法律或进行管理的权利、设立法庭对占领地居民实施司法权和执行权等权利。③但是占领当局实施这些管辖权不仅有期限，而且应受到制

---

① 美国总统的行政命令有行政命令（executive order）、总统备忘录（presidential memorandum）、行政协议（executive agreement）等各类文件，本书所指的是狭义的总统"行政命令"即 executive order。总统发布行政命令的权力主要有三大来源：一是宪法规定；二是国会立法与授权；三是来自于总统职位的实际运作和总统工作本身的"固有权力"。值得注意的是，美国宪法第 2 条虽规定总统有"执行权"，但并未做出界定。美国学者中，Erica Newland（2015）整理了 152 份涉及（广义）总统行政命令的判例，归纳联邦法院对行政命令司法审查的规律；Jonh Yoo（2017）一方面承认总统对外交关系、保护国家安全、解释和执行法律、对较低一级联邦官员实施管理方面有权制定行政命令；另一方面也对总统滥用行政命令的情况表示担忧。对美国总统行政命令的相关研究，参见 Erica Newland, *Execute Orders in Court*, The Yale Law Journal, 2015, Vol. 124, No. 6, pp. 1836-2201；贾圣真：《总统立法——美国总统的"行政命令"初探》，《行政法学研究》，2016 年第 6 期；Jonh Yoo, *Executive Order Run Amok*, The New York Times, 6 Feb, 2017。

② 我国日本问题专家、外交官唐淳风在《悲愤琉球》一书中，用编年的方式列举美军暴行及琉球土地抗争情况。参见唐淳风：《悲愤琉球》，北京：东方出版社，2013 年，第 156-178 页，第 232-253 页，第 281-324 页。

③ Restatement of the Law: The Foreign Relations Law of the United Nations, Vol. I, 232, American Law Institute, 3rd Edition, 1987.

约，因为军事占领法对占领扩张占领地的领土地界、海空管辖权和行政立法均做出了限制性规定。[①] 1953 年美国民政府颁布的"第 27 号公告"不仅背弃盟国剥离日本领土的初衷，还错误地依据天文疆界标准和几何疆界标准划定琉球列岛地理范围，并把钓鱼岛列屿包含其中，这与国际法尤其是军事占领法不符。

（二）《琉球移交协定》依据非法的"第 27 号公告"把钓鱼岛划入琉球群岛地理范围违反国际法

1946 年 6 月 22 日，美国主导下的盟军总司令部划定的日本渔区图，将中国钓鱼岛渔区划入日本渔区，遭到中国政府的反对，但盟军总司令部则向中国和其他盟国解释说，"日本粮荒急迫，应增加渔产，俾谋救急"，希望盟国谅解。[②] 第二次世界大战结束后，根据《开罗宣言》《波茨坦公告》《日本投降文书》等，从法律上日本已经将台湾全岛和包括钓鱼岛及其附属岛屿在内的所有附属各岛屿归还了中国。1950 年和 1953 年，美国琉球当局先后公布《群岛组织法》和《琉球列岛之地理境界》，均将钓鱼诸岛包括在内，但其"根据"并非由于认为是日本领土，而仅是按照 1944 年的陆军地图地名索引将钓鱼岛划入琉球范围。[③] 1953 年 12 月 25 日，美国通过琉球民政府颁布有关"琉球列岛地理界线"的"第 27 号公告"，错误地依据天文疆界标准和几何疆界标准划定了琉球列岛地理范围的境界，其经纬度包含了钓鱼岛列屿，这也成为日本据此拥有对钓鱼岛列屿主权的持论。[④]

1953 年 12 月 25 日美国琉球民政府颁布的"关于琉球列岛地理界线的第

---

① Dinstein Yoram, *International Law of Belligerent Occupation*, New York: Cambridge University Press, 2009, pp. 48-49.

② 胡德坤，韩永利：《〈旧金山和约〉与日本领土处置问题》，《现代国际关系》，2012 年第 11 期。

③ 胡德坤，韩永利：《〈旧金山和约〉与日本领土处置问题》，《现代国际关系》，2012 年第 11 期。

④ 金永明：《应做好钓鱼岛问题长期化的准备》，《东方早报》，2012 年 9 月 18 日。

27 号公告"①（即"第 27 号公告"）中，具体列明了"琉球列岛地理界线"的地理坐标②如下：

第一点——以北纬 28°，东经 124°40′为起点；

第二点——北纬 24°，东经 122°；

第三点——北纬 24°，东经 133°；

第四点——北纬 27°，东经 131°50′；

第五点——北纬 27°，东经 128°18′；

第六点——经北纬 28°，东经 128°18′，回到起点。

连接以上六点，即形成不规则梯形形状的琉球地域图。钓鱼岛（北纬 25°44.6′，东经 123°28.4′）、黄尾屿（北纬 25°55.4′，东经 123°40.9′）③ 等，却正好在第一（北纬 28°，东经 124°40′）至第二点（北纬 24°，东经 122°）所连成的界限边缘，成为琉球领域的一部分。据我国历史学者郑海麟考证，琉球民政府颁布管辖界限所依据的是日本人伊地知贞于馨在明治十年（1877 年）所著《冲绳志》一书该书中对琉球范围的界定。该书卷一《地理志》之"地理部"写道："琉球诸岛所坐落于鹿尔岛之南洋中，在北纬 24°至 28°40′，东经 122°50′至 132°10′。"该书是在明治政府废藩置县侯，日本准备吞并琉球

---

① "第 27 号公告"称："因根据 1951 年 9 月 8 日签署的《旧金山和约》之条款及 1953 年 12 月 25 日生效的有关奄美大诸岛的日美行政协议，有必要重新指定迄今为止琉球列岛美国民政府及琉球政府按照民政府布告、条例及指令所规定的地理境界。故本人，琉球列岛美国民政副长官——陆军少将戴维·A. D. 奥格登（David A. D. Ogden）在此发布公告如下：第 1 条，重新指定琉球列岛美国琉球民政府及琉球政府管辖的区域为如下地理境界内的诸岛、小岛、环礁和岩礁以及领海……第 2 条，超出上述地理界限设定的疆界或影响管辖权的美国民政府的公告、布令、指令、命令或其他规定，均以第 1 条为准予以修正。See "Civil Administration Proclamation No. 27, Geographical Boundaries of the Ryukyu Islands, United States Civil Administration of the Ryukyu Islands, Office of the Deputy Governor APO 719, 25 December 1953, available at http：//ryukyu–okinawa. net/pages/archive/caproc27. html, last visited on 30 Jan, 2017.

② Article 1, Civil Administration Proclamation No. 27, Geographical Boundaries of the Ryukyu Islands, United States Civil Administration of the Ryukyu Islands, 25 December 1953.

③ 钓鱼岛列屿的经纬度，参见《中华人民共和国政府关于钓鱼岛及其附属岛屿领海基线的声明》（2012 年 9 月 10 日），资料来源于中华人民共和国中央政府网站 http：//www. gov. cn/jrzg/2012–09/10/content_2221140. htm，访问日期：2017 年 1 月 30 日。

时所做。值得注意的是，在这部类乎官方文献的《冲绳志》中所绘的"冲绳岛全图"并没有钓鱼岛及其附属岛屿。① 即使是 1951 年《旧金山和约》后美军正式接管之初，琉球的领土范围仍沿袭旧制，例如 1952 年 2 月 29 日美国民政府发布的"关于琉球民事管理的第 68 号条例"（简称"第 68 号条例"或《琉球政府章典》）所列地理范围②中，并不包括钓鱼岛列屿。无论是《琉球政府章典》还是"第 27 号公告"都只标注了地理境界线，并未标注过钓鱼岛及其附属岛屿。即使是"第 27 号公告"发布之后很长一段时间内，日本也只是履行《旧金山和约》中的领土放弃条款，如 1961 年 4 月 4 日日本建设省国土地理院批准出版的《日本九州地方地理志》的地图中，也未对钓鱼岛加以标注，只是标注有日本"南西诸岛"。③

作为琉球群岛占领当局的美国以"第 27 号公告"的形式重新修改琉球的地理疆界，改变《旧金山和约》对战后东亚（包括琉球）领土范围界定的行为是否符合军事占领法等国际法相关规定呢？本书认为，美国琉球民政府"第 27 号公告"不仅背弃盟国剥离日本领土的初衷，还擅自变更琉球地理疆界，与国际法尤其是军事占领法不符，原因如下：

第一，作为一种宣示性的行政公告，从法律位阶看，美国琉球民政府颁布的"第 27 号公告"不具备对琉球实施行政管理的支柱性法律效力。军事占领当局颁布的"公告"（proclamation）是宣示性（declaratory）而非构成性（constitutive）的法律文件。这类公告不是确立军事占领的法律支柱，仅为对占领方意图控制某占领地这一事实的反应，因此即使公告对占领区域做出扩

---

① 郑海麟：《钓鱼岛列屿之历史与法理研究》，北京：中华书局，2007 年，第 132 页。
② "第 68 号条例"（CA Ordiance No. 68）：英文为 Provisions of the Government of the Ryukyu Islands，日语名称：米国民政府布令第 68 号，1952 年 3 月 13 日公布，1952 年 4 月 1 日生效。第 1 条规定，琉球政府的政治和地理管辖区域应构成并包括由以下地理坐标所列的岛屿和领水范围之内：1. 北纬 29°，东经 125°22′作为起点；2. 北纬 24°，东经 122°；3. 北纬 24°，东经 133°；4. 北纬 29°，东经 131°，回到起点。"第 68 号条例"的英文文本参见"CA Ordiance Number. 68"，https://www.spf.org/islandstudies/jp/wp/infolib/docs/01_history030_doc01.pdf，访问日期：2017 年 1 月 30 日；日文文本参见"琉球政府章典"，https://ja.wikisource.org/wiki/，访问日期：2017 年 1 月 30 日。
③ 陈龙腾：《战后台湾与琉球关系研究》，高雄：高雄复文图书出版社，2012 年，第 165 页。

张的宣示，占领当局也并不因此而取得超出占领军实际控制的区域。① 如上文所述，如果美国琉球民政府颁布的类似"公告"法律位阶足够高，美国国务院就不会急切地与国防部共同草拟关于琉球民事管理的行政命令条文，并最终促成 1957 年由总统颁布的"第 10713 号行政命令"。

第二，"第 27 号公告"对日本战败时盟军指定的琉球地理界限予以重大变更，违反了"军事占领不吞并领土也不影响被占领土主权"的占领法原则。首先，"军事占领不吞并领土也不影响被占领土的主权"是军事占领法的支柱性原则，这不仅被 1949 年《日内瓦第四公约》及其《第一议定书》② 予以确认，而且在"巴勒斯坦被占领土隔离墙法律后果咨询案"③ 中得到国际法院的支持。其次，交战占领不应扩张到至已从被占领土剥离的那些边远地域（outlying land areas）④，边远岛屿（outlying islands）就是最好的范例。第二次世界大战结束后美国在冰岛和格陵兰的驻军和设立军事设施的行为，并不意味着这些边远地域（岛屿）属于第二次世界大战后盟军管理的德国占领地的范围。⑤ 1946 年盟军最高司令部发出旨在将"某些边远地域（outlying areas）

① See Elbridge Colby, *Occupation under the Laws of War*, Columbia Law Review, Vol. 25, No. 7（Nov., 1925）, pp. 904-910.

② 1949 年《日内瓦第四公约》第 47 条规定，"本公约所赋予在占领地内之被保护人之各项利益，均不得因占领领土之结果引起该地制度或政府之变更，或因被占领地当局与占领国所订立之协定，或因占领国兼并占领地之全部或一部，而在任何情况下或依任何方式加以剥夺"。1977 年《日内瓦第一议定书》第 4 条题为"冲突各方的法律地位"，相应的做出规定："各公约和本议定书的适用，以及这些文件所规定的协定的订立，均不应影响冲突各方的法律地位。领土的占领或各公约和本议定书的适用均不应影响有关领土的法律地位。"

③ See Legal Consequences cf the Construction of a Wall in the Occupied Palestinian Territory, Advisory Opinion, I. C. J. Reports 2004, p. 136, para. 115.

④ 涉及交战占领中海域或空域占领法律效力的文献，参见 Article 88, Oxford Manual of Naval War, 1913, adopted by the Institute of International Law, available at https://ihl-databases. icrc. org/ihl/INTRO/265? OpenDocument, last visited on 30 Jan, 2017; P. Verri, Commentary on the 1913 Oxford Manual of Naval War, In Ronzitti ed., The Law of Naval Warfare: A Collection of Agreements and Documents with Commentaries, 1988; Dinstein Yoram, *International Law of Belligerent Occupation*, New York: Cambridge University Press, 2009, pp. 48.

⑤ Dinstein Yoram, *International Law of Belligerent Occupation*, New York: Cambridge University Press, 2009, pp. 46-47.

的政府和行政管理从日本分离"的"第 677 号指令"①（SCAPIN-677），指令颁布的目的之一就是剥夺日本对本土以外地域（包括"边远"岛屿）的支配管辖权、明确界定日本的领土。根据《第 677 号指令》第 3 条，北纬30°以南的琉球（南西）诸岛（含口之岛）、伊豆、南方、小笠原、硫磺群岛，以及含大东群岛、冲之鸟岛、南鸟岛、中之鸟岛在内的太平洋"边远岛屿"（out-lying islands），② 都属于被剥离出日本领土的范围。从军事占领法的角度看，1953 年美国琉球民政府"第 27 号公告"与 1946 年盟军最高司令部《第 677 号指令》不符，客观上将不属于占领当局实际控制的"边远地域"包括钓鱼岛列屿纳入琉球民事管理的范围，违反了"军事占领不吞并领土也不影响被占领土的主权"的原则。

总之，1971 年美日《琉球移交协定》沿用"第 27 号公告"所列的地理坐标作为琉球地理疆界（含钓鱼岛列屿）的法律依据，还被日本作为对钓鱼岛"主权主张"的法律依据。但是，美国在划定琉球地理界线时，采用的是天文疆界、几何疆界结合的划分法，这种划分忽略了地文疆界标准，也就是以自然和历史的形成作为标准的划界法。③ 更重要的是，第"27 号公告"不仅作为占领区颁布法律的位阶较低，更违反国际法上的军事占领法，并不能构成日本主张钓鱼岛主权的法律依据。此外，据郑海麟教授考证，琉球民政府颁布管辖界限依据的是伊地知贞于馨明治十年（1877 年）所著《冲绳志》中对琉球范围的界定。④但无论《琉球政府章典》还是"第 27 号公告"都只

---

① See "Governmental and Administrative Separation of Certain Outlying Areas from Japan", General Headquarters, Supreme Commander for the Allied Powers, SCAPIN-677（Jan 29, 1946), available at ht-tp：//en. wikisource. org/wiki/SCAPIN677, access date：30 Jan, 2015.

② Article 3（b），"Governmental and Administrative Separation of Certain Outlying Areas from Japan", General Headquarters, Supreme Commander for the Allied Powers, SCAPIN-677（Jan 29, 1946）.

③ 郑海麟：《钓鱼岛列屿之历史与法理研究》，北京：中华书局，2007 年，第 111 页。

④ 该书卷一《地理志》之"地理部"写道："琉球诸岛所坐落于鹿尔岛之南洋中，在北纬24°至28°40′，东经 122°50′至 132°10′。"该书是在明治政府废藩置县侯，日本准备吞并琉球时所做。值得注意的是，在这部类乎官方文献的《冲绳志》中，所绘"冲绳岛全图"并没有钓鱼岛及其附属岛屿。参见郑海麟：《钓鱼岛列屿之历史与法理研究》，北京：中华书局，2007 年，第 132 页。

标注地理经纬度线，并未明确标注钓鱼岛及其附属岛屿。即使在"第27号公告"发布后很长时间内，日本也只是履行《旧金山和约》中的领土放弃条款，如1961年4月4日日本建设省国土地理院批准出版的《日本九州地方地理志》的地图中也未对钓鱼岛加以标注，只是标注有南西诸岛。[①] 此外日本政府也没有在钓鱼岛及其附属岛屿建立任何具有"管辖形迹"或领土意识的标志。

小　结

钓鱼岛自古属中国不属于琉球：第一，从史料看，钓鱼岛属于中国不属于琉球。郑舜功所著的《桴海图经》、郭汝霖的《使琉球录》、徐葆光的《中山传信录》等文献，以及《筹海图编》等海防图证明钓鱼岛是福建布政司管辖的中国领土，置于中国的海防区域；[②] 第二，琉球国和中国之间自古以来就有边界，而钓鱼岛在中国界内。明清册封使中记录了中琉两国的地方分界和海域分界线，地方分界从中国方面看地界是赤尾屿，从琉球方面看是久米岛（古米山），海域分界则在黑水沟，这均得到中、琉两国的官方和学者间的共识，也得到该时期各国绘制地图的证实，[③] 因此钓鱼岛毫无疑问属于中国领土；第三，即使在中日琉球交涉的"分割琉球条约稿"中，日本在琉球北部归日本的提议中也没有包括钓鱼岛。如日本学者井上清评价："直到1880年分割琉球条约稿拟定，日本也没有提到把领有权伸到钓鱼岛去，而是主张领有琉球王国自古以来的领土，甚至后来还想把先岛（宫古、八重山群岛）让给中国"。[④] 日本宣称"'尖阁诸岛'在历史上一直以来都是属于日本领土的南西群岛的一部分"与历史事实不符。实际上，琉球全国（1429—1879年）

---

① 陈龙腾：《战后台湾与琉球关系研究》，高雄：高雄复文图书出版社，2012年，第165页。

② 参见沙学骏：《钓鱼岛属中国不属琉球之史地根据》，台北：学萃杂志，1972年，第17-18页；郑海麟：《钓鱼岛列屿之历史与法理研究》，北京：中华书局，2007年，第56-57页。

③ 郑海麟：《钓鱼岛列屿之历史与法理研究》，北京：中华书局，2007年，第91-102页。

④ ［日］井上清著：《钓鱼岛等岛屿的历史和归属问题》（中译本），北京：生活·读书·新知三联书店，1973年，第16页。

原非日本领土，日本萨摩藩于 1609 年入侵琉球，逼迫琉球割让北部奄美大岛给萨摩藩，但即使是当时日本的版图，也未及于南琉球本岛及南部各岛。[①] 日本 1879 年以武力强行吞并琉球，以及 1895 年秘密兼并钓鱼岛，均属非法扩张领土的侵略行为。

第二次世界大战后国际托管制度的建立，是第二次世界大战中战胜国尤其是美国基于"神圣信托"的理念对国际秩序的设计与安排之一，是以非殖民化和民族自治为宗旨的。然而，美国在一无托管协议、二无联合国监管的情况下，通过《旧金山和约》将琉球列为由自己单独托管的区域（同时还简单以经纬度线非法把钓鱼岛划入琉球），随后又将琉球行政权"返还"日本。这样的安排不仅完全无视琉球当地人民独立的强烈意愿，更直接为中日钓鱼岛争端埋下隐患。

日本依据美国托管琉球的安排及美日"琉球移交"主张对钓鱼岛的主权，从国际法看是站不住脚的：第一，历史上日本是通过武力吞并琉球并将其纳入版图的，此后日本更改琉球的地理称谓的做法并不能掩盖"琉球法律地位未定"的事实。从 1372 年到 1879 年，作为中国外藩的琉球一直是独立自主的国家。1879 年日本侵略琉球时，遭到琉球人民的反抗，琉球的宗主国——中国也从未公开承认吞并的合法性。日本此后到第二次世界大战期间对琉球的占领不能构成对琉球的"取得时效"，这段时期琉球的法律地位实为未定。历届中国政府从未承认放弃过对琉球的固有权利，开罗会议中美会谈时还达成共同托管琉球之共识，根据国际托管制度的宗旨趋势，琉球本应走向独立之路。日本以钓鱼岛隶属于"法律地位未定"的琉球来主张钓鱼岛主权本身就是站不住脚的；第二，以美国为主导缔结的对日《旧金山和约》从条约法角度看，既不符合和平条约缔约权的基本特质，又违反"条约对第三方无损益"的通则，并不能成为美国托管琉球以及日本对钓鱼岛主权主张的法律依

① 参见台湾当局有关部门："对日本外务省网站有关钓鱼台列屿十六题问与答逐题驳斥全文"，资料来源于 http://www.mofa.gov.tw/cp.aspx? n = FBFB7416EA72736F&s = FAA8620A0EE72A91，访问日期：2015 年 1 月 30 日。

据；第三，作为第二次世界大战后以托管的领土，琉球被安排由美国单独托管，但这一安排此后既无托管协议又无联合国监督，并不符合国际托管制度的程序规则。随后美国无视琉球人民独立的意愿，通过《琉球移交协定》把琉球的施政权"返还"给日本更违反了"国际托管四原则"。同时，按照"剩余主权"理论，日本虽然第二次世界大战前长期占领和统治琉球，但始终未获得有效的领土主权，美日琉球私相授受违反《联合国宪章》及民族自治原则，即使美日琉球移交为合法，日本取得琉球的仅为"施政权"而非主权。同理，日本无法取得更不能主张对钓鱼岛的主权。总之，美国对第二次世界大战后东北亚岛屿争议负有不可推卸的责任，日本妄图以美国琉球托管的战后安排以及所谓"琉球移交"作为钓鱼岛主权主张的论据并没有法律根据。①

　　中日钓鱼岛争端中，不仅应从舆论宣传角度指出日本挑战"战后国际秩序"，占领国际道义高地，更应明确确定"战后国际秩序"的内涵，尤其是其中的国际法内涵。"雅尔塔体系条约体系"是盟国对法西斯宣战的正义战争的一系列条约，也是确立国际"公共秩序"的战后秩序安排，因而具有"强行法"特质，《旧金山和约》不能也不应与雅尔塔条约体系相对抗。应重提并广泛宣传雅尔塔体系条约体系在确定第二次世界大战后亚洲领土秩序中"强行法"的法律地位，揭露日本利用《旧金山和约》"偷梁换柱"的阴谋，以应对并回击日本在钓鱼岛争端"法律战"和"舆论战"中的主张。"雅尔塔体系条约体系"中，《开罗宣言》《波茨坦公告》作为条约的法律效力以及在钓鱼岛争端中重要的条约作用不容质疑。雅尔塔条约体系中对日本主权限制的基础性文件是《开罗宣言》《波茨坦公告》，并得到《日本投降文书》的补充和印证。这些法律文件前后内容关联紧密、环环相扣，不仅是构成对日本主权限制的基本文件，也是钓鱼岛回归中国的法律依据。

---

　　① 刘丹：《琉球托管的国际法研究——兼论钓鱼岛的主权归属问题》，《太平洋学报》，2012 年第 12 期。

结　论

　　2015 年 2 月 22 日，日本冲绳县与那国岛举行了关于是否赞成部署陆上自卫队沿岸监视部队的居民投票，当天计票结果显示赞成票占多数。这一结果等于认可了此前日本政府推进的在与那国岛的自卫队部署方针。①与那国岛位于琉球群岛的八重山群岛中，距台湾地区的宜兰县苏澳只有 110 千米，距钓鱼岛 170 千米，而距日本现在驻军的冲绳却有 500 千米，距离东京 1 900 千米，是日本最西南侧的门户。②与那国岛驻军是近年来日本逐步加强"南西诸岛"防务的步骤之一。2017 年年初，日本依照美海军陆战队正在筹建夺岛水陆机动团、展开"离岛防卫"，目的正是为了对抗中国，确保钓鱼岛实际控制权。日本防卫省还在 2018 年防卫预算草案中提出创历史新高的 5.2 万亿日元金额申请，主要用于强化反导体系与"西南诸岛"防御，指向性和针对性十分明显。③

　　中日钓鱼岛争端中，钓鱼岛主权问题和琉球地位问题盘根错节，简而言之，主要源于日本官方见解中包含了"钓鱼岛属于琉球、琉球属于日本，所以钓鱼岛属于日本"这样的逻辑。对琉球地位问题"去伪"，即"琉球主权是否属于日本"这个命题，可以从历史、国际法和国际关系进行分析和论证。就琉球的法律地位，本书的基本研究路径：

---

① 《日本与那国岛民众赞成驻军》，《京华时报》，2015 年 2 月 23 日。

② ［日］冈田充著：《领土民族主义的魔力》，黄稔惠译，台北：联经出版事业股份有限公司，2014 年，第 248 页。

③ 参见卢昊：《日美"2+2"：同盟强化与日本追求"安全自主"》，《世界知识》，2017 年第 18 期。

第一，从琉球自身纵向的历史，以及横向与琉球类似的藩属国来考察琉球三个阶段的历史地位。第一阶段即 1609 年萨摩藩入侵"庆长之役"前，琉球为独立的王国，对此各国史家争议不大；第二阶段即 1609—1872 年琉球"两属"时期，琉球王国是否为独立的王国则有争议。这一时期琉球不仅保有自己的政权和年号，与包括日本幕府在内的亚洲周边家国展开外交和贸易交往，1854—1859 年还以现代国际法意义上主权国家的名义与美国、法国、荷兰三国签订过通商条约，更重要的是，为便于萨摩从中琉贸易中获利，萨摩藩和琉球向包括中国在内的国际社会刻意隐瞒琉萨之间的关系。从史实和中日琉外交关系史看，不仅琉球"两属"的说法成立，琉球为独立王国也成立；第三阶段，1872—1880 年中日琉球交涉时期琉球的地位。该时期中日之间就琉球所属问题频繁的外交交涉、第三国对中日间琉球问题的斡旋，以及 1880 年中日"分岛改约案"（清政府没有签署），都印证 1872—1880 年该时期琉球地位为"悬案"的历史事实。

第二，在"琉球交涉"前后，清廷和西方列强展开针对中国其他藩属国（如朝鲜、越南、缅甸）的外交交涉。与琉球不同的是，清末中国的藩属国越南、朝鲜和缅甸之法律地位的变更，不仅以条约予以确认，而且经过宗主国中国的确认。然而从 1879 年日本以武力吞并琉球国到第二次世界大战结束，中日之间除进行过 1880 年分割琉球条约稿的磋商外，既没有就琉球主权变更、更没有对琉球疆域的安排达成正式协议。更重要的是，上述原为中华朝贡体系的藩属国如今都已摆脱殖民统治，是联合国框架下的独立国家。

第三，基于"时际法"，从近、现代国际法考察琉球的国际法地位。首先，日清围绕琉球问题进行外交交涉时，"琉球两属"期间的地位问题曾成为双方争议的焦点，《万国公法》成为中、日、琉三方都曾援引的法律依据。根据《万国公法》的主权和"国际人格者"理论，1609—1879 年琉球既为中日"两属"又是独立自主的国家，二者并不矛盾。当然，自 1879 年琉球被日本吞并以及列入版图后，琉球则沦为日本的殖民地，从此琉球的主权遭到减损，这也是不争的事实。1879 年，日本以武力吞并琉球后，遭到琉球人民的反抗，琉球的宗主国——中国也从未公开承认吞并的合法性。日本自 1879 年到第二次世界大战期间对琉球的占领状态，是根据"征服"而非"时效"得到琉球的"不完全主权"，并不能掩盖"琉球法律地位未定"的事实。其次，根据现代国际托管制度，开罗会议中美会谈时曾达成共同托管琉球之共识，而第二次世界大战后琉球被美国单独事实托管。此后，美国无视琉球人民独立的意愿，通过《琉球移交协定》把琉球的施政权"返还"给日本更违反了"国际托管四原则"和托管制度的信托法法理。同时，按照"剩余主权"理论，日本取得琉球的仅为施政权而非主权。按照国际托管制度的宗旨与趋势，琉球本应走向独立之路，现实却与琉球社会的愿望背道而驰，如今美军军事基地遍布冲绳本岛。

明确琉球的国际法地位后，却仍存在两个现实问题需要予以辨析。其一，"琉球是否隶属中国"？琉球在历史上是中国的藩属国（外藩），但琉球同时为日本藩邦即"两属"地位难以否认。此外 1879 年，日本对琉球"废藩置县"后一直实行行政管理、迁移居民等措施，积极实施对琉球的同化政策。而开罗会议中，蒋介石没有接受罗斯福"收回琉球"的提议，乃至《开罗宣言》条文中更没有涉及琉球问题，而《旧金山和约》第 3 条规定，"琉球交由联合国托管，以美国为唯一托管机构"，因此"琉球属于中国"的观点难以得到历史和国际法的证据支撑。主张"琉球是中国的"① 这样的"鹰派"观点，却会使日本右翼或军方抓到口实来做实中国的"夺岛威胁"②，更会招致如今的琉球社会对中国的反感③。琉球在历史上是中国的藩属国，但同时琉球也是独立的国家，琉球主权理应归琉球人民，中国从未拥有对琉球的主权。但由于历史上中琉间的宗藩关系使然，中国对琉球有发言权则是无需置疑的。其

① 参见罗援："琉球群岛是中国一部分绝对不属日本"（2013. 5. 15），资料来源于 http://www.xilu.com/20130515/news_928_355185_2.html，访问日期：2015 年 1 月 30 日。

② 日本海上自卫队退役军官中村秀树在所著的《"尖阁列岛"海战——日本自卫队如何对战中国军队》一书中，声称，"中国一直在声明'尖阁列岛'，甚至于琉球群岛都是中国领土，中国对日本的危险已经暴露无遗，这大概已经不是杞人忧天了"。参见［日］中村秀树：《"尖阁列岛"海战——日本自卫队如何对战中国军队》，知远战略与防务研究所，2014 年，第 12 页。

③ 林泉忠：《"再议琉球"为何中国政府支吾以对？》，《明报》，2013 年 5 月 13 日。

二，"琉球独立是否具有可行性"？理论上《旧金山和约》第 3 条"将琉球交由联合国托管，以美国为唯一托管机构"的措辞，已经赋予琉球及其琉球人民以寻求《联合国宪章》中民族自治的权利。但现实是，第二次世界大战后琉球本土寻求独立的声音却被寻求"复归"（回归"祖国"日本）的声音所淹没。当今的琉球社会，"琉球独立论"更多只存在于民间团体和学术机构中。可以预见，"琉球独立"如何真正影响琉球的政治、经济、文化以及社会各阶层将是很大的命题，而外力对此的影响和推动则需要长远的战略考量。

基于上述对古代、近代琉球国际法地位的分析，日本依据《旧金山和约》第 3 条有关规定和美日"琉球移交"来主张对钓鱼岛的主权，从国际法看是站不住脚的：

第一，日本历史上是通过武力吞并琉球将其纳入版图的，此后日本更改琉球的地理名称的做法并不能掩盖"琉球法律地位未定"的事实。从 1372 年到 1879 年，作为中国外藩的琉球一直是独立的主权国家。1879 年日本以武力吞并琉球，遭到琉球人民的反抗，琉球的宗主国——中国也从未公开承认吞并的合法性。日本此后到第二次世界大战期间对琉球的占领不能构成对琉球的取得时效，琉球的法律地位实为未定。历届中国政府从未承认放弃过对琉球的固有权利，开罗会议中美会谈时还达成共同托管琉球之共识，根据国际托管制度的宗旨趋势，琉球本应走向独立之路。日本以钓鱼岛隶属于"法律地位未定"的琉球来主张钓鱼岛主权本身就是站不住脚的。

第二，从条约法角度看，以美国为主导缔结的对日《旧金山和约》，既不符合和平条约缔约权的基本特质，又违反"条约对第三方无损益"的通则，并不能成为美国托管琉球以及日本对钓鱼岛主权主张的法律依据。相反，根据"雅尔塔条约体系"，日本理应将窃取的中国领土返还中国。

第三，作为第二次世界大战后"潜在的托管领土"，在美国主导下制定的《旧金山和约》将琉球置于联合国托管制度下，由美国作为管理机构。但美国随后对琉球的"管理"，既无托管协议又无联合国监督，违反了"国际托管四原则"和托管制度的信托法法理。美国此后以托管之名，实际上对琉球实施的是军事占领。20 世纪 70 年代，美国无视琉球人民意愿，通过《琉球移交协定》关联文件把琉球的"施政权移交"给日本的同时，也将钓鱼岛裹挟其中，违反了军事占领法等国际法规则。即使按照"剩余主权"理论，日本虽然第二次世界大战前长期占领和统治琉球，但始终未获得有效的领土主权，美日琉球私相授受违反《联合国宪章》及民族自治原则。即使美日琉球移交为合法，日本取得琉球的仅为"施政权"（即行政管理权）而非主权。同理，日本无法取得更不能主张对钓鱼岛的主权。总之，美国对第二次世界大战后东北亚岛屿争议负有不可推卸的责任，日本以美国违背和约对琉球的占领及所谓"琉球移交"作为钓鱼岛"主权主张"并没有法律根据。

关于钓鱼岛争端的解决，中日学者、政治家和活动家都有构想。日本学者村田忠禧教授主张由中日共同管理钓鱼岛列屿，该建议基于他对中日美长期以来关系的观察。村田忠禧认为，日方一直强调 20 世纪 60 年代末期钓鱼岛海域发现石油后，中方才开始主张（钓鱼岛）主权，而日本文部科学省审定的《中学社会科地图》地图 1961 年版本没有标明钓鱼岛，1971 年的版本却进行了标注。这说明，日方是在 20 世纪 60 年代末期钓鱼岛周边海域发现石油后，才开始对外主张钓鱼岛是本国领土的。1972 年，中日邦交正常化时曾就搁置钓鱼岛问题达成了一致，但遭到后任日本政府的否认。他认为，为了证明不存在搁置争议共识，日本政府还有意对当时的周恩来-竹入会谈、周恩来-田中会谈纪要进行了删节。村田教授呼吁，事实胜于雄辩，希望中国政府能公布更多当时会谈的信息，这样日方"不存在搁置"的说法就会不攻自破。那么，为什么日本政府否认存在过搁置争议的共识？事实是，日本有些人正利用这一问题来煽动中国军事威胁论，从而为日本制定新防卫大纲、在冲绳部署更多自卫队、提出建设"国防军"等赢得国内支持。他担心，如果两国继续在钓鱼岛问题上争执不休，那么美国和一些企图挑起日中军事对抗的别有用心者就会渔翁得利。对此，他建议日中两国应该根据双赢的理念，和平友好地解决钓鱼岛问题。"如果日中在钓鱼岛实现共同管理，也有利于东海海域其他问题的解决"。① 将钓鱼岛问题与第二次世界大战后东亚秩序的问题一并以条约解决的，则来自台湾学者张亚中的建议。他指出，对于真正解决第二次世界大战后的东亚秩序，"一个最终解决中日问题的和平条约还没有来临"。战后秩序问题的最终解决，需要缔结条约来解决问题，其中就包括是领土包括钓鱼台列屿问题。这样的条约需要由两岸一起与日本签署才算最终确定，其中必须处理赔款、领土、认罪三个重要问题。②

在今后一段时期，围绕钓鱼岛争端的中日论战还将继续。由于议题和学科所限，本书虽触及以下涉琉球或钓鱼岛的相关问题，但并未充分展开，就此我国学界还可以从以下几个方面予以突破：

第一，我国国际法学界对涉及钓鱼岛的条约问题重视不够，而考察并分析日本官方主张中提到的条约，不仅可以有针对性的批驳日本的"主权主张"，还有利于加强我国"法律战"的应对。应重提并广泛宣传"雅尔塔条约体系"在确定第二次世界大战后亚洲领土秩序中"强行法"的法律地位，更应侧重加强涉《旧金山和约》的历史和国际法研究，从而揭露日本利用《旧金山和约》"偷梁换柱"的阴谋，应对并回击日本在钓鱼岛争端"法律战"和"舆论战"中的主张。

第二，目前我国对钓鱼岛主权主张的历史证据大多集中于明代，今后相关证据的搜集整理和研究应更多的转移至清代，尤其是我国对钓鱼岛的行政管辖的证据研究。我国今后的史料搜集应从原始发现、命名转移到海防图、行政管辖文件类具有"有效统治"效力的文件。而我国对钓鱼岛行政管辖或"有效统治"证据的搜集和整理，应更多的从明代转移到清代。对此，台湾政治大学国际法学研究中心研究员邵汉仪敏锐的指出，长期来两岸大多提出，相关历史证据在明朝，但其实最有力的史证应该是清朝官方文件。日方主张，两岸所提出的相关明代文献包括虾夷、婆利、鸡笼等地，并且台湾当时尚未

---

① 《日中应该在本地区做出表率》，《国际先驱导报》，2013 年 7 月 6 日，资料来源于 http：// ihl. cankaoxiaoxi. com/2013/0726/245615_2. shtml，2017 年 11 月 1 日访问。

② 参见"中评论坛：从战后德国反思日本"，资料来源于 http：//www. crntt. com/crn－webapp/ search/allDetail. jsp？id＝102699258&sw＝%E7%90%89%E7%90%83，访问日期：2017 年 11 月 1 日。

成为中国领土，因此台湾附属岛屿——钓鱼岛不属于中国。另外，明代文献虽能证明中国人最先发现、命名与使用钓鱼台，但严格说，这更多赋予的是国际法上的"原始权利"，可以证明符合近代国际法意义上"有效统治"的证据还需要更多自清代以来的史料、典籍予以支持。①

被誉为"万国之津梁"的琉球，历史上既是中国的藩属国，也是亚洲贸易中介国。19 世纪后半叶"琉球交涉"期间，围绕近世琉球地位问题，中国曾多次进行外交和国际法论战。从"开罗会议"中美"共管琉球"的协议，到《旧金山和约》中"琉球托管"的安排；从美国战后对琉球的军事占领，到琉球"反基地运动"或"独立运动"，国际社会对琉球地位问题的关注从近世延续到当代，这绝非偶然。第二次世界大战后，美国把琉球群岛当作"太平洋的基石"（keystone of the Pacific）来利用，这却和琉球人所希冀的"和平的基石"（keystone of the Peace）大相径庭。然而，能够"解锁"国际法，历史和国际关系学中"琉球地位"这一议题的，或许就只有时间这把钥匙了。

---

① 邵汉仪：《钓鱼台列屿主权问题新论》，载陈纯一主编：《纪念丘宏达教授学术研讨会会议实录暨论文集》，台北：三民书局股份有限公司，2013 年，第 331 页。

参考文献

一、中文文献

（一）历史典籍

1. （唐）魏徵等：《隋书》（卷八十一列传第四十六），北京：中华书局，1973年。

2. （明）《明经世文编》（卷460），参见（明）陈子龙等编：《李文节公文集》，北京：中华书局，1962年。

3. （明）陈侃：《使琉球录》，台湾银行经济研究室编印：《使琉球录三种》，台北：台湾银行经济研究室，1970年。

4. （明）陆容：《菽园杂记》（卷6），北京：中华书局，1985年。

5. （明）郑若曾：《筹海图编》，李致忠点校，北京：中华书局，2007年。

6. （明）郑舜功：《日本一鉴·桴海图经·万里长歌》（卷一），中国国家图书馆普通古籍。

7. （清）《筹海全图》（舆图），中国国家图书馆中文及特藏文馆藏。

8. （清）《李鸿章全集》，译署函稿，卷十。

9. （清）《李文忠公全书·电稿》卷二十。

10. （清）陈寿祺等：《重纂福建通志》，清同治十年（1871年），中国国家图书馆分馆古籍藏书。

11. （清）程顺则：《指南广义》，琉球大学附属图书馆仲原善忠文库本。

12. （清）范咸：《重修台湾府志》，清乾隆十二年（1747年），中国国家图书馆分馆古籍藏书。

13. （清）黄叔璥：《台海使槎录》，台中县：文听阁图书有限公司，2007年。

14. （清）李鼎元：《使琉球记》，北京：《国家图书馆藏琉球资料续编》（上册），2002年。

15. （清）李鸿章：《李文忠公全集》（卷18），商务印书馆影印本。

16. （清）龙文彬：《明会要》（卷77，外藩1，琉球），北京：中华书局，1956年。

17. 《清实录》，北京：中华书局出版社，2008年。

18. （清）汪楫：《使琉球杂录》（卷5），参见黄润华、薛英编：《国家图书馆藏琉球资料汇编》（上册），北京：北京图书馆出版社，2000年。

19. （清）徐葆光：《中山传信录》卷一，《针路》，载黄润华编：《国家图书馆藏琉球资料汇编》（中编），北京：北京图书出版社，2003年。

（二）著作、期刊论文、报刊及其他文献

1. 安成日，李金波：《试论第二次世界大战后美国托管冲绳政策的形成》（下），《北华大学学报》（社会科学版），2012年第13卷第1期。

2. 安成日，李金波：《试论第二次世界大战后日本在领土处理问题上的态度与美国托管冲绳（一）》，《大连大学学报》，2013年第34卷第1期。

3. 安成日：《旧金山对日和约与战后日韩关系》，《日本学刊》，2001年第6期。

4. 北平故宫博物院：《清光绪朝中日交涉史料》（第2卷），北平故宫博物院，1932年。

5. 蔡璋：《琉球亡国史谭》，台湾：正中书局，1951年。

6. 陈波：《冲绳返还与美国在西太平洋的核部署》，《国际观察》，2010年第3期。

7. 陈金龙：《"半殖民地半封建"概念形成过程考析》，《近代史研究》，1996年第4期。

8. 陈静静，张英姣：《美日同盟的出现与冲绳问题的产生》，《东北亚论坛》，2011年第1期。

9. 陈荔彤：《琉球群岛主权归属——历史角度与国际法》，《东海大学法学研究》，2005年第22期。

10. 陈龙腾：《战后台湾与琉球关系研究》，高雄：高雄复文图书出版社，2012年。

11. 陈硕炫：《指南广义中有关钓鱼岛资料的考述》，《太平洋学报》，2013年第7期。

12. 陈伟芳：《甲午战前朝鲜的国际矛盾与清政府的失策》，载山东省历史学会编：《甲午战争九十周年纪念论文集》，齐鲁书社，1986年。

13. 陈文寿：《近世初期日本与华夷秩序研究》，香港：香港社会科学出版社，2002年。

14. 陈在正：《牡丹社事件所引起之中日交涉及其善后》，台北：《"中央研究院"近代史研究所集刊》（下），1993年第22期。

15. 程鲁丁：《琉球问题》，文献书局，1949年。

16. 褚静涛：《琉球百余年的独立复国运动》，《协商政坛》，2012年第10期。

17. 崔丕：《美国对日单独媾和政策形成史论》，《美国研究》，1992 年第 2 期。

18. 崔丕：《美日返还冲绳协定形成史论》，《历史研究》，2008 年第 2 期。

19. 崔世广：《从战后体制看日本"战后"意识的变迁》，《当代世界》，2015 年第 12 期。

20. 崔修竹，崔丕：《美日返还琉球群岛和大东群岛施政权谈判中的钓鱼岛问题》，《世界历史》，2014 年第 2 期。

21. 崔修竹：《美日返还琉球群岛施政权谈判中的谅解事项研究——从返还区域、军事基地、民航权益为例》，华东师范大学博士论文，2017 年。

22. 东亚同文会：《对华回忆录》，北京：商务印书馆，1979 年。

23. 董为民，殷昭鲁，徐一鸣：《"国史馆"藏档》，南京：南京大学出版社，2016 年。

24. 段洁龙：《中国国际法实践与案例》，北京：法律出版社，2011 年。

25. 方豪：《康熙五十八年清廷派员测量琉球地图之研究》，载《方豪自定稿》（上册），台北：台北学生书局，1969 年。

26. 方连庆：《国际关系史》（近代卷，上册），北京：北京大学出版社，2006 年。

27. 费正清，刘广京：《剑桥晚清史》（上册），中国社会科学院历史所编译室译，北京：中国社会科学出版社，1985 年。

28. 福建师范大学闽台区域研究中心：《钓鱼岛：历史与主权》，北京：海洋出版社，2013 年。

29. 复旦大学历史系中国近代史教研室：《中国近代对外关系史资料选辑》（下卷第 2 分册），上海：上海人民出版社，1977 年。

30. 高洪：《日本所谓新史料恰恰证明钓鱼岛属于中国》，《瞭望新闻周刊》，2012 年第 31 期。

31. 龚娜：《日美安保体制中的冲绳问题》，《外国问题研究》，2010 年第 2 期。

32. 故宫博物院：《清光绪朝中日交涉史料》（卷 2），故宫博物院，1932 年。

33. 顾爽：《法律视野下〈日美安全保障条约〉挑战国际法评析》，《法制与社会》，2015 年第 7 期（下）。

34. 顾育豹：《日本吞并中国藩属琉球国的前前后后》，《湖北档案》，2012 年第 8 期。

35. 管建强：《国际法视角下的中日钓鱼岛领土主权纷争》，《中国社会科学》，2012 年第 12 期。

36. 管建强：《中日战争历史遗留问题的国际法研究》，北京：法律出版社，2016 年。

37. 郭培清，郑萍：《美国东亚安全战略中的岛屿安排》，《中国海洋大学学报》（社会科学版），2006 年第 4 期。

38. 郭廷以等：《中法越南交涉档（一）》，台北："中央研究院"近代史研究所，1962 年。

39. 国家清史编纂委员会国家清史纂修领导小组办公室：《清史镜鉴》，北京：北京图书馆出版社，2010 年。

40. 韩逸畴：《时间流逝对条约解释的影响论条约演变解释的兴起、适用及其限制》，《现代法学》，2015 年第 6 期。

41. 何慈毅：《明清时期琉球日本关系史》，南京：江苏古籍出版社，2002 年。

42. 何芳川：《"华夷秩序"论》，《北京大学学报》（哲学社会科学版），1998 年第 35 卷第 6 期。

43. 何新华：《试析清代缅甸的藩属国地位问题》，《历史档案》，2006 年第 1 期。

44. 侯文富：《略论美菲交涉与〈旧金山对日和约〉中的"劳务赔偿"问题》，《日本学刊》，1997 年第 4 期；

45. 胡德坤，韩永利：《〈旧金山和约〉与日本领土处置问题》，《现代国际关系》，2012 年第 11 期。

46. 黄安年：《国际条约集（1966—1968）》（当代世界史资料选集）（第 2 分册），北京：首都师大出版社，1996 年。

47. 黄俊华：《李鸿章的国际法意识与琉球宗主权的丧失》，《杭州航空工业管理学院学报》（社会科学版），2005 年第 3 期。

48. 黄润华，薛英：《国家图书馆藏琉球资料汇编》（下），北京：国家图书馆出版社，2000 年。

49. 黄松筠：《中国藩属制度研究的理论问题》，《社会科学战线》，2004 年第 6 期。

50. 季国兴：《中国的海洋安全和海域管辖》，上海：上海人民出版社，2009 年。

51. 贾兵兵：《国际公法：和平时期的解释与适用》，北京：清华大学出版社，2015 年。

52. 贾圣真：《总统立法——美国总统的"行政命令"初探》，《行政法学研究》，2016 年第 6 期。

53. 金明：《对日民间索赔中的〈中日联合声明〉与"旧金山和约框架"——兼评日本最高法院的两份判决》，《国际论坛》，2008 年第 10 卷第 1 期。

54. 鞠德源：《钓鱼岛正名——钓鱼岛列屿的历史主权及国际法渊源》，北京：昆仑出版社，2006 年。

55. 鞠德源：《日本国窃土源流 钓鱼列屿主权辨》，北京：首都师范大学出版社，

2001 年。

56. 孔晨旭：《战后美国长期单独战略控制琉球群岛政策的形成》，《河北师范大学学报》（哲学社会科学版），2013 年第 4 期。

57. 孔繁宇：《从中国政府五次声明等外交文件看旧金山和约对华之法律效力》，《内蒙古社会科学》（汉文版），2009 年第 30 卷第 4 期。

58. 赖正维：《清代中琉关系研究》，北京：海洋出版社，2011 年。

59. 李安山：《论"非殖民化"：一个概念的缘起与演变》，《世界历史》，1998 年第 4 期。

60. 李兵：《论海上战略通道的地位与作用》，《当代世界与社会主义》，2010 年第 2 期。

61. 李浩培：《论条约法上的时际法》，《武汉大学学报》（社会科学版），1983 年第 6 期。

62. 李杰：《捆绑中国的"岛链"》，《现代舰船》，2001 年第 7 期。

63. 李理：《"收回琉球"中的美国因素与钓鱼岛问题》，《清华大学学报》（哲学社会科学版），2012 年第 6 期。

64. 李理：《近代日本对钓鱼岛的非法调查及窃取》，北京：社会科学文献出版社，2013 年。

65. 李秘：《两岸政治关系初探：政府继承的视角》，《台湾研究集刊》，2010 年第 1 期。

66. 李明峻：《从国际法角度看琉球群岛主权归属》，《台湾国际研究季刊》，2005 年第 2 期。

67. 李强：《军事占领制度研究》，北京：法律出版社，2014 年。

68. 李先波：《从国际体系的视角再论雅尔塔体系》，《世界历史》，2007 年第 4 期。

69. 李艳娜：《"委任统治制"与"国际托管制度"之比较》，《历史教学》（高校版），2009 年第 8 期。

70. 李艳娜：《富兰克林·罗斯福的托管制度方案与中国》，《山东师范大学学报》（人文社会科学版），2011 年第 56 卷第 1 期。

71. 李育民：《台湾问题的相关条约及其法律地位的演变》，《史学月刊》，2016 年第 3 期。

72. 李云泉：《朝贡制度史论——中国古代对外关系体制研究》，北京：新华出版社，2004 年。

73. 李则芬：《中日关系史》，台北：中华书局，1970 年。

74. 力如：《美国武装日本与对日和约问题》，沈阳：东北人民出版社，1951 年。

75. 廉德瑰：《美国与中日关系的演变：1949—1972》，北京：世界知识出版社，2006 年。

76. 梁伯华：《近代中国外交的巨变》，台北：台湾商务印书馆，1991 年。

77. 梁洁：《论军事占领法律制度的产生、发展及当代挑战》，《西安政治学院学报》，2015年第28卷第2期。

78. 林启彦，林锦源：《论中英两国政府处理林维喜事件的手法和态度》，《历史研究》，2002年第2期。

79. "国立"编译馆：《中华民国外交史料汇编》（12），台北：渤海堂文化公司，1996年。

80. 林田富：《再论钓鱼台列屿主权争端》，台北：五南图书出版股份有限公司，2002年。

81. 林学忠：《从万国公法到公法外交：晚清国际法的传入、诠释与应用》，上海：上海古籍出版社，2009年。

82. 刘春明：《〈马关条约〉与钓鱼岛列岛》，《太平洋学报》，2012年第7期。

83. 刘丹：《领土争端解决判例中的"关键日期"因素及对钓鱼岛争端的启示》，《太平洋学报》，2013年第7期。

84. 刘丹：《琉球托管的国际法研究——兼论钓鱼岛的主权归属问题》，《太平洋学报》，2012年第12期。

85. 刘丹：《论近世琉球的历史与法律地位——兼议钓鱼岛主权归属》，《中国海洋法学评论》，2016年卷第2期。

86. 刘丹：《时际国际法与我国海洋领土争端之考量》，《金陵法律评论》，2009年秋季卷。

87. 刘丹：《雅尔塔条约体系在处理钓鱼岛争端上的国际法地位》，《太平洋学报》，2014年总第22卷第4期。

88. 刘江永：《钓鱼岛列屿归属考：事实与法理》，北京：人民出版社，2016年。

89. 刘江永：《美国军事介入钓鱼岛将面临两难困境》，《国际问题研究》，2011年第3期。

90. 刘少东：《第二次世界大战前后的冲绳问题及中日美关系研究》，北京：人民出版社，2015年。

91. 刘少东：《日美冲绳问题起源研究（1942—1952）》，北京：世界知识出版社，2011年。

92. 刘绍峰，袁家冬：《琉球群岛相关称谓的地理意义与政治属性》，《地理科学》，2012年第4期。

93. 刘志扬，李大龙：《"藩属"与"宗藩"辨析——中国古代疆域形成理论研究之四》，《中国边疆史地研究》，2006年总第16卷第3期。

94. 卢昊：《日美"2+2"：同盟强化与日本追求"安全自主"》，《世界知识》，2017年第18期。

95. 陆俊元：《地缘政治的本质与规律》，北京：时事出版社，2005 年。

96. 罗国强：《政府继承的内容、方式与原则新解》，《江苏大学学报》（社会科学版），2018 年第 1 期。

97. 罗欢欣：《国际法上的琉球地位与钓鱼岛主权》，北京：中国社会科学出版社，2016 年。

98. 罗欢欣：《琉球问题所涉"剩余主权论"的历史与法律考察》，《日本学刊》，2014 年第 4 期。

99. 吕士朋：《中法越南交涉期间清廷大臣的外交见解》，载"中央研究院"近代史研究所编：《清季自强运动研究会论文集》（上册），台北："中央研究院"近代史研究所，1988 年。

100. 吕一燃：《中国近代边界史》（下卷），成都：四川人民出版社，2013 年。

101. 马大正：《中国边疆通史丛书·中国边疆经略史》，郑州：中州古籍出版社，2000 年。

102. 马克斯普朗克比较公法及国际法研究所：《国际公法百科全书》（第 3 专辑——使用武力、战争、中立、和约），中山大学法学研究所国际法研究室译，陈致中等校，广州：中山大学出版社，1992 年。

103. 茅海建：《天朝的崩溃——鸦片战争再研究》，北京：生活·读书·新知三联书店，1995 年。

104. 米庆余：《琉球历史研究》，天津：天津人民出版社，1998 年。

105. 米庆余：《琉球漂民事件与日军入侵台湾（1871—1874）》，《历史研究》，1999 年第 1 期。

106. 缪寄虎：《〈马关条约〉前后所涉及之国际法问题》，载《海峡两岸〈马关条约〉百周年学术研讨会论文集》，大连：大连海事大学出版社，1997 年。

107. 潘德勇：《论国际法规范的位阶》，《北方法学》，2012 年第 1 期。

108. 彭明敏，黄昭堂：《台湾在国际法上的地位》，蔡秋雄译，台北玉山社，1995 年。

109. 彭巧红：《中越历代疆界变迁与中法越南勘界问题研究》，厦门大学博士论文，2006 年。

110. 戚其章：《日本吞并琉球与中日关于琉案的交涉》，《济南教育学院学报》，2000 年第 5 期。

111. 齐涛：《世界通史教程》（现代卷），济南：山东大学出版社，2004 年。

112. 秦国经：《18 世纪西洋人在测绘清朝舆图中的活动与贡献》，《清史研究》，1997 年第

1 期。

113. 秦孝仪：《中华民国重要史料初编——对日抗战时期》，台北：中国国民党中央委员会党史委员会，1981 年。

114. 丘宏达：《关于中国领土的国际法问题论集》（修订本），台北：台湾商务印书馆，2004 年。

115. 丘宏达：《日本对于钓鱼台列屿主权问题的论据分析》，载明报编辑部编：《中国领土钓鱼台》，明报编辑部，1996 年。

116. 丘宏达：《中国、美国与台湾问题：中国与台湾问题的分析与文件汇编》，纽约：帕日格公司，1973 年。

117. 丘宏达著：《现代国际法》（第 3 版），陈纯一修订，台北：三民书局，2013 年。

118. 曲波：《条约视角下钓鱼岛主权归属探究》，《当代亚太》，2013 年第 4 期。

119. 曲波：《有效控制原则在解决岛屿争端中的适用》，《当代法学》，2010 年第 1 期。

120. 饶戈平：《维护开罗宣言的权威性和有效性》，《台湾研究》，2003 年第 4 期。

121. 任天豪：《"中华民国外交部"对琉球归属问题的态度及其意义（1948—1952）》，台北：中国近代史学会第八届第 1 次年会论文，2008 年。

122. 沙学骏：《钓鱼岛属中国不属琉球之史地根据》，台北：学萃杂志，1972 年。

123. 邵汉仪：《钓鱼台列屿主权问题新论》，载陈纯一主编：《纪念丘宏达教授学术研讨会会议实录暨论文集》，台北：三民书局股份有限公司，2013 年。

124. 邵玉铭：《保钓风云录》，台北：台湾联经出版社事业股份有限公司，2013 年。

125. 沈伟烈：《琉球·岛链·大国战略》，《领导文萃》，2006 年第 5 期。

126. 沈伟烈：《突破琉球岛链挺进西太平洋》，《地理教育》，2013 年第 5 期。

127. 盛欣等：《富士军刀——日本军事战略发展与现状》，北京：解放军出版社，2002 年。

128. 施咏：《琉球音乐发展史》，北京：人民教育出版社，2003 年。

129. 石源华：《论战后琉球独立运动及琉球归属问题》，浙江溪口：第五次中华民国史国际学术讨论会论文，2006 年。

130. 石源华：《民国外交史》，上海：上海人民出版社，1994 年。

131. 史春林、李秀英：《美国岛链封锁及其对我国海上安全的影响》，《世界地理研究》，2013 年第 2 期。

132. 史明：《台湾四百年史》，台北：鸿儒堂书局，2005 年。

133. 世界知识出版社编辑：《国际条约集 1950—1952》，北京：世界知识出版社，1959 年。

134. 司马桑敦：《中日关系二十五年，日本索取琉球的一段秘闻》，联合报丛书，1978 年。

135. 宋英辉，汤维建：《证据法学研究述评》，北京：中国人民大学出版社，2006 年。

136. 苏义雄：《平时国际法》，台北：三民书局，1993 年。

137. 孙建社：《贝劳独立与托管制度的终结》，《世界知识》，1995 年第 1 期。

138. 孙伶伶：《从国际法角度分析钓鱼岛主权问题》，《日本学刊》，2004 年第 2 期。

139. 唐才常：《拟开中西条例馆条例》，载湖南省哲学社会科学研究所编：《唐才常集》，北京：中华书局，1980 年。

140. 唐淳风：《悲愤琉球》，北京：东方出版社，2013 年。

141. 田桓：《战后中日关系文献集（1945—1970）》，北京：中国社会科学出版社，1996 年。

142. 外交部中共中央文献研究室：《毛泽东外交文选》，北京：中央文献出版社/世界知识出版社，1994 年。

143. 万鄂湘：《从国际条约对第三国的效力看强行法与习惯法的区别》，《法学评论》，1984 年第 3 期。

144. 万鄂湘：《国际强行法与国际法的基本原则》，《武汉大学学报》（社会科学版），1986 年第 6 期。

145. 万丽：《东亚地缘政治格局的演变对琉球群岛地缘关系的影响》，东北师范大学年硕士学位论文，2015 年。

146. 万明：《明代历史叙事中的中琉关系与钓鱼岛》，《历史研究》，2016 年第 3 期。

147. 汪晖：《冷战的预兆：蒋介石与开罗会议中的琉球问题——〈琉球：战争记忆、社会运动与历史解释〉补正》，《开放时代》，2009 年第 5 期。

148. 汪晖：《琉球：战争记忆、社会运动与历史解释》，《开放时代》，2009 年第 3 期。

149. 汪晖：《中国现代思想的兴起》（上卷），北京：生活·读书·新知三联书店，2004 年。

150. 王海滨，胡令远：《挑衅钓鱼岛，日本需先解释琉球问题》，《社会观察》，2012 年第 8 期。

151. 王海滨：《琉球名称的演变与冲绳问题的产生》，《日本学刊》，2006 年第 2 期。

152. 王海滨：《中国国民政府与琉球问题》，《中国边疆史地研究》，2007 年第 3 期。

153. 王沪宁：《论现当代主权理论的新发展》，《政治学研究》，1985 年第 1 期。

154. 王建朗：《大国意识与大国作为——抗战期间的中国国际角色定位与外交努力》，《历史研究》，2008 年第 6 期。

155. 王建朗：《台湾法律地位的扭曲——英国有关政策的演变及与美国的分歧》，《近代史研究》，2001 年第 1 期。

156. 王健朗：《钓鱼岛是被日本窃取的中国领土》，《人民日报》，2013 年 5 月 23 日。

157. 王可菊：《不法行为不产生权利》，《中国国际法学会 2013 年学术年会论文集》（上），长沙：湖南师范大学出版社，2013 年。

158. 王培培：《“朝贡体系”与“条约体系”》，《社科纵横》，2011 年第 8 期。

159. 王铁崖，田如萱：《国际法资料选编》，北京：法律出版社，1982 年。

160. 王铁崖：《中国与国际法——历史与当代》，载中国国际法学会编：《中国国际法年刊 1991》，北京：中国对外翻译出版公司，1992 年。

161. 王铁崖：《中外旧约章汇编》（第 1 册），北京：生活·读书·新知三联书店，1957 年。

162. 王维俭：《普丹大沽口船舶事件和西方国际法传入中国》，《学术研究》，1985 年第 5 期。

163. 王伟男：《台湾当局在钓鱼岛问题上的立场演变——以台当局“外交部”历年来的涉钓文献为视角》，《太平洋学报》，2012 年第 12 期。

164. 王鑫：《从国际法的角度分析琉球法律地位的历史变迁》，《研究生法学》，2009 年第 24 卷第 2 期。

165. 王鑫：《从琉球法律地位历史变迁的角度透析钓鱼岛争端》，中国政法大学硕士论文，2010 年。

166. 王彦威：《清季外交史料》（卷 61），故宫博物院 1932 年刊本。

167. 王芸生：《六十年来中国与日本》（第 1 卷），北京：生活·读书·新知三联书店，2005 年。

168. 王芸生：《六十年来中国与日本》（第 1 卷），天津：大公报社，1932 年。

169. 王振锁：《日本战后五十年（1945—1995）》，北京：世界知识出版社，1996 年。

170. 吴昊：《明代澎湖海防制度探析》，载邢广程主编：《中国边疆学》（第 6 辑），北京：社会科学文献出版社，2016 年。

171. 吴天颖：《甲午战争前钓鱼列屿归属考》（增订版），北京：中国民主法制出版社，2013 年。

172. 吴天颖：《甲午战争前钓鱼列屿归属考——兼质日本奥原敏雄诸教授》，北京：社会科学文献出版社，1994 年。

173. 吴巍巍，方宝川：《清代钓鱼岛隶属于台湾行政管辖史实考——兼驳日本外务省的"基本见解"》，《福州大学学报》（哲学社会科学版），2016 年第 1 期。

174. 吴于廑，齐世荣：《世界史》（现代史编：上卷），北京：高等教育出版社，1994 年。

175. 伍俐斌：《〈马关条约〉是否割让台湾给日本之考辨》，《台湾研究》，2013 年第 3 期。

176. 武心波：《日本与东亚"朝贡体系"》，《国际观察》，2003 年第 6 期。

177. 奚庆庆，张生：《美国外交关系文件》，南京：南京大学出版社，2016 年。

178. 肖爱华：《关于〈旧金山和约〉的效力》，《重庆科技学院学报》（社会科学版），2009 年第 8 期。

179. 谢必震，胡新：《中琉关系史料与研究》，北京：海洋出版社，2010 年。

180. 谢必震：《明赐琉球闽人三十六姓考述》，《华侨华人历史研究》，1991 年第 1 期。

181. 谢俊美：《马关条约后日本对朝鲜的殖民吞并和对中国台湾的殖民统治》，《河南社会科学》，2005 年第 4 期。

182. 修斌，常飞：《琉球复国运动的历史回顾》，《中国海洋大学学报》（社会科学版），2010 年第 4 期。

183. 修斌，姜秉国：《琉球亡国与东亚封贡体制功能的丧失》，《日本学刊》，2007 年第 6 期。

184. 徐斌：《明朝士大夫与琉球》，北京：海洋出版社，2011 年。

185. 徐世昌：《晚晴诗汇》（第 4 册），中国书店（影印），1988 年。

186. 徐同莘等：《同治条约》（卷 22），"外交部"图书处，1915 年。

187. 徐勇，汤重南：《琉球史论》，北京：中华书局，2016 年。

188. 徐玉虎：《明代琉球王国对外关系之研究》，台北：学生书局，1982 年。

189. 许金彦：《琉球地位的分析与展望》，《问题与研究》，2009 年第 2 卷。

190. 许金彦：《论宫古岛在东北亚的战略地位》，《东亚论坛季刊》，2012 年第 477 期。

191. 杨泽伟：《国际法史》，北京：高等教育出版社，2011 年。

192. 杨仲揆：《钓鱼台列屿主权平议——兼答奥原敏雄氏〈钓鱼台列屿领有权问题〉一文》，《文艺复兴月刊》，1972 年第 28 期。

193. 杨仲揆：《琉球古今谈——兼论钓鱼台问题》，台北：台湾商务印书馆，1990 年。

194. 杨仲揆：《中国·琉球·钓鱼岛》，香港：友联研究所，1972 年。

195. 于群：《旧金山和约后的美国对日政策新构思》，《世界历史》，1996 年第 4 期；

196. 于群：《美国对日政策研究》，长春：东北师范大学出版社，1996 年。

197. 余子道：《旧金山和约和日蒋和约与美日的"台湾地位未定"论》，《抗日战争研究》，2001 年第 4 期。

198. 袁家冬，刘绍峰：《琉球群岛的地缘关系》，北京：中国社会科学出版社，2016 年。

199. 袁家冬：《日本萨摩藩入侵琉球与东亚地缘政治格局变迁》，《中国社会科学》，2013 年第 8 期。

200. 岳忠豪：《〈马关条约〉"主权""管理权"考辨》，《台湾研究集刊》，2017 年第 4 期。

201. 张郭：《美国外交档案中琉球群岛与中日岛屿领土分界北纬 30°线问题研究》，《太平洋学报》，2015 年第 11 期。

202. 张郭：《美国外交文件中的〈开罗宣言〉与日本海外领地处置研究》，《国际论坛》，2015 年第 1 期。

203. 张海鹏，李国强：《论〈马关条约〉与钓鱼岛兼及琉球问题》，《台湾历史研究》，2013 年第 1 辑。

204. 张宏年：《清代藩属观念的变化与中国疆土的变迁》，《清史研究》，2006 年第 4 期。

205. 张令营，孔令德，寇子春：《从〈开罗宣言〉〈波茨坦公告〉两个国际法文件看台湾地位》，《当代社科视野》，2005 年第 1 期。

206. 张磊：《关于日本所谓钓鱼岛"无主地先占"的时际法探微》，《河北法学》，2017 年第 2 期。

207. 张磊：《关于中日对钓鱼岛"有效管辖"主张探微》，《边疆史地研究》，2013 年第 4 期。

208. 张磊：《论美国军事介入中日与中菲岛屿争端的可能性——以军事盟条约为视角的比较研究》，《美国问题研究》，2012 年第 1 期。

209. 张明亮：《旧金山对日和约再研究——关于其对西沙群岛、南沙群岛的处理及后果》，《当代中国史研究》，2006 年第 13 卷第 1 期。

210. 张启雄：《论清朝重建琉球王国的兴灭继绝观》，载《第二回琉中历史关系国际学术会议——琉中历史关系论文集》那霸，1989 年。

211. 张启雄等：《琉球认同与归属论争》，《"中央研究院"东北亚区域研究》，2001 年。

212. 张双智：《清朝外藩体制内的朝觐年班与朝贡制度》，《清史研究》，2010 年第 3 期。

213. 张卫彬：《钓鱼岛主权归属与〈马关条约〉的演进解释问题》，《法学评论》，2015 年第 1 期。

214. 张卫彬：《国际法上的"附属岛屿"与钓鱼岛问题》，《法学家》，2014 年第 5 期。

215. 张卫彬：《国际法院解决领土争端中的关键日期问题——中日钓鱼岛列屿争端关键日期确定的考察》，《现代法学》，2012 年第 3 期。

216. 张卫彬：《国际法院证据问题研究——以领土边界争端为视角》，北京：法律出版社，2012 年。

217. 张卫彬：《论国际法院的三重性分级判案规则》，《世界政治与经济》，2011 年第 5 期。

218. 张卫彬：《中日钓鱼岛之争中的条约动态解释悖论》，《当代法学》，2015 年第 4 期。

219. 张卫明：《"执盟府之成书，援万国之公法"：中法战争前宗藩关系的合法性建构》，《史林》，2013 年第 2 期。

220. 张扬：《试论冲绳返还得以实现的原因》，《社会科学战线》，2004 年第 1 期。

221. 张毅：《琉球法律地位之国际法分析》，中国政法大学博士论文，2013 年。

222. 张植荣、王俊峰：《东海油争：钓鱼岛争端的历史、法理和未来》，哈尔滨：黑龙江人民出版社，2011 年。

223. 张志等：《雅尔塔体制与战后世界格局》，《世界历史》，1991 年第 1 期。

224. 赵爱伦：《英国及英联邦与旧金山对日和约研究述评》，《历史教学》，2008 年第 6 期。

225. 赵国材：《论钓鱼台列屿法律地位及其东海海洋划界争端之解决》，载陈纯一主编：《第三届两岸国际法学论坛学术研讨会实录》，台北："国立"政治大学国际事务学院国际法学研究中心，2013 年。

226. 郑国梁：《从〈开罗宣言〉〈波茨坦公告〉驳台湾地位未定论》，《国防》，2005 年第 8 期。

227. 郑海麟：《〈马关条约〉：三种文本有差异》，《两岸关系》，2001 年第 12 期。

228. 郑海麟：《钓鱼岛列屿——历史与法理研究（增订本）》，香港：明报出版社有限公司，2011 年。

229. 郑海麟：《钓鱼岛列屿之历史与法理研究》，北京：中华书局，2007 年。

230. 郑海麟：《钓鱼岛新论》，香港：海峡学术出版社，2011 年。

231. 郑海麟：《钓鱼岛主权归属的历史与国际法分析》，《中国边疆史地研究》，2011 年第 4 期。

232. 郑海麟：《关于〈马关条约〉的内中隐秘》，《文史知识》，2015 年第 9 期。

233. 中国国民党中央委员会第四组：《钓鱼台列屿问题资料汇编》，台北：兴台印刷厂，1972 年。

234. 中国南海研究院：《美国在亚太的军力报告 2016》，北京：时事出版社，2016 年。

235. 中国人民保卫世界和平反对美侵略委员会：《对日和约问题》，北京：世界知识出版社，1951 年。

236. 中国社科院近代史研究所：《顾维钧回忆录》（第 9 分册），北京：中华书局，1989 年。

237. "中华民国外交问题研究会"：《中日外交史料丛编（八）》（旧金山和约与中日和约的关系），"中华民国外交问题研究会" 1961 年。

238. 钟放：《国际法视角下的 1972 年中日联合声明》，《日本学论坛》，2008 年第 4 期。

239. 周忠海：《国际法》，北京：中国政法大学出版社，2008 年。

240. 朱建荣：《辨析日本关于钓鱼岛主权主张的结构性缺陷》，《日本学刊》，2013 年第 1 期。

241. 庄文：《琉球概览》，国民图书出版社，1945 年。

242. 邹振环：《丁韪良译述〈万国公法〉在中日韩传播的比较研究》，载复旦大学韩国研究中心编：《韩国学研究》（第 7 辑），北京：中国社会科学出版社，2000 年。

243. 联合国情报部研究组：《托管理事会：解说文件第二十二号》（1947 年 11 月 10 日），纽约：成功湖，1947 年 11 月版。

244. "中央研究院" 藏：《关于处理琉球群岛之意见案　"外交部" 签呈附件：琉球问题节略》，1948 年 3 月 3 日（民国 37 年），台北："外交部" 档案 419/0011。

245. 人民日报评论员：《琉球群岛人民反对美国占领的斗争》，《人民日报》，1953 年 1 月 8 日。

246. 钟严：《论钓鱼岛主权归属》，《人民日报》，1996 年 10 月 18 日。

247. 饶戈平：《开罗宣言的法律效力不容否定》，《人民日报》，2003 年 11 月 28 日。

248. 马骏杰：《中国代表修正〈开罗宣言〉》，《环球时报》，2004 年 9 月 6 日第 19 版。

249. 权赫秀：《〈马关条约〉的中日英文本异同考》，《二十一世纪》，2004 年 12 月号。

250. 汪晖：《琉球与区域秩序的两次巨变》，《中国经济》，2009 年 11 月。

251. 王红：《略谈元朝澎湖巡检司的建置》，《文教资料》，2011 年 11 月号中旬刊。

252. 廉德瑰：《断章取义妄称发现钓鱼岛曾属琉球史料　日学者岂可如此治学》，《解放日报》，2012 年 7 月 19 日。

253. 周西：《人民日报早年反美宣传文章公开声称钓鱼岛属于日本》，《环球时报》，2012 年 8 月 24 日。

254. 金永明：《应做好钓鱼岛问题长期化的准备》，《东方早报》，2012 年 9 月 18 日。

255. 中华人民共和国国务院新闻办公室：《钓鱼岛是中国的固有领土》（白皮书），2012 年 9 月 25 日版。

256. 邵汉仪：《关于钓鱼岛，日人难以示人的真相》，《纽约时报》（中文网）2012 年 9 月 28 日，资料来源于 https://cn.nytimes.com/opinion/20120928/c28shaw/。

257. 陈占彪：《琉球人："日本不是我们的祖国"》，《社会观察》，2012 年 10 月。

258. 赵景芳：《透视〈美日安保条约〉虚实》，《瞭望新闻周刊》，2012 年 10 月 9 日。

259. 张海鹏，李国强：《论〈马关条约〉与钓鱼岛问题》，《人民日报》，2013 年 5 月 8 日第 9 版。

260. 沈丁立：《美国有关冲绳主权的表态实为自相矛盾》，《新民晚报》，2013 年 5 月 12 日。

261. 林泉忠：《"再议琉球"为何中国政府支吾以对？》，《明报》，2013 年 5 月 13 日。

262. 石源华：《抗战胜利前后的琉球独立运动》，《东方早报》，2013 年 5 月 13 日。

263. 《冲绳独立组织正式成立 欲建琉球共和国》，《环球时报》，2013 年 5 月 15 日。

264. 荣维木：《奠定战后世界秩序的基本法律文件——〈开罗宣言〉和〈波茨坦公告〉对反法西斯成果的巩固》，《北京日报》，2013 年 6 月 3 日。

265. 《日中应该在本地区做出表率》，《国际先驱导报》，2013 年 7 月 6 日。

266. 《美司令："鱼鹰"可赴钓鱼岛》，《环球时报》，2013 年 9 月 18 日。

267. 《法媒：日本在冲绳部署反舰导弹令中国感到不安》，《环球时报》，2013 年 11 月 12 日。

268. 《美日发表联合声明：钓鱼岛适用日本施政区域》，《环球时报》，2014 年 4 月 25 日。

269. 姜鸣：《在历史的关键点上抓住机遇》，《国际先驱导报》，2014 年 8 月 5 日。

270. 《日本与那国岛民众赞成驻军》，《京华时报》，2015 年 2 月 23 日。

271. 吴正龙：《解析新版日美防卫合作指针》，《北京日报》，2015 年 5 月 4 日版。

272. 王鹏：《日美修改防卫合作指针，打造全球性军事同盟》，《中国青年报》，2015 年 5 月 22 日。

273. 《英媒：几个小岛如何成为日俄签署战后和约最大障碍？》，《参考消息》，2016 年 12 月 16 日。

274. 徐勇：《战后琉球政治地位之法理研究与战略思考》，《战略与管理》，2010 年 3/4 期合编。

275. "中华民国外交部"对日和约研究委员会编译室：《中日外交史料丛编》（八），台北：中国国民党中央委员会党史委员会，1966年。

276.《对日和约问题史料》（作者不详），北京：人民出版社，1951年。

277.《中国大百科全书》总编辑委员会：《中国大百科全书·法学》（修订版），北京：大百科全书出版社，2006年。

（三）译著

1. ［荷］格老秀斯：《战争与和平法》，［美］A·C·坎贝尔（英译），何勤华等译，上海：上海人民出版社，2005年。

2. ［加］原贵美惠：《旧金山体系下的竹岛/独岛问题》，《边界与海洋研究》，2017年第2卷第1期。

3. ［美］惠顿：《万国公法》，［美］丁韪良译，何勤华点校，北京：中国政法大学出版社，2003年。

4. ［美］马士：《中华帝国对外关系史》（第2卷），张汇文等译，上海：上海书店出版社，2000年。

5. ［日］川岛真：《江户时代末期的中日交涉——总理衙门档案的视角》，载中国社会科学研究会编：《中国与日本的他者认识》，北京：社会科学文献出版社，2004年。

6. ［日］村田忠禧：《钓鱼岛争议》，《百年潮》，2004年第6期。

7. ［日］村田忠禧：《从历史档案看钓鱼岛问题》，韦平和译，北京：社会科学文献出版社，2013年。

8. ［日］大江健三郎：《冲绳札记》，陈言译，北京：生活·读书·新知三联书店，2010年。

9. ［日］冈田充：《领土民族主义的魔力》，黄稔惠译，台北：联经出版事业股份有限公司，2014年。

10. ［日］古屋奎二：《蒋总统秘录：中日关系八十年之证言》（第13册），"中央"日报译，台北："中央"日报社，1977年。

11. ［日］井上清：《钓鱼岛等岛屿的历史和归属问题》（中译本），北京：生活·读书·新知三联书店，1973年。

12. ［日］井上清：《中国钓鱼岛的历史与主权》，贾俊琪、于伟译，北京：新星出版社，2013年。

13. ［日］陆奥宗光：《蹇蹇录》，伊舍石译，北京：商务印书馆，1963年。

14. ［日］浦野起央，刘苏朝，植荣边吉：《"钓鱼台群岛"（"尖阁诸岛"）问题研究资料汇编》，香港：励志出版社，刀水书房，2001 年。

15. ［日］日本外务省：《"尖阁诸岛"介绍手册》（中文版，2014 年 3 月）。

16. ［日］日本外务省《关于"尖阁诸岛"所有权问题的基本见解》（中译本）。

17. ［日］日本外务省：《宫古八重山两岛考略（1880 年 10 月 7 日）》，日本国驻清公使馆提供，台北：清总理各国事务衙门档案。

18. ［日］山里永吉：《冲绳人之冲绳》，知日译（台湾）：《中华杂志》，1972 年第 106 期。

19. ［日］矢吹晋：《钓鱼岛冲突的起点：冲绳返还》，张小苑等译，北京：社会科学文献出版社，2016 年。

20. ［日］西里喜行：《清国政府及び驻日各公使宛の请愿书概要一览表》，载武者英二编：《冲绳研究资料》（13），东京：法政大学冲绳文化研究所，1994 年。

21. ［日］西里喜行：《琉球救国请愿书集成》，东京：法政大学冲绳文化研究所，1992 年。

22. ［日］西里喜行：《清末中琉日关系史研究》（上），胡连成等译，北京：社会科学文献出版社，2010 年。

23. ［日］西里喜行：《清末中琉日关系史研究》（下），胡连成等译，北京：社会科学文献出版社，2010 年。

24. ［日］新崎盛晖：《现代日本与冲绳》，《开放时代》，2009 年第 3 期。

25. ［日］新崎盛晖：《冲绳现代史》，胡冬竹译，北京：生活·读书·新知三联书店，2005 年。

26. ［日］信夫清三郎：《日本政治史》（第 1 卷），周启乾等译，上海：上海译文出版社，1982 年。

27. ［日］宇佐美滋：《"尖阁列屿"问题》，载程家瑞主编：《钓鱼台列屿之法律地位——钓鱼台列屿问题学术研讨会论文集》，台北：东吴大学法学院，1998 年 8 月。

28. ［日］真人元开：《唐大和上东征传》，汪向荣校注，北京：中华书局，1979 年。

29. ［日］中村秀树：《"尖阁列岛"海战——日本自卫队如何对战中国军队》，知远战略与防务研究所，2014 年。

30. ［日］玄叶光一郎：《日中关系正处在一个重要的十字路口》，《国际先驱论坛报》，2012 年 11 月 21 日。

31. ［苏联］基·弗·马拉霍夫斯基：《最后的托管：密克罗尼西亚史》，史瑞祥译，北京：

商务印书馆，1980 年。

32. ［英］詹宁斯·瓦茨修订：《奥本海国际法》（第 1 卷，第 1 分册），王铁崖等译，北京：中国大百科全书出版社，1998 年。

33. ［英］詹宁斯·瓦茨修订：《奥本海国际法》（第 1 卷，第 2 分册），王铁崖等译，北京：中国大百科全书出版社，1998 年。

34. ［英］D. G. E. 霍尔：《东南亚史》（下册），中山大学东南亚历史研究所译，北京：商务印书馆，1982 年。

35. ［英］哈维：《缅甸史》（下册），北京：商务印书馆，1973 年。

36. ［英］劳特派特修订：《奥本海国际法》（第 8 版，下卷第 1 分册），王铁崖、陈体强译，北京：商务出版社，1972 年版，1989 年第 3 次印刷。

37. ［英］伊恩·布朗利：《国际公法原理》，曾令良等译，北京：法律出版社，2003 年。

（四）公约、法律法规及声明

1. "钓鱼台列屿案答客问"，http：//www. mofa. gov. tw/cp. aspx？n＝6AA59E4253B4FFCA。

2. "钓鱼台列屿争议简析"，http：//www. mofa. gov. tw/cp. aspx？n＝6AA59E4253B4FFCA。

3. "琉球政府章典"（日语名称：米国民政府布令第 68 号，1952 年 3 月 13 日公布，1952 年 4 月 1 日生效）。

4. 《"中华民国外交部"关于琉球群岛与钓鱼台列屿问题的声明》1971 年 6 月 11 日。

5. 《1933 年关于国家权利和义务的蒙得维的亚公约》。

6. 《关于战时保护平民之日内瓦公约》（《日内瓦第四公约》）（1949 年 8 月 12 日于日内瓦签订）。

7. 《蒋介石在中国国民党临时全国代表大会上作〈对日抗战与本党前途〉讲演》（1938 年 4 月 1 日），载中国第二历史档案馆编：《中华民国史档案资料汇编》（第 5 辑第 2 编），江苏古籍出版社，1998 年。

8. 《开罗宣言》中文版。

9. 《联合国大会第 2758 号决议 "恢复中华人民共和国在联合国的合法权"》，A/RES/2758（XXVI），1971 年 10 月 25 日联合国大会第 26 届会议通过。

10. 《联合国宪章》（中文版，1945 年 6 月 26 日）。

11. 《美国对琉球群岛民政管理的指令草案》（A Draft Directive for United States Civil Administration of the Ryukyu Islands，1954 年 1 月 11 日，华盛顿）。

12. 《请愿书》（1948 年 7 月 25 日），中国国民党党史会藏。

13. 《中华人民共和国外交部声明》（1971 年 12 月 30 日），载《人民日报》1971 年 12 月
    31 日第 1 版。

14. 《中华人民共和国政府关于钓鱼岛及其附属岛屿领海基线的声明》（2012 年 9 月 10 日）。

15. 《中华人民共和国中央人民政府外交部部长周恩来关于美国及其仆从国家签订旧金山
    对日和约的声明》（1951 年 9 月 18 日），载《人民日报》1951 年 9 月 19 日。

16. 《中华人民共和国中央人民政府外交部周恩来部长关于美国宣布非法的单独对日和约
    生效的声明》，载《人民日报》1952 年 5 月 7 日。

17. 《周恩来外长关于美国及其仆从国家签订旧金山对日和约的声明》（1951 年 9 月 18
    日），载田桓：《战后中日关系文献集（1945—1970）》，北京：中国社会科学出版社，
    2002 年。

18. 1907 年《海牙规章》。

19. 1969 年《维也纳条约法公约》（中文本）。

20. 1977 年《第一附加议定书》。

21. 台湾当局有关部门："对日本外务省网站有关钓鱼台列屿十六题问与答逐题驳斥全文"，
    http：//www. mofa. gov. tw/cp. aspx？n=FBFB7416EA72736F&s=FAA8620A0EE72A91。

二、英文文献

（一）著作、论文及文献

1. A Lan J. Day，Border and Territorial Dispute，Second Edition，London：Longman Group UK
   Ltd. ，1987.

2. Ajiro Tatsuhiko and Warita Ikuo，The geographical names and those extents of the wide areas in
   Japan，Technical Bulletin on Hydrography and Oceanography（Kaiyō Jōhōbu Gihō），
   Vol. 27，2009.

3. Alexandro Yannis，The Concept of Suspended Sovereignty in International Law and Its Implica-
   tions in International Politics，Eur. J. Int. Law，2002，Vol. 13，No. 5.

4. Allan Gerson，Trustee-occupant: the legal status of Israel's presence in the West Bank，Har-
   vard Journal of International Law，14，1973.

5. American Foreign Policy，1950—1955，Basic Documents Vol. 1，Washington，D. C: govern-
   ment Printing Office，1957.

6. Andriy Melnyk，United Nations Trusteeship System，In Rüdiger Wolfrum（ed. ），Max Planck

Encyclopedia of Public International Law, Oxford Unrversity Press, 2012, Vol. x.

7. Annmaria Shimabuku, Schmitt and Foucault on the Question of Sovereignty under Military Occupation, Política común, Vol. 5, 2014.

8. B. J. George, Jr, The United States in The Ryukyus: The Insular Cases Revived, 39 N. Y. U. L. Rev. 785, 1964.

9. Batty, Can an Anarchy be a State? 28 American Journal of International Law, 1934.

10. Bernhard Knoll, United Nations Imperium: Horizontal and Vertical Transfer of Effective Control and the Concept of Residual Sovereignty in "Internationalized Territories", 7 Austrian Rev. Int'l & Eur. L. 3, 2002.

11. CHANG KAI-SHEK, An Inventory of His Diaries in the Hoover Institution Archives, 43–10 (November, 1943).

12. Chao, K. T., East China Sea: Boundary Problems Relating to the Tiao-Yu-T'ai Islands, Chinese (Taiwan) Yearbook of International Law and Affairs, 1982, Vol. 2.

13. Charles I. Bevans, Treaty and Other International Agreements of the United States of America 1776—1949, vol. 3, Multilateral, 1931—1945, Washington, D. C.

14. Charmian Edwards Toussaint, The Trusteeship System of the United Nations, Connecticut: Greenwood Press, 1976.

15. Checklist of Microfilm Reproductions of Selected Achieves of the Japanese Army, Navy and Other Government Agencies, 1868—1945, Washington DC: Georgetown University Press, 1958, R34.

16. Conor McCarthy, The Paradox of the International Law of Military Occupation, J. Conflict & Sec. L. 2005, Vol. 10, No. 1.

17. D. P. O'Connell, International Law (Vol. I), New York: Oceana Publications, 1965.

18. David Ryan and Victor Pungong (eds.), The United States and Decolonization: Power and Freedom, New York: ST. Martin's Press, 2000.

19. Dept. of State, United States Treaties and Other International Agreements, Washington: U. S. Government Printing Office, 1973, Part I, Vol. 23.

20. Dinstein Yoram, International Law of Belligerent Occupation, New York: Cambridge University Press, 2009.

21. Dumbaugh, Kerry, et al., China's Maritime Territorial Claims: Implications for

U. S. Interests, Congressional Research Service, 12 November 2001.

22. Edmund H. Schwenk, Legislative Power of the Military Power of the Military Occupant under Article 43, Hague Regulations, Yale Law Journal (1945), Vol. 54.

23. Elbridge Colby, Occupation under the Laws of War, Columbia Law Review, Vol. 25, No. 7, 1925.

24. Elihu Lauterpacht, The Hague Regulations and Seisure of Munitions de Guerre, British Yearbook of International Law, 1955—1956, Vol. 32.

25. Erdem Denk, Interpreting a Geographical Expression in a Nineteenth Century Cession Treaty and the Sekaku/Diaoyu Islands Dispute, 20 Int'l J. Marine & Coastal L., 2005.

26. Erica Newland, Execute Orders in Court, The Yale Law Journal, 2015, Vol. 124, No. 6.

27. Eyal Benvenisti, The International Law of Occupation, Princeton University Press, 1993.

28. Eyal Benvenisti, The Origins of the Concept of Belligerent Occupation, Law and History Review, 2008, Vol. 26, No. 3.

29. Fireman, Steve, The Impossible Balance: the Goals of Human Rights and Security in the Israeli Administered Territories, Capital University Law Review, 1991, Vol. 20, (2).

30. Foreign Relations of the United States, Diplomatic Papers: The Conference at Cairo and Tehen 1943, FRUS, Washington D. C.: Government Printing Office, 1961.

31. Gavan McCormack, Resistant Islands: Okinawa Confronts Japan and the United States, Rowman & Littlefield Publishers, Inc., 2012.

32. Geoffrey Marshall, Constitutional Theory, Oxford: Clarendon, 1971.

33. Gerald Fitzmaurice, The Law and Procedure of the International Court of Justice, 1951—1954: Points of Substantive Law, Part II, 32 Brit. Y. B. Int'l L. (1965—1966).

34. Gerhand von Glahn and James Larry Taulbee, Law among Nations: An Introduction to Public International Law (8th Edition), Longman Publishing Group, 2006.

35. Glenn Davis, John G. Roberts, An Occupation Without Troops, Japan: Yeenbooks, 1996.

36. Grant T. Harris, The Era of Multilateral Occupation, Berkeley Journal of International Law (2006), Vol. 24.

37. H. Duncan Hall, Mandates, Dependencies and Trusteeship, New York: Kraus Reprint Co., 1972.

38. H. Lauterpacht, Sovereignty over Submarine Areas, 27 Brti. Y. B. Int'l L. (1950).

39. Hans. Kelsen, The Law of the United Nations: A Critical Analysis of Its Fundamental Problems, The London Institute of World Affairs, 1950.

40. Han-yi Shaw, Revisiting the Diaoyutai/Senkaku Islands Dispute: Examing Legal Claims and New Historical Evidence Under International Law and The Traditional East Asian World Order, Chinese (Taiwan) Yearbook of International Law and Affairs, 2008, Vol. 26.

41. Han-yi Shaw, The Inconvenient Truth behind the Diaoyu/Senkaku Islands, The New York Times, September 19, 2012.

42. Henri Grimal, Decolonization: The British, French, Dutch, and Belgian Empires 1919 - 1963, Boulder, Colorado: Westview Press, 1978.

43. Henry W. Halleck, International Law (New York: D. Van Nostrand, 1861).

44. Henry Wheaton, Elements of International Law, Richard Henry Dana (edited with notes), Boston: Little, Brown and Company, 1866.

45. Hyde, Charles Cheney, International law Chiefly as Interpreted and Applied by the United States, Boston: Little, Brown and Co. , 1922.

46. Ian Browlie, Principles of International Law, 4th Edition, Oxford University Press, 1990.

47. Ian Brownlie, Principles of Public International Law, 5th Edition, Oxford University Press, 1998.

48. International Law Commission, Conclusions of the Work of the Study Group on the Fragmentation of International Law: Difficulties Arising from the Diversifications and Expansion of International Law (A/CN. 4/L. 682), August 2006, available at http: //legal. un. org/ilc/documentation/english/a_cn4_l682. pdf.

49. International Military Tribunal (Nuremberg), Judgment and Sentences, Oct. 1946, The American Journal of International Law (1947), Vol. 41, No. 1.

50. J. K. Fairbank, The Early Treaty System in the Chinese World Order, In J. K. 52. Fairbank eds. , The Chinese World Order: Traditional China's Foreign Relations, Harvard University Press, 1969.

51. James Crawford, The Creation of States in International Law, Second Edition, Oxford University Press, 2006.

52. James Lorimer, The Institute of the Law of Nations: A Treaties on the Jural Relations of Separate Political Communities, Edinburgh: W. Blackwood & Sons, 1883—1884, Vol. 1.

53. James R. Crawford, Browlie's Principle of Public International Law (8th Edition), USA: Oxford University Press, 2012.

54. Japan, San. Francisco, California, September 4-8, 1951, Record of Proceedings (Department of State publication 4392, 1951).

55. Jiménez de Aréchaga, Eduardo, "International law in the past third of a century" (first published in 1978), Volume 159, In Collected Courses of the Hague Academy of International Law, The Hague Academy of International Law, Consulted online on 06 February 2018.

56. John King Fairbank, Trade and Diplomacy on the China Coast: The Opening of the Treaty Ports, 1842—1854, Stanford University Press, 1953.

57. Jonh Yoo, Executive Order Run Amok, The New York Times, 6 Feb, 2017.

58. Joost Pauwelyn, Conflict of Norms in Public International Law: How WTO Law Relates to Other Rules of International Law, Cambridge: Cambridge University Press, 2003.

59. Joseph W. Ballantine, The Future of the Ryukyus, 31 Foreign Aff. 653, 1952—1953.

60. Julian Arato, Subsequent Practice and Evolutive Interpretation: Techniques of Treaty Interpretation over Time and Their Diverse Consequences, 9 Law & Prac., Int'l Cts. & Tribunals 443, 2010.

61. Kashima Peace Institutute, ed., Nihon Gaiko Shuyo Bunsho Nenpyo (Main Documents and Chronology of Japanese Diplomacy), Vol. 1 (1941—1960), 1983.

62. Kashiwashobo Publishing Co., Ltd., Documents on United States Policy Toward Japan, XIX, Documents Related to Diplomatic and Military Matters 1972, DEF Japan /POL Japan/ DEF Ryukyu, Vol. 9.

63. Kimie Hara, Cold War Frontiers In the Asia-Pacific: Divided Territories In The San Francisco System, Nissan Institute/Routledge Japanese Studies, 2006.

64. Kimie Hara, The San Francisco Peace Treaty and Frontier Problems in the Regional Order in East Asia: A Sixty Year Perspective, The Asia Pacific Journal, 2012, Vol. 10, Issue. 17, No. 1.

65. L. F. E. Goldie, The Critical Date, The International and Comparative Law Quarterly, 1963, Vol. 12, No. 4.

66. Lassa Francis L. Oppenheim, International Law: A Treatise, Second Edition, Vol. 1, Peace, New York: Longmans, Green and Co., 1912.

67. Lassa Oppenheim, International Law: A Treatise, 1st edition. , London: Longmans, Green, 1905.

68. Lee Seokwoo, Territorial Disputes among Japan, China and Taiwan Concerning the Senkaku Islands, Boundary & Territory Briefing (IBRU), 2002, Vol. 3, No. 7.

69. Ma, Ying-Jeou, Legal Problems of Seabed Boundary Delimitation in the East China Sea, Occasional Papers/Reprints Series in Contemporary Asian Studies, 1984, Issue 3.

70. Malcolm N. Shaw, International Law, 4th Edition, Cambridge University Press, 1997.

71. Mallappa Amravati, The Japan-US Alliance: A History of Its Genesis, New Delhi: Concept Publishing Company, 1985.

72. Mark E. Manyin, Senkaku (Diaoyu/Diaoyutai) Islands Dispute: U. S. Treaty Obligations, CRS Report for Congress, September 25, 2012, available at http: //www. japanfocus. org/-Koji-Taira/2119.

73. Matsui Yoshiro, Legal Bases and Analysis of Japan's Claims to the Diaoyu Islands, In Qiu Huang Quan ed. , 1997 Diao Yu Tai Guo Ji Fa Yan Tao Hui Lun Wen Yu Tao Lun Ji Shi Hui Bian (Papers and Proceedings of the 1997 International Law Conference on the Dispute over the DiaoyuISenkaku Islands between Taiwan and Japan), 1997.

74. Meir Shamgar, The Observance of International Law in the Administered Territories, Isael Yearbook on Human Rights (1971), Vol. 1.

75. Michael Byers, Conceptualising the Relationship between Jus Cogens and Erga Omnes Rules, Nodic Journal of International Law 66, 1997.

76. Michael Connor, The Invention of Terra Nullius: Historical and Legal Fictions on the Foundation of Australia, Macleay Press, 2005.

77. Mikio Higa, Politics and Parties in Postwar Okinawa, University of British Columbia 1963.

78. Min Gyo Koo, Island Disputes and Maritime Regime Building in East Asia: Between A Rock and A Hard Place, Springer, 2009.

79. Mitchell A. Silk, Imperial China and International Law: A Case Study of the 1895 Treaty of Shimonoseki, 2 Chinese (Taiwan) Y. B. Int'l L. & Aff. , 1982.

80. Nathan Zimmermann, "The Future of the Trusteeship Council", available at http: //atlantic-sentinel. com/2011/06/the-future-of-the-un-trusteeship-council/.

81. Nehal Bhuta, The Antimonies of Transformative Occupation, European Journal of International

Law (2005), Vol. 16, No. 4.

82. Nicholas Evan Sarantakes, Keystone: The American Occupation of Okinawa and U. S. –Japanese Relations, Texas A&M University Press, 2000.

83. Niksch, Larry A, "Senkaku (Diaoyu) Islands Dispute: The U. S. Legal Relationship and Obligations", CRS Report for Congress, 30 September 1996, available at http: //congressionalresearch. com/96-798/document. php? study = Senkaku+Diaoyu+Islands+Dispute+The+U. S. +Legal+Relationship+and+Obligations.

84. Ninno, H. , Emery, K. O. , Sediment of Shallow Portion of East China Sea and South China Sea, Geological Society of American, Bulletin, Vol. 72, 1961.

85. Oda and Owada (eds.), the Practice of Japan in International Law 1961—1972, University of Tokyo Press, 1982.

86. Oscer Schachter, Sovereignty–Then and Now, In Robert St. John MacDonald (ed.), Essays in Honour of Wang Tieya, Martinus Nijhoff Publishers, 1994.

87. Oxford Mannual of Naval War, 1913, adopted by the Institute of International Law, available at https: //ihl-databases. icrc. org/ihl/INTRO/265? OpenDocument.

88. P. Verri, Commentary on the 1913 Oxford Mannual of Naval War, In Ronzitti ed. , The Law of Naval Warfare: A Collection of Agreements and Documents with Commentaries, 1988.

89. Paul Kesaris, ed. , Documents of the National Security Council (Sixth Supplement), Washington: University Publications of America, Inc. , 1993, Reel 3.

90. Peter M. R. Stirk, The Politics of Military Occupation, Edinburgh University Press, 2009.

91. PR–35 Final (Revision b), Disposition of the Ryukyu (Liuchiu) Islands (March 4, 1946), Post World War II Foreign Policy Planning, Microfiche 1192 – PR – 35 Final Revision B.

92. Randall Lesaffer (ed.), Peace Treaties and International Law in European History: From the Late Middle Ages to World War One, New York: Cambridge University Press, 2004.

93. Report by the Joint Strategic Survey Committee to the Joint Chiefs of Staff, FRUS, 1950, Vol. VI, East Asia and the Pacific, United States Government Printing Office, Washington, 1976.

94. Restatement of the Law: The Foreign Relations Law of the United Nations, Vol. I, 232, American Law Institute, 3rd Edition, 1987.

95. Robert D. Eldridge, The Origin of U. S Policy in the East China Sea Islands Dispute: Okinwa's Reversion and the Senkaku Islands, New York: Routledge, 2014.

96. Robert D. Eldridge, The Origins of the Bilateral Okinawa Problem: Okinawa in Postwar US-Japan Relations: 1945—1952, New York: Routledge-Garland, 2001.

97. Robert D. Eldridge, The Return of the Amami Islands: The Reversion Movement and U. S. -Japan Relations, Oxford: Lexington Books, 2004.

98. Robert Jennings and Arthur Watts (eds.), Oppenheim's International Law, 9th Edition, Vol. I, Longman, 1992.

99. Ronald P. Toby, State and Diplomacy in Early Modern Japan: Asia in the Development of the Tokugawa Bakufu, California: Stanford University Press, 1984.

100. Roosevelt-Chiang Dinner Meeting (23 Nov, 1943), Foreign Relations of the United States, 1943, The Conference at Cairo and Tehran, 1961.

101. Salvatore Fabio Nicolosi, The Law of Military Occupation and the Role of de jure and de facto Sovereignty, Polish Yearbook of International Law (2011), Vol. 31.

102. Schachter, Sovereignty-Then and Now, In R. St. J. Macdonard (ed.), Essays in Honour of Wang Tieya, Martinus Nijhoff Publishers, 1994.

103. Schwenk, Edmund H. , Legislative Power of the Military Occupant under Article 43 Hague Regulations, Yale Law Journal 54, 2, 1944-1945.

104. Seokwoo Lee and Jon M. Van Dyke, The 1951 San Francisco Peace Treaty and Its Relevance to the Sovereignty over Dokdo, 9 Chinese Journal of International Law 2010.

105. Seokwoo Lee, Territorial Disputes among Japan, China, and Taiwan Concerning the Senkaku Islands, In Shelagh Furness and Clive Schofield eds. , Boundary and Territory Briefing, 2002, Volume 3, Number 7.

106. Seokwoo Lee, The 1951 San Francisco Peace Treaty With Japan And The Territorial Disputes In East Asia, 11 Pac. Rim L. & Pol'y J. 63, 2002.

107. Shunzo Sakamaki, Ryukyu and Southeast Asian, Journal of Asian Studies, 1964, Vol. 23, No. 3.

108. Sondre Torp Helmersen, Evolutive Treaty Interpretation: Legality, Semantics and Distinctions, 6 Eur. J. Legal Stud. 161, 2013.

109. Tao Cheng, The Sino-Japanese Dispute over the Tiao-yu-tai (Senkaku) Islands and the

Law of Territorial Acquisition, 14 Va. J. Int'l L. 221, 266 (1974).

110. Tristan Ferraro ed., Occupation and Other Forms of Administration of Foreign Territory (ICRC Report, March 2012), available at https: //www. icrc. org/eng/assets/files/publications/icrc-002-4094. pdf.

111. Tristan Ferraro, Determining the Beginning and End of an Occupation under International Humanitarian Law, International Review of the Red Cross, 2012, Vol. 94, No. 885.

112. UK Ministry of Defense, The Manual of the Law of Armed Conflict, Oxford: Oxford University Press, 2004.

113. UK, Military of Defense, The Joint Service Manual of the Law of Armed Conflict (JSP 383), 2004 Edition, p. 303, available at https: //www. gov. uk/government/uploads/system/uploads/attachment_data/file/27874/JSP3832004Edition. pdf.

114. Unryu Suganuma, Sovereign rights and territorial space in Sino - Japanese relations - irredentism and the Diaoyu/Senkaku islands, published jointly by the University of Hawai'i press and the association for Asian studies, 2000.

115. Shigeyoshi Ozaki, Territorial Issues on the East China Sea A Japanese Position, 3 J. E. Asia & Int'l L. 151, 2010.

116. W. S. Holdsworth, Martial law Historically Considered, Law Quarterly Review, 18 (1902).

117. Waldock, The Legal Basis of Claims to the Continental Shelf, 36 Transactions Year, 1950.

118. Williams and Lauterpacht, Annual Digest of Public International Law Cases: 1919—1922 (1932), No. 336.

119. Y. Frank Chiang, One China Policy and Taiwan, 28 Fordham Int'l L. J. 1, 2004.

120. Y. -J. Ma, The East Asian Seabed Controversy Revisited: Relevance (or Irrelevance) of the Tiao-yu-ta'i (Senkaku) Islands Territorial Dispute, 2 Chinese Yearbook of International Law and Affairs 1, 1982.

121. Yabuki Susumu, Two Key Concepts in San Francisco Peace Treaty 1951: General MacArthur's Peace Treaty Plan and Ambassador J. F. Dulles's Idea of "Residual Sovereignty" of Ryukyu Islands, 31 July, 2015.

122. Yoram Dinstein, Legislation under Article 43 of the Hague Regulations: Belligerent Occupation and Peace Building (Fall 2004), Occasional Paper Series No. 1 (Program on Humani-

tarian Policy and Conflict Research of Harvard University）, available at http：// www. hpcrresearch. org/sites/default/files/publications/OccasionalPaper1. pdf.

123. Yoram Dinstein, Legislation under Article 43 of the Hague Regulations：Belligerent Occupation and Peacebuilding （Fall 2004）, Occasional Paper Series No. 1.

124. Yoram Dinstein, The International Law of Belligerent Occupation and Human Rights, Israel Yearbook on Human Rights （1978）, Vol. 8.

125. Yoshiro Matsui, International Law of Territorial Acquisition and the Dispute over the Senkakus （Diaoyu） Islands, 40 Japanese Ann. Int'l L. 3, 1997.

126. Yusuf, Reflections on the Fragility of State Institutions in Africa, 2 African Yearbook of International Law 1995, No. 3.

（二）公约、法律、法规及外交档案

1. Acting Special Assistant to the Director, Office of Far Eastern Affairs, to Charles E. Bohlen, Counselor of the Department of State：Draft Treaty of Peace for Japan, State Dep't Decimal File No. 740. 0011 PW （PEACE）/8 - 647 CS/W, State Dep't Records, Record Group 59 （Aug. 6, 1947） （on file with the U. S. National Archives and Records Administration in College Park, MD）.

2. Agreement between the United States of America and Japan Concerning the Ryukyu Islands and the Daito Islands, Washington and Tokyo （simultaneously）, 17th June, 1971.

3. Agreement concerning the Ryukyu Islands and the Daito Islands with related arrangements, signed at Washington and Tokyo June 17, 1971, entered into force May 15, 1972. 23 UST 446, TIAS 7314.

4. "The Guidelines for Japan - U. S. Defense Cooperation", available at http：// www. mofa. go. jp/region/n-america/us/security/guideline2. html.

5. A Draft Civil Administration Proclamation No. 13, United States Civil Administration of the Ryukyu Islands, Office of the Deputy Governor, APO 719, 29 February 1952, （Amended by CA Proclamation No. 17, 1952, USCAR Proclamation No. 24, 1965, Ch 10, 21 Dec 65, to CA Ordinance 68, 29 Feb 52）, available at http：//ryukyu - okinawa. net/pages/archive/ caproc13. html.

6. A Draft Directive for United States Civil Administration of the Ryukyu Islands, 11 January 1954, Foreign Relations of the United States, FRUS, 1952—1954, China and Japan,

Volume XIV, Part 2, available at https: //history. state. gov/historicaldocuments/frus1952 – 54v14p2/d731.

7. Agreement between Japan and the United States of America Concerning Nanpo Shoto and Other Islands, April 5, 1968, available at http: //www. ioc. u–tokyo. ac. jp/~worldjpn/documents/ texts/docs/19680405. T1E. html.

8. C. P. (57) 137, no. 31, Cabinet Memorandum by the Secretary of State for Foreign Affairs, 23rd May, 1951, p. 16 (on file with the British National Archives, London).

9. CA Ordinance No. 105, "Authority to Accomplish Execution of Leases and Rental Payment of Privately Owned Ryukyuan Lands Occupied by the United States of American for the Period from 1 July 1950 Through 27 April 1952", 23 March 1955, United States Civil Administration of the Ryukyu Islands, APO 719, http: //ryukyu–okinawa. net/pages/archive/caord105. html.

10. CA Ordinance No. 109, 3 April 1953, Land Acquisition Procedure, United Sates Civil Administration of the Ryukyu Islands, Office of The Deputy Governor, APO 719, available at http: //ryukyu–okinawa. net/pages/archive/caord109. html.

11. CA Ordinance No. 91, "Authority to Contract", 1 November 1952, United States Administration of the Ryukyu Islands, available at http: //ryukyu – okinawa. net/pages/archive/ caord91. html.

12. CA Ordinance Number. 68, Provisions of the Government of the Ryukyu Islands, https: // www. spf. org/islandstudies/jp/wp/infolib/docs/01_history030_doc01. pdf.

13. Cabinet Memorandum by the Secretary of State for Foreign Affairs, 23rd May, 1951, p. 16, on file with the British National Archives, London.

14. Cairo Communiqué, available at http: //www. ndl. go. jp/constitution/e/shiryo/01/002_46/ 002_46_0011. html.

15. Civil Administration Proclamation No. 26, Compensation for Use of Real Estate within Military Areas, 5th December 1953, available at http: //ryukyu – okinawa. net/pages/archive/ caproc26. html.

16. Civil Administration Proclamation No. 27, Geographical Boundaries of the Ryukyu Islands, United States Civil Administration of the Ryukyu Islands, Office of the Deputy Governor APO 719, 25 December 1953, available at http: //ryukyu – okinawa. net/pages/archive/ caproc27. html.

17. Commentary on Draft Treaty of Peace with Japan, State Dep't Records, Record Group 59 (Dec. 29, 1949) (on file with the U. S. National Archives and Records Administration in college Park, MD).

18. Commentary on Treaty of Peace with Japan, Commentary on Treaty of Peace with Japan, State Dep't Records, Record Group 59 (Nov. 2, 1949) (on file with the U. S. National Archives and Records Administration in College Park, MD), Article 8 in the draft dates Nov. 2, 1949.

19. Confidential U. S. State Department Special Files, JAPAN (1947—1956), Lot Files, Reel 19.

20. Convention (IV) relative to the Protection of Civilian Persons in Time of War, Geneva, 12 August 1949.

21. Convention (IV) respecting the Laws and Customs of War on Land and its annex: Regulations concerning the Laws and Customs of War on Land, the Hague, 18 October 1907.

22. Declaration by United Nations, available at http://www. un. org/en/aboutun/history/declaration. shtml.

23. Directive for United States Civil Administration of the Ryukyu Islands, 11 January 1954, Foreign Relations of the United States, FRUS, 1952—1954, China and Japan, Volume XIV, Part 2, available at https://history. state. gov/historicaldocuments/frus1952-54v14p2/d731.

24. Draft of a Peace Treaty with Japan, FRUS, 1950, Vol. VI, East Asian and the Pacific, United States Government Printing Office, Washington: 1976.

25. Execute Order Disposition Tables, available at https://www. archives. gov/federal-register/executive-orders/1957. html.

26. Executive Order 10713-Providing for Administration of the Ryukyu Islands, 5th June, 1957, available at http://www. taiwanbasic. com/key/ryukyu-exor. htm#nitem3.

27. General Services Administration, National Archives and Records Service, Office of the Federal Register, United States Government Printing Office, Public Papers of the Presidents of the United States, Richard Nixon, 1971: Containing the Public Messages, Speeches, and Statements of the President, United States Government Printing Office, 1999.

28. Geographical Boundaries of the Ryukyu Islands, Civil Administration Proclamation No. 27, 25 Dec. 1953, available at http://www. niraikanai. wwma. net/pages/archive/caproc27. html.

29. Governmental and Administrative Separation of Certain Outlying Areas from Japan, General

Headquarters, Supreme Commander for the Allied Powers, SCAPIN-677 (Jan 29, 1946), available at http: //en. wikisource. org/wiki/SCAPIN677.

30. Japanese Peace Treaty: Working Draft and Commentary Prepared in the Department of State (June 1, 1951), FRUS, 1951, Vol. VI, p. 1062.

31. Japanese Surrenders Document, available at http: //www. archives. gov/exhibits/featured_ documents/japanese_surrender_document/.

32. John Foster, Dulles on the Status of Okinawa, available at http: //www. niraikanai. wwma. n-et/pages/archive/dulles. html.

33. Joint Press Availability with Japanese Foreign Minister Seiji Maehara, October 27, 2010, a-vailable at http: //www. state. gov/secretary/rm/2010/10/150110. htm.

34. Memoranda by the Chinese Government (Cario, November 24, 1943), United States Depart-ment of State/ Foreign Relations of the United States Diplomatic Papers, 36. The Conference at Cario and Tehran (1943), (DC: Government Printing Office, 1961).

35. Memorandum by Major General George V. Strong, Joint Post War Committee to the Joint Chiefs of Staff, to the Under Secretary of State (Grew), FRUS, the British Commonwealth, the Far East, 1945, Vol. VI.

36. Memorandum by the Consultant to the Secretary (Dulles), June 27, 1951, FRUS, 1951, Asia and the Pacific, Vol. VI, Part 1, 1951.

37. Memorandum by the Secretary of State to the Ambassador at Large (Jessup), FRUS, 1950, Vol. VI, East Asia and the Pacific, United States Government Printing Office, Washington, 1976.

38. Memorandum for the Secretary of Defense on the Japanese Peace Treaty (June 26, 1951), FRUS, Vol. 6.

39. Memorandum from Samuel W. Boggs, Special Advisor on Geography, Office of Intelligence Research, to Maxwell M. Hamilton, U. S. Representative on the Far Eastern Commission, and Robert A. Fearey, Bureau of Far Eastern Affairs, Draft Treaty of Peace with Japan, Territorial Clause, State Dep't Record Group 59 (Dec. 8, 1949) (on file with the U. S. National Ar-chives and Records Administration in College Park, MD).

40. Memorandum from the Assistant Secretary of State for Far Eastern Affairs (Robertson) to the Secretary of State, 26 June, 1956, Foreign Relations of the United States, FRUS 1955—

1957, Japan, Vol. XXIII, Part I.

41. Memorandum of a Conversation, Department of State, Washington, 19 Feb, 1957, FRUS, 1955—1957, Vol. XXIII, Part I, Japan, （in two parts）, Part 2, Editor in Chief: John P. Glennon, Editor: David W. Mabon, United States Government Printing Office, Washington: 1991, available at https: //history. state. gov/historicaldocuments/frus1955 - 57v23p1/d119.

42. Memorandum of Conversation, by Colonel Stanton Badcock of Department of Defense, FRUS, 1950, Vol. VI, East Asia and the Pacific, United States Printing Office, Washington, 1976.

43. Memorandum of Conversation, by the Director of the Office of Northeast Asian Affairs（Allison）, FRUS, 1950, Vol. VI, East Asia and the Pacific, United States Printing Office, Washington: 1976.

44. Memorandum of Conversation, by the Secretary of State（28 May, 1951）, FRUS, 1951, Vol. VI, Part 1, Asia and the Pacific.

45. Memorandum to General MacArthur, Outline and Various Sections of Draft Treaty, State Dep't Decimal File No. 740. 0011 PW（PEACE）/3-2047, State Dep't Records, Record Group 59（Mar. 3, 1947）.

46. Memorandum, Attached Treaty Draft, State Dep't Decimal File No. 740. 0011 PW（PEACE）/10-1449, State Dep't Records, Record Group 59（Oct. 14, 1949; Nov. 2, 1949）（on file with the U. S. National Archives and Records Administration in College Park, MD）.

47. Memorandum, Background of Draft of Japanese Peace Treaty, State Dep't Decimal File No. 740. 0011 PW（PEACE）/ 1-3048 CS/W, State Dep't Records, Record Group 59（Jan 30, 1948）（on file with the U. S. National Archives and Records Administration in College Park, MD）.

48. Minutes of a Meeting of the Pacific War Council, FRUS, Diplomatic Papers, The Conference at Cairo and Tehran, 1943, United States Government Printing Office, Washington, 1961.

49. No. 651, Memorandum by the Executive Secretary（Lay）to the National Security Council, FRUS, 1952—1954, Vol. China and Japan, Volume XIV, Part 2（in two parts）, Part 2, in Editor in Chief: John P. Glennon, United States Printing Office, Washington: 1985, available at https: //history. state. gov/historicaldocuments/frus1952-54v14p2/d651.

50. Proclamation Defining Terms for Japanese Surrender Issued at Potsdam, July 26, 1945, available at http: //www. ndl. go. jp/constitution/e/shiryo/01/010shoshi. html.

51. Project of an International Declaration concerning the Laws and Customs of War, Brussels, 27 August 1874.

52. Protocol Additional to the Geneva Conventions of 12 August 1949, and relating to the Protection of Victims of International Armed Conflicts (Protocol I), 8 June 1977, available at https: //ihl-databases. icrc. org/applic/ihl/ihl. nsf/INTRO/470.

53. Report of a Special Subcommittee of the Armed, Services Committee, House of Representatives, Following an Inspection Tour October 14 to November 23, 1955.

54. San Francisco Peace Treaty, 8 Sep, 1951, available at http: //www. uni-erfurt. de/ostasiatische_geschichte/texte/japan/dokumente/19/19510908_treaty. htm.

55. Section 355, FM 27-10, Department of the Army Field Manual: The Law of Land Warfare, Washington, DC, July 1956.

56. Security Treaty between the United States and Japan (Sep. 8, 1951), available at http: //avalon. law. yale. edu/20th_century/japan001. asp.

57. Senkakus Dispute, State Dep't File No. Pol 32-6 Senkaku Is 051921, State Dep't Records, Record Group 59 (Mar. 27, 1972) (on file with the U. S. National Archives and Records Administration in College Park, MD).

58. Special Proclamation No. 36, Certificate of Land Title, Military Government of Ryukyu Islands, APO 719, signed by J. R. Sheetz, Major General, United States Army, Military Governor of the Ryukyu Islands, available at http: //ryukyu-okinawa. net/pages/archive/sproc36. html.

59. Statements made by H. E. Mr. Kazuo Kodama, Ambassador Extraordinary and Plenipotentiary, Deputy Permanent Representative of Japan to the UN in exercise of the right of reply, following the statement made by H. E. Mr. Yang Jiechi, Minister for Foreign Affairs of the People's Republic of China at the General Debate of the 67th Session of the UN General Assembly on 27 September, 2012, available at http: //www. mofa. go. jp/announce/speech/un2012/un_0928. html.

60. Supreme Commander for Allied Powers (SCAPIN 677), Jan 29, 1946, available at http: //www. mofa. go. jp/mofaj/area/takeshima/pdfs/g_taisengo01. pdf.

61. Telegram, State Dep't File No. Pol 32-6 Senkaku Is, Taipei 2946, State Dep't Records, Record Group 59 (June 17, 1971) (on file with the U. S. National Archives and Records Administration in College Park, MD).

62. The Commentary of the I. L. C. to Article 50 of its "Drafts Articles on the Law of Treaties", In Reports of the I. L. C. on the Work of Its 18th Session (1966), 2 YbI. L. C. 172.

63. The Joint Chiefs of Staff to the Secretary of State, FRUS, The Near East, South Asia, and Africa, the Far East, 1944, Vol. V.

64. The Treaty of Mutual Cooperation and Security between the United States and Japan" (日本国とアメリカ合衆国との間の相互協力及び安全保障条約, signed between the United States and Japan in Washington, D. C. on January 19, 1960), available at http: // www. mofa. go. jp/region/n-america/us/q&a/ref/1. html.

65. The Treaty of Mutual Cooperation and Security between the United States and Japan (日本国とアメリカ合衆国との間の相互協力及び安全保障条約, signed between the United States and Japan in Washington, D. C. on January 19, 1960), available at http: // www. mofa. go. jp/region/n-america/us/q&a/ref/1. html.

66. Treaty of Peace with Japan (with two declarations), 8 September 1951, Signed at San Francisco.

67. Trusteeship Agreement for the Former Japanese Mandated Islands, Approved at the 124th Meeting of the Security Council on April 2, 1947, U. N. Document S/318.

68. U. S. Sets Forth Principles for Japanese Peace Treaty (Released to the press November 24, Department of State Bulletin, December 4, 1950.

69. United States Department of State/Foreign Relations of the United States Diplomatic Papers, Conference at Cario and Tehran, 1943, DC: Government Printing Office, 1961.

70. United States National Archives and Records Administration (NARA), Records of Office of Northeast Asian Affairs, Relating to the Treaty of Peace with Japan— Subject File, 1945—1951 (Lot File 56 D 527), Box No. 6, Folder No. 2.

(三) 案例

1. Advisory Opinion of 9 July 2004 on Legal Consequences of the Construction of a Wall in the Occupied Palestinian Territory, I. C. J Reports (2004).

2. Argentine-Chile Frontier Case (the "Palena" Case), Arbitral Award of 24 November 1966,

38 ILR 10.

3. Boundary dispute between Argentina and Chile concerning the delimitation of the frontier line between boundary post 62 and Mount Fitzroy, Reports of International Arbitral Awards, Volume XXII 3-149.

4. Case Concerning Armed Activities on the Territory of the Congo (Democratic Republic of Congo v. Uganda), Judgment of 19 December 2005, I. C. J Reports 2005.

5. Case concerning Rights of Nationals of the United States of America in Morocco (France v. United States of America), Judgment of August 27th, 1952, I. C. J. Reports 1952.

6. Case concerning Sovereignty over certain Frontier Land, Judgment of 20 June 1959: I. C. J. Reports 1959.

7. Cillekens v. DeHaas, Dutch Dist. Ct. , Rotterdam, May 14, 1919.

8. Decision regarding delimitation of the border between Eritrea and Ethiopia, Reports of International Arbitral Awards, Volume XXV 83.

9. Fleming v. Page, 9 How. 603, 50 U. S. 603, 612, 13 L. Ed. 276 (1850) at 50 U. S 603, 615.

10. Hearing on the Merits and Remaining Issues of Jurisdiction and Admissibility, 25th November 2015, PCA Case No. 2013—2019, in the Matter of An Arbitration under Annex VII of the United Nations Convention on the Law of the Sea.

11. ICTY, Prosecutor v. M. Naletilic and Martinovic, Judgment of Trial Chamber I, Case No. IT-98-34-T, 31 March 2003.

12. In the Matters of An Arbitration between Eritrea and Yemen, 9th Oct 1998, Award of the Arbitral Tribunal, in the First Stage of the Procedure.

13. International status of South-West Africa, Advisory Opinion: I. C. J. Reports 1950.

14. Island of Palmas case (Netherlands, USA), 4 April 1928, Report of International Arbitral Awards, Volume II, pp. 829-871.

15. Joint Dissenting Opinion of Sir Percy Spender and Sir Gerald Fitzmaurice, in South West Africa (Liberia v. South Africa), Proceedings joined with South West Africa (Ethiopia v. South Africa) on 20 May 1961, I. C. J Judgment of 21 December 1962.

16. Kasikili /Sedudu Island (Botswana /Namibia), Judgment, I. C. J Reports 1999 (II) .

17. Legal Consequences of the Construction of a Wall in the Occupied Palestinian Territory, Advi-

sory Opinion, I. C. J. Reports 2004, p. 136.

18. Lighthouses in Crete and Samos (8 Oct, 1937), PCIJ Series A. /B. , No. 71.

19. Mabo v. Queensland (No. 21) (1992) 175 CLR 1.

20. Porter v. United States, 496 F. 2d 583 (1974) .

21. Prosecutor v. Mladen Maletilic, aka "TUTA" And Vinko Martinovic, aka "ŠTELA", I. C. T. Y Judgment of 31 March 2003, Case No. IT-98-34-T.

22. Separate Opinion by Sir Arnold McNair, International status of South-West Africa, Advisory Opinion, I. C. J. Reports 1950, p. 150.

23. South West Africa (Liberia v. South Africa), Proceedings joined with South West Africa (Ethiopia v. South Africa) on 20 May 1961, I. C. J Judgment of 21 December 1962.

24. South West Africa, Second Phase, Judgment, I. C. J. Reports 1966, p. 6.

25. State of the Netherlands v. Jessen, Hof (Court of Appeal), The Hague, January 24, 1953, N. J. 1955, no. 35.

26. Territorial and Maritime Dispute (Nicaragua v. Colombia), Judgment, I. C. J. Reports 2012, p. 624.

27. The Hostage Trial (Trial of Wilhelm List and Others), US Military Tribunal, Nuremberg, 1948, Law Reports of Trials of War Criminals (1949), Vol. 8.

28. The Island of Palmas Case (or Miangas), United States of America v. the Netherlands (1928), Permanent Court of Arbitration.

29. The Krupp Trial (Trial of Alfried Felix Alwyn Krupp von Bohlen and Halbach and Eleven Others, Case No. 58), United States Military Tribunal, 1948 Nuremberg.

30. The United Nations War Criminal Commission ed. , 1948 Law Reports of Trials of War Criminals (London: United Nations War Criminal Commission, 1949), Vol. X.

31. United States v. Rice, 4 Wheat. 246, 17 U. S. 246, 254, 4 L. Ed. 562 (1819) .

32. Western Sahara, Advisory Opinion, I. C. J. Reports 1975, p. 12.

三、日文文献

(一) 著作、论文及文献

1. 富田健治:《敗戦日本の内側》,东京:古今书院 1962 年版。

2. 东恩纳宽惇:《琉球的历史》,至文堂 1973 (昭和 47 年) 年版。

3. 丰见山和行：《琉球王国形成期の身份について–册封关系との关连を中心に》，年报中世史研究 1987 年版。

4. 冈仓古志郎、牧瀬恒二编：《资料冲绳问题》，东京劳动旬报社 1969 年版。

5. 冈本弘道：《明朝における朝贡国琉球の位置附けとその变化》，《东洋史研究》，1999 年第 57 期。

6. 宫城荣昌等编：《冲绳历史地图》，柏书屋 1983 年版。

7. 宫城祭吕：《冲绳の历史》，东京：日本放送出版协会 1989 年版。

8. 宫里政玄：《アメリカの对外政策决定过程》，三一书店 1981 年版。

9. 宫里朝光监修，那霸出版社编：《冲绳门中大事典》，那霸出版社 1998 年版。

10. 滨川今日子：《"尖閣諸島"の领有をめぐる論点》，《国立国会図书馆调查と情报》，2007 年 2 月 28 日。

11. 细谷千博：《サンフランシスコ讲和への道》，东京：中央公论社 1984 年版。

12. 绿间荣：《"尖阁列岛"》，那霸：ひるぎ社 1984 年版。

13. 胜沼致一：《"尖阁列岛"领土问题的历史与法理》，《法学志林》，1973 年，第 71 卷第 2 号。

14. 《日本外交年表并主要文书》（上卷），原书房 1965 年版。

15. 安良城盛昭：《新·冲绳史论》，冲绳タイムス社 1980 年版。

16. 井上清：《"尖阁列岛"——钓鱼诸岛史的解明》，东京：第三书馆（株式会社）1996 年版。

17. 奥原敏雄：《"尖阁列岛"领有权的根据》，《中央公论》，1978 年 7 月号。

18. 奥原敏雄：《"尖阁列岛"の领有权问题》，《季刊·冲绳》，1971 年 3 月，第 56 号。

19. 奥原敏雄：《"尖閣諸島"の领有權問題——台湾の主张とその批判》，《季刊冲繩》（"尖閣諸島"特集），1971 年 3 月第 56 号。

20. 奥原敏雄：《動かぬ"尖閣列島"の日本领有權——井上清论文の〈歴史的虚構〉をあばく》，东京：《日本及日本人》1973 年 1 月。

21. 下村富士男：《琉球王国论》，《日本历史》第 167 号。

22. 我部政明：《日米關系の中の冲绳》，三一书屋 1996 年版。

23. 外间守善：《冲绳の言叶と历史》，东京：中央公论新社 2000 年版。

24. 岩田丰树：《幕末维新古地图大图鉴》，新人物往来社 1977 年版。

25. 喜舍场一隆：《"尖阁列岛"と册封使录》，《季刊冲绳》（"尖阁列岛"特集第二集），

1972 年第 63 号。

26. 吉野作造：《明治文化全集》（第 2 卷），东京：日本评论社 1968 年版。

27. 荒原泰典：《近世日本与东亚》，东京大学出版会 1989 年版。

28. 高良仓吉：《琉球王国の构造》，东京：吉川弘文馆 1987 年版。

29. 高良舍吉：《琉球王国》，岩波书店 1993 年版。

30. 小林进：《台灣の前途》，東京：サイマル出版会 1989 年版。

31. 松井芳朗：《国际法学者がよむ尖阁问题：纷争解决への展望を拓く》，日本评论社 2014 年版。

32. 上里贤：《戦後沖縄移民と文化形成——海外亡命士族の軌跡》，琉球大学（年代不详），资料来源于 http：//ir. lib. u - ryukyu. ac. jp/bitstream/123456789/1211/1/H13. 3p 59-74. pdf。

33. 伸原善忠：《仲原善忠选集》（上卷），冲绳タイムス社 1969 年版。

34. 森克己，沼田次郎编：《体系日本史丛书》（5·对外关系史），东京都：山川出版社 1978 年版。

35. 西里喜行编：《琉球救国请愿书集成》，琉球大学教育学部纪要 1987 年版。

36. 西里喜行编：《琉球救国请愿书集成》，冲绳：法政大学冲绳文化研究所 1992 年版。

37. 西里喜行：《清国政府及び驻日各公使宛の请愿书概要一览表》，载武者英二编：《冲绳研究资料》（13），东京：法政大学文化研究所 1994 年版。

38. 石井望：《"尖阁"前史（ぜんし）、无主地（むしゅち）の一角に领有史料有り》，《八重山日报》2013 年 8 月 3 日（平成二十五年八月三日）。

39. 大田昌秀：《占领下の沖繩》，载岩波讲座：《日本歷史》23（现代 2），岩波书店 1977 年版。

40. 田中健夫：《文书の樣式より見た足利將軍と琉球國王の關係》，對外關係と文化交流 思文閣 1982 年版。

41. 島田征夫编著：《事例に学ぶ国际法》，敬文堂 2002 年版。

42. 東恩納寬惇：《南島風土記》，那霸：鄉土文化研究會 1964 年版。

43. 藤井贞文，林陆朗：《藩史事典》，东京：秋田书店 1976 年版。

44. 日本外务省编：《日本外交年表并主要文书 1840—1945》（上卷），东京：原书房 1965 年版。

45. 日本外务省：《日本外交文书》（卷 9），日本国际联合协会 1940 年版。

46. 日本外务省外交史料馆：D 作业（ダレス氏の访日に关する件、一九五〇年—二月二十七日（付）录二六）对日平和条约关系准备作业关系、リール番号 B'0009、フラッシュ番号 1。

47. 日本外务省条约局：《旧条约汇纂》（第 1 卷第 1 部）。

48. 日本国土地理院：《平成 21 年全国都道府県市区町村面積調査》，東京：日本地図センター 2010 年版。

49. 入江启四郎：《"尖阁列岛"海洋开发の基盘》，《季刊・冲绳》，1971 年 3 月，第 56 号。

50. 入江启四郎：《日清讲和と尖阁列岛の地位》，《季刊・冲绳》，1972 年 12 月，第 63 号。

51. 尾崎重义：《关于"尖阁列岛"的归属》，《参考》，1972 年，第 260-263 号。

52. 尾崎重义：《"尖阁诸岛"与日本的领有权》，《外交》，2012 年第 12 期。

53. 井上清：《"尖閣列島"——釣魚諸島の史的解明》，现代評論社 1972 年版。

54. 喜舍场一隆：《"尖阁列岛"と册封使录・季刊冲绳》（"尖阁列岛"特集第二集），1972 年第 63 号。

55. 原田禹雄：《琉球中国》，吉川弘文館 2003 年版。

56. 高桥庄五郎：《"尖閣列島"ノート》，东京：青年出版社 1979 年版。

57. 石井望：《"尖阁"前史（ぜんし）、无主地（むしゅち）の一角に领有史料有り》，《八重山日报》，2013 年 8 月 3 日（平成二十五年八月三日）。

58. 尾崎重义：《"尖阁诸岛"与日本的领有权》，《外交》，2012 年第 12 期，http：//www. japanpolicyforum. jp/cn/archives/diplomacy/pt20121224171310. html。

59. 《上奏文に"尖阁は琉球"と明记 中国主张の根拠崩れる》，《产经新闻》，2012 年 7 月 17 日。

60. 《琉球列島の地理疆界》，《季刊・冲縄》（南方同胞援護会機関誌）63（1972 年 12 月 31 日特集），（"尖閣列島"第 2 集）https：//www. spf. org/islandstudies/jp/wp/infolib/docs/01_history030_add01. pdf。

61. 《尖閣は安保対象 発言に安堵トランプ砲に日本注视》，《朝日新闻》，2017 年 1 月 12 日，http：//www. asahi. com/articles/ASK1D6VVHK1DUTFK017. html。

（二）公约、外交档案及声明

1. "縄返還協定及び関係資料"，日本外务省网站 http：//www. mofa. go. jp/mofaj/gaiko/

bluebook/1972/s47-contents-3-1. htm。

2. 沖縄県久米赤島、久場島、魚釣島へ国標建設ノ件，JCAHR（亚洲历史资料中心）：B03041152300，《日本外交文书》（第 18 卷）。

3. "尖閣諸島" 関係資料調査研究委員会："平成 27 年度内閣官房委託調査尖閣諸島に関する資料調査報告書"，日本内阁官房官网站 http：//www. cas. go. jp/jp/ryodo/img/data/archives-senkaku02. pdf。

4. "中華民國與日本國間和平條約"（"台日和约"）

5. 日本外务省："沖縄返還協定及び関係資料 合意された議事録（外交青书第 16 号，1972 年版）"，http：//www. mofa. go. jp/mofaj/gaiko/bluebook/1972/s47-shiryou-4-4. htm。

6. "清兩國間互換條款及互換憑單"，http：//www. ioc. u－tokyo. ac. jp/~ worldjpn/documents/texts/pw/18741117. T1J. html。

7. 琉球政府：《"尖阁列岛" の领有权について》（1970. 9. 17），《季刊・冲绳》，1970 年第 56 号。

四、琉球王国文献

1. 蔡温，郑秉哲等著：《球阳》，角川书店复刻本 1745 年版。

2. 蔡铎等著：《中山世谱》（卷 3），载伊波普猷等编：《琉球史料丛书》，东京：东京美术刊 1972 年（昭和 47 年）版。

3. 蔡温：《中山世谱・序言》，载图书馆出版社：《国家图书馆藏琉球资料续编》（下册），北京：北京图书馆出版社，2002 年版。

五、其他语种文献

1. C. Meurer：Die Haager Friedenskonferenz，2 Bde.，（1914）99.

2. De Pouvourville，Revue générale de droit international public，Paris，1898.

3. Projet d'une Déclaration Internationale concernant les Lois et Coutumes de la Guerre，1874，65 British and Foreign State Papers 1059.

4. De Vattel，Les droit des Gens，ou Principles de la Loi naturelle，appliqués a la conduit at aux affaires des Nations et des Souverains（1758），translated by Charles Ghequiere Fenwick，Carnegie institution of Washington，1916.

5. Karl Strupp，Das Internationale Landkriegsrecht，Frankfurt a. M. 1914，n. 2.

6. Pasquale Fiore，Nuovo dritto internazionale pubblico，Milan：Casa Ed. e Tip. degliautoi-

ed，1865.

7. Raymond Robin，Des Occupations Militaries en Dehors des Occupation de Guerre (Washington，DC：Carnegie，1942）.

附　录

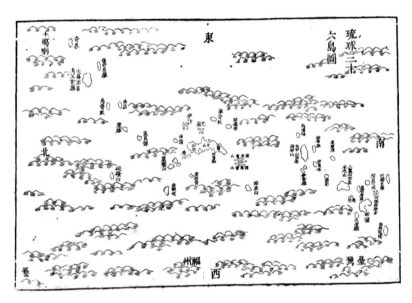

图一　徐葆光《中山传信录·琉球三十六岛图》

资料来源：（清）徐葆光著：《中山传信录》（卷四），载黄润华，薛英编：《国家图书馆藏琉球资料汇编（中册）》，北京：北京图书馆出版社，2000年。

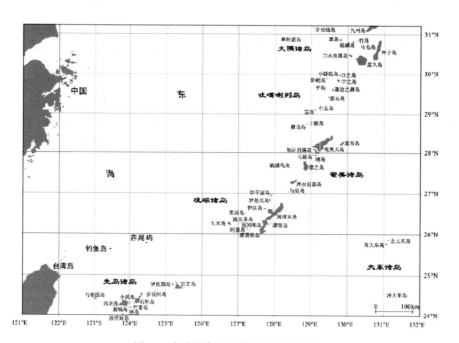

图二　琉球群岛相关称谓空间概念图

资料来源：刘绍峰，袁家冬：《琉球群岛相关称谓的地理意义与政治属性》，《地理科学》，2012 年第 4 期（总第 32 期），第 393—400 页。

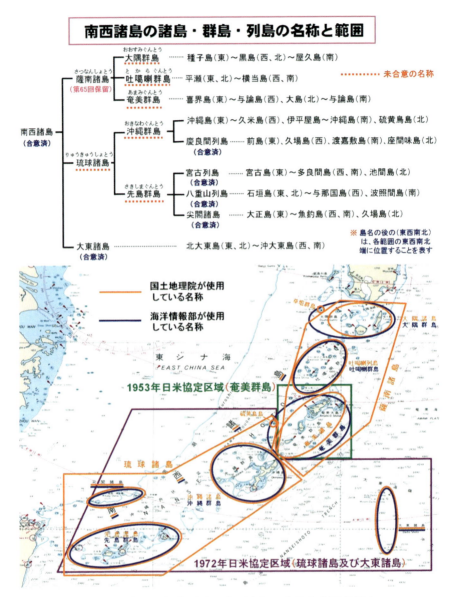

图三　日本海上保安厅对"南西诸岛"名称和范围的界定

资料来源：Ajiro Tatsuhiko and Warita Ikuo，The geographical names and those extents of the wide areas in Japan，海洋情报部技报（Kaiyō Jōhōbu Gihō），Vol. 27，2009.

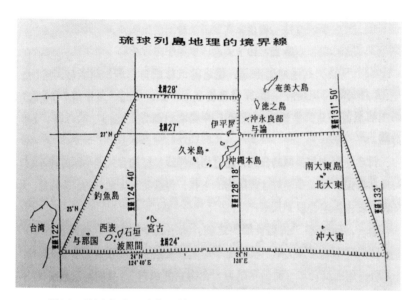

图四　美国琉球民政府 "第 27 号令" 的 "琉球群岛地理界线"

资料来源：浦野起央等编：《"钓鱼台群岛"（"尖阁诸岛"）问题研究资料汇编》，香港：励志出版社，2001 年，第 180-182 页。

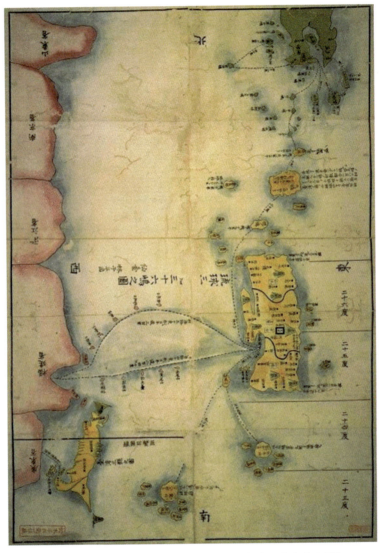

图五　林子平《三国通览图说·琉球三省并三十六岛之图》

资料来源于网络

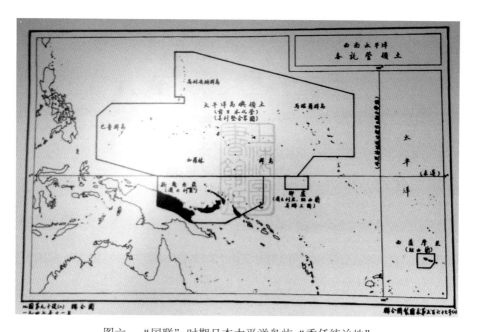

图六　"国联"时期日本太平洋岛屿"委任统治地"

资料来源：联合国情报部研究组：《托管理事会：解说文件第二十二号（1947 年 11 月 10
日）》，纽约：成功湖，1947 年。

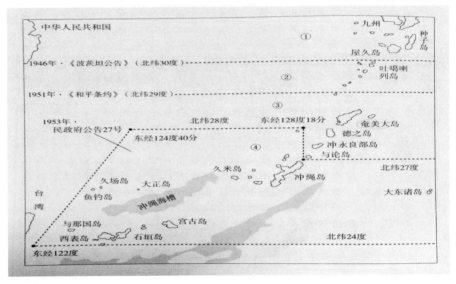

图七　从日本战败到 1972 年琉球移交四个阶段琉球 "地界" 的经纬度示意图

第一阶段:《波茨坦公告》,1946 年 1 月 29 日,北纬 30 度。

第二阶段:《旧金山和约》,1951 年 12 月 5 日,北纬 29 度。

第三阶段:美国民政府 "第 27 号公告",1953 年 12 月 25 日。"第 27 号公告" 规定,第一点——以北纬 28 度、东经 124 度 40 分为起点;第二点——北纬 24 度,东经 122 度;第三点——北纬 24 度,东经 133 度;第四点——北纬 27 度,东经 131 度 50 分;第五点——北纬 27 度,东经 128 度 18 分;第六点——经北纬 28 度,东经 128 度 18 分,回到起点。

资料来源: 矢吹晋:《钓鱼岛冲突的起点:冲绳返还》,北京:中国社会科学出版社,2016 年,第 16 页。

图八　琉球独立党的琉球共和国三星天洋旗

资料来源："琉球独立運動資料館"，http：//www.bekkoame.ne.jp/i/a-001/
index.html，访问日期：2017 年 2 月 15 日。

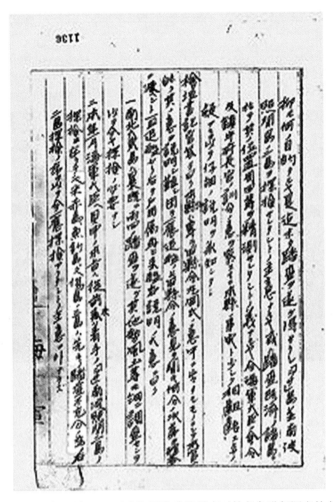

图九　1892 年 8 月 12 日日本海军省确认没有对钓鱼岛进行调查的文书

资料来源：Report dated August 12, 1892 from navy commander affirming the islands were not fully investigated, Library of The National Institute for Defense Studies. See Han-yi Shaw, *The Inconvenient Truth Behind the Diaoyu/Senkaku Islands*, The New York Times, September 19, 2012.

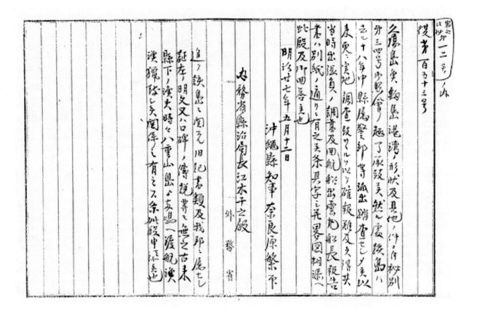

图十　1894 年 5 月 12 日冲绳县令奈良原繁（Narahara Shigeru）
提交日本内务省的函件

资料来源：Japan Diplomatic Records Office, Letter dated May 12, 1894. See Han-yi Shaw, *The Inconvenient Truth Behind the Diaoyu/Senkaku Islands*, The New York Times, September 19, 2012.

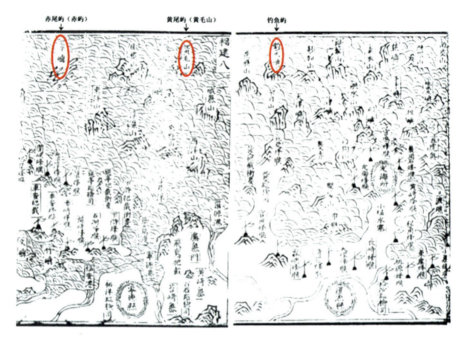

图十一　《筹海图编》卷一《福建沿海山沙图》

资料来源："筹海图编"，http：//www.diaoyudao.org.cn/2014-12/11/content_34290933.htm，访问日期：2017 年 8 月 8 日。

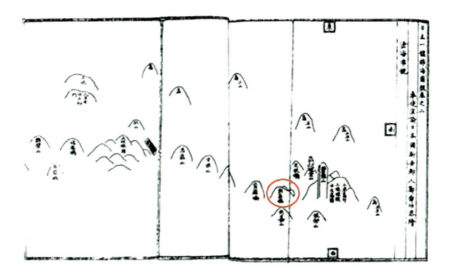

郑舜功所绘台湾、琉球间诸岛屿图

图十二　郑舜功所绘台湾至琉球间诸岛屿图

资料来源：郑舜功：《日本一鉴·沧海津镜》，"钓鱼岛——中国的固有领土"官方网站
http：//www. diaoyudao. org. cn/2014-12/11/content_34289087. htm，2017 年 9 月 21 日访问。

后　记

对琉球地位的研究，源于我从 2010 年起对钓鱼岛问题的系统研究和关注。2011 年上半年，在一次和国家海洋局（现自然资源部）海洋发展战略研究所贾宇研究员的闲谈中，她提及"第二次世界大战结束后美国对琉球的处理在国际法上合法吗？"由于对琉球的历史和国际法议题涉猎不多，我一时难以作答。过去一段时间，钓鱼岛问题的国际法研究往往局限于搜集、整理和提出钓鱼岛是我国领土的历史和国际法论据；然而，就日本将琉球行政隶属关系和钓鱼岛问题"捆绑"进而提出对钓鱼岛的"主权主张"，来自中国大陆国际法学者的回应却不是很多。自此，本人的学术兴趣开始聚焦到和钓鱼岛相关联的琉球国际法地位这一议题，从 2011 年至 2016 年，先后在《太平洋学报》《中国海洋法学评论》《当代法学》等期刊上发表了有关琉球和钓鱼岛问题的一系列文章。

2012 年，中国周边海洋局势尤其是东海事态严峻，我陆续完成了国家海洋局海洋战略发展研究中心和上海日本交流研究中心 3 个与领土争端有关的课题，引发我对"琉球学"（又称"冲绳学"）的兴趣，进而产生将"琉球地位"问题深入研究下去的想法。自 2009 年起，我已参与过上海社科院金永明教授主持的中国太平洋学会"东海争议岛屿的史地考证及相关问题研究"的子课题。然而作为刚迈入琉球研究领域的国际法学者，我意识到，如果不具备"琉球学"的基本素养以及多学科综合研究的视角，是无法驾驭琉球相关议题的，因此与业界积极交流、展开相关的调研就成为此后研究中的"主线"。

2012年年底，厦门大学南海研究院成立伊始便召开了"两岸琉球问题学术研讨会"。应南海研究院院长傅崐成教授的邀请，我在会议上做了琉球与托管制度专题报告，听到来自台湾学术界、保钓人士的声音，更意识到琉球问题在钓鱼岛争端中的重要性。

2013年，我先后参加了清华大学法学院主办的"两岸保钓学术研讨会"、福建师范大学闽台区域研究中心主办的"钓鱼岛历史与主权学术会议"、厦门大学南海研究院"纪念《开罗宣言》发表七十周年研讨会"等系列会议。在这些会议上，我不仅结识了海内外研究琉球和钓鱼岛问题"志同道合"的各领域专家、学者，也基本形成关于琉球地位问题的研究思路和框架。会议间隙，无论是参观泉州海外交通史博物馆还是凭吊琉球人在福州的墓地，琉球王国和中国之间自明清以来的朝贡关系和友好往来，都给我留下了深刻的印象。同年，我以《钓鱼岛争端视野下的琉球法律地位问题研究》为题申请的国家社科青年项目成功中标，同时还启动了在华东政法大学的博士后进站工作，从此正式开始对琉球地位问题的系统研究。

2014年上半年，应台湾"中央研究院"林泉忠副研究员邀请，我参加了"中央研究院"近代史所主办的"多元视角下的钓鱼台问题新论"研讨会，以《国际法庭处理钓鱼岛领土争议的可能性探究》为题作了主题发言。会上来自中国大陆、台湾和日本的名家云集，中日学者的观点产生了激烈的碰撞。在涉国际法议题中，《旧金山和约》的条约效力、"台日和约"在钓鱼岛争端中的"作用"、钓鱼岛争端的关键日期等不仅成为与会者讨论的焦点，更被纳入此后本书进一步研究的内容。

本书的研究中，我还经历了漫长的资料搜集和与业界同行交流的过程。2013—2017年，在出国访学和会议期间，我在美国萨福克大学、新加坡国立大学、台湾"中央研究院"近代史所、福建师范大学闽台区域研究中心和北京、南京等地的图书馆、研究机构搜集了大量有关琉球的图书复印件和电子资料。尤其难忘的是，2014年"多元视角下的钓鱼台问题新论"研讨会期间，在好友王伟男的介绍下，当时仍就读台湾政治大学的李景华博士用摩托车载我从台大到政治大学。山路崎岖，我们遍查两校的图书馆和书店有关琉球和钓鱼岛议题的书籍，收获满满，以至于我在返沪时行李箱几近超重。在写作过程中，村田忠禧教授热心的把他的文章以邮件分享，李强副教授在电话中和我讨论军事占领问题后以专著相赠，王伟男、张晓东、张卫彬、王勇、张磊等诸位朋友和同仁也不止一次在微信上和我讨论书中涉及的专业问题。写作是孤独的，所幸在攻克写作难关时得到了同行们的启发与帮助。

在领土争端和海洋法研究的历程中，本人得到了各方面专家的支持与鼓励。本书交付出版之际，特此向厦门大学南海研究院院长傅崐成教授、恩师复旦大学法学院张乃根教授和华东政法大学王虎华教授、上海社科院金永明教授、国际海洋法法庭高之国法官、自然资源部海洋发展战略研究所贾宇书记、华东政法大学副校长陈晶莹教授、福建师范大学闽台区域中心谢必震教授表示衷心的感谢！

在本书写作期间，香港中文大学郑海麟教授、台湾"中央研究院"林泉忠副研究员为本研究均提供过帮助或予以点拨；上海交通大学日本研究中心主任季卫东教授、上海交通大学国际与公共事务学院王伟男副研究员、福建三明学院旅游管理系李景华博士、日本横滨大学村田忠禧教授、中国政法大学李强副教授、上海海事大学法学院高俊涛副教授、上海富杰律师事务所夏玉杰律师、中国航海博物馆沈洋先生为本研究的资料搜集提供了无私的帮助；原中国海监总队副总队长郁志荣研究员、华东政法大学国际法学院管建强教授和李伟芳教授、自然资源部海洋发展战略研究所疏震娅副研究员、上海社科院历史所张晓东助理研究员、华东政法大学国际法学院王勇教授和张磊副教授、福建师范大学闽台区域研究中心徐斌副教授、中国国际问题研究院曹群副研究员、安徽财经大学法学院张卫彬教授、北京师范大学法学院廖诗评副教授、台湾政治大学萧绣安副研究员与我就书中涉及的国际法或历史问题进行讨论与交流，在此一并表示诚挚的感谢！

最后要感谢母亲和丈夫的支持和包容，使我能在自己的"一亩三分地"里忘我耕耘。书稿校对时，正逢孩子即将出生之际，也将此书献给我可爱的小天使！

刘丹

2018 年 5 月 12 日

松江三湘四季花苑